司法部预防犯罪研究所研究项目成果

司法行政制度比较研究

司绍寒 著

中国检察出版社

图书在版编目（CIP）数据

司法行政制度比较研究 / 司绍寒著 . -- 北京：中国检察出版社，2024.2
ISBN 978-7-5102-3019-6

Ⅰ . ①司… Ⅱ . ①司… Ⅲ . ①司法制度—对比研究—中国、国外 Ⅳ . ① D926 ② D916

中国国家版本馆 CIP 数据核字（2023）第 253575 号

司法行政制度比较研究
司绍寒　著

责任编辑：柴凯菲
技术编辑：王英英
封面设计：李　瞻

出版发行：中国检察出版社
社　　址：北京市石景山区香山南路 109 号（100144）
网　　址：中国检察出版社（www.zgjccbs.com）
编辑电话：（010）86423768
发行电话：（010）86423726　86423727　86423728
（010）86423730　86423732
经　　销：新华书店
印　　刷：北京联兴盛业印刷股份有限公司
开　　本：710 mm × 960 mm　16 开
印　　张：32　插页 4
字　　数：505 千字
版　　次：2024 年 2 月第一版　　2024 年 2 月第一次印刷
书　　号：ISBN 978-7-5102-3019-6
定　　价：105.00 元

目　录

外国篇

比较篇

前　言

司法行政制度对一国法律的发展和法治的建设有着非常重要的作用。有司法的地方，必有司法行政。在我国，司法行政机关是宪法明确规定的政府组成部门，具有重要的法律地位。当今之中国，经济社会蓬勃发展，法治建设日新月异，中国特色社会主义进入新时代，全面依法治国在党和国家工作全局中的地位更加突出、作用更加重大，司法行政工作面临新的历史机遇。如何更好地继承我国司法制度和法律文化的优良传统，借鉴世界各国的有益成果和良好实践，把握当前历史机遇，促进司法行政和法治事业的发展，为司法行政人士当然之责，亦是本书要旨。

“天行健，君子以自强不息。”自古以来，从个人到国家，皆以自强为生存之道。当今之世瞬息万变，自强之道，如逆水行舟，不进则退。

“知人者智，自知者明。胜人者有力，自胜者强。”深入分析研究外国司法行政制度，是为“知人”。了解自己的历史与现实，古今比较，“以史为鉴”，是为“自知”。古今不同，中外各异，我们不求“胜人”，但求“自胜”“自强”。也只有“自胜”“自强”后，方能“胜人”一筹。

“知己知彼，百战不殆。”首在“知己”。故本书以中国为第一篇，较为详细地介绍古代、清末、民国和当代四个不同历史阶段的司法行政制度。其次“知彼”。当今世界国家众多，国情各异，语言不同，其司法行政制度各有特点。本书选取美、英、德、法、日、俄六国，各据一章，合为“外国篇”。这六国为近代强国，与我国颇有渊源，可资借鉴。不论中外，每章均分为历史、体制、职能、特点四部分。古今中外之异同，当探析原委，故异同分析为一章。而后当博采众长，为自强所用，故对我国司法行政制度之展望为一章。二章合为“比较篇”。

《大学》讲格物、致知、诚意、正心、修身、齐家、治国、平天下。司法行政制度比较研究中，对中外司法行政机关的历史、司法行政体制、司法行政机关的职能、司法行政制度的特点的研究，可谓“格物”；对司法行政制度异同的研究，可谓“致知”；在此基础上悉心学习、取长补短，探求自强之道，可谓“诚意”；形成自己的思想，认清肩负的使命，坚定前进的信念，可谓“正心”；正视问题，勇于改革，广聚人才，与时俱进，可谓“修身”“齐家”；引领法治建设的发展方向，推进法治中国建设，弘扬中华法律文化，可谓“治国”“平天下”。

本书成书不易，困难之处甚多，尤以五点为最：

一难是“自我剖析”。我国的司法行政制度虽然在不断前进，但其命运多舛，发展的速度和作用与我国经济、社会和法治的发展不甚相应。深入剖析自身存在的问题和不足，总归是让人在感情上难以接受。但唯有如此，方能见贤思齐，与时俱进；也唯有如此，才是坚持当前改革发展道路的“自信”。

二难是“合乎时宜”。美国、英国、日本等国家都是世界舞台上的大国强国，也是对中国历史进程产生重大影响的国家，是学术研究无法回避的对象。窃以为，意识形态之异同、国家关系之远近、当前时势之合宜等问题，都不应妨碍我们对他们了解、分析、评价与借鉴。我们应以自信之精神，取人之长，补己之短。

三难是“盲人摸象”。若要以资借鉴，便须深入了解。外国许多法制和司法改革都在政府主导下进行，而司法行政机关则是其中的关键。然而很多资料要么突出政府，要么围绕法院、检察院，介绍司法行政机关作用的内容却很少，给研究带来了很大的难度。现有资料中有关司法行政制度的内容零碎、分散、匮乏，有如散失之拼图、缺件之积木，研究介绍深有盲人摸象之感。笔者囿于能力、精力、体力、时间之不足，搜集到的资料素材有限，了解到外国司法行政制度的情况有限，致使本书遗漏、谬误之处在所难免。为求保留和展现不同时代、不同国家司法行政制度之原貌，本书不厌其烦，尽量多采资料和法规原文，却不免文字冗长。

四难是“神形兼备”。了解外国司法行政制度表层架构职能易，了解其深层运行机理难。不同国家历史轨迹不同，一些改革和变革背后有其深层次的历史、文化、社会原因。若不了解这些，我们即便能“画其形”，也难“画其神”。只有将表层的架构和职责与这些深层次的原因结合起来研究，方可“神形兼备”。然而，如前所述，囿于能力、精力、体力、时间之不足，要做到“神形兼备”，绝非易事。

五难是“取长补短”。各国制度各有所长，也各有所短。不同时期，短长互易也较为常见。今日之长，或为他日之短；他人之长，或为自己之短；他人用之为长，自己或用之为短。如何认识古今中外司法行政制度之短与长，为见仁见智之事。

习近平总书记《在庆祝中国共产党成立一百周年大会上的讲话》中指出：“中华民族拥有在5000多年历史演进中形成的灿烂文明，中国共产党拥有百年奋斗实践和70多年执政兴国经验，我们积极学习借鉴人类文明的一切有益成果，欢迎一切有益的建议和善意的批评，但我们绝不接受‘教师爷’般颐指气使的说教！中国共产党和中国人民将在自己选择的道路上昂首阔步走下去，把中国发展进步的命运牢牢掌握在自己手中！”①

2018年司法部重组后，司法行政工作面临新的发展契机，相关单位对中外司法行政领域有强烈的研究需求。2019年春，应最高人民检察院检察理论研究所的邀请，经司法部预防犯罪研究所高贞所长推荐，笔者参与了由最高人民检察院童建明副检察长主编的《检察视角下的中外司法制度》一书的撰写，负责“司法行政制度”一章，就美、英、法、德、日、俄六国司法行政制度及其与中国的比较形成了8万余字的书稿，后经多次修改完善，该书于2021年6月出版。由于笔者经常参与司法外事工作，对司法行政制度有较好的研究基础，为充分发挥域外司法制度对我国的参考作用，结合正在开展的司法行政改革，进一步加强全面依法治国理论研究，预防犯罪研究所将“司法行政制度比较研究”作为重要课题加以立项。

笔者在原有基础之上，收集资料，悉心研究，多方论证，认真撰写，

① 《在庆祝中国共产党成立一百周年大会上的讲话》，载《习近平谈治国理政》（第四卷），外文出版社2022年版，第11页。

克服诸多困难，数易其稿，终成此书。写作过程中，预防犯罪研究所高贞所长，周勇、高文两位副所长，沈青、张桂荣、陈宝友、李芙、席逢遥、葛向伟、闫佳、贾晓文，以及中国人民大学韩玉胜教授、中国政法大学王平教授、北京理工大学韩秀桃教授等多位领导、同事、专家，对全书进行了审读，对诸多重要内容给予了深入细致的指导，提出了宝贵的建议，提供了大力的帮助和支持。书稿于2023年2月28日通过学术委员会评审，5月18日交付出版社，于2024年初正式出版。

笔者能力水平有限，自知疏漏之处在所难免，但求在力所能及之范围内，资料翔实准确，分析客观全面，建议合理可行，以期对我国司法行政和法治事业的发展能略尽绵薄之力。

今夫作室者必先立其基础，而后墙宇可循序而施，行远者必先定其指归，而后跬步可计程以赴。臣等深维今昔之时势，熟审中外之机宜，上禀宸谟，悉心筹划，固不敢矜言远驭，遽涉于张皇，亦不敢狭小规模，自隳其值守，谨就愚虑所及，为皇太后、皇上缕析陈之。

——《覆奏核议法部官制并陈明办法大要折》

中国篇

“知己知彼，百战不殆。”百战首在“知己”。故本书以中国为第一篇，较为详细地介绍司法行政在古代、清末、民国和当代四个不同历史阶段的变迁、体制、职责和特点，为开展比较分析，吸收借鉴有益经验，促进我国司法行政和法治事业的发展打下基础。

第一章　古代司法行政制度

司法行政为近代概念，古代没有。但清末变法之时，改刑部为法部。故本书姑且认为我国古代有司法行政制度，刑部姑且算作我国古代的司法行政机关。

我国古代司法行政制度大体上经历了三个发展阶段：秦汉时的廷尉，此时司法与行政不分；唐宋时建立三法司，司法与行政分离，刑部为司法行政机关；元明清时刑部既掌行政，也掌审判，司法与行政合一。我国古代真正的司法行政机关出现于唐朝，其架构合理、机制成熟、运行稳定，远胜西方；行政兼理司法的制度源于"德主刑辅"的传统政治理论，本身并不落后。

一、秦汉司法行政制度

秦汉以前，司法官员并没有明确的分工，不论中央还是地方，追捕、审判、行刑以及司法行政大多由一人负责。"司法之官，唐虞曰士，夏曰大理，殷曰司寇，周以大小司寇为刑官之长，其属曰士，分主乡遂县等各级地方狱讼，列国又各有司寇。"①

秦朝设置廷尉，为九卿之一，主管司法，兼理律令修改。据沈家本考证，"师古曰廷，平也"，"自上安下曰尉"，"狱得其平所以安下也，故称廷尉"。② 据《汉书》记载，"廷尉，秦官，掌刑辟，有正、左右监，秩皆千

---

① 参见汪楫宝：《民国司法志》，商务印书馆2013年版，第1—2页。

② 参见沈家本：《历代刑官考》，"秦"。

石”[①]。汉承秦制，亦设廷尉，主决狱。[②]“（西汉）景帝中六年更名大理，武帝建元四年复为廷尉。宣帝地节三年初置左右平，秩皆六百石。哀帝元寿二年复为大理。王莽改曰作士。”[③]东汉时期，廷尉地位有所提高。“廷尉，卿一人，中二千石。本注曰：掌平狱，奏当所应。凡郡国谳疑罪，皆处当以报。”属官有“正、左监各一人。左平一人，六百石”。[④]到晋代，“廷尉，主刑法狱讼，属官有正、监、评，并有律博士员”。[⑤]由于汉代采取郡国并行制度，封国之讼狱在封国处理，施行郡县制的地区中，京师讼狱由京师地方官吏处理，廷尉大多负责诏狱。[⑥]廷尉为丞相的下属，其立法、刑狱等工作要受丞相领导。作为三公之一的御史大夫由于负责监察，分享一部分司法权。故“秦汉以后，廷尉掌刑狱，御史兼理疑案”。[⑦]

在地方，司法皆由行政官兼理。“地方司法，两千年来，皆以地方区域之长吏为主，而佐吏辅之，其名称随行政组织之变迁而异。汉时郡为守，县为令，国为相，其佐治人员有决曹贼曹掾，上有刺史，周行监督。魏晋于郡置督邮，凡县令审囚毕，申报于郡，郡遣督邮案验之。”[⑧]

秦汉时，由于法律不够成熟，司法制度相对简单，不论在中央还是地方，司法与行政都没有分开。

二、唐宋司法行政制度

唐代的中央司法行政机关为刑部。“刑部设尚书一人，正三品；侍郎一人，正四品下。掌律令、刑法、徒隶、按覆谳禁之政。其属有四：一曰刑部，二曰都官，三曰比部，四曰司门”[⑨]，为部内的四大部门，部门正、

---

① （汉）班固:《汉书·百官公卿表上》。

② “孝文皇帝既益明习国家事，朝而问右丞相勃曰:‘天下一岁决狱几何？’勃谢曰:‘不知。’问:‘天下一岁钱穀出入几何？’勃又谢不知，汗出沾背，愧不能对。于是上亦问左丞相平。平曰:‘有主者。’上曰:‘主者谓谁？’平曰:‘陛下即问决狱，责廷尉；问钱穀，责治粟内史。’”参见（汉）司马迁:《史记》《陈丞相世家》。

③ （汉）班固:《汉书·百官公卿表上》。

④ （宋）范晔:《后汉书·百官二》。

⑤ （唐）房玄龄:《晋书》志第十四《职官》。

⑥ 参见沈家本:《历代刑官考》，“汉”。

⑦ 参见汪楫宝:《民国司法志》，商务印书馆 2013 年版，第 1—2 页。

⑧ 参见汪楫宝:《民国司法志》，商务印书馆 2013 年版，第 7 页。

⑨ （宋）欧阳修等:《新唐书》卷四十六·志第三十六《百官一》。

副职称“郎中”和“员外郎”。

刑部设直属部门亦称“刑部”，为四大部门之首，“刑部郎中、员外郎”为刑部尚书、侍郎的副手，设主事四人协助工作。该部门有三大职责：一是“掌律法”，即负责法律制定；二是“按覆大理及天下奏谳”，即司法复核和监督；三是对接御史台和大理寺，“凡鞫大狱，以尚书侍郎与御史中丞、大理卿为三司使。凡国有大赦，集囚徒于阙下以听”①。

“都官”的职责是“掌俘隶簿录，给衣粮医药，而理其诉免”，相当于现在的监狱管理和刑罚执行部门。都官郎中、员外郎各一人，主事二人。都官管理的罪犯，大多为反逆重罪连坐者。这些罪犯发配给官府为奴，最重者为“官奴婢”，赦免一次后，每年三次劳役，每次一月；赦免两次者，为“杂户”，也称“官户”，两年五次劳役；赦免三次者，为“良人”，即普通人。六十岁以上和残疾的罪犯，定为“官户”；七十岁以上的，为“良人”。都官负责这些人的管理和统计，并从中选取乐工、兽医、骟马、调马、群头、栽接之人。部分罪犯可以不服劳役，但是必须花钱赎买，每年1500钱。不服劳役而“居作”者，分三等：“四岁以上为小；十一以上为中；二十以上为丁”，男称“奴”，女称“婢”，其“居作”可以折抵劳役。②

“比部”相当于现代的罚金刑执行和司法财务装备部门。比部郎中、员外郎各一人，设主事四人协助。比部管理和汇总“内外赋敛、经费、俸禄、公廨、勋赐、赃赎、徒役课程、逋欠之物，及军资、械器、和籴、屯收所入”。京师仓库，三个月汇总一次；诸司、诸使、京都，每季度汇总至尚书省；诸州，则每年底汇总一次。③

“司门”相当于城防、安保、警戒、海关部门。司门郎中、员外郎各一人，设主事二人协助。出入关隘的人员要登记官爵、姓名、年龄、相貌。受召入关者，需要核对文件信物等。监门校尉要日常巡逻，白天公布时间，晚上要打更。发现遗失物的，在门外招领，过期无人认领者入官。全国一共有26座关，给日常过关的人发放证件，出塞一月以上的，发行牒；猎人发三个月的长期有效证件；外藩客商出入关的，查验货物，发放

① （宋）欧阳修等：《新唐书》卷四十六·志第三十六《百官一》。
② （宋）欧阳修等：《新唐书》卷四十六·志第三十六《百官一》。
③ （宋）欧阳修等：《新唐书》卷四十六·志第三十六《百官一》。

文件，一处查验，出入其他关也有效。[①]

唐朝时，大理寺为审判机关，长官为大理寺卿。“卿一人，从三品；少卿二人，从五品下。掌折狱、详刑。凡罪抵流、死，皆上刑部，覆于中书、门下。”大理寺设正、丞二吏。“正二人，从五品下。掌议狱，正科条”，凡丞断罪不当，则依法改正；五品以上的罪犯，寺正要亲自审理；大理寺卿和少卿不在时，则由寺正负责大理寺的日常管理。“丞六人，从六品上”，是基层审判官，直接审理案件，“掌分判寺事，正刑之轻重”，对判徒刑以上囚犯，则传讯囚犯家属与原告，问其是否服判。[②]

唐朝时，作为司法行政机关的刑部地位高于作为审判机关的大理寺：一是刑部所属的尚书省地位崇高，权责重大。刑部本身为六部之一，为综合性的政务机构；而大理寺不属于三省，为业务性的单设机构，排名远在刑部之后。二是刑部官阶高于大理寺。刑部尚书为正三品，大理寺卿为从三品；刑部侍郎为正四品下，大理寺少卿为从五品下。三是在业务关系上，刑部为法令制定部门和案件复核部门，大理寺需要执行刑部法令，其审理的重罪案件，“凡罪抵流、死，皆上刑部，覆于中书、门下”，而刑部收到大理寺的报请之后，“按覆大理及天下奏谳”。

地方司法体制上，牧尹、刺史、县令为地方主官兼理司法。“唐制，杖罪断于县，初审即可处决，徒以上，必经复审，流以上，必须申奏，而死刑则三复奏始决。”[③]行政职务兼理司法者，常设置佐官辅助，如“节度使推官一人；观察使推官一人；团练使推官一人；防御使推官一人”。府、州设法曹司法参军事，府二人、都督府一人、都护府一人、上州二人、中州下州一人，“掌鞫狱丽法，督盗贼，知赃贿没入”。县设司法佐，京县五人，畿县上县四人，中县下县二人，下县一人。三都大都督府有典狱十八人问事；十二人典狱以防守，囚系问事以行罚。[④]

宋朝时，刑部基本延续唐朝时的职责和架构：“刑部掌刑法、狱讼、奏谳、赦宥、叙复之事。”凡是律法没有规定到的，刑部制定相应的敕令格式；一司一路或者海运律法没有相应规定的，则制定专门法律。若于情可

① （宋）欧阳修等:《新唐书》卷四十六・志第三十六《百官一》。
② （宋）欧阳修等:《新唐书》卷四十八・志第三十八《百官三》。
③ 汪楫宝:《民国司法志》，商务印书馆2013年版，第7页。
④ 沈家本:《历代刑官考》，“唐”。

原但于法无据者，在讯问审阅后上奏；诏狱及涉及当朝官员的罪案，以及重大刑事案件，则以公文督办。刑部负责再审京都的死囚，检察外地已决的死刑案件；复核大理寺、开封府、殿前马步司审理的案件；对于有情可原的案件，视情况裁定、赦免、减刑、平反昭雪、官复原职。[①]

宋初，大理寺审断的死刑案件由刑部复核。宋太宗时，为防止刑部与大理寺舞弊，设审刑院复审大理寺审断的死刑案[②]。审刑院设“知院士一人，以郎官以上至两省充，详议官以京朝官充，掌详谳大理所断案牍而奏之。凡狱具上，先经大理，断谳既定，报审刑，然后知院与详议官定成文草，奏记上中书，中书以奏天子论决”。[③]神宗时废除审刑院，并入刑部[④]。“大中祥符二年，置纠察刑狱司，纠察官二人，以两制以上充。凡在京刑禁，徒以上即时以报；若理有未尽或置淹恤，追覆其案，详正而驳奏之。凡大辟，皆录问。”[⑤]

宋朝时，刑部的一大变化是官吏的分工更细，管理更加科学。南宋高宗绍兴年间，刑部产生制勘、体量、定夺、举叙、纠察、检法、颁降、追毁、会问、详覆、捕盗、帐籍、进拟13种职位，设置35人。如举叙负责朝廷命官复职；纠察负责审问死囚；检法负责法条检索咨询等。[⑥]此外，一些职务规定了明确的任职年限，如熙宁三年，诏曰：详议、详断、详覆官，第一任为三年；第二任为三十个月；满三任则不再担任该职务。[⑦]

宋朝时发展出专门的地方司法机关。“诸州有司寇院，置司寇参军

---

① （元）脱脱等:《宋史》卷一百一十六《职官三》。

② “(淳化二年)八月己卯，置审刑院。”(元)脱脱等:《宋史》本纪卷五《太宗二》。

③ 沈家本:《历代刑官考》，“宋”。

④ “(元丰)三年八月，诏:‘省审刑院归刑部。以知院官判刑部，掌详议、详覆司事。刑部主判官为同判刑部，掌详断司事，审刑议官为刑部详议官。’官制行，悉罢归刑部。”(元)脱脱等:《宋史》卷一百一十六《职官三》。

⑤ （元）脱脱等:《宋史》卷一百一十六《职官三》。

⑥ （元）脱脱等:《宋史》卷一百一十六《职官三》。“绍兴后，分案十三：曰制勘，掌凡根勘诸路公事；曰体量，掌凡体究之事；曰定夺，掌诉雪除落过名；曰举叙，掌命官叙复；曰纠察，掌审问大辟；曰检法，掌供检条法；曰颁降，掌颁条法降赦；曰追毁，掌断罚追毁宣敕；曰会问，掌批会过犯；曰详覆，掌诸路大辟帐状；曰捕盗；曰帐籍，掌行在库务、理欠帐籍；曰进拟，掌进断案刑名文书。裁减吏额，置三十五人。”

⑦ （元）脱脱等:《宋史》卷一百一十六《职官三》。

（后改为司理院）”[①]，州之上为路，“（宋太宗）淳化初，始置诸路提点刑狱司，凡管内州府，十日一报囚帐。有疑狱未决，即驰传往视之。州县稽留不决、按谳不实，长吏则劾奏，佐史、小吏许便宜按劾从事”。[②]后演变为元廉访司、明清的提刑按察司[③]。

三、元明清司法行政制度

元朝时，稳定运行了数百年的三法司衙门开始发生变化。刑部职责调整，司法与行政开始合一。元朝“刑部尚书三员，正三品。侍郎二员，正四品。郎中二员，从五品；员外郎二员，从六品。掌天下刑名法律之政令。凡大辟之按覆，系囚之详谳，孥收产没之籍，捕获功赏之式，冤讼疑罪之辩，狱具之制度，律令之拟议，悉以任之”。[④]然而元代刑部多变，数度与工部、兵部等合并，官制混乱。“元废大理寺，以断事官掌蒙古色目人所犯公事，而以汉人刑名归刑部，审判与司法行政，遂混合为一，不可复分。”[⑤]在地方，元朝时设置廉访司，专门负责刑事案件的审理，类似于现在的巡回审判机构。据沈家本考证，“元置廉访司专治刑狱，颇得刑政分离之意，其属官无狱丞。是其时，司未置狱，尚为行政之官明。按察司使置司狱官，则司亦有狱，复成混合之制矣”。[⑥]

明清之时，刑部掌刑名审判，恢复大理寺作为慎刑机关，中央司法与行政真正合一，三法司制度再次稳定。“明清则以刑部掌刑名，都察院司纠察，大理寺司驳正，权重在刑部。与唐宋官制，名称同而职权不同。唐宋以刑部复大理寺，明清则以大理寺复刑部，视大理寺为慎刑机关。其有大狱，则由六部，都察院，大理寺，通政司共理，谓之九卿会审。”[⑦]“（清）世祖（顺治）入主中夏，仍明旧制，凡诉讼在外由州县层递至於督抚，在

① 参见汪楫宝：《民国司法志》，商务印书馆2013年版，第7页。

② （元）脱脱等：《宋史》卷一百五十二《刑法一》；沈家本《历代刑官考》，“宋”，考证“六年，置诸路提刑司，其属有检法官、干办官”。《宋史》记载是太宗淳化初年，后数经废立。本书取《宋史》记载。

③ 参见汪楫宝：《民国司法志》，商务印书馆2013年版，第7页。

④ 沈家本：《历代刑官考》，“元”。

⑤ 参见汪楫宝：《民国司法志》，商务印书馆2013年版，第1—2页。

⑥ 沈家本：《历代刑官考》，“元”。

⑦ 参见汪楫宝：《民国司法志》，商务印书馆2013年版，第1—2页。

内归总於三法司。”[①] 明清时，州县仍由行政兼理司法，省一级专门的司法机关为按察司（提法司）。“州县徒流以上刑狱，由府道复审后，有误，发回重审，无误，申详按察司，由司申详督抚，再由督抚咨文刑部。清末改按察司为提法司，主一省司法行政，别设各级审判厅，掌理诉讼。”[②]

与唐宋相比，明代刑部在职责、结构均发生比较大的变化：

一是职责的变化——负责刑名决狱。特别是在三法司关系上，“三法司曰刑部、都察院、大理寺。刑部受天下刑名，都察院纠察，大理寺驳正”[③]，刑部集司法和行政于一身。“大理寺之设，为慎刑也。三法司会审，初审，刑部、都察院为主，覆审，本寺为主。明初，犹置刑具、牢狱。弘治以后，止阅案卷，囚徒俱不到寺。”[④]

二是刑部的结构的变化——设置十三清吏司。明初，刑部与唐宋时架构基本相同，“洪武元年置刑部。六年，增尚书、侍郎各一人。设总部、比部、都官部、司门部，部设郎中、员外郎各二人，惟都官各一人。总部、比部主事各六人，都官、司门主事各四人”[⑤]。后刑部官制略有调整，但仍未脱离唐朝时“总（刑）比都司”四部门结构。至洪武二十三年，刑部官制发生巨大变化，由“总比都司”改为“十三清吏司”，部门划分的主要标准由职责改为地域。“（洪武）二十三年，分四部为河南、北平、山东、山西、陕西、浙江、江西、湖广、广东、广西、四川、福建十二部，（浙江部兼领云南）。部各设官，如户部之制。二十九年，改为十二清吏司。永乐元年以北平为北京。十八年，革北京司，增置云南、贵州、交阯三司。宣德十年，革交阯司，遂定为十三清吏司。”[⑥]“刑部有十三清吏司，治各布政司刑名，而陵卫、王府、公侯伯府、在京诸曹及两京州郡，亦分隶之。”[⑦]

三是管理体制的变化——提刑按察使司直接对接刑部。中央地方司法关系，向来由省、府、州、县等地方主官负责各辖区司法行政及审判事

① 赵尔巽等:《清史稿》卷一百四十四·志一百十九《刑法三》。
② 参见汪楫宝:《民国司法志》，商务印书馆 2013 年版，第 7 页。
③（清）张廷玉等:《明史》卷七十《刑法二》。
④（清）张廷玉等:《明史》卷四十九《职官二》。
⑤（清）张廷玉等:《明史》卷四十八《职官一》。
⑥（清）张廷玉等:《明史》卷四十八《职官一》。
⑦（清）张廷玉等:《明史》卷七十《刑法二》。

务，并对接中央三法司。到明朝朱元璋废除丞相，权归六部，地方不设督抚总揽，而分三司分治民政、刑狱和军事，三司直接对接相应的部，地方提刑按察使司直接对接刑部。“按察名提刑，盖在外之法司也，参以副使、佥事，分治各府县事。京师自笞以上罪，悉由部议。洪武初决狱，笞五十者县决之，杖八十者州决之，一百者府决之，徒以上具狱送行省，移驳繁而贿赂行。……至二十六年定制，布政司及直隶府州县，笞杖就决；徒流、迁徙、充军、杂犯死罪解部，审录行下，具死囚所坐罪名上部详议如律者，大理寺拟覆平允，监收侯决。”[①] 此后明朝州县仍由行政主官兼理司法，省一级专门的司法行政机关为提刑按察司。同时《大明律》改变了体例。朱元璋于洪武三十年颁《大明律》，将唐宋以来十二篇的法典结构，改为以吏、户、礼、兵、刑、工六部分治的方式安排分则体例。据沈家本考证，其可能的原因是“迨胡惟庸被诛，废中书而事归六部，于是廿二年重修律文，亦以六曹分部，古来律式为之一变”[②]，而其效果则是更加便利六部权事分工，强化统治。

清朝沿用明朝旧制，法司结构总体来说是“凡诉讼在外由州县层递至於督抚，在内归总於三法司”[③]，但又有变化和发展。

一是刑部权力更大。“然明制三法司，刑部受天下刑名，都察院纠察，大理寺驳正。清则外省刑案，统由刑部核覆。不会法者，院寺无由过问，应会法者，亦由刑部主稿。在京讼狱，无论奏咨，俱由刑部审理，而部权特重。”[④]“凡审录，刑部定疑谳，都察院纠覈。狱成，归寺平决。不协，许两议，上奏取裁。并参豫朝廷大政事。”[⑤] 刑部职权呈不断扩大的趋势，地位不断加强。而大理寺演变成慎刑机关，专司司法复核，失去了案件的最终决定权，仅起“以贰邦刑”的辅助作用。法司会审时，亦以刑部为主。比如在死罪取供后的“会小法”时，大理寺委寺丞或评事，都察院委御史，须赴刑部主管司会审；死罪定罪的“会大法”时，都察院左都御史或左副都御史，大理寺卿或少卿，与属员共赴刑部会审；如有翻供，则发回

① （清）张廷玉等:《明史》卷七十《刑法二》。
② 沈家本:《历代刑法考》，“明律目荐笺一”。
③ 赵尔巽等:《清史稿》卷一百四十四·志一百十九《刑法三》。
④ 赵尔巽等:《清史稿》卷一百四十四·志一百十九《刑法三》。
⑤ 赵尔巽等:《清史稿》卷一百十五《职官二》。

刑部主管司覆审。[①]刑部司法与行政合一，成为法司衙门的核心。

二是刑部改为十八清吏司。“刑部初设十四司。雍正元年，添置现审左右二司，审理八旗命盗及各衙门钦发事件。后复改并，定为十八清吏司：曰直隶，曰奉天，曰江苏，曰安徽，曰江西，曰福建，曰浙江，曰湖广，曰山东，曰山西，曰陕西，曰四川，曰广东，曰广西，曰云南，曰贵州。凡各省刑名咨揭到部，各司具稿呈堂，以定准驳。吉林、黑龙江附诸奉天，甘肃、新疆附诸陕西，京曹各署关涉文件，亦分隶於十七司。现审则轮流签分。顺治十年，设督捕衙门，置侍郎满、汉各一员，其属有前司、后司。初隶兵部，专理缉捕逃旗事宜。康熙三十八年裁撤，将前后司改隶刑部。嗣复并为督捕一司，不掌外省刑名，亦不分现审。”[②]自此，刑部十八清吏司的架构成为定制。

三是形成审限及司法统计制度。“刑部收受讼案，已结未结，每月汇奏。设督催所，而督以例限。审结寻常徒、流、军、遣等罪，按季汇题。案系奏交，情虽轻，专案奏结。”“（州县）词讼每月设立循环簿，申送督、抚、司、道查考。巡道巡历所至，提簿查核，如有未完，勒限催审。”[③]

四是管辖和程序更加清晰。“凡审级，直省以州县正印官为初审。不服，控府、控道、控司、控院。”[④]“各省户、婚、田土及笞、杖轻罪，由州县完结，例称自理。……徒以上解府、道、臬司审转，徒罪由督抚汇案咨结。有关人命及流以上，专咨由部汇题。死罪系谋反、大逆、恶逆、不道、劫狱、反狱、戕官，并洋盗、会匪、强盗、拒杀官差，罪干凌迟、斩、枭者，专摺具奏，交部速议。杀一家二命之案，交部速题。其馀斩、绞，俱专本具题，分送揭帖於法司科道，内阁票拟，交三法司核议。如情罪不符及引律错误者，或驳令覆审，或径行改正，合则如拟核定。议上立决，命下，钉封飞递各州县正印官或佐贰，会同武职行刑。监候则入秋审。”[⑤]

五是刑部参与修律修例成为定制。“又国初以来，凡纂修律例，类必

① 赵尔巽等:《清史稿》卷一百四十四·志一百十九《刑法三》。
② 赵尔巽等:《清史稿》卷一百四十四·志一百十九《刑法三》。
③ 赵尔巽等:《清史稿》卷一百四十四·志一百十九《刑法三》。
④ 赵尔巽等:《清史稿》卷一百四十四·志一百十九《刑法三》。
⑤ 赵尔巽等:《清史稿》卷一百四十四·志一百十九《刑法三》。

钦命二三大臣为总裁，特开专馆。维时各部院则例陆续成书，苟与刑律相涉，馆员俱一一釐正，故鲜乖牾。自乾隆元年，刑部奏准三年修例一次。十一年，内阁等衙门议改五年一修。由是刑部专司其事，不复简派总裁，律例馆亦遂附属於刑曹，与他部往往不相关会。高宗临御六十年，性矜明察，每阅谳牍，必求其情罪曲当，以万变不齐之情，欲御以万变不齐之例。故乾隆一朝纂修八九次，删原例、增例诸名目，而改变旧例及因案增设者为独多。”[①] 清朝律和例都有法律效力，律基本保持稳定，修律以亲命大臣为主，刑部参与；而例则定期删修，为刑部专责。修例之时刑部专设律例馆，为其临时附属机构。

四、古代司法行政制度的特点

我国历史悠久，法律制度成熟发达，法司衙门架构合理，机制成熟，运行稳定，司法行政制度呈现如下特点：

一是在唐代出现了古代的司法行政机关——刑部。判断我国古代司法行政机关的出现，须有几个标准：首先是审判与行政分离，这样才能界定司法行政；其次是具有较为成熟的诉讼程序和法典，这样才能更加明确地区分法司衙门之间的分工；最后是法司衙门必须成熟稳定，司法行政的职能经受住长期实践的检验。唐代以前的南北朝时期，虽然也有大理寺或刑部的雏形，但是要么法典及程序不成熟，要么法司衙门不稳定，很难说产生了真正的司法行政机关。到了唐代，诞生了成熟的法典——《唐律疏议》，形成了完备的诉讼制度，三省六部制也已经定型，三法司之间的职责分工已经非常明确，且稳定运行数百年之久。所以，我国在唐朝时出现了古代司法行政机关。

二是我国古代的司法行政制度胜于西方。在唐代，我国的审判就与行政分离，并形成了刑部、大理寺、御史台三法司衙门。而刑部作为司法行政机关，在唐朝时其内部官制就已经非常成熟，宋朝时分工更加专业化。而西方直到18世纪，才由法国人孟德斯鸠提出“三权分立”学说，其针对的是当时法国司法与行政不分之弊病。当时法国从分封制转变为君主制不过一二百年，其君主制成熟度仅相当于我国之汉朝，尚由大法官兼掌玺

① 赵尔巽等:《清史稿》志一百十七《刑法一》。

大臣，近代司法行政无从谈起。直至1791年大革命时期，法国才诞生了司法部，实现了审判和行政的分离。英国一直采用立法、行政、司法合一的大法官制，大法官部于1885年方才建立，直至《1971年法院法》颁布，才被赋予了更多的现代司法行政职责。至2003年的宪法改革，宪法事务部成立，古老的大法官制度方才终结。东西方相较，我国司法行政制度比英法早约1000年，其稳定成熟远胜西方。

三是行政兼理司法本身有其合理性。近代以来，法律界皆以行政兼理司法为中国法制落后的一个重要方面。持此论者，多以当时中国较西方法制落后，导致西方在华设立领事裁判权有关。19世纪下半叶，西方诸国已完成工业革命，建立起资本主义法律制度，其摆脱落后残酷的法律制度方才数十年时间。但此时中国尚处在君主制末期，法律仍延续旧制，刑罚残酷，为西方诸国所不容。但是行政兼理司法本身并不在落后之列。“中国自书契以来，以礼教治天下。劳之来之而政出焉，匡之直之而刑生焉。政也，刑也，凡皆以维持礼教於勿替。”[①] 在中国古代，行政与司法都是实施礼教的两个方面，是阳与阴、主与辅、本与用的关系，不可分离。这与西方“三权分立”的理论有着本质区别。这种理论指导下的制度设计，必然是行政兼理司法，审判附属于行政。其实中国之地方官吏，主要职责为两项：狱讼和钱粮，即司法和财税。这实际上就是施政与施刑两大职责的体现。加之“皇权不下县”的政治社会关系、息讼的法律传统，很多纠纷在乡绅族长调处之下就已经解决，社会关系的基本准则是礼制而非法制。以当时的经济、社会和法制发展水平，远不足以支撑地方，特别是县级层面将地方官之职责一分为二，所以直至民国，仍然施行县知事兼理司法。这种兼理制度，有自己的理论基础、文化氛围、制度惯性和现实需求，并非落后的体现。

四是残酷的刑罚使我国古代司法行政“显得”落后，其根源在于极端专制。唐朝开放包容，刑罚平缓；宋朝发达繁荣，其刑罚和法司衙门沿用唐制。虽然是君主制，但是唐朝时君权并不强大，宋朝时以“君主与士大夫共治天下”为基本执政理念，颇有些“共和”味道。但从元代以来，蒙古人统治中原，民族矛盾尖锐，专制压迫严重，刑罚变得残酷。“元废大

① 赵尔巽等:《清史稿》志一百十七《刑法一》。

理寺，以断事官掌蒙古色目人所犯公事，而以汉人刑名归刑部，审判与司法行政，遂混合为一，不可复分。”[①]沈家本认为，“以刑官言之，内则有刑部无大理，其制最为不善”。[②]明朝建立后，朱元璋法外用刑，酷刑泛滥，特务统治，废中书省而权归六部，君主专制更上一层楼。明朝不设督抚而设三司，各省以提刑按察司对刑部，刑部则以十三清吏司对各省，律法以六部分权限，都是强化中央集权君主专制统治的表现。清军入关后，民族矛盾再次尖锐，君主专制登峰造极，其沿用明制，刑部权力更重，刑罚残酷不减，司法行政成为专制之爪牙。明清近600年的闭关锁国，使中国逐渐落后于西方。西方在中世纪亦有颇多酷刑。工业革命后，西方国家建立了资本主义制度，倡导“三权分立”，刑罚文明化。鸦片战争中，西方国家用坚船利炮敲开中国国门，中西法制也出现碰撞。相较于西方刚建立之民主政治和文明刑罚，中国君主专制和残酷刑罚的弊端暴露无遗。因此，不能简单对比就认为中国古代司法行政制度落后于西方。本书认为，元明清以来，司法行政制度从维护专制压迫的角度看，是“进步”；从适用残酷刑罚的角度看，是落后。

① 参见汪楫宝:《民国司法志》，商务印书馆2013年版，第1—2页。

② 沈家本:《历代刑官考》，“元”。

第二章　清末司法行政制度

庚子之后，清政府在风雨飘摇中开始了预备立宪和新官制改革，欲以西方司法独立的思想建构中国司法制度框架，变法以图自强。这是中国历史上一次重大且影响深远的近代化尝试，开启了古老中国法律和司法制度的转型之路。在这次历史巨变中，中华法系逐渐解体，沿用千余年的刑部、大理寺和都察院的法司衙门结构发生了彻底改变，司法行政一面脱胎换骨、重获新生，一面引领着中国法律和司法制度走向近代化。

一、改“刑部”为“法部”

光绪三十二年，在以预备立宪为目的的新官制改革中，清廷改刑部为法部，统一司法行政。[①]法部置尚书，侍郎，左、右丞、参以次各官。[②]首

① 光绪三十二年九月二十日《裁定奕劻等核拟中央各衙门官制谕》:“刑部著改为法部，专任司法；大理寺著改为大理院，专掌审判。”参见赵尔巽等:《清史稿》卷一百四十四·志一百十九《刑法三》。故宫博物院明清档案部:《清末筹备立宪档案史料(上册)》，中华书局1979年版，第471页。上海商务印书馆编译所编纂:《大清新法令》第一卷，商务印书馆2011年版，第38页。

② 赵尔巽等:《清史稿》志九十四《职官六新官制》。

任法部尚书为戴鸿慈[1]。宣统三年，改责任内阁，以军机大臣为总、协理大臣，并定内阁属官制，改尚书为大臣，侍郎为副大臣。[2]根据《法部官制清单》[3]，“法部管理全国民事、刑事、监狱及一切司法行政事务，监督大理院、直省执法司、高等审判厅、地方审判厅、城乡谳局及各厅局附设之司直局调查检察事务”，“法部设承政厅、参议厅凡二厅，设审录司、制勘司、编置司、宥恤司、举叙司、典狱司、会计司、都事司凡八司，设收发一所”。“承政厅设左右丞各一员，稽察各司重要事务，总办秋、朝审实缓，进呈册本，兼核恩赦减等事宜，掌本部所辖之京外各职员进退，并区画各审判厅局辖地，调度司直及司法警察事项。参议厅设左右参议各一员，审定各司重要事务，纂修律例，条定新章，详核各司驳议稿件，调查中外法制、内地风俗，编纂通行条例、统计书表，撰拟章奏文移及秘密函电暨律师注册事项。”承政、参议二厅各“设参事二员襄理厅务，选派各司熟悉例案司员会同办理，不作额缺”。审录司“分掌朝审、录囚、覆核大理院各裁判厅局”；制勘司“分掌勘定秋审实缓、宣告死刑”；编置司“分掌京外奏咨减等、盗犯定地编发给官兵为奴事项”；宥恤司“分掌恭办恩旨、恩诏、赦典，颁降条款、清理庶狱”；举叙司“分掌请补各司员外缺、功过、事故、京察、奏留暨法部应行监督各衙门厅局请简、请补、升降各官缺及考验法官、书记、律师、法律毕业各员事项”；典狱司“分掌直省监狱、警察、习艺所、罪犯名册、衣粮费用，编纂牢狱之规则，统计

---

① 戴鸿慈（1853—1910），字光孺，号少怀，晚号毅庵，广东广州府南海县人。1905年，清廷派五大臣出洋考察，戴鸿慈为五大臣之一，率一队“历十五邦，凡八阅月，归国。与载泽、端方、尚其亨、李盛铎等裒辑《列国政要》百三十三卷、《欧美政治要义》十八章，会同进呈”。戴奏请：“明降谕旨，宣示天下以定国是，约於十五年或二十年颁布宪法，召集国会，实行一切立宪制度。”又奏：“实行立宪，既请明定期限，则此十数年间，苟不先筹预备，转瞬届期，必至茫无所措。今欲廓清积弊，明定责成，必先从官制入手。拟请参酌中外，统筹大局，改定全国官制，为立宪之预备。”“先是鸿慈奉使在途，已擢礼部尚书；及还，充釐定官制大臣，转法部尚书。充经筵讲官、参预政务大臣。时法部初设，与大理院画分权责，往复争议，又改并部中职掌。於是京外各级审判厅次第设矣。又采英、美制创立京师模范监狱。”“宣统元年，赏一等第三宝星，充报聘俄国专使大臣。……是年八月，命入军机，晋协办大学士。二年，卒，加太子少保，谥文诚。”参见赵尔巽等：《清史稿》卷二百二十六《戴鸿慈传》。

② 赵尔巽等：《清史稿》志九十四《职官六新官制》。

③ 上海商务印书馆编译所编纂：《大清新法令》第二卷，商务印书馆2011年版，第108页。

书表事项”；会计司“分掌本部出入经费、一切预算决算款项及纳赎、收赎、罚金、充公贼物财产、罪犯习艺成绩、贩卖讼费及各项之统计书表报告事件”；都事司“分掌翻清译汉誊缮专折、值日递折递牌、典守堂印、誊缮、汇奏、速议、核各省折件”。各司设郎中三员，员外、主事各四员。各地刑事民事案件分隶于审录、制勘、编置、宥恤四司。“收发所设员外、主事各二员，分掌收发定罪人犯、京外来往文件折奏、逾限之统计书表、赏罚、书手、皂差、禁卒，宣告各项示谕，发收、修造刑具暨阖署工程各事项。”法部下辖司狱总管守长、正管守长各二人，副管守长六人，正、副狱医监督各一人。①

光绪三十二年（1906）七月初六②，出使各国考察政治大臣戴鸿慈③在官制改革的奏折中，指出法部与刑部之根本不同：“刑部掌司法行政，亦旧制所固有，然司法实兼民事、刑事二者，其职在保人民之权利，正国家之纪纲，不以肃杀为功，而以宽仁为用，徒命曰刑，于义尚多偏激。臣等以为宜改名曰法部，一国司法行政皆统焉。”④

光绪三十二年九月二十日清廷发布《裁定奕劻等核拟中央各衙门官制谕》，明确了法部的基本职责：“刑部著改为法部，专任司法；大理寺著改为大理院，专掌审判。”⑤军机大臣奕劻等在厘定法部官制及具体职责中认

---

① 法部奏《核议法部官制并陈明办法折并清单》(法部官制清单)。参见怀效锋：《清末法制变革史料（上卷）》，中国政法大学出版社 2010 年版，第 240—241 页。上海商务印书馆编译所编纂:《大清新法令》第二卷，商务印书馆 2011 年版，第 106 页。赵尔巽等:《清史稿》志九十四《职官六新官制》。

② 辛亥革命前，我国均采用旧历，即农历。辛亥革命后，民国政府方采用公历，但仍保留民国年号。民国时期参考文献中法规公布时间，如“民国二年十二月二十二日，教令第 42 号公布《修正司法部官制》”，为行文之便，可统一为公历“1913 年 12 月 22 日”。但清朝时期参考文献日期因农历和公历不同，不宜直接更改。如清“光绪三十二年七月初六日”，便不可改为“1906 年 7 月 6 日”。为保证真实性和准确性，本文所引文献原文记载为农历日期者，保持原状，不做更改。仅在必要之处，在其后附注其大致对应的公历年份。

③ 清末出国考察五大臣之一，出使美、英、法、德、丹麦、瑞士、荷兰、比利时、意大利等国。归国后奏请立宪和中央官制改革。改刑部为法部，戴首任尚书。

④ 出使各国考察政治大臣戴鸿慈等《奏请改定全国官制以为立宪预备折》(光绪三十二年七月初六日)，故宫博物院明清档案部:《清末筹备立宪档案史料（上册)》，中华书局 1979 年版，第 372 页。

⑤ 参见故宫博物院明清档案部:《清末筹备立宪档案史料（上册)》，中华书局 1979 年版，第 471 页；上海商务印书馆编译所编纂:《大清新法令》第一卷，商务印书馆 2011 年版，第 38 页。

为，法部职责远大于原刑部：“窃惟理刑一官关系重大，现今易名法部，其范围更广，其组织更难，由旧以入新，似因而实创。”“司法衙门乃总汇而实行之，使举国之人胥受治于法律之内。故内而各部省之法制归其综理；外而大审院、控诉院、地方裁判所、区裁判所，一切受其监督，因非徒管理刑名稽核案件已也。”[①] 概言之，法部应以法治为宗旨，一方面负责汇订审核中央地方法律法规，另一方面监督中央地方各级司法衙门。

次年，清廷开始了地方司法行政机关的改革。光绪三十三年（1907）五月二十七日，清廷发布谕令，将各省按察使改为提法使[②]，并公布了《提法司办事划一章程》，规定“提法司主管事务，按奏定提法使官制暨法院编制法规定司法行政办理”（第1条），“提法司署遵章分设总务、刑民、典狱三科，候各审判厅编后，得由提法使将刑民科检为刑事、民事两科”（第3条）。[③]

二、“司法”“行政”分离

清袭明制，司法与行政合一，刑部为各类案件的主审机关，且负责其他法律事务。清末新官制改革中，司法与行政开始有限分离，这是清末变法的重要目标之一，是新官制改革的关键问题之一，更是中国司法近代化的一大成果。

一是司法官与行政官分离。戴鸿慈认为，司法官不宜与行政官合为一职：“司法与行政两权分峙独立，不容相混，此世界近百年来之公理，而各国奉为准则者也。盖行政官与地方交接较多，迁就瞻徇，势所难免，且政教愈修明，法律愈繁密，条文隐晦，非专门学者不能深知其意。行政官既已瘁心民事，岂能专精律文，故两职之不能相兼，非惟理所宜然，抑亦势所当尔。中国州县向以听讼为重要之图，往往案牍劳形，不暇究心利病，而庶政之不举，固其宜矣。臣等谓宜采各国公例，将全国司法事务离开独

① 军机大臣奕劻等《覆奏核议法部官制并陈明办法大要折》（光绪三十二年十二月十八日），故宫博物院明清档案部：《清末筹备立宪档案史料（上册）》，中华书局1979年版，第491页。

② 参见《关于各省按察使改为提法史的谕令》；湖北省司法行政史志编纂委员会：《清末民国司法行政史料辑要》，1988年5月，第6页。

③ 参见湖北省司法行政史志编纂委员会：《清末民国司法行政史料辑要》，1988年5月，第7页。

立，不与行政官相丽……”[①] 戴认识到，在中国随着法制的发展，司法官将越发专业化，司法官与行政官分离也将是大势所趋。

二是中央司法与行政的分离。光绪三十二年，在改刑部为法部，统一司法行政的同时，改大理寺为大理院，附设总检察厅，专司审判。于是法部不负责案件审判，各省案件，划归大理院覆判，并不会都察院，沿用千年之久的三法司制度废止。秋审、朝审专属法部，缓决案件随案声明，不再复勘，从此九卿、科道会审之制废止。[②] 光绪三十二年九月十六日，庆亲王奕劻等在《奏厘定中央各衙门官制缮单进呈折》明确：“司法之权则专属之法部，以大理院任审判，而法部监督之，均与行政官相对峙，而不为所节制。”“行政裁判院所以纠正官权之过当，大理院平反重辟，审决狱，成为全国最高之法院。”[③] 该制度设计重点有四：一是将审判权从法部划出，由大理院等行使；二是法部虽为行政机关，但与大理院均属司法衙门，不为行政官节制；三是将审判机关置于法部监督之下；四是废止了会审制，其他行政机关不再参与司法。该方案基本明确了中央机关司法与行政之有限分离。同年九月二十日，清廷下谕，总体上允准了奕劻等奏请的中央官制改革方案，次日，清廷任命戴鸿慈为法部尚书、沈家本为大理院正卿。[④]

三是地方司法与行政分离。戴鸿慈指出，“所有各省执法司、各级裁判所及监狱之监管，皆为本部分支，必须层层独立，然后始为实行”。[⑤] 这实际上是主张将地方司法与行政分离，并使之受命于中央法部之垂直领导。地方改革开始后，京师暨各省设高等审检厅，都城省会及商埠各设

---

① 出使各国考察政治大臣戴鸿慈等《奏请改定全国官制以为立宪预备折》（光绪三十二年七月初六日），故宫博物院明清档案部：《清末筹备立宪档案史料（上册）》，中华书局1979年版，第379页。

② 赵尔巽等：《清史稿》志一百十九《刑法三》。

③ 故宫博物院明清档案部：《清末筹备立宪档案史料（上册）》，中华书局1979年版，第462页。

④ 公丕祥：《司法与行政的有限分立——晚清司法改革的内在理路》，载《法律科学（西北政法大学学报）》2013年第4期。怀效锋：《清末法制变革史料（上卷）》，中国政法大学出版社2010年版。

⑤ 出使各国考察政治大臣戴鸿慈等《奏请改定全国官制以为立宪预备折》（光绪三十二年七月初六日），故宫博物院明清档案部：《清末筹备立宪档案史料（上册）》，中华书局1979年版，第379页。

地方及初级审检厅，改按察使为提法司。[①] 光绪三十三年，法部奏定各级厅试办章程。宣统二年，法律馆奏颁法院编制法，建立“四级三审”的审判体系，地方司法与行政开始分离，“由初级起诉之案不服，可控由地方而至高等，由地方起诉之案不服，可控由高等而至大理院，名为四级三审。从前审级、审限、解审、解勘之制，州县行之而不行于法院。审判分民事、刑事。……司法事务有年度，判断有评议，刑事有检察官莅审，人命由检察官相验，法院行之而不能行于州县”[②]。但实际上，由于工程浩大，至清室覆亡，地方司法与行政之分离在数量上非常有限，特别是在县一级寥寥无几。直至民国，这一分离仍未完成，遂以县知事兼理司法为权宜之计。

“司法”与“行政”分离过程中一个重要的事件是“部院之争”。在裁定新官制改革最终方案的上谕中，“刑部著改为法部，专任司法。大理寺著改为大理院，专掌审判”的表述过于概括和模糊，特别是没有明确“司法”的内容，使得法部权限的厘定具有很大弹性。大理院首任正卿沈家本与法部首任尚书戴鸿慈等于上任后便就案件驳审权、司法人事权和司法监督权等的厘定问题展开争论。这些争论触及“司法”“司法行政”“审判”三者之间深层次的理论问题[③][④]，也引起了清廷的重视。光绪三十三年四月十二日，清廷下谕：“著与法部会同妥议，和衷商办，不准各执意见。”同日，清廷又下谕：调沈家本为法部右侍郎，张仁黼为大理院正卿。着两位争论主角互换职位。按照清廷的要求，法部与大理院“连日晤商，共同妥

① 赵尔巽等:《清史稿》志一百十九《刑法三》。

② 赵尔巽等:《清史稿》志一百十九《刑法三》。

③ 王卫:《清末官制改革中的“部院之争”及其历史鉴戒》，载《河北青年管理干部学院学报》2020年第3期。岳力:《晚清部院司法权限之争》，载中国网。

④ 沈家本《大理院奏审判权限厘定办法折》(光绪三十二年十月二十七日)，法部尚书戴鸿慈等《奏酌拟司法权限缮单呈览折(附清单)》(光绪三十三年四月初三)，沈家本《奏酌定司法权限并将法部原拟清单加具案语折》(光绪三十三年四月初九)。参见故宫博物院明清档案部:《清末筹备立宪档案史料(下册)》，中华书局1979年版，第824、827页。上海商务印书馆编译所编纂:《大清新法令》第一卷，商务印书馆2011年版，第368、377页。

定”[①]。部院之争，最终以法部胜出、大理院依附于法部之结局而告结束。[②]

此次改革虽然触及了司法与行政合一的传统体制，但是不能说改革后司法独立于行政，其实际效果更接近于“分工不分家”。新官制改革和预备立宪由皇权主导，其终极目的是维护皇权。在中国“大一统”的政治理论中，可以允许权力“分工”，但是不可能允许权力“分家”。清末司法与行政的分离，仅是部门间的“分工”，而非司法“独立”于行政，更不可能“独立”于皇权。从权力分工的最终的结果看，司法权仍在很大程度上依附于行政权。作为改革最终结果，《法院编制法》规定“法部堂官监督全国审判衙门及检察厅，各省提法使监督本省各级审判厅及检察厅”，最终确认了法部对审判和检察系统的监督权。

三、设馆修律变法

庚子之变后，直隶总督袁世凯、两江总督刘坤一、湖广总督张之洞，于光绪二十八年会保刑部左侍郎沈家本、出使美国大臣伍廷芳修订法律，兼取中西。是年刑部亦奏请开馆修例。[③]光绪二十八年四月初六日，清廷颁布了修订法律的上谕[④]，次年设立了专门机关——修订法律馆[⑤]。

修订法律馆成立后，整理中国法律旧籍，翻译并引入了东西各国大量的法律及论著，为修律变法提供了丰富的理论基础和参考内容，同时也开创了中国近代法学之先河。光绪三十三年（1907），清政府规定，凡如民法、商法、刑法、诉讼法等“包含一切关涉全国之事”的“法典”，由修

---

① 光绪三十三年四月二十日《法部大理院会奏遵旨和衷妥议部院权限折（并清单）》参见上海商务印书馆编译所编纂:《大清新法令》第一卷，商务印书馆 2011 年版，第 375 页。柴松霞:《沈家本在清末预备立宪中的作用与影响——以官制改革为中心的考察》，载《法律史评论》2019 年第 1 卷。

② 公丕祥:《司法与行政的有限分立——晚清司法改革的内在理路》，载《法律科学（西北政法大学学报）》2013 年第 4 期。

③ 赵尔巽等:《清史稿》志一百十七《刑法一》。

④ 光绪二十八年四月初六日上谕（二）。参见上海商务印书馆编译所编纂:《大清新法令》第一卷，商务印书馆 2011 年版，第 16 页。

⑤ “修订法律馆大臣，无定员。（特简兼任。）提调二人。总纂四人，纂修、协修各六人。庶务处总办一人。译员、委员无恒额。（并以谙法律人员充之。）光绪三十三年设。”参见赵尔巽等:《清史稿》志九十四《职官六新官制》。修订法律大臣《奏开馆日期并拟办事章程折并章程》，参见上海商务印书馆编译所编纂:《大清新法令》第二卷，商务印书馆 2011 年版，第 113 页。

订法律馆草拟，而“为一事或一地方而设”的“单行法”，则“由各该管衙门拟具草案”[①]。同年，清廷开始筹议编纂民律草案。自次年起，由修订法律馆主持，在全国展开了大范围的民商事习惯调查。[②]宣统三年（1911）沈家本任法部右侍郎，又奉命主持修订法律。沈家本建议废止凌迟、枭首、戮尸等酷刑，用修订的《大清现行刑律》取代《大清刑律》，并研究和参照国外刑律，制订《大清新刑律》。此外，沈家本还主持制定了《大清民律草案》《大清商律草案》《刑事民事诉讼法草案》[③]等一系列法律。“诸法合体，以刑为主”的传统中华法律体系为之一变。

沈家本任修订法律大臣后，主持重大法律的制定和修改，然而这一重大权力引起了非议。光绪三十三年五月初一，新任大理院正卿张仁黼具折上奏，请重组修订法律馆，认为修订法律非一二人之事，建议各部堂官一律参与，由法部、大理院主导。其后，戴鸿慈亦上奏建议改组修订法律馆，由法部、大理院职掌，并派王大臣为总裁。[④]宪政编查馆对戴张二人的奏折提出了反对意见，认为将修订法律馆置于法部、大理院管辖之下，“是以立法机关混入行政及司法机关之内”，有悖于“三权分立”的精神；建议“请将修订法律馆仍归独立，与部院不相统属。所有修订大臣，拟请旨专派明通法律之大员二三人充任”。[⑤]结合宪政编查馆的意见，清廷发布谕旨，明确了修订法律馆的独立地位，并派沈家本、俞廉三、英瑞为修订法律大臣，会通参酌，妥慎修订。[⑥]

---

① 宪政编查馆大臣奕劻等《奏议覆修订法律办法折》（光绪三十三年九月初五日），故宫博物院明清档案部:《清末筹备立宪档案史料（下册）》，中华书局1979年版，第849页。

② 参见孙明春:《中国近代以来民事习惯调查》，载《中国社会科学报》2016年11月23日，第5版。

③ 修订法律大臣沈家本等《奏进呈送诉讼法拟请先行试办折》，参见上海商务印书馆编译所编纂:《大清新法令》第一卷，商务印书馆2011年版，第418页。

④ 大理院正卿张仁黼《奏修订法律请派大臣会订折》《奏修订法律宜妥慎进行不能操之过急片》（光绪三十三年五月初一日），法部尚书戴鸿慈等《奏拟修订法律办法折》（光绪三十三年六月初九日），故宫博物院明清档案部:《清末筹备立宪档案史料（下册）》，中华书局1979年版，第831、833、839页。

⑤ 宪政编查馆大臣奕劻等《奏议覆修订法律办法折》（光绪三十三年九月初五日），故宫博物院明清档案部:《清末筹备立宪档案史料（下册）》，中华书局1979年版，第849页。

⑥ 王卫:《清末官制改革中的“部院之争”及其历史鉴戒》，载《河北青年管理干部学院学报》2020年第3期。

修订法律馆是清末司法行政对中国法律近代化一大历史贡献。其作为中国近代史上重要的法律改革机构，负责“新政”以来各项法律的草创和修改。修订法律馆虽然最后成为独立的法律草拟机构，但其由刑部律例馆改设而来，脱胎于司法行政。沈家本以刑部左侍郎任修订法律馆首任大臣，此后不论是在刑部还是大理院、法部，沈家本都有一项兼差——主持修订法律馆。也就是说，清末变法不论是从机构渊源还是人事安排上讲，都是由司法行政开始和主导。此后，虽然法律制定以修订法律馆为主，但法部始终参与法律修定，比如根据《逐年筹备事宜清单》，“修改新刑律。修订法律大臣、法部同办”[①]。光绪三十三年八月，沈家本编成《大清新刑律》，奏请饬下宪政编查馆核定。清廷以是否与国情民俗相合，着各衙门详议具奏。时军机大臣张之洞及各省疆吏等纷纷反对，先后奏请饬下法部会同修改。修订法领馆乃将原草重加修订，送交法部，尚书廷杰墨守旧律，又附加 5 条于后，“会衔具奏，请作为暂行章程颁布……清廷复将该修正草案发交宪政编查馆审核”。[②]

四、创设近代司法

戴鸿慈在出洋考察各国政治后，向清廷建议以司法与行政分立为原则，对司法体制进行如下改革和创新：一是将司法官与行政官分离，业务和人事上均互不牵涉，实现司法官的专业化；二是由法部统管法院、监狱和各级司法行政机关，建立区、县、省、中央的四级“垂直领导”式的司法体系；三是建立检察机关，附设在审判机关之内，专司刑事公诉之职；四是建立案件管辖和上诉、申诉等制度；五是为了方便诉讼，在边疆省份建立巡回裁判制度[③]。该建议勾勒出近代司法体系的基本框架。

近代司法体系的建立，首先从中央开始。规划建立中央审判机关的法

① 参见周叶中、江国华主编:《博弈与妥协——晚清预备立宪评论》，武汉大学出版社 2010 年版，第 527 页。

② 参见谢振民编著:《中华民国立法史》，张知本校订，中国政法大学出版社 2000 年版，第 883 页。

③ 出使各国考察政治大臣戴鸿慈等《奏请改定全国官制以为立宪预备折》（光绪三十二年七月初六日），故宫博物院明清档案部:《清末筹备立宪档案史料（上册）》，中华书局 1979 年版，第 379—380 页。

律文件是《大理院审判编制法》。[①] 清末作为最高审判机关的大理院延续了中国传统体制，直辖京师各级审判衙门。沈家本就任大理院首任正卿后，提出大理院及其直辖京师审判衙门的初步规划方案："改区裁判所为乡谳局，改地方裁判所为地方审判厅，改控诉院为高等审判厅，而以大理院总其成……" [②] 并拟订《大理院审判编制法》分 5 节，共 45 条，具折奏进，于光绪三十二年十月二十七日获得清廷批准。此法亦采四级三审制，四级审判衙门皆有各自管辖权限。自大理院以下各审判厅局，均分民事、刑事二类，司法裁判不受行政衙门干涉。各审判厅局均附设检察局，各须设有检察官，于刑事有提起公诉之责，可请求用正当之法律，监视判决后正当施行；均须置承差若干人，掌送达诉讼人票及控禀，并办理审决衙署已审判之案件。《法院编制法》颁行后，该法即失其效力。[③] 光绪三十三年四月三日，法部大理院《奏为核议大理院官制折并清单》，获得清廷批准。[④]

法部制定的《各级审判厅试办章程》[⑤] 是改革开始后，《法院编制法》生效前，推动建立近代地方司法体系最重要的文件。光绪三十三年，沈家本、伍廷芳编订之《刑事民事诉讼法》遭到各省反对，均拟请暂缓施行，另交法部详核妥拟。法部以各级审判厅开办在即，特奏请编纂《各级审判厅试办章程》，该章程以直隶总督袁世凯奏定之《天津府属审判厅试办章程》为蓝本，参照沈家本奏呈之《法院编制法草案》编成。交大理院逐条详核同意后，奏请饬下宪政编查馆核议，于同年十月二十九日获准。[⑥] 此章程共 5 章，共 120 条，第一章总纲；第二章审判通则，分 8 节：审级、管辖、回避、厅票、预审、公判、判决之执行、协助；第三章诉讼，分

① 参见上海商务印书馆编译所编纂:《大清新法令》第一卷，商务印书馆 2011 年版，第 380 页。

② 沈家本《大理院奏审判权限厘定办法折》（光绪三十二年十月二十七日）参见上海商务印书馆编译所编纂:《大清新法令》第一卷，商务印书馆 2011 年版，第 377 页。

③ 参见谢振民编著:《中华民国立法史》，张知本校订，中国政法大学出版社 2000 年版，第 984—986 页。

④ 上海商务印书馆编译所编纂:《大清新法令》第二卷，商务印书馆 2011 年版，第 119 页。

⑤ 参见上海商务印书馆编译所编纂:《大清新法令》第一卷，商务印书馆 2011 年版，第 388 页。

⑥ 参见谢振民编著:《中华民国立法史》，张知本校订，中国政法大学出版社 2000 年版，第 981—984 页。

6节：起诉、上诉、证人鉴定人、管收、保释、诉费；第四章各级检察厅通则；第五章附则。其施行期间，自各级审判厅开办之日为始，俟《法院编制法》及《刑事民事诉讼法》颁行后，即停止施行。此章程采四级三审制，略具《法院编制法》及《刑事民事诉讼法》大要，条文虽简，内容甚为完备。…… 至宣统元年，宪政编查馆详核《各级审判厅试办章程》，认为大致妥善，准其通行试办。惟章程第7条所定各级审判厅管辖之区域，系专指京师内外城而言，至外省各级审判厅之管辖区域，并无明文规定。法部特就关于各直省者，量加补订8条，并拟定《各省城商埠各级审判检察厅编制大纲》12条、《各省城商埠各级审判厅筹办事宜》4款，于宣统元年七月初十日一并具奏。并奉旨依议，即通行各省一体遵行。[①] 民国成立，民刑诉讼法尚未颁行，司法部特将《各级审判厅试办章程》分别删修，于1913年10月2日呈准政府通饬施行，至1915年2月2日、10月6日、12月6日，又迭次加以修正[②]，成为民国初期法院建设的纲领性文件。

《法院编制法》正式确定了清末司法体系改革的目标，也最终厘定了审判与司法行政的界限，明确了法部在创设近代司法中的地位。光绪三十三年八月初二，沈家本奏酌拟法院编制法草案，凡15章，计140条。经宪政编查馆考核改正后，厘为16章，164条，采四级三审制，“由初级起诉之案不服，可控由地方而至高等，由地方起诉之案不服，可控由高等而至大理院”[③]。宣统元年十二月二十八日，宪政编查馆呈送《奏核订法院编制法并另拟各项暂行章程折》。该奏折对先前部院之争涉及或未涉及的司法权限事务，作了明晰具体规定：一是属于全国司法之行政事务，如任用法官、划分区划，以及一切行政上调查执行各项，《逐年筹备事宜清单》中与司法相关的应予筹办者，均由法部总理主持，毋庸会同大理院办理。属于最高裁判暨统一解释法令事务，即由大理院遵照国家法律办理，所有大理院现审死刑案件，毋庸咨送法部复核，以重审判独立之权。二是规定凡京外已设审判厅的地方，无论何项衙门，按照法院编制法的规定无审判

① 参见谢振民编著:《中华民国立法史》，张知本校订，中国政法大学出版社2000年版，第981—984页。

② 参见谢振民编著:《中华民国立法史》，张知本校订，中国政法大学出版社2000年版，第984页。

③ 赵尔巽等:《清史稿》志一百十九《刑法三》。

权者，一概不得收受民刑诉讼案件。……三是规定鉴于大清新刑律尚未颁行，秋朝审案件亦应照旧由法部办理。四是直省创设各级审判厅，凡属司法行政监督权限，必须以法院编制法为准绳。既然司法权限已不相统属，行政官与司法官即不得互相侵越，倘有故违法院编制法者，由法部查明，据实纠参。当日，清廷即下谕颁行该法，并对审判衙门建设提出明确要求，其中第一条就是，督促法部会同各省督抚率提法司，在颁行《法院编制法》之后，按照《逐年筹备事宜清单》，抓紧筹设各级审判厅，所需司法经费即由法部会同度支部随时妥筹规划，以期早日观成。[①]《法院编制法》设初级审判厅、地方审判厅、高等审判厅和大理院，采四级三审制；实行审检合署制，在各审判衙门内配置检察厅（初级检察厅、地方检察厅、高等检察厅和总检察厅），对于审判衙门独立行使职务；检察官与推事一样，其员额由法部奏定。宪政编查馆所拟定之《初级暨地方审判厅管辖案件暂行章程》共12条，《法官考试任用暂行章程》共14条，《司法区域划分暂行章程》共10条，均经准奏，与《法院编制法》同时施行。[②]《法院编制法》为清末司法改革一大成果，但颁行不久，清室覆亡。民国成立，法制未定，暂行援用前清法律。1915年6月20日，司法部呈准政府将《法院编制法》修正刊行，至1916年2月2日又加以修正[③]，成为整个清末及民国北京政府期间司法系统的基础性法律。

五、改良监狱制度

清朝末年，列强接踵而至，以中国刑罚残酷落后为由，纷纷设立领事

---

① 公丕祥:《司法与行政的有限分立——晚清司法改革的内在理路》，载《法律科学（西北政法大学学报）》2013年第4期。怀效锋:《清末法制变革史料（上卷）》，中国政法大学出版社2010年版，第376页。谢振民编著:《中华民国立法史》，张知本校订，中国政法大学出版社2000年版，第986—989页。

② 参见《修订法律大臣沈家本奏酌拟法院编制法缮单呈览折》，载故宫博物院明清档案部编:《清末筹备立宪档案史料（下册）》，中华书局1979年版，第843页。周晓霞:《清末“司法独立白皮书”:〈法院编制法〉》，载《中国检察官》2017年第11期。吴泽勇:《清末修订〈法院编制法〉考略——兼论转型期的法典编纂》，载《法商研究》2006年第4期。参见谢振民编著:《中华民国立法史》，张知本校订，中国政法大学出版社2000年版，第986—989页。

③ 参见谢振民编著:《中华民国立法史》，张知本校订，中国政法大学出版社2000年版，第989—991页。

裁判权，令清廷甚为苦恼。中国刑罚残酷，监狱腐朽黑暗亦是事实。庚子之后，清廷决心变法，建立近代刑事司法制度，监狱改良亦在其中。对改良之成果，后人颇为肯定。《清史稿》称，“然其中有变之稍善而未竟其功者，曰监狱”。[①]

监狱自古由刑部监管。清末刑部改法部后，监狱沿袭旧制，仍归法部管理。典狱司为法部监狱管理的部门，负责审查直省牢狱建造之图案，牢狱之增析裁并事项；监察典狱官及狱吏、司狱、警察事项，罪犯习艺所事项，罪犯之名册；筹办改良牢狱事宜；颁行牢狱规则；编纂牢狱罪犯之统计书表等事宜。地方则由原按察使改为提法使司，下设典狱科，管理省级监狱，负责改良监狱，推广习艺所等事宜、稽核罪犯工作成绩及编纂监狱统计资料等事宜。[②]

清末监狱改良之思想发端于光绪二十七年（1901）八月两江总督刘坤一和湖广总督张之洞联名会奏的“变法三折”。在第二折《整顿中法十二条折》中，刘、张提出了“禁讼累、省文法、省刑责、重众证、修监羁、教工艺、恤相验、改罚锾、派专官”等九项主张，开中国近代监狱改良思想之先河。[③]

监狱改良之实践启动于光绪二十八年（1902）十一月十五日山西巡抚赵尔巽之《奏请的各省通设罪犯习艺所之折》。该折分析了传统刑制之流弊，认为其已不合时宜，建议设立新式罪犯习艺所，替代旧刑罚和监狱。其奏折上书后不久，刑部就进行了议覆，经清廷降发谕旨后获准在全国通行，罪犯习艺所开始在各地纷纷得到议办。[④]

变法中，沈家本提出了系统的监狱改良理论和方案。光绪三十三年（1907）四月十一日修订法律大臣沈家本《奏实行改良监狱四事折》中指

---

① 赵尔巽等:《清史稿》志一百十九《刑法三》。

② 肖世杰:《清末监狱改良》，湘潭大学 2007 年博士学位论文，第 66 页。

③ 肖世杰:《清末监狱改良》，湘潭大学 2017 年博士学位论文，第 40—41 页。（清）朱寿朋编:《光绪朝东华录》，张静庐等点校，中华书局 1984 年版，第 4743 页以下。

④《刑部议覆护理晋抚奏请各省通设罪犯习艺所折》。参见上海商务印书馆编译所编纂:《大清新法令》第一卷，商务印书馆 2011 年版，第 184 页。肖世杰:《清末监狱改良》，湘潭大学 2007 年博士学位论文，第 40—41 页。王元增著、王淇校刊:《监狱学》，1924 年版。（清）朱寿朋编:《光绪朝东华录》，张静庐等点校，中华书局 1984 年版，第 4967 页以下。

出，监狱行刑的原则是“故藉监狱之地，施教诲之方，亦即明刑弼教之本义”，提出四点改良措施：其一，改建新式监狱，提升国家文明程度。应先于各省会、各通商口岸内设立一所模范监狱拘禁“流徒等罪”。对于财政能力稍强的省份，其省内可“酌就罪质年龄量设数所”，之后试行数年，继而推之于各州县。在此，沈区分了“监狱”与“习艺所”。习艺所归属民政部监督，“拘置浮浪贫乏者”，监狱归法部监督，拘置“自审判厅判定罪名者”。其二，“养成监狱官吏”。改良监狱亟须“预储管理之材”。各省应设法律学堂或是在新监狱内附设监狱学堂，并采用特别任用法，狱官品级亦应改定，并须洁身自好、品行端正。其三，“颁布监狱规制”。建议法部参见各国最新监狱之规则，定监狱章程，各省再行实施，以免重蹈法国、日本监狱管理不统一之覆辙。其四，“编辑监狱统计”。建议仿先进国家之成例，由法部编定监狱统计规制，发至各督抚，各督抚据此分开报告，并由法部汇定成册，交由皇帝。据此法，刑事及监狱各事宜，按册即井然可稽。①

光绪三十三年（1907），湖北建成第一所新式监狱。京师模范监狱由法部于宣统元年闰二月初十（1909年3月31日）奏请设立，次年开工建筑，麦秩严为监督，凌盛熹为提调。由于当时法部认为“京师为首善之区，观听所集”，故在北京右安门内特觅新址予以兴建，以建成新式监狱“模范中之模范”。其所有构造图式均由日本著名监狱学家小河滋次郎博士设计。该监狱可以容纳罪犯1000余名，占地东西九十一丈，南北一百丈，建筑费银二十三万余两，其建筑规模堪称国内一流。可惜未及竣工，清室倾覆即已在先。② 至清室覆亡前，除了湖北和云南以及京师模范监狱外，全国22个行省有13个建成了模范监狱。“各省设置新监，其制大都采自日本。监房有定式，工厂有定程。法律馆特派员赴东调查，又开监狱学堂，以备京、外新监之用。然斯时新法初行，措置未备，外省又限于财力，未能遍设也。”③

监狱改良的另一重要内容是将已决犯和未决犯分押。“从前监羁罪犯，

① 故宫博物院明清档案部：《清末筹备立宪档案史料（下册）》，中华书局1979年版，第831页。

② 肖世杰：《清末监狱改良》，湘潭大学2007年博士学位论文，第93页。

③ 赵尔巽等：《清史稿》志一百十九《刑法三》。

并无已决未决之分。其囚禁在狱，大都未决犯为多。”[①]光绪三十二年大理院成立后，于次年四月会同军大臣、法部又向朝廷上书提议设立看守所，认为对于未定罪名的现审案犯，由于不便取保，故必须在大理院附设一区，设立看守所对其进行羁押会奏，建议看守所设所长一员，所官四员以专司其事。该会奏得到了清廷的谕允，这应是中国历史上正式决定设立看守所之始[②]，从此中国开始区分看守所和监狱，“自光绪三十二年审判画归大理院，院设看守所，以羁犯罪之待讯者，各级审检厅亦然，於是法部犴狴空虚。别设已决监於外城，以容徒、流之工作，并令各省设置新监，其制大都采自日本”[③]。

《大清监狱律草案》是清末监狱改良的最高成果。在小河滋次郎的帮助下，于光绪三十四年（1908）开始起草，宣统二年（1910）颁布，未及实施，清室即已倾覆。草案分14章，共241条。第一章是总则，确定了监狱种类和拘禁对象、监狱监督、监狱待遇、囚犯申诉等基本制度。“监狱归法部管辖”，分为三种：徒刑监、拘留场，此两者是“以犯罪之人，置之执行刑罚之地”，是“实质的”监狱。留置所“乃拘留判决未定者之处所”，包括未决监、感化场、民事监等，属于“法制的”监狱。[④]第二章至第十四章为分则，规定了关于收监、拘禁、管束、作业、教诲及教育、给养、卫生及医疗、出生及死亡、接见及书信、赏罚、保管、特赦减刑及假释与释放等一系列较为完整的内容。[⑤]该草案引入了近代西方和日本的最新行刑理念，改变了中国传统监狱的痼疾，巩固了清末监狱改良的成果，确立了中国监狱近代化发展的方向。

六、培养法律人才

培养新式法律人才是中国传统司法制度向近代化转型的关键。它包括

---

① 赵尔巽等:《清史稿》志一百十九《刑法三》。

② 肖世杰:《清末监狱改良》，湘潭大学2007年博士学位论文，第97页。（清）朱寿朋编:《光绪朝东华录》，张静庐等点校，中华书局1984年版，第5674页。

③ 赵尔巽等:《清史稿》志一百十九《刑法三》。

④ 张琼:《浅析〈大清监狱律草案〉出台的历史背景及其意义》，载《黑龙江史志》2009年11月，第126页。《法部奏拟建京师监狱折》，载司法部编:《中国监狱史料汇编》，群众出版社1988年版。

⑤ 肖世杰:《清末监狱改良》，湘潭大学2007年博士学位论文，第109页。

提出新式法学思想、创办新式法律学堂、培养留洋法律人才、采用新式法官任用标准等内容。

一是提出新式法学思想。我国古代，有律学而无法学。[①] 律学以“家国一体”“德主刑辅”为主要指导思想，与经学同其盛衰。清末变法以来，引入了西方法律制度，以“三权分立”“权利义务”为主要内容。中国法学之兴，实起于清末变法，而沈家本可以算是中国历史上第一位法学家。沈家本晚年历任刑部右侍郎、修订法律大臣，并兼大理院正卿、法部右侍郎、资政院副总裁等职，不仅主持制定了一系列重要法典，提出了一系列法律改革主张[②]，还著有《历代刑官考》《历代刑法考》《汉律摭遗》《明律目笺》《文字狱》《刑案汇览》《读律校勘记》《古今官名异同考》法学著作，后人编有《沈寄簃先生遗书》《枕碧楼丛书》传世。特别是其《法学盛衰说》一文，总结出我国古代法学盛衰的规律：“夫盛衰之故非偶然矣。清明之世，其法多平；陵夷之世，其法多颇。则法家之盛衰，与政之治忽，实息息相通。然当学之盛也，不能必政之皆盛而当学之衰也，可决其政之必衰。”[③] 其他如梁启超、严复等，虽不以法学家名世，然而于中国新式法学之建立与发展，均有莫大贡献。梁启超于光绪二十二年《论中国宜讲求法律之学》一文中强调了法律之于文明的重要性：“法律愈繁备而愈公者则愈文明，愈简陋而愈私者则愈野番而已。”指出了中西法学融合之要旨：“故吾愿发明西人法律之学，以文明我中国，又愿发明吾圣人法律之学，以文明我地球。文明之界无尽，吾之愿亦无尽也。”[④] 这些人士，生于民族危亡的多事之秋，承受着文化传统的重大变故，故多抱济世之心，怀激越之情，其活动所及之社会领域与社会问题，既深且广，为中国近代法学的奠基者、开创者。[⑤]

二是创办新式法律学堂。清廷于1862年设立了京师同文馆，并在

---

① 梁治平：《法学盛衰说》，载《比较法研究》1993年第1期。

② 参见本章“三、设馆修律变法”部分。

③ 李光灿：《评沈家本〈法学盛衰说〉——评读〈寄簃文存〉卷三中第八篇论文〈法学盛衰说〉》，载《政法论坛》1985年第1期。梁治平：《法学盛衰说》，载《比较法研究》1993年第1期。

④ 梁启超：《饮冰室合集》第一册，中华书局2015年版，第93—94页。梁启超之法学论著甚多，本书不一一列举，具体内容参见《饮冰室合集》。

⑤ 参见梁治平：《法学盛衰说》，载《比较法研究》1993年第1期。

1867年开设课程，讲授由丁韪良主持翻译的《万国公法》。[①] 甲午之后，新式学堂逐渐兴起，北洋大学、南洋公学、京师大学堂、湖南时务学堂、山西大学堂、震旦学堂等先后设立法律或政治科。1902年8月，《钦定学堂章程》规定政治科分为政治学和法律学二目。清光绪三十一年（1905）修订法律大臣伍廷芳、沈家本奏请设立法律学堂，并制定《法律学堂章程》及详细的课程表，"以造就已仕人员，研精中外法律各具政治智识足资应用为宗旨"。[②] 次年10月，法律学堂正式开学，沈家本为管理京师法律学堂事务大臣，聘请了冈田朝太郎博士等外国法学家为学员授课，并支持冈田博士出版《法学通论讲义》作为学堂的基础教本。1907年10月法律学堂由修订法律馆所属改由法部直属，并正式改称"京师法律学堂"。[③] 京师法律学堂是中国官办第一所法律专门学校，其设立标志着中国近代法学教育的开始。光绪三十二年（1906），学部又奏请筹设京师法政学堂，拟定于次年春开办。[④] 在地方，直隶总督袁世凯于1905年11月奏请在保定设立直隶法政学堂。此后，全国各省纷纷成立法政学堂。至宣统元年，全国共设法政学堂47所，学生12282人，主要对"已仕人员"开展法律培训。宣统二年后，清廷又下令推广私立法政学堂。[⑤]

三是培养留洋法律人才。1872年，清政府首批120名官派赴美幼童中就有学习法律者。此后留学欧美的著名法律人士有：唐绍仪为第三批留美幼童，进入哥伦比亚大学学习；严复留洋英国，毕业于伦敦格林威治的皇家海军学院；伍廷芳毕业于英国林肯法律学院；王宠惠毕业于美国耶鲁大学，获法学博士学位，曾当选德国柏林大学比较法学会会员，并具有英

---

① 参见袁天亮:《清末法学教育概况》，载《西南交通大学学报（社会科学版）》2007年第4期。徐彪:《论清末新式法学教育对中国近代法学的影响》，载《环球法律评论》2005年第3期。

② 上海商务印书馆编译所编纂:《大清新法令》第三卷，商务印书馆2011年版，第390页。

③ 林明:《清末"新政"与近代法学教育》，载《山东大学学报（哲学社会科学版）》2001年第6期。

④ 林明:《清末"新政"与近代法学教育》，载《山东大学学报（哲学社会科学版）》2001年第6期。上海商务印书馆编译所编纂:《大清新法令》第三卷，商务印书馆2011年版，第417页；第九卷，第260页；第十卷，第93页。

⑤ 参见姚琦:《论清末民初的法政学堂》，载《华东师范大学学报（教育科学版）》2006年第3期。赵晓华:《清末法制改革中的人才储备》，载《沈家本与中国法律文化国际学术研讨会论文集》，中国法制出版社2005年版，第556—558页。

国律师资格；罗文干毕业于英国牛津大学，获法律硕士学位；伍朝枢，伍廷芳之子，毕业于伦敦大学和伦敦林肯法律学院，获法学学士学位和大律师资格；顾维钧，毕业于美国哥伦比亚大学，获公法和外交博士学位。[①]而留日学生对中国法学发展影响重大。甲午之后，朝野人士都认为日本近代改革的成功与甲午战争的胜利是日本教育的产物，中国应向日本派遣留学生学习其政治与制度，以救亡图存。兼之日本距中国近，费用少，语言文字又相近似，留学日本比留学欧美具有独特的良好条件。张之洞曾在其《劝学篇》中倡导留学日本，获清廷首肯并颁行各省。光绪二十七年八月，刘坤一、张之洞上书，建议学习效仿西欧诸国的日本学制并派员留学日本。后清廷于光绪二十七年至三十一年间多次通令督促各省督抚选派留学生。[②]光绪三十年（1904），日本法政大学校长梅谦次郎与出使日本大臣杨枢达成协议，日本法政大学在东京为中国留学生设立法政速成科。[③]在清政府的大力鼓励与倡导下，留日学生逐年递增：1904年的人数为2400人；1905年由于清廷废止了科举制，该年度留日学生陡增到8000人，某些资料认为1906年达到13000余人。学部自光绪二十九年陆续制定了一系列管理留学生的章程。光绪三十四年（1908），学部又与宪政编查馆会奏《游学毕业生廷试录用章程》11条，使留学生回国后的考试授官成为一项制度。[④]近代的日本留学风潮与中国近代法学教育及法学近代化关系十分密切。由于预备立宪即仿行日本，清廷又大力提倡法政教育，因而留学日本学习法政学科的学生占相当大比例，引入了大量近代法学概念、名词和术语，极大地推动了中国法学的进步和发展。同时，养成和集合了一批对辛亥革命和近代中国社会产生了巨大影响的革命党和进步知识分子

① 徐彪：《论清末新式法学教育对中国近代法学的影响》，载《环球法律评论》2005年第3期。

② 上海商务印书馆编译所编纂：《大清新法令》第一卷，商务印书馆2011年版，第10、13、17、31页；第三卷，第530—554页。

③ 参见赵晓华：《清末法制改革中的人才储备》，载《沈家本与中国法律文化国际学术研讨会论文集》，中国法制出版社2005年版，第558页。

④ 参见赵晓华：《清末法制改革中的人才储备》，载《沈家本与中国法律文化国际学术研讨会论文集》，中国法制出版社2005年版，第558页。上海商务印书馆编译所编纂：《大清新法令》第二卷，商务印书馆2011年版，第394页；第三卷，第530—554页。

群体。[1]

四是采用新式法官任用标准。变法过程中，由于新式司法人才匮乏，对建立新式司法制度产生很大制约，清廷一面从旧有人才中选任，一面通过新式法律教育予以培训。有鉴于此，法部在宣统元年九月奏定《京师审判检察各厅员缺任用升补章程》，对于审检官员的选用提出了明确的要求：审判检察各厅奏调之权归于法部，所奏调之员应为“谙习法律适用人员及法律毕业生”；所奏调作用推事、检察之员，其品秩应与新任职位大致相当；所任用之员，除特别岗位外，应先从候补人选中补用。此外，还规定了审判检察各员可以互相升转。该办法只适用于京师地区，而随着全国新式司法机构的设立，需要越来越多的司法人员。宣统元年年底，宪政编查馆在核议《法院编制法》时，另行拟定了《法官考试任用暂行章程》。该章程共 14 条，规定了京师及各省之法官考试均由法部主持，并由曾充任高等法律学堂法科教习者或在外国法政大学毕业得有文凭者协助；考试分笔试、口试两种，以现行刑律、现行各项法律及暂行章程以及各国民法、刑法、商法及诉讼法为主要科目；考试分两次举行，第一次考试合格后必须经两年的实习，期满后方能参加第二次考试；第二次考试合格者方能作为候补审判检察各员任用。此外，该章程还对参加考试人员的资格作了较为严格的限制：“凡在法政法律学堂三年以上领有毕业文凭者，得应第一次考试。”但鉴于当时法律人才紧缺，又特别放宽条件：对在京师法科大学毕业生，以及在外国法政大学或法政专门学堂毕业，经学部考试给予进士举人出身的留学生，给予视为“经第一次考试合格者论”；而对于“举人及副拔优贡以上出身者 ”和“文职七品以上者 ”以及“旧充刑幕确系品端学裕者”，也准予参加第一次考试。后法部于宣统二年三月十七日奏定了《法官考试施行细则》，四月四日又奏定《考试法官指定主要各科应用法律章程》。宣统二年四月十五日，全国大部分地区举行了法官资格任职考试。此后的六月初十日，清廷根据法部的奏请专门任命大臣前往四川、云南、贵州、甘肃、新疆等边远地区，主持法官资格考试；广西也于该年

① 林明:《清末“新政”与近代法学教育》，载《山东大学学报（哲学社会科学版）》2001 年第 6 期。

五月十五日举行了法官资格考试。[①]

七、清末司法行政制度的特点

甲午战败，庚子赔款，清政府在山河破碎、风雨飘摇之际，认识到法治之于国家的重要性，变法图存，变法图治，变法图强[②]，进而派大臣出洋考察，学习借鉴曾为敌手之日本和西洋诸国，开始影响深远的变法改革。虽然变法最终因清廷统治集团的腐朽而失败，但是诸多变法成果却得以保留，对中国法制近代化产生了深远的影响。而在改革中，司法行政机关在其中扮演了重要的角色，发挥了重要的作用，留下了宝贵的启示。

一是司法行政在理念上"脱胎换骨"。从"刑部"改为"法部"，虽一字之差，却反映出司法行政制度从古代到近代的根本变化：一方面是从官制名称上改中国传统"以刑治国"为近代"以法治国"，实现了所谓的"名正而言顺"。另一方面是理念上发生巨大的变化，从"观雷电而制威刑，睹秋霜而有肃杀"到"保人民之权利，正国家之纪纲，不以肃杀为功，而以宽仁为用"，法律和司法从"治民"转向"保民"。

二是司法行政机关在职能上"重获新生"。西方近代的司法行政制度是建立在孟德斯鸠的"三权分立"的基础上，随着司法与行政的分离而出现的，较早建立近代司法行政机关的应是法国[③]。中国古代，虽然在唐宋时审判与行政有所分离，但是在明清又合二为一。近代意义上的司法行政的诞生于清末变法改革。汉语中在制度层面上正式使用"司法行政"一词，

① 参见李俊:《清末新式司法人才的培养与任用述论》，载《求实》2008年第10期。

② 参见周叶中、江国华主编:《博弈与妥协——晚清预备立宪评论》，武汉大学出版社2010年版，第203页。

③ 参见本书"法国司法行政制度"一章。

较早见于1907年清廷法部就权责问题的专折[①]，里边提到法部所掌乃“司法上之行政事务”，大理院所掌乃“司法上之审判”。[②]清末变法的主要思路是引入了西方“司法独立”的理念，开始了审判与行政的分离，同时回归到唐宋时的总体架构中，从而诞生了我国近代的司法行政制度。司法行政在职能上以维护法治为宗旨，集法院设置、人事管理、法律审订、案件复核、指挥检察、监狱行刑、司法监督等诸多权责于一身。中国传统三法司衙门从此逐渐解体，司法行政脱胎换骨，在欧风美雨的影响下，走向近代化的新生。

三是司法行政机关努力“引领改革”。在创设近代司法制度，特别是审判和检察制度的过程中，法部始终掌握着司法改革的主导权。首先是改革的关键人士都源自法部，如戴鸿慈为首任法部尚书，沈家本、张仁黼均担任过法部右侍郎，这些人士在当时既深谙律法，久经历练，又学贯东西，放眼世界，实为当时中国难得之法律人才，正是在他们的努力之下，中国法律和司法体系开启了艰难的近代化进程。其次是法部在各法司衙门之中率先完成近代化改造，为近代司法系统的建立创造了组织条件。与其他法司衙门相比，法部与刑部职能相近，且有地方分支机构，虽具体权限厘定上或有分歧，但是总体上仍以行政权为主，因此改革难度较小，较早完成改革，形成了较为稳定的组织人事结构，为其他领域的司法改革创造条件。最后是法部主导着地方各级司法机关的建立。《逐年筹备事宜清单》明定筹办各省省城及商埠等处各级审判厅，直省府厅州县城治各级审判厅，乡镇初级审判厅，由法部、各省督抚同办。[③]宣统元年十二月二十八

① “夫所谓司法者与审判分立，而大理院特为审判中最高之一级，盖审判权必级级独立，而后能保执法之不阿，而司法权则必层层监督，而后能防专断之流弊，考之东西各国，莫不皆然，此所谓司法行政权。”光绪三十三年四月初三日，法部尚书戴鸿慈等奏《酌拟司法权限缮单呈览折（附清单）》。故宫博物院明清档案部:《清末筹备立宪档案史料（下册）》，中华书局1979年版，第824—825页。“臣等伏查上年改变官制，钦奉懿旨，命法部专任司法，臣院专掌审判。恭绎谕旨，原以法部与臣院同为司法之机关，法部所任系司法中之行政，臣院所掌系司法中审判，界限分明可谓无疑义。”光绪三十三年四月初九日，修订法律大臣沈家本等奏《酌定司法权限并将法部原拟清单加具按语折（附清单）》，故宫博物院明清档案部:《清末筹备立宪档案史料（下册）》，中华书局1979年版，第827页。

② 参见董开军主编:《司法行政学》，中国民主与法制出版社2007年版，第30页。

③ 参见周叶中、江国华主编:《博弈与妥协——晚清预备立宪评论》，武汉大学出版社2010年版，第527—530页。

日，宪政编查馆呈送《奏核订法院编制法并另拟各项暂行章程折》说明，“属于全国司法之行政事务，如任用法官、划分区划，以及一切行政上调查执行各项，《逐年筹备事宜清单》中与司法相关的应予筹办者，均由法部总理主持，毋庸会同大理院办理”。[①] 以《逐年筹备事宜清单》为基础，法部在宣统元年上奏了《统筹司法行政事宜分期办法折》，具体筹划了司法审判体制建设工作，其中机构设置、人员选拔、制度规范都相当详细。[②] 这实际上是将整个司法改革的领导权赋予法部，使刚刚脱胎换骨的司法行政承担着创建整个近代司法体系的重任，司法行政的这一历史使命一直持续到民国北京政府时期。

四是司法行政人士为“中流砥柱”。首先是不畏谤议。变法改革距甲午庚子之败不远，朝廷内外多有不堪其辱者，然有识之士不畏谤议，不惧恶名，为中国法制之未来，效法曾为敌手之日本与西洋诸国，实属难能可贵。其次是深谋远虑。当时民智未开，学习了解西方条件有限，而变法日益急迫，中国法制和司法面临着何去何从的历史性抉择。很多司法行政有识之士虽未受过近代法律教育，却慧眼如炬，在改革中体现出很高的理论水平，又能审时度势，把握改革推进的步伐。最后是不惧险阻。此次改革中，引入了西方的司法理念，改变的是有二千年之久的中华法系，全国上下反对质疑之声不绝于耳，推诿拖延大有人在，阻挠掣肘亦不在少数，难度之大前所未有，许多改革成果历经反复，方才施行。而在这些困难阻力面前，司法行政人士不惧险阻，周旋调和，努力推进，体现出非凡的勇气和魄力。

然而此时，清廷气数已尽，腐败不堪，即便是有心变法，却无力回天。清室虽然覆亡，变法成果仍在，成为中国法律和司法近代化之根基。在这场变法中，司法行政机关不仅自身脱胎换骨，而且凭借其自身的专业和人才优势，在修订法律，建立近代审判、检察体系，改良监狱，培养法律人才等一系列影响深远的法律和司法改革中发挥了重要，甚至是关键性的作用，引领古老的中国迈出法制近代化的第一步，展现出司法行政机关在重要历史关头的使命担当，也为后世改革贡献了政治智慧。

---

① 公丕祥：《司法与行政的有限分立——晚清司法改革的内在理路》，载《法律科学（西北政法大学学报）》2013 年第 4 期。

② 参见周叶中、江国华主编：《博弈与妥协——晚清预备立宪评论》，武汉大学出版社 2010 年版，第 440 页。

第三章　民国司法行政制度

民国时期，我国历经革命、独裁、复辟、割据、战乱，可谓山河破碎，磨难重重。其间政治制度也频繁更迭，曲折多变。从整体上来讲，民国政治分为三个历史阶段：第一阶段是辛亥革命成功后建立的南京临时政府，设有司法行政机关。但南京临时政府存在时间较短，故本书不单设一节，相关内容置于北京政府时期之前，简要介绍。第二阶段为北京政府时期，以袁世凯及其北洋集团控制的北京政府为主，司法行政主要沿袭清末新政的改革成果。第三阶段为南京国民政府时期，司法行政依孙中山先生“五权宪法”而设，职责作用也与北京政府时期有所不同。整个民国时期，司法行政制度在清末变法的基础上不断发展，在司法管理、法律制定、监狱管理等诸多领域中发挥重要作用，深刻地影响着当时中国法制的近代化进程。其中，进步与落后、传统与现代、理想与现实相互交织，构成了民国时期司法行政制度的独有特点。

第一节　北京政府时期的司法行政制度

一、司法行政机关

辛亥革命成功后，于1912年1月1日成立中华民国，建立南京临时政府，孙中山任临时大总统。司法部于1912年1月成立，伍廷芳任司法总长，亦是民国首任司法总长。根据1912年1月《中华民国临时政府中央行政各部及其权限》，司法总长的职责是：关于民事、刑事、非讼事件、户籍、监狱、出狱人保护事务，并其他一切司法行政事务，监督法官。依照《司法部官制令草案》（共5条），司法部内设承政厅和法务司、狱务司。后参议院通过了《司法部官制》（7条），司法部制定《司法部分职细则》。[①] 同时设法制局作为临时大总统之直辖机关，以赞襄总统，办理政务。[②]

1912年2月12日，清帝退位。3月10日，袁世凯在北京就任临时大总统。4月2日，南京临时参议院议决临时政府迁至北京，民国进入北京政府时期。袁世凯就任后，任命唐绍仪为内阁总理。王宠惠出任北京政府首任司法总长，于1912年3月30日就任，7月14日去职。[③]

北京政府时期，司法部基本沿用清末法部职权，负责司法行政事务，监督法院、检察院、监狱及其官员。1912年参议院议决《司法部官制》12条，同年7月24日公布。其第1条规定："司法总长管理民事、刑事、非讼事件、户籍、监狱及出狱人保护事务，并其他一切司法行政事宜，监督所辖各官署及司法官。"第5条至第9条，规定司法部置总务厅及民事、刑事、监狱三司，并各厅司之执掌。第2条至第4条及第10条、第11条规定部内设编纂、技正、技士、参事、佥事、主事及各职员之员额。[④] 司法总长为国务员之一，出席国务会议，就主管事务，对地方长官有监督指示之权。设司法次长1人，辅助总长，整理部务。[⑤] 根据《法院编制法》

---

① 参见张希坡：《南京临时政府司法行政法规考察研究》，载《法学家》2000年第5期。

② 钱端升、萨师炯等：《民国政制史》（上册），商务印书馆2018年版，第7—11页。

③ 参见汪楫宝：《民国司法志》，商务印书馆2013年版，第152页。王宠惠著、张仁善编：《司法改良之方针》，《王宠惠法学文集》，法律出版社2008年版，"序"第1页。

④ 参见谢振民编著：《中华民国立法史》，张知本校订，中国政法大学出版社2000年版，第374—375页。钱端升、萨师炯等：《民国政制史》（上册），商务印书馆2018年版，第33—38页。

⑤ 参见汪楫宝：《民国司法志》，商务印书馆2013年版，第4—5页。

第158条，司法总长监督全国审判衙门及检察厅[①]。1913年12月22日[②]公布《修正司法部官制》[③]10条，其内容几与原官制相同，惟规定职员略少，计参事3人，佥士19人，主事60人，技正1人，技士2人。1914年7月10日又公布《修正司法部官制》18条，第1条规定司法部之职权。第7条至第9条，规定司法总长之职权。第10条至第17条，规定司法部置次长1人，辅助总长，整理部务；参事4人，拟定法规；秘书4人，掌机要事务；技正1人，技士2人，掌技术事务；司长3人，佥事19人，主事60人，分掌各厅司事务。其余各条，为关于所设各厅司及其职掌之规定，与前官制略同。[④]

清末将刑部改为法部后，又将各省按察使改为提法使。[⑤]各省司法行政长官，民国初，或称"提法司使"，或称"司法司长"，均受司法部指挥监督。1913年一律改称"司法筹备处处长"，同年9月裁撤。根据《法院编制法》，省之司法机关为高等审判厅，并配置高等检察厅。原司法筹备处之司法行政事务，由高等审判厅厅长和高等检察厅检察长分别接管，并监督所属各司法机关。[⑥]巡按使（后称"省长"）受政府之特别委任，方可监督司法行政事务。[⑦]

民国成立后，临时政府设法典编纂会，如清末之修订法律馆。参议院并决议法典编纂会官制7条，于1912年7月16日公布。会长由法制局局

---

① 1915年6月20日司法部呈准重刊，1916年2月2日修正。参见商务印书馆编译所:《民国法令大全》，商务印书馆1924年版，第八类"司法"，第785页。

② 辛亥革命后，民国政府采用公历，但仍保留民国年号。参考文献中法规公布时间如"民国二年十二月二十二日，教令第42号公布《修正司法部官制》"，本书为行文之便，统一为公历"1913年12月22日"。

③ 参见商务印书馆编译所:《民国法令大全》，商务印书馆1924年版，第二类"官制"，第64页。

④ 参见谢振民编著:《中华民国立法史》，张知本校订，中国政法大学出版社2000年版，第375页。钱端升、萨师炯等:《民国政制史》（上册），商务印书馆2018年版，第100—102、193—195页。

⑤ 参见《关于各省按察使改为提法使的谕令》。湖北省司法行政史志编纂委员会:《清末民国司法行政史料辑要》，1988年5月，第6页。

⑥ 参见汪楫宝:《民国司法志》，商务印书馆2013年版，第4—5页。钱端升、萨师炯等:《民国政制史》（下册），商务印书馆2018年版，第132—134页。

⑦ 参见1914年5月23日《省官制》；1917年4月24日司法部呈准之《委任省长监督司法行政文》。商务印书馆编译所:《民国法令大全》，商务印书馆1924年版，第二类"官制"，第108页；第八类"司法"，第823页。

长兼任，置纂修及调查员，掌编民法、商法、民刑事诉讼法，并上列附属法，及其余各法典。次年该会将前清票据法草案加以整理，共分 3 章 94 条。[1]1914 年 2 月，政府又设法律编查会，隶司法部，并公布规则 14 条。法典编纂会即于同月 3 日奉令裁撤。法律编查会掌调查编纂关于民刑事等法规，以司法总长为会长，置副会长 1 人，编查员 20 人，顾问若干人，均由会长聘任。该会先后编有民律亲属编草案，以及强制执行法、公司法、破产法、修正刑法各草案。[2]

1918 年 7 月，政府撤销法律编查会，仍设修订法律馆，公布《修订法律馆条例》18 条。[3]条例规定该馆掌编纂民刑事各法典及其附属各法规并调查习惯事项，置总裁 1 人、副总裁 2 人、总纂 2 人、纂修 6 人，并设调查员、译员，延聘中外顾问及名誉顾问。自 1918 年至 1926 年，该馆陆续编订刑法第二次修正案，并加以改定，又编订公断法草案，票据法第二次、第三次、第四次、第五次各草案，以及民律总则、债、物权、亲属、继承各编草案。[4]修订法律馆隶司法部，从人事等方面的管理来看，为司法部管理的二级机构，但具有特殊而重要的法律地位。除其总裁由大总统特派，副总裁二人、总纂二员由大总统简派外，其他官员的员额、任免、叙等、晋级等人事工作，皆需请示或向司法总长报告：总纂、纂修、调查员长、调查员、译员、事务员长、事务员等均由总裁咨行司法总长呈请荐派，或委任后咨报司法总长；调查员、译员其员数由总裁会同司法总长定之；中外顾问及名誉顾问则由总裁会同司法总长延聘；副总裁、总纂、纂修、调查员长等之叙等、晋级，或由总裁咨行司法总长呈请决定，或由总裁行之，咨报司法总长；修订法律馆处务规则由总裁定之，咨报司法总长。

---

① 参见钱端升、萨师炯等:《民国政制史》(上册)，商务印书馆 2018 年版，第 32 页。

② 参见谢振民编著:《中华民国立法史》，张知本校订，中国政法大学出版社 2000 年版，第 212—213、229—230、747 页。钱端升、萨师炯等:《民国政制史》(上册)，商务印书馆 2018 年版，第 134 页。

③《修订法律馆条例》(1918 年 7 月 13 日教令公布，1920 年 8 月 19 日教令第 11 号修正)。参见商务印书馆编译所:《民国法令大全》，商务印书馆 1924 年版，第二类“官制”，第 65—66 页。

④ 参见谢振民编著:《中华民国立法史》，张知本校订，中国政法大学出版社 2000 年版，第 212—213、229—230 页。

北京政府时期，亦设有法制局，负责："一、拟定法律命令案事项；二、审定各部院拟定之法律命令案事项；三、拟定及审定礼制案事项；四、调查编译各国法制事项；五、保存法律命令之正本事项。""法制局置局长一人，承国务卿之命，管理本局事务，监督所属职员。"[①] 北京政府时期的法制局为中央行政机关下属机构，但其历史地位和作用与修订法律馆相去甚远。

二、司法管理

司法管理是司法行政机关的传统职责。民国北京政府时期，司法部负责民事、刑事、非讼事件、监狱及行刑，以及其他一切司法行政事宜的管理，监督审判、检察机关。

（一）设置审检机构

民国北京政府时期，法院之设置归司法部执掌。《修正司法部官制》（1914 年 7 月 10 日公布）第 3 条规定："总务厅掌事务如左：一、关于法院之设置、废止及其管辖区域之分划变更事项。二、关于司法官及其他职员之考试任免事项。"[②]

北京政府时期，审判、检察机关的设置仍沿用前清《法院编制法》。[③] 民国初年，各省虽均设有高等审判厅、检察厅，但地方厅、初级厅尚未普遍设立。鉴于时局混乱，国力有限，《法院编制法》规定之新式法院难以在全国推行，于是决定缓设、裁撤审判厅，提出未设法院之县由县知事兼理司法。[④] 至 1914 年 4 月，中央政治会议通过了"停办各地方初级审检厅及各县审检所并厘定刑律咨询案"，地方审检厅之撤废者 2/3，初级审检则完全撤废。至各特别区域，以财力、人才均感缺乏，各级审检厅俱未设立。凡未设新式法院的地方，所有民刑诉讼案件均由县知事兼理，或设审

---

① 《法制局官制》（1914 年 5 月 17 日教令第 66 号公布）第 1 条、第 2 条。参见商务印书馆编译所：《民国法令大全》，商务印书馆 1924 年版，第二类"官制"，第 39 页。钱端升、萨师炯等：《民国政制史》（上册），商务印书馆 2018 年版，第 29—30、191 页。

② 商务印书馆编译所：《民国法令大全》，商务印书馆 1924 年版，第二类"官制"，第 64 页。

③ 参见本书第二章"四、创设近代司法"部分。

④ 参见吴永明：《民国前期新式法院建设述略》，载《民国档案》2004 年第 2 期。

判处以管辖之。《法院编制法》也进行相应修改。1915年6月20日，司法部呈准政府将清末《法院编制法》分别修正刊行，至1916年2月2日又加以修正。其修正之点有四：一是删除关于初级审判厅、初级检察厅之规定；二是删去"各省提法使监督本省各级审判厅及检察厅"；三是大理院不置正卿、少卿及民事科、刑事科，只置院长1员，置民事庭、刑事庭；四是高等审判厅厅丞、京师地方审判厅厅丞，均改为厅长，总检察厅厅丞改为检察长，各审判衙门、各检察厅分置之典簿、主簿、录事，均改为书记官长、书记官。1917年，政府以地方审判厅范围较大，拟于已设地方审判厅地方附近各县设立地方分庭，其未设立地方分庭各县，则设立县司法公署，以完成四级三审之制。国会即议定《暂行各县地方分庭组织法》，咨由政府于1917年4月22日公布施行。①

民国时期，受制于传统和现实，建立新式法院面临巨大困难，县一级司法和行政之难以完全分离。北京政府为此采取了一系列过渡措施，而其中行政兼理司法制度，因为时间较长、范围较广，俨然成为民国时期县级司法行政的主流制度。

其一，审检所制度。该制度于未设法院的县，在县知事公署内附设审检所，由帮审员与县知事共同审理民事刑事案件。1912年，时任司法总长许世英在为期五年的司法规划中，将审检所作为一种过渡方式在全国推行。虽然审检所人员配置比较科学，运行方式合理，但其委身于县知事公署内，人财物事各方面都受到制约，又限制了县知事所拥有的传统的司法审判权和行政权，仅给予其检察事务的权力，从而引起县知事的消极对待，大大降低了审检所的设立数量。② 审检所制度昙花一现，很快被县知事兼理司法取代。

其二，县知事兼理司法制度。即在没有设立新式法院的县级区域内，由县知事兼理司法审判，并设承审员给予协助的一种司法制度。1913年7月，许世英辞去司法总长一职，由梁启超接任。梁启超上任后，意识到全

① 参见谢振民编著:《中华民国立法史》，张知本校订，中国政法大学出版社2000年版，第989—991页。

② 参见谢舒晔:《从仿行西法到参照传统：北洋时期"行政兼理司法制度"的现实依归》，载《江苏社会科学》2019年第5期，第142—144页。韩秀桃:《民国时期兼理司法制度的内涵及其价值分析》，载《安徽大学学报（哲学社会科学版）》2003年第5期。

国上下均实现司法独立是不可行的，于是提出，“宜将一部分之罪犯，划归厅外审判”，以此“仿前清咸同以后之制”[①]。“今暂以一部分司法权，委代理于县知事，不过因人才经费两相缺乏，故作权宜之计。”[②]于是缓设、裁撤审判厅，提出未设法院之县由县知事兼理司法。1914 年 3 月的中央政治会议通过了“停办各地方初级审检厅及各县审检所并厘定刑律咨询案”，由此县知事兼理司法取代审检所，并成为此后数十年中国基层最主要的司法制度。[③]1914 年 4 月 5 日北京政府颁布了《县知事兼理司法事务暂行条例》[④]，规定：“凡未设法院之司法事务，委任县知事处理之。”由于很多县知事缺乏法律基本训练，特设立承审员加以弥补。“县知事审理案件得设承审员助理之。承审员审理案件，由承审员与县知事同负其责任。”这在一定程度上模仿了前清幕僚辅助县令处理案件的做法。承审员须具备下列资格之一，由县知事呈请高等审判厅长审定用之：“（一）在高等审判厅所管辖区域内之候补或学习司法官；（二）在省长所管辖区内之候补县知事；（三）曾充推事或检察官半年以上者；（四）经承审员考试合格者。”承审员之设置最多不得逾 3 人，如地方事简，可不设者，听之高等审判厅长委任承审员后，应即报告于司法部官长。承审员考试章程及惩戒条例以司法部部令定之。“县知事关于司法事务，受高等审判检察厅长之监督；承审员受县知事之监督。”“县知事处理司法事务细则，由高等审判厅长定之，但须呈报司法部并函达省长备案。”此后，该条例分别于 1921 年 7 月 19 日和 1923 年 3 月 17 日两次修正。[⑤]此外，在程序方面，北京政府在公布《县知事兼理司法事务暂行条例》的同日（1914 年 4 月 5 日）公布《县知事审理诉讼暂行章程》，共 13 章 48 条，1921 年 1 月 14 日修正，同年 3 月 1 日

① 《司法总长梁启超呈大总统敬陈司法计划书十端》，载《东方杂志》第 10 卷第 12 号，1914 年 6 月 1 日。

② 《呈大总统详论司法急宜独立文》，载《司法公报》第 2 卷第 4 号，1914 年 1 月 15 日。

③ 谢舒晔：《从仿行西法到参照传统：北洋时期“行政兼理司法制度”的现实依归》，载《江苏社会科学》2019 年第 5 期。

④ 参见湖北省司法行政史志编纂委员会：《清末民国司法行政史料辑要》，1988 年 5 月，第 410 页。

⑤ 参见韩秀桃：《民国时期兼理司法制度的内涵及其价值分析》，载《安徽大学学报（哲学社会科学版）》2003 年第 5 期。

司法部修正。[①] 根据1923年3月公布的《修正县知事审理诉讼暂行章程》[②]，其程序主要包括案件管辖与受理、诉讼的提起、县知事和承审员的回避、审判与上诉以及判决的执行等。[③]

其三，县司法公署制度。即未设法院的县在县知事公署内设立司法公署，并由审判官、书记监、书记官与县知事共同审理民事刑事案件的一种制度。1917年5月1日北京政府公布《县司法公署组织章程》[④]，规定："凡未设法院各县，应设县司法公署。""司法公署即设在县行政公署内，以审判官和县知事组织之。""设司法公署地方，所有初审民刑案件，不论事务轻重大小，概归管辖。"县司法公署设审判官一或二人，由高等审判厅长依审判官考试任用章程办理，呈由司法部长任命；设书记监一人，由高等审判厅长遴员，会同高等检察厅检察长派充，并报司法部备案；书记官二至四人，由审判官遴员，会同县知事派充，并报高等审判厅及检察厅备案。"关于审判事务，概由审判官完全负责，县知事不得干涉。""关于检举、缉捕、勘验、递解、刑事执行和其它检察事务，概归县知事办理，并由县知事负完全责任。"其他司法事务，应由县知事负责，或由县知事与审判官共同负责。"审判官受高等审判厅长之监督。县知事关于司法事务，受高等检察厅检察长之监督。"

与县知事兼理司法制度相比，县司法公署有明显进步：一是强化中央对地方的司法控制，将审判员、书记监之任命独立于县衙，受命于省审判检察厅及中央司法部。二是进一步强化县级行政与审判分离，相比于承审员受命于县知事，审判官明显具有独立性，"关于审判事务，概由审判官完全负责，县知事不得干涉"。然而，对于县司法公署的设置，许多县并无积极推行之意，因为根据《县司法公署组织章程》，"对于因有特别情形不能设司法公署的，经层报司法部批准，可以暂行缓设，仍然实行县知事兼理司法"。据此，各省多托词不办，已经筹办的少数省份也是形同虚设。

---

① 参见商务印书馆编译所:《民国法令大全》，商务印书馆1924年版，第八类"司法"，第898页。

② 《修正县知事审理诉讼暂行章程》，载《司法公报》1923年第176期。

③ 参见韩秀桃:《民国时期兼理司法制度的内涵及其价值分析》，载《安徽大学学报（哲学社会科学版）》2003年第5期。

④ 参见商务印书馆编译所:《民国法令大全》，商务印书馆1924年版，第八类"司法"，第818页。

迨至1926年，在全国1800多个县中，设有司法公署的仅有46个。至北京政府统治结束时，“县司法公署之硕果，转在边远省份，犹有仅存者，然为数极少”[①]。县知事兼理司法仍为主流。[②]

此外，司法部亦在一些特别区域设立审判处等特殊审判机关，例如：1914年7月16日公布《热河都统署归绥都统署审判处暂行条例》17条；1920年11月4日公布《库乌科唐镇抚使署审判处组织暂行条例》13条，《乌科唐恰审判处组织暂行条例》13条；1917年4月1日，司法部呈准颁行《察哈尔各旗群翼等审判处组织章程》14条。此均为关于民刑诉讼及特殊审判衙门之规章，只适用于特别区域。[③]

（二）管理司法人事

民国北京政府时期，司法行政机关管理司法人事。法院推事（法官）、检察官之任免、员额，书记官、翻译官、承发吏之章程、编制、任用等都由司法部确定。省长受政府之特别委任，方可监督三种司法行政事务，即稽核司法经费，考核司法官吏，核办各县承审、管狱等人之任免、奖惩。[④]司法部为此建立了一系列司法人事制度，并在其中发挥主导作用。

一是司法部主导司法官考试，作为法官、检察官之准入资格。民国初建，法官检察官人数缺口很大，北京政府司法部逐步完善司法官考试任用制度，以充实各法检机关。关于司法官及其他职员之考试任免事项，由

① 谢舒晔:《从仿行西法到参照传统：北洋时期“行政兼理司法制度”的现实依归》，载《江苏社会科学》2019年第5期。

② 谢冬慧:《县司法处：近代中国基层审判机构论略》，载《东南学术》2010年第1期。

③ 参见谢振民编著:《中华民国立法史》，张知本校订，中国政法大学出版社2000年版，第989—991页。

④ 参见1914年5月23日《省官制》；1917年4月24日司法部呈准之《委任省长监督司法行政文》。商务印书馆编译所:《民国法令大全》，商务印书馆1924年版，第二类“官制”，第108页；第八类“司法”，第823页。

司法部总务厅掌管[①]，后于部内设司法官考试事务处[②]。1913年11月8日北京政府公布《甄拔司法人员准则》，1914年在司法部的主持下举行了第一次全国司法官的甄拔考试，以确定当时全国任职司法官的资格和去留。根据援用清末《法院编制法》，各级审检机构中的推事和检察官，必须经过两次考试合格方可任用。1915年9月30日，北京政府颁布了《司法官考试令》《关于司法官考试令第三条甄录规则》，对司法官考试的科目、内容和规程作了具体规定。鉴于司法官高于普通文官的特殊资格，北京政府于1917年10月18日重新公布了《司法官考试令》，将司法官考试分为甄录试、初试、再试三次举行，并设典试委员会。11月14日司法部公布实施了《司法官再试典试委员会审议免试规则》，对免试的资格和程序作出规定。12月10日司法部颁布了《司法官考试令施行细则》和《司法官考试规则》，使考试的具体实施办法以及监考规则有了明确的规定。1919年5月15日，北京政府又颁布了《修正司法官考试令》。[③④]北京政府时期，司法部共举行了5次全国性的司法官考试，然而总计录取法官仅839人，与实际需求相去甚远。[⑤]

二是法官任职资格之设定，由司法部主导。北京政府司法部于1915年7月22日同时颁行《简任法官资格》和《荐任法官资格》，1921年修正一次。[⑥]《简任法官资格》规定简任法官由司法总长从具有下列资格的人员中呈请大总统任命:（1）现任大理院推事、总检察厅检察官3年以上者；

① 1914年7月10日教令第97号公布之《修正司法部官制》第3条:“总务厅掌事务如左：一、关于法院之设置、废止及其管辖区域之分划变更事项。二、关于司法官及其他职员之考试任免事项。”参见商务印书馆编译所:《民国法令大全》，商务印书馆1924年版，第二类“官制”，第64页。

② 参见《司法官考试令实施细则》（1917年12月10日司法部令第385号公布，1921年8月20日司法部令第839号令修正）。参见商务印书馆编译所:《民国法令大全》，商务印书馆1924年版，第三类“官规”，第192页。

③ 毕连芳:《北洋政府对司法官考试的制度设计》，载《史学月刊》2006年第10期。

④ 参见商务印书馆编译所:《民国法令大全》，商务印书馆1924年版，第三类“官规”，第191—193页。《荐任法官资格》，载《政治公报》1915年第1154号。

⑤ 1914年（甄拔而非司法官考试）171人，1916年38人，1918年143人，1919年189人，1921年113人，1926年185人。参见汪楫宝:《民国司法志》，商务印书馆2013年版，第158页。

⑥ 参见汪楫宝:《民国司法志》，商务印书馆2013年版，第53—54页。

（2）现任高等审判厅庭长、高等检察厅首席检察官3年以上者；（3）现任各省地方审判厅厅长、地方检察厅检察长3年以上者；（4）现任司法部参事司长3年以上者；（5）现任简任文官1年以上而有应司法官考试资格者；（6）曾任提法使、司法筹备处处长1年以上而有应司法官考试资格者；（7）曾任法部、大理院实官1年以上而有应司法官考试资格者；（8）曾任简任法官1年以上，现经裁缺回避、开缺辞职或调任荐任职，而有应司法官考试资格者。[①]与简任法官相比，荐任法官资格要求比较低。据1921年8月9日司法部《荐任法官资格》规定，荐任法官由司法总长呈请大总统从具有下列资格的人员中任命：（1）依司法部甄拔司法人员规则甄拔合格人员、曾署补高等以上审检厅司法官而裁缺或回避开缺或辞职者；（2）经司法官甄录试第一次考试、第二次考试合格者。[②]法官任用之程序，据1914年司法部规定办法5条，分为派署、荐署、荐补三个阶段。派署满半年后，始得荐署，荐署满一年后，始得荐补。嗣后迭次补订，益增详密。凡请荐署或荐补者，均应胪列成绩，造具经办案件数目表，检同办案书类稿件，呈送审查。[③]

三是法官检察官之升迁，由司法部主导。1922年5月23日司法部公布之《法官升转暂行规则》第1条规定："大理院总检察厅以及京外高等审检厅以下实缺人员著有成绩应行升转者，得于每年九月间，由该管长官依照成绩之次序缮具名单，特保于左列各机关：（一）初级厅推检，由各该初级厅监督推检，特保于地方厅审检两长。（二）初级厅监督推检，地方厅推检，庭长，首席检察官，地方分厅监督推检，由各该地方厅审检两长，特保于高等厅审检两长。（三）地方厅审检两长，高等厅推检，庭长，首席检察官，高等分厅监督推检，由各该高等厅审检两长，特保于司法总长。（四）大理院总检察厅推检，由大理院长总检察厅检察长，特保于司法总长。"第6条规定："司法总长应于每年11月20日将第一条第二项及第三条所载之成绩表册稿件履历及升转总表，汇交法官升转委员会审议之。"第7条规定："法官升转委员会设立于司法部，以下列人员组织之：

① 《简任法官资格》，载《政府公报》1915年第1154号。

② 参见商务印书馆编译所：《民国法令大全》，商务印书馆1924年版，第三类"官规"，第177页。《荐任法官资格》，载《政治公报》1915年第1154号。

③ 参见汪楫宝：《民国司法志》，商务印书馆2013年版，第54—59页。

（一）委员长一人，以大理院长兼充之。（二）副委员长二人，以司法次长，总检察厅检察长兼充之。（三）委员十二人，由委员长于司法部参事，司长，大理院简任推事，庭长，总检察厅简任检察官，首席检察官，司法部总务厅第一科主任，佥事中选充之。（四）事务员无定额，委员长于司法部总务厅第一科职员中指充之。其设置员数，如在二人以上时，应以资深者一人为事务员长。前项第三款委员，以二年为任期。但有特别情形者，得连任之。”①

四是司法官的惩戒权主要由司法部行使。1915年10月15日北京政府公布《司法官惩戒法》。此法共分总则、惩戒处分、惩戒委员会、惩戒程序、停止职务五章及附则，共34条。其内容主要有：（1）司法总长对于司法官认为违背或废弛职务，或有失官职上威严或信用时，得胪举事实，呈请大总统交惩戒委员会审查；（2）惩戒委员会由大总统遴任大理院院长或平政院院长为委员长，平政院评事、大理院推事、总检察厅检察长及检察官9人为委员，任期均为3年；（3）惩戒委员会奉交审查惩戒事件，即调查事实，令被付惩戒人提出申辩书，并面加询问后，得为惩戒之议决，具报告书呈由大总统交司法部依法执行……②省长虽受政府特别委任，监督司法行政，但不得径行惩戒贪劣之审检人员。应即咨呈司法部，同时饬知该管检察长速行侦查，方为合法。司法部根据《司法官惩戒法》，由司法总长呈请惩戒。③

（三）创建诉讼制度

一是暂时援用清末诉讼制度。民国成立之初，北京政府无力制定完整的诉讼法典并推广实施，司法部对当时前清民刑诉讼不足之处，采取分类部分援用、补充、修改的方式予以完善，同时着手起草新的民事刑事诉讼法。其一，暂行援用民事和刑事诉讼法管辖的规定。司法部以各

① 参见商务印书馆编译所：《民国法令大全》，商务印书馆1924年版，第三类“官规”，第165页。

② 参见谢振民编著：《中华民国立法史》，张知本校订，中国政法大学出版社2000年版，第496页。

③ 参见1914年5月23日《省官制》；1917年4月24日司法部呈准之《委任省长监督司法行政文》。商务印书馆编译所：《民国法令大全》，商务印书馆1924年版，第二类“官制”，第108页；第八类“司法”，第823页。

级审判衙门次第成立，民刑诉讼烦琐，亟应确定管辖之范围，于1912年4月7日呈准临时政府暂行援用前清《民事诉讼律草案》《刑事诉讼律草案》中关于管辖之规定，并于1912年5月12日，分别刊发京外司法衙门遵照。[①]1915年2月25日，司法部修正《民事诉讼律草案》关于事物管辖之第一章第2条第1款，呈请政府批准后，于同年3月2日以部令通饬施行。其二，援用并建立非常上告制度。非常上告是针对已生效的错误或违法判决而提起。起初此类刑事案件可提起非常上告，但民事案件无此救济方法。1914年4月3日，司法部特拟具《民事非常上告条例》4条，并赋予总检察长出于公益上之必要，上告于大理院请求撤销违法判决之权力，呈准政府颁行。随后，司法部进一步完善刑事非常上告制度。1915年8月19日，司法部以法院遇有应行请求再审及提起非常上告之案件，无相当法令可资运用，特呈经政府核准暂行援用《刑事诉讼律草案》第四编，并以部令通行遵照。此编为再理，共分3章，第一章再诉、第二章再审、第三章非常上告，共30条，此编条文间有准用草案他编条文者，并经司法部分别缮注于各该条文之后，以便援用，进一步明确了刑事非常上告的法律依据。其三，1918年5月25日，司法部又呈经政府核准暂行援用《刑事诉讼律草案》执行编共39条。其四，援用回避制度。1919年4月18日，司法部以前刊发之《民事诉讼律草案》关于管辖各章，不足以资运用，而审判之要，尤在于公平，特呈准政府命令暂行援用《民事诉讼律草案》第五章（此章自第42条至第52条，共11条，为关于审判衙门职员回避、拒却及引避之规定）以及《刑事诉讼律草案》第一编第一章第四节（此节自第28条至第38条，均为审判衙门职员之回避、拒却及引避之规定）。[②]

二是建立中国的律师制度。我国律师制度始于清末，在修订法律大臣沈家本于光绪三十二年四月进呈的《大清刑事民事诉讼法草案》[③]中，首次出现了对律师制度的专门设计。其第四章“刑事民事通用规则”中的第一节名称即为“律师”，节中所包含的9个条文（第199条至第207条）依

① 参见谢振民编著:《中华民国立法史》，张知本校订，中国政法大学出版社2000年版，第991—995、1013—1015页。

② 参见谢振民编著:《中华民国立法史》，张知本校订，中国政法大学出版社2000年版，第991—995、1013—1015页。

③ 修订法律大臣沈家本等《奏进呈送诉讼法拟请先行试办折》，参见上海商务印书馆编译所编纂:《大清新法令》第一卷，商务印书馆2011年版，第418页。

次对律师的权利、资格、核验、矢誓、登记、责务、惩戒、外国律师执业与惩戒等加以规定。但由于各方反对，该法未能正式颁行。随后正式颁行的《法院编制法》第64条、第66条、第68条、第112条、第118条、第119条、第121条中都使用了“律师”一词。从宣统二年十二月间修订法律馆和法部的往返公文来看，修订法律馆当时已经初步编成《律师试验章程》和《律师律》，并曾将其和《民事刑事诉讼暂行章程》一共咨送法部。但直到清室覆亡，清廷始终没有颁布专门的律师法规。[①]民国成立后，北京政府司法部于1912年9月16日公布《律师暂行章程》。此章程以日本的《辩护士法》为蓝本，是中国第一部律师单行法，标志着中国律师制度的正式确立[②]。为规范律师资格及职业行为，在1912年至1927年间，北京政府先后7次修正《律师暂行章程》，而且还陆续颁布了《律师惩戒会决议书式令》（1914年4月25日）、《复审查律师惩戒会审查细则》（1917年1月12日）和《律师考试令》（1917年10月18日）。尤其是《律师考试令》第1条明确规定“律师考试与司法官考试得合并行之”，以期用提高考试条件的方式，提升律师职业的整体素质。1921年公布《甄拔律师委员会章程》，规定经甄拔合格者，得面试充律师。1925年曾一度废止甄拔办法，翌年，仍予恢复。

三是明确刑事侦查中的检警关系。1914年4月4日，北京政府公布《增订检察厅调度司法警察章程》规定了检察官有权调度司法警察：京外宪兵队长官、警察厅总监或厅长、顺天府尹、观察使、县知事各于其所管辖区域内为司法警官，其实施侦查犯罪之权，与各地方检察官同。警察官长，宪兵官长、军士为检察官之辅佐，亦为司法警察官，有实施犯罪侦查之权。警察、宪兵为检察官及司法警察官之辅助，受其指挥，为司法警察实施侦查犯罪。[③]

---

① 尤陈俊:《阴影下的正当性——清末民初的律师职业与律师制度》，载《法学》2012年第12期。

② 1912年9月16日公布，1913年3月4日司法部令第34号修正，同年12月27日司法部令第324号修正，1920年4月19日司法部令第238号修正。参见商务印书馆编译所:《民国法令大全》，商务印书馆1924年版，第八类“司法”，第912页。尤陈俊:《阴影下的正当性——清末民初的律师职业与律师制度》，载《法学》2012年第12期。

③ 参见商务印书馆编译所:《民国法令大全》，商务印书馆1924年版，第八类“司法”，第799页。

四是简化程序。自民国初年，司法行政机关便力求简化诉讼程序，以减少当事人讼累。1914年4月3日，北京政府司法部以部令颁布《地方厅刑事简易庭暂行规则》10条，《审检厅处理简易案件暂行细则》9条，规定配置简易庭之检察官配受案件后，应即时起诉，简易庭应于1小时内开庭审理，自配受案件至谕知判决，不得逾7日。[①] 同年9月15日，司法部又颁发《私诉暂行规则》24条，以使审判衙门处理附带私诉有法可依。[②]1920年10月28日，司法部为求简易刑事案件迅速完结，公布《处刑命令暂行条例》15条，规定可不经审判，径以命令处刑，并明定自1921年1月1日起施行。依此条例，以命令处刑者，以五等有期徒刑、拘役或罚金之案件为限，须经检察官之声请，如认为不适当，仍依简易程序审判之。[③]1922年7月1日《民事诉讼条例》《刑事诉讼条例》施行后，北京政府又制定民刑诉讼简易程序，对《民事诉讼条例》《刑事诉讼条例》进行补充。1922年1月25日公布《民事简易程序暂行条例》22条，凡《民事诉讼条例》所定初级审判厅管辖第一审之诉讼，均由简易庭办理。[④] 同日公布《刑事简易程序暂行条例》12条，以与《刑事诉讼条例》相辅而行。《刑事简易程序暂行条例》主要内容有三点：(1)检察官于配受案件后，应速起诉，至迟不得逾2日，或被告人自认犯罪或请求依简易程序办理之翌日；(2)简易庭于案件起诉后，应即开始公判，不得逾翌日；(3)专科罚金之案件，如被告人愿纳法定最高度之罚金额，得不经审判，径行执行。此条例施行后，各地方审判厅即无以命令处刑之事实。[⑤]

五是编纂民事和刑事诉讼法典。至1921年7月，北京政府修订法律

---

① 参见谢振民编著：《中华民国立法史》，张知本校订，中国政法大学出版社2000年版，第1013—1015页。

② 参见谢振民编著：《中华民国立法史》，张知本校订，中国政法大学出版社2000年版，第1013—1015页。

③ 参见谢振民编著：《中华民国立法史》，张知本校订，中国政法大学出版社2000年版，第1013—1015页。

④《民事诉讼条例》仍采四级三审制，惟自1914年4月30日政府下令裁撤各初级审判厅后，所有初级管辖之诉讼案件，均移归地方审判厅附设之简易庭受理，或由县知事兼理。参见谢振民编著：《中华民国立法史》，张知本校订，中国政法大学出版社2000年版，第991—995页。

⑤ 参见谢振民编著：《中华民国立法史》，张知本校订，中国政法大学出版社2000年版，第1013—1015页。

馆实际上已完成《民事诉讼法草案》和《刑事诉讼法草案》。司法部以民事诉讼程序关系綦重，值东省法院收回之初[①]，拟将该法草案提前公布施行，呈经政府于7月22日颁发明令，应准将《民事诉讼法草案》自1921年9月1日起，先就东省特别法院区域施行[②]。政府于同日公布《民事诉讼法草案施行条例》8条，并拟具《刑事诉讼条例施行条例》13条于1921年11月14日公布。政府又下令《刑事诉讼法草案》于1922年1月1日起，先就东省特别法院区域施行，并将《民事诉讼法草案》改称为《民事诉讼条例》[③]。至1922年1月7日，政府据司法部之呈请，明令《民事诉讼条例》《刑事诉讼条例》自1922年7月1日起全国施行，但实际上只限于北京政府统治下各省。[④]

---

① 中东铁路问题。19世纪末，沙俄根据其与清政府签订的不平等条约，在中国东三省修建的铁路。该铁路以哈尔滨为中心，分东、西、南部三线，包括北部干线（满洲里到绥芬河）、南满支线（宽城子至旅顺）及其他支线，全长2500多公里，采用俄制1524毫米轨距，干支线相连，呈"T"字形，分布在中国东北广大地区。"一战"后，北京政府致力于收回该铁路，帝国主义国家间矛盾重重，决定将中东铁路交给中国政府管理。1920年3月16日，中国政府把沙俄残余势力的中东铁路总管赶走，收回中东铁路。1920年12月，北京政府颁布《东北特别区警察编制大纲》和《东省特别区警察总管理处章程》，收回中东铁路警权。1920年9月23日，北京政府停止原俄国公使及领事待遇，同时取消俄国治外法权。1920年9月28日国务会议上，通过了关于在中东铁路附属地收回司法权的临时办法。在遭俄方无力拒绝后，中国政府调动军警驱逐了沙俄军队，查封沙俄审判厅，接收了中东铁路附属地的沙俄监狱。1920年10月末，中国政府颁布法令，成立高等审判厅、地方分厅，在中东铁路沿线设立6所地方分厅，在附属地专门负责有关俄国人的诉讼案。1920年10月改中东铁路附属地为东省特别区。后于1922年2月28日与苏俄、远东共和国两政府代表就中东铁路问题签定协定大纲规定：中东铁路归中国政府管理；俄人所有该铁路股份由中国政府于向后5年内收回之；该路未完全收回前，苏俄、远东两政府之代表有权派员参与该路路政；中东路所负各国政府及外商之债，由中国政府完全负责。参见滕仁、杜依璘:《中华民国北京政府收回中东铁路路权序幕之探讨——兼论1917年哈尔滨俄侨夺权事件》，载《俄罗斯学刊》2019年第2期。

② 《民事诉讼法草案施行日期令》（1921年7月22日大总统令），参见商务印书馆编译所:《民国法令大全》，商务印书馆1924年版，第八类"司法"，第893页。

③ 《刑事诉讼条例施行日期及民事诉讼草案改称民事诉讼条例令》（1921年11月14日大总统令），参见商务印书馆编译所:《民国法令大全》，商务印书馆1924年版，第八类"司法"，第893页。

④ 参见谢振民编著:《中华民国立法史》，张知本校订，中国政法大学出版社2000年版，第991—995页。

三、制定法律

（一）制定民事法律并开展民事习惯调查

清末变法时，修订法律馆起草民商法，编订《大清民律草案》五编，此为民律第一次草案；并为立法之目的，在全国开展了大范围的民商事习惯调查。民国成立后，北京政府司法部曾提请临时大总统咨由参议院援用《大清民律草案》，但被参议院否决。[①] 后北京政府先后设法典编纂会、法律编查馆、修订法律馆，继续编订《民律第二次草案》，[②] 并为此开展了民国第一次民事习惯调查。1917 年 10 月 30 日，奉天高等审判厅长沈家彝呈文请创设民商事习惯调查会。呈文随即获得司法部肯定："呈悉该厅所拟设奉省民商事习惯调查会，专任调查各地习惯，所见极是，殊堪嘉奖。尚查民事习惯甚为复杂，不独奉省为然。"随后，司法部参事厅草拟令文，并报时任司法总长江庸核定后，于 1918 年 2 月 1 日发布训令，"本部旋于六年十一月九日指令照准，并著将所调查成绩陆续报部在案。查民商习惯甚为复杂，不独奉省为然。果能随时随地调查明确，汇集成书，台准为将来编制法典之基础，即现在裁判案件亦复足资参考……""通令各省高审厅处仿照奉天高审厅，设立民商事习惯调查会。"并任命汤铁樵全权负责此事。民事习惯调查遂在全国范围内展开，各省除边远外，络绎册报，堆案数尺，蔚为大观。1924 年，取材于各省法院民商习惯调查会所著调查报告之《中国民事习惯大全》出版。1927 年《司法公报》也整理刊登相关调查成果。此次调查，为当时《民律第二次草案》及后来南京国民政府制定民法打下了较好的基础。但由于时局动荡，《民律第二次草案》并没有将习惯完全融入其中。[③]

1922 年春，华盛顿会议召开，北京政府提出收回领事裁判权问题，大会议决由各国派员来华调查司法，政府即责成司法部对与司法上应行改良

① 周叶中、江国华主编：《博弈与妥协——晚清预备立宪评论》，武汉大学出版社 2010 年版，第 208 页。

② 参见谢振民编著：《中华民国立法史》，张知本校订，中国政法大学出版社 2000 年版，第 741 页。

③ 参见南京国民政府司法行政部印行：《民商事习惯调查报告录》（民国十九年五月），即《民事习惯调查报告录》，中国政法大学出版社 2000 年版。

各事，赶速进行，并饬修订法律馆积极编纂民刑各法典。[①]1925年，修订法律馆纂成民律草案总则编223条，债权编744条，物权编310条，亲属编243条,1926年纂成民律草案继承编225条，是为《民律第二次草案》。[②]此草案虽经司法部通令法院，作为条理采用，但未成正式法典。[③]

商法领域，清末宣统元年编定《大清商律草案》，宣统二年农工商部采取各商会所编成之商法调查案，修订为《大清商律草案》，但均未颁行。民国成立后，法律编查会于1915年编定《破产法草案》，1916年编定《公司法草案》。1922—1925年，修订法律馆又先后编成《票据法》第一到第五各次草案。至此，清末《商律》不再适用，被废止。[④]

（二）制定刑事法律和刑事政策

刑事司法是司法行政机关的重点业务，北京政府司法部在刑法和刑事政策的制定中一直发挥主导作用。

一是制定《暂行新刑律》。1912年3月21日，袁世凯发布《临时大总统令》规定："前经通令在民国刑法未公布以前，治罪之法，除与国体抵触各条外，暂行适用新刑律。嗣后各地方遇有此等犯罪行为，即按照新刑律各条，分别审断。"[⑤]1912年4月30日，北京政府删修《大清新刑律》与国体抵触各章、条及文字，并撤销暂行章程5条，改名称为《暂行新刑律》公布。司法部并通告各省,《暂行新刑律》以公布之日为施行期。《暂行新刑律》颁行后，司法部拟定施行细则10条，于1912年8月20日通咨各省军政长官转饬遵照，并以部令公布施行。[⑥]

二是制定《修正刑法草案》与《刑法第一次、第二次修正案》。1914年，汪有龄等人依据《暂行新刑律》修改刑法，修编成《修正刑法草案》

① 参见谢振民编著:《中华民国立法史》，张知本校订，中国政法大学出版社2000年版，第747页。

② 李祖阴:《民法法典编纂史略》，载《实报半月刊》1936年第1期。

③ 参见汪楫宝:《民国司法志》，商务印书馆2013年版，第16页。

④ 洪博、李刚:《民初援用清末法律探析》，载《陕西理工大学学报（社会科学版)》2017年第4期。

⑤ 参见洪博、李刚:《民初援用清末法律探析》，载《陕西理工大学学报（社会科学版)》2017年第4期。

⑥ 参见谢振民编著:《中华民国立法史》，张知本校订，中国政法大学出版社2000年版，第887页。

与《理由书》，于1915年批准施行，《暂行新刑律》不再适用。[①]1916年，法律编查馆拟有第一次之《刑法修正案》。1918年7月，政府设修订法律馆，特派董康、王宠惠为总裁。该馆成立后，因以前法律编查会编订《修正刑法草案》时，方处袁氏专制之下，不免迎合意旨，或有所顾忌，时势变迁，则刑事政策自有变更之必要，于是参考各邦立法，斟酌本国情势，另为第二次之修正，编成《刑法第二次修正案》，凡2编，共377条。1919年，该馆又将此案加以文字上之修改，是为改定之《刑法第二次修正案》，增16条，共393条。[②]《刑法第二次修正案》实较前有显著之进步，为民国以来最完备之刑法法典。此修正案完成后，未经提交国会议决颁行。当时司法部以新刑律本系暂行，既有补充条例，又有各种单行法，暂行律本体复支离破碎，拟即呈请政府作为条例早日颁行。但法制局局长王来则认为民国尚未统一，暂行新刑律在西南各省一律适用，若废弃之，而另颁一条例以为代替，西南政府未必遵行，而法律之适用即趋于分裂。有鉴于此，该草案未成为正式刑法法典。[③]

三是制定量刑行刑政策。1914年4月，司法总长梁启超条陈改良司法计划，其第六端为酌复笞杖，以疏通监狱，经政府交由政治会议复核后批示："为目前监狱，酌将轻微案件，处短期刑者改为笞刑，仍可收疏通之效。吾国即用笞杖，未见有伤国体。惟此次核刑，宜有限制，应由司法部详审规定。"袁世凯即令交司法部按照所列办法，切实厘订，分别呈请施行。司法部旋拟定《易笞条例》11条，于10月5日呈奉大总统批令"准如所拟办理，即由该部通行遵照"。该条例共11条，适用对象为犯有"奸诈""私诱""窃盗"，以及"诈欺""取财"等罪，应处"三月以下有期徒刑拘役或一百元以下罚金，依律折易监禁者"。受笞刑者仅以"十六岁以上六十岁以下之男子为限"。但条例第六条特别强调"易笞于会充或现充官员或其他有相当身份者不适用之"。同时条例详细规定了笞具规格，"笞用竹为之，平其节，长三尺五寸，大头阔一寸三分，小头阔八分，重不过

① 洪博、李刚:《民初援用清末法律探析》，载《陕西理工大学学报(社会科学版)》2017年第4期。

② 参见谢振民编著:《中华民国立法史》，张知本校订，中国政法大学出版社2000年版，第891页。

③ 参见谢振民编著:《中华民国立法史》，张知本校订，中国政法大学出版社2000年版，第903页。

十二两”，并附笞具规格图表；行刑时应“平击其臀，不得责打腰背胸肋，手足及其他虚怯之处”。此条例虽为疏通监狱而设，易笞以轻罪之破廉耻者为限，与前清笞刑迥异，然当改良法制之日，而采用文明诸国久经废止之身体刑，实足坠司法之声誉，故至1916年7月18日即行废止。①

在科刑方面，鉴于律条繁杂宽严不明，为统一司法适用，平衡刑罚轻重，兼顾国法与人情，1920年10月21日，司法总长董康拟定《科刑标准条例》，呈奉政府批准颁行。②该条例规定，科刑时应裁酌一切情形为法定刑内轻重之标准，包括犯罪之原因、目的、所受刺激，犯人之心术、品行、与被害人之关系、知识程度，犯罪结果，犯罪后态度等各方面的情况，罚金还要考虑到犯人的财产关系；特别是对杀人、盗匪等罪，详细列举了判处死刑所应注意之情节、勘伤认定等；对于杀人强盗或犯罪科死刑案件，应该经过司法部复核等。该条例系近代对科刑标准的首次规定，是中国刑法立法史上的一大进步。③

四是惩治盗匪。民国期间，时局混乱，盗匪横行，北京政府将打击盗匪作为刑事政策之重点，并为此发布一系列专门法令。1914年7月2日，北京政府公布《惩治盗匪条例》11条，后又加以修改，于同年11月27日公布。此法大致规定强盗匪徒犯刑律或本法所规定之特别重罪，得处死刑。在省由该管审判厅或兼理司法事务之县知事审判，京师由京师审判厅审判，各特别区由兼理司法事务之县知事审判，军队驻在地由其高级军官审判，审实后，分别转报巡按使、司法部、都统或最高级军事长官复准后执行。政府又提出《惩治盗匪法施行法》5条，于1914年12月4日公布施行。至1922年12月，司法部以部令通告《惩治盗匪法》应行废止，但河南、湖北、江苏各省军事长官颇持异议，1923年3月3日，政府遂明令恢复。④

---

① 参见谢振民编著:《中华民国立法史》，张知本校订，中国政法大学出版社2000年版，第950—951页。

② 参见谢振民编著:《中华民国立法史》，张知本校订，中国政法大学出版社2000年版，第951页。

③ 参见商务印书馆编译所:《民国法令大全》，商务印书馆1924年版，第八类“司法”，第895页。

④ 参见谢振民编著:《中华民国立法史》，张知本校订，中国政法大学出版社2000年版，第957—948页。

此外，北京政府还就办理盗匪等重罪发布了一系列配套政策，如1916年8月24日颁布《引用刑律及惩治盗匪法须辨明罪质文》；1921年5月17日司法部发布《令各厅县慎重办理盗匪案件文》，1920年10月28日司法部发布《慎重杀人犯案文》，1920年9月4日司法部发布《审理掳人勒赎案件必详查过付财物者是否善意文》。①

五是禁烟禁毒。1914年4月11日，北京政府公布《吗啡治罪条例》12条，此法自施行后，至1920年12月31日，司法部呈准政府加以修正（后《中华民国刑法》颁行，该条例即行废止）。1914年12月20日，大总统又批准司法部呈拟贩卖罂粟种子罪刑文。②

四、监狱管理

民国时司法行政机关监督监狱。所谓监狱，不仅包括关押已决犯之监狱，还包括关押未决犯之监狱和看守所，以及保安处分执行处所。北京政府司法部沿袭清末法部职责，设监狱司管理监狱。1913年，北京政府司法部公布《监狱规则》14章，关于戒护劳役教诲给养卫生诸端，规定甚详。《监狱官制》（1914年9月17日公布）第1条规定："监狱由司法部监督之。各高等检察长由司法部委任，监督各该区域内各监狱。"③

清末已经开始建设新式监狱，但数量很少，各县旧监狱，又均简陋狭小，人满为患。民国以来，北京政府多次制订监狱改良计划，颁布单行法令，疏散人犯，改良监狱环境。司法部于1915年7月28日发布《改良监狱训条》④,1916年12月27日发布《改良全国监狱方针文》⑤，力推新式监狱建设。中国近代监狱发端于清宣统元年（1909）建筑的京师

---

① 参见商务印书馆编译所:《民国法令大全》，商务印书馆1924年版，第八类"司法"，第950—951页。

② 参见谢振民编著:《中华民国立法史》，张知本校订，中国政法大学出版社2000年版，第946页。

③ 参见商务印书馆编译所:《民国法令大全》，商务印书馆1924年版，第二类"官制"，第66页。

④ 参见商务印书馆编译所:《民国法令大全》，商务印书馆1924年版，第八类"司法"，第970页。

⑤ 参见商务印书馆编译所:《民国法令大全》，商务印书馆1924年版，第八类"司法"，第970页。

模范监狱。该监狱1912年落成，名为北京监狱，为中国改良监狱之始。1913年，改顺天府习艺所为宛平监狱。1914年保定府清苑监狱成立，后改北京监狱为京师第一监狱，宛平监狱为京师第二监狱，嗣又改清苑监狱为京师第三监狱，同归司法部直辖。民国后，如山东共接管清朝遗留的新式监狱一所（建于宣统二年的山东模范监狱，1913年定名为山东历城监狱），各州、县旧监牢狱和罪犯习艺所一百余处。另外，在山东尚有青岛李村监狱和威海刘公岛监狱。到1917年，按1916年全国司法会议决议"省会之新监狱均为 × 省第一监狱，其他监狱按成立时间为序为第二、第三……监狱，未改良的监狱仍称旧监狱"的规定，山东省城新式监狱——历城监狱改名为山东第一监狱，福山地方监狱改名为山东第二监狱；1920年6月在济宁城内建成的新式监狱，定名为第三监狱；同年10月山东第四监狱在益都县城竣工成立。1921年英占威海归复中国，威海刘公岛监狱改名为山东第三监狱威海分监；1924年12月山东第一监狱历城分监改定为山东第五监狱，1923年日军撤出青岛，1925年青岛李村监狱扩建后改名为山东第六监狱。至1927年北洋军阀政府垮台前，山东共有省辖监狱六所。其中规模最大的是山东第一监狱，该监位于济南城外历城县，全监面积4800平方丈，可收容犯人396名。监内设典狱长1人，看守长3人，候补看守长7人，主任看守5人，看守、额外看守、候补看守84人，教诲师1人。①

① 程延华:《山东民国监狱管理机构及设置》，载《山东法学》1992年第3期。

第二节　南京国民政府时期的司法行政制度

一、中央司法行政机关

（一）司法部

国民政府[①]成立之初，设司法行政委员会，主管司法行政事务。1926年11月设司法部。[②]1926年11月通过《司法部组织法》10条，交由国民政府于1926年11月15日公布。此法规定司法部管理全国司法行政，并指挥监督省司法行政；置部长1人，管理部务，并监督所属职员，及所辖法院；设秘书处，及第一处、第二处、第三处，置秘书长、处长、秘书、科长、科员，并得任用法律与技术人员。[③]1926年至1927年，广州、武汉国民政府司法部部长是国民党左派领袖之一的徐谦。徐谦原曾任北京政府司法部次长、总长等职。[④]但由于当时南北对峙，司法部的作用有限。

1927年4月南京国民政府成立。7月14日，王宠惠任南京国民政府首任司法部部长。[⑤]司法部分设总务、民事、刑事、监狱四个司，管理全

① 为了统一全国，中国国民党政治委员会决议筹组国民政府，于1925年7月1日在广州正式成立，采取委员制，称"广州国民政府"。北伐开始后，国民革命军于1926年10月占领武汉三镇。11月8日，国民党中央政治会议决定迁中央党部和国民政府到武汉，1927年2月21日武汉国民政府正式办公，称"武汉国民政府"。1927年，北伐军攻克了上海与南京，蒋介石于3月抵达上海后，决定实行"清党"，并于4月18日成立南京国民政府。1927年8月武汉国民政府迁往南京，9月，南京国民政府同武汉国民政府合并，史称"宁汉合流"。

② 参见谢振民编著:《中华民国立法史》，张知本校订，中国政法大学出版社2000年版，第375页。钱端升、萨师炯等:《民国政制史》（上册），商务印书馆2018年版，第218、224页。

③ 参见谢振民编著:《中华民国立法史》，张知本校订，中国政法大学出版社2000年版，第375页。钱端升、萨师炯等:《民国政制史》（上册），商务印书馆2018年版，第222页。

④ 参见李在全:《"革命军北伐，司法官南伐"——1927年前后的政权鼎革与司法人事延续》，载《近代史研究》2021年第6期。

⑤ 从1927年7月至1928年11月，司法部部长为王宠惠，1928年3月由蔡元培兼代。

国司法行政事务，拥有各级司法官员的人事任免权。[①]1927 年 8 月 9 日，国民政府公布《司法部组织法》18 条，其内容与 1914 年 7 月 10 日公布之《修正司法部官制》大致相同。同年 11 月 5 日，国民政府对《司法部组织法》予以修正，第 4 条增 1 款列为“秘书处”，并于第 12 条定为置秘书长 1 人，秘书 4 至 6 人。[②]根据 1928 年 2 月 4 日《国民政府组织法》第 7 条，国民政府设内政、外交、财政、交通、司法、农矿、工商等部，并设最高法院、监察院、考试院、大学院、审计院、法制局、建设委员会、军事委员会、蒙藏委员会、侨务委员会。[③]司法部为国民政府的组成部门。1928 年 4 月兼代司法部部长蔡元培提议于《司法部组织法》内增订秘书处之职掌，列作第 5 条，并将“总务司司长得由次长兼任”删去。后又决议将《司法部组织法》条文内之“总务司”改为“总务处”，原定“司长 4 人”，改为“处长 1 人，司长 3 人”。[④]

（二）司法行政部

1928 年 10 月国民政府实行“五院制”[⑤]，设司法院，王宠惠出任司法院首任院长。[⑥]司法院由司法行政署、司法审判署、行政审判署、官吏惩戒委员会组成。司法院院长综理全院事务。司法部改称“司法行政署”，隶司法院下，承司法院院长之命，综理司法行政事宜。[⑦]不久，司法院组织

① 1928 年 3 月制定《国民政府司法部分科规则》。参见湖北省司法行政史志编纂委员会:《清末民国司法行政史料辑要》，1988 年 5 月，第 48 页。李在全:《“革命军北伐，司法官南伐”——1927 年前后的政权鼎革与司法人事延续》，载《近代史研究》2021 年第 6 期。

② 参见谢振民编著:《中华民国立法史》，张知本校订，中国政法大学出版社 2000 年版，第 375 页。钱端升、萨师炯等:《民国政制史》(上册)，商务印书馆 2018 年版，第 222 页。

③ 参见中国第二历史档案馆:《国民党政府政治制度档案史料选编(上)》，安徽教育出版社 1994 年版，第 77—78 页。

④ 参见谢振民编著:《中华民国立法史》，张知本校订，中国政法大学出版社 2000 年版，第 375—376 页。

⑤ 参见 1928 年 10 月 20 日《国民政府公布行政院等五院组织法令》，载中国第二历史档案馆:《国民党政府政治制度档案史料选编(上)》，安徽教育出版社 1994 年版，第 160 页。

⑥ 王宠惠出任司法院首任院长，至 1931 年底由伍朝枢任院长，伍氏未到任，1932 年 5 月居正出任院长。

⑦ 参见中国第二历史档案馆:《国民党政府政治制度档案史料选编(上)》，安徽教育出版社 1994 年版，第 160 页。

机构调整，根据1928年11月7日通过的《修正司法院组织法》规定，司法院由司法行政部、最高法院、行政法院、官吏惩戒委员会组成。[①]司法行政署改称“司法行政部”[②]，其组织法由司法院院长王宠惠拟具草案，通过后送由国民政府于1928年11月19日公布。此组织法之内容，仍与1927年8月9日公布之《司法部组织法》略同，唯司法行政部次长定为2人，并明定部长以至各职员之官阶，以及其任免之程序。[③]司法行政部就主管事务，对于地方最高级行政长官，有指示监督之责，如认其命令或处分有违背法令或逾越权限者，得请由司法院院长提经国务会议议决后，停止或撤销之。司法行政部部长综理部务，监督所属职员及各机关。设政务次长和常务次长各一人，辅助部长处理部务。置总务司、民事司、刑事司、监狱司。[④]后修定司法行政部组织法，于1929年提交讨论，结果将原案第15条之“科长科员各若干人”，改为“科长16至24人，科员60至100人”，其余各条，大致照原文通过。立法院议决《司法院司法行政部组织法》后，由国民政府于1929年4月17日公布。[⑤][⑥]

根据1929年4月17日公布的《司法行政部组织法》[⑦]的规定，司法行政部管理全国司法行政事务。司法行政部对于各地方最高级行政长官执行本部主管事务有指示监督之责。司法行政部就主管事务对于各地方最高级

---

① 参见中国第二历史档案馆:《国民党政府政治制度档案史料选编(上)》，安徽教育出版社1994年版，第163、279页。

② 1928年11月魏道明出任司法行政部部长，1930年4月魏调任南京特别市市长，由次长朱履龢代理。1931年底司法院长王宠惠去职；与此同时，司法行政部由司法院改隶行政院，罗文干出任司法行政部部长；1934年10月，司法行政部再次划归司法院，由司法院院长居正暂兼部长，同年12月王用宾出任部长。参见李在全:《“革命军北伐，司法官南伐”——1927年前后的政权鼎革与司法人事延续》，载《近代史研究》2021年第6期。

③ 参见谢振民编著:《中华民国立法史》，张知本校订，中国政法大学出版社2000年版，第376页。

④ 参见汪楫宝:《民国司法志》，商务印书馆2013年版，第4—5页。

⑤ 参见谢振民编著:《中华民国立法史》，张知本校订，中国政法大学出版社2000年版，第376页。

⑥ 后又于1936年11月3日，1942年7月28日，1943年2月13日修正。参见蔡鸿源主编:《民国法规集成》，黄山书社1999年版，第34册第108页；第35册第194、236页。钱端升、萨师炯等:《民国政制史》(上册)，商务印书馆2018年版，第284页。

⑦《司法院司法行政部组织法》，载蔡鸿源主编:《民国法规集成》(第34册)，黄山书社1999年版，第109页。

行政长官之命令或处分认为有违背法令或逾越权限者，得由司法院院长提请国务会议议决后停止或撤销之。司法行政部置总务司、民事司、刑事司和监狱司。总务司掌理事项为:（1）关于收发、分配、撰辑、保存文件事项;（2）关于部令之公布事项;（3）关于典守印信事项;（4）关于司法院所属各机关职员之任免事项;（5）关于司法院所属各机关职员应付惩戒事项;（6）关于编制统计报告及刊行出版物事项;（7）关于本部经费并各项收入之预算决算及会计事项;（8）关于司法经费及稽核直辖各机关之会计事项;（9）关于本部所管之官产官物事项;（10）关于司法机关之设置废止及其管辖区域之分划变更事项;（11）关于司法机关职员之训练及教育事项;（12）关于律师事项;（13）关于稽核罚金赃物及没收等事项;（14）关于本部庶务及其他不属各司事项。民事司掌理事项为:（1）关于民事诉讼审判之行政事项;（2）关于非讼事件事项;（3）关于公证事项;（4）关于司法机关所管登记事项;（5）关于其他民事事项。刑事司掌理事项为:（1）关于刑事诉讼审判及检察之行政事务;（2）关于特赦减刑复权执行刑罚及缓刑事项;（3）关于国际引渡罪犯事项;（4）关于其他刑事事项。监狱司掌理事项为:（1）关于监狱之设置废止及管理事项;（2）关于监督监狱管理事项;（3）关于犯罪人之感化假释及出狱人保护事项;（4）关于犯罪人卫生及工作事项。司法行政部设部长1人，综理该部事务，监督所属职员及各机关。司法行政部设政务次长、常任次长各1人，辅助部长处理部务。司法行政部部长为特任职，次长、参事、司长及秘书2人为简任职，其余秘书及科长为荐任职，技士3至5人为委任职，承长官之命办理技术庶务。司法行政部部长、次长由司法院院长呈请国民政府任免，委任人员由部长任免。[①] 司法行政部改隶行政院后，于1943年2月13日公布修正后《司法行政部组织法》，其内容大致相同，组织机构上增设人事司，总务司和人事司职责有所调整。[②]

① 《司法院司法行政部组织法》，载蔡鸿源主编:《民国法规集成》（第34册），黄山书社1999年版，第109页。

② 修正后之《司法行政部组织法》全文参见湖北省司法行政史志编纂委员会:《清末民国司法行政史料辑要》，1988年5月，第56页。

（三）司法院与司法行政部的关系

南京国民政府时期，司法行政部的隶属在司法院和行政院之间反复变更。1931 年 12 月 25 日，司法行政部由司法院改隶行政院，但组织法并未修改；[①] 到 1934 年 10 月，司法行政部再次划归司法院，1943 年 1 月司法行政部又改隶行政院。虽名称隶属屡有变更，但其掌管职权，则大致相同。[②]

司法行政部的反复改隶引发了司法院定位和最高司法行政机关归属问题的争论。1930 年 11 月 17 日的《国民政府组织法》第 33 条规定："司法院为国民政府最高司法机关，掌理司法审判，司法行政，官吏惩戒及行政审判之职权。"1931 年 6 月 14 日的《国民政府组织法》第 37 条规定："司法院为国民政府最高司法机关，掌理司法、审判之权。"1931 年 12 月第 6 次修正的《国民政府组织法》，司法院的定位由"最高司法机关"改为"最高审判机关"，院长兼最高法院院长，副院长兼公务员惩戒委员会委员长。此次修改的同时，"司法行政改隶行政院，设部管理"，司法院丧失了司法行政权，根据该法第 24 条第 5 款，荐任以上司法官吏之任免，由行政院会议议决。1934 年 10 月，司法行政部又改隶司法院后《国民政府组织法》也相应修改，1936 年 10 月之《司法院组织法》亦从之，司法院不仅是最高审判机关，也是"整个的最高司法机关"。1943 年 1 月司法行政部改隶行政院。1945 年 11 月 5 日的《国民政府组织法》第 35 条规定，"司法院为国民政府最高司法机关"。抗战结束后的政治协商会议就宪法草案达成 12 项原则，其中第 4 项是"司法院即为最高法院，不兼管司法行政"。1946 年 11 月 15 日，"制宪国民大会"在南京召开，立法院院长孙科在说明中指出，"本宪草规定司法院为国家最高审判机关，与现在司法院不同，掌理民事刑事行政诉讼之审判及宪法之解释"，但审议中关于司法行政机关归属仍分歧较大，国民党指示"不必再提司法行政部属于司法院"，以搁置的方式处理之。一读通过的宪草修正案改为"司法院为最高

---

① 参见汪楫宝:《民国司法志》，商务印书馆 2013 年版，第 4—5 页。参见中国第二历史档案馆:《国民党政府政治制度档案史料选编（上）》，安徽教育出版社 1994 年版，第 118 页。

② 参见张仁善:《司法行政权的无限扩大与司法权的相对缩小——论南京国民政府时期的司法行政部》，载《民国档案》2002 年第 2 期。李在全:《"革命军北伐，司法官南伐"——1927 年前后的政权鼎革与司法人事延续》，载《近代史研究》2021 年第 6 期。

司法机关，掌理民事刑事行政诉讼之审判，及公务员之惩戒”，“司法院解释宪法，并有统一解释法律命令之权”。1947 年 3 月 31 日的《司法院组织法》，司法院设民事庭、刑事庭、行政裁判庭及公务员惩戒委员会。但该法公布后，受到最高法院院长等法界人士的反对，主张仍维持旧制。遂在 1947 年 12 月 25 日“行宪”当日颁布之修正《司法院组织法》中，仍沿袭训政时期司法院下设三院（会）分掌普通（民刑）诉讼、行政诉讼与公务员惩戒等旧制。[①]

南京国民政府时期，司法行政机关，不论是称“司法部”还是“司法行政部”，不论是隶属于司法院还是行政院，其在司法管理上的职责一直未变，始终监督地方各级法院、县司法处。1928 年 8 月，司法部拟具的《暂行法院组织法草案》及其理由书指出：“各级法院，决不因司法院之成立而变更组织，即司法行政之应归司法部监督者，在司法院成立后，仍可属之司法院。法院有特别普通两种，本法所定为纯粹之普通法院，凡依特别法组织之法院，不归司法部监督者，均不受本法之支配。”[②] 依 1935 年《法院组织法》[③] 第 87 条所定司法行政之监督：司法院院长，督同最高法院院长，监督最高法院。司法行政部部长，监督最高法院所设检察署及高等法院以下各级法院及分院。凡有监督权者，对于被监督人，关于职务上之事项，得发命令使之注意；有废弛职务、侵越权限或者行止不检者，得加以警告或惩戒。但监督权之规定，不影响于审判权之独立行使。[④] 司法行政部亦有多种监督手段[⑤]，如对已判决的案件，由各院按种类月报、季报、年报，将判决书报部审核；判处无期徒刑及死刑的案件，要将卷宗专案报核；无期徒刑案件先执行，后呈报；死刑案件先呈报，等核准后才能执行。如发现原判有误，可以指令最高检察署提起非常上诉，以便纠正，并可对承办

① 参见中国第二历史档案馆：《国民党政府政治制度档案史料选编（上）》，安徽教育出版社 1994 年版，第 106、112、118、137 页。聂鑫：《近代的中国司法》，商务印书馆 2019 年版，第 91—92、94—99 页。

② 参见谢振民编著：《中华民国立法史》，张知本校订，中国政法大学出版社 2000 年版，第 1039 页。

③《法院组织法》经国民政府于 1932 年 10 月 28 日公布，但以制度上多有变革，施行日期延至 1935 年 7 月 1 日，故本文以施行日期为准，称 1935 年《法院组织法》。

④ 参见汪楫宝：《民国司法志》，商务印书馆 2013 年版，第 12 页。参见刘钟岳编著：《法院组织法》，正中书局 1947 年版，第 115—118 页。

⑤ 参见汪楫宝：《民国司法志》，商务印书馆 2013 年版，第 64—67 页。

人员予以警告、记过等处分，情节严重的，报公务员惩戒委员会处分。司法人员的年终考绩，也由各院报部审核，转送考试院铨叙部审定。[①]

从上述历史变迁及争论中，可以看出，在司法院所辖机构中，真正掌控实权的是司法行政部。司法行政部隶司法院，则司法院审判与行政合一，是“最高司法机关”；隶行政院，则司法院仅有审判权，为“最高审判机关”。在司法行政部隶属于司法院时，司法行政事务统由院部管理，具体内容在院部之间划分；在司法行政部隶属于行政院时，司法院所管理的司法行政事务就少之又少。

二、司法管理

南京国民政府时期，前期司法部监督各级法院。实行五院制，成立司法院后，司法院负责规划法院设置及诉讼管理，重大司法政策和司法制度的设计多出自司法院。

司法行政部的隶属虽多次变化，但司法行政部职责未变，始终保留着对地方法院、县司法处的司法行政事务管理和监督，掌握着地方审判、检察及其他司法系统官吏的任命，并掌管中央司法经费，实际上大权在握。

（一）管理司法人事

南京国民政府时期，司法行政部掌握省高等法院院长、法官、首席检察官、检察官等司法官吏的人事大权，并通过省高等法院强化对县司法处和地方法院的人事管理，可谓全国司法人事权全部操之于手。为开展全国的司法人事工作，1942 年 7 月司法行政部增置人事司，次年改为人事处，掌管各省司法人员之任免考核事项。[②] 根据 1943 年 2 月 13 日修正后之《司法行政部组织法》，人事司负责：“关于法院组织事项；关于职员之任免、奖惩、抚恤事项；关于职员之考绩事项；关于职员之训练教育事项；关于律师事项；关于人事登记事项；关于其他人事事项。”[③]

法官任用的一般程序是由司法行政部对其资格和成绩审查决议后，转

---

① 张仁善:《司法行政权的无限扩大与司法权的相对缩小——论南京国民政府时期的司法行政部》，载《民国档案》2002 年第 2 期。

② 参见汪楫宝:《民国司法志》，商务印书馆 2013 年版，第 4—5 页。

③ 参见湖北省司法行政史志编纂委员会:《清末民国司法行政史料辑要》，1988 年 5 月，第 56 页。

交考试院铨叙部审查，合格后由司法行政部以国民政府名义任命。[1] 根据1928年11月17日公布，1929年8月14日修正公布之《最高法院组织法》[2]，最高法院院长（特任）由司法院院长提请国民政府任命之；简任（最高法院庭长、推事，最高法院检察署检察长及检察官）或荐任人员（最高法院及检察署书记官长，及部分书记官）由司法行政部部长呈由司法院院长分别提请或呈国民政府任命之；委任人员（部分书记官）由最高法院院长及检察署检察长分别任命之。荐任以上人员之任命，由司法行政部部长咨询最高法院院长及检察院检察长之意见，分别行之；第一项委任人员之任免，应分别咨行及呈报司法行政部备案。国民党为加强对地方的控制，消除军阀地方割据，于1929年5月8日通过《关于各省高级行政人员任命原则之决议》[3]，决定“一、以后各处保荐简任、荐任人员，必须将其籍贯、年龄、履历详细呈报，以凭中央核定。二、以后各省兼厅之省政府委员，必须于就职前来京向国民政府报到，接受任命”。根据《法院组织法》第34条规定之简任、荐任法官之范围[4]，全国所有地方法院及其分院，高等法院之院长、法官、检察官的任命权都在中央，其任命、叙级、晋升、考核、奖惩等事项，由高等法院院长、首席检察官，呈司法行政部核办。后来，1931年12月第6次修正的《国民政府组织法》也相应地规定，荐任以上司法官吏之任免，由行政院会议议决。[5]

---

① 铨叙部掌理全国文官、法官、外交官及其他公务员及考取人员之铨叙事项。钱端升、萨师炯等:《民国政制史》(上册)，商务印书馆2018年版，第346页。根据《公务员任用法》(国民政府于1933年3月12日公布，1935年11月13日修正，1937年1月26日第二次修正公布）第7条，“简任职公务员之任用，由国民政府交铨叙机关审查合格后任命之；荐任职、委任职公务员之任用，由该主管长官送铨叙机关审查合格后，分别呈荐委任之”。参见中国第二历史档案馆:《国民党政府政治制度档案史料选编（下)》，安徽教育出版社1994年版，第56页。

② 参见中国第二历史档案馆:《国民党政府政治制度档案史料选编（上)》，安徽教育出版社1994年版，第286页。

③ 参见中国第二历史档案馆:《国民党政府政治制度档案史料选编（下)》，安徽教育出版社1994年版，第7页。

④ 简任、荐任法官之范围，《法院组织法》第34条规定为:“地方法院及其分院之推事及检察官，荐任。但首都及院辖市地方法院兼任院长之推事及首席检察官，得为简任。高等法院兼任院长之推事及首席检察官，简任。推事及检察官，荐任；但充任庭长之推事得为简任。高等法院分院推事及检察官，荐任。但兼任院长之推事，得为简任。最高法院推事，简任。最高法院检察署检察官，简任。”

⑤ 聂鑫:《近代的中国司法》，商务印书馆2019年版，第91页。

司法行政部制定和完善法官任用标准。1932 年司法行政部呈准《司法官任用暂行标准》14 条，关于荐任简任法官之任用资格，规定綦详。1936 年，制定推事检察官任用资格审查规则，及司法官审查委员会规则，设立资格审查及成绩审查两委员会。复以边远省份，交通不便，人才缺乏，1933 年，公布甘宁青新司法官任用暂行办法，放宽资格以救济之。[①] 前述标准办法于《法院组织法》施行后废止。1935 年 7 月《法院组织法》施行，于第 33 条规定法官和检察官任职资格十一项，满足其中之一者，方能充任。十一项资格中以司法官考试为主，曾任法官、检察官、司法行政官、书记官、法学教授、律师等且满足条件者，也可认定为具有司法官资格。于第 48 条规定法院书记官之资格，分委任、荐任、简任三等。[②]

司法人员的薪俸，由司法行政部负责。司法制度的有效运行需要足够的司法经费保障，法官的薪俸也来源于司法经费。南京国民政府初期，司法经费由各省政府财政负担，1941 年以后司法经费改由中央统一划拨，由司法行政部负责中央司法经费的管理。1936 年国民政府公布《司法官及其他司法人员官等官俸表》[③]，详细列举了各级司法官的官俸数额，规定本表所举以外合于法定组织之司法人员，应由司法行政部或最高法院比照本表同等人员，详拟应叙级俸，报由铨叙部核定行之。最高法院检察署及高等法院以下各级法院人员之级俸，由司法行政部核 / 拟定，最高法院人员之级俸，由最高法院拟定，分别送由铨叙部核之。首都地方法院职员俸级，依首都地方法院组织大纲第 6 条规定，准据高等法院及地方法院各该同等职分别核叙。凡初任人员，应从本表所定各该职务之最低级俸叙起。但高等法院以下各栏，除县司法处及县看守所外，其低级委任人员，得按其学识、经验，在九级以下酌叙俸级。与此同时，南京国民政府又公布了《司法官官俸发给细则》[④]，详细规定了官俸发给时间、年功加俸发给办法及初任官、专任官官俸，司法官请假、出差支薪、司法官因省亲、生病、产假等给薪办法，这些规定使法官的薪俸制度更加完善、更具有实际操作性。

---

① 参见汪楫宝:《民国司法志》，商务印书馆 2013 年版，第 53—54 页。

② 参见汪楫宝:《民国司法志》，商务印书馆 2013 年版，第 54—59 页。

③ 参见中国第二历史档案馆:《国民党政府政治制度档案史料选编（下）》，安徽教育出版社 1994 年版，第 55 页。

④《司法官官俸暂行条例》，载蔡鸿源主编:《民国法规集成》（第 65 册），黄山书社 1999 年版，第 529 页。

司法行政部负责法官考绩，年考由司法院各个部门报司法行政部审核后转送考试院铨叙部审定，总考由铨叙部直接负责施行。法官工作成绩的优劣，根据司法行政部制定的《司法人员考绩程序表》进行考核。该表详细列举了承办案件、操守、性情、学识、办案成绩、勤惰、曾受处分、堪胜任务、本人愿望等考核内容，部分内容下有更详细的考核子项。① 法官考绩程序亦有详细规定：上级有考绩下级的职权，本级官长考绩本级职员报上级考级委员会，最后由司法行政部考绩委员会负责所有职员的考绩，司法行政部部长掌握最终核定权。

司法行政部亦根据法院建设之进度和抗战之影响，调整法官员缺。抗战之前，由于大量候补法官检察官未补入正缺，总数达全国司法官人数1/3以上。司法行政部于1937年，通令各省，分期改为正缺。至1940年，全国司法经费统一，此项不合理之候补员额，一律改正。而法院大量增设，亦绝少无缺可署之情形。1937年抗日战争爆发，国民政府西迁重庆。司法行政部公布司法人员登记办法。凡沦陷区内，法官及其他司法人员，撤退至后方者均得声请登记，遇缺序补。1945年，政府准备复员，公布司法机关人员甄用办法。凡具有法官或其他司法人员资格者，均得声请甄用。②

（二）管理司法经费

没有经费，司法建设无从谈起。清末司法改革，由中央命令各省行政长官负责筹办司法经费，民初沿用。北京政府时期，司法经费出自省库而非中央，因此虽政府更迭频繁，但影响有限。但因军阀割据，战乱不断，司法经费也不充足。南京国民政府建立后，各省司法经费原例为国库开支的，均改为各省预算。1927年，各省设置司法厅厅长，由各省委派人员兼任，与其他各厅地位相等，省政府财政厅支付支配款项时，司法厅厅长为参加分配的一员。以后司法厅裁撤，把各省司法行政划归高等法院院长统辖，但法院不属于省政府行政系统，院长又不是省政府委派，不能出席省府会议，参与省政，于是各省对司法经费的拨发每多留难。加上各省军政

① 赵金康：《南京国民政府法制理论设计及其运作》，人民出版社2006年版，第271—272页。

② 参见汪楫宝：《民国司法志》，商务印书馆2013年版，第54—59页。

费用急剧上升，司法经费每被忽视，或拖延，或折扣，法院监所“常有不能维持现状之可虑，而发边瘠省份之法官，甚或留则不得一饱，去则苦无路资”。1928 年 6 月，全国经济会议议决司法经费“均由国家经费内支出”。1929 年，司法行政部在其训政时期六年计划中，提出了经费预算总额，并详细制定了各省高院、地方法院、县法院建筑、开办、经常费用的具体标准。[①]1929 年，司法院院长王宠惠在国民党三届三中全会上所作的《关于司法改良计划事项十八年三中全会大会之司法院工作报告》中，提出了关于司法改革的 13 项计划，其中就包括“确定司法经费”。[②]然而直到 1941 年抗战中，才将各省司法经费一律改为由中央国库直拨，不经过省库，司法经费的落实情况大有好转。只要司法行政部部长与财政部部长取得联系，经行政院批准，司法经费就能由国库拨出，按规定十足发放，新法院及监所的建制经费也有了保障。当时司法界觉得少了一种牵制，颇为称颂。以 1944—1946 年为例，司法经费分别为 84238 万元法币，366456 万元法币、3742106 万元法币，分别约占总预算的 1%、1%、1.5%。[③]南京国民政府时期，经费极度紧张。司法经费虽少，但更显弥足珍贵。1941 年后改为中央负担后，司法经费管理成为司法行政部的重要权力。

（三）设置新式法院

南京国民政府成立后，急欲改变当时的司法局面。司法行政部曾三次提出全国性的司法建设计划。第一次是 1929 年制订的训政时期六年计划，把筹设全国各级法院列为首要工作，定出全国绝大部分县级法院成立的大致期限，计划“于六年训政时期开始之第一、第二两年内，除筹设地方法院外，并筹设县法院，计两年共成立县法院 1367 所，使全国各县司法在最短期中，完全脱离行政而独立，以符五权分治之实”。除县法院外，

---

① 《司法行政部训政时期工作分配年表》(续),《司法公报》第 39 号特载，1929 年 10 月 5 日，第 31—32 页。吴燕:《理想与现实：南京国民政府地方司法建设中的经费问题》，载《近代史研究》2008 年第 4 期。

② 王宠惠著、张仁善编:《司法改良之方针》，载《王宠惠法学文集》，法律出版社 2008 年版，第 288 页。张仁善:《略论南京国民政府时期司法经费的筹划管理对司法改革的影响》，载《法学评论》2003 年第 5 期。

③ 倪征燠:《司法问题研究》，载《中华法学杂志》1947 年第 8 期。转引自张仁善:《略论南京国民政府时期司法经费的筹划管理对司法改革的影响》，载《法学评论》2003 年第 5 期。

还规定有地方法院、高等法院分院、最高法院分院的筹设期限。[①] 第二次是 1935 年 9 月全国司法会议，通过了结束县长兼理司法职务，设立县司法处作为普设地方法院的过渡等决议案。[②] 拟从 1936 年 7 月 1 日起，将所有行政兼理司法的县，依诉讼繁简，分 3 期设司法处，每期间隔，不得逾半年。各兼理司法县政府，至迟于 1937 年 12 月底以前，一律分设县司法处。1941 年，司法行政部乘中央统一划拨地方司法经费之机，第三次提出五年普设县法院计划。除辽、吉、黑、热四省日伪占领区须待收复后另行筹议外，全国其他尚未设立第一审法院的 1354 县（依 1941 年 10 月统计），从 1942 年起分五年筹设完竣，第一年筹设 135 所，约当全数 1/10，第二、三、四各年，每年筹设 2/10，第五年筹设其余 3/10。其设立之先后次第，按各县诉讼繁简及其他相关情形，于每年编制预算时斟酌决定。[③] 1947 年 1 月司法行政部又主持召开了全国司法行政检讨会议，主要讨论了改进检察制度等决议案，但未落实。[④]

南京为当时首都，所在之江苏省为国民党统治的核心区域，兼有上海这一经济中心，故江苏法院设置乃重中之重。江苏新式法院设置由司法（行政）部指导监督，江苏高等法院实施。实行高等法院院长负责制后，在当时司法部的指导下，江苏高等法院随即着手成立，招录、定级、考纪、奖惩等各项章程规制悉报司法行政部备案。1927 年，江苏高等法院仅下辖 1 所分院（江苏高等法院第一分院，驻淮阴）和江宁、上海、吴县、镇江 4 所地方法院，其余 57 个辖县均由县长兼理司法（启东县系次年新增）。1929 年，江苏高等法院院长拟定了颇为详细的法院系统和监狱设施改良计划，谋划了江苏省区之司法建设进程，意图每年一期，共分四期在辖区内普设县法院。1934 年，司法行政部因“深感江苏省区责任重大，而各地法院数量有限不敷使用”，制定了六年分期完成添设县法院的计划，

① 《司法行政部训政时期工作分配年表及说明书》，《司法公报》第 32 号特载，1929 年 8 月 17 日，第 25—26 页。

② 张仁善：《司法行政权的无限扩大与司法权的相对缩小——论南京国民政府时期的司法行政部》，载《民国档案》2002 年第 2 期。

③ 吴燕：《理想与现实：南京国民政府地方司法建设中的经费问题》，载《近代史研究》2008 年第 4 期。

④ 张仁善：《司法行政权的无限扩大与司法权的相对缩小——论南京国民政府时期的司法行政部》，载《民国档案》2002 年第 2 期。

具体内容主要是："高等分院（一）现有者淮阴第一高等分院，上海第二及第三高等分院，（二）计划中者第四高等分院设铜山县，第五高等分院设镇江县，据闻铜山所设第四高等分院，现时筹划经费，已有着落，大概本年内可先成立。地方法院（一）现有者计江宁、吴县、上海、镇江四地方法院。（二）计划中者：（甲）新设者铜山县及淮阴县各一院。（乙）由县法院改组者计武进县、无锡县、松江县、南通县各一院。（丙）由地方分庭改组者江都县一院，以上所添地方法院中，闻铜山县地方法院，将与所设之第四高等分院，同时先行成立，以上计划完全实现后，江苏省将有高等法院一处，高等分院五处，地方法院十一处云。"1935年根据新生效的《法院组织法》，江苏各级法院改四级三审制为三级三审制，各法院承审判厅旧制所设之简易庭取消，县法院均改组升级为地方法院。此后，地方法院一审，高等法院二审，最高法院三审。然而，纵使司法行政部和江苏高等法院竭力推进，江苏新式法院的普设工作仍然举步维艰。直至抗日战争爆发前，全省所设新式法院远未达预期。至1937年，江苏共计设有高等法院分院5所，分别是江苏高等第一分院（淮阴）、第二分院（上海公共租界）、第三分院（上海法租界）、第四分院（江宁）、第五分院（镇江）；地方法院18所，驻在地分别为吴县、上海、首都（江宁）、无锡、铜山、南通、镇江、松江、江都、武进、常熟、泰县、如皋、东台、淮阴、兴化、溧阳、宜兴；县司法处1所，驻在地高淳县；吴江、昆山、崇明、太仓、嘉定、江阴、奉贤、南汇、宝山、金山、青浦、川沙、丹阳、江浦、六合、金坛、溧水、扬中、泰兴、仪征、句容、高邮、淮安、宿迁、泗阳、宝应、阜宁、沭阳、涟水、盐城、东海、沛县、丰县、睢宁、灌云、赣榆、萧县、邳县、砀山、海门、靖江、启东等42县，仍由县长兼理司法。[①]

江苏虽为首都要地，又有中央支持，尚且艰难如此，其他地区可想而知。1929年司法行政部预想在六年训政结束时，全国各县均已设立法院，结果1936年统计全国1367县中，未设法院的有1151县，占统计县的84.2%，一些省甚至连这种比例也远未达到，如四川148县中，尚有142县未设法院，约占总数的96%。司法行政部的三次司法建设计划均未

① 以上资料，参见陈宇超：《司法行政部计划添设苏省法院——以江苏高等法院为中心》，载《法律评论》1934年（总）第546期。

完成，其成果与预想差距甚大。①

（四）进行司法改革

在建立新式法院的同时，南京国民政府司法行政部还开展一系列司法改革。

一是建立巡回审判制度。巡回审判仿自英美，抗战时期开始试行以解决战时上诉困难问题，以第二审为主。1938 年和 1939 年司法院先后公布战区巡回审判办法，及战区巡回审判民刑诉讼暂行办法。司法行政部即通令战区各省高等法院，筹备进行。计实施此制者，有湖北、广东、河南、浙江、江苏、安徽、江西、山西、山东九省。每省各依其实际状况，分为若干区域。巡回情况呈由高等法院，报司法行政部考核。司法行政部以巡回审判，除司法本身价值之外，能兼收提高人民法律常识之效果，拟在非战区省份交通不便地带，亦推行此制。于 1944 年参照前述两办法，另拟高等法院巡回审判条例草案，但未获通过。②

二是完善少年司法制度。依刑法规定，未满 18 岁之少年，或者不受刑事处罚，或者可以减轻刑罚，同时均得施以感化教育。审理此种少年犯之诉讼程序，不宜与成年犯相同。司法行政部曾于 1936 年 5 月颁发审理少年案件应行注意事项 15 款。该注意事项为中国少年司法的首个系统性规定，总体上较为科学合理，其中诸多内容甚至与当今少年司法制度类似。1947 年，司法行政部指定首都地方法院，专设幼年法庭，以资试验。③

三是改良诉讼程序。1935 年公布民事刑事诉讼法后，司法行政部鉴于实践中反映诉讼程序过于烦琐，应以简化便民的需求，于 1942 年就重庆陪都附近之璧山地方法院，先行试办。又于 1944 年 7 月，又将重庆地方法院改为实验法院，效果亦较为理想。司法行政部根据实验结果，建议立法院修正民刑诉讼法，吸纳简化诉讼程序。④ 新式法院建立后，许多当事人并不了解诉讼程序和公证、调解、法律扶助等救济措施，为解决当事人诉讼困难，司法行政部采取了一系列便利诉讼措施，包括设置诉讼程序询

① 吴燕：《理想与现实：南京国民政府地方司法建设中的经费问题》，载《近代史研究》2008 年第 4 期。

② 参见汪楫宝：《民国司法志》，商务印书馆 2013 年版，第 73—75 页。

③ 参见汪楫宝：《民国司法志》，商务印书馆 2013 年版，第 64—67 页。

④ 参见汪楫宝：《民国司法志》，商务印书馆 2013 年版，第 17、69—71 页。

问处、缮状处，发布诉讼指导意见，公布诉讼提示等。[①]

（五）管理法律服务

律师、公证等法律服务是司法制度的组成部分。南京国民政府成立后，律师、公证由司法行政部主管，其建设大多围绕法院诉讼展开。

其一，完善律师制度。司法部于1927年公布律师章程，而其公布的甄拔律师委员会章程与北京政府司法部的规定内容大致相同。1935年司法行政部拟订律师法草案，1940年重加整理，送立法院审议，完成立法程序，1941年1月公布施行。所有律师章程及甄拔律师委员会章程同时废止。1945年4月律师法修正一次。律师公会之主管官署，为社会行政主管机关，但其目的事业，应受司法行政部及所在地地方法院首席检察官之指挥监督。律师公会应订立章程，呈转司法行政部核准，并呈报社会行政主管机关备案。[②] 1939年3月10日，公布公设辩护人条例，旨在扶助无资力之刑事被告，其施行日期及区域，由司法行政部确定。1940年5月，司法行政部命令自同年7月1日起，先在陪都之重庆区域施行，并制颁公设辩护人承办案件月报表式以资考核。1945年又制颁公设辩护人服务规则。而公设辩护人的施行区域，亦陆续指定，逐年增加。截至1947年止，共53处。[③] 鉴于民众大多法律知识薄弱，或无力延聘律师，司法行政部要求律师公会尽扶助之义务。故于起草律师法时，将平民法律扶助之实施办法，列为律师公会章程应规定事项之一。并于1941年9月颁发通则14条，饬由各地律师公会定立实施细则呈核。依通则所定，平民无资力负担律师酬金者，得请求律师公会办理民刑诉讼案件，非讼事件，或解答法律疑问。截至1947年止，各地律师公会已订立实施细则，呈准施行者，共85处。[④]

其二，建立公证制度。1935年7月，司法院公布公证暂行规则，定试办期间为两年。此为中国第一部公证法律，由司法行政部民事司负责公证事务。公证方法分两种：一种为公证书之作成，另一种为私证书之认证。1936年2月，司法行政部制定施行细则及公证簿册书表格式25种，同时

① 参见汪楫宝:《民国司法志》，商务印书馆2013年版，第85—87、64—67页。
② 参见汪楫宝:《民国司法志》，商务印书馆2013年版，第60—63页。
③ 参见汪楫宝:《民国司法志》，商务印书馆2013年版，第84页。
④ 参见汪楫宝:《民国司法志》，商务印书馆2013年版，第85—87页。

颁行。司法行政部先指定首都为施行区域，逐渐推广于重要城市。1939年司法行政部通令各省高等法院，转饬各地方法院，限期开办。1942年又通令各省尚未开办之地方法院限期开办，自7月1日起分批成立公证处，每3个月成立一批，以两年为完成期间。其时公证暂行规则的试办期间已屡次延展，有制为正式法律之必要。遂于1943年3月公布公证法，同年12月公布公证法施行细则，明令于1944年1月1日全国一律施行。各地方法院公证处，经迭令督促结果，至1944年6月大多如期完成，并规定以后新成立之地方法院应同时成立公证处。截至1947年，全国开办公证之地方法院总计550处。其已设置专任公证人员者104处。司法行政部又以人民对于公证之内容及其效用多不明了，要求各法院聘请当地士绅担任劝导，提成给奖。并拟订宣传公证办法及公证须知，印发各县市政府，转发区乡镇公所，暨民众教育馆，各报馆各电影院，切实宣传演讲。并颁发办理公证应行注意事项28款，通令遵照。在公证暂行规则施行时，公证事务系由司法行政部指定地方法院推事专办或兼办。公证法施行后，以设置专任公证人为原则，但得由地方法院推事兼充。[①]

三、法律制定

（一）法制机构的变迁

南京国民政府前期的司法部一如清末法部和民国北京政府时期司法部，负责法律草拟。在司法部下设立编订法典委员会，同时政府设有法制局。1928年施行五院制后，立法院承担了主要的立法职责，但是司法行政部未丧失法律制定的权力，始终参与重大法律的制定，特别是在司法制度和诉讼法方面仍有强大的影响力；而对其主管之监狱、律师等事务，亦有立法权限。

国民政府成立之初，司法部设有编订法典委员会，并于1927年11月26日公布《国民政府司法部编订法典委员会条例》[②]。依据该条例，编订法典委员会掌编订民法、商法、刑法、民事诉讼法、刑事诉讼法各法典及其

① 参见汪楫宝:《民国司法志》，商务印书馆2013年版，第71—73页。

② 参见湖北省司法行政史志编纂委员会:《清末民国司法行政史料辑要》，1988年5月，第47页。

施行细则并调查民事、商事习惯事项（第2条）。编订法典委员会置委员3人至5人，由国民政府司法部部长聘任，委员中由司法部部长指定1人为主席委员（第3条）。委员之职务，一为调查法制及习惯，二为起草法典（第4条）。此委员会颇似北京政府时期司法部下设之修订法律馆。

1927年6月，国民政府设立法制局，置局长1人、编审6人至9人，分掌草拟及修订关于经济事项之法律条例案；草拟及修订官制、官规，暨一切关于行政法律条例案；修订民刑等法规，暨一切关于司法之法律条例案。所有草拟或修订之法律条例等案，均应由国民政府交国民党中央法制委员会审议，提经中央政治会议通过，再交国民政府公布施行。[①]中央政治会议议决之法律案，依《立法程序法》第7条、第8条，除有特殊情形外，须先交由法制局为初步审查，并得由法制局局长列席陈述意见，中央政治会议并得命法制局起草法律案。[②]

1928年10月，南京国民政府实行五院制。司法行政机关的职责经历了一次重大调整。原来的司法部改称“司法行政部”，隶属于司法院。司法部原法律制定的职责主要由立法院承担。同时法制局即奉令结束。[③]1928年12月5日立法院成立，8日举行第一次会议，原法制局将其草拟未决之法案全部移交给立法院，而立法院第一次会议即对多项法案完成一读程序，表决将法案交委员会审查[④]。此后，法律草拟则由立法院成立起草委员会，指定委员起草。数年间，大规模立法活动全面展开，完成了民法、商法、刑法、民事刑事诉讼法等一系列法律法规，迅速形成中国第一

---

① 中国国民党中央执行委员会内，设政治委员会，指导国民革命之进行。1928年3月1日之组织条例分国务为法律问题与重要政务：前者经政治会议议决后，须先交中央执行委员会转交国民政府执行；后者经议决后，可径交国民政府执行。至1928年8月14日之组织条例，即规定凡政治会议一切议决案，应由中央执行委员会交国民政府执行。参见钱端升、萨师炯等:《民国政制史》（上册），商务印书馆2018年版，第210页。

② 参见中国第二历史档案馆:《国民党政府政治制度档案史料选编（上）》，安徽教育出版社1994年版，第254页。谢振民编著:《中华民国立法史》，张知本校订，中国政法大学出版社2000年版，第9、212—213、229—230、240页。

③ 参见谢振民编著:《中华民国立法史》，张知本校订，中国政法大学出版社2000年版，第212—213、229—230页。

④ 聂鑫:《国民政府时期立法院的地位与权限》，载《历史研究》2014年第6期。

个现代法律体系——六法体系。[①]

（二）制定与修改刑法

1928年刑法制定于五院制之前，以司法部为主导机关。1927年4月司法部部长王宠惠将1919年之《第二次刑法修正草案》详加研究，认为大致妥善，即略予增损，编成《刑法草案》，提经国民政府发交国府委员伍朝枢、最高法院院长徐元诰会同王宠惠审查。[②] 1928年2月，国民政府将《刑法草案》及审查意见书一并提出讨论，议决付中央常务委员会审议。法制局局长王世杰以该草案及意见书对于亲属范围、诬告罪、和奸年龄三事显有互相矛盾或规定失当之处，拟具《修正刑法草案意见书》，呈请中央常务委员会察核改定。[③] 中央常务委员会即将王世杰呈送之《修正刑法草案意见书》发交司法部核复，后，中央常务委员会将王宠惠之《刑法草案》、伍朝枢等之审查意见书、王世杰所提之修正意见书，及司法部核复之意见一并讨论，决议付谭延闿、徐元诰、于右任、魏道明、王世杰再次会同审查。中央常务委员会通过《刑法》全案，即函交国民政府于1928年3月10日公布，并定自7月1日起施行，此即国民政府之《中华民国刑法》。[④]《刑法》公布不久，司法部以《刑事诉讼法》尚在审查中，不及提前制定公布，而该两法实有同时施行之必要，乃呈由国民政府决议展期两月，定自9月1日起施行。[⑤] 为配合《刑法》之实施，司法部特拟具《中华民国刑法施行法草案》11条，呈送国民政府发交法制局先行审查。司法部又将该草案第11条略加修正。法制局认为妥善，即连同原草案全文及审查修正条文，一并呈由国民政府提会通过，并于1928年6月9日

---

① 参见谢振民编著:《中华民国立法史》，张知本校订，中国政法大学出版社2000年版，第230—234页。

② 参见谢振民编著:《中华民国立法史》，张知本校订，中国政法大学出版社2000年版，第903—905页。

③ 参见谢振民编著:《中华民国立法史》，张知本校订，中国政法大学出版社2000年版，第908页。

④ 参见谢振民编著:《中华民国立法史》，张知本校订，中国政法大学出版社2000年版，第913页。

⑤ 参见谢振民编著:《中华民国立法史》，张知本校订，中国政法大学出版社2000年版，第914页。参见汪楫宝:《民国司法志》，商务印书馆2013年版，第15、881页。

公布，与刑法同日施行。[①]

1928年《刑法》于《暂行新刑律》及前各刑法草案，参酌损益，折中至当，与当时讲比较完备进步。但由于草拟仓促，条文繁复，且时移势易，刑事政策应随之变更，而特别刑法，层见迭出，尤应以划一，故刑法实有修订之必要。此次修订与1927年起草《刑法》不同，以立法院为主导，司法行政机关变为参与配合。至1934年10月，完成《刑法修正案》，1935年1月1日公布，为1935年《刑法》。[②]

（三）制定法院组织法

在司法系统的组织设置上和《法院组织法》起草过程中，南京司法部起初发挥主导作用。五院制后，司法行政部隶属司法院，法院设置特别是法院组织法的起草，主要由司法院负责，司法行政部处于次要地位。

南京国民政府成立后，改大理院为最高法院，改审判厅为法院，称检察厅为“检察处”，废除厅长，而代之以首席检察官，其实仍实行四级三审制，只是更名而已。[③] 1927年10月25日，国民政府公布《最高法院暂行组织条例》，规定最高法院为最高审判机关。1928年10月，司法院院长王宠惠拟具《最高法院组织法草案》，经讨论修改后于1929年8月14日公布。[④]1928年8月，司法部特拟具《暂行法院组织法草案》，并附理由书。该草案及理由书将该法适用范围定为普通法院；主张仍维持四级三审制；强调法院不因日后司法部之成立而变更组织，司法行政应归司法部监督者，在司法院成立后，仍可属之司法院；将普通法院置于司法部监督之下；将不动产登记职权从法院划出；与地方法院设简易庭受理初级案件，作为不能普设初级法院的权宜之计；高等法院三审案件采3人合议制；以巡回审判代替分院；不设预审制；以首席检察官代替原检察长，削减其狱务行刑权等。法制局研究后认为，草案众多问题均与未来司法院之组织与

① 参见谢振民编著:《中华民国立法史》，张知本校订，中国政法大学出版社2000年版，第915页。

② 参见谢振民编著:《中华民国立法史》，张知本校订，中国政法大学出版社2000年版，第920—921页。参见汪楫宝:《民国司法志》，商务印书馆2013年版，第881页。

③ 刘钟岳编著:《法院组织法》，正中书局1947年版，第6页。

④ 谢振民编著:《中华民国立法史》，张知本校订，中国政法大学出版社2000年版，第1037—1038页。

权限有密切关系，《司法院组织法》虽已颁行，但司法院尚未成立，司法行政署、司法审判署、行政审判署之组织法规尚未公布，故决定暂缓审查修正。①

司法院成立后，多次研究法院组织法，于1930年6月草具《法院组织法》，并开列立法原则16项，附具说明，送请中央政治会议审查。会议议决立法原则12项：改四级法院为三级制，地方法院为法院之单位，上级为高等法院，再上级为最高法院，以三审为原则，二审为例外；不采巡回制，而采分院制；每县或市各设地方法院，但区域狭小者，得合数县市设一地方法院，区域辽阔者，得设分院；各省及特别区各设一高等法院，区域辽阔者，增设分院；距中央政府较远之处设立最高法院分院；审理案件，地方法院采独任制，高等法院3人合议，最高法院5人合议；改革审检合署制，凡法院均配置检察署，以为检察官员执行职务之所。至1931年2月，司法院将原拟《法院组织法草案》，依据上述原则，整理完竣，经中央政治会议送立法院转交法制委员会审查。②

1932年7月，司法行政部部长罗文干以《法院组织法立法原则》前经中央政治会议参酌新旧，备极精审，自不能轻议变更，惟《法院组织法》既为设置法院之根本法典，而此项原则又为制定法典之重要基础，关系綦重，应不厌详求，务其允当，援据二十年来之经验，揆诸吾国现在及将来之情形，并参考各国立法之趋势，认为是项原则，似有应行补充或变通之处，特拟具《法院组织法立法原则修正案》5项及说明理由：对于审判庭独任制与合议制的优化；最高法院不设分院；高等及地方法院分院案件极少者推事兼理院长；于最高法院设置检察署，其他各法院均仅配置检察官；参照巡回审判制，规定高等法院及地方法院得于其所在地外适当地点定期开庭。中央政治会议决议通过司法行政部之《法院组织法立法原则修正案》后，交立法院。立法院依据司法院之立法原则和司法行政部之修正案，将《法院组织法草案》修正通过。③

---

① 谢振民编著:《中华民国立法史》，张知本校订，中国政法大学出版社2000年版，第1038—1049页。

② 刘钟岳编著:《法院组织法》，正中书局1947年版，第6页。

③ 参见谢振民编著:《中华民国立法史》，张知本校订，中国政法大学出版社2000年版，第1038—1049页。

（四）制定民事和刑事诉讼法

南京国民政府成立后，司法部以国家统一，有（南北）两种诉讼法规同时并行，非法治国宜有之现象，特呈请国民政府核示办法。国民政府并未“一刀切”地废止原北京政府所用之旧法，于1928年2月函达司法部：“民事刑事诉讼程序应适用何种法规，不可不有权宜办法一案，经本府第29次委员会决议，应由司法部速提出适用法规，在未提出以前，暂仍旧贯。”司法部即一面通饬所属一体遵照，暂用旧法，一面赶速起草民事刑事诉讼法。①

1928年7月，司法部拟定《民事诉讼法草案》5编726条，及其施行法13条，呈送国民政府决议交法制局审查。法制局多次召集会议，详加讨论，认为该草案大致妥善，对其中个别条亦酌予修正，定为修正案，计删去23条，增加5条。《民事诉讼法施行法草案》经删改为9条，标题“施行法”三字依立法程序法改为“施行条例”。实行五院制后，法制局撤销，相关法案送立法院。立法院审查后，于1930年9月13日通过《民事诉讼法》第一编至第五编第三章，对《民事诉讼法》中关于人事诉讼程序部分，及其编别章次，待《民法》亲属继承两编制定后，再行审议。国民政府于1930年12月26日公布《民事诉讼法》第一编至第五编第三章。1930年12月2日，立法院通过《民法》第四编亲属、第五编继承，分别于同年12月6日和22日公布。随后国民政府于1931年2月13日公布《民事诉讼法》第五编第四章（分4节：婚姻事件程序、亲子关系事件程序、禁治产事件程序、宣告死亡事件程序，共计66条），全部《民事诉讼法》遂告完成。整部《民事诉讼法》以北京政府《民事诉讼条例》为蓝本加以删改完成，分五编，共600条。1932年5月14日，国民政府公布《民事诉讼法施行法》13条。《民事诉讼法》及其施行法均经公布，国民政府即于1932年5月16日明令定于1932年5月20日起施行。司法行政部部长罗文干以该法系采三级三审制，而各处地方法院尚未普遍设立，诉讼管辖难免发生问题，遂拟具《民事诉讼法施行法》第2条适用办法，提经行政院决议咨立法院审议，认为在《法院组织法》未公布以前，可暂由司法

① 参见谢振民编著：《中华民国立法史》，张知本校订，中国政法大学出版社2000年版，第1004—1012、1015—1021页。

行政部依该办法办理。此办法规定《民事诉讼法》施行后，《法院组织法》未公布施行前，法院关于诉讼事件之管辖，其依新法无管辖权，而依旧法有管辖权，或依新法有管辖权，而依旧法无管辖权者，仍应依旧法办理。[①]至1934年4月，司法行政部又拟具修正草案，呈请行政院转咨立法院审议。立法院付委员会审议修正后通过，修正后的《民事诉讼法》计9编12章，共636条。该法经国民政府于1935年2月1日公布，另拟《民事诉讼法施行法》于1935年7月1日公布，并明令《民事诉讼法》自1935年7月1日起施行。[②]

1928年，司法部受命制定刑事诉讼统一法规。恰逢《刑法》于1928年3月10日公布，复以程序法与实体法应相辅而行，乃依据刑法，将诉讼草案重加编订成《刑事诉讼法草案》，共7编496条，附施行法草案17条，于1928年5月呈国民政府决议交法制局审查。法制局拟具修正案后，改草案为9编513条。呈经中央政治会议讨论，决议指定李烈钧等委员及最高法院、法制局审查，由司法部部长蔡元培召集开会。审查修改完毕并通过后，由国民政府于1928年7月28日公布，同年9月1日起施行。《刑事诉讼法》共分9编513条，采四级三审制。[③]1933年12月9日，立法院以现行《刑法》亟待修正，《刑事诉讼法》亦应同时改订，特指派刘克俊等组织委员会，起草修正案。该会先着手修正《刑法》，对于《刑事诉讼法》未能同时进行。1933年6月，司法行政部拟具《修正刑事诉讼法草案》，并附修正要旨于编首，呈请行政院转送立法院审议，原文略云："窃《法院组织法》上年已经公布，正待施行。该法既采用三级三审制，而民国十九年第231次中央政治会议议决之立法原则，复经定明应扩张自诉之范围，则现行《刑事诉讼法》自有从速改订之必要，且现行法中关于诉讼程序各规定，应加以修正者，更属不一而足。本部现参酌世界立法之趋势，及二十年来法院办理刑事案件之经验，拟定《修正刑事诉讼法草案》，共分9编，538条。"此草案修正之要点共39条，后基本被立法院采

---

① 参见谢振民编著:《中华民国立法史》，张知本校订，中国政法大学出版社2000年版，第995—1003页。

② 参见谢振民编著:《中华民国立法史》，张知本校订，中国政法大学出版社2000年版，第1004—1012页。

③ 参见谢振民编著:《中华民国立法史》，张知本校订，中国政法大学出版社2000年版，第1015—1021页。

纳。立法院决议付刑法起草委员会审查，除依《法院组织法》，将四级三审制改为三级三审制，扩张自诉范围外，该法力求程序简便，结案迅速，减少讼累，防止流弊。同时尽量吸收司法行政部送立法院之《刑事简易程序暂行条例草案》及《刑罚执行法草案》相关内容。立法院通过后，决议《刑事诉讼法》与《刑法》均定于 1935 年 1 月 1 日公布。后国民政府于 4 月 1 日公布《刑事诉讼法施行法》，并明令《刑事诉讼法》自 1935 年 7 月 1 日起施行。①

1931 年 4 月，司法院以行政法院亟待设立，《行政诉讼法》关系重要，拟具草案 7 章共 47 条并附理由书，审议修改后于 1932 年 11 月 17 日公布，于 1933 年 6 月 23 日施行。全文共 27 条，不分章节，主要内容有：行政诉讼归行政法院受理；诉讼范围采概括主义并得附损害赔偿之诉；对违法行为始得提起行政诉讼；一审终审；原被告对立；被告行政官署延置不理者得径行判决；准用民事诉讼法相关规定。②

四、省司法行政事务的管理模式

自 1918 年初孙中山“撤销省长司法权”，南方政府地方司法行政工作一直由中央直辖。1926 年 10 月，国民党中央与各省区联席会议通过的《省政府对国民政府之关系议决案》，规定省政府设立司法厅，管理地方司法行政。③ 南京国民政府建立之初，江苏省政务委员会于 1927 年 5 月 1 日决定在南京国民政府司法部未成立前，由省司法厅接收高等审判、检察两厅所有司法行政权。

1927 年 10 月，国民政府“根据司法部提议，裁撤各省司法厅，施行高等法院院长制度”，此为司法行政制度的一项重大变革。据 1927 年《国

① 参见谢振民编著:《中华民国立法史》，张知本校订，中国政法大学出版社 2000 年版，第 1021—1030 页。

② 参见谢振民编著:《中华民国立法史》，张知本校订，中国政法大学出版社 2000 年版，第 1051—1055 页。

③ 荣孟源主编:《中国国民党历次党代会及中央全会资料》，光明日报出版社 1985 年版，第 282 页。钱端升、萨师炯等:《民国政制史》（下册），商务印书馆 2018 年版，第 132 页。

民政府为裁撤各省司法厅施行高等法院院长制度令各机关文》[1]所附司法部原提案，“就各省而论，有已设司法厅者，有未设者，有设司法筹备处者，各省极不一致”。关于司法厅之存废，有三种意见：“主张各省仍设司法厅者，大致以司法厅长为省政府委员之一，关于经费事项与地方政府比较，为易于接洽。惟于法官任用及司法行政等事，俨然省自为政。”“主张各省不设司法厅者，大致以司法行政权应完全属于中央。由中央司法部分寄其权之一部于各省高等法院院长。在此制度之下，其职权完全受成于中央。凡由中央通盘筹画事项，交高等法院院长执行较易办。至于任免人员，考核既易，责成尤专于司法行政最关重要。而于全国进行司法改良计划，尤为易于实行。”“有主张规定司法厅办事权限者，此种主张系由司法部委托司法厅行使职权。其中分为固定委任及临时委任两种。前南京司法部曾经有此提议。然依现行制，司法厅长既为组织省政府之一员，司法部对之究不能有委免权。部厅两方，如遇主张不同时，往往不易解决。”“以上三种主张，皆属前时屡经研究之点要，亦各有得失。而权其轻重仍以不设司法厅一种主张为最合宜。”“若以全省司法行政职权完全萃于高等法院院长之一身，于事理上似不相宜，不知高等法院院长既受成于中央，如虑职权过重，不妨将该法院院外行政权，为之严定权限，责令切实奉行。…… 所云各省高等法院院外行政权者，例如：（一）关于所属各法院之推检遴请派署及荐署荐补事项；（二）关于所属法院核转其成绩书类事项；（三）关于所属职员之官俸呈请核叙等级事项；（四）编制各法院及各县司法经费之预算暨核转其决算事项；（五）考核各法院及各县司法收入事项；（六）对于各县办理命案盗案之审限记功过及交付惩戒事项；（七）关于承审员管狱员之任免及惩奖事项；（八）关于监督各监所一切事项；（九）关于疏脱人犯呈请惩戒事项；（十）关于监督律师及其惩戒事项。凡此种种，皆属各该高等法院秉承中央赋予之职权。”此即为裁撤各省司法厅，施行高等法院院长制下，高等法院院长代行各省司法行政权之事项。

后国民政府于 1928 年 2 月 23 日公布《各省高等法院院长办事权限暂行条例》，将高等法院院长之司法行政权分为三种：依职权，依院内临时

① 1927 年 10 月 29 日国民政府令第 43 号公布。参见湖北省司法行政史志编纂委员会：《清末民国司法行政史料辑要》，1988 年 5 月，第 41 页。

委员会之决议，以及依司法部部长之命令处理各该省司法行政事务。高等法院院长依司法部部长之命令分别处理之事项，也即法院外部之司法行政权，包括:（1）筹划添设法院及监所事项;（2）司法教育事项;（3）呈请派署荐任职员事项;（4）呈请委派任职员事项;（5）所属职员警告或惩戒事项;（6）所属职员请假或辞职事项;（7）所属职员临时委派代理事项;（8）所属职员叙给官俸及叙进等级事项;（9）核转法官办案成绩书事项;（10）编制法院及各县司法经费之预算并核转其决算事项;（11）考核法院及各县司法收入事项;（12）各县办理命盗案件之审判记功记过惩戒事项;（13）各县不遵院令之惩戒事项;（14）承审员之任免及升用惩奖事项;（15）监督所属监所一切事项;（16）监所职员之任免奖惩事项;（17）疏脱人犯呈请交付惩戒事项;（18）律师登陆及惩戒事项;（19）其他重要事项。[①]

由于一些省地域较大，高等法院可设置分院。设置高等法院分院者，本院及分院之司法行政权之划分，因地制宜。根据《法院组织法立法原则》（1930 年 6 月 21 日通过），“五、各省及各特别区域各设一高等法院，其省区辽阔者，须设分院，将本院、分院之行政事项，酌予划分。[说明] …… 至关于司法行政事项，旧制凡设有高等分院者，仍总汇于高等法院。本法原定为每县或市应设地方法院，则将来上级法院之行政事务必多于往日；若仍使汇于一高等法院，则不特应付为难，且延滞积压在所难免，非所以谋分政敏活之道也。故将分院应行处理之司法行政事项，酌予高等法院划分，以求简便；但各省之高等法院关于行政事项与省政府其他官署应行互相接洽之处甚多，而对外接洽，利在事权统一，故各省之高等法院及分院，其关于司法之行政事项，应分者不可汇于一，应合者不可无所统。兹定各省设高等法院另设分院，至于本院、分院之行政权限，孰应分合，应按各省情形详为规定”。[②]

裁撤各省司法厅，施行高等法院院长制度后，全省之司法行政权改由高等法院行使。由于高等法院受控于中央之司法部，其实质是力求地方

---

① 《各省高等法院院长办事权限暂行条例》，载蔡鸿源主编:《民国法规集成》，黄山书社 1999 年版，第 65 册，第 391 页。陈宇超:《论南京国民政府时期高等法院省级统管模式——以江苏高等法院为中心》，载《政治与法律》2022 年第 5 期。

② 参见中国第二历史档案馆:《国民党政府政治制度档案史料选编（上）》，安徽教育出版社 1994 年版，第 289 页。

司法权的中央化，以促进法制统一。钱端升先生研究民国政制时就明确指出："各省司法行政，在国民政府成立以后，由中央直接监督，而与省行政机关不生关系。"[①] 另外该制度在某种程度上于省级层面形成了"司法兼理行政"的局面，高等法院集全省最高司法权和司法行政权于一身，统管全省地方法院的人财物。随着南京国民政府实际管辖区域的不断扩大，地方法院省级统管模式在全国逐步推开。[②]

五、县司法机关的设置

在县级司法机关设置上，民国北京政府时期曾实行过审检所制度、行政兼理司法制度、司法公署制度，作为建立新式法院前的过渡措施。行政兼理司法制度、司法公署制度为南京国民政府继承，后又发展出县司法处制度作为新式法院的过渡。

1927年初，在武汉国民政府领导下，湖北进行县司法体制改革，各县普遍设立司法公署，由司法委员掌握民事和刑事案件的审判权。南京国民政府建立后，秉承了武汉国民政府时期的改革成果，司法部于1927年6月颁布《暂行各县地方分庭组织法》和《县司法公署组织章程》，将湖北等地试行的司法公署实践确认下来，要求继续设立司法公署，"司法委员由高等法院院长遴选资格相合人员呈请司法行政部任命之"。[③]

国民政府成立初期，司法经费短缺，无力增设县级法院，只好沿袭北京政府时期的县知事兼理司法制度，于1927年8月12日颁布《修正县知事兼理司法事务暂行条例》，基本内容没有变动。[④] 当时县长兼理司法县的数量，在全国占有较高的比例，截至1934年，全国设置县法院的仅37处[⑤]。

县司法处制度，是南京国民政府时期，在没有设立普通地方法院的县，在其县政府之内设立司法处，处理民刑案件的一种司法审判制度。

---

① 钱端升等:《民国政制史（下）》，上海人民出版社2010年版，第464页。

② 唐华彭:《司法行政权的合理配置与地方"两院"省级统管——以南京国民政府时期为例》，载《法学》2015年第5期。

③ 谢冬慧:《县司法处：近代中国基层审判机构论略》，载《东南学术》2010年第1期。

④ 参见韩秀桃:《民国时期兼理司法制度的内涵及其价值分析》，载《安徽大学学报（哲学社会科学版）》2003年第5期。

⑤《民国二十三年年度司法统计》，司法行政部统计室编，第39页。

1935年9月，在司法院召开的全国司法会议上，县长兼理司法制度的流弊成为批评的焦点。由于短期内不可能在全国普遍设立地方法院，因此大会决定将所有兼理司法之县改设为县司法处，作为将来设置地方法院的基础。为此作出决议：在县一级暂时设立司法处，将承审员改为审判官，提高其待遇，严定审判官资格，慎重其人选，实现审判权的完全独立。1936年4月9日，国民政府公布了《县司法处组织暂行条例》，以及相配套的制度《县司法处办理诉讼补充条例》《县司法处刑事案件覆判暂行条例》《县司法处书记官任用规则》《县司法处审判官俸给规则》。此后，国民政府司法院在实际的运作中，又不断修订，使得该制度日趋完善。[①]

根据《县司法处组织暂行条例》[②]，“凡未设法院各县之司法事务，暂于县政府设县司法处处理之”，受理民事、刑事第一审诉讼案件（法律另有规定者除外）和非讼事件。“县司法处置审判官独立行使审判职务”，符合条例所列资格者，得由高等法院院长呈请司法行政部核派为审判官，以荐任待遇。县司法处检察职务和行政事务由县长兼理之。“县司法处置书记官，掌理记录、编案、文牍、统计及其他事务，有二人以上时，以一人为主任书记官”，书记官由高等法院委派，其任用标准由司法行政部定之。县司法处置检验员、执达员、录事、庭丁、司法警察。检验员由高等法院甄选派充，执达员、录事、庭丁、司法警察由县长商同审判官派充或雇佣之，并将名额呈报高等法院备案。书记官、检验员、执达员、录事、庭丁、司法警察，受审判官及县长之监督、指挥。“县司法处关于司法行政事务受高等法院院长之监督；关于审判事务受高等法院或其分院院长之监督；关于检察职务受高等法院或其分院首席检察官之监督。”“县司法处处务规程，由高等法院拟定呈请司法行政部核准行之。”

与县知事兼理司法和司法公署相比，县司法处有诸多优点。对此，有人作过总结[③]：（1）旧制由县长审理案件，承审员助理之；新制于县司法处置审判官，独立行使审判职务。（2）旧制县长兼有审判检察两种职权，新

① 参见韩秀桃：《民国时期兼理司法制度的内涵及其价值分析》，载《安徽大学学报（哲学社会科学版）》2003年第5期。

② 下述规定，参见湖北省司法行政史志编纂委员会：《清末民国司法行政史料辑要》，1988年5月，第414页。

③ 居正：《十年来的中国司法界》，载《抗战前十年之中国》，文海出版社1974年版，第74页。

制县长仅有检察职权。（3）旧制承审员为委任职，其任用资格宽。新制审判官以简任待遇，其任用资格较严，并规定任职期满两年后得以推事检察官任用。（4）旧制承审员由县长遴选、高等法院委任；新制审判官由高等法院遴选，司法行政部核派，直接受高等法院之监督等。此外，县司法处还有两大作用：一是县级审判官的委任受控于省高等法院和中央司法部，在当时的局面下，对于促进法制统一，加强中央对地方的控制具有积极作用；二是兼顾传统与革新，现实与理想，成为当时中国司法转型的较好的过渡性方案。民国时期，县司法处设置较为普遍，截至 1937 年抗日战争爆发，江苏、浙江、安徽、江西、湖北、湖南、四川、福建、贵州、广东、广西、河北、河南、山东、山西、陕西、甘肃、宁夏、青海、新疆、绥远共设 956 个县司法处。① 后来，随着地方法院逐步建立，县司法处数量逐渐减少。据统计，从 1938 年至 1947 年，国民政府共增设地方法院 436 所，改设县司法处 446 所。到 1947 年，全国除新疆以外，县长兼理司法已全部废除，地方法院的数量增加到 748 所。②

六、监狱管理

南京国民政府司法行政部成立后，设监狱司，负责监狱、看守所及保安处分处所之设置、废止及审理事项；监狱、看守所及保安处分处所管理人员之监督事项；犯罪人之感化、假释及出狱人保护事项；保安处分执行之指导、监督事项；关于犯罪人异同识别事项；犯罪人卫生及工作事项。③ 在地方，则委任各省高等法院院长监督本省监狱。④

南京国民政府时期，监狱立法发展很快，总体说来分两个阶段：

第一个阶段是以 1928 年《监狱规则》和《看守所暂行规则》为主的一系列监狱法规。南京国民政府成立后，司法部对 1913 年的《监狱规则》予以修正，于 1928 年 10 月 4 日公布。《监狱规则》当时监狱管理的基本

① 司法行政处编印:《全国司法区域表》, 1937 年版。

② 谢冬慧:《县司法处：近代中国基层审判机构论略》, 载《东南学术》2010 年第 1 期。

③《司法行政部组织法》第 10 条。参见湖北省司法行政史志编纂委员会:《清末民国司法行政史料辑要》, 1988 年 5 月，第 56 页。

④ 1928 年 2 月 23 日《各省高等法院院长办事权限暂行条例》, 载蔡鸿源主编:《民国法规集成》, 黄山书社 1999 年版，第 65 册，第 391 页。

法律规范，根据该规则，“监狱属司法部管辖”。[①] 1928 年 7 月 14 日司法部公布《看守所暂行规则》，规定“高等以下法院为羁押刑事被告人设立看守所”[②]。《监狱规则》和《看守所暂行规则》颁布实施以后，又相继颁布了数量庞大的附属法规，其中比较重要的是 1928 年的《监狱处务规则》《监狱教诲师、教师、医士、药剂师处务规则》；1932 年的《监狱作业规则》《视察监狱规则》《在监人物品保管办法》《在监人金钱保管办法》《在监人接见规则》；1934 年的《监犯外役规则》《徒刑人犯移垦暂行条例》；1937 年的《非常时期监犯人犯临时处置办法》《战时监犯调服军役办法》等等；1942 年的《看守所附设监狱作业暂行办法》。在监狱官队伍建设方面，1932 年司法行政部改订《监狱官任用暂行标准》，并公布《审查监狱官资格及成绩办法》。1942 年司法行政部与铨叙部商订《监所人员条例草案》。因其后《监狱条例》及《看守所条例》公布，故原草案尚待重加厘定，在未厘定以前，监所人员之任用，暂适用一般公务员任用法规。[③] 行刑方面，为执行刑法规定之对假释出狱者的保护管束，1929 年 4 月司法行政部公布《保护管束规则》，至 1935 年 11 月废止。同时，会同内政部另公布《保护管束规则》；为保护出狱人，1930 年 2 月公布《出狱人保护事务奖励规则》，1932 年 10 月公布《出狱人保护会组织规程》及《办理出狱人保护事务奖励办法》。[④] 司法行政部为督促监狱事务，于 1932 年 5 月公布《视察监狱规则》，1944 年 5 月公布《各省监所及其监督机关工作竞赛办法》。在动员社会力量参与方面，于 1931 年 4 月公布《县监所协进委员会暂行章程》；后多次修正，至 1944 年 7 月修改为《各县监所协进委员会组织规程》。[⑤] 1934 年 6 月，司法行政部以各省监狱拥挤，均有人满之患，特拟具《徒刑人犯移垦条例草案》，呈由行政院交内政、军政、实业、教育、交通、铁道及司法行政七部会同审查。经行政院、中央政治会议通过后，交立法院审议。立法院修正后，于条例上加“暂行”二字通过。《徒

---

① 参见湖北省司法行政史志编纂委员会:《清末民国司法行政史料辑要》，1988 年 5 月，第 127 页。

② 参见湖北省司法行政史志编纂委员会:《清末民国司法行政史料辑要》，1988 年 5 月，第 112 页。

③ 参见汪楫宝:《民国司法志》，商务印书馆 2013 年版，第 54—59 页。

④ 参见汪楫宝:《民国司法志》，商务印书馆 2013 年版，第 88—91 页。

⑤ 参见汪楫宝:《民国司法志》，商务印书馆 2013 年版，第 88—91 页。

刑人犯移垦暂行条例》经国民政府于1934年7月10日公布施行，全文共12条，规定处无期徒刑之人犯，执行满5年后，处3年以上有期徒刑之人犯，执行满1/5后，如系20岁以上之男子，得以司法行政部命令移送边远地方垦殖。[①] 嗣复根据条例，分别制定《实施办法》《移垦人犯累进办法》及《减缩刑期办法》三种。[②]

第二个阶段以1946年《监狱行刑法》《羁押法》为主。1945年司法行政部拟定了《监狱行刑法》《羁押法》《监狱条例》《看守所条例》《行刑累进处遇条例》等草案，并提请立法院审议通过，于1946年1月公布。《监狱行刑法》共16章98条，其重要改进之点为采用累进处遇方法；规定作业应斟酌卫生教化经济，与受刑人之刑期健康知识技能，及出狱后之生计定之；作业时间每日8—10小时，斟酌作业之种类，设备之状况，及其他情形定之；作业者，给予作业赏与金；又受刑人得在监外从事特定作业。《羁押法》共39条，规定的是刑事被告受羁押于看守所中之事项;《羁押法》所未规定者，准用《监狱行刑法》之规定。1946年1月19日《监狱行刑法》与《羁押法》同时公布，同于1947年6月10日施行,《监狱条例》《看守所条例》《行刑累进处遇条例》等同日施行。1947年，司法行政部将1934年《监犯外役规则》修正为《受刑人监外作业实施办法》，其作业包括农作、浚河、筑路、建筑等。根据《监狱行刑法》，司法行政部设监狱教化材料编审委员会。制定标准方案，统一监狱囚犯教材。[③]

南京国民政府时期，司法行政部除完善监狱立法外，还根据实践和形势需要，改良和调整监狱管理政策。

着手实施监狱改良计划。司法行政部于1932年发布《改良监所方案》，分为疏通、整顿、建设三步进行，而对于人才培养尤为注意，一方面咨请教育部，要求大学于法律系之内增设监狱学科目；另一方面咨请考试院于普通考试设监狱官考试，特种考试之监所看守考试等。第一步疏通，利用缓刑、假释、保释等制度疏通监狱罪犯，为此制定了《监犯保外服役暂行办法》(1932年3月公布)、《疏通烟犯办法》，后于1935年7月

① 参见谢振民编著:《中华民国立法史》，张知本校订，中国政法大学出版社2000年版，第969—970页。

② 参见汪楫宝:《民国司法志》，商务印书馆2013年版，第92—94页。

③ 参见汪楫宝:《民国司法志》，商务印书馆2013年版，第88—94页。

公布《疏通监狱暂行条例》；第二步整顿，以给养、卫生、教育、教诲、作业及出狱人保护为重点；第三步建设，每省设若干区，每区建设新监一所，根据高等法院规划实施改良办法；同时设法增加监狱建设经费和人员俸禄。为此，司法行政部制定了前述许多法律规范，并于1936年制定新式监狱建设计划。先在首都、上海、西安、北平、汉口、广州六处，各设2000人以上4000人以下之监狱一所，收容全国七年以上之人犯，归司法行政部直辖。1941年，更拟具战后建筑新监狱十年计划。由部直辖者，名曰实验监狱。① 到1947年，共有新式监狱121所。新监的建筑、设施、条件等各个方面相比清末民初都有很大改善，监狱规模更大，监狱数量更多。各地纷纷建立新监，监狱的设置趋于规范化、合理化。

在抗战时期实行特殊的监狱管理政策。抗日战争爆发后，国民政府军委会为充实兵员，减少政府负担，于1937年9月公布《非常时期监所人犯临时处置办法》，调监狱看守所在押者服军役；1939年9月公布《非常时期监犯调服军役条例》。② 抗战期间，战区监所，大多被毁，作业停顿。1941年，司法行政部通令各监，先从恢复简单手工业入手，并自1943年，编列扩充监狱工场专款预算。③ 国民政府西迁重庆后，为解决监狱经济问题，司法行政部于1940年择定四川平武县荒地为试办人犯移垦区域，遴派干员，前往创办。1941年10月成立四川平武外役监。垦犯食量及副食品自给自足，效果较好。1948年司法行政部又在安徽宣城设置外役监一处，并于贵州之平坝，湖南之宜章，各计划设置外役监。④

第三节　民国时期司法行政制度的特点

整个民国期间，司法行政机关引领着司法管理、法律制定、监狱管理、收回法权等诸多领域的创建、改革和发展，在当时整个中国法制近代

① 参见汪楫宝:《民国司法志》，商务印书馆2013年版，第18—19页。
② 参见汪楫宝:《民国司法志》，商务印书馆2013年版，第88—91页。
③ 参见汪楫宝:《民国司法志》，商务印书馆2013年版，第92—94页。
④ 参见汪楫宝:《民国司法志》，商务印书馆2013年版，第92—94页。

化进程中发挥重要作用。然而其中，进步与落后、传统与现代、理想与现实相互影响、交织、矛盾，构成了民国时期司法行政制度的独有特点。

一、继承清末以来改革成果

民国成立之初，北京政府继承了清末改革的成果，而南京国民政府又在一定程度上继承了北京政府的法制发展成果。这种继承性表现为以下几个方面：

（一）司法机关的继承性

清末新官制改革后，政府首脑为内阁总理大臣，司法大臣为内阁成员。民国成立之初，前清法部改称“司法部”，为中央司法行政机关；司法大臣改称“司法总长”，为国务员之一，出席国务会议。司法总长的职责也与前清司法大臣基本一样，管理民事、刑事、监狱及其他司法行政事宜，监督各级法检机构、地方所辖官署及司法官。各省按察使改为提法使，或称“司法司长”，均受司法部指挥监督。大理院由前清大理院转变而来，为最高审判机关。[①] 南京国民政府成立后，其司法部与北京政府时期之司法部大致相同。实行五院制后的司法行政部也是在司法部的基础上改组而成。南京国民政府改大理院为最高法院，改审判厅为法院，称检察厅为“检察处”，废除厅长，而代之以首席检察官，其实仍实行四级三审制。在县级层面，沿袭了北京政府时期的司法公署和县知事兼理司法制度。司法机构变化较大的是省级层面，清末各省按察使改为提法使，均受司法部指挥监督，1913 年一律改称“司法筹备处处长”，同年 9 月裁撤，由高等审判厅厅长和高等检察厅检察长分别接管，并监督所属各司法机关。1927 年 10 月，南京国民政府根据司法部提议，裁撤各省司法厅，施行高等法院院长制。

（二）法律制度的继承性

民国成立后，司法部即呈请临时政府将前清制定之法律及草案，以命令公布遵行，提经参议院议决准暂时适用，同时由政府饬下法制局将各该

① 参见谢振民编著:《中华民国立法史》，张知本校订，中国政法大学出版社 2000 年版，第 991—995 页。参见洪博、李刚:《民初援用清末法律探析》，载《陕西理工大学学报（社会科学版）》2017 年第 4 期。

法律中与民国国体抵触各条，分别删除修正，提交议决后，再正式公布施行。[①] 1912年3月11日北京政府公布《临时大总统宣告暂行援用前清法律及暂行新刑律令文》规定："现在民国法律未经议定颁布，所有从前施行之法律及新刑律，除与民国国体抵触各条应失效力外，余均暂行援用，以资遵守。"司法部提请暂行援用的前清制定的法律及草案包括：民律草案、第一次刑律草案、刑事民事诉讼法、法院编制法、商律、破产律、违警律等；民国临时政府参议院1912年4月3日通过的《新法律未颁行前暂适用旧有法律案》，所有前清时规定之《法院编制法》《商律》《违警律》及宣统三年颁布之《新刑律》《刑事民事诉讼律草案》，并先后颁布之《禁烟条例》《国籍条例》等，除与民主国体抵触之处应行废止外，其余均准暂时适用。惟《民律草案》前清时并未宣布，无从援用。嗣后凡关于民事案件，应仍照前清现行律中规定各条办理。[②]

南京国民政府成立后，国家一度南北分治。司法部根据国民政府指示，一面通饬暂用旧法，一面赶速起草民事刑事诉讼法。《民事诉讼法》以北京政府《民事诉讼条例》为蓝本加以删改完成。又如在王宠惠主导下，北京政府修订法律馆曾编成《刑法第二次修正案》，该草案较之前刑法有明显进步。但因时局混乱，此草案未成为正式法律。1927年4月已任南京国民政府司法部部长的王宠惠将1919年之《第二次刑法修正草案》略予增损后，编成《刑法草案》，经审查修改后终于1928年通过。再如清末变法时，修订法律馆编订《大清民律草案》五编，此为民律第一次草案；并为立法之目的，在全国开展了大范围的民商事习惯调查。民国成立，北京政府司法部继续编订《民律第二次草案》，并为此开展了民国第一次民事习惯调查，为当时《民律第二次草案》及后来南京国民政府制定民法和第二次民事习惯调查打下了较好的基础。司法行政部依据北京政府司法部修订法律馆及各省区司法机关搜集之民商事习惯调查录增纂而成

① 参见谢振民编著：《中华民国立法史》，张知本校订，中国政法大学出版社2000年版，第991—995页。

② 参见洪博、李刚：《民初援用清末法律探析》，载《陕西理工大学学报（社会科学版）》2017年第4期。

《民商事习惯调查报告录》。[①]

（三）法律人才的继承性

清帝逊位是以宫廷政变而非革命的方式完成，许多前清官员在民国北京政府中担任要职，这就使得前清的许多重要的制度被民国继承。如袁世凯在清末任直隶总督七年，获九项兼差，以封疆首吏的地位，致力于清末新政的实施与推行。其曾在直隶设立巡警局，创立近代巡警，引进西方司法制度，建立司法、审判体系，后又任预备立宪的“编纂官制官”，直接负责新官制改革。袁世凯从清廷内阁总理大臣变为民国总统，自然会沿用其亲手参与创建的重要制度。梁启超参与戊戌变法，失败后流亡日本，虽未在清廷任职，但其思想对清末新政、新官制改革和预备立宪等影响巨大。民国成立后，梁启超在第一届内阁中任法部次官，后又任司法总长，于任上在《呈请司法改良文》中提出司法改革的十项主张[②]。董康曾在清廷刑部任职，1902 年修订法律馆成立后，先后任法律馆校理、编修、总纂、提调等职，为修律大臣沈家本的得力助手，直接参与清末变法修律各项立法和法律修订工作。自 1905 年起多次赴日调查司法制度，聘请日本法律家来华讲学、帮助修律。1906 年 9 月大理院成立后，曾充大理院推丞。中国历史上第一部宪法性文件《钦定宪法大纲》正是董康代笔之作。自 1914 年起，董康任法律编查会副会长兼署大理院院长、修订法律馆馆长、司法总长等要职。[③]又如章宗祥曾在北京京师大学堂任教，任法律馆纂修官、宪政编查馆编制局副局长、北京内城巡警厅丞等职。1910 年任法律编纂局编修、内阁法制院副使。辛亥革命后，随唐绍仪参加南北议和谈判。1912 年后任袁世凯总统府秘书、法制局局长、大理院院长等职。1914 年任司法

① 参见南京国民政府司法行政部印行:《民商事习惯调查报告录》，民国十九年五月。（即《民事习惯调查报告录》，中国政法大学出版社 2000 年版）参见李达:《中国近代民事习惯调查及其借鉴意义》，载《法制博览》2018 年 12 月（上）。参见孙明春:《中国近代以来民事习惯调查》，载《中国社会科学报》2016 年 11 月 23 日，第 5 版。参见陈斌:《不可承受之重：民国法典编纂时刻的习惯调查》，载《西部法学评论》2020 年第 2 期。

② 参见庞濇:《民国初期司法改革的尝试——基于梁启超〈呈请改良司法文〉》，载《河南科技大学学报（社会科学版）》2019 年第 4 期。

③ 载 https://baike.baidu.com/item/%E8%91%A3%E5%BA%B7/8524195#1_2。

总长，与董康《大清新刑律》的基础上合纂《暂行新刑律》。[①] 这些清末民初重要人物在政治上的延续性，直接促成了民初北京政府对前清法律和司法制度的继承。

而北京政府的许多法律人士也为南京国民政府收纳并委以重任。北伐战争期间，北京政府行将土崩瓦解，国民政府也趁机招揽人才，许多原北京政府的司法要员和法律学者南投。时任北京政府司法储才馆馆长的梁启超在致子女的家书中写道："北京的智识阶级，从教授到学生，纷纷南下者，几个月以前不知若干百千人。" 1926 年至 1927 年，广州武汉国民政府司法部部长徐谦就曾任北京政府司法次长、总长等职。1927 年 4 月，武汉国民政府任命戴修瓒、翁敬棠试署最高法院庭长，胡心畊为最高法院首席检察官，组建武汉政府最高法院。戴修瓒、翁敬棠分别是北京政府京师地方检察厅检察长、总检察厅检察官。曾任湖北夏口地方检察厅检察长的马寿华参与武汉国民政府最高法院组建。1927 年北京大学原法律系主任王世杰与周鲠生到武汉后转赴南京，王世杰后任南京国民政府法制局局长。有学者对南京国民政府的外交、内政、财政、司法行政、海军、军政、交通、教育 8 个部的事务官（参事、司长、各处处长及署长等）的北洋旧官僚留用率作了统计，发现司法行政部的留用率最高：1928 年至 1932 年均为百分之百；1933 年至 1935 年依然是八个部中比例最高的。[②]

其中一些关键人物，甚至历经清末、民国北京政府和南京国民政府三个时期。如王宠惠早年毕业于北洋大学法科，并以第一名的优异成绩毕业，直隶总督兼北洋大臣裕禄亲自颁发的"钦字第一号考凭"，后赴日美英法德等国留学。辛亥革命后，曾任南京临时政府首任外交总长，北京政府第一任司法总长，还曾任大理院院长、法律编查会会长等职，曾于 1922 年出任国务总理，北伐之际担任修订法律馆总裁和法权会议中国全权代表。1927 年 5 月王受伍朝枢邀请，经胡汉民与蒋介石同意，加入南京国民政府，并应蒋邀请任南京政府首任司法部部长，后任首任司法院院长。[③]

---

① 载 https://baike.baidu.com/item/%E7%AB%A0%E5%AE%97%E7%A5%A5/797712。

② 参见李在全：《"革命军北伐，司法官南伐"——1927 年前后的政权鼎革与司法人事延续》，载《近代史研究》2021 年第 6 期。

③ 王宠惠著、张仁善编：《王宠惠先生年谱》，载《王宠惠法学文集》，法律出版社 2008 年版，第 563—577 页。

而罗文干早年留学英国牛津大学，1909 年毕业获法学博士学位归国，任广东审判厅厅长。辛亥革命后，历任广东都督府司法司司长、广东高等检察厅厅长、北京政府总检察厅检察长、修订法律馆副总裁、司法次长（代理部务）、大理院院长、财政总长、司法总长。北京政府倒台后，罗随张学良赴东北。后东北易帜，罗于 1931 年底任国民政府司法行政部部长。①

这种继承性的主要原因有二：一是清末法政教育培养了大批法律人才，长期活跃在清末民国法律界，成为当时中国法制近代化改革的人才基础。二是当时中国时局混乱，法律人才少之又少，法律和司法制度又复杂且重要，出于迫切稳定局势的现实需求，当局广泛吸纳旧时代的人才，继承旧时代的成果，并在此基础上进行改革，继续推进法制近代化。清末变法和新官制改革，是推动中国向近代化转型的重要举措。法典编纂、政治考察、机构设置等都是汇集各方精英，克服重重困难，经过多年研究调查、试行实验、讨论修改、利益博弈之成果，来之不易。虽然因清廷覆亡而未能全部实行，却迈出了中国走向近代化的关键一步。中华民国成立后，各地革命浪潮尚未平息，却又渐形成军阀割据之势。沿用既有之法律和司法制度，以尽快稳定局势，不失为一种现实的选择。

二、引入西方法律司法制度

中国法律和司法制度的近代化，实际上是一个引入西方法制，逐渐与中国社会融合的过程。甲午庚子之前的洋务运动仅是从器物层面学习西方的科学技术；甲午庚子之后，清廷意识到其在制度层面的落后，遂派大臣出洋考察，派遣学生赴东西洋留学，更多地转向制度层面的学习借鉴。在随后开展的变法、新官制改革和预备立宪过程中，以沈家本、梁启超等为代表的体制内外人士，介绍翻译了大量西方和日本的法律和书籍，作为变法中重要的理论依据和实践中重要的参考对象。清廷覆亡后，民国北京政府继承清末变法成果，继续推进中国法律近代化。如果说清末变法是中国第一次法律移植，民国北京政府对其的继承可谓“半次”。南京国民政府成立后，又开始新一轮的对西方法律体系和司法制度的引入，建立了完整的六法体系，是第二次法律移植。所以整个民国期间，实际上是经历了一

① 载 https：//baike.baidu.com/item/%E7%BD%97%E6%96%87%E5%B9%B2/7538093。

次半的法律移植，其核心内容就是将近代西方法律和司法制度引入中国。

在这一过程中，核心的法律人士都曾有留洋经历。早期以留日为主，其后留学欧陆、英美居多。董康、江庸、王宠惠、居正、谢冠生、罗文干、王用宾等皆早年留学，回国后担任法界要职，将大量的西方和日本的法律和司法制度引入国内，塑造中国近代司法体系。梁启超虽未留学，却于戊戌变法后流亡日本，其理论对清末变法产生了巨大的影响。而孙中山亦曾流亡海外，对西方政治与法律制度有切身感受。一些人物虽没有留洋经历，却主持洋务运动，最典型的如袁世凯，曾任直隶总督、北洋大臣，负责新官制改革，参与预备立宪。

两次法律移植中，最初学习的主要对象是日本和德国，而日本的司法制度又仿自德法；南京国民政府时期，许多司法改革措施又借鉴美国。清末变法主要仿自日本，其原因在于日本与中国临近，文化语言相近，便于学习，同为君主集权国家，不仅司法制度，整个预备立宪皆仿行日本，间接仿自德国。[①]如1906年大理院上《审判权限厘定办法折》建议采纳以日本为代表的所谓外国通例，实行四级三审制；律师法仿自日本的辩护士法；近代监狱的建设，则是直接引入日本的顾问、法律和构造；甚至法律的名称、篇章结构、专业术语等皆来自日本，检察官之名即从日本直译而来。民国北京政府和南京国民政府时期的各大法典全面借鉴日本的“六法全书”。[②]而司法行政机关也是如此，不论是清末的法部，还是民国北京政府时期的司法部，其基本职能与日、德更加接近，同属于大陆法系近代模式，为大司法行政，负责司法行政管理、监督法院检察院，实行审检合署。南京国民政府成立后，对美国司法制度的借鉴因素更多，如巡回审判等。而司法院建立和变迁过程中，仿行美国最高法院的因素更加明显。其初期的司法部与北京政府时期基本相同，而司法行政部虽然立法职责削弱，但是

---

① 出使各国考察政治大臣戴鸿慈等《奏请改定全国官制以为立宪预备折》(光绪三十二年七月初六日)：“即求其可以为我法者，则莫如日本之仿效欧西，事事为我先导。盖各国国力人格自有不同，而日本则能取彼之长而弃其短，尽彼之利而去其弊。中国今日欲加改革，其情势与日本当日正复相似，故于各国得一镜借之资，实不啻于日本得一前车之鉴，事半功倍，校验昭然。”故官博物院明清档案部：《清末筹备立宪档案史料（上册）》，中华书局1979年版，第368页。

② 何勤华、方乐华、李秀清、管建强：《日本法律发达史》，上海人民出版社1999年版，第45页。

仍然监督地方各级法院，监督法官检察官，亦属于大陆法系模式。

三、践行发展“五权宪法”理论

司法行政部诞生于南京国民政府实施“五院制”后，是孙中山先生“五权宪法”理论的践行成果之一。

“三权分立”源自西方，其本身有不足之处，也不全适应中国社会。1924 年孙中山先生的《国民政府建国大纲》开篇即确定了“三民主义”“五权宪法”的基本原则。这是用中国传统的科举和监察制度，对西方“三权分立”理论进行纠偏、创新和发展，破除了清末以来对西式“三权分立”的盲目崇拜，是“中西合璧”式的政治理论。《国民政府建国大纲》在第 19 条规定:“在宪法开始时期，中央政府当完成设立五院，以试行五权之治。其序列如下：曰行政院；曰立法院；曰司法院；曰考试院；曰监察院。”在第 20 条规定:“行政院暂设如下各部：一、内政部；二、外交部；三、军政部；四、财政部；五、农矿部；六、工商部；七、教育部；八、交通部。”行政院中没有司法部。从当时的情况和司法部的重要性上看，恐非疏漏，或是有意使其隶司法院下。武汉国民政府中实际已有司法部建制。南京国民政府成立后，根据 1928 年 2 月 4 日《国民政府组织法》第 7 条，国民政府设内政、外交、财政、交通、司法、农矿、工商等部，司法部为国民政府的组成部门。1928 年 10 月国民政府实行“五院制”，根据 1928 年 10 月 20 日《国民政府公布行政院等五院组织法令》，行政院下无司法部，而在司法院下设司法行政署，旋即改为司法行政部。至此，司法行政又回到了《国民政府建国大纲》中的结构设计。

南京国民政府实施“五院制”的首要组织法令，就是出自时任司法部部长王宠惠之手。二次北伐结束后，王宠惠与胡汉民、孙科、伍朝枢等在巴黎致信国民党中央，建议依孙中山先生遗训，实行训政，建立五权制，为国民党中央所接受。1928 年 8 月，国民党中央委员会任命王宠惠、胡汉民和戴季陶三人担任《中华民国国民政府组织法草案》的起草人员。1928 年 10 月 4 日起草工作正式开始，由于胡汉民公务繁忙，而戴季陶又不长于法理，所以五院组织法的起草，实际上是由王宠惠和傅秉常两人完成的。迫于进度，王宠惠等人总共用了一周的时间草拟并审定了五院的组织法草案，于 1928 年 10 月 20 日通过后公布，奠定了 1928 年以后南京国民政府的机构格局。王宠惠任首任司法院院长。[①]

环顾当时世界各大国司法行政制度：美国是“三权分立”，司法部属于政府机关，与法院系统分离；英国是大法官部，管理法院；德法日为大陆法系近代模式，司法部是政府的组成部门，管理法院和检察院；苏联刚建立不久，司法机关一直在重组中动荡。唯有中国将审判权和司法行政权合二为一，形成完整的司法权。司法院是最高司法机关，领导司法行政部。这在当时是世界范围内独一无二的政治制度设计。

四、司法行政职责归属不定

民国北京政府时期的司法部继承了清末法部的职责，本身为行政机关，兼有司法管理和政府立法职责，使得其职能横跨行政、司法、立法三大领域。司法行政机关这种综合性、全面性的法律事务管理职责，可谓“大司法行政模式”。这种模式是其当时组织开展司法机关设置、司法改革、法律草拟、刑事政策制定、监狱改良等一系列工作的前提，也是司法行政机关在中国法制近代化进程中发挥关键作用的基础。

在南京国民政府实施“五院制”后，司法行政机关的职责开始缩小。立法院主导立法，司法行政部在立法中多为参与角色，立法职能大大缩小。司法行政部隶属司法院时，在司法机构设置及法律制定等重要工作中，院部职能划分不甚清楚，一些在北京政府时期原属司法部的职责，此时由司法院行使。

自“五院制”施行以来，司法行政部就在司法院和行政院之间反复隶属。由于司法行政部是司法院权力的核心，其归属不定也给司法院的定位带来了较大的不确定性。司法行政部隶司法院，则司法院审判与行政合一，是“最高司法机关”；隶行政院，则司法院仅有审判权，为“最高审判机关”。这种归属上的摇摆不定反映出以下几个原因和问题：

一是关于司法行政定性的摇摆。司法行政权到底是司法权还是行政权，这在当时就引起了广泛的争议，有观点认为将司法行政部划归行政院后，有碍司法院的司法独立，行政干预司法，司法院无法监督地方法院，

---

① 王宠惠著、张仁善编:《王宠惠先生年谱》，载《王宠惠法学文集》，法律出版社2008年版，第572页。

死刑核准权归于行政机关，割裂司法官任用考核体系等。[①]

二是核心权力的争夺。司法权并非核心权力，但是司法行政权却是司法权的核心，司法行政部也因此成为司法领域的关键部门。司法行政部隶属之变化，表面看是司法行政在司法权属性与行政权属性之间摇摆不定，实际上涉及法院设置、司法人事、司法监督以及经费管理等重大权力的归属问题。如果没有司法行政部，司法院仅剩最高审判权和法令解释权，在当时的环境下，基本上形同虚设。反之，如果掌控司法行政部，则可以保持对司法领域的控制。

三是控制政局和统一法制的需要。行政系统争夺司法核心权力，使司法行政部最终改隶行政院，最重要的原因为时局需要。当时中国军阀割据，一盘散沙，南京国民政府虽名义上统一全国，实际上政令仅限于东南地区；抗战期间，南京、武汉相继沦陷，国民政府被迫西迁重庆，其对全国的掌控更是困难。因此，由行政机关的关键人物掌管司法行政，是强化法制统一，强化中央对地方控制的必然选择。

五、回归中国传统司法体制

建立以司法与行政分离为标志的近代司法体系，是自清末变法以来司法行政的主要任务，但如此浩大工程刚一开始，清室即告覆亡。民国建立后，在清末既有成果之上继续这一使命。为此，1912 年司法部发布司法计划书，拟分 5 年完成全国法院之设置。[②] 梁启超一生主张司法独立，但其上任司法总长后，便认识到以当时之形势，全国上下均实现司法独立是不可行的，故主张缓设、裁撤审判厅，提出未设法院之县由县知事兼理司法，作为权宜之计。北京政府时期（1912—1927 年），全国法院仅 114 所（未计地方分庭），即高等审判厅 21 所、高等分厅 26 所、地方厅 67 所。相较于广大之地域，这些法院在数量上远远不够。整个民国期间，近代法院屈指可数，而法官之数量又寥若晨星。广大中国土地仍需要传统的司法体系加以维持。县知事兼理司法制度因而成为中国传统向现代过渡的必然选择。南京国民政府成立后，在县级层面，沿袭了北京政府时期的司法

① 张仁善：《司法行政权的无限扩大与司法权的相对缩小——论南京国民政府时期的司法行政部》，载《民国档案》2002 年第 2 期。

② 参见汪楫宝：《民国司法志》，商务印书馆 2013 年版，第 10 页。

公署和县知事兼理司法制度，而后在县政府内司法处，作为新式法院的过渡。其中，县知事兼理司法成为民国时期县级司法机关的主流模式，直到1947年各省才废除（新疆除外）。而在省级层面，为强化中央对地方的司法控制，从1927年10月起裁撤各省司法厅，施行高等法院院长制，由高等法院根据司法部的命令处理本省司法行政事务，实际上就是司法兼理行政。也就是说，基本上整个南京国民政府时期，省级是司法兼理行政，县级是行政兼理司法，仅在中央是司法与行政分离。以司法与行政分离为标志的近代化建设，在数十年间，不得不在重回起点之后方才实现。

自清末以来，中国法律和司法的近代化仅发生在上层社会的观念中、司法规划的蓝图中，与外国接触较多的通商大埠中，广大农村县城仍然维持着旧的法律制度、法律观念和治理体系。在县城农村和社会下层实施法律近代化，实现司法和行政的分离，是一项巨大的政治工程，一场深刻的社会革命，绝非一朝一夕之功。作为一种过渡性方案，县知事兼理司法制度应运而生；而出于司法中央集权的需要，本已经分离的省级层面的司法与行政，又合二为一。中国自古以来，行政与司法不可分离，这是“德礼为政教之本，刑罚为政教之用”的制度化体现，也是中国传统法律文化的重要内容，因此更贴近传统的司法行政合一的制度始终占据主导地位。以当今之眼光看，这种制度在实践中存在种种弊端，但是如果我们考虑到当时新旧交织的社会，战火纷飞的时局，就会充分理解这是当时历史条件下的必然选择。它通过充分发挥传统司法制度的优势，尽量切合广大县域农村的法制观念，最大限度减少政府的施政成本，通过各种制度化的手段，在维持既有政治统治的同时，推进法制近代化下乡下县。

南京国民政府成立之后，继承清末和民国北京政府时期的法律近代化成果，参考欧美，于数年间建立了完整的六法体系，完成了中国历史上第二次法律移植。当时法律规范完整齐备、东西融合，可以说是当时法制近代化的一大成果。然而这一成果在现实面前却是徒有其表。新式法院设立困难，固然受政治、军事、经济等多重因素的影响，但广大县域和农村的接受程度也是不可忽视的因素。当时司法精英，如王宠惠、居正、谢冠生、罗文干等均有留学背景，介绍、翻译外国法律著作，以改造中国法律为己任，甚至主持制定了当时的重大法律。然而写法律易，行法律难，在当时的中国更难。董康作为清末以来为数不多的亲历了晚清、北京政府和南京国民政府时期司法变革的元老，多次主持或参与修律，并担任司法界要职，于修律的得失、成败感触颇深。董康在检讨近代中国法制变革中过于蔑视法律传统、罔顾社会实际的教训时说"论吾国法系，基于东方之种族，暨历代之因革，除涉及国际诸端，应采大同外，余未可强我从人"，当年修律时，"关于改革诸点，阳为征引载籍，其实隐寓破坏宗旨，当时引起新旧两党之争……至今思之，当年激烈争议，为无谓也"，"法律为发展司法之器械，已成各法，是否可以促司法之进步，余以为未也……泰西法系，向分英美大陆两派，英美本自然，大陆则驱事实以就理想，以双方权利之主张，为学者试验之标本，程叙迂远，深感不便……从前改良司法，采用大陆，久蒙削趾就履之诮，改弦易辙，已逮其时"。董康又说他以前也是排斥礼教"最烈之一人"，经历30余年后，觉得"曩昔之主张，无非自抉藩篱，自决堤防，颇忏悔之无地也"，这种感觉是在他经过数十年的修律实践、游历东西、考察比较各国司法状况后得出的。他发现，西方的一些司法制度如英国的"治安裁判"与中国传统的行政兼理司法模式无甚区别，而中国在修律时，对传统的东西弃之如敝帚，"不意光复之初，司法当局，执除旧布新之策，遂令亭平事业，失其师承"。他的这些结论出现于司法近代化起步了二三十年之后，观察清晰，总结中肯。这不是董康司法理念的倒退，而是基于对司法制度与社会实际的对照比较，目睹司法制度与社会实际产生隔阂后，对蔑视法律传统者的"当头棒喝"，可惜未能及时喝醒位居司法要津的法律精英们。①

六、理想与现实间的无奈叹息

民国时期，诸多仁人志士致力于中国法制之改良与进步，然而这些先进理念在反动集团的统治下，在割据混战的时局里，在亡国灭种的危机中，实现颇为艰难，很多改革或半途夭折，或昙花一现。

北京政府时期，军阀混战夺权，政府更迭频繁，司法总长如走马灯般更换。从1912年至1927年，北京政府共换了21位司法总长，但其中很多都无法到任，而以他人署代。除1915年章宗祥，1919年朱深任职司法总长外，无一年司法总长人事能稳定不变。尤其1922年，该年内阁总理

① 王宠惠著、张仁善编:《王宠惠法学文集》，法律出版社2008年版，序第14页。

九变，司法总长六易其人。[①]司法中枢不稳，法治建设更无从谈起。如王宠惠、梁启超等人都曾担任司法总长，虽为不世之才，却为军阀专制下民主法制之装裱。另有如许世英等人，早年虽于中国司法改良略有贡献，但出自北洋，以维护军阀统治为第一要务，1913 年以司法总长身份阻挠宋教仁被刺案的审理调查。民国初年，北京政府向奥国银团借款，“一战”时中国对德奥宣战，遂引发纠纷。时任财政总长的罗文干被控受贿三次被捕，由于复杂的政治、法律及外交原因，最终无罪释放。罗文干曾任北京政府司法次长，兼大理院院长，署理司法部部务，却在财政总长的位置上经此大案，可见当时民国司法状况如何混乱。[②]

诸多司法改良之方案，囿于现实困境半途而废。如 1914 年梁启超以司法总长之职条陈改良司法计划，因新式监狱较少，而旧式监狱弊端丛生，考虑恢复笞杖刑，以疏通监狱，并制定《易笞条例》。但此法却与废止身体刑之趋势相悖，颁布之后舆论一片哗然，后于 1916 年 7 月 18 日废止。[③]此条例之笞刑与前清迥异，且距清朝覆亡未久，民众接受较易，本为改善司法，疏通监狱，保护人权，却不免受制于舆论和现实。博学鸿儒者如梁启超，亦不免改革失败，可见在当时推动法制发展之艰难。法律之适用也面临现实阻力。如前所述，在王宠惠主导下，北京政府修订法律馆曾编成《刑法第二次修正案》，该草案较之前刑法有明显进步。当时司法部为替代支离破碎之《暂行新刑律》，整合各种补充条例和单行法，拟呈请政府作为条例，早日颁行。但法制局则认为国家尚未统一，《暂行新刑律》尚在西南各省适用，若将其废止而另颁条例代替，各地军阀未必遵行，不利于国家法制统一，故此草案未成为正式法律。清末变法后，制定兼容中西各国所长的近代法典，既是当时法学家之理想，也是现实需要。法学家不辞辛苦努力之成果，却因军阀割据而被束之高阁，不能不令人叹息。

地方司法官员之任命受制于时局。当时之中国，军阀割据，战乱频仍，国民政府北伐之目的在于打倒列强，消灭军阀，实现统一。在司法领域，是

---

① 参见汪楫宝:《民国司法志》，商务印书馆 2013 年版，第 152—153 页。

② 参见毕连芳:《北洋财长罗文干案》，载《检察风云》2006 年第 11 期。杨天宏:《罪与非罪:“罗文干案”的审断与案情原委》，载《近代史研究》2016 年第 6 期。

③ 参见谢振民编著:《中华民国立法史》，张知本校订，中国政法大学出版社 2000 年版，第 950—951 页。

通过将司法权从地方行政中独立出来，受命中央司法行政部的方式来实现。从法理上讲，全国司法官员的任免权统归南京司法行政部，但实际上却都受到各地实际状况，尤其是当地军政首领的制约。1928 年底东北易帜后，南京国民政府在形式上统一全国。据 1929 年至 1930 年《司法公报》刊登人事任免信息之统计，司法行政部对全国司法官员的任免调派人数约为 750 人，任免调动省区，按数量从多到少的顺序是江苏、浙江、福建、湖南、湖北、广东、山东、河南、河北、山西，基本没有涉及西北、西南、东北地区。这与南京国民政府实际掌控地域吻合，江浙等地是国民党统治的核心区，西北、西南、东北地区，国民党势力并未真正进入。例如，1929 年、1930 年南京对东北地区的人事任免调派极少，仅有 4 人，而且都是级别较低的候补人员。因为此时东北仍在张学良掌控之下，司法事务“不受中央节制”。① 对省高等法院院长之选任，省政府主席享有极大的话语权，司法行政部权力非常有限。法学家杨兆龙曾指出：“各省高等法院院长之去留，不以有无学识经验为标准，而以与省府当局之有无渊源为断。其与省府当局有渊源者，纵无学识经验或完善人格，司法行政当局不敢轻予更调也。”曾长期在法界任职的林厚祺亦言：“司法行政部遴选各省高等法院院长时很重视他们与省主席的关系，或者干脆接受省主席的推荐，省主席也借以安置与他有关系的人。司法行政部只有在省主席没有特别表示时才能自己决定人选。”② 而在中央层面，国民党本身派系林立，人员庞杂，组织散漫。在北伐过程中大量地吸纳原北京政府旧员的举措，虽然充实了自身人才，加快了统一进程，但是更是加剧了的自身顽疾，使得法制统一徒有其表。

司法经费问题上更是显示出理想在现实面前的无奈。南京国民政府建立后，准备解决司法经费困难，改将司法经费由中央拨付，同时在 1929 年六年计划中提出了较大数额的经费预算总额，以满足建筑、开办、运转各省高院、地方法院、县法院费用。③ 司法院院长王宠惠提出的 13 项计划

---

① 李在全：《“革命军北伐，司法官南伐”——1927 年前后的政权鼎革与司法人事延续》，载《近代史研究》2021 年第 6 期。

② 陈宇超：《论南京国民政府时期高等法院省级统管模式——以江苏高等法院为中心》，载《政治与法律》2022 年第 5 期。

③《司法行政部训政时期工作分配年表》（续），《司法公报》第 39 号特载，1929 年 10 月 5 日，第 31—32 页。吴燕：《理想与现实：南京国民政府地方司法建设中的经费问题》，载《近代史研究》2008 年第 4 期。

司法改革，其中就包括“确定司法经费”。[①]然而至6年后全国司法会议召开时，当初报告中所提的经费计划“丝毫未能实现”。不但各省法院监所如此，就连中央机关的司法院、司法行政部、最高法院、检察署、法官训练所、法医研究所及上海一、二特区的高等分院、地方法院及其监所，每个月的10多万应由国库支出的经常费，国库“亦未支出一文”，完全靠司法行政部的印纸、状纸工本费收入[②]而存活。[③] 1941年将各省司法经费一律改为由中央国库统筹统付后，司法经费的落实情况大有好转。但抗战中，国民政府财政状况每况愈下；抗战胜利不久，国民党又挑起内战，国库耗尽；“八一九”[④]之后，金融混乱，经济崩溃，政府入不敷出，法币贬值愈演愈烈，司法经费以粮食部所核的“米代金”发放。而各省高等法院所辖单位：省高等分院、地方法院、司法处、监所等一般在数十上百个及以上。中央国库为省事起见，均拨由高等法院统领转发。高等法院领到经费再发放到个人后，已经贬值得所剩无几。司法经费不能及时划拨各省法院，为应付各种开支，各地法院不得不向当地政府临时借贷，以渡难关。[⑤]“巧妇难为无米之炊”，司法经费面临如此窘境，司法革新、遏制司法腐败、实现法制统一也只能停留在理想层面。

---

① 王宠惠著、张仁善编:《司法改良之方针》，载《王宠惠法学文集》，法律出版社2008年版，第288页。张仁善:《略论南京国民政府时期司法经费的筹划管理对司法改革的影响》，载《法学评论》2003年第5期。

② 民国时期司法状纸上，有一种贴在案件相关纸张上的特殊标记，类似邮票，名为“司法印纸”，其作用在于标明各地方司法机构在受理案件过程中，收取了多少裁判费、缮写费、抄录费、罚金等。司法行政部《司法印纸规则》第16条规定:“各种印纸之工本费，均应依其额定价内四分之一解交司法部，不得移作他项动支。”《司法状纸规则》第5条规定:“状面由各省高等法院院长或首席检察官依照状纸之定价，先解5成向司法行政部具领。”第6条规定，“状内用纸由各省高等法院院长或首席检察官分别配制。”郭卫、周定枚编:《中华民国六法理由判解汇编》第4册，会文堂新记书店1934年版，第439、447页。转引自吴燕:《理想与现实：南京国民政府地方司法建设中的经费问题》，载《近代史研究》2008年第4期。

③ 王用宾:《司法会议后本部之责任》，载《现代司法》1卷2期，1935年11月1日司法行政部印行。

④ 1948年8月19日颁布的一项国民政府经济政策法令，也被称为“八一九限价”经济管制令。其目的在于缓解经济危机和挽救国民党的败局，但最终以失败告终。

⑤ 张仁善:《略论南京国民政府时期司法经费的筹划管理对司法改革的影响》，载《法学评论》2003年第5期。

第四章　当代司法行政制度

新民主主义革命时期，中国共产党在革命根据地建立了最初的司法行政机关。中华人民共和国成立后，司法行政的历史基本上可以党的十一届三中全会为界，划分为两个时期。这两个时期都存在着司法行政机关和政府法制机构两套系统。至2018年政府机构改革，将司法部和国务院法制办公室的职责整合，重新组建司法部，不再保留国务院法制办公室。[①] 所以，本章将2018年之前的司法行政历史沿革分原司法行政机关和原政府法制机构两条主线分别介绍。第二节和第三节以2018年司法部重组之后的现状为基础，介绍司法行政的体制和职能。最后一节介绍我国港澳台地区的司法行政制度。

第一节　历史沿革

一、司法行政机关的历史沿革

（一）新民主主义革命时期的司法行政机关

新民主主义革命时期，在中国共产党的领导下，革命根据地诞生了最初的司法行政机关。1931年11月，中华苏维埃共和国在江西瑞金成立，

---

① 中共中央印发《深化党和国家机构改革方案》；王勇：《关于国务院机构改革方案的说明——2018年3月13日在第十三届全国人民代表大会第一次会议上》。

根据《中华苏维埃共和国中央苏维埃组织法》的规定，在人民委员会之下设人民委员部，司法人民委员部是其中十个人民委员部之一。[①] 抗日战争时期，国共合作结成抗日民族统一战线，共产党领导的陕甘宁边区政府名义上接受国民党政府的领导，实施《中华民国法院组织法》，边区政府不设司法部，司法行政与审判工作由边区高等法院统一管理。解放战争后期，1948 年 8 月华北区人民政府成立，10 月建立了华北区人民政府司法部，1949 年 3 月中原临时人民政府也设立了司法部，解放的各省也相继设立司法厅。[②]

（二）1949 年司法部成立

1949 年 10 月，中央人民政府司法部伴随着中央人民政府的成立而设立，史良为首任司法部部长，同时还设立了各大行政区司法部。当时司法部与最高人民检察院、最高人民法院同在天安门广场西侧的原司法部街办公。[③]1949 年 12 月 20 日的《中央人民政府司法部试行组织条例》明确了司法部的任务和组织结构。根据该条例规定，中央人民政府司法部受政务院之领导，政治法律委员会之指导，主持全国司法行政事宜，其任务如下：（1）司法行政政策之厘定；（2）地方审检机关之设置、废止、或合并及其管辖区域之划分与变更事项，但应商同最高人民法院、最高人民检察署及大行政区人民政府或省（市）人民政府办理；（3）司法干部之教育训练；（4）司法干部之登记分配任免事项，但司法干部的任免，另有规定者依其规定；（5）全国诉讼案件种类、数量及其社会原因之统计；（6）犯人改造监押机关之设置、废止、合并及指导、监督；（7）司法经费之厘定；（8）有关司法法令政策之宣传；（9）律师之登记、甄拔、分配、组织与指导；（10）公证管理；（11）各地方司法机关有关司法行政事务之询问解答；（12）各地方司法机关有关司法行政事务处分抵触法令或不适宜之撤销与

---

① 当时司法人民委员部的负责人、组织机构、工作职责等，参见《当代中国》丛书编辑委员会编：《当代中国的司法行政工作》，当代中国出版社 2022 年版，第 3—7 页。

② 参见任永安、卢显洋：《中国特色司法行政制度新论》，中国政法大学出版社 2014 年版，第 28—29 页。《当代中国》丛书编辑委员会编：《当代中国的司法行政工作》，当代中国出版社 2022 年版，第 7—17 页。

③ 即现在人民大会堂地点。

纠正;（13）各地方司法机关司法行政之督导与检查;（14）各地司法机关积案之调查;（15）其他属于司法行政之事项。该条例还规定了办公厅和各业务司的具体事务和部务会议制度。[①] 此时，司法行政机关对法院、检察院司法行政事务负有全面的管理职权，法院、检察院的运转，特别是人财物管理，主要依赖于司法行政机关的保障，呈现“大司法行政模式”的特点。

然而此后不久，司法行政机关的职能进行了一些调整。1950 年 12 月，监狱、劳动改造队以及看守所被全部划出司法部，改由公安部领导。1951 年 7 月，司法部建立中央政法干部学校，负责为法院、检察机关以及司法行政机关培训司法干部。1951 年 9 月，《最高人民检察署暂行组织条例》颁布实施，最高人民检察署设置人事处，掌管人事工作，处理各级检察署干部和编制问题。自此，检察机关开始自行管理自身的司法行政事务，司法行政机关对于检察机关的司法行政事务不再进行管理。由此也意味着“大司法行政模式”受到一定程度的削弱。[②]

1954 年我国第一部宪法颁布，人民法院和检察院不再作为政府组成部门[③]，中央人民政府司法部改称“中华人民共和国司法部”，各大行政区司法部伴随着大行政区的撤销而撤销，在各省、自治区、直辖市设置司法厅、局。1954 年 9 月，第一届全国人大通过了《国务院组织法》和《法院组织法》，明确规定，“各级人民法院的司法行政工作由司法行政机构管理”，并据此确定了司法部的职能范围，设置办公厅、普通法院司、专门法院司、人事司、宣传司、教育司、公证律师司、财务处、人民接待室。公证工作也由法院移交给司法行政机关。自此，司法行政机关开始了管理法院司法行政工作的历史时期。1955 年 11 月，司法部新设置“法令编纂司”，负责司法行政有关法律法令的起草工作。1956 年，司法部开始负责人民陪审员的选任。[④]

---

① 参见《当代中国》丛书编辑委员会编:《当代中国的司法行政工作》，当代中国出版社 2022 年版，第 23—24 页。陈光中等主编:《中华法学大辞典》，中国检察出版社 1995 年版。

② 参见陈瑞华:《司法行政机关的职能定位》，载《东方法学》2018 年第 1 期。

③ 参见任永安、卢显洋:《中国特色司法行政制度新论》，中国政法大学出版社 2014 年版，第 32 页。

④ 参见陈瑞华:《司法行政机关的职能定位》，载《东方法学》2018 年第 1 期。董开军主编:《司法行政学》，中国民主与法制出版社 2007 年版，第 62—63 页。

这一时期，司法行政机关主要工作围绕法院审判工作展开，包括建立各级法院；主管地方各级人民法院的思想、组织、业务和装备建设；参加配合土地改革运动[①]，镇压反革命运动，“三反”“五反”运动；参加起草和贯彻执行《中华人民共和国婚姻法》[②]；主持司法改革，揭露批判旧法观念和旧司法作风，纯洁人民法院组织队伍[③]；贯彻执行《人民法院组织法》；检查错案，巩固成果；批复解答有关政策和法律问题；探讨经济建设时期司法工作任务。[④]

20世纪50年代，为填补废除国民党“六法全书”后法律和法学教育领域的空白，我国全面引入了苏联的法律和法学教育。经过一系列院系调整，基本形成了“五院四系”的法学教育格局。[⑤]1953年，教育部推出统一法学课程，以苏联法律作为我国法学教学的内容，人民大学法律系则成为教授苏联法律的核心院系。[⑥]1955年，时任司法部部长史良率团赴苏联开展了为期3个月的考察，形成了《苏联司法工作访问记》，包括“法律教育”“审判”“司法行政”“检察”四部分[⑦]，全面引入了包括司法行政在

① 1950年6月中央人民政府公布了《土地改革法》，随即在全国范围内有步骤地大规模开展土地改革运动。

② 1950年4月13日中央人民政府委员会第七次会议通过。

③ 1952年7月16日，在中央司法部成立了由司法部和最高人民法院共同组成的中央司法改革办公室。1952年7月16日史良部长向周恩来总理作了《关于彻底改造和整顿各级人民法院的报告》，8月13日政务院第148次政务会议批准了该报告。

④ 参见《当代中国》丛书编辑委员会编：《当代中国的司法行政工作》，当代中国出版社2022年版，第25—41页。

⑤ “五院”指：北京政法学院、华东政法学院、西南政法学院、中南政法学院和西北政法学院。“四系”指：中国人民大学法律系、北京大学法律系、吉林大学（原东北人民大学）法律系、武汉大学法律系。有的文献称为“五院五系”，除上述院系外，还有复旦大学法律系。参见曾宪义：《法学教育六十年》，载《法学家》2009年第5期。《当代中国》丛书编辑委员会编：《当代中国的司法行政工作》，当代中国出版社2022年版，第69—124页。

⑥ 课程内容包括苏联国家与法权史、苏联国家法、苏联刑法、土地法与集体农庄法、人民民主国家法、中国与苏联法院组织法、中国与苏联民事诉讼法、中国与苏联劳动法、中国与苏联行政法、中国与苏联财政法。参见蔡定剑：《关于前苏联法对中国法制建设的影响——建国以来法学界重大事件研究（22）》，载《法学》1999年第3期。

⑦ 参见中国司法工作者访苏代表团编印：《苏联司法工作访问记（关于审判、司法行政工作部分）》，1955年11月。

内的苏联法律教育和司法制度①。从 1955 年起，高等教育部和司法部开始有计划地组织编订法律专业课程的统一教学大纲，制定编写教材的规划，并且在 1956 年 7 月召开了全国政法院系法律专业教学大纲审定会议。②

（三）1959 年司法部被撤销

从 1957 年下半年开始，反右派斗争严重扩大化，司法部受到严重冲击。该事件还使司法部本身的存在受到影响。③ 1959 年 4 月 28 日国务院提请第二届全国人民代表大会第一次会议审议的《关于撤销司法部的建议》提出："几年来，司法部在司法改革，设置人民法院，培养人民法院干部等方面做了许多工作。现，由于司法改革已经基本完成，各级人民法院已经健全，人民法院的干部已经充实和加强，司法部已无单独设立之必要。建议撤销司法部，原司法部主管的工作，由最高人民法院管理。"当日，第二届全国人大一次会议通过了撤销司法部的决议④，司法部主管的工作由最高人民法院管理，各地司法厅、局也随之撤销。司法部被撤销后，县公检法在"大跃进"期间被合并成县政法部，直至十年浩劫，"砸烂公检法"，法制建设被破坏殆尽。⑤

（四）1979 年司法部重建与发展

"文化大革命"结束，拨乱反正。时任最高人民法院院长江华认为，法院不宜兼司法行政工作，率先提出恢复司法部。1979 年 6 月 15 日，中

① 唐仕春:《1955 年中国司法工作者访苏代表团与苏联法制形象的塑造》，载《中国社会科学院近代史研究所青年学术论坛（2008 年卷）》，2009 年 12 月。

② 参见《当代中国》丛书编辑委员会编:《当代中国的司法行政工作》，当代中国出版社 2022 年版，第 70 页。

③ 反右派斗争中，司法部有一批主张依法办事、按照中共八大路线前进的业务骨干被错划为"右派"。接着在 1958 年 6 月至 8 月的第四届全国司法工作会议上，司法部中共党组全体成员 6 人和正司级共产党员干部 3 人共 9 人被打成"反党集团"。1978 年 12 月，中央对原司法部"反党集团"给予平反。参见《当代中国》丛书编辑委员会编:《当代中国的司法行政工作》，当代中国出版社 2022 年版，第 41—44 页。

④ 1959 年 4 月 28 日第二届全国人民代表大会第一次会议《关于撤销司法部、监察部的决议》。

⑤ 参见董开军主编:《司法行政学》，中国民主与法制出版社 2007 年版，第 58—59 页。王公义:《我国司法行政体制的历史沿革》，载《中国司法》2004 年第 1 期。高通:《我国司法行政机关定位的历史变迁与反思》，载《山东大学学报（哲学社会科学版）》2012 年第 2 期。蔡长春:《激浊扬清推动法治进程——记最高人民法院第五任院长江华》，载《法治日报》2021 年 8 月 9 日，第 4 版。

央政法小组向中央报送《关于恢复司法部机构的建议》指出："有关法院的组织机构，特别是经济法院等各类专门法院的机构设置，司法干部的管理；法律干部的培训，包括高等政法院校的设置和管理，在职干部的轮训提高；以及公证、律师、法制宣传、法律编纂等各项司法行政工作，急需有专门机构管理。长期无人专管的状态，不利于加强社会主义法制。而人民法院是国家的审判机关，担负着行使审判权的重任，它不适宜也确实难以兼顾上述各项工作。因此，建议恢复司法部。"这个建议得到中央批准。[①]

同年 7 月 1 日通过的《人民法院组织法》第 17 条规定，各级人民法院的司法行政工作由司法行政机关管理；第 37 条规定各级人民法院助理审判员由司法行政机关任免；第 42 条规定各级人民法院的设置、人员编制和办公机构由司法行政机关另行规定，从法律上确立了司法行政机关的设立。

1979 年 9 月 13 日，第五届全国人民代表大会常务委员会第十一次会议决定："为了适应社会主义法制建设的需要，加强司法行政工作，设立司法部，任命魏文伯为司法部长。"1979 年 9 月 17 日，魏文伯部长在答新华社记者问时指出，司法部在国务院的领导下，完成以下任务：（1）管理各级人民法院的司法行政工作，对人民法院的设置、人员编制、办公机构加以规定；（2）管理和培训司法干部；（3）协同有关部门管理政法院、校，培养各类司法专业人员；（4）管理律师组织、公证机关的工作；（5）组织开展法制宣传和法制教育活动；（6）编纂法律法令；（7）协同科研单位进行法律科学的研究，组织出版法律书刊和著作；（8）有关司法的外事活动。1979 年 10 月 28 日，中共中央、国务院发布《关于迅速建立地方司法行政机关的通知》，各地司法行政机关随之建立。[②]

1982 年 12 月 4 日通过的《宪法》第 89 条明确规定国务院有"领导和管理民政、公安、司法行政和监察等工作"的职权，确立了司法行政工作

① 参见王公义：《我国司法行政体制的历史沿革》，载《中国司法》2004 年第 1 期。《当代中国》丛书编辑委员会编：《当代中国的司法行政工作》，当代中国出版社 2022 年版，第 46 页。

② 王公义：《我国司法行政体制的历史沿革》，载《中国司法》2004 年第 1 期。《当代中国》丛书编辑委员会编：《当代中国的司法行政工作》，当代中国出版社 2022 年版，第 46—51 页。

的宪法地位。[①]

重建后的司法部很快迎来三项重要的职能调整：1982 年，法院司法行政工作划归法院自行管理。这些司法行政工作包括：司法部和各司法厅局主管的审批地方各级人民法院、各类专门人民法院、人民法庭的设置、变更、撤销，拟定人民法院的办公机构、人员编制，协同法院建立各项审判制度，任免助理审判员以及管理人民法院的物资装备、司法业务费等。[②]同年，法律法规汇编划归国务院办公厅法制局承担。根据 1982 年 6 月国务院确定的机构编制，司法部主要设置以下部门：办公厅、政策研究室、教育司、宣传司、公证律师司、调解司、外事司、人事司等。司法行政机关的主要职能有司法干部培训、政法院校管理、法制宣传、律师管理、公证管理、人民调解等。1983 年 4 月监狱、劳教工作划入司法部管理。[③]此时，我国司法行政职能被减少到历史最低限度，既不再对检察机关的司法行政工作进行管理，也不再对法院的司法行政工作加以监督，可以被称为"小司法行政模式"。[④]

此后，司法行政机关的职责又多次调整：1987 年，国务院批准司法部成立司法协助局。1992 年，根据中共中央（1992）7 号文件主管安置帮教。1994 年随着仲裁法的实施，各省级司法行政机关承担仲裁登记管理职责。1996 年我国修正了《刑事诉讼法》，颁布了《律师法》，并在两法中确立了法律援助制度，司法部于 1996 年成立了法律援助中心。[⑤]在 1998 年政府机构改革中，司法部机构编制被大幅度缩减，从 1994 年的 417 人压缩到 220 人，减少了近一半，降到了历史最低值。[⑥]同年，司法部划入指导和管理企业法律顾问工作的职能，将律师资格考试的具体工作和律师的专

① 王公义：《我国司法行政体制的历史沿革》，载《中国司法》2004 年第 1 期。

② 详见司法部、最高人民法院《关于司法厅（局）主管的部分任务移交给高级人民法院主管的通知》（司发办字〔82〕第 218 号）。

③ 国务院《关于将公安部劳改局、劳教局及其编制划归司法部的通知》（〔83〕国函字第 204 号）

④ 参见陈瑞华：《司法行政机关的职能定位》，载《东方法学》2018 年第 1 期。

⑤ 《中国法律援助制度诞生的前前后后（五）》，载司法部法律援助中心网站。

⑥ 1998 年 6 月 24 日国务院办公厅《关于印发〈司法部职能配置内设机构和人员编制规定〉的通知》（国办发〔1998〕90 号）。参见王公义：《我国司法行政体制的历史沿革》，载《中国司法》2004 年第 1 期。张迎涛：《司法部"三定"规定沿革综述》，载《中国司法》2013 年第 9 期。

业培训、奖惩及对外宣传等职能，交给中华全国律师协会；将公证员资格考试的具体工作和公证员专业培训、奖惩及公证宣传等职能，交给中国公证员协会。[①] 司法部原负责对法院、检察院和司法行政机关干部的在职培训，但后来最高人民法院于 1997 年设立国家法官学院，最高人民检察院于 1998 年设立国家检察官学院，从此，司法行政机关不再负责法官、检察官的在职培训，该工作由最高人民法院和最高人民检察院自行承担。[②] 2000 年，根据《国务院进一步调整国务院部门（单位）所属学校管理体制和布局结构的决定》(国发〔1999〕26 号)，将司法部直接管理的中国政法大学、西南政法大学[③]、华东政法学院、西北政法学院、中南政法学院划归教育部或各省市教育行政机关进行管理。司法部直属的高等院校仅剩下一所中央司法警官学院。[④][⑤] 2001 年增加组织实施国家司法考试的职责。[⑥] 2005 年，全国人大常委会《关于司法鉴定管理问题的决定》实施，赋予司法行政机关司法鉴定管理的职能。2008 年取消指导监督社会法律服务机构审批工作的职责和组织指导公证员考试工作的职责，增加指导管理社区矫正工作的职责。[⑦][⑧] 2013 年 11 月党的十八届三中全会通过《中共中央关于全面深化改革若干重大问题的决定》，提出废止劳动教养制度。2013 年 12 月十二届全国人大常委会第六次会议通过《全国人民代表大会常务委员会关于废止有关劳动教养法律规定的决定》。劳教制度废止后，司法行政机关主管下的劳动教养从原来的劳教戒毒转型为强制隔离戒毒。

---

① 参见张迎涛:《司法部“三定”规定沿革综述》，载《中国司法》2013 年第 9 期。

② 参见陈瑞华:《司法行政机关的职能定位》，载《东方法学》2018 年第 1 期。

③ 1995 年，西南政法学院经原国家教委批准更名为西南政法大学。

④ 法学教育曾是我国司法行政机关历史上一项非常重要的职责，包括高等政法院校的管理、专业设置、布局、教学计划、教材编写、人才培养等工作。具体内容参见《当代中国》丛书编辑委员会编:《当代中国的司法行政工作》，当代中国出版社 2022 年版，第 67—124 页。陈瑞华:《司法行政机关的职能定位》，载《东方法学》2018 年第 1 期。

⑤ 参见董开军主编:《司法行政学》，中国民主与法制出版社 2007 年版，第 62 页。

⑥ 中编办:《关于司法部设立国家司法考试司的批复》(中编办复字〔2001〕159 号)。

⑦ 参见王公义:《我国司法行政体制的历史沿革》，载《中国司法》2004 年第 1 期。张迎涛:《司法部“三定”规定沿革综述》，载《中国司法》2013 年第 9 期。

⑧ 参见董开军主编:《司法行政学》，中国民主与法制出版社 2007 年版，第 62—63 页。

二、原政府法制机构的历史沿革

（一）1949 年中央人民政府法制委员会

1949 年 9 月成立的中央人民政府法制委员会是最早的中央政府法制机构。根据中国人民政治协商会议第一届全体会议制定的《中华人民共和国中央人民政府组织法》第 18 条和第 21 条的规定设立，采用委员会制，下设办公厅，刑事、民事、商事、外事法规和法规审议等 5 个委员会，以及资料、编译和研究等 3 个室。委员会的主要职责是：秉承中央人民政府委员会的意旨，受政务院的领导和政务院政治法律委员会的指导，研究、草拟和审议各种法规草案。①

（二）1954 年国务院法制局

1954 年 11 月，经第一届全国人民代表大会常务委员会第二次会议批准，国务院设立了国务院法制局。国务院法制局下设行政法规组（包括政法文教外事）、工交法规组（包括劳动）、财经法规组、农林法规组和法制史研究室、编辑室和办公室。根据《国务院法制局组织简则》，法制局的主要职责是：在国务院的直接领导下，审查国务院交付的法规草案；根据国务院的决定，草拟法规草案；整理国务院发布和批准的现行法规；办理国务院交办的其他各项法制工作。②

（三）1959 年国务院秘书厅法律室

1959 年 6 月，根据第二届全国人民代表大会常务委员会第四次会议《关于批准国务院调整直属机构的决议》，撤销了国务院法制局，业务划归国务院秘书厅。秘书厅设立了法律室，其主要职责是协助领导审查国务院各部门报送的国务院法规。1965 年法律室被撤销，其业务与秘书厅秘书处的业务合并，成立秘书室。秘书室下属的一个组兼管法规审查事务。“文化大革命”开始后，社会主义法制遭到破坏，国务院的法制机构于 1966

① 参见曹康泰主编：《政府法制建设三十年的回顾和展望》，中国法制出版社 2008 年版，第 203—204 页。

② 参见曹康泰主编：《政府法制建设三十年的回顾和展望》，中国法制出版社 2008 年版，第 204 页。

年底被完全撤销。[①]

（四）改革开放后的恢复重建

党的十一届三中全会提出，“搞现代化建设要有两手，即一手抓建设，一手抓法制”。在这一指导思想下，随着社会主义民主与法制的恢复和加强，1979年7月国务院在办公厅值班室设立了第五组，主要负责审查各部门报送的法律、法规草案。1980年5月，在该第五组的基础上成立了国务院办公厅法制局，协助审查国务院各部门报送的法规，编辑出版《国务院公报》。1981年7月，为适应经济立法工作需要，成立了国务院经济法规研究中心，作为研究咨询机构，同时负责各经济部门起草、修订经济法规的工作进行规划、指导、组织和协调。1986年国务院办公厅法制局和国务院经济法规研究中心合并，重新成立国务院法制局，为副部级直属机构。[②] 1988年10月，国务院法制局由国务院直属机构改为办事机构，内设7个司室、1个直属处和机关党委。1994年3月又改为直属机构。为了应对越来越多的政府法制工作，为政府领导提供决策服务，避免独立部门形成的权力扩张，从全局高度分析处理法制建设问题，1998年3月，在国务院法制局的基础上成立国务院法制办公室，性质由直属机构调整为办事机构，为正部级，内设8个司和机关党委，下设若干事业单位。随着行政复议法的实施，为适应全面依法行政、加快建设法治政府的要求，2005年根据中编办《关于增设国务院法制办公室行政复议司和政府法制研究中心的批复》（中央编办复字〔2005〕80号），国务院法制办增设行政复议司和政府法制研究中心。调整后的法制办内设职能司为：秘书行政司、政法国防法制司、社会管理法制司、教育科技文化卫生法制司、财政金融法制司、工交商事法制司、农业城建资源环保法制司、政府法制协调司、国际司、行政复议司；内设事业单位为：政府法制研究中心、信息中心和机关服务中心；管理中国法制出版社。国务院法制办的主要职责是：（1）调查研究依法行政和政府法制建设中出现的新情况、新问题，提出推进依法行政的具

① 参见曹康泰主编：《政府法制建设三十年的回顾和展望》，中国法制出版社2008年版，第205页。

② 参见曹康泰主编：《政府法制建设三十年的回顾和展望》，中国法制出版社2008年版，第206页。

体措施和工作建议。协助总理办理法制工作事项。（2）承担统筹规划国务院立法工作的责任，拟订国务院年度立法工作安排，报国务院批准后组织实施，督促指导。（3）承担审查各部门报送国务院的法律法规草案，以及需要由国务院批准的重要涉外规章、部门联合规章的责任。负责从法律角度审查部门报送国务院审核的我国缔结或者参加的国际条约。（4）负责起草或者组织起草有关重要法律草案、行政法规草案。负责对与群众利益密切相关的行政法规草案向社会公开征求意见。（5）承担地方性法规、地方政府规章和国务院部门规章的备案审查责任，审查其同宪法、法律、行政法规是否抵触以及它们相互之间是否矛盾，根据不同情况提出处理意见。（6）研究行政诉讼、行政复议、行政赔偿、行政处罚、行政许可、行政收费、行政执行等法律、行政法规实施以及行政执法中带有普遍性的问题，向国务院提出完善制度和解决问题的意见，拟订有关配套的行政法规、文件和答复意见。（7）负责承办行政法规的立法解释工作。承担协调部门之间在法律法规实施中的争议和问题的有关工作。承办申请国务院裁决的行政复议案件，指导、监督全国的行政复议工作。（8）负责及时清理、编纂行政法规，编辑国家出版的法律、行政法规汇编正式版本。指导规章清理工作。负责组织翻译、审定国家出版的行政法规外文文本。（9）开展政府法制理论、政府法制工作研究和宣传，开展对外法制业务交流。（10）承办国务院交办的其他事项。[①]

三、2018 年司法部的重组

根据 2018 年 2 月 28 日中国共产党第十九届中央委员会第三次全体会议通过《中共中央关于深化党和国家机构改革的决定》，3 月 21 日中共中央印发了《深化党和国家机构改革方案》[②]（以下简称《方案》），决定重新组建司法部，司法部的职能有了实质性的变化和扩展：

一是组建中央全面依法治国委员会，中央全面依法治国委员会办公室设在司法部。该《方案》指出，全面依法治国是中国特色社会主义的本质要求和重要保障。为加强党中央对法治中国建设的集中统一领导，健全

① 国务院法制办公室 2017 年部门预算，载 http://www.moj.gov.cn/pub/sfbgw/zwxxgk/fdzdgknr/fdzdgknrczzj/201704/t20170407_205812.html。

② 载 http://www.gov.cn/zhengce/2018-03/21/content_5276191.htm#1。

党领导全面依法治国的制度和工作机制，更好落实全面依法治国基本方略，组建中央全面依法治国委员会，负责全面依法治国的顶层设计、总体布局、统筹协调、整体推进、督促落实，作为党中央决策议事协调机构。主要职责是，统筹协调全面依法治国工作，坚持依法治国、依法执政、依法行政共同推进，坚持法治国家、法治政府、法治社会一体建设，研究全面依法治国重大事项、重大问题，统筹推进科学立法、严格执法、公正司法、全民守法，协调推进中国特色社会主义法治体系和社会主义法治国家建设等。中央全面依法治国委员会办公室设在司法部。

二是重新组建司法部，将司法部和国务院法制办公室的职责整合，不再保留国务院法制办公室。该《方案》指出，全面依法治国是国家治理的一场深刻革命，必须在党的领导下，遵循法治规律，创新体制机制，全面深化依法治国实践。为贯彻落实全面依法治国基本方略，加强党对法治政府建设的集中统一领导，统筹行政立法、行政执法、法律事务管理和普法宣传，推动政府工作纳入法治轨道，将司法部和国务院法制办公室的职责整合，重新组建司法部，作为国务院组成部门。主要职责是，负责有关法律和行政法规草案起草，负责立法协调和备案审查、解释，综合协调行政执法，指导行政复议应诉，负责普法宣传，负责监狱、戒毒、社区矫正管理，负责律师公证和司法鉴定仲裁管理，承担国家司法协助等。

经过此次重组，原司法行政机关和原政府法制机构合并为新的司法行政机关，司法行政的体制和职责有了新的发展和变化。

第二节　司法行政体制

一、中央司法行政机关

根据宪法规定，司法行政工作由国务院领导和管理。① 司法部是中央司法行政机关，是国务院组成部门。司法部部长由国务院总理提名，全国

---

①《宪法》第89条第8项规定，国务院行使下列职权：领导和管理民政、公安、司法行政等工作。

人大及其常委会任免。

司法部实行部长负责制。司法部部长负责本部门的工作；召集和主持部务会议，讨论决定本部门工作的重大问题；根据法律和国务院的行政法规、决定、命令，在本部门的权限内，发布命令、指示和规章①；签署上报国务院的重要请示、报告。②副部长协助部长工作。③

1. 司法部内设部门

（1）中央依法治国办秘书局。根据中共中央《深化党和国家机构改革方案》新组建的中央全面依法治国委员会办公室设在司法部，为此，司法部下设中央依法治国办秘书局。

（2）办公厅。负责机关日常运转工作。

（3）政治部。负责本部门、本系统思想政治工作和组织、人事工作，管理司法部直属院校。

（4）法治调研局。开展全面依法治国理论与实践调查研究工作，提出政策建议。承办全面依法治国工作规划建议的协调工作。承办立法规划和年度立法计划建议的协调工作，组织拟订国务院年度立法工作计划建议。组织起草全面依法治国有关重要文件。研究提出建设法治政府、推进依法行政的意见和措施。负责行政法规编纂工作，编辑国家出版的法律、行政法规汇编正式版本。负责拟订本系统发展战略、中长期规划、重大政策。负责推进司法行政改革工作。

（5）法治督察局。负责拟订全面依法治国决策部署的年度督察工作计划，开展重大专项督察，提出督察意见、问责建议。接受各地区各部门法治工作重要决定和方案的备案。组织办理地方性法规、规章备案审查和对地方性法规、规章合法性审查申请事项，组织开展行政法规和规章清理工作。

（6）立法一局。负责国家政治和文化建设方面的立法工作，承担相应法律、行政法规的草案起草、审查，和行政法规解释、具体应用问题的答复工作。负责相关行政法规立法后评估，承办相关行政法规、规章清理和相关地方性法规、规章备案审查工作。承办司法部规章、规范性文件审查工作。

（7）立法二局。负责国家经济建设方面的立法工作，承担相应法律、

① 参见《宪法》第90条、《国务院组织法》第9条第2款。

② 参见《国务院组织法》第9条第2款。

③ 参见《国务院组织法》第9条第2款。

行政法规的草案起草、审查，和行政法规解释、具体应用问题的答复工作。负责相关行政法规立法后评估，承办相关行政法规、规章清理和相关地方性法规、规章备案审查工作。

（8）立法三局。负责国家社会建设方面的立法工作，承担相应法律、行政法规的草案起草、审查，和行政法规解释、具体应用问题的答复工作。负责相关行政法规立法后评估，承办相关行政法规、规章清理和相关地方性法规、规章备案审查工作。

（9）立法四局。负责国家生态文明建设方面的立法工作，承担相应法律、行政法规的草案起草、审查，和行政法规解释、具体应用问题的答复工作。负责相关行政法规立法后评估，承办相关行政法规、规章清理和相关地方性法规、规章备案审查工作。

（10）监狱管理局。负责监督检查监狱法律法规和政策的执行工作。指导、监督监狱执法、管理和罪犯改造工作。

（11）社区矫正管理局。负责监督检查社区矫正法律法规和政策的执行工作。指导、监督对社区矫正对象的刑罚执行、管理教育和帮扶工作。指导社会力量和志愿者参与社区矫正工作。

（12）戒毒管理局。负责监督检查本系统执行戒毒相关法律法规和政策情况。指导、监督本系统强制隔离戒毒措施的执行和戒毒康复工作。对社区戒毒和社区康复工作提供指导、支持和协助。

（13）行政复议与应诉局。负责承办申请国务院裁决的行政复议案件。指导、监督全国行政复议和行政应诉工作。负责行政复议和应诉案件办理工作。

（14）行政执法协调监督局。负责行政执法的综合协调工作。指导、监督各地区各部门行政执法工作，推进严格规范公正文明执法。负责协调行政执法体制改革和行政执法的普遍性重要性问题。负责国务院“放管服”改革措施的法制协调工作。指导行政裁决工作。

（15）普法与依法治理局。负责拟订法治宣传教育规划并组织实施。指导、监督各地区各部门“谁执法，谁普法”的普法责任制落实工作，推进全民普法。指导、监督国家工作人员学法用法工作。指导各地区各部门各行业依法治理和法治创建工作。组织对外法治宣传工作。指导社会主义法治文化建设工作。

（16）人民参与和促进法治局。负责制定保障人民群众参与、促进、监督法治建设的制度措施。负责面向社会征集法律法规制定项目建议有关工作。指导人民团体、群众自治组织和社会组织参与、支持法治社会建设工作。指导推进司法所建设。指导人民调解、行政调解和行业性专业性调解工作。指导人民陪审员、人民监督员选任管理工作。指导帮教安置工作。

（17）公共法律服务管理局。负责规划和推进公共法律服务体系和平台建设工作。指导、监督法律援助、司法鉴定、公证、仲裁工作。编制国家司法鉴定、公证和仲裁名册并公告。指导社会组织和志愿者开展法律服务工作。

（18）律师工作局。指导、监督律师工作。承办特许律师执业考核工作。指导、监督党政机关、企事业单位法律顾问工作。指导公职律师、公司律师和基层法律服务工作。承办委托香港、澳门律师担任委托公证人工作。

（19）法律职业资格管理局。负责国家统一法律职业资格考试组织实施工作，编审国家统一法律职业资格考试大纲和考试试题，协调确定合格标准。负责国家统一法律职业资格审核、授予和资格证书管理工作。负责组织制定法律职业人员入职前培训规划并组织实施。参与指导法学教育工作，参与指导本系统高等法律职业教育工作。

（20）国际合作局。履行国际司法协助条约确定的对外联系机关（中央机关）职责，参与国际司法协助条约的草拟、谈判工作。负责被判刑人移管条约的缔结和执行工作。从法律角度审查报送国务院审核的我国缔结或者参加的国际条约。承办外交方面的法制工作。组织协调参与联合国预防犯罪和刑事司法领域活动，以及有关司法领域的多边或者双边交流合作。组织翻译、审定行政法规外文正式译本。负责办理涉港澳台法律事务。负责管理机关和直属单位外事工作，审核本系统出国（境）项目。

（21）装备财务保障局。指导本系统财务、物资装备和基本建设管理工作，拟定建设标准、经费保障和财务管理办法。负责全系统的枪支、弹药、服装和警车等管理工作。负责部机关、直属单位的预决算、财务管理、国有资产管理、审计和政府采购工作。

（22）机关党委。负责机关和在京直属单位的党群工作。

（23）离退休干部局。负责离退休干部工作。

2. 司法部直属单位

（1）法治宣传中心。主要承担为中央全面依法治国委员会提供舆情、新闻、宣传等方面保障与服务，开展法治舆情监测、分析和引导等职责。

（2）全面依法治国研究中心。主要承担习近平法治思想研究阐释、全面依法治国基础理论和应用政策研究、国内法治与涉外法治研究等工作。

（3）信息中心。主要承担司法部网络安全和科技信息化领导小组办公室工作，在司法部网络安全和科技信息化领导小组领导下开展全国司法行政网络安全与信息化工作，协调推进全国司法行政科技、标准化工作；承担司法部本级网络安全、科技与信息化建设的管理与服务保障等工作；承担司法部交办的其他工作。

（4）机关服务中心。制订司法部机关后勤服务管理规划、规章制度并组织实施；负责司法部机关后勤服务、保障和管理工作；负责司法部机关委托管理的行政事务性工作；负责司法部机关委托和中心所属的国有资产的经营管理；承办司法部交办的其他事项。

（5）法律援助中心。负责组织开展法律援助宣传、培训和理论研究；承办法律援助对外交流合作等工作；负责组织开展法律援助案件质量评查工作；承担最高人民法院、最高人民检察院受理的申诉案件的法律援助工作；负责中国法律服务网的服务运营，监督管理驻中国法律服务网的法律服务机构和法律服务人员的工作；指导各地法律服务网服务运营工作；负责全国“12348”公共法律服务热线管理工作；负责法律援助信息管理系统维护运营工作。负责法律援助案例库建设工作；承办司法部交办的其他事项。

（6）预防犯罪研究所。主要承担刑事执行、戒毒、犯罪预防、国外犯罪与刑事司法等领域基础研究和应用研究，开展重新犯罪问题调查研究、犯罪与改造研究理论宣传、培训以及国内外学术交流等工作；承办中央依法治国办、司法部交办的其他事项。

此外，司法部直属事业单位还有：燕城监狱、法治日报社[①]、法律出版

① 2020年8月1日，经中央政法委员会、司法部同意，并报国家新闻出版署批准，《法制日报》更名为《法治日报》。

社、中国法制出版社、中华全国律师协会、中国公证协会、中国监狱工作协会、中国司法行政戒毒工作协会、中央司法警官学院、司法行政学院、国家司法考试中心、中国法律援助基金会、司法协助交流中心、司法鉴定科学研究院、中国法律服务（香港）有限公司、中国法律服务（澳门）有限公司、司法部港澳台法律培训交流中心、中华全国人民调解员协会。

二、地方司法行政机关

地方司法行政机关根据行政区划设立。各省、自治区、市、县、区司法厅局，是各省、自治区、市、县、区政府的组成部门。司法厅厅长、司法局局长由省长、自治区主席、市长、州长、县长、区长的提名，地方各级人民代表大会常务委员会决定，报上一级人民政府备案。① 各地司法行政机关受当地政府统一领导，并且依照法律或者行政法规的规定受上级人民政府主管部门的业务指导。②

司法行政机关的内部业务部门中，监狱管理局的体制与其他单位有所不同。监狱管理局一般来讲分为：司法部监狱管理局—省（自治区、直辖市）监狱管理局—各监狱。除个别监狱外，监狱在省（自治区、直辖市）以下不按行政区划设立，各监狱一般直属省（自治区、直辖市）监狱管理局领导。省（自治区、直辖市）监狱管理局接受司法部监狱管理局的业务指导。

（一）省级司法行政机关

下面以江苏省司法厅为例，介绍其内设机构③：

（1）依法治省办秘书处。负责处理省委依法治省办日常事务，承担相

① 《地方各级人民代表大会和地方各级人民政府组织法》第 50 条规定：“县级以上的地方各级人民代表大会常务委员会行使下列职权：（十四）根据省长、自治区主席、市长、州长、县长、区长的提名，决定本级人民政府秘书长、厅长、局长、委员会主任、科长的任免，报上一级人民政府备案。”

② 《地方各级人民代表大会和地方各级人民政府组织法》第 73 条规定：“县级以上的地方各级人民政府行使下列职权：（二）领导所属各工作部门和下级人民政府的工作。”第 83 条规定：“省、自治区、直辖市的人民政府的各工作部门受人民政府统一领导，并且依照法律或者行政法规的规定受国务院主管部门的业务指导或者领导。自治州、县、自治县、市、市辖区的人民政府的各工作部门受人民政府统一领导，并且依照法律或者行政法规的规定受上级人民政府主管部门的业务指导或者领导。”

③ 载 http：//sft.jiangsu.gov.cn/art/2019/6/14/art_74356_8361391.html。

关工作。

（2）办公室。负责机关日常运转，承担信息、保密、信访、政务公开等工作；负责机关政务活动的组织实施和督查督办；负责公文审核和综合性文件的起草工作；指导对外交流合作、涉港澳台交流合作等事务。

（3）法治调研处。开展全面依法治省和司法行政工作的理论与实践调研工作，提出政策建议；承办全面依法治省工作规划建议的协调工作；承办立法规划和年度立法计划建议的协调工作，组织拟订省政府年度立法工作计划建议，研究提出立法与改革决策相衔接的意见、措施；组织起草全面依法治省有关重要文件，参与起草综合性文件，研究提出建设法治江苏、法治政府、法治社会的意见和措施；负责编纂省政府规章，组织翻译、审定省政府规章外文正式译本；负责拟订本系统发展战略、中长期规划、重大政策；负责推进司法行政改革工作；统筹规划、综合协调、督促指导全省依法行政工作，承担省全面推进依法行政工作领导小组办公室的日常工作。

（4）法治督察处。负责拟订全面依法治省决策部署的年度督察工作计划，开展重大专项督察，提出督察意见、问责建议；制定法治江苏、法治政府、法治社会建设指标体系的考核标准并组织实施，检查、督促和指导基层法治建设，推动实施法治为民办实事工作。

（5）立法一处。负责政治和文化建设、生态文明建设等方面的立法工作，承担相应省级地方性法规、省政府规章的草案起草、审查，以及省政府规章解释、具体应用问题的答复工作；组织协调司法行政地方性法规、规章草案的调研起草工作；负责相关省政府规章立法后评估工作，组织、承办相关省政府规章清理工作；负责相关立法协调工作；负责跟踪了解各部门对相关立法工作计划的落实情况，加强组织协调和督促指导。

（6）立法二处。负责经济建设、社会建设等方面的立法工作，承担相应省级地方性法规、省政府规章的草案起草、审查，以及省政府规章解释、具体应用问题的答复工作；负责相关省政府规章立法后评估工作，组织、承办相关省政府规章清理工作；负责相关立法协调工作；负责跟踪了解各部门对相关立法工作计划的落实情况，加强组织协调和督促指导。

（7）备案审查处。承办设区市政府规章、设区市政府以及省级部门规范性文件的备案审查工作；承办厅机关规范性文件审查工作；办理有关省政府规范性文件和拟由省政府批准的省级部门规范性文件的合法性审查工作；办理公民、法人或其他组织对设区市政府和省级部门规范性文件提出的合法性审查申请事项；协调推进、督促、检查和指导规范性文件合法性审核机制建设；承担省政府规章的报备工作；承担省政府法律顾问职责，为省政府重大决策和行政行为提供法律意见；指导、监督和协调全省政府法律顾问工作。

（8）监狱和戒毒工作指导处。指导监督监狱、戒毒工作法律法规和政策的贯彻执行；研究指导全省监狱、戒毒所的设置、布局、规划及押犯调整等工作；指导、监督本系统强制隔离戒毒措施的执行和戒毒康复工作。

（9）社区矫正管理局（社区矫正管理总队）。贯彻执行社区矫正法律法规和相关政策，研究制定并组织实施全省社区矫正工作规划和管理制度；指导监督对全省社区矫正对象的刑罚执行、管理教育和帮扶工作；指导社会力量和志愿者参与社区矫正工作；组织指导社区矫正工作的宣传、培训和理论研究工作；指导刑满释放人员帮教安置工作。

（10）行政复议立案处。受理向省政府提出的行政复议申请；制定行政复议工作制度；负责推进全省行政复议相关改革工作；负责全省行政复议工作规范化、信息化、专业化建设；承担全省行政复议案件的统计分析工作；负责全省行政复议人员的培训工作；承担省政府行政复议委员会办公室的日常工作。

（11）行政复议一处。承办相关以省政府、设区市政府为被申请人的行政复议案件，处理或转送对有关规范性文件的审查申请；承办相关以省级部门为被申请人的行政复议案件，处理或转送对有关规范性文件的审查申请；承办相关以省政府为被申请人的国务院最终裁决的有关行政复议事项；处理相关涉及行政复议的来信来访事项；承担相关重大行政复议决定备案工作；指导、监督相关行政复议工作。

（12）行政复议二处。承办相关以省政府、设区市政府为被申请人的行政复议案件，处理或转送对有关规范性文件的审查申请；承办相关以省级部门为被申请人的行政复议案件，处理或转送对有关规范性文件的审查申请；承办相关以省政府为被申请人的国务院最终裁决的有关行政复议事项；处理相关涉及行政复议的来信来访事项；承担相关重大行政复议决定备案工作；指导、监督相关行政复议工作。

（13）行政应诉处。制定行政应诉工作制度；代理或者参与省政府行政应诉事务；处理涉及行政应诉的来信来访事项；承担全省行政应诉案件统计工作；负责全省行政应诉人员的培训工作；协调省政府涉讼法律事务；指导、监督行政应诉和行政赔偿工作；承办向省政府申请的行政赔偿案件；负责厅机关行政应诉工作。

（14）行政执法协调监督处。负责行政执法的综合协调工作；指导、监督各地各部门行政执法工作，推进严格规范公正文明执法；负责省政府所属行政执法机关的行政执法证件核发及管理工作；监督设区市、县（市、区）行政执法证件核发及管理工作；负责协调行政执法体制改革、行政执法的普遍性重要性问题；负责省政府“放管服”改革措施的法制协调工作；指导行政裁决工作；指导协调推行行政执法公示、执法全过程记录、重大执法决定法制审核“三项制度”工作。

（15）普法与依法治理处。负责拟订法治宣传与普法教育规划和年度计划并组织实施；指导、监督各地各部门“谁执法谁普法”的普法责任制落实工作，推进全民普法；指导、监督国家工作人员学法用法工作；指导各地各部门各行业依法治理和法治创建工作；组织对外法治宣传工作；指导社会主义法治文化建设工作；承担省法治宣传教育工作领导小组办公室日常工作。

（16）人民参与和促进法治处。负责制定全省保障人民群众参与、促进、监督法治建设的制度措施；负责面向社会征集法律法规制定项目建议有关工作；指导人民团体、群众自治组织和社会组织参与、支持法治社会建设工作；指导推进司法所建设；指导人民调解、行政调解和行业性专业性调解工作；指导人民陪审员、人民监督员选任管理工作；指导基层法律服务工作；承担全省医患纠纷人民调解工作领导小组办公室相关工作。

（17）公共法律服务管理处。负责规划和推进全省公共法律服务体系和平台建设工作；指导监督全省法律援助、司法鉴定、仲裁工作，编制全省司法鉴定、仲裁名册并公告；指导社会组织和志愿者开展法律服务工作。

（18）公证管理处。监督、指导全省公证法律法规和政策的贯彻执行；指导监督全省公证机构和公证员依法开展执业活动，查处违法违规执业行为；负责拟订、调整全省公证机构设置方案、公证员配备方案；编制全省公证名册并公告。

（19）律师工作处。指导、监督全省律师工作；指导、监督全省律师事务所和律师的执业活动，查处违法违规行为；指导、监督在江苏省设立的外国（境外）律师机构的工作；指导、监督全省党政机关、企事业单位法律顾问工作；指导、监督全省公职律师、公司律师工作；负责管理涉港澳台有关律师事务，承办司法行政涉港澳台法律事务；指导、监督省律师协会工作。

（20）行政审批处（法律职业资格管理处）。负责律师事务所设立许可，公证机构设立审批和公证员执业审核，律师执业许可，香港、澳门永久性居民中的中国居民申请在内地从事律师执业许可，台湾居民申请在大陆从事律师执业许可，香港、澳门律师担任内地律师事务所法律顾问许可，香港、澳门律师事务所与内地律师事务所联营许可，港澳台律师事务所驻内地或大陆代表机构设立许可和派驻代表执业许可，司法鉴定机构、人员登记，仲裁委员会设立登记等行政许可事项，并限时办结；贯彻执行国家统一法律职业资格考试工作的有关政策规定；负责全省法律职业资格考试的管理和组织实施工作；承担法律职业资格证书的发放管理工作；负责组织制定法律职业人员入职前培训规划，并组织实施；参与指导法学教育工作。

（21）装备财务保障处。指导本系统财务、物资装备和基本建设管理工作，拟订建设标准、经费保障和财务管理办法；指导监督本系统中央政法补助专款、省级转移支付资金和基建投资的使用工作；负责本系统枪支、弹药、服装和警车等管理工作；负责厅机关的预决算、财务管理、国有资产管理、政府采购及后勤保障、安全保卫等工作；指导直属单位的财务管理工作；负责本系统内部审计工作。

保留政治部。归口管理人事警务处（警务督察总队）、宣传教育处。

（22）人事警务处（警务督察总队）。承担机关及所属单位的干部人事、机构编制、劳动工资工作；指导全省法治人才队伍建设相关工作；指导监督本系统队伍建设工作；承担省属监狱戒毒单位领导班子考核工作；承办协管干部的考察工作；负责本系统警务管理、警务督察和警衔评授工作；配合做好法律服务人员专业技术职务的评审工作。

（23）宣传教育处。指导本系统思想政治工作；制定本系统干警的教育培训规划并组织实施；负责本系统宣传教育工作；管理本系统表彰奖励工作；参与指导本系统法律职业教育工作。

（24）机关党委。负责机关及直属单位党群工作。

（25）离退休干部处。负责机关离退休干部工作，指导直属单位的离退休干部工作。

江苏省监狱管理局，由省司法厅领导，其主要职责是：拟订全省监狱发展规划、年度工作计划以及全省监狱布局调整、监管设施建设等重大项目规划，并组织实施；制定全省监狱管理规定、执法规范、工作规程等管理制度，并组织实施；管理全省监狱刑罚执行工作，指导、监督全省监狱人民警察公正执法、文明执法；管理、指导全省监狱狱政管理、狱内案件侦查、罪犯改造、罪犯职业技能培训以及刑释人员衔接管理工作；指导、监督全省监狱监管安全防范工作，指导处置监狱重大监管事故、重大案件等突发性事件；指导、监督全省监狱罪犯生产劳动，负责全省监狱系统安全生产监督工作；负责全省监狱财务工作，编制全省监狱年度财政预算和重大专项经费预算，并对预算执行情况进行监督管理；领导监狱企业，监督管理监狱和监狱企业国有资产并承担保值增值的责任；负责全省监狱基层单位领导班子建设，指导全省监狱系统思想政治工作和监狱人民警察队伍建设，指导全省监狱系统警务管理、警务督察工作；负责全省监狱系统审计监督工作，指导全省监狱系统党风廉政建设工作；完成省委、省政府和省司法厅交办的其他任务。①

江苏省戒毒管理局，由劳教局改制而来，受省司法厅领导，负责司法行政系统戒毒（强制隔离戒毒、戒毒康复）工作，制定全系统戒毒工作规划、年度计划和基本管理制度；提出全系统戒毒场所设置、布局调整、信息化建设等方面的规划建议并组织实施；监督戒毒所所政管理、安全防范工作，指导对戒毒人员的戒治、教育、康复、习艺劳动和生活保障、医疗防疫等工作；负责戒毒系统队伍建设、警务管理和基层工作，指导省属戒毒所基建、财务、装备、安全生产和廉政建设、审计工作；监督管理省属戒毒所企业及国有资产；等等。②

---

① 载 http://jssjyglj.jiangsu.gov.cn/col/col49347/index.html。

② 载 http://sft.jiangsu.gov.cn/art/2014/3/31/art_48536_4139375.html。

（二）地级市司法行政机关

以江苏省无锡市这一地级市为例，其司法局所属机构包括内设处室和直属单位两类：①

1. 内设处室

（1）办公室（市委依法治市办秘书处）。负责局机关日常工作的组织协调、规划计划、综合文稿起草、政务公开、建议提案办理；负责牵头司法行政理论研究、改革创新工作；承办机要保密、会务、信访、12345 热线与政风行风建设；指导对外交流合作、涉港澳台交流合作等事务；负责处理市委依法治市办日常事务，承担相关工作。

（2）法治调研处。开展全面依法治市理论与实践工作调研，提出政策建议；承办全面依法治市工作规划的制定协调；承担立法规划和年度立法计划的编制协调、组织拟订工作；承担全面依法治市、依法行政重要文件、文稿起草工作，提出建设法治无锡、法治政府、法治社会的建议措施；负责编纂市政府规章，组织翻译、审定市政府规章外文译本；统筹规划、综合协调、督促指导全市依法行政工作，承担市全面推进依法行政工作领导小组办公室的日常工作。

（3）法治督察处。负责拟订全面依法治市决策部署的年度督察工作计划，开展重大专项督察，提出督察意见、问责建议；制定法治无锡、法治政府、法治社会建设指标体系的考核标准并组织实施，检查、督促、指导基层法治建设，推动实施法治为民办实事工作；督促、指导全市落实中央、省法治考核要求。

（4）立法一处。负责政治和文化建设、生态文明建设等方面的立法工作，承担市级地方性法规、市政府规章的草案审查和市政府规章解释工作；组织、承办市政府规章立法后评估和清理工作；负责立法协调，参与立法规划和年度立法计划编制工作；组织协调、督促指导各部门对立法工作计划的落实；承担市政府规范性文件合法性审查工作；承办市（县）区政府和市级政府部门规范性文件备案审查工作；办理公民、法人或其他组织对市（县）区政府和市级部门规范性文件提出的合法性审查申请事项；协调指导、督促检查规范性文件合法性审核机制建设；承担市政府规章的

① 载 http://wxsfj.wuxi.gov.cn/zfxxgk/xxgkml/index.shtml。

报备工作。

（5）立法二处。负责经济建设、社会建设等方面的立法工作，承担市级地方性法规、市政府规章的草案审查和市政府规章解释工作；组织、承办市政府规章立法后评估和清理工作；负责立法协调，参与立法规划和年度立法计划编制工作；组织协调、督促指导各部门对立法工作计划的落实；承担市政府规范性文件合法性审查工作；承办市（县）区政府和市级政府部门规范性文件备案审查工作；办理公民、法人或其他组织对市（县）区政府和市级部门规范性文件提出的合法性审查申请事项；协调指导、督促检查规范性文件合法性审核机制建设；承担市政府规章的报备工作。

（6）行政复议立案处。承担向市政府提出的行政复议申请立案审查及相关行政应诉工作；协调市政府行政应诉、行政复议答复工作；负责全市行政复议工作规范化、信息化、专业化建设；负责全市行政复议、行政应诉的统计分析、宣传培训工作；负责推进全市行政复议相关改革工作；承担市政府行政复议委员会办公室日常工作。

（7）行政复议应诉一处。指导、监督全市行政应诉工作；承办以市（县）区政府（江阴市、梁溪区、滨湖区）、无锡经开区管委会为被申请人的行政复议案件，处理、转送对有关规范性文件的审查申请；承办以市级政府工作部门（市发展改革委、公安局、财政局、自然资源规划局、住房和城乡建设局、市政园林局、水利局、农业农村局、国资委、人防办等）及其派出机构、由其管理的法律法规授权组织和其他市级机关为被申请人的行政复议案件，处理、转送对有关规范性文件的审查申请；代理、参与经复议的上述相关行政应诉事务；处理上述相关涉及行政复议和行政应诉的来信来访事项；承担上述相关重大行政复议决定备案工作；指导、监督上述相关行政复议工作。

（8）行政复议应诉二处。指导、监督全市行政应诉工作；承办以市（县）区政府（宜兴市、锡山区、惠山区、新吴区）、市政府直接管理的法律法规授权组织为被申请人的行政复议案件，处理、转送对有关规范性文件的审查申请；承办以市级政府工作部门（市教育局、民政局、司法局、人力资源和社会保障局、城市管理局、交通运输局、卫生健康委、行政审批局、市场监管局、医保局等）及其派出机构以及由其管理的法律法规授权组织和其他市级机关为被申请人的行政复议案件，处理、转送对有关规范性文件的审查申请；代理、参与经复议的上述相关行政应诉事务；处理上述相关涉及行政复议和行政应诉的来信来访事项；承担上述相关重大行政复议决定备案工作；指导、监督上述相关行政复议工作。

（9）法规处。承担市政府法律顾问职责，指导、协调全市政府法律顾问工作；承担市政府重大涉法事务审查和重点工作的法律保障工作；协助办理市政府信访复查复核事务；承担司法行政地方性法规、政府规章、规范性文件起草工作；承担相关司法行政市政府规章、规范性文件立法后评估和清理工作；指导全市司法行政机关依法行政；负责本部门行政复议应诉工作；负责市本部门重大执法决定法制审核，全市司法行政重大执法决定法制审核监督、指导工作。

（10）行政执法协调监督处。负责行政执法的综合协调工作；监督、指导全市行政执法工作，推进严格规范公正文明执法；负责市政府所属行政执法机关的行政执法证件核发及管理；监督市（县）区行政执法证件核发及管理；负责协调行政执法体制改革、行政执法的普遍性重要性问题；承担市政府“放管服”改革措施的法制协调工作；指导行政裁决工作；指导、协调推行行政执法公示、执法全过程记录、重大执法决定法制审核“三项制度”工作。

（11）社区矫正管理局（社区矫正管理支队）。贯彻执行社区矫正法律法规和相关政策，制定、实施全市社区矫正工作规划和管理制度；指导、监督对全市社区矫正对象的刑罚执行、管理教育和帮扶工作；指导社会力量和志愿者参与社区矫正、安置帮教和后续照管工作；支持和协助社区戒毒和社区康复工作。

（12）普法与依法治理处。负责拟订法治宣传与普法教育规划和年度计划并组织实施；指导、监督各市（县）区、各相关部门“谁执法谁普法”的普法责任制落实工作；指导、监督国家工作人员学法用法工作；指导各市（县）区、各部门、各行业依法治理和法治创建工作；组织对外法治宣传工作；指导社会主义法治文化建设工作；承担市法治宣传教育工作领导小组办公室的日常工作。

（13）人民参与和促进法治处。负责制定全市保障人民群众参与、促进、监督法治建设的制度及措施；负责面向社会征集法律法规制定项目建议有关工作；指导全市人民团体、群众自治组织和社会组织参与、支持法治社会建设工作；指导司法所建设；指导人民调解、行政调解和行业专业性调解工作；指导基层法律服务工作；承担全市医患纠纷调解工作领导小组办公室相关工作；指导人民陪审员、人民监督员选任管理工作。

（14）公共法律服务管理处。负责规划和推进全市公共法律服务体系和 12348 平台建设工作；指导、监督全市法律援助、仲裁工作；指导社会组织和志愿者开展法律服务工作。

（15）公证和司法鉴定管理处。监督、指导全市公证和司法鉴定法律法规和政策的贯彻执行；监督、指导全市公证和司法鉴定机构和公证员、司法鉴定人的执业活动及培训；指导所属公证机构开展数字化转型，全面提升数字化人文素养；研究、制定全市公证和司法鉴定工作发展规划；拟订、调整公证、司法鉴定机构设置方案；核定公证和司法鉴定人员配备方案；编制全市公证和司法鉴定名册并公告；协助处理有关公证和司法鉴定的行政复议和行政诉讼案件。

（16）律师工作处。负责管理、承办涉港澳台有关律师事务；指导、监督全市律师工作；指导、监督律师的法律法规和政策的贯彻执行；指导、监督全市律师事务所和律师的执业活动；指导、监督全市党政机关、企事业单位法律顾问工作；指导、监督全市公职律师、公司律师工作；指导、监督无锡市律师协会工作；指导律师行业数字化转型，提升行业从业人员数字素养。

（17）行政审批处（法律职业资格管理处）。负责律师事务所设立、变更、撤销和律师执业核准、变更、注销的审核报批工作；负责公证机构设立和公证员执业的审核、报批工作；负责基层法律服务所变更、撤销和基层法律工作者执业核准、变更、注销的审批工作；负责香港、澳门永久性居民中的中国居民申请在内地从事律师执业和台湾居民申请在大陆从事律师执业审核报批工作；负责香港、澳门律师担任内地律师事务所法律顾问，香港、澳门律师事务所与内地律师事务所联营、港澳台律师事务所驻内地或大陆代表机构设立和派驻代表执业审核报批工作；负责司法鉴定机构、人员登记和仲裁委员会设立登记等审核报批事项；负责全市法律职业资格考试的管理和组织实施相关工作；组织实施法律职业人员入职前培训。

（18）计财装备处。承担本部门财务计划、物资装备、基本建设、安全保卫等管理工作；负责本部门及所属单位经费、物资使用等内部审计工作；指导、监督本系统中央政法补助专款、省级转移支付资金和基建投资的使用工作；负责本系统执法车辆管理工作。

（19）数据管理处。负责制定本部门党务、政务信息化工作意见并组织实施；负责本系统信息化建设、司法行政网站建设和电子政务的组织实施；负责全市司法系统的数字化转型工作、公共数据的全生命周期管理和职责范围内数据资源安全和监督管理工作；指导、协调本系统新闻宣传工作；指导信息调研工作，做好有关的信息收集和使用。

（20）政治部。落实本系统全面从严治党的各项责任；抓好本部门思想政治、宣传教育及意识形态工作；承担机关及所属单位的干部人事、机构编制、工资福利及局管干部、协管干部的考核、任免工作；指导监督本系统队伍建设；配合做好专业技术职称的评审工作；制定本系统干警的教育培训规划并组织实施；管理本系统表彰奖励工作，负责离退休干部工作。

（21）局机关党委。负责局机关和所属单位党群工作。

2. 直属单位

（1）无锡市法律援助中心（无锡市公共法律服务中心）。负责受理、审查法律援助申请，提供法律咨询，指派或安排律师或其他法律工作者承办法律援助案件，组织开展法律援助专项行动和宣传活动。负责市级法律援助案件的质量监督和法律援助资金的使用。负责市级法律援助工作站点的设立、管理和业务指导。

（2）无锡仲裁委员会办公室。负责受理仲裁案件，制作和送达仲裁文书；负责仲裁员的联络工作；协助做好庭审的有关准备工作；负责仲裁案件档案管理工作；负责仲裁案件费用的收取和管理工作；承办无锡市仲裁委员会交办的其他事项。

（3）无锡市锡城公证处。负责宣传公证制度，提供法律咨询，承担国内外公民、法人及其他社会团体有关经济、民事公证的办理工作。

（4）无锡市梁溪公证处。负责宣传公证制度，提供法律咨询，承担国内外公民、法人及其他社会团体有关经济、民事公证的办理工作。

第三节　司法行政职能

党的十九届三中全会审议通过的《中共中央关于深化党和国家机构改革的决定》《深化党和国家机构改革方案》和第十三届全国人民代表大会第一次会议批准的《国务院机构改革方案》，较为详细地列举了司法行政机关现阶段的职责。2018年司法部重组后，制定了《全面深化司法行政改革纲要（2018—2022年）》，"以履行中央全面依法治国委员会办公室职责为统领，统筹行政立法、行政执法、刑事执行、公共法律服务为主要内容的职能体系"[①]，并在此基础上提出了"一个统筹、四大职能"[②]。本节即以此为基本框架，介绍司法行政职能的职能和业务。[③]因篇幅有限，对于行政、财务、人事等一般性的内部职责不作介绍，一些业务量较小的职责，或新建立的但尚未充分展开的职责，暂不作专门介绍。

法学教育曾是我国司法行政机关历史上一项非常重要的职责。司法部曾直接管理中国政法大学、西南政法学院、华东政法学院、西北政法学院、中南政法学院5所高等政法院校，负责专业设置、教学计划、教材编写、人才培养等工作。特别是在20世纪50年代和改革开放后两个重要历史时期，司法行政管理下的法学教育对我国当时的法学理论建设、法律体系建设、司法制度建设、政法队伍建设等方面发挥了非常重要的历史作用。1998年改革后，司法行政机关不再负责法学教育工作，高等政法院校交由教育部管理。2023年2月中共中央办公厅、国务院办公厅印发《关于加强新时代法学教育和法学理论研究的意见》，提出"完善法学院校管理指导体制。完善法学教育管理体制，加强中央依法治国办对法学教育工作

---

① 《全面深化司法行政改革纲要（2018—2022年）》（司发〔2019〕1号）。

② 《全面深化司法行政改革再次吹响冲锋号》，载司法部网站。

③ 笔者认为，司法协助作为司法部的一项重要的职责，无法涵盖在"四大职能"之中。但根据《全面深化司法行政改革纲要（2018—2022年）》（司发〔2019〕1号），司法协助是放在"大力发展涉外法律服务业、建立健全国际法治交流与合作工作机制"之中，在"四大职能"之后，与之并列。本书采取《纲要》体例，将其放在"四大职能"之后。

的宏观指导，加强国务院教育主管部门和司法行政部门对高等学校法学教育工作的指导”。虽然最新的文件提出了新的管理体制，但本书成书之时，该文件刚刚提出，司法行政对高校法学教育工作的指导体制尚未完全运转成熟。故暂时不作专门论述，待日后继续补充完善。[①]

一、法治政府建设

2018 年 3 月，中共中央印发了《深化党和国家机构改革方案》。该方案指出：全面依法治国是中国特色社会主义的本质要求和重要保障。为加强党中央对法治中国建设的集中统一领导，健全党领导全面依法治国的制度和工作机制，更好落实全面依法治国基本方略，组建中央全面依法治国委员会，负责全面依法治国的顶层设计、总体布局、统筹协调、整体推进、督促落实，作为党中央决策议事协调机构。中央全面依法治国委员会的主要职责是，统筹协调全面依法治国工作，坚持依法治国、依法执政、依法行政共同推进，坚持法治国家、法治政府、法治社会一体建设，研究全面依法治国重大事项、重大问题，统筹推进科学立法、严格执法、公正司法、全民守法，协调推进中国特色社会主义法治体系和社会主义法治国家建设等。中央全面依法治国委员会办公室设在司法部。[②] 根据《全面深化司法行政改革纲要（2018—2022 年）》，全面深化司法部改革，形成以履行中央全面依法治国委员会办公室职责为统领，统筹行政立法、行政执法、刑事执行、公共法律服务为主要内容的职能体系。[③]

依法治国办的具体工作主要包括：学习宣传贯彻习近平法治思想走深走实。加强顶层设计，持续统筹推进法治政府建设。起草《法治政府建设实施纲要（2021—2025 年）》，为建设更高水平、更高质量的法治政府提供新的战略指引。开展示范创建活动，发挥法治政府建设先进典型的示范带动作用。制定《关于开展法治政府建设示范创建活动的意见》，发布全

① 司法行政机关主管的法学教育具体内容参见《当代中国》丛书编辑委员会编：《当代中国的司法行政工作》，当代中国出版社 2022 年版，第 67—124 页。

② 参见《中国共产党中央全面依法治国委员会简介》，载司法部网站。

③ 《全面深化司法行政改革纲要（2018—2022 年）》（司发〔2019〕1 号），载司法部网站。

国法治政府建设示范地区和项目名单[①]。制定全国性的法治政府建设指标体系，为各地区各部门法治政府建设工作提供有效引导。推进行政决策科学化、民主化、法治化。推动出台《重大行政决策程序暂行条例》，规范决策法定程序，严格决策责任追究，提升决策公信力、执行力。加强对行政规范性文件的监督管理。加强对各省（区、市）、各部门行政规范性文件合法性审核及备案审查工作的监督指导。组织开展规范性文件动态清理。[②]

法治调研、督查、指导和协调。此为综合性的政府法治管理工作，包括：全面依法治国重大问题的政策研究，协调有关方面提出全面依法治国中长期规划建议；行政法规编纂工作，编辑国家出版的法律、行政法规汇编正式版本；拟订本系统发展战略、中长期规划、重大政策；推进司法行政改革；开展重大决策部署督察；指导、监督、协调各地区各部门行政执法和体制改革；指导行政裁决工作等。

法治研究。司法部下属的全面依法治国研究中心主要承担习近平法治思想研究阐释、全面依法治国基础理论和应用政策研究、国内法治与涉外法治研究等工作，承担司法行政（法律服务）案例库建设组织协调工作，承担有关法治课题管理工作；开展法治评估、咨询论证和学术交流等。预防犯罪研究所则主要承担刑事司法与预防犯罪方面的专业研究，开展重新犯罪问题调查等。

二、行政立法

（一）行政立法种类

行政立法，是指国家行政机关依照法定权限和程序制定行政法规、部门规章和地方政府规章。行政立法的内容主要包括行政法规、部门规章、地方政府规章。

1. 行政法规

根据立法法的规定，国务院就为执行法律的规定需要制定行政法规的事项，和宪法规定的国务院行政管理职权的事项，有权制定行政法规。应

---

① 参见《中央依法治国办关于第一批全国法治政府建设示范地区和项目命名的决定》，载司法部网站。

② 《全面深化司法行政改革纲要（2018—2022 年）》（司发〔2019〕1 号），载司法部网站。

当由全国人大及其常委会制定法律的事项，国务院根据全国人大及其常委会的授权决定先制定的行政法规，经过实践检验，制定法律的条件成熟时，国务院应当及时提请制定法律。[①]

2. 部门规章

根据立法法的规定，国务院各部、委员会、中国人民银行、审计署和具有行政管理职能的直属机构，可以根据法律和国务院的行政法规、决定、命令，在本部门的权限范围内，制定规章。部门规章规定的事项应当属于执行法律或者国务院的行政法规、决定、命令的事项。涉及两个以上国务院部门职权范围的事项，应当提请国务院制定行政法规或者由国务院有关部门联合制定规章。[②]

3. 地方政府规章

根据立法法的规定，省、自治区、直辖市和设区的市、自治州的人民政府，可以根据法律、行政法规和本省、自治区、直辖市的地方性法规，制定规章。地方政府规章可以就为执行法律、行政法规、地方性法规的规定需要制定规章的事项，和属于本行政区域的具体行政管理事项作出规定。设区的市、自治州的人民政府制定地方政府规章，限于城乡建设与管理、生态文明建设、历史文化保护、基层治理等方面的事项。应当制定地方性法规但条件尚不成熟的，因行政管理迫切需要，可以先制定地方政府规章。规章实施满两年需要继续实施规章所规定的行政措施的，应当提请本级人民代表大会或者其常务委员会制定地方性法规。[③]

（二）行政立法环节

行政立法一般分为立项规划、起草、审查、决定和公布、解释与备案等几个环节。

1. 行政立法的规划

根据立法法规定，国务院法制机构[④]应当根据国家总体工作部署拟订

① 《立法法》第 72 条。

② 参见《立法法》第 91 条、第 92 条。

③ 参见《立法法》第 93 条。

④ 2018 年司法部重组后，应为“司法行政机关”。但由于《立法法》《规章制定程序条例》《法规规章备案条例》等目前仍维持“法制机构”的表述，此处主要参考上述法律法规，故也采取“法制机构”的表述，下同。

国务院年度立法计划，报国务院审批。国务院年度立法计划中的法律项目应当与全国人大常委会的立法规划和年度立法计划相衔接。国务院法制机构应当及时跟踪了解国务院各部门落实立法计划的情况，加强组织协调和督促指导。国务院有关部门认为需要制定行政法规的，应当向国务院报请立项。[①] 根据《规章制定程序条例》，国务院部门内设机构或者其他机构认为需要制定部门规章的，应当向该部门报请立项。地方政府所属工作部门或者下级政府认为需要制定地方政府规章的，应当向该地方政府报请立项。国务院部门法制机构和地方政府法制机构，应当对制定规章的立项申请和公开征集的规章制定项目建议进行评估论证，拟订本部门、本级人民政府年度规章制定工作计划，报本部门、本级人民政府批准后向社会公布。法制机构应当及时跟踪了解本部门、本级人民政府年度规章制定工作计划执行情况，加强组织协调和督促指导。

2. 行政立法的起草

行政法规由国务院有关部门或者国务院法制机构具体负责起草，重要行政管理的法律、行政法规草案由国务院法制机构组织起草。行政法规在起草过程中，应当广泛听取有关机关、组织、人民代表大会代表和社会公众的意见。听取意见可以采取座谈会、论证会、听证会等多种形式。行政法规草案应当向社会公布，征求意见，但是经国务院决定不公布的除外。[②] 部门规章由国务院部门组织起草，地方政府规章由地方政府组织起草。国务院部门可以确定规章由其一个或者几个内设机构或者其他机构具体负责起草工作，也可以确定由其法制机构起草或者组织起草。地方政府可以确定规章由其一个部门或者几个部门具体负责起草工作，也可以确定由其法制机构起草或者组织起草。起草规章，应当深入调查研究，总结实践经验，广泛听取有关机关、组织和公民的意见。听取意见可以采取书面征求意见、座谈会、论证会、听证会等多种形式。起草部门规章和地方政府规章，涉及其他部门的职责或者与其他部门关系紧密的，起草单位应当充分征求其他部门的意见。[③]

---

① 《立法法》第 73 条。
② 《立法法》第 74 条。
③ 参见《规章制定程序条例》第 14—18 条。

3. 行政立法的审查

对法律草案送审稿的审查是法制机构在行政立法中重点的工作。根据立法法的规定，行政法规起草工作完成后，起草单位应当将草案及其说明、各方面对草案主要问题的不同意见和其他有关资料送国务院法制机构进行审查。国务院法制机构应当向国务院提出审查报告和草案修改稿，审查报告应当对草案主要问题作出说明。[①] 根据《规章制定程序条例》，部门规章和地方政府规章送审稿由法制机构负责统一审查。审查内容包括：是否符合本条例第 3 条、第 4 条、第 5 条、第 6 条的规定；是否符合社会主义核心价值观的要求；是否与有关规章协调、衔接；是否正确处理有关机关、组织和公民对规章送审稿主要问题的意见；是否符合立法技术要求；需要审查的其他内容。规章送审稿有下列情形之一的，法制机构可以缓办或者退回起草单位：制定规章的基本条件尚不成熟或者发生重大变化的；有关机构或者部门对规章送审稿规定的主要制度存在较大争议，起草单位未与有关机构或者部门充分协商的；未按照本条例有关规定公开征求意见的；上报送审稿不符合送审稿规定形式和内容的。初步审查完成后，法制机构应当将规章送审稿或者规章送审稿涉及的主要问题发送有关机关、组织和专家征求意见；可以将规章送审稿或者修改稿及其说明等向社会公布，征求意见；应当就规章送审稿涉及的主要问题，深入基层进行实地调查研究，听取基层有关机关、组织和公民的意见。规章送审稿涉及重大利益调整的，法制机构应当进行论证咨询，广泛听取有关方面的意见。论证咨询可以采取座谈会、论证会、听证会、委托研究等多种形式。有关机构或者部门对规章送审稿涉及的主要措施、管理体制、权限分工等问题有不同意见的，法制机构应当进行协调，力求达成一致意见。对有较大争议的重要立法事项，法制机构可以委托有关专家、教学科研单位、社会组织进行评估。经过充分协调不能达成一致意见的，法制机构应当将主要问题、有关机构或者部门的意见和法制机构的意见及时报本部门或者本级人民政府领导协调，或者报本部门或者本级人民政府决定。法制机构应当认真研究各方面的意见，与起草单位协商后，对规章送审稿进行修改，形成规章草案和对草案的

① 《立法法》第 75 条。

说明。说明应当包括制定规章拟解决的主要问题、确立的主要措施以及与有关部门的协调情况等。规章草案和说明由法制机构主要负责人签署，提出提请本部门或者本级政府有关会议审议的建议。法制机构起草或者组织起草的规章草案，由法制机构主要负责人签署，提出提请本部门或者本级政府有关会议审议的建议。[①]

4. 行政立法的决定和公布

行政法规的决定程序依照国务院组织法的有关规定办理，由总理签署国务院令公布。有关国防建设的行政法规，可以由国务院总理、中央军事委员会主席共同签署国务院、中央军事委员会令公布。行政法规签署公布后，及时在国务院公报和中国政府法制信息网以及在全国范围内发行的报纸上刊载。[②] 部门规章应当经部务会议或者委员会会议决定。地方政府规章应当经政府常务会议或者全体会议决定。审议规章草案时，由法制机构作说明，也可以由起草单位作说明。法制机构应当根据有关会议审议意见对规章草案进行修改，形成草案修改稿，报请本部门首长或者省长、自治区主席、市长、自治州州长签署命令予以公布。[③]

5. 行政立法的解释

行政法规条文本身需要进一步明确界限或者作出补充规定的，由国务院解释。国务院法制机构研究拟订行政法规解释草案，报国务院同意后，由国务院公布或者由国务院授权国务院有关部门公布。行政法规的解释与行政法规具有同等效力。[④] 规章解释权属于规章制定机关。规章的规定需要进一步明确具体含义的，或者规章制定后出现新的情况，需要明确适用规章依据的，由制定机关解释。规章解释由规章制定机关的法制机构参照规章送审稿审查程序提出意见，报请制定机关批准后公布。规章的解释同规章具有同等效力。[⑤]

---

① 参见《规章制定程序条例》第19—26条。

② 《立法法》第76—78条。

③ 参见《规章制定程序条例》第27—29条。

④ 《立法法》没有规定行政法规的解释，但《行政法规制定程序条例》第31条有关于行政法规解释的规定。

⑤ 参见《规章制定程序条例》第33条。

6. 法规规章的备案

行政法规报全国人大常委会备案。[①] 根据《法规规章备案条例》，法规、规章公布后，应当自公布之日起30日内，依照下列规定报送备案：地方性法规、自治州和自治县的自治条例和单行条例由省、自治区、直辖市的人民代表大会常务委员会报国务院备案；部门规章由国务院部门报国务院备案，两个或者两个以上部门联合制定的规章，由主办的部门报国务院备案；省、自治区、直辖市人民政府规章分别由省、自治区、直辖市人民政府报国务院备案；较大的市的人民政府规章由较大的市的人民政府报国务院备案，同时报省、自治区人民政府备案；经济特区法规由经济特区所在地的省、市的人民代表大会常务委员会报国务院备案。国务院部门法制机构，省、自治区、直辖市人民政府和较大的市的人民政府法制机构，具体负责本部门、本地方的规章备案工作。国务院法制机构依照本条例的规定负责国务院的法规、规章备案工作，履行备案审查监督职责。报送国务院备案的法规、规章，径送国务院法制机构。报送法规、规章备案，国务院法制机构根据情况，予以备案登记，不予备案登记，或暂缓办理备案登记。暂缓办理备案登记的，由国务院法制机构通知制定机关补充报送备案或者重新报送备案；补充或者重新报送备案符合规定的，予以备案登记。经备案登记的法规、规章，由国务院法制机构按月公布目录。[②]

7. 行政立法生效后的审查

这里生效后的审查，不仅包括对行政立法的审查，也包括对具有普遍约束力的抽象行政行为的审查。国家机关、社会团体、企业事业组织、公民认为地方性法规同行政法规相抵触的，或者认为规章以及国务院各部门、省、自治区、直辖市和较大的市的人民政府发布的其他具有普遍约束力的行政决定、命令同法律、行政法规相抵触的，可以向国务院书面提出审查建议，由国务院法制机构研究并提出处理意见，按照规定程序处理。国务院法制机构对报送国务院备案的法规、规章，就下列事项进行审查：是否超越权限；下位法是否违反上位法的规定；地方性法规

① 参见《行政法规制定程序条例》第30条。

② 参见《法规规章备案条例》第3—8条。

与部门规章之间或者不同规章之间对同一事项的规定不一致，是否应当改变或者撤销一方的或者双方的规定；规章的规定是否适当；是否违背法定程序。国务院法制机构审查法规、规章时，认为需要有关的国务院部门或者地方人民政府提出意见的，有关的机关应当在规定期限内回复；认为需要法规、规章的制定机关说明有关情况的，有关的制定机关应当在规定期限内予以说明。经审查，地方性法规同行政法规相抵触的，由国务院提请全国人大常委会处理。地方性法规与部门规章之间对同一事项的规定不一致的，由国务院法制机构提出处理意见，报国务院依照立法法的规定处理。经审查，规章超越权限，违反法律、行政法规的规定，或者其规定不适当的，由国务院法制机构建议制定机关自行纠正；或者由国务院法制机构提出处理意见报国务院决定，并通知制定机关。部门规章之间、部门规章与地方政府规章之间对同一事项的规定不一致的，由国务院法制机构进行协调；经协调不能取得一致意见的，由国务院法制机构提出处理意见报国务院决定，并通知制定机关。对无效规章，国务院法制机构不予备案，并通知制定机关。规章在制定技术上存在问题的，国务院法制机构可以向制定机关提出处理意见，由制定机关自行处理。国家机关、社会团体、企业事业组织、公民认为设区的市、自治州的人民政府规章同法律、行政法规相抵触或者违反其他上位法的规定的，也可以向本省、自治区人民政府书面提出审查的建议，由省、自治区人民政府法制机构研究并提出处理意见，按照规定程序处理。省、自治区、直辖市人民政府应当依法加强对下级行政机关发布的规章和其他具有普遍约束力的行政决定、命令的监督，建立相关的备案审查制度，维护社会主义法制的统一，保证法律、法规的正确实施。[①]

三、行政执法

（一）行政审批改革与清理

为适应建立社会主义市场经济体制，在“入世”后参与经济全球化进程的需要，全面改革审批制度被提上中央政府议事日程。2000年，国务院主要领导指示国务院法制办着手对国务院各部门行政审批项目进行全面清

① 参见《法规规章备案条例》第9—21条。

理，并在此基础上提出行政审批制度改革的意见。2001年9月，国务院成立行政审批制度改革工作领导小组，下设办公室，由监察部、中央编办、国务院法制办等单位派员工作，开始分批次清理和取消行政审批项目。1998年起，行政许可法列入立法规划，确定由国务院提出法律议案。从2000年开始，国务院法制办启动了行政许可法的研究起草工作。2002年6月国务院常务会议对行政许可法草案原则通过。2003年8月全国人大常委会通过了行政许可法。①

（二）行政执法体制改革

行政执法体制改革是政府层面的一项长期改革，政府法制部门等多个部门参与其中，发挥参谋协调作用。我国的行政执法体制经历了从单独执法到联合执法，再到相对集中行政处罚权和城市管理综合行政执法的过程。按照行政处罚法的规定，相对集中行政处罚权试点工作于1997年便开始实施，国务院先后在82个城市开展了相对集中行政处罚权试点工作。2002年8月，国务院在总结试点成功经验的基础上，下发了《关于进一步推进相对集中行政处罚权工作的决定》，又正式授权各省、自治区、直辖市政府在本行政区域内开展相对集中行政处罚权工作。2002年10月，国务院办公厅转发中央编办《关于清理整顿行政执法队伍，实行综合行政执法试点工作的意见》，提出了"综合行政执法"的概念，要求做好综合行政执法试点与相对集中行政处罚权有关工作的相互衔接。而中央编办、国务院法制办《关于推进相对集中行政处罚权和综合行政执法试点工作有关问题的通知》则将上述两种提法相提并论。党的十八届三中全会和四中全会都提出了综合行政执法改革的要求，将综合行政执法进一步区分为重点领域和跨部门综合行政执法两种类型。2015年4月《关于开展综合行政执法体制改革试点工作的意见》确定在全国22个省（区、市）的138个城市开展综合行政执法体制改革试。② 根据《全面深化司法行政改革纲要（2018—2022年）》，司法行政机关统筹推进行政执法体制机制改革，主要

① 参见曹康泰主编:《政府法制建设三十年的回顾和展望》，中国法制出版社2008年版，第96—107页。

② 参见曹康泰主编:《政府法制建设三十年的回顾和展望》，中国法制出版社2008年版，第124—148页。张利兆:《综合行政执法论纲》，载《法治研究》2016年第1期。

包括：大力推进证明事项清理工作。组织各地区、各部门彻底清理证明事项，清除“奇葩证明”、循环证明和重复证明，组织各地区、各部门公布并持续完善证明事项清单。推行证明事项告知承诺制试点工作。完善行政执法程序。制定行政执法程序规范，重点规范行政许可、行政处罚、行政强制、行政征收、行政检查等执法行为。全面推行行政执法公示制度、执法全过程记录制度、重大执法决定法制审核制度。加强行政执法人员资格和证件管理。全面实行行政执法人员持证上岗和资格管理制度。指导执法人员培训工作，全面提高执法人员素质。逐步推行行政执法人员日常考核制度，科学合理设计考核指标体系。加强对行政执法辅助人员的管理。加强行政执法指导监督。完善行政执法监督制度，建立健全行政执法监督体制机制，指导监督各地区、各部门行政执法工作。加快建立统一的行政执法综合监督管理平台，指导行政执法示范点建设。全面落实行政执法责任制，严格确定不同部门及机构、岗位执法人员的执法责任，建立健全并督促落实常态化的案卷评查、执法检查和责任追究机制。健全完善行政执法与刑事司法衔接机制。

（三）行政复议与行政应诉

行政复议，是指行政相对人认为行政主体的具体行政行为侵犯其合法权益，依法向行政复议机关提出复查该具体行政行为的申请，行政复议机关依照法定程序对被申请的具体行政行为进行合法性、适当性审查，并作出行政复议决定的一种法律制度。行政复议的目的是纠正行政主体作出的违法或者不当的具体行政行为，同时附带审查相关规定，以保护行政相对人的合法权益。根据《行政复议法》第 3 条的规定，履行行政复议职责的行政机关是行政复议机关，行政复议机关负责法制工作的机构具体办理行政复议事项。因此，各级政府司法行政机关（原法制办）以及政府部门内设的法制机构，实际上是办理行政复议的主要机构。行政诉讼，是指公民、法人或者其他组织认为行政机关的行政行为侵犯其合法权益，向人民法院提起诉讼，人民法院依法予以受理、审理并作出裁判的活动。在行政诉讼中，一般是政府或政府部门作为应诉主体，政府司法行政机关（原法制办）或政府部门内设法制机构办理应诉事宜。比如 2017 年《甘肃省行政复议和行政应诉若干规定》第 19 条规定：“县级以上人民政府作为被告的行政诉讼案件，具体承办应诉工作的机构按以下情况区分：不服行政复议决定提起行政诉讼的，由本级政府法制机构和原行政行为作出机关共同负责应诉工作；未经行政复议的案件，原行政行为的承办行政机关或者机构负责应诉工作，本级政府法制机构予以协调指导。其他行政机关作为被告的行政诉讼案件，依照前款规定办理。”第21条规定：“不服省人民政府本级行政复议决定提起行政诉讼的，由原承办行政行为的部门或者机构和政府法制机构共同负责应诉工作。”因此，办理行政复议和行政应诉并对下级地方政府进行业务指导是司法行政机关的重要职责。司法部负责指导、监督全国行政复议和行政应诉工作，负责行政复议和应诉案件办理工作。由于行政复议法规定了对国务院部门或者省级政府行政复议决定不服的，可以向国务院申请行政裁决[①]，因此司法部还负责承办申请国务院裁决的行政复议案件。

（四）行政执法协调监督

指导、监督各地区各部门行政执法工作，推进严格规范公正文明执法。负责协调行政执法体制改革和行政执法的普遍性重要性问题。负责国务院“放管服”改革措施的法制协调工作。指导行政裁决工作。具体工作如明确行政执法监督权责清单，提升执法能力、形象和水平，执法责任协调处理，建立执法监督机制等。

四、刑事执行

刑事执行包括监狱、社区矫正、戒毒、社区戒毒和社区康复[②]、安置帮教等工作的管理。

---

① 《行政复议法》第14条规定：“对国务院部门或者省、自治区、直辖市人民政府的具体行政行为不服的，向作出该具体行政行为的国务院部门或者省、自治区、直辖市人民政府申请行政复议。对行政复议决定不服的，可以向人民法院提起行政诉讼；也可以向国务院申请裁决，国务院依照本法的规定作出最终裁决。”

② 司法部网站上，将“对社区戒毒和社区康复工作提供指导、支持和协助”作为戒毒管理局的职责之一。根据《戒毒条例》第15条和第37条的规定，社区戒毒、社区康复等由乡（镇）人民政府、城市街道办事处执行。参见《戒毒条例》第15条规定：“乡（镇）人民政府、城市街道办事处应当根据工作需要成立社区戒毒工作领导小组，配备社区戒毒专职工作人员，制定社区戒毒工作计划，落实社区戒毒措施。”第37条第2款规定：“社区康复在当事人户籍所在地或者现居住地乡（镇）人民政府、城市街道办事处执行，经当事人同意，也可以在戒毒康复场所中执行。”

（一）监狱

监狱，是国家的刑罚执行机关。被判处死刑缓期二年执行、无期徒刑、有期徒刑的罪犯，在监狱内执行刑罚。监狱对罪犯实行惩罚和改造相结合、教育和劳动相结合的原则，将罪犯改造成为守法公民。监狱对罪犯应当依法监管，根据改造罪犯的需要，组织罪犯从事生产劳动，对罪犯进行思想教育、文化教育，技术教育。监狱的人民警察依法管理监狱、执行刑罚、对罪犯进行教育改造。监狱对成年男犯、女犯和未成年犯实行分开关押和管理，对未成年犯和女犯的改造，应当照顾其生理、心理特点。监狱根据罪犯的犯罪类型、刑罚种类、刑期、改造表现等情况，对罪犯实行分别关押，采取不同方式管理。对未成年犯应当在未成年犯管教所执行刑罚。对未成年犯执行刑罚应当以教育改造为主。未成年犯的劳动，应当符合未成年人的特点，以学习文化和生产技能为主。监狱应当配合国家、社会、学校等教育机构，为未成年犯接受义务教育提供必要的条件。未成年犯年满 18 周岁时，剩余刑期不超过 2 年的，仍可以留在未成年犯管教所执行剩余刑期。人民检察院对监狱执行刑罚的活动是否合法，依法实行监督。根据监狱法的规定，国务院司法行政部门主管全国的监狱工作。在司法部内设有监狱管理局，负责对全国监狱工作的管理和领导，批准监狱的设置、撤销、迁移。省、自治区、直辖市监狱管理局，在司法部和省、自治区、直辖市的司法厅（局）的领导下，负责本地区罪犯的监管改造工作。在少数省份，根据监狱相对集中或监狱规模过大的情况，可以设立监狱管理分局，为省级监狱局的派出机构。司法部监狱管理局和各省、自治区、直辖市监狱管理局，可以根据工作需要，设立政治、办公、狱政管理、狱内侦查、教育、生产、生活卫生、财务、刑满释放安置等职能部门。

（二）社区矫正

社区矫正，是与监禁矫正相对的行刑方式，是指将符合社区矫正条件的罪犯置于社区内，由专门的机关在相关社会团体和民间组织以及社会志愿者的协助下，在判决、裁定或决定确定的期限内，矫正其犯罪心理和行为恶习，并促使其顺利回归社会的非监禁刑罚执行活动。[①][②]2003年社区矫正开始试点，适用于被判处管制、被宣告缓刑、被暂予监外执行、被裁定假释以及被剥夺政治权利并在社会上服刑的罪犯。2004年5月9日司法部发布了《司法行政机关社区矫正工作暂行办法》，确定了社区矫正工作机构、人员及其职责，社区服刑人员的接收，矫正措施等重要问题，初步建立了社区矫正制度的基本框架。2005年社区矫正试点从6个省（区、市）扩大到12个（区、市），2009年起在全国试行。2010年司法部基层工作指导司加挂社区矫正办公室的牌子，2012年1月，司法部单独设立社区矫正管理局。各地也先后在司法行政机关内成立了社区矫正管理局（处、科）等机构，县级司法局社区矫正部门（社区矫正中心、阳光中途之家等）大多成为社区矫正的直接执法机构，司法所成为社区矫正日常管理的触角。2011年《刑法修正案（八）》和2012年刑事诉讼法规定了社区矫正制度，2012年1月10日最高人民法院、最高人民检察院、公安部、司法部联合发布《社区矫正实施办法》。2019年12月28日社区矫正法通过，明确将社区矫正适用的对象确定为被判处管制、宣告缓刑、假释和暂予监外执行的罪犯，规定社区矫正工作坚持监督管理与教育帮扶相结合，专门机关与社会力量相结合，采取分类管理、个别化矫正，有针对性地消除社区矫正对象可能重新犯罪的因素，帮助其成为守法公民。[③]社区矫正法规定，国务院司法行政部门主管全国的社区矫正工作，司法部设社区矫正管理局作为职能部门。县级以上地方人民政府司法行政部门主管本行政区域内的社区矫正工作。人民法院、人民检察院、公安机关和其他有关部门依照各自

① 2003年7月10日最高人民法院、最高人民检察院、公安部、司法部《关于开展社区矫正试点工作的通知》（以下简称《通知》）（司发〔2003〕12号）。

② 理论和实践中对《通知》对社区矫正的定义有争议，不同意见主要是认为社区矫正不是“刑罚执行活动”。《社区矫正法》没有规定社区矫正的定义。其第1条规定的是执行依据和社区矫正的目的；第2条规定的是适用对象和社区矫正的内容。笔者认为，2003年《通知》还是较为科学完整的。在法律没有更新定义前，应以该定义为准。《社区矫正法》第1条规定：“为了推进和规范社区矫正工作，保障刑事判决、刑事裁定和暂予监外执行决定的正确执行，提高教育矫正质量，促进社区矫正对象顺利融入社会，预防和减少犯罪，根据宪法，制定本法。”第2条规定：“对被判处管制、宣告缓刑、假释和暂予监外执行的罪犯，依法实行社区矫正。对社区矫正对象的监督管理、教育帮扶等活动，适用本法。”

③《社区矫正法》第2条、第3条。

职责，依法做好社区矫正工作。人民检察院依法对社区矫正工作实行法律监督。地方人民政府根据需要设立社区矫正委员会，负责统筹协调和指导本行政区域内的社区矫正工作。县级以上地方人民政府根据需要设置社区矫正机构，负责社区矫正工作的具体实施。社区矫正机构的设置和撤销，由县级以上地方人民政府司法行政部门提出意见，按照规定的权限和程序审批。司法所根据社区矫正机构的委托，承担社区矫正相关工作。①

（三）戒毒

强制隔离戒毒，是指对吸食、注射毒品成瘾的人员，在一定时期内通过剥夺人身自由的方式，强制进行药物治疗、心理治疗和法治、道德教育，使其戒除毒瘾的一种戒毒措施。② 禁毒工作实行政府统一领导，有关部门各负其责，社会广泛参与的工作机制。国务院设立国家禁毒委员会，负责组织、协调、指导全国的禁毒工作。县级以上地方各级人民政府根据禁毒工作的需要，可以设立禁毒委员会，负责组织、协调、指导本行政区域内的禁毒工作。③ 强制隔离戒毒的决定，由县级、设区的市级人民政府公安机关作出决定。吸毒成瘾人员自愿接受强制隔离戒毒的，经强制隔离戒毒场所所在地县级、设区的市级公安机关同意，可以进入强制隔离戒毒场所戒毒，强制隔离戒毒场所应当与其就戒毒治疗期限、戒毒治疗措施等作出约定。④ 强制隔离戒毒的执行由公安机关和司法行政机关负责，其并非司法行政一家的职责。被强制隔离戒毒的人员在公安机关的强制隔离戒毒场所执行强制隔离戒毒 3 至 6 个月后，转至司法行政部门的强制隔离戒毒场所继续执行强制隔离戒毒。⑤ 设区的市级以上地方人民政府司法行政部门负责管理司法行政部门的强制隔离戒毒场所、戒毒康复场所，对社区戒毒、社区康复工作提供指导和支持。⑥ 2013 年 3 月 22 日司法部通过《司法行政机关强制隔离戒毒工作规定》。根据该规定，设置司法行政机关强

① 《社区矫正法》第 8 条、第 9 条。

② 禁毒法和《戒毒条例》规定了三种戒毒措施和一种康复措施：自愿戒毒、社区戒毒、强制隔离戒毒、社区康复。强制隔离戒毒是其中之一。

③ 《禁毒法》第 4 条、第 5 条；《戒毒条例》第 2 条。

④ 《禁毒法》第 38 条；《戒毒条例》第 25 条。

⑤ 《戒毒条例》第 27 条。

⑥ 《戒毒条例》第 4 条。

制隔离戒毒所，应当符合司法部的规划，经省、自治区、直辖市司法厅（局）审核，由省级人民政府批准，并报司法部备案。具备条件的地方，应当单独设置收治女性戒毒人员的强制隔离戒毒所和收治未成年戒毒人员的强制隔离戒毒所。[①]司法行政机关主管的强制隔离戒毒所很多以前是劳教所。2013 年 11 月党的十八届三中全会通过《中共中央关于全面深化改革若干重大问题的决定》，提出废止劳动教养制度。2013 年 12 月第十二届全国人大常委会第六次会议通过《全国人民代表大会常务委员会关于废止有关劳动教养法律规定的决定》。在劳教制度废止后，劳教戒毒也不复存在，很多劳教所改制为强制隔离戒毒所，原司法部劳动教养管理局也改为戒毒管理局。

2018 年 5 月，司法部下发《关于建立全国统一的司法行政戒毒工作基本模式的意见》，对我国司法行政强制隔离戒毒今后一段时间的发展方向作出明确规划，提出建立以分期分区为基础、以专业中心为支撑、以科学戒治为核心、以衔接帮扶为延伸的全国统一的司法行政戒毒工作基本模式，根据戒治工作的需要，建立戒毒医疗中心、教育矫正中心、心理矫治中心、康复训练中心和诊断评估中心 5 个专业机构，配备专业人员，承担戒毒医疗、教育矫正、心理矫治、康复训练、诊断评估等专业戒治工作。

（四）安置帮教

安置帮教，是指对刑满释放人员（包括原解除劳动教养关系的人员），在党委及政府的统一领导下，在有关部门的全力配合下，集合社会力量进行的一种不具有强制性的引导、帮助、扶持和教育工作，以使其更好地重新融入社会。安置帮教的管理部门分为三类：第一类是管理并实际运行整体安置帮教工作的司法行政机关；第二类是劳动部门、工商行政管理部门、民政部门、公安机关等，处于协助地位；第三类是协助司法行政机关进行安置帮教工作的各社会团体组织、志愿者、民营企业等，包括工会、共青团、妇联、关心下一代工作委员会等。1984 年国务院办公厅发布《关于做好犯人刑满释放后落户和安置工作的通知》，1984 年 11 月公安部、司法部联合发布《关于加强对刑满释放和解除劳动教养人员教育管理工作的通知》，成为改革开放后安置帮教工作的最早的法律文件。1991 年全国人

① 《司法行政机关强制隔离戒毒工作规定》第 6 条。

大常委会《关于加强社会治安综合治理的决定》等文件对刑释解教人员的安置帮教工作做了重要规定。1994 年 2 月中央综治委等六部委联合发布的《关于进一步加强对刑满释放、解除劳动教养人员安置和帮教工作的意见》明确了安置帮教工作的性质、目标、对象和各部门职责，标志着安置帮教工作的正式确立。同年 12 月通过的监狱法中关于罪犯的释放和安置一节明确规定，对刑满释放人员，当地人民政府要帮助其安置生活。1995 年，中央社会治安综合治理委员会成立刑释解教人员安置帮教工作协调小组（后更名为领导小组），司法部、中央综治办、公安部、民政部、财政部、人力资源和社会保障部、国家税务总局、国家工商行政管理总局、中国人民银行、共青团中央、全国妇联等 11 个中央有关部门为成员单位，日常工作由司法部负责，领导小组办公室设在司法部基层工作指导司。各省、市、县成立相应的领导小组 ，司法行政机关成立办事机构，乡镇（街道）司法所承担具体任务。

五、公共法律服务管理

公共法律服务管理包括法治宣传教育、法律职业资格管理、人民调解、仲裁、公证、司法鉴定、法律援助、律师及其他法律服务业从业人员等。

（一）法治宣传教育

法治宣传教育，是指国家有计划地组织各种社会力量，通过多种方法和途径，向公众和社会广泛宣传法律知识和法治信息，弘扬法治精神的活动。1985 年 11 月，第六届全国人大常委会第十三次会议通过了《关于在公民中基本普及法律常识的五年规划的决议》，从此我国每五年出台一个普法规划，至 2022 年是“八五”。为此，中宣部和司法部联合设立了全国普及法律常识办公室，作为全国普法领导机关。全国普法办的具体工作由司法部普法与依法治理局（原法制宣传司）负责，普法办公室和司法行政机关合署办公，“一套人马，两块牌子”。各级司法行政机关也相应设置了法制宣传处（科），负责普法工作。普法工作以“谁执法，谁普法”为原则，司法行政机关负责拟订法治宣传教育规划并组织实施，指导、监督各地区各部门落实普法责任工作，推进全民普法，指导、监督国家工作人员学法用法工作。2018年司法部重组后，法治宣传教育工作有了进一步发展，增加了指导各地区、各部门、各行业依法治理和法治创建工作，组织对外法治宣传工作，指导社会主义法治文化建设工作。

（二）法律职业资格管理

1986年，我国首先确立了律师资格考试制度。1995年，法官法和检察官法颁布实施，法院和检察院系统分别建立了初任法官、初任检察官考试制度。2001年6月30日，第九届全国人民代表大会常务委员会第二十二次会议通过了法官法和检察官法修正案。两法修正案附则明确规定，国家对初任法官、初任检察官和取得律师资格实行统一的司法考试制度，国务院司法行政部门会同最高人民法院、最高人民检察院共同制定司法考试实施办法，由国务院司法行政部门负责实施。这标志着集律师资格、初任法官和初任检察官三项考试于一体的国家司法考试制度正式确立。2014年党的十八届四中全会《中共中央关于全面推进依法治国若干重大问题的决定》提出“完善法律职业准入制度，健全国家统一法律职业资格考试制度，建立法律职业人员统一职前培训制度”。2015年12月，中共中央办公厅、国务院办公厅印发《关于完善国家统一法律职业资格制度的意见》，明确将现行司法考试制度调整为国家统一法律职业资格考试制度。2017年9月，十二届全国人大常委会第二十九次会议审议通过《关于修改〈中华人民共和国法官法〉等八部法律的决定》，明确了法律职业人员考试的范围、规定了取得法律职业资格的条件、增加了有关禁止从事法律职业的情形等，定于2018年开始实施国家统一法律职业资格考试制度。2018年4月25日司法部发布《国家统一法律职业资格考试实施办法》，明确了法律职业资格考试的报名条件、组织实施、违纪处理、资格授予管理等内容。国家统一法律职业资格考试（即以前的司法考试），是国家统一组织的选拔合格法律职业人才的国家考试。初任法官、初任检察官，申请律师执业、公证员执业和初次担任法律类仲裁员，以及行政机关中初次从事行政处罚决定审核、行政复议、行政裁决、法律顾问的公务员，应当通过国家统一法律职业资格考试，取得法律职业资格。[①]法律职业资格考试采取全国统考的模式，由司法部负责实施，司法部设法律职业资格管理局作为

① 《国家统一法律职业资格考试实施办法》第2条。

职能部门，还设国家司法考试中心具体承办考务工作。地方司法行政机关协助组织实施，省、自治区、直辖市司法行政机关应当明确专门机构，按照有关规定承办国家统一法律职业资格考试的考务等工作。设区的市级或者直辖市的区（县）司法行政机关，应当在上级司法行政机关的监督指导下，承担本辖区内的国家统一法律职业资格考试的考务等工作。[①]

（三）人民调解

人民调解，是指人民调解委员会通过说服、疏导等方法，促使当事人在平等协商基础上自愿达成调解协议，解决民间纠纷的活动。[②]司法部指导全国的人民调解工作，县级以上地方人民政府司法行政部门负责指导本行政区域的人民调解工作。基层人民法院对人民调解委员会调解民间纠纷进行业务指导。人民调解委员会是依法设立的调解民间纠纷的群众性组织。按照人民调解法的规定，人民调解委员会的设立主要有三种：村民委员会、居民委员会设立；企事业单位根据需要设立；乡镇、街道以及社会团体或其他组织根据需要参照人民调解法设立。人民调解委员会调解民间纠纷，应当在当事人自愿、平等的基础上进行调解；不违背法律、法规和国家政策；尊重当事人的权利，不得因调解而阻止当事人依法通过仲裁、行政、司法等途径维护自己的权利。人民调解委员会调解民间纠纷，不收取任何费用。[③]经人民调解委员会调解达成的调解协议，具有法律约束力，当事人应当按照约定履行。人民调解委员会应当对调解协议的履行情况进行监督，督促当事人履行约定的义务。经人民调解委员会调解达成调解协议后，当事人之间就调解协议的履行或者调解协议的内容发生争议的，一方当事人可以向法院提起诉讼。经人民调解委员会调解达成调解协议后，双方当事人认为有必要的，可以共同向法院申请司法确认，法院应当及时对调解协议进行审查，依法确认调解协议的效力。依法确认调解协议有效，一方当事人拒绝履行或者未全部履行的，对方当事人可以向法院申请强制执行；依法确认调解协议无效的，当事人可以通过人民调解方式变更

① 《国家统一法律职业资格考试实施办法》第7条。
② 《人民调解法》第2条
③ 《人民调解法》第4条。

原调解协议或者达成新的调解协议，也可以向法院提起诉讼。[1]

（四）仲裁

仲裁，是公民、法人和其他组织之间发生的合同纠纷和其他财产权益纠纷时，自愿将争议交给第三方作出裁决，并执行裁决决议的制度。根据仲裁法规定，仲裁事项限于合同纠纷和其他财产权益纠纷，涉外经济贸易、运输和海事中发生的纠纷等。婚姻、收养、监护、扶养、继承纠纷，以及依法应当由行政机关处理的行政争议不能仲裁。当事人采用仲裁方式解决纠纷，应当双方自愿，达成仲裁协议。没有仲裁协议，一方申请仲裁的，仲裁委员会不予受理。仲裁委员会应当由当事人协议选定。当事人达成仲裁协议，一方向人民法院起诉的，人民法院不予受理，但仲裁协议无效的除外。仲裁实行一裁终局的制度。裁决作出后，当事人就同一纠纷再申请仲裁或者向人民法院起诉的，仲裁委员会或者人民法院不予受理。裁决被人民法院依法裁定撤销或者不予执行的，当事人就该纠纷可以根据双方重新达成的仲裁协议申请仲裁，也可以向人民法院起诉。仲裁不实行级别管辖和地域管辖。仲裁委员会可以在直辖市和省、自治区人民政府所在地的市设立，也可以根据需要在其他设区的市设立，不按行政区划层层设立。仲裁委员会由前款规定的市的人民政府组织有关部门和商会统一组建。设立仲裁委员会，应当经省、自治区、直辖市的司法行政部门登记。仲裁委员会独立于行政机关，与行政机关没有隶属关系。仲裁委员会之间也没有隶属关系。仲裁委员会应当从公道正派的人员中聘任仲裁员，并符合下列条件之一：通过国家统一法律职业资格考试取得法律职业资格，从事仲裁工作满 8 年的；从事律师工作满 8 年的；曾任法官满 8 年的；从事法律研究、教学工作并具有高级职称的；具有法律知识、从事经济贸易等专业工作并具有高级职称或者具有同等专业水平的。仲裁委员会按照不同专业设仲裁员名册。中国仲裁协会是仲裁委员会的自律性组织，根据章程对仲裁委员会及其组成人员、仲裁员的违纪行为进行监督，为社会团体法人。仲裁委员会是中国仲裁协会的会员。中国仲裁协会的章程由全国会员大会制定。中国仲裁协会依照仲裁法和民事诉讼法的有关规定制定仲裁规则。涉外仲裁委员会可以由中国国际商会组织设立。虽然 1994 年仲裁法

① 《人民调解法》第 31—33 条。

明确将司法行政机关作为仲裁机构的登记机关，但按照 2008 年国务院办公厅《关于印发司法部主要职责内设机构和人员编制规定的通知》并未提到与仲裁有关的职能，而实际运行中却由政府法制部门进行管理，许多重新组建的仲裁机构都是由政府法制部门牵头[①]，仲裁委员会的秘书长或副秘书长由政府法制部门领导担任。2018 年司法部重组时，方明确将指导、监督仲裁作为司法行政机关的职责之一。目前，仲裁法正在修改中，司法部 2021 年发布了《中华人民共和国仲裁法（修订）（征求意见稿）》，拟根据社会经济发展的需要对仲裁制度进行修改和完善。

（五）公证

公证，是公证机构根据自然人、法人或者其他组织的申请，依照法定程序对民事法律行为、有法律意义的事实和文书的真实性、合法性予以证明的活动。公证机构是依法设立，不以营利为目的，依法独立行使公证职能、承担民事责任的证明机构。公证机构按照统筹规划、合理布局的原则，可以在县、不设区的市、设区的市、直辖市或者市辖区设立；在设区的市、直辖市可以设立一个或者若干个公证机构。公证机构不按行政区划层层设立。担任公证员，应当具有中华人民共和国国籍；年龄 25 周岁以上 65 周岁以下；公道正派，遵纪守法，品行良好；通过国家统一法律职业资格考试取得法律职业资格；在公证机构实习 2 年以上或者具有 3 年以上其他法律职业经历并在公证机构实习 1 年以上，经考核合格。从事法学教学、研究工作，具有高级职称的人员，或者具有本科以上学历，从事审判、检察、法制工作、法律服务满 10 年的公务员、律师，已经离开原工作岗位，经考核合格的，可以担任公证员。全国设立中国公证协会，省、自治区、直辖市设立地方公证协会。中国公证协会和地方公证协会是社会团体法人。公证协会是公证业的自律性组织，依据章程开展活动，对公证机构、公证员的执业活动进行监督。我国驻外使（领）馆可以依照本法的规定或者我国缔结或者参加的国际条约的规定，办理公证。根据自然人、法人或者其他组织的申请，公证机构办理的公证事项有：合同；继承；委

① 1995 年 5 月 26 日国务院办公厅《关于进一步做好重新组建仲裁机构工作的通知》（国办发〔1995〕38 号）规定，“（重新组建仲裁机构的）具体工作由省、自治区和有关城市人民政府的法制局（办）牵头，有关部门和组织参加”。

托、声明、赠与、遗嘱；财产分割；招标投标、拍卖；婚姻状况、亲属关系、收养关系；出生、生存、死亡、身份、经历、学历、学位、职务、职称、有无违法犯罪记录；公司章程；保全证据；文书上的签名、印鉴、日期，文书的副本、影印本与原本相符；自然人、法人或者其他组织自愿申请办理的其他公证事项。法律、行政法规规定应当公证的事项，有关自然人、法人或者其他组织应当向公证机构申请办理公证。根据自然人、法人或者其他组织的申请，公证机构可以办理下列事务：法律、行政法规规定由公证机构登记的事务；提存；保管遗嘱、遗产或者其他与公证事项有关的财产、物品、文书；代写与公证事项有关的法律事务文书；提供公证法律咨询。经公证的民事法律行为、有法律意义的事实和文书，应当作为认定事实的根据，但有相反证据足以推翻该项公证的除外。对经公证的以给付为内容并载明债务人愿意接受强制执行承诺的债权文书，债务人不履行或者履行不适当的，债权人可以依法向有管辖权的人民法院申请执行。前款规定的债权文书确有错误的，人民法院裁定不予执行，并将裁定书送达双方当事人和公证机构。法律、行政法规规定未经公证的事项不具有法律效力的，依照其规定。当事人、公证事项的利害关系人认为公证书有错误的，可以向出具该公证书的公证机构提出复查。公证书的内容违法或者与事实不符的，公证机构应当撤销该公证书并予以公告，该公证书自始无效；公证书有其他错误的，公证机构应当予以更正。当事人、公证事项的利害关系人对公证书的内容有争议的，可以就该争议向人民法院提起民事诉讼。

（六）司法鉴定

司法鉴定，是指在诉讼活动中鉴定人运用科学技术或者专门知识对诉讼涉及的专门性问题进行鉴别和判断并提供鉴定意见的活动。2005 年全国人大常委会通过了《关于司法鉴定管理问题的决定》[①]，这是司法鉴定领域管理的主要法律依据。据此，司法部制定有《司法鉴定机构登记管理办法》《司法鉴定人登记管理办法》《司法鉴定程序通则》。国家对从事法

① 2005 年 2 月 28 日第十届全国人民代表大会常务委员会第十四次会议通过，根据 2015 年 4 月 24 日第十二届全国人民代表大会常务委员会第十四次会议《关于修改〈中华人民共和国义务教育法〉等五部法律的决定》修正。

医类、物证类、声像资料鉴定等业务的鉴定人和鉴定机构实行登记管理制度。国务院司法行政部门还可根据诉讼需要，商最高人民法院、最高人民检察院确定的其他应当对鉴定人和鉴定机构实行登记管理的鉴定事项。国务院司法行政部门主管全国鉴定人和鉴定机构的登记管理工作。省级人民政府司法行政部门依照本决定的规定，负责对鉴定人和鉴定机构的登记、名册编制和公告。人民法院和司法行政部门不得设立鉴定机构。侦查机关根据侦查工作的需要设立的鉴定机构，不得面向社会接受委托从事司法鉴定业务。据此，检察机关、公安机关、国家安全机关都设有鉴定机构，并发布了各自的鉴定管理规范。

（七）法律援助

法律援助，是国家建立的为经济困难公民和符合法定条件的其他当事人无偿提供法律咨询、代理、刑事辩护等法律服务的制度，是公共法律服务体系的组成部分。[①]2003 年 7 月 16 日国务院第十五次常务会议通过了《法律援助条例》。2021 年 8 月 20 日第十三届全国人民代表大会常务委员会第三十次会议通过了《法律援助法》，成为现行法律援助工作的法律依据。司法部指导、监督全国的法律援助工作。县级以上地方人民政府司法行政部门指导、监督本行政区域的法律援助工作。县级以上人民政府其他有关部门依照各自职责，为法律援助工作提供支持和保障。律师协会应当指导和支持律师事务所、律师参与法律援助工作。根据法律援助法，县级以上人民政府司法行政部门应当设立法律援助机构。法律援助机构负责组织实施法律援助工作，受理、审查法律援助申请，指派律师、基层法律服务工作者、法律援助志愿者等法律援助人员提供法律援助，支付法律援助补贴。法律援助机构根据工作需要，可以安排本机构具有律师资格或者法律职业资格的工作人员提供法律援助；可以设置法律援助工作站或者联络点，就近受理法律援助申请。法律援助机构可以在人民法院、人民检察院和看守所等场所派驻值班律师，依法为没有辩护人的犯罪嫌疑人、被告人提供法律援助。我国采取四级框架，国家一级有司法部法律援助中心[②]，省、市、县三级设地方法律援助中心。司法部法律援助中心和省级法律援

---

① 《法律援助法》第 2 条。

② 参见本章第二节中“一、中央司法行政机关”部分。

助中心主要行使管理职责，不受理法律援助申请，市、县两级法律援助中心的主要职责是组织协调律师提供法律援助服务。法律援助服务的内容包括：法律咨询；代拟法律文书；刑事辩护与代理；民事案件、行政案件、国家赔偿案件的诉讼代理及非诉讼代理；值班律师法律帮助；劳动争议调解与仲裁代理；法律、法规、规章规定的其他形式。司法行政部门可以通过政府采购等方式，择优选择律师事务所等法律服务机构为受援人提供法律援助。律师事务所、基层法律服务所、律师、基层法律服务工作者负有依法提供法律援助的义务。律师事务所、基层法律服务所应当支持和保障本所律师、基层法律服务工作者履行法律援助义务。国家鼓励和规范法律援助志愿服务；支持符合条件的个人作为法律援助志愿者，依法提供法律援助。高等院校、科研机构可以组织从事法学教育、研究工作的人员和法学专业学生作为法律援助志愿者，在司法行政部门指导下，为当事人提供法律咨询、代拟法律文书等法律援助。此外，我国还有中国法律援助基金会，该基金会属于公募基金会，面向中华人民共和国境内外公众募捐，旨在保障全体公民享受平等的司法保护，维护法律赋予公民的基本权利。基金收入来源于组织募捐的收入，投资收益，财政拨款及其他合法收入。基金会登记管理机关是民政部，业务主管单位是司法部。基金会的业务范围包括：依法开展募捐活动或通过义演、义卖活动募集资金；依法利用无形资产开展募集资金；接收来自国（境）内外的捐赠；在国家政策、法律许可的范围内进行基金增值；开展符合本会宗旨的各项资助活动；开展法律援助事业的研究工作；开展与国（境）内外友好组织和个人之间的友好往来和相互合作。

（八）律师

律师一般指执业律师。广义的律师，还包括为军队提供法律服务的军队律师；外国律师事务所在华分支机构；党政机关、企事业单位法律顾问；公职律师、公司律师；等等。

1. 律师

律师，是指依法取得律师执业证书，接受委托或者指定，为当事人提供法律服务的执业人员。律师业的基本法律是律师法。司法行政机关根据律师法以及诉讼法的规定，制定有律师业行业管理规定。申请律师执业，应当拥护中华人民共和国宪法，通过国家统一法律职业资格考试取得法律职业资格，在律师事务所实习满 1 年，品行良好。实行国家统一法律职业资格考试前取得的国家统一司法考试合格证书、律师资格凭证，与国家统一法律职业资格证书具有同等效力。律师只能在一个律师事务所执业。律师变更执业机构的，应当申请换发律师执业证书，律师执业不受地域限制。高等院校、科研机构中从事法学教育、研究工作的人员，符合律师法规定条件的，经所在单位同意，依照律师法规定的程序，可以申请兼职律师执业。申请特许律师执业，应当符合《律师法》和国务院有关条例规定的条件。律师事务所是律师的执业机构，有三种形式：第一种为合伙律师事务所，分普通合伙和特殊的普通合伙，合伙人按照合伙形式对该律师事务所的债务依法承担责任；第二种为个人律师事务所，设立人对律师事务所的债务承担无限责任；第三种为国家出资设立的律师事务所，依法自主开展律师业务，以该律师事务所的全部资产对其债务承担责任。律师协会是社会团体法人，是律师的自律性组织。全国设立中华全国律师协会，省、自治区、直辖市设立地方律师协会，设区的市根据需要可以设立地方律师协会。律师、律师事务所应当加入所在地的地方律师协会。加入地方律师协会的律师、律师事务所，同时是全国律师协会的会员。律师协会会员享有律师协会章程规定的权利，履行律师协会章程规定的义务。律师协会的职责有：保障律师依法执业，维护律师的合法权益；总结、交流律师工作经验；制定行业规范和惩戒规则；组织律师业务培训和职业道德、执业纪律教育，对律师的执业活动进行考核；组织管理申请律师执业人员的实习活动，对实习人员进行考核；对律师、律师事务所实施奖励和惩戒；受理对律师的投诉或者举报，调解律师执业活动中发生的纠纷，受理律师的申诉；法律、行政法规、规章以及律师协会章程规定的其他职责。司法行政部门依照律师法对律师、律师事务所和律师协会进行监督、指导。

2. 外国律师事务所在华分支机构

外国律师事务所在华分支机构，为律师法规定的特殊律师事务所。2001 年国务院发布了《外国律师事务所驻华代表机构管理条例》，2002 年 7 月 4 日司法部发布了《司法部关于执行〈外国律师事务所驻华代表机构管理条例〉的规定》。这是我国切实履行 WTO 协议中有关法律服务具体承诺的重要体现。根据条例和规定，外国律师事务所在华设立代表机构、派驻代表，应当经国务院司法行政部门许可，外国律师事务所对其代表机构及其代表在中国境内从事的法律服务活动承担民事责任。外国律师事务所、外国其他组织或者个人不得以咨询公司或者其他名义在中国境内从事法律服务活动。代表机构及其代表，只能从事不包括中国法律事务的活动，包括向当事人提供该外国律师事务所律师已获准从事律师执业业务的国家法律的咨询，以及有关国际条约、国际惯例的咨询；接受当事人或者中国律师事务所的委托，办理在该外国律师事务所律师已获准从事律师执业业务的国家的法律事务；代表外国当事人，委托中国律师事务所办理中国法律事务；通过订立合同与中国律师事务所保持长期的委托关系办理法律事务；提供有关中国法律环境影响的信息。代表机构按照与中国律师事务所达成的协议约定，可以直接向受委托的中国律师事务所的律师提出要求。代表机构不得聘用中国执业律师。代表处可以聘用中国籍或外国籍辅助人员，聘用的辅助人员不得为当事人提供法律服务。

3. 法律顾问

2016 年，中共中央办公厅、国务院办公厅印发《关于推行法律顾问制度和公职律师公司律师制度的意见》，对党政机关、企事业单位法律顾问，公职律师、公司律师制度进行了较为明确的规划。2004 年国务院国资委公布《国有企业法律顾问管理办法》，2018 年司法部发布《公职律师管理办法》和《公司律师管理办法》，对公职律师和公司律师制度进行了较为详细的规定。

党政机关、人民团体法律顾问，是以党内法规工作机构、政府法制机构人员为主体，吸收法学专家和律师参加的法律顾问队伍。党政机关内部专门从事法律事务的工作人员和机关外聘的法学专家、律师，可以担任法律顾问。党内法规工作机构、政府法制机构以集体名义发挥法律顾问作用。党政机关法律顾问履行下列职责：为重大决策、重大行政行为提供法律意见；参与法律法规规章草案、党内法规草案和规范性文件送审稿的起草、论证；参与合作项目的洽谈，协助起草、修改重要的法律文书或者以党政机关为一方当事人的重大合同；为处置涉法涉诉案件、信访案件和重大突发事件等提供法律服务；参与处理行政复议、诉讼、仲裁等法律事务；所在党政机关规定的其他职责。

4. 公职律师

公职律师，是依照规定取得公职律师证书的党政机关公职人员。公职律师履行党政机关法律顾问承担的职责，可以受所在单位委托，代表所在单位从事律师法律服务。公职律师在执业活动中享有律师法等规定的会见、阅卷、调查取证和发问、质证、辩论等方面的律师执业权利，以及律师法规定的其他权利。公职律师不得从事有偿法律服务，不得在律师事务所等法律服务机构兼职，不得以律师身份办理所在单位以外的诉讼或者非诉讼法律事务。

5. 国有企业法律顾问

国有企业法律顾问，由工商、金融、文化等行业的国有独资或者控股企业（以下简称国有企业）内部专门从事企业法律事务的工作人员和企业外聘的律师担任。国有企业法律顾问履行下列职责：参与企业章程、董事会运行规则的制定；对企业重要经营决策、规章制度、合同进行法律审核；为企业改制重组、并购上市、产权转让、破产重整、和解及清算等重大事项提出法律意见；组织开展合规管理、风险管理、知识产权管理、外聘律师管理、法治宣传教育培训、法律咨询；组织处理诉讼、仲裁案件；所在企业规定的其他职责。国有企业法律顾问对企业经营管理行为的合法合规性负有监督职责，对企业违法违规行为提出意见，督促整改。

6. 公司律师

公司律师是与企业依法签订劳动合同，按照规定取得公司律师证书的员工，由国有企业根据需要设立。公司律师履行国有企业法律顾问承担的职责，可以受所在单位委托，代表所在单位从事律师法律服务。公司律师在执业活动中享有律师法等规定的会见、阅卷、调查取证和发问、质证、辩论等方面的律师执业权利，以及律师法规定的其他权利。公司律师不得从事有偿法律服务，不得在律师事务所等法律服务机构兼职，不得以律师身份办理所在单位以外的诉讼或者非诉讼法律事务。

（九）基层法律服务

基层法律服务，是指处于基层概念下的新农村和城镇社区范围内的由农村基层司法所、法律服务所、法律援助机构、人民调解组织等提供的担任法律顾问，代理参加民事、行政诉讼活动，代理非诉讼法律事务，接受委托，参加调解、仲裁活动，解答法律咨询，代写法律事务文书等服务活动。总体上讲，基层法律服务和律师的工作很相似，业务范围非常广泛，除不能办理刑事诉讼案件外，几乎可以涉足律师事务所的全部业务。基层法律服务具有公益性，可以收费，但不能因此赢利。[①] 该项法律服务的主要法律依据是司法部2000年颁布，2017年修订的《基层法律服务所管理办法》和《基层法律服务工作者管理办法》。根据上述规定，基层法律服务所是在乡镇和街道设立的法律服务组织，是基层法律服务工作者的执业机构，有事业体制和普通合伙制两种。基层法律服务所按照司法部规定的业务范围和执业要求，面向基层的政府机关、基层群众性自治组织、企业事业单位、社会组织和承包经营户、个体工商户、合伙组织以及公民提供法律服务，维护当事人合法权益，维护法律正确实施，促进社会稳定、经济发展和法治建设。基层法律服务所的人员、财务、职能应当与司法所分离。

六、国际法治合作与司法协助

普通的国际法治合作主要是出国（境）访问、参会、举办国际会议、合作项目等双边或多边交流活动。司法行政专业国际合作业务还包括从法律角度审查报送国务院审核的我国缔结或者参加的国际条约；承办外交方面的法制工作；组织协调参与联合国预防犯罪和刑事司法领域活动，以及组织翻译、审定行政法规外文正式译本。

司法协助是司法部的重要职责，司法部负责履行国际司法协助条约确定的对外联系机关（中央机关）职责，参与国际司法协助条约的草拟、谈判工作，负责被判刑人移管条约的缔结和执行工作。司法协助，有国际和区际两种，国际司法协助是主权国家之间的司法协助，而区际司法协助是主权国家内不同法域的司法协助。由于我国存在大陆（内地）、香港特别行政区、澳门特别行政区、台湾地区四个法域，因此我国还存在着区际协助。司法部主管的是国际司法协助，而区际司法协助则主要由最高人民法院负责。狭义的司法协助主要有两类业务：一类是代为一定的诉讼行为，

① 参见任永安、卢显洋:《中国特色司法行政制度新论》，中国政法大学出版社2014年版，第292页。

如代为送达诉讼文书，代为调查取证等；另一类是接受外国司法机关的委托，代为执行外国法院的裁判或者外国仲裁机构的裁决。广义的司法协助包括民事司法协助、刑事司法协助、引渡、诉讼移管、被判刑人移管和犯罪资产返还与分享等。司法部国际合作局负责司法协助的管理，下设移管处和司法协助处，同时司法部还设有司法协助交流中心，主要负责国际民事司法协助。司法部为《海牙送达公约》《海牙取证公约》和《联合国打击跨国有组织犯罪公约》中指定的司法协助中方中央机关。《国际刑事司法协助法》将司法部明确规定为对外联系机关，与国家监察委员会、最高人民法院、最高人民检察院、公安部同为主管机关，并且是被判刑人移管案件的主管机关。[①] 但在有多边公约或双边条约明确规定的情况下，公约和条约经常会指定中央机关、主管机关、对外联系机关。[②] 因此，国际司法协助并非由司法部一家负责，只是在被判刑人移管这一项业务上，由司法部单独负责。与其他业务不同的是，由于国际司法协助是中央事权，地方司法行政机关无司法行政职责。

第四节　我国港澳台地区的司法行政制度

一、香港特别行政区的司法行政制度

香港在被英国殖民统治之后，进入了普通法系。1997 年回归后，香港特别行政区仍然保留了英国式的普通法制度。律政司是主要的司法行政机关，同时香港惩教署负责惩教领域的司法行政工作。

---

① 《国际刑事司法协助法》第 5 条规定："中华人民共和国司法部等对外联系机关负责提出、接收和转递刑事司法协助请求，处理其他与国际刑事司法协助相关的事务。"第 6 条规定："国家监察委员会、最高人民法院、最高人民检察院、公安部、国家安全部等部门是开展国际刑事司法协助的主管机关，按照职责分工，审核向外国提出的刑事司法协助请求，审查处理对外联系机关转递的外国提出的刑事司法协助请求，承担其他与国际刑事司法协助相关的工作。在移管被判刑人案件中，司法部按照职责分工，承担相应的主管机关职责。"

② 参见任永安、卢显洋：《中国特色司法行政制度新论》，中国政法大学出版社 2014 年版，第 156—157 页。

1. 律政司

香港特别行政区的律政司（Department of Justice）源自英国的总法律顾问办公室，1997 年香港回归前称为律政署（Legal Department）或律政司署（Attorney General's Chambers），律政司长（Attorney General）是香港政府首席法律官员，直接向香港总督负责，亦是立法局当然官守议员（直至 1995 年）及行政局当然议员。鉴于该职位的重要性，律政司长是香港回归前唯一仍然由非华人担任之司级公务员。[①] 1997 年回归后改称为律政司（Department of Justice），长官称“律政司长”（Secretary for Justice）。香港特别行政区基本法明确规定了“律政司”的方针，意即沿用香港原有的法律制度，作为香港特区的法治基石。[②]

律政司是香港特别行政区基本法规定的香港特区政府三大部门之一，[③] 在行政长官短期不能履行职务时，律政司长作为第三顺序人选可临时代理其职务。[④] 律政司的主要职责是向政府其他政策局和部门提供法律意见、在法律程序中代表政府、草拟政府条例草案、作出检控决定，以及推广法治，同时还负责提升香港作为区域性法律服务和解决争议中心的地位。在诸多职责中，检察工作处于核心位置，《香港特别行政区基本法》第 63 条明确规定，律政司主管刑事检察工作，不受任何干涉。

律政司下设司长办公室和设七个专业法律科[⑤]：（1）民事法律科，负责民事诉讼、调解、仲裁和审裁处事宜，与土地有关的咨询事宜，与商业合约和商业活动有关的咨询事宜，提供一般法律意见，仲裁；（2）刑事检控科，就刑事案件提供意见和作出检控，在刑事法律、法例常规和效力方面向执法机构提供一般法律意见；（3）宪制及政策事务科，负责法律政策，人权，政制发展及选举，中国法律，香港特别行政区基本法，一般咨询和

① 载 https://baike.baidu.com/item/%E9%A6%99%E6%B8%AF%E5%BE%8B%E6%94%BF%E5%8F%B8/2277602?fr=aladdin。

② 载 https://baike.baidu.com/item/%E5%BE%8B%E6%94%BF%E5%8F%B8/5712737?fr=aladdin#2。

③《香港特别行政区基本法》第 60 条第 2 款规定：“香港特别行政区政府设政务司、财政司、律政司和各局、处、署。”

④《香港特别行政区基本法》第 53 条规定：“香港特别行政区行政长官短期不能履行职务时，由政务司长、财政司长、律政司长依次临时代理其职务。”

⑤ 载 https://www.doj.gov.hk/sc/about/organisation.html，2022 年 9 月 15 日访问。

投诉;（4）法律草拟科，负责草拟所有由政府提出的法例，审阅并非由政府提出的法例拟稿的格式，提供持续更新的香港法例资料库（电子版香港法例）;（5）国际法律科，负责多边国际协议，双边国际协议，国际公法，司法互助;（6）维护国家安全检控科，处理危害国家安全犯罪案件检控工作和其他相关法律事务;（7）政务及发展科，负责一般行政工作，人事、财务、会计及物料供应，培训，资讯科技，法律藏书，与其他政府部门联络，负责向上述六个法律科别提供一般支援。每个科均由一位律政专员掌管，各科都有政府律师。律政专员除领导所属科的工作外，也协助律政司司长处理部门的整体管理工作。各法律科各司其职，但律政司所处理的许多事务或案件都需要多个科或科内多个专家组合作。① 此外，律政司还领导香港法律改革委员会、法律教育及培训常设委员会、调解督导委员会、仲裁推广咨询委员会、第三者资助仲裁及调解的咨询机构。

2. 惩教署及惩教机构

香港惩教署（Correctional Services Department）为香港特区的刑罚、保安处分和羁押执行机关，隶属于香港保安局，与香港警务处、香港入境事务处等并称为“纪律部队”。香港监狱部门原称“监狱署”，隶属于警察部门，1920 年 12 月，当时的监狱署从警察部门分拆出来，1982 年 2 月 1 日，“监狱署”易名为“惩教署”，以反映部门重视犯人康复，并确立未来的发展方向。②

惩教署设署长、副署长各 1 人，政务秘书 1 人，助理署长 4 人。政务秘书领导公共关系及对外事务、会计、行政、资讯科技管理、整合科技、统计、工程及策划等组；助理署长（行动）领导惩教行动、健康护理、押解及支援组，以及各惩教机构；助理署长（更生事务）领导工业及职业训练、更生事务、心理服务组，以及三个更生机构；助理署长（服务素质）领导服务素质、投诉调查、反恐专责、审核及保安、管理事务及研究、智慧监狱组；助理署长（人力资源）领导人力资源、职员关系及福利组，以及职员训练院。③

---

① 载 https://www.doj.gov.hk/sc/about/organisation.html，2022 年 9 月 15 日访问。

② 载 https://www.csd.gov.hk/sc_chi/about/about_history/abt_his.html，2022 年 9 月 15 日访问。

③ 载 https://www.csd.gov.hk/images/doc/about/about_org/org_chart_sc.pdf，2022 年 9 月 15 日访问。

截至2020年12月31日，惩教署有6583名职员，管理28所惩教设施，照料7107名在囚人士及837名获释而接受监管的人士。被判监禁的罪犯会按性别、年龄和保安类别划分，然后送往惩教院所服刑。年龄介乎14岁至20岁的年轻罪犯可送往教导所或更生中心。劳教中心计划专为年龄介乎14岁至24岁的男性罪犯而设。吸毒者如被裁定触犯可判监禁的罪行，可被送往戒毒所接受治疗。28所不同保安级别的惩教设施中，9所为成年男性囚犯而设，2所为成年女性囚犯而设。为年轻男性而设的有1所惩教院所、1所劳教中心、1所教导所及2所更生中心。年轻女性则收纳于1所惩教院所及2所更生中心。喜灵洲戒毒所、励新惩教所、励顾惩教所及励敬惩教所的部分设施则收容被定罪的吸毒者。小榄精神病治疗中心分开收押须接受精神病观察、治疗和评估的各类男女囚犯。在这些惩教设施当中，有7所可用作收押不同年龄的在押候审者。惩教署还管理3所中途宿舍，协助受监管者重新融入社会，宿员可在日间外出工作或上学。①

二、澳门特别行政区的司法行政制度

澳门在葡萄牙殖民统治时期进入了欧洲大陆法系。1999年回归之后，澳门特别行政区仍然保留了大陆法系的法律制度。澳门特别行政区的主要司法行政机关是法务局，法律及司法培训中心和惩教管理局也负责相应领域的司法行政工作。

1. 法务局

法务局隶属于行政法务司，受行政法务司司长领导，为澳门特别行政区的公共部门，负责总体法务政策与集中统筹立法方面的研究及技术辅助工作，执行法律草拟、法律翻译、国际及区际法律事务、法律推广等方面的政策，并负责登记及公证机关、私人公证员的统筹及辅助工作，以及支持司法援助的一般制度的运作。② 法务局的职责有：（1）协助制定法务政策，并就澳门特区法制的完善进行研究及提出建议；（2）执行集中统筹立法工作，协助制定立法计划，并监督其执行；（3）草拟及协助草拟属行政长官及政府权限的法律提案、规范性文件及其他须公布于《澳门特别行政

① 载 https://www.csd.gov.hk/sc_chi/facility/facility_mgt/ins_pen.html，2022年9月15日访问。

② 载 https://www.dsaj.gov.mo/general/aboutus_tc.aspx，2022年9月15日访问。

区公报》的文件的草案;(4)统筹法律翻译事务，研究并建议采取措施，使上项所指草案的法律技术词汇统一;(5)就国际、区际法律事务及国际、区际司法协助提供法律技术辅助;(6)促进及进行澳门特区的法律宣传及推广工作;(7)与大专院校、研究机构及其他实体进行与本身职责相关的合作;(8)统筹登记及公证事务，监察登记及公证机关、私人公证员的工作并作出技术指导，以及制定相关规章;(9)负责登记及公证机关的行政及财政管理;(10)监察自愿仲裁机构的设立及存续的合法性;(11)依法向法律改革咨询委员会、法律及司法培训中心、司法援助委员会、法务公库、登记暨公证委员会、保障暴力罪行受害人委员会及其他机关提供技术、后勤及行政辅助;(12)管理法律人员数据库;(13)履行法律赋予的其他职责;(14)根据上级指示，执行属其职责范围内的其他工作。①

法务局设1位局长，3位副局长。内设法制研究和立法统筹厅（下设法制研究处和立法统筹处），法律草拟厅（下设法规草拟一处和二处），法律翻译厅，国际及区际法律事务厅（下设条约处和国际及区际关系事务处），法律推广及公共关系厅（下设法律推广处和公共关系处），登记及公证事务厅，技术辅助厅，行政及财政管理厅（下设人力资源处和财政及财产处），以及单设的资讯技术处。法务局下辖登记暨公证委员会，法务公库，物业登记局，商业及动产登记局（负责商业、汽车、航空器、船舶登记），民事登记局（负责出生、死亡、结婚、离婚登记），第一公证署，第二公证署，海岛公证署。另设法律改革咨询委员会，保障暴力罪行受害人委员会，司法援助委员会，法律及司法培训中心。②

2. 法律及司法培训中心

法律及司法培训中心是一所提供司法及法律领域的专业培训，隶属于行政法务司，受行政法务司司长领导。其主要任务有：法院司法官及检察院司法官的专业培训；登记局局长及公证员的专业培训；私人公证员的专业培训；司法人员的专业培训；登记暨公证文员的专业培训；举办再培训课程及进修课程；为公共行政当局的其他工作人员筹办法律领域的培训课程。此外，应澳门律师公会的请求，培训中心可为律师及实习律师举办培

① 载 https://www.dsaj.gov.mo/general/aboutus_tc.aspx，2022年9月15日访问。
② 载 https://www.dsaj.gov.mo/general/struct_tc.aspx，2022年9月15日访问。

训活动，亦可透过合作议定书，为外地的公务员、司法官及法律从业员筹办司法及法律领域的培训活动，可直接或间接在司法及法律领域内开展有利于履行其本身职责的研究、科研活动，以及筹办研讨会及会议。培训中心由主任领导及作为代表，由副主任辅助其执行领导工作。主任主持教学委员会的运作，该委员会为具有对年度计划及工作报告提出意见，并编制培训课程的计划及大纲的权限的机关。教学委员会由培训中心主任、副主任及经行政长官批示任命的四名常设成员组成。培训中心运作所需的技术及行政辅助，由法务局提供。[①]

3. 惩教管理局及惩教机构

惩教管理局是负责监禁与矫正的刑罚执行机关，隶属于保安司，受保安司司长领导。[②] 该局的职责为：协助制定监务及有关少年感化院事务的政策；负责路环监狱及少年感化院的行政及财政管理，制定规章，并作出技术指导和监管；负责监务管理及制度方面的组织与运作；负责收容青少年的教育监管措施的管理及制度方面的组织与运作；在本身职责范围内，与私人实体合作，以促进囚犯及被收容的青少年重返社会。惩教管理局下设行政管理委员会，组织、信息及资源管理厅（下辖人力资源处、财政及财产处、组织及信息处、维修及保养处），公共关系及新闻处，法律支援处；管理路环监狱和少年感化院两个惩教机构。[③]

路环监狱为执行剥夺自由刑罚、保安处罚及未决犯羁押措施的机构，具有下列职权：（1）为正确执行剥夺自由刑罚及羁押措施而采取各种措施，尤其提供社会、经济、家庭、心理等方面的辅助，医疗保健援助，就业、学校教育、职业培训及文化、康乐、体育活动等方面的辅助，以及使囚犯遵守纪律；（2）促进被判刑者重返社会；（3）协调和监督其职责范围内有关囚犯的社会重返和看押的工作；（4）监督其附属单位为完善社会重返和看押工作而采取的措施；（5）统筹和监督其附属单位编制、更新囚犯重新适应社会的个人计划；（6）根据执行刑罚的法律规定的准则，促进将囚犯分配至于各囚区的工作；（7）安排和负责生产工厂的管理，以便囚犯重返社会的目标与合理运用人力、物力、资源以及确保适当的工作安全环境方

① 载 https://www.cfjj.gov.mo/zh_CN/web/guest/introduction，2022 年 9 月 15 日访问。
② 载 http://www.dsc.gov.mo/site/about.aspx?id=11，2022 年 9 月 15 日访问。
③ 载 http://www.dsc.gov.mo/site/about.aspx?id=11，2022 年 9 月 15 日访问。

面的目标相配合;(8)组织囚犯个人档案及有关记录;(9)组织和更新囚犯数据卡;(10)关注为给予假释、延长刑罚、对收容的重新审查和延长收容所定的相关期间，以及执行刑罚或保安处分的届满日期;(11)协助订定狱警队伍人员值勤时间表的编订准则及规则，监督值勤时间的安排和实施;(12)负责管理调配路环监狱的人员、财产及设备，以及工程的实施情况;(13)应要求，编制报告书及意见书。此外，经惩教管理局局长许可，路环监狱还可就少年感化院的安全或秩序管理方面提供意见，并提供技术和行动上的支援；在其职责范围内的卫生和医疗保健援助方面向少年感化院提供意见和行政及技术支援。监狱设男囚区及女囚区；每一囚区下设两个分区，其一为被羁押者而设，另一为被判刑者而设。监狱尚可在上款所指区域以外的其他地点设置一个或多个特别囚禁区，用以囚禁被列为防范类的囚犯、受绝对或有限制不准与外界接触制度约束的囚犯，以及被实施隔离的特别安全措施的囚犯。经有权限的政府成员许可，监狱还可例外地执行收容保安处分。①

少年感化院为收容、羁押青少年的教育场所，其对象为：待送交法官的青少年；交托少年感化院照顾的青少年；被命令以收容制度受观察的青少年；被施以收容措施的青少年。少年感化院具有下列职权:(1)编制法律规定为作出决定所需的报告书;(2)观察青少年;(3)编制法律规定的个人教育计划;(4)辅助司法当局正确执行各种措施，尤其提供社会、经济、家庭、心理等方面的辅助，医疗保健援助，就业、学校教育、职业培训及文化、康乐、体育活动等方面的辅助，以及使青少年遵守纪律;(5)促进正被收容的青少年接受教育;(6)负责管理调配少年感化院的人员、财产及设备，以及工程的实施。②

三、我国台湾地区的司法行政制度

目前，我国台湾地区主管司法行政事务的部门是所谓“法务部”。为了健全司法制度，明确厘清司法权与行政权的分际，1980 年 7 月 1 日台湾地区对司法行政进行重大改革，实施“审检分隶”，将原隶属于“司法行

① 载 http://www.dsc.gov.mo/site/about.aspx?id=11，2022 年 9 月 15 日访问。

② 载 http://www.dsc.gov.mo/site/about.aspx?id=11，2022 年 9 月 15 日访问。

政部”的“高等法院”以下各级法院改隶属“司法院”，而“行政院”下之“司法行政部”仿日本改称为“法务部”，自此审判业务脱离“法务部”监督掌理。审检分隶之后，各级检察机关一面隶属于“法务部”，一面配置于法院，而与同级法院平行，不相隶属。①

“法务部”主管检察、矫正、司法保护之行政事务及“行政院”之法律事务；对于各地方最高级行政长官执行本部主管事务，有指示、监督之责；就主管事务，对于各地方最高级行政长官之命令或处分，认为有违背法令或逾越权限者，得报请“行政院”予以撤销、变更、废止或停止其执行。

“法务部”由“部长”负责，综理部务，指挥、监督所属职员及机关；置“政务次长”1人；置“常务次长”2人，辅助“部长”处理部务；设置各司、处、室等部门机构。

（一）内设部门、职责及编制

“法律事务司”掌理下列事项：（1）本部主管民事法规之研拟；（2）“行政院”所主管法律事务及其所属各部、会、行、处、局、署之法规咨商；（3）赔偿法规之研修事项及赔偿义务机关应诉时之协助；（4）乡镇市调解法规之研修及其调解书审核以外业务之指导、监督；（5）商务仲裁法规之研修及其法院裁判、备案与送达以外业务之指导、监督；（6）行政执行法规之研修事项及其业务之指导、监督；（7）法规资料之搜集、整理、研究、编译；（8）本部职掌事项之条约、公约及协议签署之法律事务；（9）不属于其他各司、处、室之法律事务事项。

“检察司”掌理下列事项：（1）本部主管刑事法规之研拟；（2）检察之行政；（3）大赦、特赦、减刑、复权之法律研拟、审议及发给证明；（4）检察官调度司法警察之监督；（5）刑罚指挥执行之监督；（6）保安处分指挥执行之监督；（7）引渡罪犯；（8）检察官参与民事、非讼事件及犯罪被害人补偿；（9）律师之管理、监督；（10）其他有关检察事项。

“保护司”掌理下列事项：（1）司法保护法规之研拟；（2）司法保护制度之规划；（3）犯罪预防；（4）犯罪原因之调查、研究、分析；（5）犯罪被

① 张熙怀：《台湾地区法院与检察署的关系沿革与发展》，载《人民检察》2015年第8期。

害人补偿制度之规划、监督;(6)保护管束执行之指导、监督;(7)更生保护会之设立许可;(8)更生保护事业之规划、指导、监督;(9)法律扶助、法律服务及诉讼辅导之推动、奖励;(10)法律知识之推广;(11)其他有关司法保护事项。

"政风司"掌理下列事项:(1)政风业务之行政;(2)各机关政风人员任免、迁调、考绩、奖惩之拟议;(3)调查业务之联系;(4)政风法令之拟订、倡导;(5)员工贪渎不法之预防、发掘及处理检举;(6)政风兴革;(7)公务机密及机关安全维护;(8)本部政风;(9)其他有关政风事项。

"总务司"掌理下列事项:(1)文件之收发、分配、缮校及档案管理;(2)部令之发布;(3)印信之典守;(4)公报之发行及书刊之出版;(5)公产、公物之管理;(6)所属机关营缮工程及土地购置之监督;(7)款项之出纳;(8)事务管理;(9)不属其他各司、处、室之事项。

"信息处"掌理下列事项:(1)本部暨所属机关信息系统之规划、开发及推动;(2)本部暨所属机关信息作业之指导、监督;(3)本部暨所属机关信息相关工作人员之训练;(4)刑事侦查、执行案件数据处理之管理;(5)犯罪矫正、保护管束数据处理之管理;(6)检察法规数据之汇整、运用;(7)本部信息设施之管理、操作及维护;(8)本部与其他机关间信息交换之协调;(9)其他有关法务信息事项。

"秘书室"掌理下列事项:(1)机要公文、密电之处理及保管;(2)文稿之撰拟、复核及汇陈;(3)部务会报之议事;(4)年度施政方针、施政计划及工作报告之汇编;(5)施政之研究、发展、管制及考核;(6)文书稽催及查询;(7)公共关系及新闻发布;(8)权责划分及分层负责;(9)"法务部"公报之编辑及史料之搜集;(10)本部负责人交办事项。

"法务部"下单设"人事处""会计处""统计处",负责相应事务。

(二)特设机构、职责及编制

"法务部调查局"。其前身是国民党当局的两大特务组织之一的"中国国民党中央执行委员会调查统计局"(所谓"中统"),1949年改制为"内政部调查局",1956年6月改属"司法行政部",1980年才正式隶属"法务部"。"法务部调查局"掌理下列事项:(1)内乱防制事项;(2)外患防制事项;(3)泄露机密防制事项;(4)贪渎防制及贿选查察事项；（5）重大经济犯罪防制事项；（6）毒品防制事项；（7）洗钱防制事项；（8）计算机犯罪防制、资安鉴识及资通安全处理事项；（9）组织犯罪防制之协同办理事项；（10）岛内安全调查事项；（11）保防及保防教育之协调、执行事项；（12）岛内外相关机构之协调联系、涉外安全调查及涉外犯罪案件协助查缉等事项；（13）两岸情势及犯罪活动资料之搜集、建档、研析事项；（14）岛内安全及犯罪调查、防制之咨询规划、管理事项；（15）化学、文书、物理、法医鉴识及科技支持事项；（16）通讯监察及搜证器材管理支持事项；（17）本局财产、文书、档案、出纳、庶务管理事项；（18）本局工作倡导、受理陈情检举、接待参观、新闻联系处理、为民服务及其他公共事务事项；（19）调查人员风纪考核、业务监督与查察事项；（20）上级机关特交有关岛内安全事务之调查、保防事项。该局置"局长"1人，综理局务，并指挥监督所属机关及人员；"副局长"2人，襄理局务。该局设"安全维护处""廉政处""经济犯罪防制处""毒品防制处""洗钱防制处""资通安全处""安全调查处""保防处""两岸情势研析处""咨询业务处""鉴识科学处""通讯监察处""督察处""总务处及公共事务室"等。另设"秘书室""人事室""会计室""政风室""研究委员会"等。该局得层报"行政院"核准，于重要驻外馆处、机构派驻人员，负责安全保防业务及职掌"涉外"业务。为实施调查、保防业务，得于各市县及重要地区，设调查处、调查站或工作站，其组织规程另定之。该局及所属市县调查处、站工作人员，于执行犯罪调查职务时，视同刑事诉讼法律上之司法警察官。该局人员依法执行职务时，得请各地相关司法警察机关指派人员协助之。

"行政执行署"。为办理公法上金钱给付义务强制执行业务，特设"行政执行署"，为应辖区业务需要，得设分署。该署掌理下列事项：（1）公法上金钱给付义务强制执行相关法规之研拟及解释；（2）公法上金钱给付义务强制执行声明异议之决定；（3）公法上金钱给付义务强制执行之监督、审核、协调及联系；（4）其他有关公法上金钱给付义务之强制执行事项。该署置"署长"1人，"副署长"1人，"主任秘书"1人为幕僚长。"署长""副署长"应具有行政执行官任用资格。该署得借调实任司法官担任"署长"、"副署长"、"分署长"、主任行政执行官、行政执行官职务。其借调应报请"司法院"或"法务部"同意后行之。

"矫正署"。为规划矫正政策，并指挥、监督矫正机关执行矫正事务，特设“矫正署”。该署设监狱、看守所、戒治所、技能训练所、少年观护所、少年矫正学校、少年辅育院等矫正机关。该署置“署长”1人，“副署长”2人，“主任秘书”1人。该署掌理事项如下:(1)矫正政策、法规、制度之规划、指导及监督;(2)矫正机关收容人调查分类、鉴别之规划、指导及监督;(3)矫正机关收容人教化、性行考核、辅导、教导、教务、训导、社会工作、累进处遇、假释、撤销假释之规划、指导及监督;(4)矫正机关收容人卫生、药瘾治疗、戒护之规划、指导及监督;(5)矫正机关收容人作业、技能训练之规划、指导及监督;(6)矫正机关之设置、裁撤、整并、人力调配与其他以拘束人身自由为目的的保安处分处所之规划、指导及监督;(7)矫正机关设置补习学校与进修学校分校之规划、指导及监督;(8)矫正人员教育、训练、进修、考察之规划、指导及监督;(9)矫正资料之搜集、整理及研究编译;(10)矫正管理信息系统之规划、建置、推动及监督;(11)其他有关矫正事项。

“司法官学院”。为办理司法人员之培训业务及犯罪、刑事政策研究，特设“司法官学院”。学院掌理司法官考试录取人员培训业务之执行;“法务部”所属司法人员之训练；依“法务部”核定由本学院举办其他人员之培训；犯罪问题与刑事政策之调查、分析及研究。其中，司法官考试录取人员培训，由“司法院”会同“考试院”及“行政院”设“司法官训练委员会”决定其训练方针、训练计划及其他有关训练重要事项，交由本学院执行。

“法医研究所”。为处理法医鉴验、人员培训及法医科技研究发展事项，特设“法医研究所”，负责：身体、病理及死因之勘验、检验、鉴定及研究；药毒物之勘验、检验、鉴定及研究；刑事证物之勘验、检验、鉴定及研究；法医学上疑难鉴验之解释及研究；各地方法院检察署法医业务指导及监督；法医人员之培训；其他有关法医学之研究及发展事项。

此外，还设有“法规委员会”，研讨有关法规及法律问题；设“诉愿审议委员会”，置委员8人至14人，由参事、有关业务单位主管及部长遴选聘之社会公正人士、学者专家组成，掌理诉愿业务。社会公正人士、学者专家之委员，不得少于诉愿审议委员会成员1/3。因业务需要，得报请“行政院”核准，设其他各种委员会。

四、我国港澳台地区司法行政制度的特点

（一）对外国司法行政的吸收与融合

基于历史的原因，我国港澳台的司法行政制度都不同程度地吸收了外国司法行政制度的特点。香港采取了英式的司法行政制度，以律政司为司法行政机关，主管检察事务，为政府提供法律意见，在法律程序中代表政府，草拟政府条例草案等。澳门采取了葡式大陆法系的司法行政制度，以法务局为司法行政机关，主要负责行政立法和公共法律服务。而我国台湾地区原借鉴日本近代司法行政制度，主管检察院、法院，负责立法、行政和刑事执行、政府法律事务管理等，后吸收借鉴当代日本模式，改“司法行政部”为“法务部”，实施“审检分隶”，不再负责管理法院系统。

（二）从“司法行政”到“法务”职责的演变

我国港澳台司法行政制度的一个共同特点是司法行政机关传统的“司法行政”职责较小，而“法务”职责较强。从字面理解，“司法行政”是司法机关的行政管理事务，以20世纪初大陆法系德国、法国的司法行政机关为代表，由司法部负责管理法院人事、财务、设置等行政事务，法官在审判业务上独立。而“法务”的含义有所不同，它没有行政机关对法院行政事务的管理职责，却包括各种政府法律事务，如立法、政府法律代表、检察诉讼、公共法律服务，其概念更加宽泛。我国香港的律政司实际上可以看作“法务”的另一称谓，其业务内容上主要是沿袭英国的总法律顾问办公室的职责，不负责法院行政管理。我国澳门的法务局也不负责法院行政管理，甚至不负责检察官管理，其职责较为狭窄，限于“行政法务”范畴，却更加注重为社会提供公共法律服务，特别是民事登记在法务局的工作中占有很重要的地位。而我国台湾地区原参考日本近代司法行政模式，设“司法行政部”负责法院管理、司法制度改革、立法、刑罚执行等传统“司法行政”事务；后参考日本当代司法行政制度，改“司法行政部”为“法务部”，实施“审检分隶”，不再负责管理法院系统，为司法系统提供管理和服务的“司法行政”工作大幅减少。虽然如此，其仍同时负责政风事务，公法上金钱给付义务之强制执行，重大案件的调查，其业务范围依然广泛，权力依然巨大。从我国港澳台的司法行政部门特点看，

总体上，其传统“司法行政”属性较少，而“法务”属性更加突出。

（三）惩教系统单成体系

港澳台的刑罚执行、保安处分执行和审前羁押都由惩教系统负责，有如下特点：一是单成体系，香港惩教署和澳门惩教管理局都与司法行政机关分离，单成体系，受保安系统领导；台湾地区的“矫正署”受司法行政机关领导，但是属于单独特设的机构。二是港澳台都使用的“惩教”或“矫正”，而非“监狱”来命名，更加体现现代刑事执行发展的趋势。三是惩教机构管理的范围更加广泛，不仅包括执行传统监禁刑的监狱，还包括社区矫正、更生保护的机构，戒毒中心，同时还负责审前羁押和精神病囚犯的收押，这实际上是在刑事执行领域实行“全方位”“全过程”的监督管理。

外国篇

前一“中国篇”既已“知己”，此一“外国篇”旨在“知彼”。本篇选取美、英、德、法、日、俄六国，各据一章。对各国司法行政均从历史、体制、职能三方面介绍，而后总结特点，以为取长补短之用。

第五章　美国司法行政制度

美国是联邦制国家，联邦和州都有自己的司法行政系统。美国联邦司法部源于1789年的总法律顾问，后经逐渐演化，成为全球规模最大的司法部。美国联邦司法部下设众多部门和机构，在联邦刑事、民事、环境、经济、税务、反垄断等众多领域中承担着诉讼、执法、调查、法律和司法政策制定的职责。由于美国联邦司法部极为庞大，各部门和机构主管业务纷繁复杂，故本章较为详细地介绍其内部机构设置及职责，以便读者一窥全貌。美国联邦司法部具有鲜明的英美法特点，以“三权分立”为基本原则，实行联邦集权主义，司法行政与检察一体化，拥有强大的执法能力，为美国重大利益提供法律保护。由于美国奉行全球霸权主义，经常性地对其他国家进行制裁、打压和干涉，联邦司法部在其中扮演了重要角色，发挥了重要作用。全面深入了解美国联邦司法部的历史、结构、特点、运行机理，不仅有利于我们辩证看待双方制度之短长，更有利于我们在法律、政治、科技、经贸等领域与其霸权主义行径进行斗争。

第一节　美国司法行政机关的历史

一、联邦司法部的诞生

美国联邦司法部部长的前身是1789年设立的总法律顾问（Attorney

General，或称“首席律师”）[①]，由《1789 年司法法案》（*Judiciary Act of 1789*）创设，是一个一人的兼职职位。Edmund Randolph 为首任总法律顾问。[②] 该法案规定总法律顾问应谙熟法律，起诉和处理所有诉至最高法院的涉及美国联邦的案件，根据总统、部长的要求提供法律领域的建议和意见。[③][④] 然而随着美国国家的成长与扩张，总法律顾问的工作量急剧增长，需要雇佣一些助理。后又开始聘请私人律师处理案件。[⑤]

1870 年联邦司法部成立。美国内战后产生了大量的针对美国政府的诉讼，政府需要雇佣庞大的私人律师团队来处理这些工作。为解决这一问题，1869 年，众议院司法委员会（U.S. House Committee on the Judiciary）在威廉·劳伦斯议员的领导下成立了一个委员会，对成立一个受总法律顾问领导，由律师和检察官组成的“法律部门”开展调查，并向国会提交了一份关于创设司法部的法案，格兰特总统签署后，于 1870 年 6 月 22 日成为法律。[⑥] 格兰特任命艾默斯·阿克曼（Amos T. Akerman）为第一任司法部部长，本杰明·布里斯托（Benjamin H. Bristow）为第一任诉讼事务总监（Solicitor General），在同一周国会批准成立司法部。[⑦] 1870 年 7 月 1 日司法部正式成立。《建立司法部的法案》（*Act to Establish the Department of Justice*）极大地增加了司法部部长的权力，授权其管理所有涉及美国利益

---

① “attorney”一词本指律师。美国继承了英国的法律和司法制度，此机构源于英国的总法律顾问（Attorney General）一职。且此时美国尚无检察官制度，故不能译为“总检察长”。具体理由参见本书第六章“英国司法行政制度”第四节“广义的司法行政机关——总法律顾问办公室”的论述。

② 参见齐树洁主编：《美国司法制度》，厦门大学出版社 2010 年版，第 406 页。

③ 载 https：//www.justice.gov/about，2022 年 9 月 15 日访问。

④ “The Judiciary Act of 1789”，Sec 35：“...And there shall also be appointed a meet person，learned in the law，to act as attorney-general for the United States，who shall be sworn or affirmed to a faithful execution of his office；whose duty it shall be to prosecute and conduct all suits in the Supreme Court in which the United States shall be concerned，and to give his advice and opinion upon questions of law when required by the President of the United States，or when requested by the heads of any of the departments，touching any matters that may concern their departments，and shall receive such compensation for his services as shall by law be provided.”

⑤ 载 https：//www.justice.gov/about，2022 年 9 月 15 日访问。

⑥ 载 https：//en.wikipedia.org/wiki/United_States_Department_of_Justice，2022 年 11 月 30 日访问。

⑦ 载 https：//en.wikipedia.org/wiki/United_States_Department_of_Justice，2022 年 9 月 15 日访问。

的刑事和民事案件，起诉联邦管辖范围内的犯罪，代表联邦参加法院的司法活动；赋予司法部部长和司法部管理联邦执法；监督美国联邦检察官；创设了诉讼事务总监（Solicitor General）及其办公室，负责协助司法部部长代表政府在最高法院的诉讼。[①] 虽然司法部的职责和架构在日后历经诸多变化，但该法案仍是司法部存续至今的法律基础。

1870 年司法部开始了对联邦检察官的领导。19 世纪中叶，司法部一项重要的职责扩张，就是从财政部手中获得了对联邦检察官的领导权。[②] 根据国会的授权，1820 年总统指令财政部（Treasury Department）设置官员监督联邦检察官（U.S. Attorneys）。1830 年，国会创设了“财政律师”（Solicitor of the Treasury）负责监督联邦检察官、联邦法警（United States Marshal）和法院书记员（Clerks of Court）。1861 年国会将监督联邦检察官的权力从财政律师（Solicitor of the Treasury）改为总法律顾问（Attorney General）[③]。1870 年，即司法部成立的当年，联邦检察官正式在司法部的直接领导下工作。[④] 1933 年 6 月 10 日，富兰克林·罗斯福总统签署了一项行政命令，授权司法部负责向法院起诉侵犯美国利益的犯罪，对起诉美国政府的诉讼进行代理和辩护，监督与之相关的美国检察官、法警和书记员，及相关机构和官员。[⑤][⑥] 1953 年 4 月 6 日，根据司法部部长命令，建立了联邦检察官执行办公室（Executive Office for United States Attorneys）以“为联邦检察官提供一般行政协助和监督”[⑦]。

---

① 载 https://en.wikipedia.org/wiki/United_States_Department_of_Justice，2022 年 9 月 15 日访问。

② 根据 wiki 百科的资料，检察官以往在内政部（Department of the Interior）管辖之下，根据美国联邦司法部的官网资料，联邦检察官原隶属于财政部。笔者认为后者更加准确可靠。

③ 当时司法部还未成立。

④ 载 https://www.justice.gov/usao/timeline/history#event-623996，2022 年 9 月 15 日访问。

⑤ 载 https://en.wikipedia.org/wiki/United_States_Department_of_Justice，2022 年 9 月 15 日访问。

⑥ “The functions of prosecuting in the courts of the United States...and of supervising the work of the United States Attorneys...now exercised by any agency or officer, are transferred to the Department of Justice.”

⑦ 载 https://www.justice.gov/usao/timeline/history#event-623996，2022 年 9 月 15 日访问。

二、“镀金时代”的司法部

内战之后，美国扫清了资本主义发展的最大障碍，进入了蓬勃发展的“镀金时代”（Gilded Age）[①]：先是开展了轰轰烈烈的“西进运动”，然后进入了资本主义发展的“摩登时代”[②]，“一战”后进入“柯立芝繁荣”，随后发生了蔓延全球、影响深远的“大萧条”，又在罗斯福新政之下走出萧条，成为头号资本主义强国。在这一历史时期，联邦司法部根据时代需要，开展了一系列行动和改革，实现了巨大的发展，为当今司法部的架构和权力奠定了最重要的基础。因此，这一时期也是司法部发展的“镀金时代”。[③]

（一）环境与自然资源司

1909年成立环境与自然资源司（Environment and Natural Resources Division）[④]。该司的历史与19、20世纪美国的“西进运动”密不可分。在19世纪，联邦政府的总体土地政策是尽快将国家的公共土地移交给私人，以促进国家尽快从东海岸扩张到西海岸。通过《宅基地法》（*Homestead Act，1862*）、《荒漠土地法》（*Desert Land Act，1877*）、《木材文化法》（*Timber Culture Acts，1873*）、《木材和石材法》（*the Timber & Stone Act，1878*）、《退伍军人法》（*the Veterans Acts*）[⑤]、《莫里尔法》（*the Morrill Act，*

---

① 镀金年代（Gilded Age），是指大约19世纪70年代至19世纪结束的这段时期。工业成长与大批殖民涌入是这段时期的特色，而且有许多人在这个工业化时期里成为巨富。See Sean D. Cashman, America in the Gilded Age: From the Death of Lincoln to the Rise of Theodore Roosevelt. 美国作家马克·吐温与查尔斯·沃纳合写的长篇小说《镀金时代》（Gilded Age）于1873年出版。本书借用该作品名称，作为这一历史阶段的别称。

② 《摩登时代》是查理·卓别林导演并主演的一部喜剧电影，于1936年2月25日上映。本书借用这个电影名称，作为该历史阶段的别称。

③ 在1850年至1900年之间，美国人口膨胀，都市快速成长，远西地区已经开垦；这个国家成为一个重要的工业强权；交通与通讯上有着革命性的改变；向海外扩张也开始进行。科技以及科学进步使生活变得更为简单与健康；与此同时，社会秩序变得更为复杂，由于现代化所带来的痛苦也更为显著。新的社会裂痕产生了。当南北战争的鲜血流尽时，镀金年代（Gilded Age）开始了。这是一个工厂的年代，金钱的年代，抢钱大亨（robber barons）的年代。南北战争根本性地中断了法律体系的运作。美国法律在1850年至1900年间经历了革命性的改变。参见劳伦斯·傅利曼：《美国法律史》，刘宏恩、王敏铨译著，联经出版事业股份有限公司2016年版，第385—386页。

④ 原称“公共土地司”“土地和自然资源司”，1990年改为现名。

⑤ 该法授权联邦政府将7000万英亩的土地分配给退伍军人作为其服役的补偿。

1862）、《沼泽地法》（*the Swamp Land Act，1850*）、《通用采矿法》（*the General Mining Law，1872*）等，政府迅速处置了大量公共土地。此外，1887 年《一般分配法》（*the General Allotment Act of* 1887）导致美国原住民部落拥有的土地数量在 50 年内由 1.38 亿英亩减少到 4800 万英亩。政府以很低的价格出让，甚至免费赠送了数百万英亩的土地。铁路拥有近 1 亿英亩的土地所有权，各州获得了 3500 万至 4000 万英亩的土地供铁路使用。很快，这些铁路土地又被卖给了私人团体。[①] 到 20 世纪初，联邦政府的土地政策发生变化。它以保留联邦所有权，制定联邦公共土地法律来管理土地的自然资源，以消除浪费，增进全国福祉。黄石国家公园于 1872 年成为世界上第一个国家公园。在 1901 年至 1909 年之间，西奥多·罗斯福总统将 9500 万英亩的土地置于联邦保护之下，同时宣布森林保护区和水域是美国的"重要关切"。[②] 进入 20 世纪，由于向西扩张，自然空间的保护，公共和部落土地上的资源纠纷以及其他类似问题产生了诸多利益冲突。1909 年，著名美国诉中西部石油公司案（United States v. Midwest Oil Company）直接导致了司法部新部门的建立[③]。2 个月后，即 1909 年 11 月 16 日，司法部成立了"公共土地司"（The Public Lands Division），配备了 6 名律师和 3 名速记员。所有与执行和《公共土地法》有关的案件，以及印第安人权利的案件，被移交给了这一新部门。[④] 大萧条和罗斯福新政使得该司的工作量急剧增长，为其发展创造了时代机遇。该司在 1933 年有 57 名员工，到 1939 年膨胀到 500 人，其中 225 人在各办事处（Title field offices）工作，成为司法部第一大诉讼部门。与 19 世纪将公共土地分给私人不同，此时该司的主要任务是将土地收公，其名称在 1933 年也相应的改为土地司（the Lands Division）。[⑤]

---

① 载 http：//www.law.harvard.edu/faculty/rlazarus/docs/articles/LazarusRichardELRArticleNov11.pdf，2022 年 9 月 15 日访问。

② 载 http：//www.law.harvard.edu/faculty/rlazarus/docs/articles/LazarusRichardELRArticleNov11.pdf，2022 年 9 月 15 日访问。

③ 载 http：//www.law.harvard.edu/faculty/rlazarus/docs/articles/LazarusRichardELRArticleNov11.pdf，2022 年 9 月 15 日访问。

④ 载 https：//www.justice.gov/enrd/history，2022 年 9 月 15 日访问。

⑤ 载 http：//www.law.harvard.edu/faculty/rlazarus/docs/articles/LazarusRichardELRArticleNov11.pdf，2022 年 9 月 15 日访问。

（二）反托拉斯司

1919 年建立反托拉斯司。随着美国从自由资本主义向垄断迈进，美国国会于 1890 年制定了“谢尔曼反托拉斯法”[①]。这是美国第一部，也是最基本的一部反垄断法律，还是美国历史上第一个授权联邦政府控制、干预经济的法案。为防止、限制垄断，该法“授权联邦区法院司法管辖权；各区的检察官，依司法部长的指示，在其各自区内提起衡平诉讼；起诉可以诉状形式，申请禁止令”。[②] 1890 年的反托拉斯法起初由司法部部长和联邦检察官执行。在西奥多·罗斯福时代，司法部部长说服国会为反托拉斯执法进行第一次拨款，并于 1903 年 3 月 17 日创设了部长助理（Assistant to the Attorney General）一职，负责反托拉斯执法，并持续了约 30 年。1914 年 10 月 15 日，旨在预防垄断的克莱顿法案（the Clayton Act）生效，对“谢尔曼反托拉斯法”进行了补充。在威尔逊时代，司法部重组反垄断部门，在 1919 年建立了反托拉斯司。[③]

（三）刑事司

20 世纪 20 年代被称为“咆哮的二十年代”（Roaring Twenties），抢劫银行、绑架、盗窃汽车、赌博和贩毒越发猖獗。特别是受禁酒令的影响，美国产生了大量的黑帮，仅芝加哥就有约 1300 个帮派。黑帮依靠黑市积累了大量的财富，对政府官员和警察行贿，还经常肆无忌惮地在街头持枪火并。1933 年禁酒令被废止，但此时黑帮已经尾大不掉，大萧条已深入影响到社会的每个角落，犯罪率居高不下。这段时期，不论是“咆哮的二十年代”还是“大萧条”，都是美国黑帮和犯罪发展的“镀金时代”，推动了司法部刑事司法部门的极大发展。

1919 年刑事司建立。早先，司法部的刑事业务由不同的助理部长负责。1919 年司法部正式组建刑事司。司法部部长在其当年的报告中阐述该司的职责是：“除了对违反食品法案，反托拉斯法和战时禁令的犯罪的起诉，其他所有触犯联邦法律的犯罪均由该司负责。”[④] 1929 年柯立芝总统在

---

① 该法因由参议员约翰·谢尔曼提出而得名，正式名称是《保护贸易及商业免受非法限制及垄断法》，以下简称“反托拉斯法”。

② 该法第 4 条。

③ 载 https://www.justice.gov/atr/history-antitrust-division，2022 年 9 月 15 日访问。

④ 载 https://www.justice.gov/criminal/history，2022 年 9 月 15 日访问。

其给众议院的报告中详述了该司的职责："该司由助理部长领导，指导全国刑事执法机构；在需要时，起诉侵犯美国的犯罪案件，处理涉及刑事案件和程序的所有其他问题；公海犯罪、违反国家银行法律的犯罪、违反中立法律的犯罪也由该司负责；在需要时给予各区联邦检察官处理刑事案件的建议和指导。"[①] 1925 年，该司只有 1 名助理部长，6 名律师，1 名秘书和 7 名速记员，但到了 1930 年之后该司职责明显扩张。1933 年禁税司（Tax Prohibition Division）被撤销，其对羁押、缓刑和假释等事务的职责划归刑事司。刑事司负责税务工作只持续了很短的时间，6 个月后的 1933 年，该工作被划归新成立的税务司（Tax Division）。同年，司法部部长撤销了海军民事司（Admiralty-Civil Division），所有联邦法院审理的关税案件，以及所有涉及关税、民事没收、食品和药品法案（*the Food and Drug Act*）、迁徙鸟类条约法案（*the Migratory Bird Treaty Act*）、牛奶法（*the Filled Milk Act*）、动物和肉类检查法（*the Animal and Meat Inspection Act*）的刑事案件都划归刑事司。[②] 1934 年，刑事司起草了所谓的犯罪法案（*Crime Bills*），形成了涉及主要犯罪的刑事实体和程序问题的 13 项法律，并由第 73 届国会通过。这些法律赋予了刑事司新的职责，极大地增加了该司的业务量，人员增长和职责分工在所难免。1936 年 4 月 30 日该司重组，形成了三个处：行政处（Administrative）、上诉处（Appellate）和审理处（Trial）。此后数年间，该司稳步发展，并新设了若干处和办公室以应对新的全国和跨国犯罪。后来该司又有三次较为重要的重组：1942 年司法部部长建立了一个特别的战争欺诈组（War Frauds Unit），后交刑事司主管，起诉所有涉及在战争事务中欺诈政府的犯罪；1957 年刑事司民权处职责划出，以此为基础成立民权司；2006 年刑事司反恐和反间谍处划归新的国家安全司。[③]

（四）联邦调查局

1924 年联邦调查局成立。20 世纪初，联邦司法部最重要的变化莫过于联邦调查局的成立。在 19 世纪，美国政府机构经常雇用私家侦探公司破案。1908 年，美国西部地区的土地非法销售泛滥。西奥多 · 罗斯福总

---

① 载 https://www.justice.gov/criminal/history，2022 年 9 月 15 日访问。
② 载 https://www.justice.gov/criminal/history，2022 年 9 月 15 日访问。
③ 载 https://www.justice.gov/criminal/history，2022 年 9 月 15 日访问。

统授权时任司法部部长波拿巴（Charles J. Bonaparte）成立一个小型侦查机构，以此来调查这些罪行。1909 年 5 月，该机构拥有了正式名称：调查局（The Bureau of Investigation）。约翰·埃德加·胡佛在 1924 年 5 月 10 日成为首任调查局局长，开始了他长达 48 年的局长生涯。胡佛上任伊始，就对联邦调查局进行大刀阔斧的改革和建设：一方面是建立专业化的队伍。包括消除政治掮客的不良影响，整治渎职行为，为探员制定严格的准则，并定期检查总部内外业务。采用严格的招聘标准，对所有探员的背景调查，面试和体检。1928 年 1 月，其在华盛顿首次针对新入职探员开展了为期两个月的入职培训。通过一系列改革，调查局建立起专业化的联邦执法队伍。另一方面是致力于通过技术手段提升调查能力。调查局被赋予整合全国两个主要指纹档案部门的职责。1924 年夏，调查局建立了一个身份识别部门，以收集全国各地警察机构保存的指纹，对相关罪犯和证据进行比对搜索。日益严峻的犯罪形势迫切需要当局了解犯罪情况和趋势，经国会同意，调查局于 1930 年负责全国范围内的犯罪记录收集、分析和统计工作。1930 年在鉴定和证据检查方面使用外部专家。1932 年 11 月 24 日联邦调查局实验室（FBI Lab）正式成立，成为第一个真正的“技术”实验室。1933 年为非刑事案件创建了相应的民事指纹档案。到 1936 年，调查局已拥有 10 万张指纹卡，到 1946 年激增至 1 亿张。[①] 这些改革措施很快见效。20 世纪 30 年代，调查局逮捕了一批臭名昭著的绑架、抢劫和杀人犯，获得了巨大的声望，国会也赋予了其新的权力，包括配枪权和逮捕权。该局也因此得到了快速发展，1935 年 7 月 1 日正式更名为美国联邦调查局。[②]

（五）联邦监狱局

1930 年联邦监狱局成立。1884 年联邦监狱的控制权由内政部交由司法部负责，并建立了新的刑罚执行机构（如 1895 年的利文沃斯和西弗吉尼亚女子监狱）。[③]1891 年，国会通过了“三所监狱法案”（Three

① 载 https://www.fbi.gov/history/brief-history/the-fbi-and-the-american-gangster，2022 年 9 月 15 日访问。

② 载 https://www.fbi.gov/history/brief-history/the-fbi-and-the-american-gangster，2022 年 9 月 15 日访问。

③ 载 https://en.wikipedia.org/wiki/United_States_Department_of_Justice，2022 年 9 月 15 日访问。

Prisons Act），建立了三所联邦监狱（分别是 Leavenworth，Atlanta，McNeil Island），形成了司法部有限监管下的联邦监狱系统。[①] 在 20 世纪 20 年代，创建了青少年矫正机构（Federal Reformatory，Chillicothe）和女子矫正机构（Federal Reformatory，Alderson），同时，开始推进中央管理部门和标准化的规范。1930 年联邦监狱局成立，[②] 极大地推动了联邦监狱系统的发展。1932 年联邦监狱局建设的第一个矫正所（BOP Penitentiary Lewisburg）投入运行，该矫正所融合了安全分级关押等多项新的矫正理念；1933 年第一所医疗监狱（BOP Medical Facility Springfield）投入运行，联邦监狱局开始了与公共健康署（U.S. Public Health Service）的长期合作；根据国会 1934 年 6 月 23 日的法案建立了政府全资所有的监狱企业（Federal Prison Industries），监狱企业成为帮助罪犯获得劳动技能，转化成守法且对社会有益的公民的一个重要矫正项目；1934 年第一所高度戒备监狱投入运营，成为日后多所高度戒备监狱的前身。[③]

三、“二战”和“铁幕”中的司法部

“二战”中，司法部以服务战争为工作重心，其中情报战是重中之重。希特勒上台后，纳粹在美国境内的间谍活动已成为重要威胁。在美国的一些亲纳粹组织，如德裔美国人联盟（German American Bund）和银衬衫组织（the Silver Shirts）越发猖獗。与此同时越来越多美国人信奉共产主义，美国共产党等组织很快就拥有超过一百万名成员。罗斯福总统对此感到担忧，遂于 1934 年要求联邦调查局调查美国纳粹组织是否与外国特工合作，于 1936 年责成该局收集有关法西斯主义等危害国家安全的情报。1930 年代后期，德日间谍的活动增加，军方情报部门开始与联邦调查局合作开展反间谍工作。联邦调查局负责国内情报，并已经建立了庞大的情报网络，全国各地的执法部门是其重要耳目，与加拿大和英国的情报和执法机构建立联系。罗斯福将来自全球不同地区的海外情报职责分配给各个机构。联邦调查局负责西半球的情报事务，并于 1940 年成立特情局（Special Intelligence Service），并开始正式派遣特工作为外交联络人驻扎在美国驻外

① 载 https：//www.bop.gov/about/history/timeline.jsp，2022 年 9 月 15 日访问。
② 载 https：//www.bop.gov/about/history/timeline.jsp，2022 年 9 月 15 日访问。
③ 载 https：//www.bop.gov/about/history/timeline.jsp，2022 年 9 月 15 日访问。

大使馆（今日法律专员的前身）。联邦调查局还列出了在美国境内具有明显威胁的德意日人员清单。1941 年 12 月 7 日珍珠港事件爆发，联邦调查局根据当晚发布的总统令在 72 小时内拘留了 3800 多名外国人，并将其交给移民官员进行听证。除间谍战外，联邦调查局开展了广泛的执法活动，包括抓捕逃兵役者，调查为牟取暴利提供劣质战争物资的公司，对联邦工作人员进行背景调查等。联邦调查局实验室在这段时间变得越来越强大，它帮助破解敌方密码并设计复杂的拦截器。“二战”使得联邦调查局迅速膨胀，从 1940 年的 2400 名特工和支持员工激增到 1944 年的 13000 余名，达到战时高峰。[①] 此外，司法部还进行了一些列改革，以服务于战争的需要，如在 1942 年中，成立战争司[②]；同年还建立了一个特别的战争欺诈组（War Frauds Unit），后交刑事司主管，起诉所有涉及在战争事务中欺诈政府的犯罪。[③] 战后，司法部与战争相关的一些部门被撤销（如战争司、特情局等），但是其影响犹在。特情局撤销后，其行动由新成立的中央情报局[④] 接管，并将美国的情报活动扩展到全球。虽然特情局被解散，但其为联邦调查局提供了情报和秘密行动的宝贵经验，并为联邦调查局的海外法律专员计划打下了基础。[⑤]

“二战”结束后，受美苏冷战的影响，美国司法部的重心转向了反苏间谍战。这其实在“二战”中的 1943 年就已经开始了，联邦调查局发现苏联驻美大使馆二秘瓦西里·祖比林（Vasilli Zubilin）试图渗透到位于加利福尼亚伯克利的“曼哈顿计划”（原子弹秘密计划）实验室。战后联邦调查局侦破了一系列重大的苏联间谍案。到 20 世纪 50 年代中期，苏联间谍在联邦政府中的威胁基本上已被肃清。[⑥]

---

① 载 https://www.fbi.gov/history/brief-history/world-war-cold-war，2022 年 9 月 15 日访问。

② 载 https://en.wikipedia.org/wiki/United_States_Department_of_Justice，2022 年 9 月 15 日访问。

③ 载 https://www.justice.gov/criminal/history。

④ 中央情报局的前身战略服务办公室（Office of Strategic Services）于 1942 年 6 月成立，1947 年 9 月中央情报局正式成立。

⑤ 载 https://www.fbi.gov/history/brief-history/world-war-cold-war，2022 年 9 月 15 日访问。

⑥ 载 https://www.fbi.gov/history/brief-history/world-war-cold-war，2022 年 9 月 15 日访问。

四、民权运动中的司法部

20 世纪 50 年代，反对种族隔离与歧视的民权运动兴起，其间伴随着大量的种族冲突及引发的骚乱、犯罪和司法不公，司法部部长期牵扯其中。

当时，联邦调查局的管辖范围有限。由于那时的私刑不是联邦犯罪，也不是基于偏见的攻击和大范围谋杀（至今仇恨犯罪也不是特定的联邦罪行），不属于联邦管辖。各州极度地捍卫自己的权利，联邦调查局若干预其境内与种族有关的犯罪，则常常会引起地方当局的不满。即使该局确实在相关案件中拥有管辖权，也无法获得证人的合作。特别是在最南方，白人主导的陪审团常常无视联邦特工和其他人员提交的事实和证据，从而使有罪之人逍遥法外。[①]

1957 年民权司建立。根据《1957 年民权法案》司法部成立民权司（Civil Right Division）。该司执行联邦法规，禁止基于种族、肤色、性别、残疾、宗教、家庭状况和国籍的歧视；根据司法部的授权，可以对剥夺黑人选举权的行为请求联邦法院发出禁令[②]。自成立以来，该司在规模和范围上都发展迅速，并在该国许多关键的民权斗争中发挥了作用。分部律师于 1964 年起诉被控谋杀密西西比州三名民权人士的被告，其还参与了对马丁·路德·金博士和梅德加·埃弗斯的暗杀事件的调查。[③]

打击“三 K 党”。司法部和联邦调查局早在 20 世纪 20 年代就开始打击“三 K 党”，民权运动开始后，这一行动依然存在。“密西西比燃烧案”就是其中一个最为典型的案例。1964 年开始了一场旨在登记黑人在密西西比州投票权“自由之夏”的大规模民权运动，成为民权发展的一个转折点。在当地执法部门的纵容和帮助下，3 名年轻的民权活动家（两名白人，1 名黑人）被“三 K 党”残酷杀害。联邦调查局迅速查明了这起案件的罪魁祸首，到 12 月初在密西西比州逮捕了 21 名男子。马丁·路德·金对新闻作出回应说：“我必须赞扬联邦调查局为揭露这一令人发指的行为的肇事

---

① 载 https：//www.fbi.gov/history/brief-history/and-justice-for-all，2022 年 9 月 15 日访问。

② 载 https：//baike.baidu.com/item/%E6%B0%91%E6%9D%83%E6%B3%95/12599274?fr=aladdin，2022 年 9 月 15 日访问。

③ 载 https：//www.justice.gov/crt/about-division，2022 年 9 月 15 日访问。

者所做的工作。它再次刷新了我对民主的信念。”但法庭上的正义是另一回事，大多数人获释或被判减轻罪名；直到2005年，主要阴谋者之一埃德加·雷·基伦被判犯有过失杀人罪。[①]

《1964年民权法案》。《1964年民权法案》和第二年夏天的《1965年投票权法案》禁止在学校、公共场所、政府和工作场所中的种族隔离，首次将多项侵犯民权的行为规定为联邦罪行，并赋予了联邦调查局领导打击这些罪行的权力。今天，保护民权是联邦调查局的重要任务，其利用强大的调查和情报能力，与州和地方当局紧密合作，以预防和解决仇恨犯罪，人口贩运，警察滥权以及其他剥夺美国人民自由的罪行。[②]

1968年4月4日马丁·路德·金遇刺身亡，联邦调查局被指牵扯其中。凶手名为詹姆斯·厄尔·雷，其令人费解的越狱，离奇的供述和翻供，法院仓促地判决，让人怀疑联邦调查局（以及中情局、军方等）参与了此案。联邦调查局早在20世纪50年代就对马丁·路德·金的行动有所注意并进行调查，1964年还制定了“消灭金小姐”计划。在记者招待会上，联邦调查局局长胡佛甚至指责马丁·路德·金是“全国最大的骗子”。在马丁·路德·金获诺贝尔和平奖前几天，联邦调查局给马丁·路德·金寄出了一封信，信中用侮辱性语言威逼马丁·路德·金自杀。[③④]

五、“毒品战争”中的司法部

在19世纪的大部分时间里，由于药物知识的缺乏，特别是对毒品危害的认识不足，在美国，毒品的使用基本上还是处于一种放任状态，人们可以从医生、药店、食杂店、市场或通过邮寄方式获取需要的鸦片、吗啡和大麻等麻醉品。

---

① 载https：//www.fbi.gov/history/brief-history/and-justice-for-all，2022年9月15日访问。

② 载https：//www.fbi.gov/history/brief-history/and-justice-for-all，2022年9月15日访问。

③ 载https：//baike.baidu.com/item/%E9%A9%AC%E4%B8%81%C2%B7%E8%B7%AF%E5%BE%B7%C2%B7%E9%87%91/456?fromtitle=%E9%A9%AC%E4%B8%81%E8%B7%AF%E5%BE%B7%E9%87%91&fromid=513902&fr=aladdin#reference-［20］-5031683-wrap。

④ 载https：//baike.baidu.com/item/%E7%BE%8E%E5%9B%BD%E8%81%94%E9%82%A6%E8%B0%83%E6%9F%A5%E5%B1%80/297801?fr=aladdin。

1909 年，与上海万国鸦片会议同年颁布的《吸食鸦片禁令》（*Smoking Opium Exclusion Act*）是美国联邦政府第一次限制进口与携带非医学用途的鸦片。但是，因其不限制药用鸦片，实际的禁止效果非常有限。1914 年颁布的《哈里森法》是美国联邦政府的第一部真正意义上的控制毒品法律。为了防止医生给成瘾者开麻醉品，该法对鸦片与古柯叶（Coca Leaves）衍生物品的生产与销售进行管理，并以许可证制度及处方的形式排斥了麻醉品的非法持有，对违反者处以罚金及相应的惩罚。该法奠定了美国禁毒法律的基础，此后的联邦政府又颁布的一些禁毒法令，包括《1937 年的大麻税法》（*The Marihuana Tax Act of 1937*）、《1951 年的伯格斯法》（*The Boggs Act of 1951*）与《1956 年的麻醉品控制法》（*The Narcotics Control Act of 1956*）。[①] 但此时，联邦政府针对非法麻醉品所采取的行动无论在资金还是人员配备上都是相当有限的。当时的"联邦麻醉品局"（The Federal Bureau of Narcotics）只不过是个隶属于美国财政部之下的小部门，工作人员不足 300 人。而且，从该局的隶属关系和《1937 年的大麻税法》的名称上看，税收是美国承认大麻合法性的主要目的，这就成为日后毒品泛滥和大麻合法化的历史基础。

"二战"后，美国经济繁荣发展，在物质生活水平极大提高的同时，反主流文化在年轻人中盛行，吸毒人数飙升。从 1965 年到 1970 年的 5 年间，美国的大麻使用者从 18000 人增加到 188000 人。在 1971 年的统计中，至少有 2400 万的 11 岁以上的美国年轻人曾尝试使用过一次或一次以上的大麻。另外，全美海洛因使用者在 20 世纪 70 年代初期增加到约 50 万人。[②]

1968 年 2 月 7 日，时任美国总统的约翰逊向国会提交了《1968 年一号重组计划》，声明要组建一个全新且有力的缉毒机构——"麻醉品和危险药品管理局"（BNDD，Bureau of Narcotics and Dangerous Drugs），以解决执法权的"支离破碎"问题，应对毒品问题带来的挑战。1968 年，美国将 1930 年成立的"联邦麻醉品局"、1965 年新设的"联邦毒品滥用管制局"（BDAC，Bureau of Drug Abuse Control），以及"联邦食品药品管理

① 参见林晓萍：《"毒品战争"及其问题评析》，载《福建警察学院学报》2010 年第 2 期。

② 参见林晓萍：《"毒品战争"及其问题评析》，载《福建警察学院学报》2010 年第 2 期。

局”（FDA，Food and Drug Administration）的相关部门合并而成结合重组为“麻醉品和危险药品管理局”，局长由司法部部长任命。1968年至1972年，麻醉品和危险药品管理局财政年度预算从1450万美元增至6430万美元。1972年2月18日，该局特工人数达到1361人。缉毒成效也较1971年有了明显提高，麻醉品和危险药品管理局针对违反联邦禁毒法者的逮捕量从1771人上升到3512人，危险药物的缉获量也从一年前的900万剂量单位增加到2.07亿剂量单位。麻醉品和危险药品管理局成立之后便努力开展国际缉毒活动。到1970年，分别在意大利、土耳其、巴拿马、中国香港、越南、泰国、墨西哥、法国和哥伦比亚等地设置了九个办事处，以应对跨国毒品走私。在其全部的1361个特工中，86个特工在海外各地工作。约翰逊政府提出的《1968年一号重组计划》在一定程度上顺应了美国社会解决毒品问题的强烈诉求，但从当时的社会背景看，在更多意义上还是为回应共和党人舆论攻击而作出的仓促之举。①

尼克松就任总统后，针对美国国内愈演愈烈的毒品危机，发动了一场长达数十年之久，轰轰烈烈的“毒品战争”，不仅开创了美国史无前例的全方位毒品治理策略，还对全球禁毒政策产生深远的影响。在这场“毒品战争”中，美国的缉毒机构经历了两个阶段的发展。

第一个阶段是加紧组建新的缉毒机构。尼克松总统颁布了第11599号行政命令，于1971年6月17日宣布设置“药物滥用预防特别行动办公室”（SAODAP，Special Action Office for Drug Abuse Prevention），以加快协调和推进禁毒工作。该办公室直接受命于总统，其执法权限明显在“麻醉品和危险药品管理局”之上。1971年9月7日，尼克松宣布建立以白宫内阁成员为主体的“内阁国际麻醉品管制委员会”（CCINC，Cabinet Committee on International Narcotics Control），委员会主席由国务卿罗杰斯担任，成员包括：司法部部长米切尔、秘书莱尔德和考拉里、驻联合国大使布什、白宫主管赫尔墨斯以及其他一些必要的人员，可见其规格之高。1972年1月28日，尼克松发布第11641号行政令，宣布成立了上任后组建的第三个缉毒机构，名称为“毒品滥用执法办公室”（ODALE，Office of

① 参见林晓东：《多维视角下的美国联邦缉毒署研究》，福建师范大学2019年博士学位论文，第5、60—65页。

Drug Abuse Law Enforcement），该办公室直接隶属于司法部，办公室主任兼任司法部部长特别助理。1972 年 7 月 27 日，尼克松总统颁布了第 11676 条行政命令，在司法部建立一个“国家麻醉品情报办公室”（ONNI，Office of National Narcotics Intelligence），负责收开发和维护国家麻醉品情报系统，收集和分析相关信息。①

第二个阶段是根据《1973 年二号重组计划》，在司法部下组建缉毒局。在兼并麻醉品和危险药品管理局、毒品滥用执法办公室、国家麻醉品情报办公室以及白宫总统办公室、海关总署乃至中央情报局等机构相关功能的基础上组建了缉毒局。缉毒局局长与副局长由总统提名，由参议院批准。缉毒局局长直接向司法部部长汇报工作；缉毒局运作期间，司法部部长应牵头做好跨部门的协调工作，包括与联邦调查局和中央情报局的协调联动工作等。1973 年 7 月 1 日，缉毒局正式挂牌成立，并从一开始就拥有了近五千号的人员编制。其中，缉毒执法人员共 1470 人，后勤人员 1428 人，预算额度为 7500 万美元（1973 年会计年度）；两年后，执法人数急剧增加到 2135 名，年度预算额度为 1.4 亿美元（1975 年会计年度）。除执法人员之外，缉毒局还雇用了大量专家学者及其他缉毒行动后援人员。此后，出于执法需要，人员队伍不断壮大，预算额度逐年提升。截至 2017 年，缉毒局全体人员已达 10655 人，其中执法人员 5004 人，预算额度达到 29.16 亿美元（2017 年会计年度）。针对有组织毒品走私犯罪，缉毒局在 1982 年成立了一支独立的“打击有组织贩毒总队”（OCDETF，The Organized Crime Drug Enforcement Task Force），力图将一部分联邦缉毒执法力量集中起来，专门打击那些大型毒品走私集团。缉毒局设在全美各地的地区分局及其下属的 222 个办事处，是缉毒局的基层单元，与各地执法机构合作调查和起诉相关犯罪。当然，由于美国的联邦体制，联邦执法机构不会介入所有地方禁毒执法活动，与地方协同执法是联邦缉毒局成立以来的既定方针，缉毒局常是有选择地参与地方案件的处置工作。如 2012 年，缉毒局抓捕的毒犯接近 3.5 万人，而地方一级的抓捕量高达 132.8 万人。可以说，缉毒执法的基本力量还是在地方层级。在多数情况下，联邦缉毒局负责协

① 参见林晓东：《多维视角下的美国联邦缉毒署研究》，福建师范大学 2019 年博士学位论文，第 5、101、103 页。

助地方逮捕毒犯，并将嫌疑人移交给州司法部门起诉。[①]

六、“9·11”后的司法部

2001年的“9·11”恐怖袭击是促使美国联邦司法部发展的一大重要事件。此后，司法部将反恐与国家安全作为头号任务。

2001年10月26日由美国总统布什签署颁布《美国爱国者法案》(*USA PATRIOT Act*)[②]，为反恐而扩张美国警察机关的权限。根据法案的内容，警察机关有权搜索电话、电子邮件通讯、医疗、财务和其他种类的记录；减少对美国本土外情报单位的限制；扩大财政部部长的权力以控制、管理金融方面的流通活动，特别是与外国人士或政治体有关的金融活动；并加强警察和移民管理单位对于居留、驱逐被怀疑与恐怖主义有关的外籍人士的权力。[③]

“9·11”之后，联邦调查局的权力和活动范围急速扩张，出动了近1/4的特工和专业人员，展开了有史以来最大规模的调查。2002年5月29日，时任联邦调查局局长罗伯特·穆勒列出了联邦调查局10项重点任务，反恐位居榜首；同时开始了应对“9·11”的重组和改革。穆勒认识到，国家安全工作新任务的核心是情报。联邦调查局的战略能力必须提高，需要更具前瞻性，更具预测性，更擅于预防恐怖袭击，而不仅仅是事后调查。为此，要用情报全面武装联邦调查局的执法人员，上至办公室中的领导层，下至一线警察。联邦调查局从此开始向情报驱动的机构转变，并强化其反恐行动。[④]

2002年11月25日，小布什总统签署了《2002年国土安全法》，成立国土安全部（U.S. Department of Homeland Security）。从而开始了自1947年

---

① 林晓东:《多维视角下的美国联邦缉毒署研究》，福建师范大学2019年博士毕业论文，第108—110，134—135页。

② 正式的名称为“Uniting and Strengthening America by Providing Appropriate Tools Required to Intercept and Obstruct Terrorism Act of 2001”，《使用适当之手段来阻止或避免恐怖主义以团结并强化美国的法律》。

③ 载https：//baike.baidu.com/item/%E7%BE%8E%E5%9B%BD%E7%88%B1%E5%9B%BD%E8%80%85%E6%B3%95%E6%A1%88/3364862。

④ 载https：//www.fbi.gov/history/brief-history/a-new-era-of-national-security，2022年9月15日访问。

成立国防部以来最大规模的一次政府机构改革，司法部的部分机构也在此阶段进行调整。原属司法部的移民和归化局、国内危机支援小组和国内战备办公室，以及原属联邦调查局的国家基础设施保护中心、国家国内战备办公室调入国土安全部[①]。

2006 年 3 月 9 日，小布什总统签署了两部重要的反恐法案:《美国爱国者法修改与再授权法》(*USA PATRIOT Improvement and Reauthorization Act of* 2005) 和《2006 年爱国者法额外再授权修改法》(*USA PATRIOT Act Additional Reauthorization Amendment Act of* 2006)，加强了政府反恐执法权和对恐怖主义犯罪的打击力度，其对司法部的影响主要有四个方面：一是扩大了包括司法部在内的执法部门信息监控的权力和范围，同时也加强了司法部长的信息保护职责。要求司法部部长对国家安全调查信函（爱国者法第 505 条），任意窃听命令（爱国者法第 206 条），获取商业记录（爱国者法第 215 条），电子监控、物理性搜查（physical search）以及电话记录器或通讯跟踪装置，各个联邦政府机构和部门采取的数据挖掘技术及其活动内容，通讯服务商紧急披露等使用和 / 或滥用情况向国会报告。二是对司法部部长的人事权力作出调整：取消了司法部部长对联邦检察官及检察官助理进行特殊任命时必须要有在被任命的地区拥有适当的住所这一要求；授权司法部部长在联邦检察官办公室出现职位空缺，而新人选的相关任命没有确定以前，有权临时任命人员履行相应职责，取消了原来由联邦地区法院任命的规定；取消了原来规定的由司法部部长任命联邦烟酒枪支及爆炸物品管理局局长的权力，改为由总统在取得参议院同意后任命。[②] 三是于 2006 年 9 月创建了国家安全司（National Security Division），整合了司法部的三个国家安全单位：前情报政策和审查办公室（Office of Intelligence Policy and Review），刑事司的反恐和反间谍和出口管制处；成立了新的法律和政策办公室，执行办公室；吸收了海外恐怖主义受害者司法办公室（以前在刑事司之外运作）。[③] 四是加强了司法部对毒品的监管：

---

① 载 https: //baike.baidu.com/item/%E7%BE%8E%E5%9B%BD%E5%9B%BD%E5%9C%9F%E5%AE%89%E5%85%A8%E9%83%A8/7552497?fromtitle=%E5%9B%BD%E5%9C%9F%E5%AE%89%E5%85%A8%E9%83%A8&fromid=11192431&fr=aladdin。

② 刘涛:《〈2005 年美国爱国者法修改与再授权法〉介评》，载《国家检察官学院学报》2008 年第 2 期。

③ 载 https: //www.justice.gov/nsd/about-division，2022 年 9 月 15 日访问。

授权司法部部长对于各种管制物质（包括盐酸苯丙醇胺药品）的年度需求量进行评估并据此确定生产配额和设定进口限额；为防止进口的管制物品的转移，司法部部长有权要求进出口商提供新的关于管制物质后续购买者的名单，有权要求管制物质进口商提供这些物质的“销售链条”信息，以跟踪这些物质从外国生产商到国内进口商之间的各个销售环节信息，司法部部长还可以要求国外当事人进一步提供更为详细的信息，否则禁止其参与交易；要求司法部部长每年两次向国会提交关于冰毒执法情况的报告；对于州及地方政府的毒品法庭计划拨款资助，同时要求司法部部长对设立联邦毒品法庭的可行性展开研究；授权司法部部长对打击冰毒交易、控制冰毒滥用、帮助受害人等相关项目予以资助。[①]

第二节　美国司法行政体制

一、联邦司法行政体制

美国是联邦制国家，联邦和州都有自己的司法行政系统。联邦的司法行政系统由联邦司法部及其下属部门，以及在全国各地的分支机构组成。联邦司法部为整个系统的龙头，各分支机构为联邦司法部及其下属部门的派出机构，与各州司法行政系统无关。

美国联邦司法部是世界上最大的法律部门和中央执法机构。[②] 2020 年联邦司法部共约 115440 名员工（直接雇佣），其中探员 24690 人，占比 21%；检察官 11664 人，占比 10%；矫正官 20446 人，占比 18%；情报分析师 4326 人，占比 4%；其他人员（含分析员、行政、文书、信息技术专家、法务、安保）54314 人，占比 47%。美国司法部 2020 财年的任意授权预算（discretionary budget authority）达到 292 亿美元，其中执法占比 51.1%，监狱和羁押占比 29.2%，诉讼占比 10.8%，补助奖金占比 6.0%，移

① 刘涛:《〈2005 年美国爱国者法修改与再授权法〉介评》，载《国家检察官学院学报》2008 年第 2 期。

② 载 https: //www.justice.gov/ag/about-office，2022 年 9 月 15 日访问。

民、行政、技术和其他占比2.9%。另有56亿美元专款（mandatory budget authority）[①]。

（一）部领导

（1）司法部部长（Attorney General）。美国司法部部长是内阁成员。《1789年司法法案》设立总法律顾问（或称“首席律师”），1870年司法部成立后，司法部部长领导联邦检察官和众多执法机构。司法部部长享有很高的政治地位。根据1947年通过的《联邦总统继任法案》，总统一旦离开其职务，将由副总统、参众议长及内阁成员，依序接替其职位，司法部长在国务卿、财政部部长和国防部部长之后，位列第七。[②]

（2）副部长（Deputy Attorney General）。副部长全面监督和指挥司法部各机构工作，为部长制定和执行政策和项目提供建议和协助。除非法律明令禁止，或授权给其他官员，副部长可以行使部长的所有权力。在部长缺位时，副部长代行部长职责。副部长有自己的办公室，称为“Office of the Deputy Attorney General”。[③]

（3）诉讼事务总监（Solicitor General，亦可翻译为副总法律顾问，副总检察官）。依据1870年6月22日《法定授权法案》设立。该职位需要精通法律，帮助司法部部长履行其职责。诉讼事务总监受副部长领导。诉讼事务总监办公室主要任务是代表联邦利益在最高法院出庭参加诉讼，并在美国其他联邦法院和州法院代表联邦对上诉案件和其他案件进行监督。

---

① 2020 Budget Summary，载https://www.justice.gov/jmd/page/file/1142306/download，2022年9月15日访问。

② 根据1947年通过的《联邦总统继任法案》，总统一旦离开其职务，将由副总统、参众议会议长及内阁成员，依以下的顺序依序接替其职位：副总统兼参议院议长→众议院议长→参议院临时议长→国务卿→财政部部长→国防部部长→ 司法部部长→国土安全部部长→内政部部长→农业部部长→商务部部长→劳工部部长→卫生与公众服务部部长→住房与城市发展部部长→交通部部长→能源部部长→教育部部长→退伍军人事务部部长。内阁的排名顺序基本上以内阁职务的成立时间为准。2003年，美国参议院通过了美国总统继任法案修改法案，国土安全部部长位列总统继任顺序中的第8位，位列司法部部长之后，内政部部长之前，但众议院尚未通过该法案。载https://baike.baidu.com/item/%E7%BE%8E%E5%9B%BD%E6%80%BB%E7%BB%9F/521627?fr=aladdin#4。

③ 载https://www.justice.gov/dag/about-office，2022年9月15日访问。

每年美国最高法院约 2/3 的裁判案件涉及联邦政府[①]。

（4）助理部长（Associate Attorney General）。其负责为部长和副部长制定和实施民事司法、联邦和地方执法、公共安全等广泛领域的政策和项目提供建议和协助。监督司法部下列部门：反垄断司、民事司、民权司、环境和自然资源司、税务司、司法项目办公室、社区警务服务办公室、社区关系署、反对针对女性暴力办公室（Office on Violence Against Women）、信息政策办公室（Office of Information Policy）、美国受托人执行办公室（Executive Office for U.S. Trustees）、美国涉外争议处理委员会（Foreign Claims Settlement Commission）、在役和退伍军人项目办公室（Servicemembers and Veterans Initiative）。[②] 助理部长由总统提名，参议院任命。[③]

（二）各部门和机构

根据美国司法部部长 2018 年 2 月 5 日签发的司法部组织机构图，司法部的组成部门和机构如下[④]：

（1）立法事务办公室（Office of Legislative Affairs）。该办公室主要负责立法和与国会相关的事务。如制定和实施司法部提出的，或与本部相关的国会立法战略；对国会提出的法案阐明本部立场；安排部门证人出席国会听证会；管理机构间流程；协调本部对国会委员会监督的请求，对其他议员和国会工作人员的质询进行回应。该办公室还参与联邦法官和助理部长和美国检察官等部门提名人选的参议院确认程序。[⑤]

（2）法律顾问办公室（Office of Legal Counsel）。该办公室向总统和所有行政部门机构提供法律咨询，代司法部部长起草的法律意见，并根据总

① The task of the Office of the Solicitor General is to supervise and conduct government litigation in the United States Supreme Court. Virtually all such litigation is channeled through the Office of the Solicitor General and is actively conducted by the Office. The United States is involved in approximately two-thirds of all the cases the U.S. Supreme Court decides on the merits each year. 参见 https：//www.justice.gov/osg，2022 年 9 月 15 日访问。

② 载 https：//www.justice.gov/asg/about-office，2022 年 9 月 15 日访问。

③ 载 https：//www.justice.gov/atr/assistant-attorney-general，2022 年 9 月 15 日访问。

④ 载 https：//www.justice.gov/agencies/chart；https：//www.justice.gov/agencies/organizational-chart-text-version，2022 年 9 月 15 日访问。

⑤ 载 https：//www.justice.gov/ola，2022 年 9 月 15 日访问。

统顾问、各行政机关以及司法部其他部门的要求，提出自己的书面意见和建议。此类请求通常是重大复杂的法律问题，或者对该问题机构间存在分歧。该办公室还负责审查和评论法律草案的合宪性。所有拟由总统发布的行政命令和实质性公告，以及需要总统正式批准的各种其他事项，都由该办公室审查其形式和合法性。它还负责审查司法部部长的所有拟签发的命令以及要求司法部部长批准的规定，执行司法部部长或副部长交办的各种特殊任务。但该办公室无权向私人提供法律咨询。①

（3）法律政策办公室（Office of Legal Policy）。该办公室是部长和副部长的主要政策顾问，也是司法部的首席监管官。负责制定司法部和行政机关重点的政策；帮助制定有关各种即将出台的法律政策问题的全国辩论条款；协调处理跨部内的跨部门项目；协调监管部门制定和审查所有拟议和最终规则。另外，该办公室还协助总统和司法部部长选择和确认联邦法官。它与白宫顾问密切协商，监督该部门审查、面谈、评估程序，寻求国家司法机构的确认。②

（4）公共事务办公室（Office of Public Affairs）。该办公室的首要任务是协调司法部和新闻界的关系，将司法部的活动、部长的政策及重点工作，执法和法律政策公之于众。该办公室为司法部部长和其他部门官员提供公共关系和传媒方面的咨询；协调司法部组成部门的公共事务单位；编写和发布部门新闻稿；审查和批准组成机构发布的新闻稿；回答询问，发布新闻稿和声明，安排访谈和举办新闻发布会；确保向新闻媒体提供的信息的时效性、完整性和准确性；确保遵守所有信息公开的法律、法规和政策，以便在不妨碍调查、起诉、个人权利和国家安全利益的情况下进行最大限度的披露。该办公室每年发布约 1700 份涉及司法部活动的新闻稿。③

（5）部落司法办公室（Office of Tribal Justice）。该办公室成立于 1995 年，为回应部落领导人关于印第安人特别法律和政策的要求而设，在 2010 年 7 月 29 日《部落法律和命令法》（*Tribal Law and Order Act*）通过后成为常设机构，其工作横跨整个司法部。该法第 106 条规定了该办公室的职责是：担任司法部部长关于联邦政府与印第安部落之间条约和信托关系的计

① 载 https://www.justice.gov/olc，2022 年 9 月 15 日访问。
② 载 https://www.justice.gov/olp/about-office，2022 年 9 月 15 日访问。
③ 载 https://www.justice.gov/opa/about-office，2022 年 9 月 15 日访问。

划和法律政策的顾问；作为联络点，联系联邦政府认可的部落政府和部落组织，对涉及印第安保留地公共安全和司法政策和方案进行评估；协调司法部内的其他司局、机构和办公室，以各部门在制定监管政策时与部落领导人及时进行协商，这些政策包括：联邦政府对印第安部落的信任责任；任何部落条约规定；印第安部落作为主权政府的地位；其他部落利益。①

（6）联邦调查局（Federal Bureau of Investigation）。美国联邦调查局局长由总统任命，并经参议院批准，任期 10 年，第一任局长为埃德加·胡佛。该局有工作人员 2 万多名，其中 8600 多人是外勤。年预算约为 23 亿美元。联邦调查局任务是调查违反联邦刑法的犯罪行为，调查源于境外的情报和恐怖活动，保护国家免受犯罪侵害，领导、支持和帮助联邦、州、当地和国际机构执法。联邦调查局每次调查获得的情报资料，都将递交联邦检察官或者美国司法部官员，由他们决定是否起诉或执行其他行动。最初，其管辖范围内只有很少的罪行，如土地诈骗、全国性银行诈骗、反垄断犯罪以及跨州界犯罪等，但在随后的数十年中，新法扩大了联邦政府调查全国性犯罪的范围。"一战"和"二战"期间，联邦调查局全面打响反间谍战。之后，也开展过对持不同政见者的调查行动，包括调查黑人运动领袖马丁·路德·金，驱赶卓别林，调查爱因斯坦等。该局其他的重点工作包括打击毒品犯罪、打击有组织犯罪、反外国间谍活动、打击暴力犯罪和打击白领阶层犯罪等。2001 年的"9·11"恐怖袭击是联邦调查局发展的转折点，此后其将打击恐怖主义作为首要任务。②

（7）刑事司（Criminal Division）。刑事司成立于 1919 年③，目前约有 900 名员工④，93 名联邦检察官。该司的首要职责是刑事和特定民事案件的诉讼，其检察官曾对很多著名的案件提起过公诉。该司还制定和实施刑事执法政策，提供刑事领域的咨询和协助。例如，该司批准和监督敏感领域执法，如参与证人安全计划和使用电子监控；为司法部部长、国会、管理和预算办公室、白宫提供刑事领域的咨询；为联邦公诉和调查机构提供法

① 载 https://www.justice.gov/otj，2022 年 9 月 15 日访问。

② 载 https://baike.baidu.com/item/%E7%BE%8E%E5%9B%BD%E8%81%94%E9%82%A6%E8%B0%83%E6%9F%A5%E5%B1%80/297801?fr=aladdin#1_1。

③ 载 https://www.justice.gov/criminal/history，2022 年 9 月 15 日访问。

④ 载 https://www.justice.gov/criminal/history，2022 年 9 月 15 日访问。

律意见和协助；领导和协调国际、联邦、州和地方执法事务。[①] 刑事司是联邦最重要的法律机构之一，是联邦诉讼和执法创新的尖兵。其人员走向各种机构：联邦最高法院、上诉法院、区法院、州法院、国会和州议会，以及联邦和州司法部部长，还有律所和学术机构负责人。[②]

（8）缉毒局（Drug Enforcement Administration）。缉毒局的任务是执行联邦管制物质的法律法规，将在美国境内种植、制造、分销或非法贩运至美国的管制物质的组织及其主要成员绳之以法，建议和支持旨在减少非法管制物质在国内外市场上供应的非执法方案。主要职责包括：调查和准备起诉在州际和国际两个层面违反管制物质法的主要违法者；调查和准备起诉在社区实施暴力和恐吓的罪犯和贩毒团伙；与联邦、州、地方和外国官员合作制定管制药物情报计划，收集、分析和分享药物情报信息；扣押、没收源自或拟用于非法药物贩运的资产；根据《管制物质法》（*Controlled Substances Act*）的规定，管理生产、制造、分销和分配管制物质的合法活动；与联邦、州或地方执法官合作，通过国际、州际和区际调查，加强缉毒工作；与联邦、州和地方机构以及外国政府的合作，旨在通过诸如铲除作物、作物替代物和培训外国官员等非执法方法，减少非法滥用类药物在美国市场上的供应；在国务卿和美国大使的政策指导下，负责与外国禁毒执法机构的有关方案；就与国际药物管制方案有关的事项与联合国、国际刑警组织和其他组织进行联络。[③]

（9）联邦监狱局（Federal Bureau of Prisons）。该局负责关押联邦罪犯，执行监禁刑。该局设有局长和副局长，管理司，矫正项目司，健康服务司，人事司，联邦监狱企业，信息、政策和公共事务司，国家矫正研究所，总顾问，项目复审司，再犯管理司等子部门；并在全国设有六个大管辖区。[④] 目前该局有 36353 名雇员，134 个监狱设施[⑤]，关押 155274 名联邦罪犯[⑥]。

（10）联邦检察官（U.S. Attorneys）。联邦检察官是联邦主要的诉讼律

① 载 https://www.justice.gov/criminal/about-criminal-division，2022 年 9 月 15 日访问。
② 载 https://www.justice.gov/criminal/history，2022 年 9 月 15 日访问。
③ 载 https://www.dea.gov/mission，2022 年 9 月 15 日访问。
④ 载 https://www.bop.gov/about/agency/organization.jsp，2022 年 9 月 15 日访问。
⑤ 载 https://www.bop.gov/locations/list.jsp，2022 年 9 月 15 日访问。
⑥ 载 https://www.bop.gov/about/agency/，2022 年 9 月 15 日访问。

师，受司法部部长领导，由总统根据参议院的建议和同意任命。全国（含波多黎各、维京群岛、关岛和北马里亚纳群岛）共 94 个司法辖区，每个联邦检察官被指定一个司法辖区，关岛和北马里亚纳群岛属于一个司法辖区，共 93 名联邦检察官。每名联邦检察官都是该辖区内的首席联邦法律执法官。联邦检察官参与了绝大部分美国作为当事人的诉讼案件。根据美国法典第 28 节第 547 条[①]，联邦检察官有三方面职责：以联邦政府名义提起刑事案件的公诉；在美国作为当事方的民事案件中起诉和辩护；收回行政手段无法收回的联邦政府的债权。每位联邦检察官都在使用资源方面拥有广泛的自由裁量权，以满足所在司法管辖区和当地社区的需求，开展当地重点任务。[②]

（11）联邦检察官执行办公室（Executive Office for United States Attorneys）。该办公室为全国 94 个联邦检察官提供全面的行政支持，并协调联邦检察官与司法部各部门及其他联邦机构之间的关系。该办公室由主任领导，设首席顾问和二位副主任，下辖信息自由法案 / 隐私法案处（Freedom of Information Act/Privacy Act，FOIA/PA）、平等就业和转移管理处（Equal Employment Opportunity and Diversity Management）、法律教育处（Legal Education）、法律和被害人项目处（Legal and Victims Programs）、数据整合和分析处（Data Integrity and Analysis）、战略沟通处（Strategic Communications）、评估和复议处（Evaluation and Review）、资源管理和计划处（Resource Management and Planning）、信息技术处（Information Technology）、人力资源处（Human Resources）。[③] 该办公室具体职责包括：为联邦检察官的任命提供支持；在助理检察官和特别助理检察官的任命上向联邦检察官提供支持；指导、监督联邦检察官的财务金融诉讼项目，如为债务收回建立政策和程序，确认民事执行和破产诉讼，诉讼技术支持，培训，刊物出版，为刑事罚金事务提供政策支持；在回避、交叉指定、外部活动、代理、不当行为指控、不利行动、申诉、劳资关系以及道德和利益冲突等问题上提供一般性法律解释、观点和建议；在不动产设施和后勤管理事务上为联邦检察官提供监

① 载 Title 28，Section 547 of the United States Code，2022 年 9 月 15 日访问。

② 载 https：//www.justice.gov/usao/mission，2022 年 9 月 15 日访问。

③ 载 https：//www.justice.gov/usao/eousa/eousa-organizational-chart-text-only，2022 年 9 月 15 日访问。

督、支持和服务；在安全领域（包括物理安全、信息安全、通信安全、安全意识等）为联邦检察官提供全面的管理、监督和支持；分析、设计和提供自动化服务和系统；开发业务统计软件和系统，编制年度统计报告，监控数据质量；协调联邦检察官办公室执法活动；担任受害者—证人援助活动的联络人，支持联邦检察官开展相关工作；向 94 个联邦检察官办公室提供预算和财政援助以及指导；代表联邦检察官办公室响应根据《信息自由法》和《隐私法》（FOIA/PA）提出的请求，协调和回应由这些事项引起的诉讼，并向联邦检察官工作人员提供有关建议和培训；回应国会议员和公民个人的询问，审查和评论与联邦检察官有关的立法和监管提案。[①]

（12）联邦法警署（U.S. Marshals Service）。联邦法警署根据国会《1789 年司法法案》（*Judiciary Act of 1789*）成立，当时称作法警总长、次长办公室（The offices of U.S. Marshals and Deputy Marshal）。法警署署长由参议院议员提名并由参议院确认，由总统任命。[②] 国会为其设定了 4 年的任期，但经总统同意可以续任，这也是《司法法案》设立的唯一一个自动到期的职位，一般副职的任职时间与总长相同。法警署的主要职能是支持其司法区内的联邦法院，并执行法官、国会或总统发布的命令，包括：执行法院发布的服刑传票，传票，令状，逮捕令和其他程序，执行所有逮捕，处理所有囚犯；支付法院书记员、联邦检察官，陪审员和证人的费用和开支；租用法庭和监狱设施，雇佣各种辅警；[③] 保卫联邦法院的设施安全，保护法官和其他法院工作人员的人身安全；关押和押送联邦罪犯；执行法院命令；扣押非法获得的财产，对罚没的财产进行保管和处置；保护证人及其家人的安全。[④]

（13）国际刑警组织美国国家中心局（INTERPOL Washington，U.S. National Central Bureau）。国际刑警组织美国国家中心局是美国与国际刑警组织世界范围内警务合作、沟通和犯罪情报网的官方联络点，为美国司法部部长在国际刑警组织中的代表。根据谅解备忘录，该局是美国司法部的

---

① 载 https://www.justice.gov/usao/eousa/mission-and-functions，2022 年 9 月 15 日访问。

② 参见张福森主编：《各国司法体制简介（修订版）》，法律出版社 2006 年版，第 5 页。

③ 载 https://www.usmarshals.gov/history/broad_range.htm，2022 年 9 月 15 日访问。

④ 载 https://www.usmarshals.gov/duties/factsheets/overview.pdf，2022 年 9 月 15 日访问。

一个组成部门，与国土安全部共管。华盛顿办事处全年 7×24 小时运转，支持全美超过 18000 个地区、州、联邦、部落执法机构和外国合作伙伴在寻找跨国刑事调查方面帮助的请求；协调美国执法活动和反应，确保其与美国利益和法律，以及国际刑警组织的政策、程序和规范保持一致。这包括严格遵守国际刑警组织宪章第 3 条，该条禁止该组织从事任何政治、军事、宗教或种族特征的干涉或行动。[①]

（14）烟酒、火器和爆炸物局（Bureau of Alcohol，Tobacco，Firearms and Explosives）。该局负责打击暴力犯罪、有组织犯罪非法使用和贩卖火器，非法使用和储存爆炸物，纵火和爆炸，恐怖袭击，非法使用酒精和烟草。与社区、工业企业、执法部门和公共安全机构合作，开展信息共享、训练、研究和技术服务。[②] 该局有局长、副局长（兼首席行动官）、常务副局长、首席顾问；下设战地行动办公室，人力和职业发展办公室，管理办公室，项目执法办公室，职业责任和安全行动办公室，公共和政府事务办公室，科技办公室，情报办公室[③]；领导国家应对、国际应对、特别反应、危机谈判、医生、警犬等若干快速反应小组[④]。

（15）国家安全司（National Security Division）。该司由《美国爱国者法修改与再授权法》（*USA PATRIOT Improvement and Reauthorization Act*）于 2006 年 3 月创建，9 月开始运作，其任务是维护国家安全。该司在前情报政策和审查办公室（Office of Intelligence Policy and Review）和刑事司的反恐和反间谍处，及出口管制处的基础上组建。该司由助理部长领导，下设司长（Principal Deputy Assitant Attorney General）、常务副司长（Chief of Staff）和 4 位副司长（Deputy Assitant Attorney General），除执行办公室（Executive Office）外，还设有外国投资审查处、反情报和出口控制处、海外恐怖主义受害人司法办公室、反恐处、情报办公室（下辖行动处、监督处、诉讼处）和法律政策办公室。[⑤]

---

① 载 https://www.justice.gov/interpol-washington，2022 年 9 月 15 日访问。
② 载 https://www.atf.gov/，2022 年 9 月 15 日访问。
③ 载 https://www.atf.gov/about/organization-structure，2022 年 9 月 15 日访问。
④ 载 https://www.atf.gov/about-atf/rapid-response-teams，2022 年 9 月 15 日访问。
⑤ 载 https://www.justice.gov/nsd/page/file/1154261/download，2022 年 9 月 15 日访问。

（16）职业责任办公室（Office of Professional Responsibility）。“水门事件”中暴露了司法部高级官员有不道德和严重不当行为，司法部因此设立了职业责任办公室，“接收和审查有关司法部工作人员可能违反法律、法规、命令或行为标准的任何信息”，对不端行为进行客观独立的内部调查，确保司法部律师和检察官按照最高专业标准履行职责，调查对举报的打击报复。[①]

（17）总监察官办公室（Office of Inspector General）。该办公室于1989年4月成立，有权对联邦调查局、缉毒局、联邦监狱局等其他所有的司法部机构及其工作人员进行监督，通过其审计、检查、调查和特别审查，发现和阻止司法部员工的浪费、欺骗和滥用权力。[②]

（18）赦免检察官办公室（Office of the Pardon Attorney）。该职位的历史长达125年。总统依靠司法部，特别是赦免检察官办公室，行使《宪法》第2条第2款规定的对联邦刑事犯罪的行政宽恕权。行政宽恕包括赦免、减刑、减免罚款、恢复原状和缓刑。赦免检察官对行政宽恕请求进行审查、调查，准备宽恕所需签署的文件。宽恕申请由副部长批准，总统签署，并在事后通知申请人。[③]

（19）司法管理司（Justice Management Division）。1973年，为提高司法部员工的能力和财务管理水平，建立了管理和财务办公室（Office of Management and Finance），1979年该办公室撤销，建立司法管理司。[④][⑤]司法管理司主要为司法部的管理和行政提供支持，就财政和预算管理、人力资源管理和培训、平等就业机会、信息处理、通信、安全等所有与组织、管理、行政有关的事务为司法部高级管理官员提供基本政策方面的建议。该司还下设道德操守办公室（Departmental Ethics Office），负责管理和执行全系统的道德操守方案政策，包括行为标准、利益冲突法规、部门补充行

① 载 https://www.justice.gov/opr/about-opr，2022年9月15日访问。

② 王公义：《中外司法体制比较研究》，法律出版社2013年版，第63页。

③ 载 https://www.justice.gov/pardon/about-office，2022年9月15日访问。

④ 载 https://www.justice.gov/jmd，2022年9月15日访问。

⑤ 根据wiki百科所述，司法管理司成立于1945年，原称“行政司”，1985年改为现名。载 https://en.wikipedia.org/wiki/United_States_Department_of_Justice，2022年9月15日访问。

为标准和其他道德规范。[①]

（20）联邦假释委员会（United States Parole Commission）。其负责对符合条件的联邦和哥伦比亚特区的罪犯作出假释决定，决定假释监督的条件，撤回假释决定。[②]

（21）移民审查执行办公室（Executive Office for Immigration Review）。该办公室经内部重组后，于 1983 年 1 月 9 日成立，负责移民法院程序、上诉复议程序和行政听证程序。[③] 该办公室有三个重要部门：移民上诉委员会（Board of Immigration Appeals），有 23 名上诉移民法官，是解释和适用移民法的最高行政机构，审理不服移民法官或国土安全部移民官决定的上诉案件。一般采用书面审查的方式进行，在极少数情况下，也听取上诉案件的口头辩论[④]。首席移民法官办公室（Office of the Chief Immigration Judge）监督全国的 66 个移民法院、3 个裁决中心、约 535 名移民法官，制定业务政策并监督移民法院的政策执行。[⑤] 首席行政听证官办公室（Office of the Chief Administrative Hearing Officer）处理与用人单位惩罚措施、移民申请材料欺诈和移民就业歧视等相关的案件。[⑥] 2003 年 3 月，美国移民和归化局被废除，其职能移交给美国国土安全部。司法部仍管辖移民审查执行办公室和移民上诉委员会，审查政府官员根据移民和国籍法作出的决定。同样，国内准备办公室（Office of Domestic Preparedness）从司法部划归国土安全部，但因为其人员仍在司法部内正式受雇，国内准备办公室仍在司法部内办公。[⑦]

（22）打击有组织贩毒执行办公室（Executive Office for Organized Crime Drug Enforcement Task Forces）。打击有组织贩毒总队（The Organized Crime Drug Enforcement Task Forces）成立于 1982 年，为美国最大的打击有组织

---

① 载 https://www.justice.gov/jmd/departmental-ethics-office，2022 年 9 月 15 日访问。

② 王公义：《中外司法体制比较研究》，法律出版社 2013 年版，第 66 页。

③ 载 https://www.justice.gov/eoir/about-office，2022 年 9 月 15 日访问。

④ 载 https://www.justice.gov/eoir/board-of-immigration-appeals，2022 年 9 月 15 日访问。

⑤ 载 https://www.justice.gov/eoir/office-of-the-chief-immigration-judge，2022 年 9 月 15 日访问。

⑥ 王公义：《中外司法体制比较研究》，法律出版社 2013 年版，第 65 页。

⑦ 载 https://en.wikipedia.org/wiki/United_States_Department_of_Justice，2022 年 9 月 15 日访问。

贩毒机构，是司法部禁毒战略的核心，其任务是对贩毒和洗钱的犯罪组织进行调查，减少美国的非法药物供应，并减少与毒品交易有关的暴力和其他犯罪活动。2010 年 1 月 13 日，打击有组织贩毒总队重组，成为司法部的一个独立机构，管理 19 支部队，近 3000 名联邦检察官、特工和分析师，以及 800 多个州和地方执法合作伙伴。打击有组织贩毒总队采用检察官领导、情报驱动、多机构合作的工作模式，为此整合了 7 个联邦执法机构的资源和专家，包括缉毒局，联邦调查局，酒精、烟草、火器和爆炸物局，联邦法警署，国税局，美国移民与海关执法局和美国海岸警卫队。94 个联邦检察官办公室和司法部刑事司的律师综合参与打击有组织贩毒总队的起诉工作。①

（23）职业责任咨询办公室（Professional Responsibility Advisory Office）。该办公室就部门专业责任和法律选择问题向司法部律师、检察官和助理律师、助理检察官提供建议。其主要职责包括：为政府律师、检察官和司法部领导提供职业责任方面的建议；与诉讼部门合作，在涉嫌渎职的纪律或其他听证会上保护司法部律师、检察官及其助理；在实施和解释美国法典 28 条 530B《政府律师的道德标准法》（*the Ethical Standards for Attorneys for the Government Act*）的工作中，以及对各州职业行为规则的制定和修改中，担任州和联邦律师协会的联络员；对司法部律师、检察官和执法机构进行培训，促进其遵守政府律师的道德标准法或其他职业责任。②

（24）司法项目办公室（Office of Justice Programs）。由于犯罪控制和预防的大部分责任落在州、城市和社区的执法人员身上，联邦政府需要与之合作才能发挥作用。该办公室从联邦立场分享传播先进知识和实践，为预防和打击犯罪战略提供补助，对联邦、州、地方和部落司法系统提供创新指导，通过综合措施和项目预防和减少犯罪，介入和支持处于危险环境中的个人，改善司法系统。③ 该办公室由助理部长领导，成员单位包括司法协助局、司法统计局、国家司法研究所、青少年司法和违法犯罪预防办公

① 载 https://www.justice.gov/jmd/organization-mission-and-functions-manual-executive-office-organized-crime-drug-enforcement-task，2022 年 9 月 15 日访问。

② 载 https://www.justice.gov/prao/about-office，2022 年 9 月 15 日访问。

③ 载 https://ojp.gov/about/about.htm，2022 年 9 月 15 日访问。

室、犯罪受害人办公室等[1]。该办公室通过其成员单位的出资设立的计划内项目和临时项目，并为项目的实施提供培训和技术支持。项目资金通过联邦财政拨款付给学者、实际工作者、专家、州和地方政府及其他机构。许多计划内项目中，司法项目办公室先将资金拨付给州，再由州将资金拨付给州政府机构或地方政府机构。

（25）社区警务服务办公室（Office of Community Oriented Policing Services）。该办公室通过设立应对国家、地方和种族执法迫切需要的创新性的项目，来帮助执法部门提高执法能力，实施社区警察战略，预防社区内犯罪和混乱，促进公共安全。该办公室向全美所有执法部门直接拨付项目资金，目前已为全美超过 13000 个执法部门提供了将近 90 亿美元的项目资金，大约 80% 的人口从执法部门实施的社区警务项目中受益。

（26）联邦受托人执行办公室（Executive Office for United States Trustees）。联邦受托人计划（The United States Trustee Program）旨在保护联邦破产制度的完整性。为了进一步在破产案件中保护公众，高效和经济地解决利益纠纷，该计划监督破产者和私人财产受托人的行为，监督相关的行政职能，确保合法合规性。它还与美国检察官，联邦调查局和其他执法机构合作，确定并帮助调查破产中的欺诈和滥用行为。[2]

（27）信息政策办公室（Office of Information Policy）。该办公室负责鼓励和监督机构遵守《信息自由法》（*the Freedom of Information Act*）；制定政府执行该法的政策指引；为机构人员提供法律咨询和培训；公布《美国司法部信息自由法指引》，协助各机构了解该法的实质性和程序性要求；为各机构提供资源，指导他们执行该法。法律要求所有机构都要向司法部提交其执行《信息自由法》的年报和首席报告员报告。该办公室为这些报告制定指南，发布指导意见，提供培训，帮助他们完成报告，对各机构的报告进行审查和汇编。该办公室还履行《信息自由法》赋予司法部的职责，包括根据该法或 1974 年《隐私法》（*Privacy Act of 1974*）对拒绝接受司法部各部门记录的行政上诉作出裁判；处理部长、副部长、助理部长以及其他高级管理人员的初次记录请求；为部门复审委员会提供工作人员，

① 载 https://ojp.gov/about/about.htm，2022 年 9 月 15 日访问。

② 载 https://www.justice.gov/ust/about-program，2022 年 9 月 15 日访问。

该复审委员会审查包含机密信息的司法部记录；处理涉及《信息自由法》的诉讼事务。[①]

（28）妇女保护办公室（Office on Violence Against Women）。《1994年反针对女性暴力法》承认了与家庭暴力、性侵犯和跟踪有关的犯罪的严重性，随后司法部于1995年成立该办公室，以减少针对妇女的暴力侵害，并为家庭暴力、约会暴力、性侵犯和跟踪骚扰的受害者提供司法服务，为社区执行相关政策和项目提供财政和技术援助。[②]

（29）对外求偿解决委员会（Foreign Claims Settlement Commission）。对外求偿解决委员会是司法部内的独立的准司法机构，源于1954年的战争赔偿委员会和国际赔偿委员会。该委员会的职权来源于《国际求偿解决法》（*International Claims Settlement Act*）和《战争赔偿法案》（*War Claims Act*）的授权。委员会根据国会特别授权或应国务卿的要求，裁定美国国民对外国政府（主要针对冷战中苏东阵营国家）的主张，寻求达成国际理赔方案。委员会的资金来自国会拨款、国际理赔、司法部和财政部清算在美国的外国资产。[③]

（30）民权司（Civil Right Division）。根据《1957年民权法案》，刑事司民权处职责划出，单独成立民权司。[④]该司执行联邦法律，禁止基于种族、肤色、性别、残疾、宗教、家庭状况和国籍的歧视，维护所有美国人，特别是弱势群体的公民权利和宪法权利。自成立以来，该司在规模和职责范围上都发展迅速，并在许多重大的民权斗争中发挥了作用。分部律师于1964年起诉涉嫌谋杀密西西比州三名民权人士的被告，并参与了对马丁·路德·金和梅德加·埃弗斯的暗杀事件的调查。该司执行一系列保护公民权利的法律，如《暴力犯罪管制警察违法行为条款》《1994年法律执行法》《2000年贩卖人口受害人保护法》《1986年移民改革和管制法》；该司还承担着《1990年美国残疾人法》规定的司法部的责任。[⑤]

---

① 载https://www.justice.gov/oip/about-office，2022年9月15日访问。
② 载https://www.justice.gov/ovw/about-office，2022年9月15日访问。
③ 载https://www.justice.gov/fcsc/about-commission，2022年9月15日访问。
④ 载https://www.justice.gov/criminal/history，2022年9月15日访问。
⑤ 载https://www.justice.gov/crt/about-division，2022年9月15日访问。

（31）民事司（Civil Division）。成立于1933年，原称“诉讼司”（Claims Division），1953年2月12日改为现名。[①] 民事司代表联邦、各部、各机构、国会议员、内阁官员和其他联邦雇员处理其职责范围内的民事或刑事案件。该司负责的诉讼包括：涉及国家政策的案件；人数多，跨度大，个别地方办事处无力承担的案件；在国内或国外法院提起的案件；跨多个司法管辖区的案件；驱除外国人的案件。民事司每年都需要处理数千件对政府的诉讼，这些诉讼大多产生于美国政府在执行政策、法律、国内外行动，以及执法、军事和反恐行动。民事司的法律实践有防御性和确认诉讼（affirmative litigation）。在确认诉讼中，该司代表美国提起诉讼，主要是为了收回因欺诈，贷款违约和滥用联邦资金而损失的金钱。该司通过诉讼，每年将数亿美元甚至数十亿美元的资金退还给财政部、医疗保险和其他计划。该司还管理三个补偿方案：一是由1986年国家儿童疫苗伤害法创建，二是由1990年的辐射暴露补偿法创建，三是由2010年詹姆斯·扎德罗加“9·11”健康和赔偿法创建。该司律师在司法部和行政部门内部发挥着重要的领导作用，与司法部的联邦检察官、联邦调查局等机构以及客户机构进行协商并提供建议，以确保政府诉讼的统一性。民事司律师与客户机构的法律顾问密切合作，以阻止可能的诉讼，并防止案件在诉讼中产生不利后果。[②] 民事司由7个部门组成：上诉处（Appellate Staff）；商业诉讼处（Commercial Litigation Branch）；联邦项目处（Federal Programs Branch）；移民诉讼处（Office of Immigration Litigation）；消费者保护处（Consumer Protection Branch）；侵权处（Torts Branch）；以及直属司领导的管理办公室（Office of Management Programs）[③]。

（32）反托拉斯司（Antitrust Division）。该司由助理部长领导，有6个副司长（Deputy Assistant Attorneys General），办公室主任（Chief of Staff）和其他高级顾问（Senior Advisors）。司领导层还包括诉讼处处长（Director of Litigation）、刑事诉讼处处长（Director of Criminal Litigation）、民事执法处

① 载 https：//en.wikipedia.org/wiki/United_States_Department_of_Justice，2022年9月15日访问。

② 载 https：//www.justice.gov/civil/about，2022年9月15日访问。

③ 载 https：//www.justice.gov/civil/civil-division-organization-chart，2022年9月15日访问。

处长（Director of Civil Enforcement）、刑事执法处处长（Director of Criminal Enforcement）、执法经济处处长（Economics Director of Enforcement）[①]，并设有总法律顾问和两位副总法律顾问（民事、刑事）。根据相关法律，私人反竞争行为会受到民事或者刑事制裁，限制贸易、垄断和反竞争合并的共谋同样为法律所禁止。该司的任务是执行反托拉斯法，参与执行机构的活动，制定行政规范，参与立法程序，通过诉讼、法庭举证，以及公共宣传等方式，引导反垄断司法实践的发展，促进和保持美国经济的竞争性。[②]该司的主要职责是：（a）关于联邦反垄断法和其他保护竞争、禁止限制交易、禁止垄断等法律领域的民事和刑事执法，如对涉嫌垄断的调查，启动大陪审团程序，签发和执行民事调查请求令，对民事和刑事调查结果提起公诉；（b）在诉讼中考虑反垄断法或者竞争政策，在行政机构[③]部分或全部履职前介入和参与；（c）在其他政府机构中宣传促进竞争的政策，包括制定司法部关于反垄断法和竞争法的立法目标，对国会和其他机构进行回应、提供咨询意见、发表评论，为总统、其他各部和行政机构提供竞争法的解释，收集反垄断方面的情报，根据国会或者部长的要求准备报告，反馈关于在自由商业环境下保护竞争的联邦法律或项目的执行效果；[④]（d）与联邦贸易委员会共同发布反垄断法指引，企业活动如涉嫌垄断，则须提起正式的反垄断审查请求，以避免经济损失；[⑤]（e）在可能触及政府监管的私营经济领域[⑥]，作为倡导竞争的代理人，参与行政机关的政策制定，立法草案说明，监管产业报告，及介入机构监管程序。[⑦]

（33）环境和自然资源司（Environment and Natural Resources Division）。

---

① 载 https://www.justice.gov/atr/assistant-attorney-general，2022 年 9 月 15 日访问。

② 载 https://www.justice.gov/atr/file/761126/download，2022 年 9 月 15 日访问。

③ 这些行政机构包括：Commodities Futures Trading Commission，Federal Communications Commission，Federal Energy Regulatory Commission，Federal Maritime Commission，Federal Reserve Board，Nuclear Regulatory Commission，Securities and Exchange Commission，and Surface Transportation Board，2022 年 9 月 15 日访问。

④ 载 https://www.justice.gov/atr/file/761126/download，2022 年 9 月 15 日访问。

⑤ 载 https://www.justice.gov/atr/mission，2022 年 9 月 15 日访问。

⑥ 联邦监管的产业领域包括：通讯、银行、农业、证券、交通、能源和国际贸易。州或地方监管的产业包括保险、住房、健康、公共设施、职业许可和执照、银行的特定领域，以及不动产。

⑦ 载 https://www.justice.gov/atr/mission，2022 年 9 月 15 日访问。

1909 年 11 月 16 日司法部成立了公共土地司（Public Lands Division），后于 1933 年 12 月 30 日更名为土地司（Lands Division），1990 年又更名为目前的环境和自然资源司。该司的职责是通过在联邦和州法院提起诉讼，来保护环境，管理公共土地和自然资源，保护印第安人的权利和财产。该司工作依据是大约 150 项联邦民事和刑事法律，包括《清洁空气法》《清洁水法》《安全饮用水法》《濒危物种法》《海洋哺乳动物保护法》《国家环境政策法》《采矿控制和复垦法》等。该司近一半的律师致力于对违反《污染控制法》的人提起诉讼，其他人则应对针对政府环境计划和活动的挑战，并代表联邦处理有关国家自然资源和公共土地管理的事宜。[①] 该司处理的许多案件都成为日后的先例，其中一些成为经典案例。[②] 如今，该司有十个部门，在华盛顿、安克雷奇、波士顿、丹佛、萨克拉门托、旧金山和西雅图设有办事处，拥有 600 多名员工，当前在处理的未决案件有 7000 多件。[③]

（34）税务司（Tax Division）。该司成立于 1933 年[④]，其使命是通过刑事和民事诉讼，全面、公平、一致地执行国家税法。该司由 1 名助理部长负责，4 名副司长协助，其中 1 名是职业律师。税务司有 14 个民事、刑事和上诉处，雇用了 350 多名律师。除了位于得克萨斯州达拉斯的西南民事审判处，其他各单位均设在华盛顿特区。主要业务处包括民事审判处（Civil Trial Sections）、联邦诉求法院处（Court of Federal Claims Section）、上诉处（Appellate Section）、复议处（Office of Review）、刑事执法处（Criminal Enforcement Sections）、刑事上诉和税务执法政策处（Criminal Appeals and Tax Enforcement Policy Section）、立法和政策办公室（Office of Legislation and Policy）、行政管理办公室（Office of Management and Administration）、训练办公室（Office of Training）。[⑤]

（35）社区关系署（Community Relations Service）。该署根据《1964 年民权法案》建立，随着《2009 年仇恨犯罪预防法案》的通过，该署的职能扩大到包括新领域，为受到仇恨犯罪侵害，但未受到《1964 年民权法案》

---

① 载 https://www.justice.gov/enrd/about-division，2022 年 9 月 15 日访问。

② 载 https://www.justice.gov/enrd/what-we-do，2022 年 9 月 15 日访问。

③ 载 https://www.justice.gov/enrd/history，2022 年 9 月 15 日访问。

④ 载 https://en.wikipedia.org/wiki/United_States_Department_of_Justice，2022 年 9 月 15 日访问。

⑤ 载 https://www.justice.gov/tax/about-division，2022 年 9 月 15 日访问。

保护的居民提供保护[①]。在因种族、肤色、国籍、性别、性别认同、性取向、宗教和残疾的差异而引起的社区冲突和紧张局势中，社区关系署不是调查机构或检察机关，也没有任何执法权。该署与州和地方政府单位、私营和公共组织、民权组织和当地社区领导人等各方合作，揭示冲突所涉各方的根本利益，促进可行的发展，促进相互理解，提出解决方案，协助社区开展能力建设，以防止未来发生紧张冲突和暴力仇恨犯罪。[②]

（三）其他机构

在司法部部长签署的组织机构图之外，联邦司法部还有若干其他机构，其中包括：

（1）司法资产没收项目组（Justice Asset Forfeiture Program）。本机构是一个委员会制的项目单位，由部内机构和若干部外机构组成，负责刑事、民事和行政没收。部内单位包括刑事司的反洗钱和资产追回处（Money Laundering and Asset Recovery Section），烟酒、火器和爆炸物局，缉毒局，联邦调查局，联邦法警署，联邦检察官办公室，以及项目组工作人员。部外成员单位包括美国邮政检查署，食品和药品管理局，农业部和农业部检察官办公室，国务院外交安全局，国防部刑事犯罪侦查局 。[③④]

（2）司法协助局（Bureau of Justice Assistance）。该局主要由项目、政策、行动和公共安全官员福利 4 个办公室组成，是司法部司法项目办公室成员单位。其任务是在资助和管理刑事司法政策制定方面的项目，支持地方、州和部落司法战略，促进社区安全，支持执法，司法信息共享，打击恐怖主义；在罪犯管理，打击毒品犯罪和滥用，裁决，推进部落司法，预防犯罪，保护弱势群体和能力建设等领域提出方案和倡议，如强调地方控制，在现场建立关系，提供联邦、州和地方关于预防犯罪、控制药物滥用、减少暴力的培训和技术援助，发展合作伙伴，通过规划促进能力建设，简化赠款管理，建立项目责任，鼓励创新，向各级决策者开展政策宣传。[⑤]

---

① 载 https://www.justice.gov/crs/about-crs，2022 年 9 月 15 日访问。
② 载 https://www.justice.gov/crs，2022 年 9 月 15 日访问。
③ 载 https://www.justice.gov/afp/participants-and-roles，2022 年 9 月 15 日访问。
④ 载 https://www.justice.gov/afp/types-federal-forfeiture，2022 年 9 月 15 日访问。
⑤ 载 https://www.bja.gov/About/index.html，2022 年 9 月 15 日访问。

（3）司法统计局（Bureau of Justice Statistics）。该局是美国刑事司法统计的最主要来源，是司法部司法项目办公室成员单位，负责收集，分析、出版和传播犯罪、罪犯、受害者和司法系统运转的信息，为州、地方和部落提供财政和技术支持，以提高他们的统计能力以及犯罪历史记录的质量和效用。①

此外，美国联邦司法部还下辖国家司法研究所（National Institute of Justice）、附属于监狱局的国家矫正研究所（National Institute of Corrections）、知识产权工作组（Task Force on Intellectual Property）等机构。

二、州司法行政体制

美国是联邦制国家，联邦和州都有自己的政府、法院和议会。司法行政机关作为政府的组成部门，也同样有联邦和州两套系统。两套系统之间没有隶属关系，都有相应的执法权；但是一般来讲，州内事务和案件由本州司法行政系统负责，跨州跨国重要事务和重大案件则由联邦系统负责。

（一）纽约州司法行政体制

在纽约州，司法行政的主管部门是法律部（Department of Law）。部长（Attorney General）既是“人民律师”（People's Lawyer），又是州首席法律官（State's chief legal officer）。作为“人民律师”，法律部部长是纽约公民、政府组织和自然资源权利的监护人；作为国家的首席法律顾问，为州政府的行政部门提供咨询，还为国家利益开展诉讼和保卫行动。部长独立于州长行事，但州长或州政府机构可要求部长进行具体的刑事调查和起诉。法律部主要有5项法律职能：上诉和意见、国家法律顾问、刑事司法、经济司法和社会正义。法律部部长根据法定权力或依据普通法产生的权力，在保护消费者、投资者、慈善捐助者，公共健康和环境、公民权利，以及全州劳工和企业的权利等民生领域提供服务。

法律部在纽约州设有若干地方检察长办公室，有650余名助理检察长和1700多名雇员，包括法务会计师、法律助理、科学家、调查员和支助人员。②法律部下辖若干大部门：刑事司法部（Criminal Justice）、管理

---

① 载 https://www.bjs.gov/index.cfm?ty=abu，2022年9月15日访问。

② 载 https://ag.ny.gov/bureaus，2022年9月15日访问。

部（Division of Administration）、社会司法部（Social Justice）、经济司法部（Economic Justice）、地区事务部（Regional Affairs）、调查部（Investigations）、州顾问部（State Counsel）、行政部（Executive）、诉讼事务总监（Solicitor General）。部长还领导国家有组织犯罪特别工作组和医疗补助欺诈控制组。[①]

（二）加利福尼亚州司法行政体制

加利福尼亚州的司法行政机关为司法部（Department of Justice），又称"总检察长办公室"（The Office of Attorney General）。部长称"Attorney General"，是该州最高级律师和执法官，职责包括保护公众免受暴力犯罪侵害，保护加州特有自然资源，执行民事法律，帮助欺诈、盗窃、抵押相关的受害者，调查非法商业活动和其他侵害消费者的犯罪。司法部部长在地区法院、上诉法院、加州和联邦最高法院的民事和刑事审判中代表加州人民；担任州官员和政府机构、理事会、委员会的法律顾问；协助地区检察官，地方、联邦和国际刑事司法机构执法；提供法医学、身份识别和信息技术服务，支持刑事调查和毒品执法工作；打击危害消费者的公共安全的欺诈，不公平和非法活动。[②]

加州司法部由三类部门组成：第一类是法律服务部（Legal Services），包括民法司（Division of Civil Law）、刑法司（Division of Criminal Law）和公权司（Division of Public Rights）；第二类是公共安全和执法类（Public Safety & Law Enforcement），包括执法司（Division of Law Enforcement）、火器局（Bureau of Firearms）、赌博控制局（Bureau of Gambling Control）、司法信息服务司（California Justice Information Services Division）；第三类是管理类（Administration），包括行动司（Division of Operations）和项目总监（Directorate Programs）。加州司法部有4500多名律师、调查员、宣誓和平官员（sworn peace officers）和其他雇员，其办事处位于萨克拉门托、洛杉矶、旧金山、圣地亚哥、奥克兰和弗雷斯诺。[③]

---

① 载 https://ag.ny.gov/bureaus，2022年9月15日访问。
② 载 https://oag.ca.gov/office，2022年9月15日访问。
③ 载 https://oag.ca.gov/careers/aboutus，2022年9月15日访问。

第三节　美国司法行政机关的职能

一、诉讼

美国联邦司法部的首要职责就是代表美国进行诉讼。美国司法部部印上拉丁谚语“Qui Pro Domina Justitia Sequitur”，是指“谁为正义（女神）而诉”[“who prosecutes on behalf of justice (or the Lady Justice)”]。联邦检察官（或政府律师）的座右铭：“每个公民在法庭上获得正义，这才是美国”（“The United States wins its point whenever justice is done its citizens in the courts.”），镶嵌于华盛顿司法部主楼部长办公室外的圆形礼仪大厅上。[①]这些都暗指司法部的首要职责是诉讼。

美国的司法部部长称为“Attorney General”，是联邦首席律师。联邦检察官（U.S. Attorneys）是国家的诉讼律师，受司法部部长领导。联邦检察官也可以成长为司法部部长，历史上就有多名联邦检察官担任过司法部部长。根据《美国法典》第28节第547条，联邦检察官有三方面职责：以联邦政府名义对刑事案件提起公诉；在联邦政府作为当事方的民事案件中起诉和辩护；收回行政手段无法收回的联邦政府的债权。[②]联邦检察官参与了绝大部分联邦政府作为当事人的审判案件。司法部部长作为联邦政府的首席法律官员，在一般法律事务中代表联邦政府，有权过问重大的案件，甚至代表联邦政府在最高法院出庭。州司法行政系统由州司法部部长（检察长）和地区检察官组成，负责起诉违反州刑法的犯罪。此外，美国还有独立检察官制度。1972年“水门事件”后，美国通过《政府道德法》（后改为《独立检察官法》）从法律上确立了这一制度。独立检察官专门针对某一高级政府官员的贪污贿赂或其他违法渎职行为进行调查和起诉，由

---

① 载https://en.wikipedia.org/wiki/United_States_Department_of_Justice，2022年9月15日访问。

② 载https://www.justice.gov/usao/mission，2022年9月15日访问。

司法部部长根据国会两院的决定任命。[①]

美国司法部负责的诉讼范围非常广泛，不仅包括对联邦刑事犯罪的诉讼，还包括对违反联邦民事、环境、经济、税务、反垄断等各种法律的民事行为提起诉讼。司法部重要下属部门，如反托拉斯司、民事司、民权司、刑事司、环境和自然资源司以及税务司等重要部门的核心业务都是代表美国联邦政府在相应的领域提起诉讼或出庭参加诉讼。[②]

许多大陆法系国家的行政机关在社会管理中发挥主导作用，行政行为具有先行确定性，绝大部分行政行为不依赖司法确认即可生效执行，司法程序在社会管理中相对处于辅助作用。美国英美法系的特点与自由资本主义的结合，形成了 19 世纪时期“大社会，小政府”的结构，行政权力被限制在有限的范围内，加上司法程序中采用“当事人主义”，政府大量的行政行为需要通过诉讼获得司法确认后才可以执行。因此，诉讼在美国政府管理中发挥着重要的作用。再加上司法程序复杂冗长，美国司法行政机关就必须以诉讼为中心，建立庞大的检察官和律师团队，通过诉讼开展行政管理。

二、执法及调查

美国司法行政机关的另一重要职责是联邦执法及调查，该职能源于诉讼需要，涉及的领域基本与诉讼相同。不论联邦还是州，司法部部长都是首席执法官，司法行政机关都有执法和调查职责，该职责主要体现在以下三方面：

一是联邦和州司法行政机关都拥有独立的执法力量。美国并不严格区分执法与刑事侦查，一般统称为“执法机构”。绝大多数执法机构既可以行政执法，也有刑事侦查权。司法部部长统一负责执法、调查 / 侦查、诉讼。从更广义的角度上理解，刑罚执行、监狱管理、赦免等也可以归入执法范畴。联邦司法部管理的执法机构主要包括联邦调查局、缉毒局、烟酒火器和爆炸物管理局、联邦法警署、联邦监狱局，共有 43666 名执法人

① 参见张福森主编：《各国司法体制简介（修订版）》，法律出版社 2006 年版，第 7 页。

② FY 2018 AGENCY FINANCIAL REPORT Section I；载 https：//www.justice.gov/doj/page/file/1111821/download#16，2022 年 9 月 15 日访问。

员，占全部联邦执法人员的33.1%，是美国第二大执法部门。[①] 由于联邦司法部拥有联邦调查局等在全国范围内非常重要的联邦执法机构，又主管负责各类诉讼的检察官团队，集执法、侦查、起诉于一身，因此在非常广泛的领域形成了强大的执法能力，其下属各执法机构在全国各地设有分部，可以说联邦司法部本身就是美国最重要的执法部门。[②] 州司法行政机关的模式与联邦类似，对于本州事务有执法权，亦组建了执法队伍。

二是联邦司法部可协调地方执法部门，建立合作关系。美国的联邦司法部与各州的地方警察、治安官办公室（sheriffs' offices）等多种执法单位保持着不同的关系，构成了司法部强大的执法能力和广泛的执法网络。虽然联邦与地方警察、执法机构互不统属，但根据联邦宪法第6条第2款的规定，联邦宪法和根据联邦宪法制定的法律和签订的条约是联邦最高的法律，司法部及其下属的联邦调查局等执法机构的行政条例自然也要比州宪法、法律及其部门规章的效力要高，联邦拥有更高的执法权。这构成了司法部协调各地方执法部门的法律基础。联邦司法部可以通过技术、信息和财力方面的优势实现其领导力、影响力，还可以通过签订协议、组成联合执法队的方式进行合作。根据1994年《暴力犯罪控制与执法法案》司法部还可以审查地方执法机构的行为。[③]

三是联邦司法部可以通过专项经费支持的执法项目，使州和地方政府及其执法部门执行其政策。联邦政府的社区导向警务计划最具典型性。1994年《暴力犯罪控制与执法法案》，拟在6年内资助发展社区警务，并增加10万名一线社区警官，司法部为此专门成立了社区导向警务办公室。在1995年和1996年，该办公室使近9千个组织受益，为近5万名警官及

① 美国共有132000名全职执法人员，83个联邦执法机构。国土安全部是最大的执法部门，共有62125名执法人员，占联邦全部执法人员的47%。Federal Law Enforcement Officers，2016-Statistical Tables。载https：//www.bjs.gov/content/pub/pdf/fleo16st.pdf，2022年9月15日访问。

② 虽然联邦监狱局可以归为大陆法系理念之下的"刑罚执行"部门，但是这种分类在美国法律理论框架下并不突出，其更加强调联邦监狱局的"执法"属性。另外，美国联邦司法部不负责非监禁刑的执行，其"刑罚执行权"是不完整的。因此，本书在探讨美国司法行政职能的时候，也是将其放在"执法"类中，而没有将"刑罚执行"作为一项单独职能予以探讨。

③ 载https：//en.wikipedia.org/wiki/United_States_Department_of_Justice，2022年9月15日访问。

其助手提供资金来补充一线警力。为了限定资助，该办公室先支付每个新警官 3 年 75% 的薪金和补助，共 7.5 万美元，援助金的一半给予管辖人口在 15 万人以下的组织。联邦政府还在其他执法领域通过各种计划推行其政策，加强了联邦政府的权威。比如，美国司法部的执法支援署推行的"执法教育计划（LEEP 计划）"，通过增设执法教育课程及贷款、补助等形式为各地警察教育训练提供资金和技术援助。①

三、法律及司法政策的制定

美国属英美法系，采用判例法，其法律和司法政策的制定与大陆法系国家不同。判例法在社会生活和司法实践中发挥主要作用，制定法多为判例法的补充性、改革性法律。作为立法机关的国会一般都是通过单项的法案，而非像大陆法系国家那样制定的系统性法典。所以美国司法部的行政立法职责明显弱于大陆法系国家，特别是缺少系统整合法律的工作。

在法律制定方面，联邦司法部设有一些机构负责行政立法事务，如法律政策办公室、立法事务办公室、法律顾问办公室、部落司法办公室等。其中立法事务办公室负责制定和实施司法部提出的或与其相关的国会立法战略；法律顾问办公室负责向总统和所有行政机构提供法律咨询，审查和评论法律草案的合宪性；法律政策办公室负责制定司法部和行政机关重点政策，是部长和副部长的主要政策顾问，帮助制定有关各种即将出台的法律政策问题的全国辩论条款，跨部门协调、监管和审查所有拟议和最终规则；部落司法办公室为司法部部长关于联邦政府和印第安部落之间的法律关系提供法律意见，联系联邦政府认可的部落政府和部落组织。其他业务部门也会将自己的政策上升为法律，比如 1934 年刑事司起草了犯罪法案（Crime Bills），形成了关于主要犯罪的刑事实体和程序问题的 13 项法律，并由第 73 届国会通过。

由于是判例法国家，美国的司法政策很多是通过诉讼来实现的。一些重要案件对其后的司法裁判产生很大的拘束力。这与大陆法系国家司法部制定系统化的司法政策有很大的区别。比如，美国 1909 年美国诉中西部

---

① 张小兵：《集中性：美国联邦警察制度的重要特征》，载《中国人民公安大学学报（社会科学版）》2008 年第 1 期。

石油公司案（United States v. Midwest Oil Company）催生了司法部新公共土地司，为现在环境与自然资源司的前身[①]，其职责是通过在联邦法院提起诉讼来实现土地政策的转变，将原本土地私有化的政策转变为将私人土地公有化。该司第一财年结束时，就处理了2459件民事和466件与公共土地管理有关的刑事案件；提起了480件民事诉讼，收回了近40万英亩土地和约13万美元的赔偿金。到1937年，该司每年协助联邦政府购买800万英亩土地，用于政府大楼，邮局和退伍军人医院。在华盛顿特区，该司协助为使用至今的司法部主楼，以及最高法院和洛克克里克公园征地。该司还协助为新的国家公园，水坝以及大规模的填海和灌溉项目征地。此外，该司还通过征地避免土地的浪费和抛荒。20世纪30年代的尘暴区给国家带来巨大伤害，1934年国会通过《泰勒放牧法案》（*Taylor Grazing Act*），授权该司为保护和拯救之目的购买西部农地，并交到贫穷的农民手中恢复耕种。[②] 再比如，1904年北方证券公司诉美国案（Northern Securities Co. v. United States）中，司法部获得胜诉，北方证券公司因违反《反托拉斯法》而解散。该案的胜诉一改司法部十多年来在反托拉斯案件上屡遭败绩的历史。司法部乘胜追击，在此案后一鼓作气地提起一连串反托拉斯诉讼，"起诉18起，受理起诉25次，其总数超过以往历届政府提出的总和"。牛肉托拉斯、美孚石油公司、美国烟草公司和美国铝业公司等都在司法部的起诉之下被迫解散。通过这样一系列成功诉讼，司法部的权力得到极大强化，建立起监管大企业活动的权威，从此司法部反托拉斯运动渐入常规，开启了反托拉斯的新时代。[③]

当然，美国联邦司法部通过诉讼实现司法政策也有折戟沉沙的时候。最典型案例是21世纪之初的美国诉微软案（United States v. Microsoft Corp）。该案涉及现代科技、市场机制、法律制度和政府反垄断政策，是进入信息时代后司法界对工业时代制定的反垄断法律的一次系统性检视和参考，举世瞩目，毁誉参半。微软因在其Windows操作系统中捆绑浏览器而

① 载http: //www.law.harvard.edu/faculty/rlazarus/docs/articles/LazarusRichardELRArticleNov11.pdf，2022年9月15日访问。

② 载http: //www.law.harvard.edu/faculty/rlazarus/docs/articles/LazarusRichardELRArticleNov11.pdf，2022年9月15日访问。

③ 参见邵晓秋、韩锡玲:《西奥多·罗斯福扩大总统权力的举措以及司法部权力的扩张——以北方证券公司案为例》，载《法制与社会》2017年第27期。

被美国联邦司法部起诉。司法部认为，对微软的起诉虽然是在100年前的《谢尔曼反托拉斯法》的名义下进行，经济上的规则已经改变，创新远重于价格，所以微软案焦点不在于垄断者抬高价格伤害消费者，而是在于垄断阻碍创新。因此，2000年4月，司法部正式决定，要求法官将微软一分为二，即一个操作系统公司和一个应用软件及互联网业务公司。6月，主审法官正式裁决，将微软一分为二。然而科技界对该结果持反对意见，因为与工业时代明显不同的是，在信息时代，技术发展日新月异，市场竞争空前激烈，产业模式天壤之别，这一诉讼劳民伤财，刻舟求剑，没有实际意义。2001年6月，联邦上诉法院驳回联邦地方法院的初审，认为虽然微软处于垄断地位，但将Windows和浏览器捆绑销售的做法并不违法，而是合法的创新和整合。9月，联邦司法部发表声明，决定不再要求以拆分方式处罚微软，并撤销指控。微软与司法部和解，同意政府的一些限制性措施。[①] 这场诉讼中，联邦司法部并非输给了微软，而是输给了时代。

第四节　美国司法行政制度的特点

美国司法部的设置独具特点，在继承英国司法制度的基础上，践行"三权分立"理论，采取联邦集权主义，实行司法行政和检察一体化，发展出强大的执法能力，其对内的执法"朽木难雕"，对外却不断打着"国家安全"的幌子为国际霸权提供法律保护。

一、鲜明的英美法系特点

美国司法行政继承了英国的制度，具有鲜明的英美法特点。美国由英属北美殖民地独立而来，与英国历史、文化、政治一脉相承，法律更是如此。美国独立之初，联邦司法部部长沿用英国负责政府和王室诉讼和法律咨询的"总法律顾问"（首席律师）的称谓，为"Attorney General"，根据

① 参见任东来、陈伟、白雪峰等:《美国宪政历程：影响美国的25个司法大案》，中国法制出版社2014年版，第461—484页。

《1789 年司法法案》，总法律顾问“应谙熟法律，起诉和处理在最高法院所有涉及联邦政府的案件，根据总统、部长的要求提供法律领域的意见和建议”[①][②]。与英国一样，起初美国的总法律顾问也类似于一个私人工作，在长达近一个世纪的时间里，总法律顾问并非一个部门，而仅是一个职位，且是个兼职职位，内战之后才成为一个部门。美国很多州的司法部部长也都称为“Attorney General”，其职责与联邦司法部部长基本相同；而联邦司法部副部级的“诉讼事务总监”一职也源自英国，同样称为“Solicitor General”。[③]

美国联邦司法部继承了英国的特点，部门纷繁复杂，设置的随意性较大。戴鸿慈曾言：“美民喜自由而多放任，其国失之複杂。”[④]美国司法部各局、司、委员会、工作组、办公室、项目组、署等各种部门之间的区别没有明确的界定；一些部门之间职责交叉重合。美国司法部没有明确的组织法，内设部门有的根据法律设置，有的根据司法部部长的命令设置。各部门的地位也不清晰，一些部门没有出现在组织机构图中，却出现在组织机构列表中。部门功能纷繁多样，不仅有传统的诉讼部门、行政部门、执法部门，还设置了一些准司法机构。一些部门的名字与我们通常的理解差别较大，如司法协助局（Bureau of Justice Assistance）与我们理解的不同，其并不负责双边和多边的民事和刑事国际司法协助工作，而更像一个资源、项目、培训服务部门，协调各州、地方和社区的工作；联邦受托人执行办

---

① 载 https://www.justice.gov/about，2022 年 9 月 15 日访问。

② “The Judiciary Act of 1789”, Sec 35: “...And there shall also be appointed a meet person, learned in the law, to act as attorney-general for the United States, who shall be sworn or affirmed to a faithful execution of his office; whose duty it shall be to prosecute and conduct all suits in the Supreme Court in which the United States shall be concerned, and to give his advice and opinion upon questions of law when required by the President of the United States, or when requested by the heads of any of the departments, touching any matters that may concern their departments, and shall receive such compensation for his services as shall by law be provided.” 载 https://www.constitution.org/uslaw/judiciary_1789.htm，2022 年 9 月 15 日访问。

③ 参见本书“第六章英国司法行政制度”。在英国，不同等级和类型的律师之间有所区分：律师（attorneys）、顾问律师（counselors）、大律师（barristers）、出庭律师（sergeants）是不同的。但这样的概念在美国并不流行。参见劳伦斯·傅利曼：《美国法律史》，刘宏恩、王敏铨译著，联经出版事业股份有限公司 2016 年版，第 363—364 页。

④ 参见赵尔巽等：《清史稿》卷二百二十六《戴鸿慈传》。

公室（Executive Office for U.S. Trustees）从名称上根本看不出负责破产事务。一些部门在自我介绍中，大肆宣扬其使命和价值观，进行自我标榜，却对具体职责和任务的介绍遮遮掩掩，含含糊糊，语焉不详。英美法本身就散乱无章，美国司法部自身又非常庞大，加上纷繁复杂的部门设置，不仅使人很难一窥全貌，增加了美国法律和执法本身的复杂性，也增加了国家和社会的司法成本，还增加了民众获得司法救济的难度。

二、践行“三权分立”理论

美国虽然继承英国的法律和司法制度，但其建国理念充分的吸收了孟德斯鸠的“三权分立”学说，严格区分立法、行政和司法。美国司法行政机关从英国模式[①]中脱胎换骨，形成了自己独有的模式。

虽然同为“司法行政机关”，但英国司法部源于大法官（Lord Chancellor），美国司法部却源于英国的总法律顾问（Attorney General），因此英美两国司法部迥然不同。美国在“三权分立”理论的影响下，执掌司法权的联邦法院完全独立；而司法部作为行政机关，基本不负责法院系统的人财物，提供的服务也非常有限，从而确立了司法行政主管检察，而法院系统独立运转的特点。美国司法部原来也负责法院的行政事务，但为了进一步确保司法独立，于1939年成立了美国法院行政管理局（美国法典第28编第601章至第612章），负责集中管理联邦法院系统预算、人事、采购及其他日常行政事务。该局局长由首席大法官在征求司法会议的意见后任命。司法会议成立于1992年，由各法院首席法官组成的专门会议，其执行委员会由7个委员组成，首席大法官任主席，其他成员由行政事务管理局局长征询意见之后，与首席大法官共同任命，任期3年，可以连任一届。此外，联邦法院行政事务管理局在各司法辖区设立联邦法院职员办公室，负责向联邦法院系统提供秘书和其他支持服务。[②]

联邦司法部也负责联邦法院的部分司法行政工作。司法部的联邦法警署负责维护美国联邦法庭的安全，保护法庭工作人员，保护证人安全，追查和缉拿联邦逃犯，押送刑事被告人及罪犯，缉捕联邦逃犯，收缴罪犯的

---

① 参见本书“第六章英国司法行政制度”。

② 参见董开军主编:《司法行政学》，中国民主与法制出版社2007年版，第78页。参见张福森主编:《各国司法体制简介》(修订版)，法律出版社2006年版，第5页。

财产，以及管理法庭，租借法庭用地，支付证人费、联邦检察官、法庭职员、副司法官的薪水以及其他费用。[①] 从某种意义上讲，联邦法警署的这些职责更多的是属于执法工作，所以由司法部执掌。司法部还负责向总统推荐联邦法官，这项工作属于司法行政的范畴。美国法律对联邦法官的选任具体程序没有明确的规定，其选任主要是依据具体的实践来进行操作，一般要经过以下程序：(1) 总统向参议院提名前，要征求美国律师协会意见[②]，美国律师协会联邦司法委员会就候选人的司法能力进行调查，并写成报告给司法部部长；(2) 司法部部长指示联邦调查局对候选人的政治背景、思想倾向进行调查后，向总统推荐[③]；(3) 总统提名；(4) 参议院司法委员会举行听证会后表决；(5) 总统任命。此外，司法部立法事务办公室也参与联邦法官等人员的参议院确认程序。然而，总体上看，在“三权分立”的政治理念下，联邦司法部参与法院司法行政的职责非常有限，法院的司法行政事务主要还是法院自行负责。

“二战”后，美国作为战胜国之一，将自己的这种模式推行到其他国家，最典型的就是对战后日本的改造。“二战”前，日本采用德国“审检合署”制，在各级法院中设置检事局，负责犯罪侦查、提起公诉和指挥刑罚执行等。法院、检察同归司法省领导。[④] 但在天皇独裁，军国主义甚嚣尘上的背景下，法院、检察院同归司法省管理，使得司法独立名存实亡。“二战”之后美国占领日本，主导了对日本的政治和法律制度的大幅度改造。日本新宪法确立了司法独立原则，法院被从司法省分离出来，但原附属于法院的检事局成立了最高检察厅及各检察厅，检察系统仍归法务省领导，并作为法务省的“特别机关”，司法大臣对检察事务进行一般的指挥

---

① 张小兵：《集中性：美国联邦警察制度的重要特征》，载《中国人民公安大学学报（社会科学版）》2008 年第 1 期。参见张福森主编：《各国司法体制简介》（修订版），法律出版社 2006 年版，第 5—6 页。

② 周道鸾、王泽农、赵震江、谷春德：《美国的法官制度》，载《法学杂志》1989 年第 4 期。

③ 肖扬主编：《当代司法体制》，中国政法大学出版社 1998 年版，第 50 页。丁艳雅：《法官选任方式与程序之比较研究》，载《中山大学学报（社会科学版）》2001 年第 4 期。另参见 https://www.chinacourt.org/article/detail/2002/08/id/11089.shtml，2022 年 9 月 15 日访问。

④ 何家弘：《日本的犯罪侦查制度（一）》，载《公安大学学报》1997 年第 2 期。

监督。[①] 这使得日本司法行政又加入了美国因素，兼有大陆法系和英美法系特点。

三、联邦集权主义

一般认为，美国联邦和州有各自的法律、政府和司法体系，是联邦“分权”的典型。但美国司法行政在联邦和州两套系统“分权”的表象下，却是联邦制下的“集权”。

一是美国联邦司法部总揽联邦政府的法律事务，拥有广泛的业务范围和执法领域。美国司法部的主要职责是诉讼和执法，同时还负责政策制定、立法。其业务范围不仅包括传统的民事、刑事、行政法，以及司法机构和职业管理等领域，还包括反垄断、情报、移民、环境、税务、毒品、危险物品、公共安全、国家安全、地方和民族事务等领域。可以说，美国司法部总揽联邦政府的法律事务，是业务领域最广泛的司法行政机关。

二是司法部垂直管理地方执法机构。表面上看，联邦和州都有自己的司法行政机关，在法律上进行分权。实际上联邦司法部诸多部门在各地都有自己的分支机构。这些分支机构实际上是归联邦司法部“垂直”管理，与各州司法行政系统并行存在。如联邦调查局设有 56 个外勤办公室，约 380 个卫星办公室，63 个海外办事处和 15 个二级办事处。除了位于纽约、洛杉矶和华盛顿的几个最大的外勤办公室直接由局长助理负责外，其他的外勤办事机构都由一个专门部门负责日常工作监督[②]。这种“一竿子插到底”的机构设置模式，极大地加强了司法部联邦集权主义。

三是联邦优于地方的制度安排。虽然联邦与地方都有自己的执法权，警察 / 执法机构互不统属，但司法部及其下属的联邦调查局等机构的行政条例属于联邦法律，其效力高于州宪法、法律及其部门规章，联邦拥有更高的执法权。“联邦优于地方”的制度安排，是联邦司法部协调各地方执法部门的法律基础，实现了对全国刑事犯罪的“抓大放小”，控制着重要刑事案件的司法走向。

---

① 何家弘:《日本的犯罪侦查制度（一）》，载《公安大学学报》1997 年第 2 期。
② 戴铭:《美国联邦调查局的前世今生（上）》，载《现代世界警察》2018 年第 9 期。

四是司法部为各州提供强有力的支持和指导。比如司法部建设了庞大的情报收集、分析和共享系统（如国家犯罪信息中心），形成了很强的情报收集、分析能力，以及以此为基础的执法能力。这实际上是司法部联邦集权主义的最重要的驱动力，使地方不得不依赖联邦。联邦司法部还通过项目和指引来为地方提供司法政策指导。比如联邦司法项目办公室通过在全国范围内分享经验，提供资金支持，为联邦、州、地方和部落司法系统提供创新指导，有司法协助局、司法统计局、国家司法研究所、青少年司法和违法犯罪预防办公室、犯罪受害人办公室等若干成员单位参与。另如社区警务服务办公室，通过社区警察战略来帮助地方执法部门提高公共安全。该办公室已经为全美超过 1.3 万个执法部门提供了将近 90 亿美元的项目资金，在全国协助建立社区警务项目，大约 80% 的人口从执法部门实施的社区警务项目中受益。

五是控制着案件的法律进程。美国是判例法国家，其特点是法律标准模糊不清，法官不告不理，诉讼程序极为复杂。这就给联邦司法部极大的案件操作空间。联邦执法机构和检察官同属于司法部长领导，只有业务上的分工而缺少职责上的制约。联邦司法部可以对重大案件以“联邦优于地方”为由将重大案件抓在自己手里，插手各种司法案件，同时可以肆意使用起诉、中止诉讼、撤诉、开展诉辩交易、司法和解等诉讼手段。而由于判例法裁判标准的模糊不清，这就给司法部通过操纵某一个小案的审判结果，改变司法标准打开了巨大的空间。美国表面上标榜“司法独立”，法官独立审判，通过判例创制法律，享有“司法权威”。实际上区区几个法官，在庞然大物般的联邦司法部面前，在动辄数亿美元、数十亿美元的案件中，在利益集团明里暗里的各种操弄之下，可以说只有同意背书的权力。表面上看一个重大案件的司法结果是法官“创造”出来的，是司法史上的“里程碑”，但实际上，联邦司法部才是美国各种案件的“幕后操盘手”。

四、司法行政和检察一体化

美国建立之初，联邦总法律顾问的首要职责就是代表联邦政府进行诉讼。1870 年 7 月 1 日司法部成立，获得了监督联邦检察官的权力，并创设了诉讼事务总监（Solicitor General），负责协助司法部部长代表政府在最高法院的诉讼。[①]

美国司法部部长领导全国检察官。美国的司法部部长称为"Attorney General",同时也是联邦总检察官。联邦检察官(U.S. Attorneys)是国家诉讼律师,受司法部部长领导。美国全国(含波多黎各、维京群岛、关岛和北马里亚纳群岛)一共 94 个司法辖区,共 93 名联邦检察官,每个联邦检察官都有各自的司法辖区(关岛和北马里亚纳群岛属于一个司法辖区),都是该辖区内的首席联邦执法官。司法部设有联邦检察官执行办公室,为 94 个联邦检察官提供全面的行政支持,并协调与司法部各部门及其他联邦机构之间的关系。联邦司法部还设有赦免检察官办公室协助总统行使宪法上的行政宽恕权。

司法行政机关的执法职能源于诉讼职能。统观世界主要国家,如德国、法国、日本、英国等,执法和诉讼都分属于两个部门。执法、调查、侦查一般归内政部(或其领导下的警察部门)负责,而诉讼则由司法行政机关(或其领导下的检察部门)负责。在执法和刑事诉讼中,检察官和警察是分工合作关系,警察的职责侧重于事实发现,而检察官侧重于法律处理。但美国不同,美国联邦司法部的执法和诉讼是合一的,这与英美法系注重诉讼的特点紧密相关,由于法庭举证需要,检察官调查和收集证据的工作必不可少。1924 年联邦调查局的成立,就是源于司法部在履行诉讼职责中,对调查和侦查的需要。司法部部长同时领导执法和诉讼业务,二者之间合作更多,制约更少。"9・11"事件后,联邦司法部进行了一系列改革,加强了政府反恐执法权和对恐怖主义犯罪的打击力度,扩大了司法部信息监控的权力和范围,加强了司法部部长的信息保护职责,调整司法部部长的人事权力[②],创建了国家安全司,巩固了司法部国家安全执法工作[③],加强了司法部对毒品"销售链条"的监管[④]。2008 年,司法部颁布了最新版的《联邦司法部长对联邦调查局国内调查行动的指南》,取代了原有的五个

---

① 载 https://en.wikipedia.org/wiki/United_States_Department_of_Justice,2022 年 9 月 15 日访问。

② 刘涛:《〈2005 年美国爱国者法修改与再授权法〉介评》,载《国家检察官学院学报》2008 年第 2 期。

③ 载 https://www.justice.gov/nsd/about-division,2022 年 9 月 15 日访问。

④ 刘涛:《〈2005 年美国爱国者法修改与再授权法〉介评》,载《国家检察官学院学报》2008 年第 2 期。

指南[①]，通过横向整合和纵向整合的方式，全面提升了联邦调查局保卫国家安全和收集情报能力。[②] 这些改革措施进一步强化了司法部部长的权力，加强了司法部部长对执法的领导。

美国司法部部长领导检察官的体制和大陆法系国家有所不同：其一，大陆法系国家司法部部长是行政官，司法部人员的构成主体也是行政官，但检察官是专业官，而监狱、调查等人员属于执法官。美国则不然，不论是联邦司法部部长还是州司法部部长，其本身就是检察官，既是行政官，也是专业官，还是执法官，集多种身份于一身。其二，大陆法系国家的司法行政机关是以行政官为主，检察官为辅，行政官出现较早，后来随着专业的发展，出现了检察官；但美国则不同，在联邦司法部成立后的很长一段时间里，检察官构成了司法部的人员主体，后来随着司法部执法业务的膨胀，司法部的人员构成方才多元化。其三，美国和大陆法系国家检察系统的设置不同，大陆法系国家司法部以行政为主，向检察官发布司法政策，以检察院作为司法部的专业机构从事诉讼活动；而美国司法部以诉讼为主，以联邦调查局等作为专门执法机构支持诉讼。这些不同之处更加凸显了美国联邦司法部司法行政和检察一体化的特点。

五、强大的执法能力

美国司法部的执法能力极为强大，可以说是世界上权力最大的司法行政机关。

一是独立而强大的执法能力。一般来讲，不论是联邦制还是单一制，联邦 / 中央的执法能力相对有限，有赖于各州 / 地方的支持，但美国正好相

① 1976 年 4 月 5 日颁布的《关于报告涉及联邦利益的内乱和示威的指南》，1988 年 8 月 8 日颁布的《关于报告与运用 FBI 于外国情报事务、反情报事务或者国际恐怖主义情报调查中所获信息的指南》，2002 年 5 月 30 日修订后颁布的《关于普通犯罪、敲诈勒索犯罪和恐怖主义组织的调查指南》，2003 年 10 月 31 日修订后颁布的《关于国家安全调查和外国情报收集的指南》，2006 年 9 月 29 日颁布的《关于收集、保存、分发外国情报的补充指南》。参见艾明：《"9 · 11" 后美国联邦调查局侦查权的运行模式——以〈联邦司法部长对 FBI 国内调查行动的指南〉为例的分析》，载《中国人民公安大学学报（社会科学版）》2010 年第 6 期。

② 艾明：《"9 · 11" 后美国联邦调查局侦查权的运行模式——以〈联邦司法部长对 FBI 国内调查行动的指南〉为例的分析》，载《中国人民公安大学学报（社会科学版）》2010 年第 6 期。

反，联邦拥有独立而强大的执法能力，各州反而依赖联邦。2016年度，美国司法部拥有115440名员工的庞大队伍，292亿美元的任意授权预算，管理的执法机构包括联邦调查局、缉毒局、烟酒火器和爆炸物管理局、联邦法警署、联邦监狱局，执法人员共43666名，占联邦全部执法人员的33.1%，是联邦第二大执法部门[①]。这使得其拥有足够的资源，能够独立地处理很多案件。加之拥有联邦调查局等非常重要的执法机构，主管负责各类诉讼的检察官团队，联邦司法部集执法、侦查、起诉于一身，在非常广泛的领域形成了独立而强大的执法能力。

二是强大的情报收集处理能力。历史上，司法部有两次重要的情报能力建设和提升。第一次是在“二战”中反间谍情报能力的建设。1939年6月26日，罗斯福签署总统令，要求“所有关于间谍、反间谍和破坏活动的调查事务都由司法部联邦调查局、陆军部陆军情报局和海军部海军情报局负责与处理”[②]。1940年联邦调查局成立负责西半球的情报事务的特情处，正式派遣特工作为外交联络人驻扎在各驻外使馆。[③]“二战”使得联邦调查局迅速膨胀，从1940年的2400名特工和支持员工，到1944年激增到超过13000名。[④]战后，胡佛建议联邦调查局依据战时在拉丁美洲情报活动的经验，负责建立一个“世界范围的情报体制”，但没有成功。杜鲁门取消了联邦调查局在国外从事情报活动的授权，其行动由新成立的中央情报局接管，联邦调查局权限被局限在美国国内。[⑤]虽然如此，联邦调查局积累了宝贵的经验，情报能力获得极大的提升。第二次是在“9·11”之后，反恐位居联邦调查局十大重点任务榜首。时任局长穆勒认识到，联邦调查局的战略能力要更具前瞻性，更擅长于预防恐怖袭击。而转型的关键是情

---

① 2016年，美国联邦政府共有132000名全职执法人员，83个联邦执法机构，主要由联邦各部管理（也有独立执法机构），其中国土安全部有62125名执法人员，占联邦全部执法人员的47%，位居第一。

② 陈建平:《二战前后美国联邦调查局职能的调整》，载《淮阴师范学院学报（哲学社会科学版）》2010年第5期。

③ 载https: //www.fbi.gov/history/brief-history/world-war-cold-war，2022年9月15日访问。

④ 载https: //www.fbi.gov/history/brief-history/world-war-cold-war，2022年9月15日访问。

⑤ 陈建平:《二战前后美国联邦调查局职能的调整》，载《淮阴师范学院学报（哲学社会科学版）》2010年第5期。

报，这是国家安全工作核心。[①] 2001 年 10 月 26 日《美国爱国者法案》[②] 为防止恐怖主义扩张了美国警察机关的权限。根据法案的内容，警察机关有权搜索电话、电子邮件通讯、医疗、财务和其他种类的记录；减少对美国本土外情报单位的限制；加强警察和移民管理单位对于居留、驱逐涉嫌恐怖主义的外籍人士的权力。与此同时，联邦调查局意识到有必要成立一个情报部门，对全局的情报工作进行集中管理。2001 年，联邦调查局首先在其反恐部成立了情报分析办公室，2002 年升级为情报处。2003 年，联邦调查局在所有部门都成立了相应的情报机构，这些机构对一个新成立的情报办公室负责。2005 年 2 月，情报指挥部成立。2005 年 9 月，联邦调查局国家安全分部成立，整合了反恐、反间谍以及情报指挥部的资源，负责人由一位高级官员担任，副局长直接分管。联邦调查局通过建设情报指挥部，培养专业情报人才、提升情报收集方法，建设技术平台建设，全面加强自身情报能力。[③]

三是强大的国际警务协调能力。联邦调查局设有 63 个海外办事处和 15 个二级办事处，负责与世界各国执法人员和情报部门联系沟通。这些海外办事机构通常设在美国驻外使领馆内，美国与驻在国签订协议，明确开展联合行动的方式和信息共享的规则。设在中国的办事处有两个，分别位于北京和香港。[④] 联邦调查局北京办事处成立于 2002 年 10 月 22 日，为联邦调查局第 45 个海外专员办事处，其办公地点设在美国驻华使馆，现有 2 名特工，负责联邦调查局在整个中国的事务，“相当于联邦调查局与中国公安部之间的信息桥梁”。[⑤] 除此之外，联邦调查局在必要时也会派遣特工和犯罪现场勘查专家协助调查发生在境外的涉及美国公民的案件，或向国际刑警组织、欧洲刑事警察组织等国际合作机构派遣工作人员。[⑥] 国际

---

① 载 https://www.fbi.gov/history/brief-history/a-new-era-of-national-security，2022 年 9 月 15 日访问。

② 正式的名称为“Uniting and Strengthening America by Providing Appropriate Tools Required to Intercept and Obstruct Terrorism Act of 2001”，《使用适当之手段来阻止或避免恐怖主义以团结并强化美国的法律》。

③ 邱斌：《“9·11”后美国联邦调查局的情报建设介绍》，载《上海公安高等专科学校学报》2014 年第 1 期。

④ 栗月静：《美国联邦调查局在“打黑”中崛起》，载《文史博览》2010 年第 7 期。

⑤ 栗月静：《美国联邦调查局在“打黑”中崛起》，载《文史博览》2010 年第 7 期。

⑥ 戴铭：《美国联邦调查局的前世今生（上）》，载《现代世界警察》2018 年第 9 期。

刑警组织美国国家中心局是美国司法部部长在国际刑警组织中的代表，是美国与国际刑警组织在世界范围内警务合作、沟通和犯罪情报的官方联络点。该机构同时也是美国司法部的一个组成部门，与国土安全部共管。华盛顿办事处全年 7×24 小时运转，支持全美超过 18000 个地区、州、联邦和部落执法机构，以及外国合作伙伴，在跨国刑事调查方面的协助请求。[①]

六、“朽木难雕”的执法政策

虽然美国司法部有强大的执法能力，建立了庞大的执法机构，占用了巨额的财政资金，配备了高端武器装备，收集了巨量的犯罪情报，但是受制于其陈旧的宪法规定、偏执的意识形态和庞大的既得利益集团，在应对枪支暴力和贩毒等执法活动中舍本逐末，收效甚微。

19 世纪末以来，美国各州和地方多次试图制定控枪法律，克林顿、奥巴马等总统亦力主控枪，但都难逃“雷声大、雨点小”和“来回翻烧饼”的结局，枪支管控始终难见实效。目前，美国是世界上民间拥有枪支最多的国家。美国人口占全球人口不到 5%，但民间拥枪数却占全球的 46%。2017 年，美国私人拥有枪支约 3.933 亿支，而当时美国人口不到 3.265 亿人，平均每 100 人约拥有 120.5 支枪。无论是私人拥枪总数，还是人均拥枪数量，美国都高居世界第一。2020 年以来，新冠疫情带来更多社会问题，“黑人的命也是命”抗议活动引发系列抢劫和骚乱，加剧了社会不安全感，用于防身的半自动手枪需求大幅上升，枪支销量以创纪录的速度飙升。2020 年美国进行了 2100 万次枪支销售审查，数以百万计的美国人突然间第一次拥有枪支。私人拥有大量枪支引发接连不断的暴力事件，社会安全问题更加严重。2014 年，枪支造成的伤亡人数为 34231 人，而到 2021 年，伤亡人数升至 85584 人。2015 年至 2019 年发生的近 9.5 万起杀人案中，约 74% 使用了枪支。2013 年以来，美国大规模枪击事件和死亡人数均增长近 3 倍。2019 年，美国发生 417 起大规模枪击案（伤亡 4 人以上），2020 年 611 起，2021 年 692 起。截至 2022 年 5 月底，美国 34 州和首都华盛顿发生 213 起大规模枪击案，242 人死亡，912 人受伤，比 2017 年同期增加了 50%，比 2013 年同期增加了 150%。过去 10 年，美国共发生大规模校园枪

---

① 载 https://www.justice.gov/interpol-washington，2022 年 9 月 15 日访问。

击案27起。2022年5月，18岁男子持枪攻击得克萨斯州尤瓦尔迪市罗布小学，造成包括19名学童在内的21人死亡。这是美国2022年以来第27起，也是近年来最严重的校园枪击案。美国枪支暴力痼疾难除，同美国特殊的社会政治制度直接相关[①]：

第一，美国僵硬的宪法规定使得全面禁枪无法实现。美国宪法第二修正案规定，“纪律严明的民兵乃保障自由国家的安全所必需，人民持有与携带武器的权利不容侵犯”。这条宪法修正案制定于1791年，反映了刚刚通过独立战争从英国独立出来的北美人民的愿望。因此美国人相信，持枪权是一项至关重要的权利。美国44个州的宪法中都明确规定要保护公民持枪的权利。但是，随着时代的发展，各国普遍承认私人持枪不利公共安全，对私人持枪采取严格控制的政策。美国宪法规定的持枪权已明显不符合现代社会需要。多年以前美国就已经认识到枪支泛滥的危害，并探讨通过修改宪法实现禁枪的可能性。然而，修宪在美国门槛很高，且过程复杂、漫长。在美国持枪文化深厚、持枪人口众多和枪支利益集团势力强大的情况下，试图通过修宪禁枪，成功的可能性微乎其微。宪法禁枪的另一条可能途径是美国联邦最高法院对宪法重新进行解释。但是，2008年6月联邦最高法院对赫勒案的裁决中认定，持有和携带枪支是一项“天赋”人权，公民个人有权拥有和使用枪支，地方政府制定控枪法律是违宪行为。2010年6月，美国联邦最高法院进一步裁定，美国宪法第二修正案中有关公民享有持枪自由的条款同样适用于各州和地方法律，从而将个人持有枪支的权利扩大到整个美国。美国联邦最高法院的这两个裁决彻底消除了通过释宪禁枪的可能性。

第二，美国政党政治的弊端使控枪努力停滞不前。近几十年来，美国政治“极化”现象严重，两党对立加剧。民主党支持枪支管制，主张实行更为严格的枪支管制政策，共和党则反对枪支管制。枪支管控已成为总统和国会选举的主要议题之一，并已成为决定竞选成败的重要因素。克林顿政府时期，美国国会通过《联邦攻击性武器禁售令》，明确禁止在民间出售19种攻击性较强的半自动枪械以及10发以上的子弹夹，在控枪问题上取

① 《美国痼疾难除的枪支暴力严重践踏人权》，载《人民日报》2019年8月25日，第6版；《美国枪支暴力泛滥的事实真相》，载新华社2023年2月16日，http://www.news.cn/world/2023-02/16/c_1129370265.htm。

得一些进展。奥巴马政府时期，鉴于美国枪击暴力案件居高不下、校园枪击等恶性案件频繁发生，参议院民主党人提出枪支管理修正案，要求将购枪背景审查范围扩展到枪支展销会和网上购枪领域。尽管该法案得到 90% 美国人的支持，但还是在 2013 年被参议院否决了。事实上，奥巴马政府推动的控枪法案全部铩羽而归。在此背景下，2016 年 1 月，奥巴马政府不得不绕开国会，用发布行政命令的方式管控枪支，规定禁止精神病患者持有枪支，要求枪支经销商持证上岗，加强枪支购买者的背景审查。但是，随着共和党政府上台，2017 年 2 月，共和党控制的参、众两院废除了奥巴马政府发布的行政命令。奥巴马政府这些微弱的控枪措施也无法得到保持。

第三，利益集团是美国控枪的最大阻力。美国是世界上头号军火生产大国，其枪支制造、买卖和使用已形成庞大产业链，涉及庞大利益。在美国，反对控枪的利益集团有全国步枪协会、全国持枪者协会、全国射击运动协会、全国枪支权利协会等 12 个组织。这些利益集团为美国总统选举和国会选举提供大量政治捐款，仅 2010 年至 2018 年就通过政治行动委员会捐款 1.13 亿美元。全国步枪协会是美国最有影响力的院外游说组织，每年运营经费高达 2.5 亿美元，竞选年份经费更多。该协会在 2016 年总统选举中捐出政治竞选资金 5440 万美元，其中 3000 万美元捐给了共和党候选人。目前美国国会两院的 535 名成员中，有 307 人要么直接从协会及其附属机构处获得过竞选资金，要么就是从协会的广告活动中受益。全国步枪协会向国会议员捐出政治献金，数额较大的 20 笔都流向共和党籍议员。近年来，以全国步枪协会为代表的美国反枪支管制利益集团取得了巨大成功，几乎封杀了所有控枪法案，使美国枪支管制更加宽松。

第四，枪支泛滥同美国警察过度使用枪支形成恶性循环。为了应对枪支泛滥的情况，美国司法部及地方警察系统为执法人员普遍配枪。可以说与各国执法机构相比，美国司法部火力最为强大，装备最为先进。美国警方在执法过程中往往以被执法对象疑似持有枪支等武器为由过度使用枪械，造成大量人员伤亡。2017 年，美国警察枪杀 987 人。在被警察枪杀的人中，有很多是无辜者。《华盛顿邮报》报道，截至 2016 年 7 月 8 日，在半年多一点时间内被美国警方枪杀的 509 人中，至少有 124 人是精神疾病患者。警察滥用职权枪杀平民却极少被追究刑事责任，每年有约 1000 名平民被警察射杀，至少致死 400 人，但在 2005 年至 2016 年的 10 多年里，只有 77 名警察因此而被指控犯有过失杀人罪或谋杀罪，平均每年仅为 7.7 人，并且绝大多数都被免予起诉。2015 年前 5 个月，美国警察枪击致死人数达 385 人，平均每天致死超过 2 人。而与此形成强烈反差的是，这期间被起诉的警察只有 3 人，还不到总数的 1%。这种情况引起很大社会反响。2015 年，射杀 17 岁非洲裔男孩麦克唐纳的芝加哥警察，迟迟未被起诉，公众为此举行抗议游行。该警察之前曾遭 20 项投诉，居然未受到任何追究。①

如果说受制于美国陈旧的宪法规定，美国司法部在枪支泛滥的问题上难有作为尚有情可原的话，毒品泛滥问题就实实在在凸显出美国司法部“舍本逐末”的执法特点。

“二战”后，美国的毒品问题愈演愈烈。尼克松任总统后，发动了“毒品战争”（War on Drugs），对内采取了加强立法、成立缉毒局、大幅度增加预算、强化执法力量和开展执法行动，加强戒毒康复等一系列方法，对外推行的以美国为中心并由相关国家参与的全球禁毒政策，并将切断国外的毒品供给源作为毒品外交的主要目标。② 在近 50 年的时间里，美国司法部虽然采取了一系列的强力执法手段，但仍然无法肃清流毒。现在，美国仍然是全世界毒品问题最严重的国家，吸毒人数约占全球的 12%，是其人口占全球比例的 3 倍。2021 年，在全体美国人中，有约 19.4% 的人口至少使用过一次非法药物；在 12 岁及以上年龄的约 2.8 亿美国人中，目前有 3190 万吸毒者，其中有 11.7% 的人使用非法药物，有 19.4% 的人在过去一年内使用过非法药物或滥用处方药。根据美国联邦法律，大麻是非法的，但 15 个州已将其娱乐用途合法化。新冠疫情暴发后，美国大麻产业逆势增长。2020 年 4 月到 2021 年 4 月，美国因过度吸食鸦片导致的死亡人数高达 7.5 万人，占全部因过量吸毒致死的美国人口的 75% 以上，较上一年同期增长 50%。在新冠疫情暴发后的一年里（2020 年 4 月至 2021 年 4 月），美国有超过 10 万人死于吸毒过量，这一数字是死于枪击案人数的

① 《美国痼疾难除的枪支暴力严重践踏人权》，载《人民日报》2019 年 8 月 25 日，第 6 版；《美国枪支暴力泛滥的事实真相》，载新华社 2023 年 2 月 16 日，http://www.news.cn/world/2023-02/16/c_1129370265.htm。

② 参见林晓萍：《“毒品战争”及其问题评析》，载《福建警察学院学报》2010 年第 2 期。

8倍、是死于交通事故人数的近3倍。[①] 可以肯定地说，美国的禁毒政策是失败的。失败的禁毒与禁枪政策相互交织，导致美国犯罪问题极其严重。

美国毒品泛滥有多重原因：一是战后美国经济发展，迅速积累的国民财富创造出空前繁荣的消费市场，毒品也活跃于其中。到20世纪60年代，盛行全美的嬉皮士运动及其所创造的嬉皮士文化在美国泛滥一时，其中就包括“毒品文化”。二是美国政府出于经济因素考虑，推动大麻等毒品合法化。大麻合法化使政府可以从合法的毒品市场获得可观税收，而大麻税收分配又成了毒品合法化的重要推动力。三是利益集团在毒品问题上推波助澜。为维护市场利润，美国大型医药企业投入大量资金，一方面资助专家和协会兜售“阿片类药物无害”论，鼓动药店大力推销毒品、医师滥开药用处方，使一些患者在不知情的情况下染上毒瘾后无法自拔；另一方面进行政治游说和捐助，推动毒品合法化，其中包括支持大麻合法化的《MORE法案》。[②]

七、为国际霸权提供法律保护

一般来讲，各国的司法部都会重点保护国家、社会和经济的重大利益。但美国不一样，美国拥有全球经济、军事和科技霸权，其国家利益是全球层面的，这种霸权不仅包括我们通常理解的国家政治军事霸权，还包括美国各种私营企业、科研院所和金融机构在经济、技术、金融、贸易领域的优势和垄断地位。近年来，美国突破政治、军事、外交等传统国家安全的范畴，不断扩张“国家安全”的内容，将恐怖主义、网络安全、知识产权和技术优势、经济和金融安全都冠以“国家安全”的名义。一方面通过不断地自我发展创新，巩固美国的国家利益；另一方面通过各种手段不断地打击和消灭各领域的竞争对手，维护其全球霸权和领先地位。

司法部也在这一概念的指引下，不断强化“国家安全”领域的执法，为其国际霸权提供司法保护。“9·11”之后，恐怖主义成为美国国家安全的首要威胁，反恐升级为美国司法部的头号任务，特别是联邦调查局获得

① 《美国国内毒品问题现状》，载外交部网站，https://www.mfa.gov.cn/wjbxw_new/202302/t20230209_11022550.shtml，2023年7月28日访问。

② 《美国毒品问题现状》，载外交部网站，https://www.mfa.gov.cn/wjbxw_new/202302/t20230209_11022550.shtml，2023年7月28日访问。

了前所未有的信息监控的权力。2007年基于反恐和国家安全的需要，美国国家安全局和联邦调查局启动了代号为“棱镜计划”的秘密监控项目，直接进入美国网际网络公司的中心服务器里挖掘数据、收集情报，微软、雅虎、谷歌、苹果等在内的9家国际网络巨头皆参与其中[①]。2013年该计划被斯诺登曝光后，联邦调查局对斯诺登展开刑事调查[②]。斯诺登事件后，司法部和联邦调查局将网络安全放在国家安全中更加突出位置，加大了在网络安全方面的执法力度，对大量外国人开展调查。现在，美国司法部的网站上还有大量针对中国人的诉讼和通缉。知识产权代表着美国科技的制高点，也是美国司法部重点执法领域。2010年美国司法部成立特别工作组以专门处理国内和国际的知识产权犯罪活动。时任美国司法部部长霍尔德（Eric Holder）在声明中称，“美国境内外知识产权犯罪活动的增加不仅威胁到我们的公共安全，而且也威胁到经济健康”，“司法部必须采取强有力的协调措施以应对这种威胁”。该工作组加强了对知识产权国际执法，尤其是知识产权犯罪和有组织犯罪相结合的情况。它与知识产权执法协调局密切合作，制定新的政策应对技术和知识产权法律的不断变化。[③]近年来，美国司法部明显加大针对中国知识产权领域的打击。[④]2017年，美国政府提起10起窃取商业机密的刑事诉讼中有6起涉及中国[⑤]，相关领域涉及航空航天、无人驾驶汽车技术、风力涡轮机、半导体、铸铁制造、二氧化钛生产和制药等。

与此同时，联邦司法部还是“长臂管辖”的急先锋。“‘长臂管辖’是指依托国内法规的触角延伸到境外，管辖境外实体的做法”[⑥]，即“沾边就管”。美国“长臂管辖权”最初是为了解决州法院如何对其他州居民或法人行使管辖权的问题，后来因为美国特殊的联邦体制，扩展适用于国际

① 载https://baike.baidu.com/item/%E7%88%B1%E5%BE%B7%E5%8D%8E%C2%B7%E6%96%AF%E8%AF%BA%E7%99%BB/5988465?fromtitle=%E6%96%AF%E8%AF%BA%E7%99%BB&fromid=75716&fr=aladdin#3。

② 载https://baike.so.com/doc/5685827-5898513.html。

③ “国际简讯”《美国司法部设立知识产权特别工作组》，载《电子知识产权》2010年第3期。

④ 载https://www.justice.gov/iptf/press-room?type%5Bpress_release%5D=press_release&type%5Bspeech%5D=speech&&topic%5B1206%5D=1206&organization=All。

⑤ 载https://www.sohu.com/a/278905516_99902024。

⑥ 2018年9月国务院新闻办公室《关于中美经贸摩擦的事实与中方立场》白皮书。

案件。[①]“长臂管辖权”的适用领域，从早期合同、侵权和产品责任，逐渐扩大到知识产权纠纷、刑事诉讼和反垄断诉讼。“近年来，美国不断扩充‘长臂管辖’的范围，涵盖了民事侵权、金融投资、反垄断、出口管制、网络安全等众多领域，并在国际事务中动辄要求其他国家的实体或个人必须服从美国国内法，否则随时可能遭到美国的民事、刑事、贸易等制裁。”[②]“长臂管辖”非美国独有，英法等国都有类似的“长臂管辖”法律，但受限于国力不济，只能摆摆样子。真正能在全球范围内进行“长臂管辖”，推行司法霸权的只有美国。近年来，越来越多的美国联邦立法包含“长臂管辖”条款。如《外国人侵权赔偿法》规定：地区法院对外国人针对侵权行为提起的任何民事诉讼拥有初始管辖权，只要该侵权行为触犯国际法或美国参加的国际条约。贸易是适用长臂管辖的主要领域之一，这方面的法律主要有《武器出口管制法》(AECA)、《国际突发事件经济权力法》(IEEPA)、《出口管理条例》(EAR)等。另外，还有针对特定国家颁布的经济制裁法律，如《伊朗交易和制裁条例》。《出口管理条例》规定，任何企业不得将美国生产的管制设备（如军事器材）出口到美国禁运的国家（如伊朗、朝鲜等）。《国际紧急状态经济权力法》规定，在美国国家安全保障和经济利益遭受重大威胁时，美国政府可冻结、没收外国持有的资产。美国《海外反腐败法》属于长臂管辖的集中代表。该法禁止个人或实体向外国政府官员进行非法支付以换取商业好处，适用于任何外国人或外国公司的雇员，只要是通过美国的邮件系统进行通信或使用隶属于美国的国际商业工具进行腐败支付，美国就可以管辖。[③]它赋予了美国司法部极为宽泛的、几乎不受限制的执法权，很多公司都为此缴纳了巨额罚款。而且在罚款金额排名前十的案件中，7家是外国企业。例如2008年查处的德国西门子公司，因在全球范围内行贿，被迫向美国司法部和证监会缴纳了8亿美元的罚金，再加上德国的罚款，西门子总共被罚16亿美元。再如2013年的阿尔斯通案中，法国高技术工业巨头阿尔斯通公司高管皮耶鲁

① 肖永平：《“长臂管辖权”的法理分析与对策研究》，载《中国法学》2019年第6期。

② 2018年9月国务院新闻办公室《关于中美经贸摩擦的事实与中方立场》白皮书。

③ 肖永平：《“长臂管辖权”的法理分析与对策研究》，载《中国法学》2019年第6期。

齐在美国纽约肯尼迪国际机场被联邦调查局逮捕，并被起诉入狱。起因是一起10年前远在印度尼西亚的案件。美国司法部将皮耶鲁齐作为“经济人质”，借助各种极限施压手段，迫其就范认罪，伙同通用电气敲诈、“肢解”阿尔斯通。这家曾横跨全球电力能源与轨道交通行业的商业巨头，不仅被美国司法部处以7.72亿美元的巨额罚款，其核心业务也被其主要竞争对手——美国通用电气公司强制收购。由此，美国获得了法国大多数核电站的部分控制权。[①]“长臂管辖”表面上看是管辖权问题，由法院就案件作出司法裁判，但由于相关案件都涉及重要外国当事人，有复杂的政治、经济、科技、军事背景，实际上真正发挥作用的是联邦司法部等行政机关。在实际执法中，虽然美国诸多部门都可以进行“长臂管辖”，但联邦司法部在其中的角色不可替代，除进行执法调查外，司法部负责对涉嫌犯罪的外国个人和企业提出刑事指控，直接“抓人”。如果没有司法部强大的执法能力，美国法院的“长臂管辖”判决就是一纸空文。

美国司法部经常以“兴大狱”的方式充当美国利益的保护伞，敲诈和打击可能危及美国企业和经济的外国公司。2010年以来，仅法国企业和银行就已向美国缴纳约140亿美元的罚金。从电信行业的阿尔卡特、石油行业的道达尔，到兴业银行，受处罚的法国企业无一不是业界巨头。落入同样陷阱的日立、西门子、ABB等几乎都是通用电气主要国际竞争对手。目前，依据美国国内法律被美国罚款超过1亿美元的外国企业迄今已达29家，其中23家是外国企业，欧洲知名企业有15家，其中5家是法国跨国企业。[②]相比之下，美国企业则很少遭到起诉。少数美国本土企业的反腐败诉讼，也多发生在该企业已在海外被其他国家起诉之后。美国司法部“主持公道”的办法，通常是提起诉讼、宣布收回“调查权”，交由美国法院处理。也就是说，美司法部对本国企业的起诉，反而成为保护本国企业免遭外国高额罚款的手段。[③]阿尔斯通公司高管皮耶鲁齐说：“美国陷阱，就是美国利用其法律作为经济战的武器，削弱其竞争对手的一种不正当手段”，“任何人都无法忽视美国将法律作为经济战争武器的事实”。[④]孟晚舟案与阿尔斯通案如出一辙，也

① 载 http://mil.news.sina.com.cn/2019-06-11/doc-ihvhiews8026721.shtml。

② 载 http://mil.news.sina.com.cn/2019-06-11/doc-ihvhiews8026721.shtml。

③ 载 http://mil.news.sina.com.cn/2019-06-11/doc-ihvhiews8026721.shtml。

④ 载 http://mil.news.sina.com.cn/2019-06-11/doc-ihvhiews8026721.shtml。

是美国司法部滥用“长臂管辖”，打击外国竞争对手的典型案例。在该案中，美国司法部在背后指使加拿大方面对孟晚舟实施抓捕，试图将其“引渡”至美国受审[①]。美国司法部代理部长与国土安全部部长、商务部部长等共同宣布对孟晚舟、华为及其两家子公司的刑事起诉。司法部参与该案的部门还包括纽约东区联邦检察官、联邦调查局、司法部刑事司和国家安全司等。孟晚舟案实质就是美国针对华为在通讯领域的领先地位，通过司法“绑架”的方式，打击竞争对手，维护自己在科技领域的霸权。

① 2018 年 12 月 1 日加拿大警方应美国政府司法互助要求逮捕在温哥华转机的中国华为公司副董事长兼首席财务官孟晚舟，引发涉及中、美、加三国的司法、政治、外交事件。2019 年 1 月 29 日，美国司法部宣布了对华为公司、有关子公司及其副董事长、首席财务官孟晚舟的指控，并正式向加拿大提出引渡孟晚舟的请求。2021 年 9 月 24 日，在孟晚舟不认罪的前提下，美司法部与孟晚舟达成延后起诉协议，并通知加拿大撤回引渡要求。经过中国政府的不懈努力，在被拘押超过 1000 天后，孟晚舟终于踏上了回国的飞机。

第六章　英国司法行政制度

英国的司法行政制度与其他国家有很大不同。英国有源于中世纪大法官的司法部，还有为政府和王室提供法律咨询和诉讼代理的总法律顾问办公室。哪一个是司法行政机关，存在不同理解。本章先介绍英国司法部，再将总法律顾问办公室作为广义司法行政机关予以介绍。

英国的司法体系古老而复杂，这源于它在向近代转变过程中的王室的独特地位，对中世纪的法律传统的继承和渐进性政治体制改革。它们并未受资产阶级革命和两次世界大战的影响而中断，从而使得英国古老的司法行政体制延续至今。在自身法律传统和法律文化的传承和发展，以及对普通法在世界范围内的推广方面，英国司法行政发挥了重要的历史作用。

第一节　英国司法行政机关的历史

一、大法官时代

大法官（Lord Chancellor）是司法部的古老前身。至今司法大臣仍保留“大法官”这一头衔。据考证，大法官一职已经存在了900多年[①]，在改

① 据说第一个大法官出现在11世纪，也有说法认为起源于7世纪。Select Committee on the Constitution，HOUSE OF LORDS：The Office of Lord Chancellor，6th Report of Session 2014–2015. Ordered to be printed 3 December 2014 and published 11 December 2014；Published by the Authority of the House of Lords，载 https：//publications.parliament.uk/pa/ld201415/ldselect/ldconst/75/75.pdf。

为宪法事务部前，他是英国最古老的政府职务。大法官一职源于英格兰国王的大臣，根据惯例排在王室和坎特伯雷大主教之后，首相之前[①]。在衡平法出现之前，他是政府首席大臣，掌管玉玺，负责各项政府政令的起草和出台，又因为逐步拥有了普通法法庭诉讼令状的签发权，而一并掌有一定的司法职权。14—16世纪，英国开始从中世纪向近代社会过渡，但英国的普通法逐渐僵化，衡平法随之兴起。原本主要为国王提供咨询、参与决策和行政管理、以及承担处理私人请愿和冤诉任务的咨议会，因为收到大量请愿书而不堪重负，便建立了专门处理请愿书的大法官庭（办公室）。大法官也因为受理的衡平案件逐步增多，而逐渐从国王的大臣转向专门的司法机构并延续下来。[②] 大法官从咨议会司法权中获得了对民事诉讼的司法权，确立了独立的衡平管辖权。这一权力在15—16世纪迅速发展，推动衡平法成为与普通法并驾齐驱的法律体系。[③] 从职责特点上说，大法官是一个法官，真正的审判机关的首脑，身兼上议院上诉委员会和枢密院司法委员会主席，英格兰和威尔士最高法院的院长，即上诉法院、高等法院和王座法院的院长。可以说，他就是整个司法机关的代表[④]。他又是内阁法律大臣，并且是其中最资深成员之一。他还是上议院议长，尽管上议院几乎与司法事务无关[⑤]。大法官横跨议会、政府和司法[⑥]，集立法、行政和司法职权于一身。[⑦]

---

① 载 Select Committee on the Constitution, HOUSE OF LORDS: The Office of Lord Chancellor, 6th Report of Session 2014–2015. Ordered to be printed 3 December 2014 and published 11 December 2014; Published by the Authority of the House of Lords。

② 曲广娣:《英国司法行政制度述要》，载《中国司法》2014年第7期。

③ 邵政达:《英国大法官法院衡平管辖权的兴起》，载《英国研究》2014年。

④ 于明:《英国的法官制度》，载《人民司法》1998年第11期。

⑤ 于明:《英国的法官制度》，载《人民司法》1998年第11期。

⑥ 载 Select Committee on the Constitution, HOUSE OF LORDS: The Office of Lord Chancellor, 6th Report of Session 2014–2015. Ordered to be printed 3 December 2014 and published 11 December 2014; Published by the Authority of the House of Lords。

⑦ 王婧:《英国大法官司法职能的变迁》，载中国社会科学网。曲广娣:《英国司法行政制度述要》，载《中国司法》2014年第7期。

二、大法官部时代

近代的大法官部（Office of Lord Chancellor，或称 Lord Chancellor's Department）由时任大法官赛尔博勋爵（Lord Selborne）于 1885 年设立。《1873 年和 1875 年最高法院司法法》（*Supreme Court of Judicature Acts of 1873 and 1875*）改变了法院结构，增加了大法官实施该法的工作负荷。而大法官赛尔博勋爵认为自己是唯一没有下属部门及公务员的内阁成员，便于 1885 年创立大法官部，其工作人员最初只有 5 名，分别是常务副大臣及其个人秘书，大法官秘书，负责英格兰教会高级成员任命建议的秘书，以及负责治安法官任命建议的秘书，这些人员大致相当于大法官的随员，几乎全部是律师。与其他政府部门不同，该部当时被当作一个法官和法庭在国会中的游说组织而非传统政府部门。[①]

进入 20 世纪，大法官部的权力越来越大。1915 年舒斯特（Claud Schuster）被任命为常务副大臣（Permanent Secretary）。他上任后着手改革，让该办公室负责法院系统的运转。大法官部在 1922 年和 1925 年从财政部（HM Treasury）手中接管了郡法院（County Courts），从而变为一个实权部门。[②]

《1971 年法院法》（*Courts Act 1971*）使得大法官部实现了里程碑式的发展。该法要求英国法院系统实现现代化，并将该任务交由大法官部直接负责。大法官部扩张成为一个独立的政府部门，负责法官的选任，法院系统和法庭的运转，以及法律改革。在 20 世纪 60 年代，该部还只有 13 个律师和若干秘书；但在 1971 年后大法官部逐渐扩张成为一个拥有 12000 名直属雇员，10000 名间接雇员，1000 座大楼和 24 亿英镑预算的实权大部，下设公共信托办公室（Public Trust Office）、法院署（Courts Service）、公共律师办公室（Official Solicitor's Office）、法官和总律师办公室（Office of the Judge Advocate General）、法律援助委员会（Legal Aid Board）和其他一些政府机构。[③] 此次的大幅度扩权使得大法官部的改革成为必然，以往该部门是作为大法官在上议院（House of Lords）的办公室，而现在搬到了白

---

① 载 https://en.wikipedia.org/wiki/Lord_Chancellor%27s_Department，2022 年 9 月 15 日访问。

② 载 https://en.wikipedia.org/wiki/Lord_Chancellor%27s_Department，2022 年 9 月 15 日访问。

③ 载 https://en.wikipedia.org/wiki/Lord_Chancellor%27s_Department，2022 年 9 月 15 日访问。

厅（英国政府）专用办公室中。《1981年最高法院法》（*Supreme Court Act 1981*）的通过和1992年将治安法院（Magistrates Court）转移至该部再次增加了该部的职责。[①]但与其他部不同，直到1992年，该部在下议院（House of Commons）都没有一名代表。因为作为上议院的发言人，大法官不能在下议院有席位，但该部免受议会选举委员会的审查。[②]

三、从宪法事务部到司法部

2003年宪法事务部（Department for Constitutional Affairs）的成立，终结了古老的大法官制度。原来的大法官既是大法官，又是内阁成员，还是上议院议长。布莱尔的工党政府认为该部集行政、立法和司法三种政治角色于一身的传统体制，与孟德斯鸠的分权原则相左，违背了《欧洲人权公约》（*European Convention on Human Rights*），而且斯特拉斯堡法院（Strasbourg Court）的判决已经不可持续[③]。2003年布莱尔政府进行宪政体制改革，撤销了大法官部、苏格兰事务大臣和威尔士事务大臣3个内阁大臣建制，并于2003年6月12日设立宪法事务部作为英国政府组成部门，取代了原大法官部。[④]此次改革在司法行政体制领域的和核心内容有两点：一是改革千年之久的大法官制度。大法官不再兼任上议院议长，也不再负责司法审判事务，传统中由大法官部行使的司法任命权将由独立的司法任命委员会行使[⑤]，但依旧保留大法官的头衔。二是由新成立的宪法事务部整合原威尔士事务大臣和苏格兰事务大臣的主管业务，总揽苏格兰和威尔士宪法事务[⑥]。新建的宪法事务部主要负责宪法改革，与王室领地之间的关

---

① 载https://en.wikipedia.org/wiki/Lord_Chancellor%27s_Department，2022年9月15日访问。

② 载https://en.wikipedia.org/wiki/Lord_Chancellor%27s_Department，2022年9月15日访问。

③ 载https://en.wikipedia.org/wiki/Lord_Chancellor#Reform，2022年9月15日访问。

④《对内阁进行重大改组 英国不再有大法官》，载人民网，http://www.people.com.cn/GB/guoji/14549/1921069.html，2022年9月15日访问。

⑤《对内阁进行重大改组 英国不再有大法官》，载人民网，http://www.people.com.cn/GB/guoji/14549/1921069.html，2022年9月15日访问。曲广娣：《英国司法行政制度述要》，载《中国司法》2014年第7期。

⑥ 载https://en.wikipedia.org/wiki/Office_of_the_Secretary_of_State_for_Wales，2022年9月15日访问；https://en.wikipedia.org/wiki/Office_of_the_Secretary_of_State_for_Scotland#cite_note-2，2022年9月15日访问。曲广娣：《英国司法行政制度述要》，载《中国司法》2014年第7期。

系。在英格兰和威尔士范围内，该部主管法院行政事务、法律援助、法官任命；其他职责包括人权、数据保护和信息自由；在2005年大选后，该部还获得了新的职责：主管验尸官和英格兰地方政府选举[①]。2005年，宪法事务部将法院署（Court Service）和治安法院委员会（Magistrates' Courts' Committees）合并，成立了皇家法院署（HM Courts Service），将英格兰和威尔士的法院行政事务实行统一管理。[②] 宪法事务部的设立使得行政机构与司法机构得以彻底分立，也促使英国逐步建立一套现代化的行政、立法和司法体系[③]。但该部存在时间很短，不到4年。2007年3月28日，宪法事务部从内政部（Home Office）手中接管了缓刑、监狱和再犯预防事务，并于2007年5月9日更名为司法部[④]。

第二节　英国司法行政体制

一、英格兰和威尔士司法部概述

我们通常所说的英国[⑤]，指联合王国（United Kingdom），行政区划分为英格兰、苏格兰、威尔士、北爱尔兰。1535年和1542年《在关于在威尔士法律的法案》（*the Laws in Wales Acts 1535 and 1542*）生效后，英格兰的

---

① 载https：//en.wikipedia.org/wiki/Department_for_Constitutional_Affairs，2022年9月15日访问。

② 参见董开军主编：《司法行政学》，中国民主与法制出版社2007年版，第47页。

③ 曲广娣：《英国司法行政制度述要》，载《中国司法》2014年第7期。

④ 载https：//en.wikipedia.org/wiki/Ministry_of_Justice_（United_Kingdom），2018年12月12日访问；载https：//en.wikipedia.org/wiki/Department_for_Constitutional_Affairs，2022年9月15日访问。

⑤ 英国有若干个称谓：英格兰为England，大不列颠为Great Britain，联合王国为United Kingdom。实际上三者有所不同：大不列颠是不列颠群岛中最大的那个岛屿，这个岛分为三部分英格兰、苏格兰和威尔士，大不列颠岛不包括爱尔兰，也就不包括北爱尔兰，所以联合王国的全称叫“大不列颠及北爱尔兰联合王国”。但联合王国的范围不止于此，其还包括皇室属地（根西岛、泽西岛以及马恩岛）；而英国海外领地（British Overseas Territories）虽然不属于联合王国建制，但主权归于英国（如著名的直布罗陀和马尔维纳斯群岛/福克兰群岛）。之所以要对此特别说明，因为这些直接涉及到英国司法行政管理范围及中央和地方权力的分工。

法律系统延伸至威尔士全境。因此在英国本土，有英格兰和威尔士、苏格兰、北爱尔兰三个独立法域和三套司法系统，同时由英格兰和威尔士司法部对外代表联合王国，是中央司法行政机关。因此，本书所说的英国司法部实际上是英格兰和威尔士司法部。①

英国司法部是内阁组成部门，是英国最大的政府部门之一，有大约 76000 名雇员，2017—2018 年财政年度实际支出约 76.27 亿英镑②。

英国司法部的组成部门和下属机构分为五类③：第一类为部领导。第二类为内设部门，类似于我们的部属司。第三类为执行机构（Executive Agency），是政府部门的一部分，负责政府的执行事务，但是有独立的管理和预算，类似于我们的部属二级局④。第四类属于非部门公共机构（Non-departmental Public Body，NDPBs），属于半自治非政府组织，并非政府内设机构，但其业务受到司法大臣的监督⑤。该类机构又分执行类和咨询类。执行类非部门公共机构通常负责特定领域的公共事务管理，司法大臣根据《公共机构委任委员会操作守则》（*Code of Practice of the Commissioner for Public Appointments*）任命该委员会，并由该委员会领导（司法大臣不直接领导），该机构可以自行雇佣员工，自主决定预算的使用。咨询类非部门公共机构通常由委员会为部长提供政策咨询意见，司法部一般会为该机构委派数名秘书，经费由司法部负担⑥。与执行机构不同，非部门公共机构有

---

① 苏格兰有司法部（Department of Justice）和检察系统；北爱尔兰有司法部（Department of Justice）和总检察院（Attorney General）。参见冯锐:《苏格兰刑事司法制度印象记》，载 http://iolaw.cssn.cn/flxw/200307/t20030701_4585882.shtml，2022 年 9 月 15 日访问；王公义:《苏格兰的检察系统》，载《中国司法》2006 年第 9 期；载 https://www.gov.scot/about/who-runs-government/cabinet-and-ministers/cabinet-secretary-for-justice-and-veterans，2022 年 9 月 15 日访问；https://www.justice-ni.gov.uk，2022 年 9 月 15 日访问；https://www.attorneygeneralni.gov.uk，2022 年 9 月 15 日访问。

② Ministry of Justice Annual Report and Accounts 2017 to 2018，P.158；载 https://www.gov.uk/government/publications/ministry-of-justice-annual-report-and-accounts-2017-18，2022 年 9 月 15 日访问。

③ 载 https://www.gov.uk/government/organisations#ministry-of-justice，2022 年 9 月 15 日访问。

④ 载 https://en.wikipedia.org/wiki/Executive_agency，2022 年 9 月 15 日访问。

⑤ 载 https://en.wikipedia.org/wiki/Non-departmental_public_body，2022 年 9 月 15 日访问。

⑥ 载 https://en.wikipedia.org/wiki/Non-departmental_public_body，2022 年 9 月 15 日访问。

独立的法律地位[①]。第五类为其他类。

二、司法部领导及部属司

英国司法部的部级领导种类很多，司法部部长称为“大法官兼司法大臣”（Lord Chancellor and Secretary of State for Justice），但实际上大法官仅是司法大臣的一个头衔。目前其他部级领导还有政务大臣（Minister of State）1人、议会副大臣（Parliamentary Under Secretary of State）2人，苏格兰法律事务皇家总代表兼大法官发言人（HM Advocate General for Scotland and MoJ Spokesperson for the Lords）1人。另外还有1名负责日常工作的常务副大臣（Permanent Secretary）。司法部下设各司[②]，归常务副大臣领导。

（1）司法和法院政策司（Justice and Court Policy Group）由司长领导，下设5个处，负责长臂管辖，司法、人权和国际政策，获得司法救济，刑事司法政策。

（2）财务司由首席财务官领导，下辖5个处，负责普通财务、皇家监狱与缓刑局财务、绩效分析、项目管理、商业合同和资产管理、刑事被害人补偿。

（3）秘书司由法务大臣秘书长领导，下设3个处，负责议会和立法、战略和执行，另外还设有若干副秘书长。

（4）行动司由首席行动官领导，下设6个处，分别负责对固定资产管理、交通、人事、信息化、法律援助案件、负责精神病人管理的公共监护。

（5）罪犯改造司（Offender Reform & Commissioning Group）下设3个处，分别负责监狱改革政策、罪犯和青少年司法政策、监狱改革和电子化监控。

上述部门的负责人与司法委任委员会主席，皇家监狱和缓刑署负责人以及一些委员组成了司法部常务管理委员会[③]，负责司法部日常事务。

---

① 载 https://en.wikipedia.org/wiki/Executive_agency，2022年9月15日访问。

② 部属司类似于幕僚机构，在英国司法部的网站中没有出现。但为求资料的完整性，本书予以保留。

③ 载 https://www.gov.uk/government/organisations/ministry-of-justice，2022年9月15日访问。

三、司法部的执行机构

英国司法部的执行机构包括：

（1）刑事损害赔偿局（Criminal Injuries Compensation Authority，CICA）。该局负责设定赔偿的标准和金额；负责英格兰和威尔士、苏格兰的刑事损害赔偿，以及被英国外交部认定为恐怖主义袭击的海外事件中的英国受害人的赔偿。该局设在格拉斯哥，下属雇员 300 余人，每年约处理 4 万件申请，向暴力犯罪的受害人支付约 2 亿英镑的赔偿。①

（2）皇家法院和法庭署（HM Courts & Tribunals Service）。原来，法院的行政事务由设在宪法事务部的法院署（Court Service）和治安法院委员会（Magistrate' Courts' Committees）承担。2005 年 4 月 1 日，宪法事务部将这两个机构合并，成立了皇家法院署（HM Courts Service），结束了长期以来两个系统自行其是的局面，第一次将英格兰和威尔士的 650 个上诉法院、高等法院、刑事法院、治安法院、郡法院的行政事务统一管理，为其提供审判业务、程序事务、管理、资金方面的支持。该署在英格兰和威尔士 7 个地区设有分支机构：西北区、东北区、中部、威尔士和柴郡、东南区、西南区和伦敦区。② 2011 年 4 月 1 日，皇家法院署与法庭署合并，从而改为现名③，现有 1.7 万名雇员，负责管理英格兰和威尔士地区刑事法院、民事法院、家庭法院和各种法庭；管理设置在苏格兰和北爱尔兰的直属法庭；下设一个独立的司法委员会并与之共同致力于提供公正高效的司法系统。④

（3）公民权利协议独立监督委员会（Independent Monitoring Authority for the Citizens' Rights Agreements）。根据《脱离欧盟法案》[*European Union (Withdrawal Agreement) Act 2020*] 于 2020 年 12 月 31 日成立。该委员会负责保护欧盟和 EEA、EFTA（冰岛、列支敦士登和挪威）公民在英国和直

---

① 载 https://www.gov.uk/government/organisations/criminal-injuries-compensation-authority/about，2022 年 9 月 15 日访问。

② 参见张福森主编:《各国司法体制简介》(修订版)，法律出版社 2006 年版，第 59 页。

③ 载 https://www.hmcourts-service.info/index.htm，2022 年 9 月 15 日访问。

④ 载 https://www.gov.uk/government/organisations/hm-courts-and-tribunals-service/about#who-we-are，2022 年 9 月 15 日访问。

布罗陀（Gibraltar）的权利。其通过提起法律程序，开展调查，审查立法，收集信息和发布报告等方式，监督英国的公共机构。该委员会有 6 名非执行委员，由司法大臣任命。①

（4）皇家监狱和缓刑署（HM Prison and Probation Service）。该署负责执行法院的判决，包括监禁刑和社区刑罚的执行，以及罪犯的教育、劳动改造。皇家监狱和缓刑署由皇家监狱署、国家缓刑署和一个负责政策指导的总部办公室组成。②

（5）法律援助局（Legal Aid Agency）。总部设在伦敦，在英格兰和威尔士境拥有约 1450 名雇员，负责诉讼律师、非讼律师以及非营利性机构向公众提供的民事、刑事法律援助和咨询。下设民事法律咨询服务局（Civil Legal Advice Service）和公共辩护人局（Public Defender Service）。③

（6）公共监护办公室（Office of the Public Guardian）。根据《1983 年精神健康法》（*Mental Health Act 1983*）和《2005 年精神能力法》（*Mental Capacity Act 2005*）等法律，司法部负责为精神病人提供法律代理服务，代其在健康和经济等重大事项上作出决定，对被剥夺或被限制人身自由的精神病人进行监督。该办公室在伯明翰、诺丁汉和伦敦设有办公室，拥有 1300 名雇员。④

四、执行类非部门公共机构

英国司法部的执行类非部门公共机构包括：

（1）儿童和家庭法院咨询和服务署（Children and Family Court Advisory and Support Service，CAFCASS）。该署负责家庭诉讼中儿童利益的保护。虽属于法院和社会机构之外的独立组织，但是其工作应遵守立法和法庭

① 载 https://www.gov.uk/government/organisations/independent-monitoring-authority-for-the-citizens-rights-agreements，2022 年 9 月 15 日访问；https://ima-citizensrights.org.uk，2022 年 9 月 15 日访问；https://www.gov.uk/government/news/new-independent-monitoring-authority-goes-live-on-31-december-2020，2022 年 9 月 15 日访问。

② 载 https：//www.gov.uk/government/organisations/her-majestys-prison-and-probation-service/about，2022 年 9 月 15 日访问。

③ 载 https：//www.gov.uk/government/organisations/legal-aid-agency/about，2022 年 9 月 15 日访问。

④ 载 https：//www.gov.uk/government/organisations/office-of-the-public-guardian/about，2022 年 9 月 15 日访问。

程序，与儿童及其家庭合作，就最符合儿童利益的处理方式给法院提供建议。[①]

（2）刑事案件审查委员会（Criminal Cases Review Commission）。该委员会负责英格兰、威尔士和北爱尔兰范围内刑事错案审查的独立机构，将认为可能的错案提交上诉法院。[②] 该机构不仅接受当事人提出的申请，还负责上诉法院交办案件的调查和报告，在司法大臣向女王提请赦免令（Royal Pardon）时提出咨询意见，或向司法大臣提出赦免建议。[③]

（3）司法委任委员会（Judicial Appointments Commission）。该委员会由15人的委员组成，负责英格兰和威尔士境内，及苏格兰和北爱尔兰直属法庭法官选任。2006年4月3日，根据2005年宪法改革法（Constitutional Reform Act 2005）设立。该法改变了法官的选任方法，使任命程序更加透明和可追责，委员会的职责是仅根据业绩、品行遴选候选法官，在遴选时考虑人选的多样性和代表性。[④]

（4）法律服务委员会（Legal Services Board）。该委员会根据《2007年法律服务法》（*Legal Services Act 2007*）设置，负责监督英格兰和威尔士律师行为规范，保护消费者利益，改革法律服务市场并促使其现代化。但是该机构不负责处理消费者对律师的投诉，所有的投诉应直接提交法律调查官（Legal Ombudsman）。该机构也不负责法律援助事务，法律援助由法律援助局负责。[⑤]

（5）假释委员会（Parole Board）。该委员会根据《1967年刑事司法法》（*Criminal Justice Act 1967*）于1968年建立，根据《1994年刑事司法和公共秩序法》（*Criminal Justice and Public Order Act 1994*）于1996年7月1日成为独立的执行类非部门公共机构。假释委员会由246名委员和120名雇员组成，总部设在伦敦。根据《1991年刑事司法法》（*Criminal Justice Act 1991*）和《1997年犯罪（判决）法》[*Crime*（*Sentences*）*Act 1997*] 的

---

① 载 https://www.gov.uk/government/organisations/children-and-family-court-advisory-and-support-service，2022年9月15日访问。

② 载 https://www.gov.uk/government/organisations/criminal-cases-review-commission，2022年9月15日访问。

③ 载 https://ccrc.gov.uk/about-us/what-we-do，2022年9月15日访问。

④ 载 https://www.judicialappointments.gov.uk/organisation，2022年9月15日访问。

⑤ 载 https://www.legalservicesboard.org.uk，2022年9月15日访问。

规定，假释委员会对英格兰和威尔士境内拟假释的罪犯进行风险评估，以保护大众。假释委员会审理的案件范围包括：判处 4 年以上有期徒刑罪犯的假释；无期徒刑或者不定期保安处分罪犯的假释；再次服刑且被判处无期徒刑或者不定期保安处分罪犯的假释。委员会基于服刑档案和口头听证提供的相关证据作出风险评估。假释委员会每年审理 2.5 万件案件，2018—2019 年口头听证案件数量为 5380 件，其中 38% 被拒绝假释，49% 获得假释，13% 被建议转移至开放式监狱。①

（6）英格兰和威尔士青少年司法委员会（Youth Justice Board for England and Wales）。总部在伦敦，拥有 100 名左右的雇员，负责监督英格兰和威尔士范围内青少年司法系统的运转并为之提供服务；用信息和证据形成专家意见，探索对待和保护未成年罪犯和被害人的更好方法；向司法大臣及青少年司法机构提出改革和运行建议；研究、探索、出版和分享最佳实践做法；从其下属的青少年专家咨询委员会吸收合理建议；经司法大臣的批准发放关于运行青少年司法系统和服务的许可；为青少年司法系统提供信息技术支持。②

五、咨询类非部门公共机构

英国司法部咨询类非部门公共机构包括：

（1）治安法官咨询委员会（Advisory Committees on Justices of the Peace）。负责面试并向大法官推荐治安法官的地方机构。③

（2）民事司法委员会（Civil Justice Council）。负责监督协调现代化的民事司法系统。④

（3）民事程序法委员会（Civil Procedure Rule Committee）。根据《1997 年民事程序法》（*Civil Procedure Act 1997*）设立，负责为上诉法院民事部、

---

① 载 https://www.gov.uk/government/organisations/parole-board/about，2022 年 9 月 15 日访问。

② 载 https://www.gov.uk/government/organisations/youth-justice-board-for-england-and-wales/about，2022 年 9 月 15 日访问。

③ 载 https://www.gov.uk/government/organisations/advisory-committees-on-justices-of-the-peace，2022 年 9 月 15 日访问。

④ 载 https://www.gov.uk/government/organisations/civil-justice-council，2022 年 9 月 15 日访问。

高等法院和郡法院制定法院规则。[①]

（4）刑事程序法委员会（Criminal Procedure Rule Committee）。根据《2003 年法院法》（*Courts Act 2003*）第 70 条的规定，由英格兰和威尔士法院首席大法官（Lord Chief Justice）及其任命的 17 位资深法官、诉讼律师、非讼律师及法律专家组成，负责为刑事法院制定诉讼规则，并简化现有规则。[②]

（5）家庭司法委员会（Family Justice Council）。该委员会于 2002 年 3 月由大法官部提出，2004 年 7 月正式运转，在全国有 30 多个分支，其成员来自法官、律师、家庭法院公务员、健康和社会福利方面的专家，以及可以代表家庭和儿童的社会团体。其旨在提升家庭司法系统间的工作，促进交叉领域的合作，推广最佳实践做法，以及为政府提出家庭司法系统的改革建议。

（6）家庭程序法委员会（Family Procedure Rule Committee）。根据《2003 年法院法》由法官、律师等 14 名委员和 1 位主席组成，负责为家庭法院制定诉讼规则。[③]

（7）监禁中死亡独立顾问委员会（Independent Advisory Panel on Deaths in Custody）。对在监狱羁押，警察羁押中及释放后，移民拘留或者根据精神健康法拘留于医院中死亡的信息进行收集、分析和传播，促进政府形成相关政策。[④]

（8）破产程序委员会（Insolvency Rules Committee）。根据《1986 年破产法》（*Insolvency Act 1986*），由法律和会计方面的专家组成，其秘书由商业、能源和工业战略部下属的破产署委派。目前该委员会主要工作是对破产法进行再次修改，大法官在修改该法公司破产或个人破产规定前，应征

---

① 载 https：//www.gov.uk/government/organisations/civil-procedure-rules-committee，2022 年 9 月 15 日访问。

② 载 https：//www.gov.uk/government/organisations/criminal-procedure-rule-committee/about，2022 年 9 月 15 日访问。

③ 载 https：//www.gov.uk/government/organisations/family-procedure-rule-committee/about，2022 年 9 月 15 日访问。

④ 载 https：//www.gov.uk/government/organisations/independent-advisory-panel-on-deaths-in-custody，2022 年 9 月 15 日访问。

求该委员会的意见。[①]

（9）法律（审查）委员会（Law Commission）。负责对法律进行审查并提出修改意见，确保法律公平、现代、简明、高效，向议会提出系统性的研究报告和咨询意见，编纂法律、消除歧义、废止不需要的规定、减少法律数量[②]。委员会由1名主席、4名委员（Commissioner）、1名执行主任和2名非执行委员（Non-Executive Board Members）组成。主席是高等法院或上诉法院的法官，由大法官兼司法大臣任命，每届任期3年；其他4名委员由资深法官、出庭律师、事务律师和法学教师组成，由司法大臣任命，每届任期5年，可以连任，皆为全职委员。[③]

（10）监狱薪资审查组（Prison Service Pay Review Body）。由若干在公共或私营机构处理工资事务的高级官员组成，负责为英格兰和威尔士监狱机构，以及北爱尔兰相关职位的监狱长、监狱管理人员、监狱警察及辅助人员等的工资待遇提出咨询意见。调研招募、保留和激励员工的薪资政策；关注当地劳动力市场的变化对监狱工作人员的影响；就反歧视及雇佣政策中的年龄、性别、种族、宗教信仰及身体健康状况制定政策；分析人员与工作效果之间的关系；关注监狱资金的拨付和动态增长情况。[④]

（11）英格兰和威尔士判决委员会（Sentencing Council for England and Wales）。成立于2010年4月，取代了原判决指引委员会（Sentencing Guidelines Council）和判决顾问委员会（Sentencing Advisory Panel）。委员由英格兰和威尔士法院首席大法官（Lord Chief Justice）经大法官同意后任命。旨在维持司法独立的前提下，提升判决的一致性。委员会为法院制定判决指引，监督该指引的实施，考虑判决的政策效果、法律效果和社会效果，增强审判的透明度和公众对审判的理解。[⑤]

---

① 载 https://www.gov.uk/government/organisations/insolvency-rules-committee/about，2022年9月15日访问。

② 载 https://www.lawcom.gov.uk/about，2022年9月15日访问。

③ 载 https://www.lawcom.gov.uk/about/who-we-are，2022年9月15日访问。

④ 载 https://www.gov.uk/government/organisations/prison-services-pay-review-body/about，2022年9月15日访问。

⑤ 载 https://www.sentencingcouncil.org.uk/about-us，2022年9月15日访问；https://www.gov.uk/government/organisations/the-sentencing-council-for-england-and-wales，2022年9月15日访问。

（12）法庭程序委员会（Tribunal Procedure Committee）。该委员由高级法官或大法官任命，负责初级法庭和高级法庭规则的制定。[①]

六、其他类机构

此外，英国司法部还管理其他类的机构，包括社会司法学院（Academy for Social Justice）、皇家监狱督察（HM Inspectorate of Prisons）、皇家缓刑督察（HM Inspectorate of Probation）、独立监督委员会（Independent Monitoring Boards）、司法委任和行为调查官（Judicial Appointments and Conduct Ombudsman）、司法办公室（Judicial Office）、法律调查官（The Legal Ombudsman）、政府事务律师和公共信托管理人（Official Solicitor and Public Trustee）、监狱和缓刑调查官（Prisons and Probation Ombudsman）、刑事被害人委员会（Victims' Commissioner）等，在此就不一一赘述。[②]

第三节　英国司法行政机关的职能

一、不同层面的不同角色

我们通常所说的英国，指联合王国（United Kingdom），行政区划分为英格兰、苏格兰、威尔士、北爱尔兰，此外，英国还有一些王室领地和海外领地。英国司法部在不同"英国"概念的范围内，承担不同的职责。

一是英格兰和威尔士范围内的职责。在英国本土，有英格兰和威尔士、苏格兰、北爱尔兰三个独立法域和三套司法行政系统，英国司法部最主要工作的是负责英格兰和威尔士的司法工作[③]，包括管理法院和法庭、遴选法官、制定民事和刑事司法政策、管理监狱和缓刑等刑事司法系统、平反冤狱、保护权利、验尸和调查死因、管理指导律师和法律援助，以及精

① 载 https://www.gov.uk/government/organisations/tribunal-procedure-committee/about，2022 年 9 月 15 日访问。

② 载 https://www.gov.uk/government/organisations#ministry-of-justice，2022 年 9 月 15 日访问。

③ 根据前面介绍英国的历史传统，司法部不负责苏格兰和北爱尔兰一般性司法业务。

神病人的服务、监督及管理。

二是联合王国范围内的职责。英格兰和威尔士司法部是对外代表联合王国的中央司法行政机关，负责下列联合王国范围内的事项：欧盟和国际司法政策、信息自由和数据保护、人权和公民自由、管理联合王国最高法院（The Supreme Court of the United Kingdom）等。[①] 在2010年联合政府成立前，司法部承接原宪法事务部的职责，主管英国中央政府（British Government）与北爱尔兰、苏格兰和威尔士政府之间的关系，后来此项权力被划归重新设置的副首相。该副首相还负责政治和宪法改革，包括改革上议院（House of Lords），西洛锡安问题，选举政策，政党基金会改革和王室继承问题。副首相和司法大臣还共同负责一个不列颠权利法案委员会。[②]

三是服务王室和王室领地。服务王室是司法部职责之一，这是对大法官传统的承袭。比如，司法部要负责关于总督（Lord Lieutenant）的事宜（比如国王的个人代表），“非代表”王室，教堂和继承，以及其他宪法问题[③]。王室领地（Crown dependencies，i.e.Jersey，Guernsey and the Isle of Man）是英国王室所有的自治区，英国国王通过其诺曼底公爵（Duke of Normandy）的头衔拥有海峡群岛（Channel Islands），通过马恩勋爵的头衔（Lord of Mann）拥有马恩岛（Isle of Mann）。联系王室领地及当地的自治政府也是司法部的职责之一。这些王室领地的法律由当地立法会通过后交司法部处理，司法部同时也和岛屿协商，将不列颠法律适用于这些岛屿。[④] 虽然同样是服务王室，但是由于王室领地不属于联合王国，所以此项职责与司法部在联合王国范围内的职责略有不同。

① 载 https://en.wikipedia.org/wiki/Ministry_of_Justice_（United_Kingdom），2022年9月15日访问。

② 载 https://en.wikipedia.org/wiki/Ministry_of_Justice_（United_Kingdom），2022年9月15日访问。

③ 载 https://en.wikipedia.org/wiki/Ministry_of_Justice_（United_Kingdom），2022年9月15日访问。

④ 载 https://en.wikipedia.org/wiki/Ministry_of_Justice_（United_Kingdom），2022年9月15日访问。

二、管理法院

管理法院和法庭是英国司法部最主要的职责，这源于其与法院系统的特殊历史关系。英国司法部源于中世纪的大法官，1885 年设立大法官部，古老的大法官制度开始发生变化。大法官部负责对法官任命提出建议，安排上议院和枢密院的司法事务，以及担任最高法院和刑事法院诉讼程序委员会的主席。大法官还统一控制着法院服务，为上诉法庭、高等法院、刑事法院和郡法院提供行政管理支持。[①] 1971 年《法院法》是大法官部向现代司法行政转型的里程碑，该法要求大法官部直接负责法院系统的现代化工作，向全国司法机构提供财政物资保障，制定并监督执行司法政策及行业标准，管理全国的司法工作人员（包括录用、培训、考证及工资福利）等。从此，法院的管理控制权基本上从法官手中转移到大法官部的文职人员手中，[②] 大法官部正式转型成为司法行政机关。目前司法部皇家法院和法庭署负责法院的司法行政事务管理，其在 2020—2021 财年关于法院系统的支出高达 15 亿英镑；管理着 361 座司法建筑物，为 2.2 万名法官、治安法官及其他司法和行政工作人员提供支持，[③] 其在管理法院方面主要有以下职责：

（一）法院日常行政管理

英国司法部负责英格兰和威尔士境内所有刑事、民事和家庭法院，以及各种特别法庭的管理；还负责苏格兰和威尔士境内直属法庭的管理。司法部皇家法院和法庭署（HM Courts & Tribunals Service）是负责此项工作的主要部门。该署发布关于法院和法庭的管理规定和诉讼指导手册，比如《民事和家庭法院诉讼费用手册》（*Civil and Family Court Fees*）[④]、《第三方

---

① 梁三利、郭明:《法院管理模式比较——基于对英国、德国、法国的考察》，载《长江师范学院学报》2010 年第 1 期。

② 梁三利、郭明:《法院管理模式比较——基于对英国、德国、法国的考察》，载《长江师范学院学报》2010 年第 1 期。

③ 载 HM Courts & Tribunals Service Annual Report and Accounts 2020–21。

④ 载 https: //assets.publishing.service.gov.uk/government/uploads/system/uploads/attachment_data/file/904862/ex50-eng.pdf，2022 年 9 月 15 日访问。

债务和支付令》(*Third party debt orders and charging orders*)[①]、《法律人士在线服务指引》(*HMCTS online services for legal professionals*)[②]等。该署每月要进行司法统计，发布信息管理报告，以便及时衡量法院和法庭的运转，相关统计结果会被司法部用于发布民事和刑事司法系统的官方统计季报。[③]英国法院的经费主要由中央政府承担，其中刑事法院经费由法院和法庭署通过其在各司法行政区的管理机构拨付；民事法院的经费主要来源于自身审理案件收取的诉讼费，中央财政基本不拨付经费。虽然民事法院主要以收费来保障支出，但每年仍然需要编制收费预算，年初财政部根据民事法院的收费预算垫付支出，法院取得收入后再归还财政部。[④]2009年10月1日最高法院成立后，为保证法院系统的有效运转，最高法院经费等资源的获得和分配由首席执行官负责。[⑤]平反冤狱也是司法部的一项重要工作，英格兰、威尔士和北爱尔兰范围内冤狱平反由刑事案件审查委员会负责，其将认为可能的错案提交上诉法院。[⑥]

（二）法官委任

英国司法部负责英格兰和威尔士境内法院，以及苏格兰和威尔士境内直属法庭法官的选任。英国司法行政机关负责法官选任的传统由来已久，1885年大法官部成立时就负责对法官任命提出建议。2003年宪法事务部成立后，法官管理权由新设立的司法委任委员会（Judicial Appointments Commission）独立行使。[⑦]司法委任委员会由15名委员组成，任期5年，

---

① 载https：//assets.publishing.service.gov.uk/government/uploads/system/uploads/attachment_data/file/726426/ex325-eng.pdf，2022年9月15日访问。

② 载https：//www.gov.uk/guidance/hmcts-online-services-for-legal-professionals，2022年9月15日访问。

③ 载https：//www.gov.uk/government/organisations/hm-courts-and-tribunals-service/about/statistics，2022年9月15日访问。

④ 参见郭丰、韩玉忠:《域外法院经费体制概览及启示》，载《中国应用法学》2008年第1期。

⑤ 梁三利、郭明:《法院管理模式比较——基于对英国、德国、法国的考察》，载《长江师范学院学报》2010年第1期。

⑥ 载https：//www.gov.uk/government/organisations/criminal-cases-review-commission，2022年9月15日访问。

⑦ 梁三利、郭明:《法院管理模式比较——基于对英国、德国、法国的考察》，载《长江师范学院学报》2010年第1期。

根据司法大臣的提名由国王任命。[①]根据《2005年宪法改革法案》（经《2013年犯罪和法院法案》修正），司法委任委员会推选高等法院、高等法庭（Upper Tribunals）等附件14所列举的职位；但不负责推选治安法官[②]或最高法院（UK Supreme Court）的司法职位。[③]司法委任委员会作出法官的最终推荐决定后，向有权任命者（大法官、最高法院院长和高级法庭主席）推荐。[④]司法委任委员会在高级职位委任方面的角色还包括高等法院（High Court）选任前的准备工作，还负责召集专家小组，以推荐候选人担任其他高级职位，例如，英格兰和威尔士法院首席大法官（Lord Chief Justice）、最高法院院部门首长（Heads of Division）、高级审判庭主席（Senior President of Tribunals）、上诉法院院长（Lords Justices of Appeal）。[⑤]根据《2005年宪法改革法案》，最高法院院长和法官的选任有单独的程序。推选最高法院院长时，司法委任委员会应为一个5人的专家小组提供主任委员或者1名成员。（英格兰和威尔士）司法委任委员会与北爱尔兰司法委任委员会（NIJAC）和苏格兰司法委任委员会（JABS）轮流推荐主任委员。推选最高法院法官时，以上委员会各提供1名委员。一般司法委任委员会都会提供1名非法律专业人士。[⑥]司法大臣对推选出来的最高法院院长和法官候选人有最终决定权，他可以在不同的阶段拒绝或者驳回被提名的人选。[⑦]司法委任委员会虽标榜“仅根据业绩、品行遴选候选法官，在遴选时考虑人选多样性和代表性”[⑧]，但实际上这个标榜“独立”的委员会

① 参见 Framework Document：Ministry of Justice and the Judicial Appointments Commission；https：//www.judicialappointments.gov.uk/organisation，2022年9月15日访问。

② 治安法官由治安法官咨询委员会负责面试并向大法官推荐。载 https：//www.gov.uk/government/organisations/advisory-committees-on-justices-of-the-peace，2022年9月15日访问。

③ 载 https：//www.judicialappointments.gov.uk/organisation，2022年9月15日访问。

④ 载 https：//www.judicialappointments.gov.uk/selection-decisions，2022年9月15日访问。

⑤ 载 https：//www.judicialappointments.gov.uk/senior-roles，2022年9月15日访问。

⑥ 载 https：//www.judicialappointments.gov.uk/senior-roles，2022年9月15日访问。

⑦ 《2013年司法委任规则》（The Judicial Appointments Regulations 2013）第8条。《2013年最高法院司法委任规则》[The Supreme Court（Judicial Appointments）Regulations 2013]第20条至第23条。

⑧ 载 https：//www.judicialappointments.gov.uk/organisation，2022年9月15日访问。

是司法部下属“执行类非部门公共机构”，人财物都受司法部控制[①]，仅有推荐权，最终决定权仍保留在司法大臣手中。

（三）司法行政人员管理

法官助理、法院书记官、法庭记录员、法庭传达员以及图书管理员等行政人员都是政府公务雇员，其招聘、培训、晋级、绩效、处分、解雇、工资福利等事项等由皇家法院和法庭署来管理。[②]在很多所谓“独立”的委员会中，司法大臣有权任命高级行政管理人员。比如，司法大臣负责任命司法委任委员会的首席执行官，并向该委员会派出审计长。[③]随着社会的发展，司法行政人员在司法系统中的作用越来越重要，“司法部门完全依靠行政机关提供的行政人员来协助其执行司法职能。所以一些法官认为行政部门对司法部门运转控制过多”[④]。

（四）司法改革

由于古老的普通法制度难以适应现代社会发展的需要，英国司法系统一直处在改革的过程中。而这些改革的有两个基本方向：一个是成文法化，另一个方向是简化诉讼程序。比如在大法官部的领导下，英国于 1994 年开始一次民事司法制度改革。大法官任命沃尔夫勋爵（Lord Woolf）牵头负责这项改革。沃尔夫勋爵分别于 1995 年 6 月和 1996 年 7 月发布了题为“通向司法”（Access to Justice）的英格兰和威尔士的民事司法制度改革报告的中期版和最终版，指明了改革的内容与方向。1998 年，以该报告为基础的新《民事诉讼规则》（*Civil Procedure Rules 1998*）出台，并于 1999 年 4 月 26 日生效实施。[⑤]改革简化和统一了诉讼规则，一直坚守判例法传统的英国主动采用了成文法典的做法，并消除了原先法

---

① 参见 Framework Document: Ministry of Justice and the Judicial Appointments Commission; 载 https: //www.judicialappointments.gov.uk/organisation，2022 年 9 月 15 日访问。

② 梁三利、郭明：《法院管理模式比较——基于对英国、德国、法国的考察》，载《长江师范学院学报》2010 年第 1 期。

③ 参见 Framework Document: Ministry of Justice and the Judicial Appointments Commission; 载 https: //www.judicialappointments.gov.uk/organisation，2022 年 9 月 15 日访问。

④ 梁三利、郭明：《法院管理模式比较——基于对英国、德国、法国的考察》，载《长江师范学院学报》2010 年第 1 期。

⑤ 齐树洁：《英国民事司法改革及其借鉴意义》，载《河南省政法管理干部学院学报》2001 年第 4 期。

律条文中大量存在的古老晦涩的语言和条文；加强法官对案件的管理，控制诉讼中的当事人对抗主义，提高诉讼效率，节约司法资源；鼓励和推动替代性纠纷解决方式的适用。[①]这次改革基本上达到了预定目标，促进了英国民事诉讼制度的现代化。为了推进司法改革，司法部设立了诸多的咨询机构，比如民事司法委员会、民事程序法委员会、刑事程序法委员会、家庭司法委员会、家庭程序法委员会、破产程序委员会、法律（审查）委员会、英格兰和威尔士判决委员会、法庭程序委员会等。这些咨询机构在相关领域为司法大臣的改革措施提供研究报告和改革建议，为法律和规则的制定、修改、编纂和废止提供咨询意见，倡导最佳实践做法，努力提升判决的质量和一致性。英国司法部还在一项司法现代化改革中投入10亿英镑，旨在用新技术提升英国司法系统的效率，增强司法系统的社会便利性。[②]

三、刑罚执行

（一）刑罚执行机关

英国司法部负责缓刑的执行和监狱管理。英国缓刑、监狱和再犯预防事务原属内政部职责，后移交给司法部。2004年，国家缓刑局、皇家监狱局两局总部以及内政部的部分职能整合成国家罪犯管理局（National Offender Management Service，NOMS）。2007年宪法事务部改为司法部的过程中，从内政部手中接管了缓刑、监狱和再犯预防事务[③]。2017年国家罪犯管理局的部分职能转移给司法部，并且更名为英国监狱与缓刑局，成为英国司法部下属的执行机关，负责英格兰和威尔士的监禁矫正和社区矫正事务（未决犯的羁押也由监狱系统负责），司法部作为上级单位则负责相关领域的战略规划、政策制定、标准制定和监督巡视。

---

① 参见梁懿：《英国民事司法改革及其对我国的启示》，载《山西省政法管理干部学院学报》2006年第2期。

② 载https://www.gov.uk/guidance/the-hmcts-reform-programme#our-reform-programme，2022年9月15日访问。

③ 载https://en.wikipedia.org/wiki/Ministry_of_Justice_（United_Kingdom），2018年12月12日访问；载https://en.wikipedia.org/wiki/Department_for_Constitutional_Affairs，2022年9月15日访问。

英国监狱与缓刑局实际上仍由皇家监狱署和国家缓刑署组成[①]，下设监狱管理处、安保和反恐处、威尔士管理处、未成年人管教处、缓刑及妇女处、社区干预处、资产转移处、更生和保障处，以及人事处、财务处、数据处、采购处和法律顾问、总分析师、总职业规划师等部门和职位。[②]

英国监狱与缓刑局具体职责包括：管理和运行监狱和缓刑机构；罪犯离监后的更生；为防止再犯提供切实可行的支持；与私人监狱和安保机构签订合同管理私人监狱、购买罪犯跟踪护卫服务和电子标签等系统；监管缓刑的执行以及社区更生公司等。为节约经费，根据《1991 年刑事司法法》，英国通过政府与私人签订承包协议的方式，对部分监狱开展了私营化。私人运营商要承担修建监狱、筹措经费、关押和惩戒犯人的全部任务。政府在私营监狱派有督察员，监督私营公司按照政府合同运营监狱。[③]

（二）刑罚执行机构

英国监狱与缓刑局管理的刑罚执行机构由以下几部分组成：公立监狱共 104 所，包括 1 所安全训练中心（Secure Training Centre），其中 81% 为关押场所；私营监狱（Private Sector Provider）共有 14 所，在与英国监狱与缓刑局签订合同后，负责管理监狱、羁押、囚犯押送和电子监控；青少年羁押署（The Youth Custody Service）负责管理 18 岁以下被安全管束（in secure care）的青少年；国家缓刑署负责在社区中的危险评估，在社区中直接管理那些严重危害公众安全和从事严重犯罪的高危犯。社区康复公司（Community Rehabilitation Company，CRC）为私人的第三方服务提供者，根据和监狱与缓刑局签订的合同，为中低危险罪犯提供社区监督服务和释后安置服务。至 2017 年 6 月 30 日，全英格兰和威尔士 118 所监狱，押犯共 85863 人，男犯 81856 人，占 95%，女犯 4007 人，占 5%；18—20 岁的罪犯为 4570 人，占 5%，15—17 岁的罪犯 649 人，占 1%。已决犯 74803 人，占 87%，未决犯 9638 人，占 11%，另有

---

① 载 https://www.gov.uk/government/organisations/her-majestys-prison-and-probation-service，2022 年 9 月 15 日访问。

② 第 19 届国际矫正与监狱协会年会（英国伦敦）上英国监狱与缓刑局官方宣传册。

③ 参见张福森主编：《各国司法体制简介》（修订版），法律出版社 2006 年版，第 68 页。

1422人为非罪犯，占2%。[①]

（三）假释委员会

英国罪犯的假释由假释委员会负责进行风险评估，司法大臣作出最终假释决定。假释委员会由246名委员和120名雇员组成。根据《1991年刑事司法法》（*Criminal Justice Act 1991*）和《1997年犯罪（判决）法》［*Crime*（*Sentences*）*Act 1997*］的规定，假释委员会审理如下案件：判处4年以上有期徒刑罪犯的假释；无期徒刑或者不定期保安处分罪犯的假释；再次服刑且被判处无期徒刑或者不定期保安处分罪犯的假释。其还会基于服刑档案和口头听证提供的证据对英格兰和威尔士的罪犯假释进行风险评估。假释委员会每年审理2.5万件案件，2016—2017年口头听证案件数量为5165件。[②]

（四）参与刑罚执行的其他机构

此外，司法部还有其他一些机构参与到刑罚执行事务中。比如监禁中死亡独立顾问委员会收集、分析在监狱羁押、警察羁押中及释放后、移民拘留或者根据精神健康法拘留于医院中死亡的信息，促进政府形成相关政策；[③]监狱薪资审查组为英格兰和威尔士监狱机构，以及北爱尔兰相关职位的监狱长、监狱管理人员、监狱警察及辅助人员等的工资待遇提出咨询意见；[④]刑事案件审查委员会在司法大臣向国王提请赦免令时提出咨询意见，或向司法大臣提出赦免建议。[⑤]

四、法律服务

（一）律师管理

目前，英国仍保留着二元制的律师制度，把律师分为出庭律师

① 第19届国际矫正与监狱协会年会（英国伦敦）上英国监狱与缓刑局官方宣传册。

② 载https://www.gov.uk/government/organisations/parole-board/about，2022年9月15日访问。

③ 载https://www.gov.uk/government/organisations/independent-advisory-panel-on-deaths-in-custody，2022年9月15日访问。

④ 载https://www.gov.uk/government/organisations/prison-services-pay-review-body/about，2022年9月15日访问。

⑤ 载https://ccrc.gov.uk/about-us/what-we-do，2022年9月15日访问。

（Barrister）和事务律师（Solicitor）。[①] 2016 年，英格兰和威尔士有出庭律师 1.6 万人，他们必须独立执业，但可组成办公室在一起工作，现有 410 个这样的办公室。有事务律师 17.8 万人，律师事务所 10415 家。此外，还有律政人员、特许财产转让师、专利代理人、商标代理人等法律服务人员，总共约 37 万多人。近年来，英国法律服务业发展很快，在全球法律服务领域居于领先地位，2016 年为英国国内生产总值贡献了 320 亿英镑（占比 1.6%），占全球法律服务市场的 7%。英国律师业快速发展变革，与其主动适应全球法律服务竞争，积极改革调整其法律和政策密切相关。2007 年 10 月，英国公布了《法律服务法》，给英国的律师制度及法律服务业带来了以下几方面的重大影响：一是建立统一的法律服务监管机构——法律服务委员会（LSB）。在此之前，英国律师业实行行业自治管理，出庭律师、事务律师分别由出庭律师公会和事务律师协会自行监管。同时，专利代理人、商标代理人行业等也都有各自的监管机构。这种自我管理的体制受到了公众质疑，认为协会是律师的利益代表，自己不能管好自己，也不能公正地保护消费者权益。因而《法律服务法》专门设立了“法律服务委员会”，对所有法律服务行业组织，包括对出庭律师公会和事务律师协会进行监管，即对监管者进行监管。该委员会由司法部部长任命，性质不属于传统的政府机构，而是执行性非政府公共机构，有独立的法律地位，既独立于政府，也独立于行业，但委员会的经费来源于律师等各个职业的会费。法律服务委员会不对律师进行直接监管，各行业日常的监管职能仍由各自的监管机构具体负责，只有当各监管机构不能依法履行监管职能时，法律服务委员会才对其进行监管。在法律服务委员会的框架下，目前英国有 8 个这样的监管机构。二是设立法律投诉办公室。《法律服务法》将“保护和促进消费者权益”作为整个监管体系的核心，要求法律服务委

① 从 14 世纪开始，英国出现了职业辩护人制，并开始了律师的分类。在普通法院中能出庭的是高级律师（serjeant）和出庭律师（barrister），诉讼的准备工作则由称为“代理人”（attorney）的官员负责。因此执行律师业务的两类人包括有：高级律师和出庭律师，以及被称为“代理人”的官员。被称为“事务律师”（solicitor）的人出现于 15 世纪的衡平法院，从事类似普通法法院代理人的工作，但其地位低于代理人。到 18 世纪时，代理人和事务律师经常由一人兼任。1873 年、1875 年的《司法法》，简化律师职称，取消了高级律师和代理人称谓，从而仅剩下出庭律师和事务律师两类律师。参见沈宗灵：《比较法研究》，北京大学出版社 2005 年版，第 237 页。

员会必须设立一个消费者小组，代表消费者表达意见。消费者小组提出的意见，法律服务委员会必须予以研究并作出回应。同时设立法律投诉办公室，作为唯一一个受理所有法律服务投诉的机构，有权对投诉进行调查取证并作出处理决定，改变了以前不同行业有不同的投诉机构，受理不一、标准不一、不能有效保护消费者的情况。但投诉办公室不具有惩戒职能，相关惩戒仍由各行业的监管机构负责。三是把律师协会监管职能与代表职能分开。2006 年，出庭律师公会将其监管职能分离出来，设立针对出庭律师的监管机构——出庭律师标准委员会。2007 年，事务律师协会也将监管职能分立出来，设立了独立的监管机构——事务律师监管局，改变了律师协会集监管职能与代表职能于一身的情况。四是允许非律师成为律师事务所合伙人，参与事务所的管理，但非律师合伙人的比例不能超过 25%，所持的股份也不得超过 25%，且该非律师合伙人不得为英国其他法律职业人员、欧盟律师或者外国律师。非律师合伙人不能仅作为投资人、所有权人或者幕后老板，他们必须参与律所的管理，保证律所有效运行。五是创设替代性商业结构。在此之前，英国律师事务所都是由律师投资并管理，形成了难以打破的格局。该法允许外部投资的介入的目的，一方面是为了减少律师对法律服务的垄断，促进市场竞争；另一方面这种替代性商业结构使得律师（如出庭律师、事务律师、律政人员）与非律师人员（如会计师、地产代理人等）共同管理，有利于律师事务所为客户提出一站式综合服务，适应市场需求。这一模式创设后发展很快，2016 年英国已有 550 家这类机构，虽然只占英国执业机构的 10%，但营业额已占到 33%，其中有 1 个机构已在资本市场上市。[①]

（二）公证管理

英国没有现行统一的公证法，目前适用的公证法是在 1801 年、1833 年、1843 年由议会通过的三个法令，根据调整范围不同分别适用不同的公证人。目前，英格兰和威尔士有公证员 794 名，其中专业公证员 720 多名，代书公证人 70 多人。代书公证人主要是出具发往英国本土之外、在语言和适用法律上有特别要求的公证文书，如涉外委托公证、商业公证和

---

① 熊选国、陈明国、杨向斌、王杰华、郭恒亮等:《英国德国法律服务制度考察报告》，载《中国司法》2017 年第 10 期。

核实身份的公证文书等，这是与一般公证人的最大区别。根据《法律服务法》，2007 年英国在法律服务委员会下设立了公证员协会和代书公证人协会两个协会，代表和维护公证员权益。公证员协会根据需要收取会费，每位公证员每年交纳 625 英镑会费。英国公证机构的组织形式分合伙制和个人执业两种，合伙制公证处对合伙人数量无限制，可 1 人也可多人，执业地域范围也无限制。多人的合伙制公证处也是公证员单独执业，共同担负公共费用支出。在公证制度的职能上，英国主要奉行“自愿公证”原则，法律很少规定“法定公证”的内容，因而英国公证对经济活动和社会生活的保驾护航和预防纠纷的功能十分有限，对纠纷主要以“事后救济”手段，即通过诉讼解决，因此英国的公证业在整体上发展较为缓慢。①

（三）法律援助

英国是世界上最早建立法律援助制度的国家，现行法律援助制度的主要依据是 2012 年《法律援助、罪犯量刑与处罚法》。在英国，法律援助被作为国家必须承担的责任和义务，资金主要来源于政府拨款。2017 年，法律援助局管理的预算为 15 亿英镑，实际使用 18 亿英镑，占司法部预算的 20%—25%。2008 年全球金融危机后，英国政府全面削减财政支出，法律援助制度发生了较大变化。

一是调整管理机构。2013 年，英国在司法部内设立专门机构——法律援助局，取代了原来的非政府机构——法律服务委员会，主要职责是对法律援助申请进行审查（每年处理申请量约为 85 万件）、核算律师工作量并支付律师办案补贴。2017 年资料显示，法律援助局设有 16 个办事处，其中包括 4 个公共辩护办事处，有 1400 名工作人员。共 2500 个分布在不同地方的机构及办公室提供法律援助，包括律师事务所、调解机构以及其他非营利机构等，律师事务所承担了 99% 的援助案件。

二是缩小民事法律援助范围。英国法律援助分为刑事法律援助和民事法律援助。刑事法律援助主要由事务律师、出庭律师或者公共辩护人提供，援助方式主要是在警察局值班，为被羁押的人提供咨询和帮助，以及在刑事诉讼程序中提供咨询和辩护。在民事法律援助方面，除提供法律咨

① 熊选国、陈明国、杨向斌、王杰华、郭恒亮等:《英国德国法律服务制度考察报告》，载《中国司法》2017 年第 10 期。

询和帮助外，主要是家庭纠纷的咨询、调解和民事诉讼代理。改革中，英国主要缩小了民事诉讼代理的范围，只针对最需要帮助的弱势群体和最严重的案件提供援助。民事援助除由事务律师、出庭律师提供外，也可以由法律中心及非营利法律机构的非律师提供。

三是严格法律援助申请条件。英国法律援助包括申请、受理、审查、实施等基本程序，其中最主要的是经济资格审查（Means Test）。刑事法律援助主要对申请人的年度总收入及家庭情况进行审查。在民事方面，一般情况下如果个人可支配资产超过一定数额则不符合援助条件，如果有可支配资产并在援助条件范围内，则需要分担部分费用。对民事法律援助还需进行案情审查（Merits Test），包括胜诉可能性审查、公共利益审查、理性付费审查、平衡性审查及是否穷尽其他救济审查等，条件较为严格。

四是援助方式多元化。英国采用合同制和公共辩护人方式提供法律援助。合同制是由法律援助局直接与律所订立合同，由律所组织律师提供服务。公共辩护人是国家雇佣律师，专职从事法律援助。据 2017 年文件资料显示，法律援助局有 90 个合同管理人，负责确保服务质量和计费无误。此外，英国还通过电话或互联网提供免费信息和初步法律咨询，鼓励以非诉讼方式解决纠纷，引入法律保险、“不赢不收费”约定等制度，推动法律援助方式多元化。[①]

第四节　广义的司法行政机关——总法律顾问办公室

英国政府除了司法部外，还有总法律顾问办公室（Attorney General's Office）。由于其属于政府部门，从事法律业务，我们可以将其归为广义的司法行政机关。

总法律顾问（Attorney General，或称“首席律师”）一职创设于何时无从考证。但据传在 1243 年，一名专业律师受雇在法庭代表国王的利益。

---

① 熊选国、陈明国、杨向斌、王杰华、郭恒亮等:《英国德国法律服务制度考察报告》，载《中国司法》2017 年第 10 期。

这一职位在 1461 年变为正式的官职，被要求在上议院的传召中为政府提供法律意见。在 1673 年总法律顾问正式成为王室顾问和法律事务代表，更多专注于诉讼而非建议。20 世纪后，该职位更专注于法律建议。①

总法律顾问办公室是内阁组成部门，主要职责是代表王室和政府出庭，为王室和政府提供法律咨询。部门首长为总法律顾问（Attorney General），副职为 Solicitor General，或称“法务总监”，二者统称为“法务官”（the Law Officers）②。总法律顾问办公室与司法部平级，互不统属。总法律顾问办公室领导四个下属机构：

（1）皇家公诉署（Crown Prosecution Service）。本机构为非内阁部门（non-ministerial department），负责对英格兰和威尔士境内的警察或者其他机构调查完成的刑事案件提起公诉③。该署根据 1985 年《犯罪起诉法》设立，是一个全国性的，统一的，具有大陆法系特点的检察机关。④⑤

（2）政府法律部（Government Legal Department）。本机构为非内阁部门，是政府最主要的法律顾问，对政府政策和决定的发展、设计和实施提出法律建议，起草二级立法（secondary legislation），协助国会委员会进行一级立法（primary legislation），代表政府出庭。该部门约有 2000 名雇员，约 1400 人是事务律师或出庭律师⑥。

（3）严重欺诈办公室（Serious Fraud Office）。为非内阁部门，负责调查和起诉严重和复杂的欺诈，贿赂和腐败案件⑦。

---

① 载 http://www.lawabsolute.com/recruitment-news/article/the-role-of-the-attorney-general-for-england-and-wales，2022 年 9 月 15 日访问。

② 笔者认为，Attorney General 和 Solicitor General 的翻译很难再以“正”“副”来区分，其更像是我国古代的“尚书”和“侍郎”。

③ 载 https://www.gov.uk/government/organisations/crown-prosecution-service，2022 年 9 月 15 日访问。

④ 参见龙宗智:《论检察权的性质与检察机关的改革》，载《法学》1999 年第 10 期。

⑤ 有观点认为，依据 1985 年的《犯罪起诉法》而创立的皇家检察院，在总体上，既不行使侦查职能也不行使公诉职能。这两项职能仍然是警方行使，而皇家检察院的职责是复审警方所作的初步控诉决定，即对将要提起诉讼的案件进行审查。参见程伟:《英国检察机关的独立性初探》，载《内江师范学院学报》2006 年第 3 期。

⑥ 载 https://www.gov.uk/government/organisations/government-legal-department/about，2022 年 9 月 15 日访问。

⑦ 载 https://www.gov.uk/government/organisations/serious-fraud-office，2022 年 9 月 15 日访问。

（4）皇家公诉总监（HM Crown Prosecution Service Inspectorate）。负责监督皇家公诉署和其他公诉机构，旨在提高司法质量，提升公诉的效率，效力和公平。该部门也和刑事司法署（Criminal Justice Service）等其他部门的监察官一起在更广泛的领域开展监察[①]。

此外，为公共利益，总法律顾问办公室还行使独立于政府的其他职责[②]：

（1）防止判决畸轻。若法院的判决畸轻，任何人可以在判决后的28天内要求总法律顾问检视该判决。总法律顾问办公室可以要求上诉法院（Court of Appeal）审查该判决，法院可以维持原判，加刑，或者为日后判决提供指引。

（2）审查侮辱法庭的案件。侮辱法庭的案件可能会导致判决不公，总法律顾问可以基于公益，对这类案件采取法律措施。

（3）处理滥诉（vexatious litigants）。总法律顾问可以申请高等法院发出法院令认定某人滥诉，防止其在未经法院同意的情况下进行诉讼。

（4）死因调查（Inquests）。旨在对意外死亡案件的事实进行调查，查明死者身份、死亡原因和死亡的时间及地点。若与死者有关人士认为结论不正确（如出现新的证据），其可要求总法律顾问考虑申请高等法院重新审查证据，以重新进行死因调查。

（5）慈善法律事务。若案件涉及慈善，总法律顾问可以为法院提供帮助，其可要求慈善法庭阐明慈善法的任何问题。

（6）同意起诉。一些严重犯罪的起诉需要总法律顾问的同意。但在绝大多数案件中，并不需要这一程序。

（7）任命专业律师为政府提供法律服务。

总法律顾问实际上是英格兰和威尔士的首席法务官，代表皇家和政府出庭，为皇家和政府提供法律咨询。实践中，通常由首席公诉人（Treasury Solicitor，又称“Procurator General”）提供律师或者亲自出庭陈述。受任者为政府提供法律咨询，作为公共利益的代表，并且解决政府部门间的争议。一般来讲法律总顾问有权监督对刑事犯罪的公诉，但除非重大案件，

① 载 https://www.gov.uk/government/organisations/hm-crown-prosecution-service-inspectorate，2022 年 9 月 15 日访问。

② 载 https://www.gov.uk/government/organisations/attorney-generals-office，2022 年 9 月 15 日访问。

一般不越俎代庖，其保有一般性停止起诉的权力。刑事案件的公诉主要由皇家公诉署（Crown Prosecution Service）负责。[①]

受翻译影响，英国检察机关与司法行政机关的关系差别较大，不同的翻译会对二者之间的关系产生不同影响。[②]如果我们把英国的 Attorney General's Office 翻译成“总法律顾问办公室”，则其和司法部都属于政府的法律部门，两者之间没有隶属关系。主管检察官的皇家公诉署实际上是政府法律部门下面的职能机构，是真正意义上的检察机关。如果我们将 Attorney General's Office 翻译成“总检察院”，则检察机关为独立的政府部门，与司法部互不统属。

英美法系国家对“司法行政”的理解不同于大陆法系国家，其可能仅指对法院的行政管理，因此其 Minister of Justice 和 Attorney General 是两种不同的职责。在英美法系国家历史演进的过程中，法院系统趋于独立，成为所谓的“司法独立”，而 Attorney General 系统有总法律顾问和检察官的职责，逐渐演化为政府机构，成为这些国家的“司法行政机关”。但是英国作为英美法系的发祥地，却走上了另外一条发展道路，即作为法院管理部门的大法官部演化为 Ministry of Justice，而总法律顾问办公室仍然独立存在与之并行。我们以大陆法系“司法行政”的视角去看英国，就会产生司法行政机关到底“花落谁家”的疑问。因此，笔者认为，仅就英国来说，狭义的“司法行政机关”就指司法部；而从整个英美法系的特点来看，英国的总法律顾问办公室则属于广义的“司法行政机关”。

---

① 载 https://en.wikipedia.org/wiki/Attorney_general#England_and_Wales。严重欺诈办公室也是公诉部门。

② 在很多原被英国进行过殖民统治的国家和地区，其司法行政机关源自英国的 Attorney General's Office，而非 Ministry of Justice 或者 Office of Lord Chancellor。如美国司法部称“Department of Justice”，司法部部长称“Attorney General”；加拿大司法部称“Department of Justice”，但是司法部部长称为“Minister of Justice and Attorney General”，有“双重角色”特别行政区律政司。

第五节　英国司法行政制度的特点

一、古老而复杂的司法行政制度

英国的司法体系古老而复杂，这源于它在向近代转变过程中的王室的独特地位，中世纪的法律传统和渐进性政治体制改革。与法国“疾风暴雨”式的资产阶级革命不同，英国资产阶级革命是不流血的“光荣革命”。革命后建立的是君主立宪制，王室及原有的政治制度、社会制度、司法制度得以大范围的保留。在继承了大量中世纪的法律和司法传统的同时，英国采取渐进式的改革，从而使得古老的法律和司法体制延续至今。现在，我们仍能看到英国法律和司法制度中大量古老的称谓、头衔、习惯、服饰和制度。

英国司法部源于中世纪的大法官。大法官既是英国司法系统的代表，也是英国议会上议院的议长和内阁法律大臣，集立法、行政和司法职权于一身。1885 年建立的大法官部实际上是大法官这一古老职务的延伸。《1971 年法院法》赋予了大法官部更多的现代司法行政职责，使其更接近于“司法部”，但古老的大法官色彩并未去除。2003 年布莱尔政府开始宪法改革，宪法事务部的成立，终结了古老的大法官制度。大法官不再兼任上议院议长，也不再负责司法审判事务，传统中由大法官部行使的司法任命权由独立的司法任命委员会行使。宪法事务部接手并总揽苏格兰和威尔士宪法事务，负责宪法改革，以及原大法官部的法院行政事务、法律援助、法官任命、人权、数据保护和信息自由等司法行政事务。宪法事务部的设立使得行政与司法机构得以彻底分立，也促使英国开始建立现代化的司法行政体系。但该部存在时间很短。2007 年宪法事务部承接了内政部的部分职责，于 2007 年 5 月 9 日更名为司法部。但现在英国司法大臣仍保留“大法官”这一头衔，其与法院系统独特的渊源难以割断。司法部仍保留了原大法官部的传统，拥有在英格兰和威尔士、苏格兰、联合王国和王室领地不同层面的宪法和法律事务的权力和职责。这些都是其有别于他国司法行政机关的独特之处。

受大法官制度的影响，英国的“三权分立”一直存疑。大法官既是司法系统的代表，同时也是英国议会上议院的议长和内阁法律大臣，横跨议会，政府和司法。这种集行政、立法和司法三种政治角色于一身的传统体制，与孟德斯鸠的“三权分立”原则相左。《1998 年人权法》将《欧洲人权公约》纳入英国法，大法官身兼多职与《欧洲人权公约》相冲突，成为大法官制度改革的外部压力[①]。2003 年布莱尔政府推行宪政改革，终结了古老的大法官制度，撤销了大法官部，开始建立“现代”司法行政制度。但是，传统不可能突然中断，英国司法部与法院系统古老的渊源和千丝万缕的联系，使其在分权和职责问题上与其他国家的司法行政机关有明显的区别。

机构设置零碎而混乱。或许是秉承判例法思维，对于“设范立制”天然的不在行，英国司法部的机构设置相当的混乱。司法部大量的内设部门、附属机构及相关职责没有公布，或者公开程度远不如德法等大陆法系国家，外人很难了解全貌。司法部各种所谓“独立”的机构或者委员会，其实都是自我标榜，并非真正的独立，其仍然处在司法部的监管之下，人、财、物都由司法部掌控。司法部设置了大量履行各种职能的“委员会”，但其中一些委员会和机构之间职能交叉重叠。在笔者访英过程中，就司法行政系统的一些机构设置和职能咨询了英方人士，其中一些人表示很多机构都是为“冗官冗员”而生。零碎而混乱的机构设置加上判例法本身的复杂性，极大地增加了普通民众获得法律救济的难度和成本。或许是“秉承传统”带来的积弊，或许是革命和改革不彻底导致的既得利益集团的把持，庞大的“日不落帝国”的政府机器在其日薄西山的时候，仍然维持着臃肿庞大的政府部门，似乎“与时俱进”在英国是一件非常奢侈而困难的事情。

司法行政管理的复杂性。古老、凌乱和复杂的普通法，给英国留下了种类繁多，功能各异的法院和法庭，这些法院和法庭的管理权限，人事任命，诉讼程序等都有所不同，为此英国司法部和议会需要制定大量的法

① 王婧：《英国大法官司法职能的变迁》，载 http://www.cssn.cn/zx/bwyc/201807/t20180704_4494752.shtml，2022 年 9 月 15 日访问。

律和行政规则。英国境内不同的法域也给司法部在司法行政领域的管理协调带来巨大的工作量。不论是实体还是程序，复杂的普通法都难以适应现代社会的发展需求，也给普通民众的法律问题的解决带来了高昂的成本。为了管理这些事务，司法部拥有多达 76000 名雇员，约 76.27 亿英镑（2017—2018 年）财政支出[①]，以及 34 个下属机构和部门，苏格兰和北爱尔兰的司法体系还不算其中，也不包括总法律顾问办公室。这与其国土面积、人口数量不成比例。英国司法部为此一直在进行司法改革并取得了一些成效，但是对普通法传统的坚守，使得英国司法行政管理和司法改革始终面临艰巨的挑战。

二、对传统法律文化的继承和发展

法律不仅是阶级统治的工具，而且是社会秩序和伦理的体现，还是文化传承的纽带。在整个近代化的进程中，英国避免了法国和俄国那样暴风骤雨的般社会革命。戴鸿慈曾言，“英人循秩序而不好激进，其宪法出於自然之发达，行之百年而无弊”。[②] 在司法行政机关的主导之下，英国始终采取的是渐进式的改革，在保留法律传统的同时不断加入新的元素，这反映出英国对其法律传统和法律文化的自信与尊重。

英国司法行政在改革中始终维持普通法的地位。普通法在英国有悠久的历史，后来又在王权之下发展出衡平法。资产阶级革命之后，由于议会主权原则，议会制定法给英国普通法带来重大影响。议会有权宣布与制定法相抵触的普通法无效，而普通法院又未能获得对制定法的反向审查，这从根本上切断了普通法对于社会生活的垄断性控制。制定法的效力虽高于普通法，但数量少，规范性和可适用性较低。制定法必须依靠普通法院以及数百年来形成的普通法程序，经过普通法化，才能够成为在司法审判中被援引的依据，具有“实质性的影响”。[③] 因此，英国司法体系从一开始就呈现割裂，多元的特点，比如英国的法律分为普通法、衡平法和制定法。

---

① Ministry of Justice Annual Report and Accounts 2017 to 2018，p.158，载 https：//www.gov.uk/government/publications/ministry-of-justice-annual-report-and-accounts-2017-18，2022 年 9 月 15 日访问。

② 参见赵尔巽等:《清史稿》卷二百二十六《戴鸿慈传》。

③ 参见高仰光:《论英国普通法的传统主义法律历史观》，载《江汉论坛》2011 年第 4 期。

而英国的法院系统又分为普通法法院、衡平法法院不同的系统，制定法通过普通法法院实施难度很大，同时还拥有英格兰和威尔士、苏格兰、北爱尔兰多个法域。在四百余年的近代化进程中，英国始终维持着普通法的原则和地位，以渐进式的改革推进普通法的近代化。

英国法高度重视程序，其程序主义不仅体现在诉讼程序方面，而且渗透到法律各领域。在英国法早期发展中，实体法隐藏在程序的缝隙中。普通法的最初发展与令状制诉讼形式密切相联，救济先于权利，无救济则无权利，而无令状则无救济。而庭审中的对抗制，充分体现出程序的重要性。衡平法法院虽然不象普通法法院那样成为诉讼程序的奴隶，具有程序简便的优点，在很长时期内对普通法起着纠偏和补充的积极作用，但是，随着衡平法成为英国法的重要组成部分之一，也开始出现烦琐和僵化等多方面的缺点。①

历次司法改革中，司法程序改革是重点，同时其程序价值也受到特殊的保护。英国历史上的诉讼程序改革大致可分为两个阶段：

第一阶段是 19 世纪 30—60 年代，围绕简化普通法法院和衡平法法院的诉讼程序，议会通过立法颁布的七大条例进行改革。1832 年《统一程序法》废除了对人诉讼的各种令状格式，三个普通法法院在提起此种诉讼时，应使用统一的传唤令状程序。此法令并未排除选择某种具体令状的必要性，原告仍须参照某种诉讼形式，详细说明诉讼理由，如果选错令状，则必须放弃诉讼，否则只有败诉。1833 年《不动产时效法》对有关不动产诉讼的许多重要程序进行了改革，几乎废除了所有不动产诉讼的令状制度，仅保留了以不动产回复之诉为主的三种重要程序，使不动产诉讼程序大大简化。却没有触及回复不动产之诉这一封建的土地诉讼程序。1833 年《民事诉讼法》废除了宣誓断讼这一自盎格鲁－撒克逊时代沿用下来的古老审判方式。此法要求被告向法院交纳一定数量的金钱，作为对原告的赔偿。同时，它授权法官制定程序规则，创立新的辩护制度，以简化过去较为复杂的辩护程序。19 世纪 30 年代关于诉讼程序改革的这三个条例，没有消除诉讼程序全部弊端，令状制度的形式主义和诉讼程序的繁杂仍是司

① 牛淑贤：《论近代英国诉讼程序的改革》，载《法制与社会》2012 年第 11 期。洪荞：《主编导读：英国法律文化研究评析》，载《法律文化研究》2020 年第 1 期。

法活动顺利进行的障碍。因此，在19世纪50年代，政府又任命了新的司法委员会来协助工作。其中，负责调查高等普通法院工作的司法委员会成绩最为显著。该委员会对威斯敏斯特高等法院的诉讼程序、诉讼实践、辩护制度、巡回审判制度、诉讼费用和法院工作人员的职权等事项进行了考察，它先后提出3份调查报告。在此基础上，议会颁布了一系列新的程序改革法令，1852年和1854年的《普通法诉讼条例》是较为重要的两个法令，它们废除了剩余的不动产诉讼，对现代诉讼程序的确立起到了举足轻重的作用。

在衡平法法院诉讼程序改革方面，1852年的《大法官法院诉讼条例》取消了衡平法法院沿袭下来的封建的传唤令状，采用一种书面询问的方式，附在起诉状之后，简明地表达出原告起诉的缘由及要求赔偿的数额。条例还突破旧制，授权衡平法法院决定诉讼中所出现的法律争议，而无须再将其提交普通法法院，从而避免了因法院间案件的相互转送而造成的审理延误情况的发生。1858年《衡平法修正条例》。该条例进一步改善了衡平法法院的诉讼程序，授权其对赔偿金作出裁定，而此项裁定权以前只属于普通法法院。条例同时规定衡平法法院在审理案件时，可用陪审团来裁决事实，并决定赔偿金额。依据该条例，同一起诉讼就没有必要同时经过普通法法院和衡平法法院的审理了。这样，两种法院的双重司法权最终消亡。在改革衡平法法院诉讼程序的同时，议会还对其司法权及司法人员的管理进行了改革，例如1831年的《破产法》、1841年的《大法官法院条例》、1852年的《废除衡平法法院书记官条例》等都包含有相应的内容。[①]

第二阶段则是以1873—1875年制定并通过的《司法条例》为标志，进一步简化普通法法院和衡平法法院的诉讼程序。根据司法委员会的调查结果及改革建议，议会于1873年通过了《司法条例》。塞尔伯恩大法官在给上议院的关于《司法条例》的立法说明中，针对当时司法系统的积弊，将其改革内容归纳为四个方面，即合并现存的相互独立的普通法法院和衡平法法院；统一普通法和衡平法的基本原则；简化诉讼程序；改革上诉程序。经过一年多的讨论和修改，《司法条例》于1875年12月1日实施。

① 参见牛淑贤:《论近代英国诉讼程序的改革》，载《法制与社会》2012年第11期。

英国的法院体系发生重大变化，“整个司法制度得以重建”。[①]

英国19世纪诉讼程序的改革，通过对普通法和衡平法内部结构的调整，逐步摆脱了由令状制度造成的形式主义的束缚，克服了僵化而过时的诉讼程序造成的弊端，祛除了其浓厚的封建残余，初步建立起一套适合资本主义发展要求的、代表资产阶级利益的简捷高效的现代资本主义诉讼程序。但英国重视程序的传统思想根深蒂固，程序法仍决定着法律的“发现”和适用，“正当程序”的原则得到充分的肯定，法院判决和立法往往会因为违反程序而被宣布无效。这正如梅特兰所说:“我们已埋葬了诉讼形式，但它们仍从坟墓中统治着我们。”[②]英国的司法改革并没有在资本主义蓬勃发展，议会制定法至上，古老的普通法弊端丛生的大背景下抛弃普通法传统，而是通过改革弱化普通法与衡平法之间的区别，使二者在（英格兰和威尔士）最高法院并用[③]，以“制定法之治为灵，普通法之治为肉”[④]。这种渐进式改革维持了英国法律内在的平衡，赋予普通法新生。

三、在对旧势力的妥协中渐进式改革

英国司法行政机关不断地向旧势力妥协，成为渐进式司法改革中突出的特点。由于没有经历社会革命，即便在工业革命后，旧势力依然十分强大和顽固。英国司法行政机关对一些即使已不适应时代需求的旧法律和司法制度，不是选择彻底改革重建，而反反复复“打补丁”，为这些“封建余孽”留有一席之地。

英国引以为傲的法律职业共同体实际上是旧贵族“把持朝政”。英国法律职业共同体与贵族司法传统密不可分。所谓“法律贵族”（1876年之

---

① 参见牛淑贤:《论近代英国诉讼程序的改革》，载《法制与社会》2012年第11期。王婧:《1873年英国司法改革与上议院司法权的变迁》，载《上海师范大学学报（哲学社会科学版）》2018年第3期。

② 牛淑贤:《论近代英国诉讼程序的改革》，载《法制与社会》2012年第11期。

③ 指1873年《司法法》（*Supreme Court of Judicature Act, 1873*）所创设的最高法院，通常称为“英格兰和威尔士最高法院”（the Supreme Court of England and Wales）。2009年英国最高法院成立之后，该法院更名为“英格兰和威尔士高级法院”（the Senior Court of England and Wales）。参见王婧:《1873年英国司法改革与上议院司法权的变迁》，载《上海师范大学学报（哲学社会科学版）》2018年第3期。

④ 参见高仰光:《论英国普通法的传统主义法律历史观》，载《江汉论坛》2011年第4期。

前）是指上议院中具有法律专业知识和技能的世袭贵族，包括大法官、前任大法官以及受封成为贵族的高级法官。“很难发现一个受到法律训练的人，他不是贵族或贵族后裔”[①]，“英国贵族，极为尊重法学家，并赋予他们以极大的权力。……英国的法学家便把他们活动圈子的贵族思想和情趣，与他们职业的贵族利益结合起来”[②]。19世纪以来，延续自中世纪的律师会馆依然是强化法律职业共同体认同的重要桥梁。以律师会馆为中心，英国的上诉法院法官与法律贵族形成类似于兄弟会的组织。[③]时至今日，司法部和英国法院系统许多职位都保持着对法律职业共同体开放的传统，出庭律师、事务律师以及其他法律专业人士都可以担任法官。比如根据《2013年司法委任委员会规定》（*Judicial Appointments Commission Regulations 2013*），司法部下属的司法委任委员会的委员，6人为法官（judicial member，含2名法庭法官 tribunal judge），2人为法律专业人士（英格兰和威尔士出庭律师，英格兰和威尔士高级法院事务律师，或者特许法律行政人员学会院士），6人为“外部人士”[④]，其中1人为主席，1人为非法律专业司法人士（non-legally qualified judicial member）。[⑤]律师和法官的“法律职业共同体”实际上有些像“政商旋转门”：一个法律贵族，前些时日还是律师，摇身一变就可以成为法官，而法官卸任后又可以从事律师。英国法律的复杂性，使得普通人很难处理自身的法律事务；而这些法律贵族则从体制内外两方面对司法活动进行垄断。

1876年之后逐渐形成的“同行评议”的选任机制实际上是司法贵族强化权力垄断的一个机制。它保证了司法权力掌握在一小部分精英手中。从1876年至2009年，虽然常任上诉贵族法官的法定人数上限从2人增加到了12人，但是一共才任命了112名常任上诉贵族法官。同一时期任命了

---

① 参见王婧：《1873年英国司法改革与上议院司法权的变迁》，载《上海师范大学学报（哲学社会科学版）》2018年第3期。

② ［法］托克维尔：《论美国的民主》（上卷），董果良译，商务印书馆2007年版，第306页。

③ 参见王婧：《1873年英国司法改革与上议院司法权的变迁》，载《上海师范大学学报（哲学社会科学版）》2018年第3期。

④ 载 https://www.legislation.gov.uk/uksi/2013/2191/regulation/8/made?view=plain#f00017，2022年9月15日访问。

⑤ 载 https://www.judicialappointments.gov.uk/commissioners，2022年9月15日访问。

26 位大法官，其中 4 位还是从常任上诉贵族法官中任命的。[①] 这 112 位常任上诉贵族法官的职业与社会背景高度同质，都是中产阶级男性白人出庭律师。法律贵族由大法官在征询其他法律贵族和高级法官的意见之后，与首相商定人选，报国王任命。其中，其他法律贵族与高级法官的意见最为重要。因此，法律贵族的选任是“同行评议”和“法官选自己”。这种选任机制与晋升制度共同保证了被任命者都是优中选优的法官。英国的法官都将晋升至上议院视为职业生涯的顶点，但是由于出庭律师在高等法院独占性的出庭权，高等法院及更高级的法官只从出庭律师中选任，而且通常是从出庭律师的高级阶层——皇家大律师——中选任，常任上诉贵族法官又仅从高级法官中选任。由此，一环套一环，形成了一个相对封闭和等级固化的法律职业共同体。[②]

法律贵族经常性地阻碍司法改革以换取自身利益。上议院司法权是贵族司法传统最直接和最重要的表现形式。19 世纪 30 年代，对于贵族司法的质疑持续发酵。这一时期，大法官布鲁厄姆勋爵（Lord Brougham，1830—1834 年）开始进行司法改革，以提高英国司法制度的统一性与效率。1832 年以来的三次议会改革中，上议院贵族为了保证对下议院立法的否决权，开始策略性地放弃司法权等次要权力，上议院司法权随之动摇，被迫从 1835 年开始启用法律贵族审理案件。而后来的《1873 年司法法》（*Supreme Court of Judicature Act*，*1873*），主要目的之一就是要废除上议院的司法权，统一诉讼制度。该法规定，英格兰将设立由高等法院和上诉法院组成的（英格兰和威尔士）最高法院，普通法与衡平法在最高法院同时适用。高等法院将原来的王室法庭分为 5 个分支法庭，行使初审管辖权。上诉法院由 5 位依职权的当然法官（ex-officio judges）以及女王任命的常任法官和额外法官组成。但仍然为上议院保留了一定的司法权：苏格兰与爱尔兰案件的上诉管辖权依然保留在上议院，海外殖民地案件依然上诉至枢密院司法委员会。即便如此，保守势力仍认为改革过于激进，苏格兰与爱尔兰不愿将案件向这个新“英格兰”上诉法院上诉。改革措施引起了保守

---

① 参见王婧:《1873 年英国司法改革与上议院司法权的变迁》，载《上海师范大学学报（哲学社会科学版）》2018 年第 3 期。

② 参见王婧:《1873 年英国司法改革与上议院司法权的变迁》，载《上海师范大学学报（哲学社会科学版）》2018 年第 3 期。

势力的反弹，1874年2月，保守党赢得大选，原本应于1874年11月2日生效的《司法法》被延期1年生效。1875年，有关废除上议院司法权的条款被延期至1876年11月1日生效。1876年8月11日，《上诉管辖法》获得王室批准，于当年11月1日生效。该法“恢复”了两级上诉体制和上议院司法权。恢复的关键在于创设了常任上诉贵族法官：女王可以随时通过书面特许状任命2名上议院常任上诉贵族法官，条件是被任命者至少担任过2年高级司法官员，或者在英格兰或爱尔兰作为出庭律师以及在苏格兰作为律师执业15年以上。《上诉管辖法》标志着1873年司法改革尘埃落定，成为2009年英国最高法院成立之前上议院行使司法权的法律依据。它解决了法律贵族供给不稳定的问题，实现了法律贵族的职业化，为贵族司法传统的现代发展奠定了制度基础。此后，常任上诉贵族法官的数量不断增加，其职业保障也不断完善，逐渐成为法律贵族的主体和代名词。①

英国的法律贵族顽固地把持着对司法权的垄断，迫使改革向其妥协，实际上就是“封建余孽”。其既是英国渐进式改革的不彻底性的原因，也是其结果。时至今日，英国的司法改革仍然采用这种方式，在新旧理念和势力的不断妥协中向前发展。虽然历经改革，但改革的广度和深度总是受到制约，从而造成诉讼程序始终复杂冗长，司法成本高昂，普通民众难以了解并获得救济。当世界进入信息时代后，必然需要简洁明确的法律和高效的司法体制，英国司法系统对自身传统的偏执，对法律垄断阶层的妥协，恐怕将会严重的阻滞英国法律和司法的现代化，阻碍英国适应信息社会的能力。

旧势力把持司法权力，固然具有一定的保守色彩，但其也有积极的一面。比如所谓“同行评议”的选任与晋升机制强化了法律共同体意识和职业责任机制，提高了判决的权威性。司法系统对法律职业共同体的开放态度，使得律师、法官、检察官、学者之间形成良性的交流互动，法律人士的职业生命可以在各种身份之间互通，较好地解决了英国社会“官”“民”“士”三者的关系问题，在不断为司法系统输送精英的同时，也使得法律人士成为社会稳定的“润滑剂”。而对法律职业共同体的坚持，也在某种程度上反映出英国对司法传统和法律文化的尊重和继承。

---

① 参见王婧:《1873年英国司法改革与上议院司法权的变迁》，载《上海师范大学学报（哲学社会科学版）》2018年第3期。

第七章　德国司法行政制度

德国司法行政制度是大陆法系国家司法行政的经典诠释。1871 年统一后，德国开始了德式司法行政制度的近代模式，司法行政机关通过“审检合署”制，对法院和检察院的人财物实行全面的强势管理。“二战”后，联邦德国在美国的主导下对司法行政制度进行了现代化改造，于 1949 年成立了司法部，在保留对检察院领导的同时，弱化了对法院的管理，强化了法官的独立地位，强化了政府立法职能，形成了德式司法行政制度的现代模式。德国采用联邦制，司法行政机关在联邦层面为联邦司法部和联邦司法局；在州层面设司法部负责本州司法行政事务。联邦和州司法行政机关负责政府立法，管理司法和法律机构，领导检察官，管理政府法律事务，负责刑罚执行，管理法律职业与法律服务。其全面的法律业务板块，合理的职责分工和架构，服务平台式的法院设置模式，成为当代德国司法行政制度的突出特点。

第一节　德国司法行政机关的历史

德国司法部是传统的政府部门，在德国法律发展史上发挥了非常重要的作用，对世界法律发展和动荡产生了巨大的影响。

德国在 1871 年统一前，处于邦国时代，普鲁士是德国各邦中的大邦。其法律规范和司法制度成为以后帝国立法的样本。在 1848 年革命前，普鲁士立法草案就已经拟定完毕，参与拟定的主要人员是司法行政部部长穆勒（Mühler，1832—1844 年）、乌登（Uhden，1844—1848 年）以及立法部部长萨维尼（1842—1848 年）。早在 1815 年，普鲁士国王就明确承认法院的独立性，规定对一些法律裁判准则法律化，这意味着行政机关涉及特定法院判决的指令不再具有拘束力。不过当时的司法部部长对法院也享有指令权，但仅限于职务监督和有关司法组织机构的问题，有时也会发布对刑法规范进行解释的指令；国王和司法部还通过特赦权对刑事司法施加影响。而检察机关的成立主要是源于普鲁士国王对刑事法院的不满，司法部部长穆勒、乌登和立法部部长萨维尼为此多方努力。1846 年初，德占波兰地区的反抗运动促使了检察官制度的建立。当时年轻的候任法官亨理希 · 弗里德伯格（Heinrich Friedberg，后担任普鲁士司法部部长）提出了关于检察机关的较为完整的构想，草案于 1846 年 7 月 17 日颁布，检察官被置于司法部部长职务监督之下，并应服从其指令。[①]

1871 年普鲁士通过“铁血政策”，统一除奥地利之外的各德意志邦国，建立起“德意志第二帝国”。1877 年国家司法局（Reichsjustizamt）成立，主要负责制定司法领域的立法，管理国家法院（Reichsgericht）、国家检察院（Reichsanwaltschaft）和国家专利局（Reichspatentamt），国家司法局也成为德国历史上第一个真正意义上的“司法部”。随着国家司法局的诞生，德国法律完成了统一，法治得到了迅猛发展，出现了诸如《法院组织法》《民事诉讼法》《刑事诉讼法》《民法典》以及《刑法典》（国家司法局成立之前制定）等一大批对世界法治产生深远影响的法律[②]。

“一战”之后，德意志第二帝国灭亡。1919 年魏玛共和国成立，在国家司法局的基础上成立了国家司法部（Reichsjustizministerium），其首长称“部长”（Minister），向人民代表（Volksvertretung）和国家议院（Reichstag）负责。魏玛宪法确保了德国向社会法治国家的进一步发展。最重要的魏玛共和国司法部部长是法哲学家古斯塔夫 · 拉德布鲁赫（Gustav Radbruch），其主持制定了《少年法院法》。

1933 年希特勒上台后，德国进入了纳粹时代。纳粹以“同步”

---

① 参见［德］汉斯 - 约格 · 阿尔布莱希特、魏武编译：《德国检察纵论》，中国检察出版社 2021 年版，第 3-4、12-13、79—81 页。

② 载 https://www.bmjv.de/DE/Ministerium/GeschichteBMJV/GeschichteMinisterium_node.html，2022 年 9 月 15 日访问。

（Gleichschaltung）为名进行中央集权和法西斯专治。从 1934 年起，国家司法部控制了整个司法机构，并广泛参与了纳粹对法治的破坏及其司法罪行。[①]“二战”后，法律和司法领域开展了去纳粹化运动，时至今日，司法部仍将反思和批判纳粹主义作为基本原则，出版相关历史研究资料[②]，举办宣传活动，反省纳粹践踏法治的历史，强化民主、法治和人权信念。

“二战”后，德国分裂成两个德国。1949 年民主德国（东德）成立司法部。在联邦德国（西德）同样成立了司法部，第一任联邦司法部部长为托马斯·德勒。如同过去的魏玛共和国司法部一样，联邦德国司法部实际上是“立法部”，代联邦政府准备法律草案，并作为合宪审查部门，审查其他各部法案的合宪性。[③]法律领域的中央集权被作为纳粹主义的一部分受到批判，随着 1949 年《德意志联邦共和国基本法》（以下简称《基本法》）的制定，司法机构的集权化趋势发生了逆转[④]。在联邦制之下，联邦司法部不再能控制各级司法机构，联邦法院归联邦政府管理，其他所有法院都是州法院，由州政府管理。

1990 年德国统一是联邦司法部发展的一个重要历史阶段。联邦德国司法部成为全德中央司法行政机关。除了将司法行政业务扩展到原东德境内之外，回顾和处理德国分裂期间遗留的法律问题成为联邦司法部的一项重要工作。统一后，德国政府开始了为原东德境内遭受政治迫害人士的平反昭雪和补偿工作，并为此颁布了法律。现在此项平反工作由司法部公法司负责。联邦司法部民法司负责“东部州公共财产问题”的法律问题。这一问题源于东德建立社会主义制度过程中对私有财产的公有化。在东、西德统一过程中，东德制定了公有财产退还或赔偿的规定。但这一问题在德国统一完成后没有全部解决，遗留问题由西德政府继续解决，联邦司法部负

① 载 https：//www.bmjv.de/DE/Ministerium/GeschichteBMJV/GeschichteMinisterium_node.html，2022 年 9 月 15 日访问。

② 如《罗森堡档案：纳粹时代的司法部》（Die Akte Rosenburg：Das Bundesministerium der Justiz und die NS-Zeit）以及其后续项目《纳粹时代的检察院》（Die Bundesanwaltschaft und die NS-Zeit）。

③ 载 https：//www.bmjv.de/DE/Ministerium/GeschichteBMJV/GeschichteMinisterium_node.html，2022 年 9 月 15 日访问。

④ 载 https：//www.bmjv.de/DE/Ministerium/GeschichteBMJV/GeschichteMinisterium_node.html，2022 年 9 月 15 日访问。

责相关的法律问题[①]。1999 年夏，司法部从波恩迁到柏林的旧址。但在波恩还留有一个 4 人的联邦司法部办事机构。根据 2006 年 12 月 17 日《联邦司法局设立和管理法》，2007 年 1 月 1 日在波恩成立联邦司法局，受联邦司法部监督。

近年来，德国联邦司法行政系统根据形势变化和需要，进行了一些改革。比如，“9・11”恐怖袭击后，反恐成了德国司法行政机关的一项重要任务。联邦司法部设有直属部领导的“德国受恐怖主义和极端主义袭击受害者保护专员”，该专员有一个办公室，设在刑法司刑事被害人救助处。州司法部的职责也受反恐政策的影响，比如拜仁州司法部增加了反极端主义、恐怖主义，基地组织、穆斯林押犯矫正协调等职责。联邦总检察院原本负责刑事犯罪登记与统计事务，管理联邦中央登记中心、教育登记中心、商业登记中心和中央检察程序登记中心等各种登记机构以及国际家庭法事务，但从 2007 年 1 月 1 日起，划归新设在波恩的联邦司法局。通过这次业务转移，登记业务不再是作为联邦追诉机关的总检察长的核心业务[②]。原本德国联邦司法部也管理监狱行刑，但是 2006 年联邦制改革之后，监狱行刑下放到各州，由各州司法部主管。2013 年联邦司法部经历了一次重要改革，获得了原属于食品、农业和消费者保护部的消费者法律和经济保护的职责，并成立了由 9 名成员组成的消费者专家顾问委员会作为咨询机构。改革后，联邦司法部改称联邦司法和消费者保护部。2021 年 12 月 8 日舒尔茨当选德国总理，同日发布法令，将联邦司法和消费者保护部改称司法部，消费者保护的职责被移交给环境部，同时司法部从联邦总理府获得了减少官僚机构、法制改革和国家规范控制委员会（Nationalen Normenkontrollrat）的相关职责。[③]

① “Aufgaben und Organisation des Bundesministeriums der Justiz und für Verbraucherschutz”，载 https://www.bmjv.de/DE/Ministerium/AufgabenOrganisation/AufgabenOrganisation_node.html，2022 年 9 月 15 日访问；https://de.wikipedia.org/wiki/Offene_Verm%C3%B6gensfragen#Regelung_der_offenen_Vermögensfragen，2022 年 9 月 15 日访问。

② 载 https://www.generalbundesanwalt.de/de/organisation.php，2022 年 9 月 15 日访问。

③ 载 https://www.bundesregierung.de/resource/blob/974430/1990040/df69951d83f08c0b7b04cb40210e1221/2021-12-08-organisationserlass-data.pdf，2022 年 9 月 15 日访问。

第二节　德国司法行政体制

一、联邦司法行政体制

德国是联邦制国家。联邦司法部是联邦政府的组成部门，负责联邦层面的司法行政工作。各州也有司法部，如拜仁州司法部是根据拜仁州宪法设立，是拜仁州的司法行政机关。虽然同属于司法行政机关，但联邦司法部与各州司法部不是上下级关系。根据联邦分权原则，联邦司法部一般来讲无权命令州司法部。联邦司法部和州司法部在业务上也并非一一对应。[①]联邦司法部负责联邦司法机关的管理，州司法部负责州司法机关的管理。

（一）联邦司法部

联邦司法部由部长和2位国务秘书领导，下设7个司（Abteilung），司以下又分成分司（Unterabteilung）[②]和处（Referat）。司的领导通常由一名司局级的政务官担任。各专业处是组织上的基层单位和业务工作的承担者，处长为“较高级别”（höher Dienst）的公务员（绝大多数具有法学学历）。[③]

1. 部领导

联邦司法部的首长是部长。部长作为内阁成员参与联邦政府的政治决策，并承担政治责任。副部长级的领导有1位议会国务秘书（Parlamentarischer Staatssekretär），主要负责与联邦议院（Bundestag）、联邦参议院（Bundesrat）以及各党派的联系；还有1位公务员国务秘书（Beamteter Staatssekretär），对内对外代表部长。部长和2位国务秘书组成

---

① 比如联邦司法部原有“消费者保护”职责，但在拜仁州此项职责主要由环境和消费者保护部负责。

② 一个司一般分为2—3个分司。分司并无单独架构和名称，类似于主管副司长，实际上是“处”在发挥作用。

③ 本书采用德国联邦司法部官网2023年2月1日版的组织机构图，Organisationsplan（Stand：1. Februar 2023），载https：//www.bmj.de/SharedDocs/Downloads/DE/Ministerium/Organisationsplan/Organisationsplan_DE.pdf?__blob=publicationFile&v=206，2022年9月15日访问。

了联邦司法部的“领导班子”。[①] 表面上议会国务秘书和公务员国务秘书都是副部长级，但是其职责和地位有很大区别：议会国务秘书不是公务员，随着部长的卸任而卸任；而公务员国务秘书是公务员，适用公务员法，要承担政治责任，但不会被强制卸任。实际上议会国务秘书类似于政客，并不具有真正的行政权力；而公务员国务秘书是真正的常务副部长，可以对内对外代表部长[②]。

此外，德国受恐怖主义和极端主义袭击受害者保护专员（Beauftragter der Bundesregierung für die Anliegen von Betroffenen von terroristischen und extremistischen Anschlägen im Inland）为副部级领导。国家规范控制委员会主席虽然相当于副部级地位，但为名誉职位，不是副部级领导。

2. 行政司

直属部长的有 1 个行政司。行政司分为 A、B 两个分司：A 行政分司负责规划与指导（Planung und Steuerung），下辖部长办公室，政策规划，议会和内阁事务，会务组织与规范 4 个处。B 行政分司负责联络，下辖新闻处，数字联络和社会媒体，公开与公众对话处，文本审核处。[③]

3. 业务司

（1）司法行政司（Justizverwaltung），又称“总务司”（Zentralabteilung），编号 Z 司。该司管理传统的“司法行政”事务，其核心任务是为司法部及部属法院和行政机关创造人事、组织、预算和基础设施条件。联邦司法部管理的各联邦最高法院和检察院的内部行政和组织工作由该司的组织处负责。该司的另一重要任务是信息化建设，同时还负责管理联邦在司法信息系统责任有限公司中的参股。该司共有 18 个处和 2 个项目组。A 分司有 6 个处，分别负责人事（高级）；原则与工作弹性；人事（普通）；翻译；组织机构；司法部主管机构和欧洲专利局行政事务。B 分司有 7 个处，分别负责财务；法律顾问、采购审查和公告；会务；内务；应急管理；人事服务、履行和保密；不动产管理。C 分司的主管为 IT 专员，下设 5 个处，

① 2021 年 12 月联邦司法部重组前，有 4 位国务秘书，其中 2 位议会国务秘书，2 位公务员国务秘书。重组后，司法部改设 2 位国务秘书。

② 载 https://de.wikipedia.org/wiki/Staatssekret%C3%A4r#Beamtete_Staatssekretäre，2022 年 9 月 15 日访问。

③ 2021 年 12 月重组前，为联络厅（Leitungseinheit Kommunikation）、规划厅（Leitungseinheit Planung）。重组后改称行政司（Abteilung L）。

分别负责：联邦政府信息技术的基本问题（IT 专员办公室）；司法部信息通讯技术；业务信息技术；重组联邦法律信息系统和行政数字化；图书馆；C 分司还主管“eNorm”和“E-Akte im BMJ”2 个项目组。

（2）司法管理司（Rechtspflege），编号 R 司。该司从立法层面进行司法行政管理，主要负责法院、检察院、诉讼法、法律职业等司法制度方面的立法，包括法院和检察院组织结构的联邦法律；民事、刑事普通诉讼地域管辖，刑事调查程序，以及行政和金融诉讼管辖的诉讼法；强制拍卖法等在内的强制执行法、破产法以及法院费用法；调解和仲裁等法院外解决冲突程序；法官法和司法辅助官法，律师、专利律师以及公证人等的法律职业法。该司还负责法官、检察官及其他司法专业人员的培训，并主管德国法官学院。该司分 A、B 两个分司，共有 12 个处。A 分司有 6 个处，分别负责：调解、仲裁、法院组织法；民事和劳动诉讼程序；行政、金融和社会诉讼；强制执行和强制拍卖；家庭诉讼和自愿诉讼程序；破产法。B 分司有 6 个处，分别负责：律师、专利律师和公证人职业法；刑事程序法（审判程序）；刑事程序法（侦查、强制措施）；国际刑事诉讼法和法院组织法、刑事被害人及信息保护；诉讼费用、律师费用法、司法行政法；法官法、司法辅助官法，法官工资及培训。

（3）民法司（Bürgerliches Recht），编号Ⅰ司。该司的中心工作是围绕约 2400 条的《民法典》开展立法工作。此外还负责：适用交易条件法、旅游合同法和消费信贷法等私法规定，保护消费者免受法律上的不利；损害赔偿类法律，如公路、铁路和航空交通运输中的损害赔偿，产品损害赔偿，危害环境损害等；民法和国际私法在欧洲和国际上的和谐化，民事司法协助法律等。该司分 A、B 两个分司，共 16 个处。A 分司有 8 个处，负责：家庭法；继承法；儿童法；抚养法、收养法、继承法；家庭抚养平衡法和反家庭暴力法；监护法和平等政策；国际私法和国际民事诉讼；仲裁；Magnus Hirschfeld 联邦基金会和 Hirschfeld Eddy 基金会。B 分司有 8 个处，分别负责：民法总则；债法总则、公平交易法；债法（民法债编分则）；金融服务合同；租赁法；旅行法和旅行保险基金；损害赔偿法、航空交通法；物权法、居住权法、地籍法。

（4）刑法司（Strafrecht），编号Ⅱ司。刑法司的业务不限于《刑法典》的立法，还包括各种涉及刑法的禁止性法律、刑事政策，以及涉及禁止一定行为，对非法行为处罚或罚款等相关立法。包括：刑法典和经济刑法；少年法院法、违反秩序法、军事刑法、刑罚执行法等重点涉及刑法的法律；附属刑法[①]在特定情况下由其他联邦部主管，刑法司与之在相关立法上合作；国家赔偿法，包括联邦中央登记簿的登记和刑事追诉措施赔偿法；预防犯罪研究；国家安全、反恐和人权法等。此外，该司还对联邦总检察院和联邦司法局的引渡和司法协助案件进行业务监督。该司下设A、B两个分司，共14个处。A分司有7个处，分别负责：刑法典（总则）和禁毒法；刑法典（分则）；附属刑法和附属秩序违反法、赦免法、刑事追诉赔偿法；反经济犯罪、计算机犯罪、腐败犯罪和破坏环境犯罪刑事政策；青少年刑法，犯罪人和被害人平衡；违反秩序法、交通刑法、犯罪预防、刑罚执行法、考验帮助；性犯罪刑法、犯罪学、反兴奋剂刑事政策、刑事司法统计。B分司有7个处，分别负责：国家安全法（个案）、国际刑法（Völkerstrafrecht）；刑事被害人救助（德国受恐怖主义和极端主义袭击受害者保护专员办公室）；联邦登记中心，商业登记中心管理；跨国刑法（Internationales Strafrecht）、与国际法院的刑事司法合作；国际反恐和国家安全法；欧洲检察官、欧洲刑事政策；引渡和国际刑事司法协助。

（5）商法和经济法司（Handels- und Wirtschaftsrecht），编号Ⅲ司。该司业务范围广泛，除传统的《商法典》外，还负责金融、商贸、工业、知识产权、生物、文化等领域的立法工作。该司的业务领域与国际经济和技术的发展联系紧密，因此其一个重点任务是参与欧洲共同体、欧洲专利组织以及联合国及其特别组织的工作，在欧盟层面推进全欧盟专利实施，建立欧洲专利侵权司法管辖制度，打击各种侵权盗版行为。此外，该司还负责德国在联合国商法委员会的事务，代表德国出席国际油污损害赔偿基金。该司设A、B两个分司，下辖14个处。A分司有7个处，分别负责：欧洲公司法、康采恩法、重组法和个人企业法；公司法、企业法和企业治理；会计法、企业公告、审计法；贸易法、交通法；商主体法、商事和企业登记、合作社法、票据法；保险法、国际油污损害赔偿基金（IOPC Funds）、联合国商法委员会（UNCITRAL）、生命伦理、基因诊断；金融市场法、税法。B分司有7个处，分别负责：卡特尔和政府采购法、对外

① Nebenstrafrecht，即特定法律中犯罪和刑罚的规定。

经济法、行业手工业法、教育和研究法；能源法、矿山法；著作权和出版法；专利和发明法、知识产权收费法（德国联邦专利法院、“欧洲专利和统一专利法院”事务）；商标法、设计法、反不正当竞争和反盗版法；交通法、农林法和食品法；通讯和媒体法、反数字暴力和数据隐私。

（6）宪法、行政法、国际法和欧洲法司（Verfassungs-und Verwaltungsrechts sowie das Völker-und Europarechts），亦称“公法司”（Öffentliches Recht），编号Ⅳ司。负责宪法、普通和特别行政法、包括人权在内的国际法和欧盟法。该司主管联邦宪法法院相关事务，参与联邦宪法法院诉讼程序，代表联邦政府，或作为诉讼参与方，或作为法庭陈述人。公法司还集中管辖联邦司法部负责的超出本国法制范围的业务领域。联邦政府人权问题专员也设在该司内。该司下设A、B、C三个分司，共15个处。其中A分司有5个处，分别负责：基本法；国家机构组织法、财政组织法；宪法法院诉讼、司法组织法；公务员法、士兵法、民防法、普通行政法；数据保护法、联邦统计法。B分司有6个处，分别负责：警察法、情报法、证件和（居住）登记法；外国人和难民法；劳动和社会法；民主德国非法裁判昭雪、健康法、医疗保险法；护理保险和药品、医疗职业、医疗数字化法律；环境法、建筑法、原子能法。C分司的主管为人权事务专员，共4个处，分别负责：人权法；欧盟法；国际法、国际组织法、国际法院诉讼；国际条约。

（7）法制改革、数字社会与创新司（Bessere Rechtsetzung; Digitale Gesellschaft und Innovation），编号D司。2021年12月联邦司法部的重组，其消费者保护和消费政策被划出，同时承担了原总理府减少官僚机构和法治改革的职责。这使得该司的名称[①]和业务发生了很大的变化，新的业务主要是法制改革和法律领域的数字化[②]，分别由2个分司负责：A分司主管法律语言和编纂委员会，下设4个处，分别负责法律审读与编辑；绩效成本与减少官僚主义办公室（法制改革一处）；立法中心和研究专员（法制改革二处）；可持续发展。B分司设5个处，分别负责数字化基本问题、

① 2021年12月联邦司法部重组前，为“消费政策司、电子商务和消费者保护司”（Verbraucherpolitik; Digitale Gesellschaft; Verbraucherrechtsdurchsetzung），编号Ⅴ司。

② 载https: //www.bmj.de/DE/Ministerium/Abteilungen/Bessere_Rechtsetzung_Digitales/Bessere_Rechtsetzung_Digitales_node.html，2022年9月15日访问。

人工智能和州司法系统的IT应用；数字主权、公开数据协调和数据实验室；法律技术与诉诸司法；司法变迁；法律论坛。

（8）欧盟和国际合作司（Stab EU und internationale Zusammenarbeit）。由于国际依存度、政治动荡和“法律制度之间的竞争”日益加剧，欧盟外的国际司法政策也变得越来越重要，特别设立该司，在司法领域以统一的目标对外施加影响，向部领导提供司法外交政策建议。该司直属公务员国务秘书领导，下设欧盟合作协调，欧洲与国际战略规划，国际法律合作3个处，及驻法国司法部联络官和司法部驻布鲁塞尔常设代表处。

此外，司法部还设有内部审计、数据保护和衡平事务3位独立专员。

（二）联邦司法局

联邦司法局是德国联邦机构，受联邦司法部监督，但不是联邦司法部的内设部门。联邦司法局的具体职责包括：它是德国进行欧洲和国际法律和司法活动的联络机关；负责民事司法协助，是跨国收养事务的中央机关，是欧洲民事和商业事务司法网络的联邦联络点，负责收集用于跨境债务催收的账户信息；负责刑事司法协助，是欧洲刑事案件司法网络的联邦联络点，刑事案件的引渡；为恐怖主义和极端主义活动的受害者提供经济困难补助；是司法信息中央登记机关；从2013年起，承担联邦法律信息系统中心（CC-RIS）的工作，整合联邦法律和法令，以及联邦宪法法院和各联邦法院的裁判，负责信息公开；是空中交通官方仲裁委员会；是根据消费者仲裁委员会裁决的认可机构；负责网络信息执法；通过提供约40个语种的翻译服务为各部门的国际法律和司法事务提供支持；为了完成各种任务，联邦司法局配备自己的数据库。①

联邦司法局由局长和副局长领导，下设8个司，分别是：行政司（Verwaltung），国际民法司（Internationales Zivilrecht），刑事司法协助、司法救助和研究司（Internationale Rechtshilfe in Strafsachen；Härteleistungen；Forschung），中央登记司（Zentrale Register），信息技术司（Informationstechnik），处罚程序及强制执行司（Ordnungsgeldverfahren，Bußgeldverfahren im Bilanz-

① 载 https：//de.wikipedia.org/wiki/Bundesamt_f%C3%BCr_Justiz_（Deutschland），2022年9月15日访问；https：//www.bundesjustizamt.de/SharedDocs/Downloads/DE/BfJ/BfJ_Infobroschuere.pdf?__blob=publicationFile&v=9，2022年9月15日访问。

und Gesellschaftsrecht；Zwangsvollstreckung），联邦法律信息系统和翻译司（Rechtsinformationssystem des Bundes；Sprachendienst），网络执法和消费者保护司（Netzwerkdurchsetzungsgesetz；Verbraucherschutz）。[①]

二、州司法行政体制（以拜仁州为例）

拜仁州司法部根据拜仁州宪法设立，是拜仁州政府的组成部门，是拜仁州的司法行政机关。

（一）部领导

拜仁州司法部领导层由部长（Staatsminister）和常务副部长组成（Amtschef，Ministerialdirektor）。司法部部长是州政府的成员，并在内阁中拥有投票权，负责该部的政治方向并为此承担政治责任。部长直属的办事机构有部长办公室、秘书处和新闻办；直属常务副部长的有保密专员、数据保护专员、内审专员、联络专员、平衡专员和副部长秘书处。

（二）业务司

拜仁州司法部下辖 7 个业务司[②]。

（1）人事、工资、公证和法律职业司（A 司）。下辖 6 个处，分别负责：法官检察官晋升与岗位设置；公务员和员工的工资待遇及岗位设置；新任法官检察官录用和前任法官管理；公证、律师、法律顾问、代理人事务；个人需求及管理、在职员工组织、福利和社会保险；高级员工个人事务。

（2）内务、建筑、信息统计司（B 司）。下辖 5 个处，分别负责：内务、基建、安保、领导服务；财务、机构协调、法院、ORH 督导、法医；统计、印刷、登记、内务、健康及其他一般行政事务；信息战略、信息组织、应用、E-Jusitce 和 E-Government 系统；信息装备、运营、联络、安全。

---

① 载 https://www.bundesjustizamt.de/DE/BfJ/Organisation/Organisation_node.html，2022 年 9 月 15 日访问；https://www.bundesjustizamt.de/SharedDocs/Downloads/DE/BfJ/BfJ_Infobroschuere.pdf?__blob=publicationFile&v=9，2022 年 9 月 15 日访问。

② 载 https://www.justiz.bayern.de/ministerium/wir-ueber-uns/organisation，2022 年 9 月 15 日访问。

（3）基本法、欧洲法、公法和公共事务司（C司）。下辖6个处，分别负责：基本法事务、专家组、现代司法和公共事务；州政府和州议会事务；联邦参议院、联邦和州宪法公法、立法和司法住所地事务；国际法和欧盟法；驻柏林代表处；驻布鲁塞尔代表处。

（4）民法和消费者保护法司（D司）。下辖7个处，分别负责：民事程序、非讼程序、法院组织、离婚、强制执行和破产；监护、病人护理、自愿诉讼程序、国际私法和继承法；家庭法、家庭诉讼程序和民事事务报告；债法、消费者民事保护、商法、公司法、证券法、担保；租赁、房屋所有权和基金会法；民法的总则、统一登记、物权法和地籍；著作权、专利权、反不正当竞争，拜仁法律事务数据库和州际法律协助。

（5）刑法和网络犯罪司（E司）。下辖8个处，分别负责：刑法分则、秩序违反法和附属刑法；刑事诉讼法、刑事和罚款程序法令；普通犯罪刑事个案；经济、环境犯罪个案，腐败犯罪，州际法律协助；青少年刑法、考验帮助和行为监督；赦免；反极端主义、恐怖主义和国家安全；网络犯罪和法院组织。

（6）刑罚执行（Justizvollzug）司（F司）。下辖7个处，分别负责：人事、职业规划和培训；内务、建筑和基础设施、装备、劳动和经济管理；成人行刑法律法规制定、健康、从宽执行和社会矫治；诉讼程序、宪法申诉、议会事务、监督申诉、监狱顾问委员会、劳动和培训、社会保险；青少年犯、女犯的行刑以及待审羁押等立法，执行计划，押犯配置，数据保护和统计；安保；基地组织、穆斯林押犯矫正协调。

（7）教育、进修、考试和国际合作司（G司）。下辖4个处，分别负责：法律教育、法律候任公务员准备、考试、司法官教育考试国际合作；进修、统一职业资格、入职培训；法官、检察官、执行官培训，职业道德和纪律，教育考试的国内合作（司法官教育除外），欧洲范围内外的国际合作；欧洲司法交换网培训项目，外国司法考试承认和访客接待介绍。

（8）州司法考试办公室。直属于部领导的机构，负责准备和执行州司法考试和其他领域的法律考试，在考试业务中与大学法学院和其他机关合作。

第三节　德国司法行政机关的职能

一、政府立法

虽然名为“司法”部，但德国联邦司法部首先是“立法”部，在联邦政府中主要负责“传统”领域法律的起草和修改。这些领域主要包括民法、商法、经济法、刑法、诉讼法、宪法、行政法、组织法、劳动和社会法、知识产权法、国际法等。虽然立法权在议会，但是政府，确切的讲是政府的司法行政机关实质上承担了绝大部分立法工作。

联邦制下的政府立法分权。联邦和州司法部负责各自层面的立法，其职责划分与基本法规定的联邦和州的立法权的划分紧密相关。根据《基本法》，联邦和州都有立法权。联邦有专属立法权，各州也保有自己的立法权。竞合立法权范围内，联邦和州都享有立法权[①]，但联邦法律优先于州法律。竞合立法领域包括：民法、刑法和刑罚执行、法院组织、司法程序、律师制度、公证人制度和法律顾问制度，户籍制度，外国人居留，公共救济，经济、环保、教育、文化、不动产交易、卫生、交通法，以及公共服务部门薪酬、退休待遇领域等30余项内容。联邦不仅负责联邦专属立法工作，还完成了绝大多数竞合立法范围内的立法。此外，联邦还负责部分事务的框架立法。虽然是联邦和各州分权，但基本法赋予了联邦全面和细致的立法范围，联邦司法部在实际上承担了最重要的立法职责，留给州司法部的立法空间已经非常有限，州司法部很大程度上成为联邦法律实施细则的制定者。

合宪性与合法性审查。在经联邦政府通过之前，联邦司法部法制改

① 德国《基本法》第72条【竞合立法权】：“（1）在竞和立法范围内，只有联邦不制定法律、不行使立法权时，各州才有立法权。（2）为在联邦领域内创造同等生活条件，或出于捍卫整体国家利益、维护法制和经济统一的原因有必要制定联邦法律的，联邦在党和立法范围内享有立法权。（3）联邦法律可规定，某项联邦法规定不具备第2款所指的必要性时，可由州法取代。”

革、数字社会与创新司[①]负责从系统性、合规性、表述准确性及可理解性等方面审查联邦其他各部以及本部各专业司的法律和法规草案，以及国际间的协议是否与宪法、国际法、欧洲法和联邦法一致。关于法律和法律法规的形式和设计的建议记录在《法律体例手册》（Handbuch der Rechtsförmlichkeit）中，作为联邦和各州政府的立法参考。同时，联邦司法部也参与他部的法律和法规起草工作，提供立法计划咨询。

法律公报。联邦司法部是联邦公布法律法令官方公报［《联邦法律公报》（*Bundesgesetzblatt*）和《联邦公报》（*Bundesanzeiger*）］的发行机构，负责法律公布。

二、司法和法律机构管理

司法行政机关监督管理的司法和法律机构包括法院、检察院、联邦登记中心、德国专利和商标局等。

管理法院和检察院是德国司法行政机关仅次于立法的重要职责，也是德国司法行政机关对司法和法律机构管理的核心内容。德国普通法院体系总的讲分为4级，联邦最高法院（Bundesgerichtshof）、高等法院（Oberlandesgericht）、地方法院（Landgericht）和裁判所（Amtsgericht，或译为区法院、初级法院、基层法院）。德国采用审检合署制，检察院与法院对应设置。司法行政机关负责法院、检察院组织法的立法工作，负责设置法院和法院的法庭，审判庭和分部门，法院法庭的管辖权，以及联邦和各州的检察院的法律框架。联邦制之下，联邦司法部负责联邦司法机关的管理，州司法部负责州司法机关的管理。

在联邦层面，除了联邦宪法法院作为联邦的独立宪法机构之外，设有联邦最高普通法院、联邦行政法院、联邦财政法院、联邦劳动法院和联邦社会法院5个联邦最高法院，其中3个法院由联邦司法部主管，分别是位于卡尔斯鲁厄的联邦最高普通法院（及其1个设在莱比锡的合议庭）；位于莱比锡的联邦行政法院，位于慕尼黑的联邦财政法院。同时，联邦司法部还管理与联邦最高普通法院并行设置、办公地点位于卡尔斯鲁厄的联邦总检察院及其在莱比锡的办公室。此外，位于慕尼黑的负责专利及商标诉

① 2019年12月司法部重组前，由公法司主管。

讼案一审裁判联邦专利法院[①]也由联邦司法部管理。根据《法院组织法》等法律的规定，联邦司法部有权在联邦最高法院所在地外设置民事和刑事审判庭，并确定联邦最高法院调查法官的办公地点[②]；确定联邦最高法院执行官的服务和业务关系[③]；制定盲聋哑人士参与司法所需要的文本和翻译的规定（还需经联邦参议院通过）[④]。

在州层面，州法院和州检察院由各州管理。[⑤]各州司法行政机关（州司法部）代州政府制定相关的法令进行司法管理，包括：指定某一基层法院、地方法院、高等法院相对集中行使某类案件（如民事、刑事、商事、法律协助，刑事再审、刑事执行）的管辖权[⑥]；建立地方法院和高等法院刑事、商事派出法庭[⑦]等。德国州普通高等法院，有的州有 3 个，有的只有 1 个，主要根据案件多少、人口多少决定。州裁判所、地方法院与行政区划也不相同，由州议会决定，原则是法院设置不能离人民太远，以便利诉讼。[⑧]如拜仁州设有慕尼黑、纽伦堡、班贝格 3 个州高等法院（Oberlandesgericht），22 个地方法院（Landgericht），73 个裁判所（Amtsgerichts），7 个裁判所分支机构。同时设有慕尼黑、纽伦堡、班贝格 3 个总检察院，22 个地方检察院，及 5 个地方检察院分支机构。与德国《法院组织法》规定的审级不同的是，拜仁州还设立了本州的最高法院（Bayerisches Oberstes Landesgericht）[⑨]，辖区包括拜仁州全境。上述这些法院

① 根据《基本法》第 96 条第 1 款设立。

② 德国《法院组织法》第 130 条。

③ 德国《法院组织法》第 145 条第 4 款。

④ 德国《法院组织法》第 191a 条第 2 款，第 186 条第 3 款。

⑤ 德国《基本法》第 30 条之原则和第 92 条关于司法权行使之规定。如在勃兰登堡州，州检察院就受司法部管理和监督。

⑥ 德国《法院组织法》第 23d、58、71-4、72-2、74c-3、74d、78a-2、119-3、121-3、140a、143-5 条。

⑦ 德国《法院组织法》第 78-1、93、116 条。

⑧ 宋建潮、耿景仪、熊选国:《德国、法国司法制度之比较》，载《人民司法》2000 年第 3 期。

⑨ 载 https://www.justiz.bayern.de/gerichte-und-behoerden/bayerisches-oberstes-landesgericht/index.php，2022 年 9 月 15 日访问。

和检察院都由拜仁州司法部管理。[①]

由于大部分案件都由州属法院审理，所以各州司法部对州属法院的管理实际上成了德国司法行政机关与法院关系的主要部分。在德国，普通案件实行三审终审，即轻微刑事案件和民事案件由州裁判所一审，州地方法院二审，州高等法院三审；重大民事案件由州地方法院一审，州高等法院二审，联邦法院三审；争议标的较小的民事案件州裁判所审判后即发生法律效力；重大刑事案件由州地方法院一审，二审直接上诉于联邦法院，实行二审终审。三审法院和联邦法院均只审查法律适用问题。如有资料显示：重大刑事案件，一审约有 1.5 万件，上诉到联邦法院的有 4000 件，80% 因不符合上诉条件被驳回。在受理的案件中，认为收集证据的程序不合法被发回重审的有 20%，联邦法院真正审理的有 6 百余件。如慕尼黑裁判所，民事法官有 62 名，一年审理 45800 件，平均每个法官审理 700 至 750 件；刑事法官 55 名，每年审理 38000 件，平均每个法官审理 400 件。[②]

联邦司法部通过位于波恩的联邦司法局管理联邦登记中心。根据《联邦中央登记中心法》[③]，联邦登记中心主要负责登记司法信息。该中心下设 3 个特别部门：负责未成年人司法信息的教育登记中心，负责司法中涉及商业信息的商业登记中心，以及负责登记刑事追诉和调查信息的检察院登记中心[④]。联邦司法局管理联邦登记中心，联邦司法部可以制定具体规定；但如果规定涉及数据的收集、处理以及提供信息，则应由联邦政府在联邦

---

① 上述这些检察院（Generalstaatsanwaltschaften in Bayern，Staatsanwaltschaften in Bayern）归拜仁州司法部管理。但根据《行政法院法》（*Verwaltungsgerichtsordnung*）第 36 条第 1 款;《行政法院施行法》（*Gesetzes zur Ausführung der Verwaltungsgerichtsordnung*）第 16 条第 2 款,《拜仁州检察院条例》（*Verordnung über die Landesanwaltschaft Bayern*），在拜仁州最高行政法院（Verwaltungsgerichtshof）内设（行政）检察院（Landesanwaltschaft Bayern），归拜仁州内政部直接领导。其任务是在州行政法院和联邦行政法院代表拜仁州，作为原告，被告或诉讼参与人，或者公共利益代表参加诉讼程序；其还可以通过在行政、判例法和立法的层面上开展工作，为州政府提供咨询。此外，州检察院是该州绝大多数公务员的纪律主管机构。拜仁州（行政）检察院的设置和立法是个特例。如在勃兰登堡、黑森等州，内政部就不管理检察院。

② 宋建潮、耿景仪、熊选国:《德国、法国司法制度之比较》，载《人民司法》2000 年第 3 期。

③ Gesetz über das Zentralregister und das Erziehungsregister（Bundeszentralregistergesetz – BZRG）.

④ 载 https://de.m.wikipedia.org/wiki/Zentrales_Staatsanwaltschaftliches_Verfahrensregister，2022 年 9 月 15 日访问。

参议院的同意下签发[①]。对联邦司法局的决定提出申诉时，联邦司法部是“法律救济审级”。

联邦司法部还负责监督德国专利和商标局（Deutsche Patent- und Markenamt）。德国专利和商标局是欧洲最大、世界第五大的专利机构。总部位于慕尼黑，在耶拿和柏林设有办事机构，共有约 2600 名工作人员[②]。

三、司法人事管理

管理法官、检察官、法官助理（Rechtspfleger）、执行官、司法行政人员等法律职业人员，是德国司法行政机关的重要职责，其也是法律机构管理职责的延伸。

（一）法官的选任

德国法院和检察院虽然并行设置，但是法官与检察官不同，其具有《基本法》所规定的独立性[③]。司法行政机关虽不能直接任命法官，但是自始至终负责法官选任工作。

联邦司法部负责其主管的三个联邦最高法院法官的选任。《基本法》第 95 条第 2 款规定，“主管各法院体系的联邦部长与法官选任委员会共同决定上述法院法官的选任”。联邦司法部只负责其管理的联邦最高普通法院、联邦行政法院、联邦财政法院和联邦专利法院法官的选任工作。联邦最高法院的法官从州法官中产生，委任事宜由部长与法官选任委员会共同决定，法官选任委员会投票确定候选人后，报联邦司法部部长批准，联邦总统任命；在任命时，部长共同参与[④]。法官选任委员会由 16 个联邦州的主管部长和经联邦议院选出的同等数量的委员（16 人，其中 8 人为联邦参议院议员，8 人为联邦议院议员）组成。[⑤][⑥]联邦司法部应为法官选任委员

① 《联邦中央登记中心法》第 1 条。

② 载 https: //www.dpma.de/dpma/wir_ueber_uns/index.html，2022 年 9 月 15 日访问。

③ 德国《基本法》第 97 条第（1）款规定：“法官享有独立的地位，只服从法律。”

④ 德国《法官选任法》（*Richterwahlgesetz*）第 1 条。参见张福森主编：《各国司法体制简介》（修订版），法律出版社 2006 年版，第 89 页。

⑤ 德国《基本法》第 95 条第 2 款。

⑥ 参见张福森主编：《各国司法体制简介》（修订版），法律出版社 2006 年版，第 89 页。

会及其成员尽职履行其义务。[①] 联邦司法部参与联邦宪法法院法官选举的前期工作。[②] 此外，根据《法院组织法》的规定，联邦司法部有权确定民事和刑事审判庭及其调查法官的人数[③]，确定联邦最高法院执行官的服务和业务关系。[④] 而联邦劳动法院和联邦社会法院不归联邦司法部管理，其法官选任则是由该主管部的部长参与负责。

州司法部负责州法院人事管理。《基本法》第94条第3款规定："各州可规定，州司法部部长与法官选任委员会联合决定各州法官的任用事宜。"有司法人员资格证者参加法官选任考试，通过者可成为预备法官。预备期满后，州法官考评委员会向州司法部部长提名，由州司法部部长任命。[⑤] 其他人事管理方面，根据德国《法院组织法》的规定，一般都是由州司法部代州政府制定相关的法令进行司法人事管理，如各州法院主席团的选举规则[⑥]；法院法官的值班计划[⑦]；对法院院长和法官的监督[⑧]；陪审员的提名、遴选和任命[⑨]；首席和辅助陪审员的地区分配[⑩]；名誉法官的离职[⑪]；确定州属各法院执行官的服务和业务关系[⑫]。

德国司法行政机关参与对法官的惩戒。法官的纪律处分权是由各个法院的院长、联邦司法部以及纪律法院行使。但院长和司法部只能给予警告，只有设在联邦最高法院内的纪律法庭才能对法官实施正式的纪律程序。纪律法庭在审理涉及法官案件时，由司法部部长领导下的联邦总检察官担任控诉人的角色。

---

① 德国《法官选任法》(Richterwahlgesetz)第6条。
② 德国《联邦宪法法院法》第8条。
③ 德国《法院组织法》第130条。
④ 德国《法院组织法》第145条第4款。
⑤ 参见张福森主编:《各国司法体制简介》(修订版)，法律出版社2006年版，第90页。
⑥ 德国《法院组织法》第21b条第3款。
⑦ 德国《法院组织法》第22c条。
⑧ 德国《法院组织法》第22条第3款。
⑨ 德国《法院组织法》第57条。
⑩ 德国《法院组织法》第77条第2款。
⑪ 德国《法院组织法》第113条第4款。
⑫ 德国《法院组织法》第145条第4款。

（二）检察官的选任

德国司法行政机关负责检察官的选任。检察官是司法部下属的专业司法人员。德国检察官称为“Staatsanwalt”，“Staat”即国家、政府，“Anwalt”即律师，检察官实际上就是“公职律师”。虽然德国采用审检合署制度，检察院独立办案，但设立在法院的检察院，实际上是司法部派驻在对应的法院专业“律师”团队。联邦最高法院总检察长实际上是联邦的“律师”，在联邦最高法院、联邦行政法院、联邦财政法院、联邦纪律法庭的行政程序和司法程序中出庭。① 联邦总检察院设在卡尔斯鲁厄，另有15人的办公室设在莱比锡，总计约200人，其中联邦总检察长、联邦检察官、州高级检察官和州检察计约90人。州高级检察官和州检察官原本是各州检察官或者法官，被委派到联邦最高检察院工作，为期1至3年。② 根据《法院组织法》第149条的规定，联邦总检察长和联邦检察官由联邦司法部部长提名，经联邦参议院同意，由联邦总统任命。但被委派到联邦最高检察院的州高等检察官和检察官的任命无须州议会专门委员会的同意③。各州的检察官，均由州检察院检察长提名，报州司法部部长任命。

（三）其他人事任命

司法行政机关还负责法院的法官助理、执行官、司法行政人员，以及本部及主管单位的人事任命④。如拜仁州司法部目前（2022年）管理超过20000名员工，包括约14477名法官、检察官、法官助理（Rechtspfleger）、缓刑官、法庭助理（Gerichtshelfer）、雇员、一级和二级公务员，在监狱系统中约有6120名公务员和雇员。州司法部本部目前有大约225名员工，包括约80名四级公务员⑤。

（四）司法系统内人事交流与培训

联邦司法部主管德国法官学院，该学院负责德国法官和检察官的培

① 载https：//www.generalbundesanwalt.de/de/organisation.php，2022年9月15日访问。

② 载https：//www.generalbundesanwalt.de/de/organisation.php，2022年9月15日访问。

③ 载https：//www.generalbundesanwalt.de/de/stellung.php，2022年9月15日访问。

④ 参见王公义主编、许兵副主编：《中外司法体制比较研究》，法律出版社2013年版，第109—110页。

⑤ 载https：//www.justiz.bayern.de/ministerium/wir-ueber-uns/aufgaben/，2022年9月15日访问。

训[①]。联邦司法部在 1949 年开始工作时约有 80 名工作人员，目前有公职人员 850 余名（截至 2022 年 5 月）。在联邦司法部工作的法学家有 330 名。这些法学家中有约 100 名是来自各州的法官、检察官和其他公务员，他们被委派到联邦司法部工作一定时间，通常为两至三年。委派来的法官在委派期间不承担法官的任务，而是在各业务处担负分管业务负责人的任务。现在联邦司法部也拥有经济、自然和政治学科的专业人员。[②]

四、司法行政管理

司法行政管理一般指对司法机构人财物的管理。在德国，这一传统的"司法行政"事务主要由司法部司法行政司负责，聚焦于为联邦司法部本部，部主管法院，部主管行政机关的工作创造人事、组织、预算和基础设施方面的前提条件。由于前文已经对司法机构和司法人事管理进行了专门介绍，此处的司法行政管理仅包括对财务、设施设备和信息系统建设的管理，为最狭义的司法行政管理。

（一）财务预算管理

联邦司法部负责管理本部、主管法院及下属机构的财务。每年年初，司法部主管的各法院提出经费预算报联邦司法部，经联邦司法部审查，商财政部综合平衡后，报请联邦议会批准。议会通过后，联邦财政部将各联邦法院预算经费直接划给司法部，再由司法部转交给下辖各法院的司法行政人员进行财务管理[③]。由于检察院归司法部领导，又是"审检合署"，所以检察机关的行政事务完全隶属于司法行政机关，其预算申请与法院相同。[④]州司法部负责管理本部、州属法院及下属机构的财务。

---

① 载 https://www.bmjv.de/DE/Ministerium/Abteilungen/Rechtspflege/Rechtspflege_node.html，2022 年 9 月 15 日访问。

② 载 https://www.bmj.de/DE/Ministerium/AufgabenOrganisation/AufgabenOrganisation_node.html，2022 年 9 月 15 日访问。

③ 王公义主编、许兵副主编:《中外司法体制比较研究》，法律出版社 2013 年版，第 109 页。

④ 王公义主编、许兵副主编:《中外司法体制比较研究》，法律出版社 2013 年版，第 112 页。

（二）司法信息化建设

司法信息化建设是狭义的“司法行政”概念下，除人事和财务之外的第三大重要任务，是司法现代化的基础设施。为适应信息技术的发展，德国很早就开始在司法领域开展信息化建设，以实现工作流程合理化，提高司法部的通讯交流能力，促进对内和对外信息流通。为此，联邦司法部投入司法行政司下一个分司负责信息化建设和服务，并管理其参股的司法信息系统（juris）责任有限公司。“juris”司法信息系统是一个易于操作的联邦法电子检索平台，能够将联邦各种法律和法规的当前法律法规、历史文本版、全部的修订全部公开。“电子司法 eJustice”的系统，实现了司法部与各联邦法院和部主管行政机关的联系，以及在法院内部交流与文件管理的电子化。“eNorm”软件被用于联邦立法程序，使得能够从法律的起草初稿到正式公布的整个立法过程中，都使用同一个电子文件，避免衔接失误、重复工作以及众多的错误来源。司法部下属的联邦登记中心从 1975 年起就使用电子数据库作为唯一的登记形式[①]。此外，联邦司法部还负责指导联邦和州之间的司法信息化合作，以及相关的欧洲项目；协调国内和国际司法信息技术标准[②]。这些都是德国联邦司法部在信息时代新的发展和变化。

（三）司法信息登记

司法信息登记是联邦司法行政的又一重要职责。根据《联邦中央登记中心法》，联邦登记中心主要负责登记法院的各种判决、裁定，刑罚或者保安处分、禁止令等执行情况，出具品行证明，以及上述信息的收集、储存、出具、查询、删除、保密、国际间信息交换等。教育登记中心主要负责未成年人的相关司法登记。检察院登记中心原本属于联邦检察院管理，后划归联邦司法局，负责登记刑事追诉和调查中的事项[③]。联邦司法局商业登记中心实际上是联邦登记中心的一个特殊部门。虽然名为“商业登记”，但其仅负责商业禁止、吊销执照、特许经营等行政决定，在撤销或撤回程

---

① 载 https://de.m.wikipedia.org/wiki/Bundeszentralregister，2022 年 9 月 15 日访问。

② “Aufgaben und Organisation des Bundesministeriums der Justiz und für Verbraucherschutz”，载 https://www.bmjv.de/DE/Ministerium/AufgabenOrganisation/Aufgaben Organisation_node.html，2022 年 9 月 15 日访问。

③ 载 https://www.bundesjustizamt.de/DE/Themen/Gerichte_Behoerden/ZStV/ZStV_node.html，2022 年 9 月 15 日访问。

序中临时禁止从业，针对违法行为200欧元以上的罚款，以及针对企业运营的特定刑事判决等。①

五、领导检察官

德国司法行政机关领导检察官。在绝大部分普通案件中，由司法行政机关管理的检察院代表政府参加诉讼。检察官传统职责就是代表政府作为刑事案件的公诉人和公共利益代表参加诉讼。在司法部主管范围内，联邦总检察长实际上是联邦的"律师"，在联邦最高法院、联邦行政法院、联邦财政法院、联邦纪律法院的行政程序和司法程序中出庭。② 联邦检察院不属于审判机关，而属于行政机关，受联邦司法部监督。联邦司法部部长对联邦检察官的活动承担政治责任。③

德国检察官自1846年诞生之初便赋予法律守护人的地位，因此被置于司法部部长职务监督之下，并应服从其指令。司法部部长是检察官组织机构的最高领导。1849年11月12日司法部部长的一份一般指令明确的称检察官为"国家—政府机构"，要求检察官在所谓的政治案件中必须维护国家政府的利益。1877年1月27日《法院组织法》遵循普鲁士模式，规定检察官是必须服从指令的公务员。现行《法院组织法》第147条第1款、第2款遵循这一传统，规定司法部部长对其辖区中的检察机关公务员具有监督权和领导权。这是基本法第92条将检察机关归属于行政权的结果。④ 德国检察官与法官相比，不享有办案的独立性、身份的独立性、法律上的独立性。

从办案的非独立性上讲，检察机关是具有等级性的国家机关，不仅受检察机关内部指令权的约束，还受到外部指令权的约束，即联邦司法部部

---

① 载 https://www.bundesjustizamt.de/DE/Themen/Buergerdienste/GZR/GZR_node.html，2022年9月15日访问。

② 载 https://www.generalbundesanwalt.de/DE/Generalbundesanwalt/Unsere_Zustaendigkeit/weitere-Zustaendigkeiten/weitere-Zustaendigkeiten-node.html，2022年9月15日访问。

③ 载 https://www.generalbundesanwalt.de/DE/Generalbundesanwalt/Stellung-Generalbundesanwalt/Stellung-Generalbundesanwalt-node.html，2022年9月15日访问。

④ 参见［德］汉斯-约格·阿尔布莱希特、魏武编译:《德国检察纵论》，中国检察出版社2021年版，第15、81、85、107页。

长对联邦总检察长与联邦检察官，州司法部部长对其辖区内所有检察官的指令权，检察官有向上级和司法部部长报告的义务。根据《法院组织法》第 146 条、第 147 条的规定，司法部部长作为总检察长和检察官的上级，可以发布指令。州司法部部长经常性的发布一般指令，但个案指令非常少见，司法部部长很少通过正式的外部指令施加影响。在 1997 年，黑森州司法部部长甚至在总检察长没有介入的情况下，基于法外理由替换承办检察官，但迫于舆论压力予以复职。如果司法部部长本人受到政治压力，那么指令权的适用就更加微妙。检察官对司法部部长的个案报告义务的作用也就显现出来。由于司法部部长要就检察机关的决定向议会负责，即便检察官在个案中的决定无可指摘，但如果该决定违背政府利益，司法部部长就会受到政治压力。司法部部长不能总向内阁或党友解释，为什么基于检察官在行政权中的特殊地位，不能简单地用吹口哨唤回检察官，因此其更希望在一些重要的个案上施加影响。①

从身份非独立性上讲，检察长是政治公务员。1852 年的普鲁士法律就有关于检察官是政治公务员的规定，其可以随时被免职。魏玛共和国在 1919 年的一项法律中保留了该规定，因此 1937 年的《德国公务员法》自然也规定所有检察官是政治公务员。现行《联邦公务员框架法》对政治公务员进行了定义（第 31 条第 1 款第 1 句）：“其在履职时，必须与重大政治意愿和政府目标始终保持一致。”当然，许多人反对总检察长具有“政治公务员”身份，其核心理由是随意任免与检察官法律守护人的地位不符。欧盟及德国法律界也多次试图要求德国去除检察长的政治公务员身份。2002 年柏林最先放弃了驻柏林高等法院的总检察长列入政治公务员的规定。但勃兰登堡州、梅克伦堡 - 前波莫瑞州、石勒苏益格 - 荷尔斯泰因州、图林根州检察长仍为政治公务员身份。② 德国联邦检察官是任职终身的公务员，但联邦总检察长则属于政治公务员，司法部部长可以随时无理由的解除其职务。③

---

① 参见［德］汉斯 - 约格 · 阿尔布莱希特、魏武编译：《德国检察纵论》，中国检察出版社 2021 年版，序第 5 页，第 55—56、93—95、112、118、168、173—174 页。

② 参见［德］汉斯 - 约格 · 阿尔布莱希特、魏武编译：《德国检察纵论》，中国检察出版社 2021 年版，序第 6 页，第 90—92、104、166 页。

③ 载 https://www.generalbundesanwalt.de/DE/Generalbundesanwalt/Stellung-Generalbundesanwalt/Stellung-Generalbundesanwalt-node.html，2022 年 9 月 15 日访问。

从法律上的非独立性上讲，检察官没有独立的法律地位。自检察机关诞生以来，检察官的法律地位一直没有单独的法律予以明确。相较而言，法官的地位有《法官法》以及州法律予以明确；律师有《联邦律师条例》。虽然各界一直努力制定单独的检察官法，但是联邦司法部呈交第九届联邦议会的《法律政策规划》并未包括检察官职务法改革，各州司法部部长在1983年6月的会议上认为继续检察官法的立法不合时宜，司法部部长们在1988年4月举行的特别会议上认为，联邦和各州认为现在没有必要对法官职务法和检察官职务法进行修订。时至今日，也没有任何法律草案提交给联邦议会，检察官的法律地位缺失问题仍继续存在。[①]

政治责任问题是司法行政机关领导检察官的根本原因。虽然一直有观点认为检察机关应该独立，但是议会监督行政权，专业部长就其管辖事务向议会负责，是议会民主制的组成部分。虽然检察机关属于维护法律机关，并且是法治国家司法的组成部分，但检察机关同时也是行政权的一部分，即便它是一种自成一体的机构。司法部部长应就检察机关采取的措施与决定向议会负责，如果缺乏监督权与领导权，司法部部长就无法履行该责任。如果不受司法部部长的指令约束，检察机关就会成为行政权中不受议会监督的一部分；而不受监督的权力因素影响，则是议会民主制度中的异类。联邦宪法法院在1959年4月27日的一份判决中指出，在具有重大政治影响的领域，不得一般性地取消政府责任且将责任委托给独立于政府与议会的机构。[②]因此，仅仅看到检察院和法院合署办公，共同参与刑事诉讼，便得出检察院和法院一样是司法机关的观点，是不成熟的。德国司法界将检察机关置于司法行政机关的监督管理之下，就是充分考虑到司法活动之外的责任的承担问题。换言之，就是将重大案件交给不承担政治责任的独立机关，本身就是不负责任的政治决策；参与司法活动就必须要承担政治责任，不能做甩手掌柜。

---

① 参见［德］汉斯－约格·阿尔布莱希特、魏武编译:《德国检察纵论》，中国检察出版社2021年版，第51—54页。

② 参见［德］汉斯－约格·阿尔布莱希特、魏武编译:《德国检察纵论》，中国检察出版社2021年版，第111页。

六、政府法律事务管理

德国司法行政机关负责政府法律事务的管理，主要包括政府涉外法律事务、政府诉讼事务、政府法制改革和创新、司法保护事务等。

联邦司法部负责欧盟和国际法律事务的司法合作。德国是欧盟的核心成员国，对欧盟法的发展有重要的影响力，参与处理欧盟法律事务是德国联邦司法部在欧洲一体化进程中发展出来的重要职责。为此，联邦司法部设立了欧盟和国际合作司，其他各业务司也有一些处负责相关欧盟法业务。欧盟法业务包括欧盟层面的立法和战略规划，法院组织，欧盟法官、检察官选任，代表德国政府参加欧盟法院诉讼，欧盟法律向德国国内法的转换，欧洲逮捕令在国内的执行和欧盟境内的司法协助等。而联邦司法部成为德国政府在欧盟法律事务中的总代表。在国际层面，联邦司法部负责国际交流与合作；国际条约、公约、协定；国际法、国际组织法、国际法院；国际刑事法院和国际刑法；国际反恐；国际私法；民商事、刑事司法协助；移民及难民法。司法协助和引渡的个案处理则由联邦司法局承担，联邦司法部刑法司负责对联邦司法局的个案处理进行业务监督。

联邦司法部代表德国参与国际和欧盟人权事务。联邦政府人权问题专员设在公法司，现由C司的分司长兼任。该专员代表德国出席审查缔约国遵守国际公约人权情况的专门国际机制，作为在程序问题上全权代表德国出席欧洲人权法院、联合国人权委员会、反种族歧视委员会和反酷刑委员会，联络欧洲委员会防止酷刑和不人道或有辱人格的待遇或处罚委员会、欧洲委员会反种族主义和不容忍委员会以及欧盟基本权利署的官员，负责联合国和欧洲委员会专门的人权条约的拟定与实施。该专员还兼任德国人权研究所理事会成员。

联邦司法部负责政府诉讼事务的管理。虽然在绝大部分普通案件中，由司法行政机关管理的检察院代表政府参加诉讼，但是联邦司法部仍然负责部分政府诉讼事务的管理，比如联邦司法部和内政部一样，可以参与宪法问题的处理，参与联邦宪法法院的诉讼程序。在联邦政府作为诉讼参与方，或法庭陈述人时，公法司代表联邦司法部参与其中。该司还承担代表联邦政府参加欧盟法院诉讼的任务，即参加那些属于联邦司法部主管的诉讼案。

联邦司法部负责政府法制改革。2021 年 12 月，重组后的联邦司法部承担了原总理府减少官僚机构和法制改革的职责，由法制改革、数字社会与创新司协调联邦政府及各部的相关活动，以使法律更加实用、有效和易于接受。拟设立的立法中心，将为联邦政府工作人员提供实用的立法方法和工具，并将进一步发展立法理论以指导立法实践。法制改革还包括联邦立法应致力于实现联合国于 2015 年通过的 17 项可持续发展目标。①

联邦司法部负责监督管理国家规范控制委员会（Nationalen Normen-kontrollrat）。2021 年 12 月联邦司法部重组后，该委员会的监管从总理府划归司法部。委员会设在柏林，其任务是支持联邦政府落实减少官僚主义的措施并改善法治。其主要是在可执行性和方法正确性方面审查新法令给公民、经济部门和公共管理部门造成的负担和经济成本（特别是中小企业的成本），但立法目的不在审查之列。委员会由 10 名委员组成，委员任期 5 年，为名誉职位。委员由联邦司法部部长商联邦政府其他成员后，向联邦总统提名，由联邦总统任命。司法部任命委员会主席，商其他部确定委员会章程，对委员会进行法律监督。委员会秘书处设在司法部，有 15 名员工。委员会对法律草案的意见不公开发布，这些意见和联邦政府的意见在提交给联邦议院或转交给联邦参议院时应附在法律草案中。委员会每年向联邦政府提交报告，并附相关建议；其还可为联邦议院和联邦参议院的常设委员会提供咨询意见。如为贯彻联邦政府新规，在 2019 年 11 月《（法律）转换工作、改进评估和效益考量》的报告中，委员会提出三项建议：应减少新法律引起的转换负担，特别是中小企业；进一步发展对现有立法的评估，吸收州、市和协会参与联邦各部立法评估；在法律动议阶段由各部提供新法效果的量化说明。在 2016 年 1 月提出了《确定欧盟法律成本》的报告中，对相关联邦法律因欧盟事前程序生效而变更所造成的成本进行评估。②

推动法律和司法领域的数字化和创新。目前，德国、欧洲和国际层面正在形成数字技术、人工智能及数据和技术主权的框架条件，联邦和州司

① 载 https://www.bmj.de/DE/Ministerium/Abteilungen/Bessere_Rechtsetzung_Digitales/Bessere_Rechtsetzung_Digitales_node.html，2022 年 9 月 15 日访问。

②《国家规范控制委员会设置法》（*Gesetz zur Einsetzung eines Nationalen Normen-kontrollrates*）第 1、4、6 条。

法系统以及法律服务数字化继续发展。为此，有必要以《数字法治协定》（*der Pakt für den digitalen Rechtsstaat*）为核心，建立新的法律框架。该协定的目的是提高程序效率，以通用接口和统一标准促进跨国界合作，帮助公民获得司法救济。联邦司法部正致力于加强自身的数字能力，在数据实验室测试新的工具；协调联邦司法部的开放数据活动；共同创建开放数据法律框架。如开发测试民事诉讼程序应用原型，以便公民可以在数字法院上便利地提起小额索赔诉讼；开发向公众提供易于理解的法律信息，并记录使用人的关注和诉求的数字法律应用。跟进法律论坛基金会（Stiftung Forum Recht）的工作也尤为重要。该基金会设计了多种公众与之交流法律问题的新形式，并在卡尔斯鲁厄和莱比锡设立通讯中心提供全国服务。① 目前，这些业务由法制改革、数字社会与创新司负责。

受害者保护主要是州司法部的职责。拜仁州司法部在刑事案件受害者保护方面提供咨询和经济援助。为此，拜仁州政府成立了"拜仁州受害者援助基金会"（Stiftung Opferhilfe Bayern）。该基金会帮助因刑事犯罪而受到损害并且不会从犯罪者或社会系统那里得到任何补偿的人尽快获得补偿。② 该基金会通过一次性付款提供援助，为受害人提供物质和精神损害的补偿。受害者保护个案援助的最高金额为10000欧元。2014年的66个案例中共支付了339700欧元，但仅支付了3802.46欧元的行政费用，因为所有参与者都是志愿者。③ 该基金会直接受拜仁州司法部的监督。公司章程的修正或增补由董事会报州司法部，并由州司法部商州财政部同意后批准。基金会董事会由来自检察院，普通法院和州司法部的代表各1名组成。董事会成员由州司法部部长咨询理事会后任命和解雇。理事会则由司法部代表、州高等法院检察官、地方法院院长、州刑事犯罪侦查局局长、州律师协会代表等人士组成。④ 联邦司法部也对特定案件的被害人提供保护，并设有直属部领导的"德国恐怖主义罪行受害者和幸存者关切联邦政府代表专员"。

---

① 载 https://www.bmj.de/DE/Ministerium/Abteilungen/Bessere_Rechtsetzung_Digitales/Bessere_Rechtsetzung_Digitales_node.html，2022年9月15日访问。

② 载 https://www.justiz.bayern.de/service/opferschutz/，2022年9月15日访问。

③ 载 https://www.opferhilfebayern.de/Stiftung.html，2022年9月15日访问。

④ 载 https://www.opferhilfebayern.de/Satzung.html，2022年9月15日访问。

证人保护是州司法部的职责。拜仁州司法部公共事务处负责证人保护事宜。早在 1994 年，拜仁州司法部就启动了证人支持示范项目，同时在拜仁州所有基层和地方法院全面设立了证人服务中心，解除证人在法律程序中不必要的负担。[①]

七、刑罚执行

（一）监禁刑的执行

在德国，监狱负责执行作为刑罚的自由刑，作为保安处分的保安监督和作为刑事强制措施的待审羁押。德国监狱的管理由各州负责，联邦没有具体的监狱管理职能。在拜仁州，监禁刑执行由州司法部领导，刑罚执行司具体负责。拜仁州设有 36 个监狱（其中包括 22 所独立监狱和 14 所附属监狱）和 7 所少年管教所。同此外还在施特劳宾设立了拜仁监狱学院，为监狱工作人员提供培训和继续教育。[②] 所有监狱由州司法部直管。州司法部定期派代表访问和检查州内各监狱。

（二）非监禁刑的执行

考验帮助（缓刑、假释）管理。德国的考验帮助相当于我国的社区矫正，包括缓刑和假释两种刑罚执行的考验帮助。考验帮助是由各州负责，联邦没有具体的考验帮助职能。[③] 比如巴登 – 符腾堡州就于 2016 年 10 月通过了《司法社会工作法》（*Gesetz über die Sozialarbeit der Justiz*）[④]，设立了州缓刑和法院帮助局（Landesanstalt Bewährungs- und Gerichtshilfe Baden-Württemberg），由州司法部负责监督管理。拜仁州司法部刑法和网络犯罪司负责考验帮助和行为监督，并在慕尼黑高等地方法院设置缓刑协调中心，在各地方法院设有考验帮助分支机构。[⑤] 考验帮助人（相当于缓刑官）的

---

① 载 https：//www.justiz.bayern.de/service/zeugenbetreuung/，2022 年 9 月 15 日访问。

② 载 https：//www.justiz.bayern.de/justizvollzug/justizvollzug-in-bayern/wir-ueber-uns/，2022 年 9 月 15 日访问。

③ 德国的“缓刑”的含义是停止执行刑罚，自由刑缓刑交付考验实际上是我们通常说的缓刑，而自由刑余刑缓刑交付考验相当于假释。

④ 载 https：//oberlandesgericht-karlsruhe.justiz-bw.de/pb/bgbw，Len_US/Startseite/Ueber+uns/Organisation，2022 年 9 月 15 日访问。

⑤ 载 https：//www.justiz.bayern.de/service/bewaehrungshilfe/，2022 年 9 月 15 日访问。

职责是帮助罪犯（被缓刑人）管理生活，预防其重新犯罪，并联系其他机构，帮助罪犯重新融入社会。考验帮助人监督罪犯履行缓刑期间的条件和指示，根据法院的决定每隔一段时间报告罪犯的生活情况，如有严重和持续违反缓刑条件的情况必须立即向法院报告。全职考验帮助人是司法工作人员，须具有国家认可的社会矫治学士学位或者大专学历，并被分配到法院从事考验帮助工作。拜仁州还有志愿考验帮助人协助全职考验帮助人工作，在工作和生活上帮助罪犯重新融入社会，帮助提供债务咨询、寻找住所、厨艺、IT 等行业的职业培训等。①

行为监督是德国《刑法典》中规定的一种不剥夺自由的保安处分，其主要适用于刑罚或保安处分执行完毕后，因难以重新融入社会，且在改造和安全上需要特别跟踪监控和支持的罪犯。这些罪犯多为重刑犯、常业惯犯、性犯罪罪犯、有高度人身危险性的罪犯。行为监督的期限为 2—5 年，也有不定期的行为监督。行为监督由监督处和考验帮助人共同执行。监督处为州司法部下属的机构处，其管辖范围、组织和人事由州司法部负责。监督处的负责人必须具有法官资格或有高级官员资格，可以由法官承担。工作人员由高级官员、国家承认的社会工作者或者社会教师等组成。随着 2007 年 4 月 18 日《行为监督改革和嗣后保安监督规定修改法》生效，德国行为监督在原有的基础上更加完善。②

八、法律职业和法律服务管理

（一）组织司法考试

德国实行国家司法考试制度已有 150 多年的历史。因为是联邦制国家，德国没有全国统一的司法考试制度。法律规定，教育（包括法学教育在内）属于各州的事务，各州举办本地区的司法考试。为防止各州的司法考试差距太大，联邦法律对司法考试也有原则性的要求。《法官法》《联邦律师法》《法律职业教育改革法》通过规定德国司法官和律师的专业素质，确立了司法考试的框架性条件。各州则根据联邦法律的原则要求，制定颁布实施本州的司法考试相关法律。各州司法考试工作则是由各州的司

① 载 https：//www.justiz.bayern.de/service/ebwh/，2022 年 9 月 15 日访问。

② 参见司绍寒：《德国刑事执行法研究》，中国长安出版社 2010 年版，第 237—248 页。

法部及下属的司法考试专门机构负责，实际承担选拔工作的是由司法部经选举和考察确定的考官小组。第一次考试在学生大学毕业的年份进行，考试内容以基础知识考察为主，有笔试和口试两种形式，第一次司法考试通不过的，还有一次补考的机会，如补考不能通过，不能再考，也意味将终生失去从事法律职业的资格。第一次司法考试合格人员要参加为期两年的培训，即司法研修，才能参加第二次司法考试。司法研修由各州司法部委托州高等法院完成，由法院培训部门具体负责，州法院有义务接收学员。实习培训的目标不仅是担任法官方面的内容，而是整个法律职业所需要的能力，具体包括学习法院、政府机关和律师事务所的一般工作程序、做法，作为助理书记员在指导老师的指导下具体承办案件。第一次考试合格并完成将近两年的司法研修后，考生可申请参加第二次司法考试。第二次司法考试有笔试和口试两种，不限于培训的内容，而是对整个法律知识的检验，实务性更强，考试试题都是案例形式。考试合格成为候补文官，但并不意味着必然成为司法官，也可以申请从事其他法律职业，如律师、检察官、公证人和企业的法律工作人员。在德国，这些职业是可以互换的，而且各州通用。要成为司法官须待职位出现空缺。只有国家司法考试中的成绩居前者才有资格申请做实习司法官。由于法官、检察官职位有限，所以考试合格人员大部分成为其他法律职业人员，其中有很大一批人成为律师。[①] 在拜仁州，州司法部设有州司法考试办公室。其主管的考试内容包括：第一次和第二次州法律职业资格考试（Juristische Staatsprüfung），第二级（法律职业道德）资格考试（Justizfachwirteprüfung），第三级司法资格考试（Rechtspflegerprüfung）；会同萨克森州，萨克森－安哈特州和图林根州共同开展法院执行官考试；会同拜仁州司法部刑事执行司开展司法执行工作人员（监狱工作人员）的职业资格考试。

（二）指导管理律师业

2017 年文件资料显示，德国已有执业律师 16.5 万多名，律师事务所 6340 多家，行业竞争日趋激烈。近年来，德国在律师制度方面进行了一系列改革，但总体上仍然保留着大陆法系的传统和特点。一是律师制度法典

① 参见种若静：《试论德国司法考试与法学教育的协调统一》，载《中国司法》2007 年第 10 期。

化。德国有《德国联邦律师法》《专业律师法》《德国律师执业规范》《联邦律师收费条例》等法律法规和行业规范，形成了较为完备的法律规范体系。其中仅《德国联邦律师法》就有230多条6万多字，相当于我国《律师法》的7倍，规定十分具体详尽。二是坚持律师职业的公共性和准司法属性。但德国仍然保持着对律师职业的传统定位，法律明确规定“律师是独立的司法机构”“律师从事的不是经营活动”，强调律师的执业活动既不受政府控制，也不完全属于市场经营行为，具有准司法机构性质，其主要价值在于保障公民有机会获得不受国家干预的法律专家的服务。同时，德国继续实行律师强制代理诉讼制度，明确规定在地方法院及裁判所的相关特定案件代理必须是律师，同时禁止非律师从事职业诉讼代理业务。三是严格的律师准入条件。法律规定只有获得法官职业资格的人或者通过司法考试的人，才被准许成为律师。取得律师资格要通过两次国家司法考试。德国虽是联邦制国家，但对律师执业没有地域限制，在一个联邦州获得资格即可在任何一个州申请执业。四是促进律师专业化。法律规定在某一法律领域取得专门知识和经验的律师，由其所属的律师公会授予专业律师职衔。德国制定了专门的《专业律师法》来推动并规范这一制度。2003年起，德国逐渐增加了授予专业律师的领域，2017年已有23个专业可授予专业律师职衔，但每一名律师最多只能获得3个领域的职衔。德国律师界认为，律师专业化是未来的发展趋势。目前德国16.5万名律师中，有5万多名取得专业律师职衔，占律师总数的31%，其中劳动法领域的人数最多，超过1万人，其次为婚姻家庭法、税法，国际经济法领域人数最少，全德国仅20人。五是强化律师协会自治管理。德国在2001年之前的律师管理体制主要以行政管理为主，司法行政机关、法院和律师行业协同履行管理职责。州司法部决定律师的执业许可和出庭许可，决定对律师事务所、律师公司的设立许可。律师行业组织受司法部指导和监督，律师协会主席团每年必须向司法部部长书面报告工作。根据法律规定，律师协会经司法行政部门批准后设立，无须进行工商、社团登记，目前德国有28个地方性律师协会。但随着社会和司法体制的变化发展，德国近年对其管理体制进行了改革，废止了律师出庭许可，将律师执业许可、律师事务所设立许可赋予律师协会，强化律师协会的管理职权，司法行政部门仅对律师协会行使国家监督职能，范围限于法律和章程的遵守情况，特别是协会对被委托职责的履行情况。六是保持律师惩戒的中立性、司法性。德国的律师惩戒权由律师协会和法院共同行使。律师协会负责受理对律师的投诉，但只对轻微行为进行处分，处分种类只有训诫一种，其他的违法违规行为则由律师法院实施惩戒。律师法院可以作出警告、严重警告、2.5 万欧元以下罚款、1 至 5 年停业和吊销执业证等处罚。法律规定，在律师协会所在地设立一个律师法院，律师法院可按需要设立多个法庭，具体数量由司法行政部门确定，州司法部负责对律师法院进行监督。律师法院的成员是荣誉法官，由律师担任，任期 5 年。对律师的惩戒按职业诉讼程序，由律师法院进行审理，分地区法院、高等法院和联邦法院三个审级，目的是体现律师惩戒的中立性和司法性，以维护律师的职业独立。七是谨慎开放服务市场。与英国不同，德国对律师业创新持谨慎态度，虽然允许律师与专利、税务、会计等职业组成联合体开展混业经营，但严格禁止资本进入律师业，认为会影响律师职业道德和职业独立性。[①]

（三）监督管理公证人

德国《联邦公证人法》于 1961 年颁布，最近一次修订是 2015 年。该法与《公证书证法》《公证人协会守则》《法院和公证收费法》等共同构成了德国公证法律制度体系。德国在民商事领域规定某些重要的法律行为必须以公证文书形式作出，即法定公证，如不动产登记和商事登记等法律活动，必须经过公证才具有法律效力和证明力。为缓解遗产法院的压力，2013 年 6 月 26 日，联邦众议院通过《部分非讼管辖权移交公证人法》，将法院关于遗产分割的相应职权转移给公证人。改革后，公证人承担了从遗嘱继承开始、监督遗嘱执行、遗产保全等所有阶段的职责。[②] 德国公证员总数受到限制，公证人不得兼职，对外承担无限连带责任。目前，德国有各类公证员 7156 人，公证员资格由州司法部授予，州法院院长任命。由于历史原因，德国公证人分专业公证人和律师公证人两类，专业公证人有 1600 多人，律师公证人有 5500 多人。公证人与法官、检察官、律师教育

---

① 熊选国、陈明国、杨向斌、王杰华、郭恒亮等：《英国德国法律服务制度考察报告》，载《中国司法》2017 年第 10 期。

② 袁治杰：《德国〈部分非讼管辖权移交公证人法〉解析》，载《中国公证》2015 年第 5 期。

体系一致，需通过两次国家司法考试；其中律师公证人还需有5年以上律师工作经历。通过考试人员中，只有1%—2%能成为实习公证员。实习结束后，再根据员额空缺情况挑选优秀人员任命为公证员，以保证公证员的综合素质和有效的监管。在执业方面，专业公证人可组成合伙制的公证机构，但每个公证员独立行使权力，独立承担无限连带责任。德国对公证员实行强制执业保险，保额不低于1000万欧元，以最大限度保证执业规范性，维护当事人的合法权益。监管方面，联邦司法部负责有关公证的立法和政策，州司法部直接监管公证员，具体职责则委托州法院院长行使，州法院院长委托专职法官定期审查公证处的公证文书。公证员违法违规的，州法院院长可根据情节作出警告、罚金、调任、解除公职等处罚。行业组织方面，德国有联邦公证员协会和州公证员协会两个协会，联邦协会主要代表公证行业与政府沟通联系，争取政策支持，同时协助监管机关对行业和公证员进行管理。州协会为州法院和州司法部对公证文书和公证员的纪律审查提供咨询和意见建议，并协助政府审查。公证员的培训和继续教育由州公证员协会负责。①

（四）管理法律援助事务

德国没有统一的法律援助法，其规定散见于相关法律中。德国基本规定，各州负有保证经济困难的公民不因贫穷而得不到法律上平等保护的宪法义务。自2009年起，德国政府将法律援助义务扩展到法院诉讼外的咨询和代理服务，形成了具有德国特点的法律援助体系。德国没有全国性的监管机构，法律援助管理工作授权由州法院直接实施，政府主要履行出资人职责。在援助提供方面，德国法律援助全部由私人律师提供，德国没有“法律援助优先权”或者“合同制”的规定，也没有法律援助公共律师或者专职律师。在援助形式方面，当事人申请援助需提交经济状况证明。法官根据提交的信息进行审查，以法院正式决定的形式批准或拒绝法律援助。法院诉讼类法律援助一旦作出裁定，当事人无须缴纳诉讼费、律师费，所有费用均由财政支付。但如果败诉，其诉讼费和律师费虽可免除，但需支付对方当事人的诉讼费和律师费，统称费用转承担制度。一般情况

① 熊选国、陈明国、杨向斌、王杰华、郭恒亮等：《英国德国法律服务制度考察报告》，载《中国司法》2017年第10期。

下，法院会对胜诉可能性较小的案件作出不予援助的决定，以降低费用风险。在援助类别方面，主要有刑事、民事法律援助、法律援助咨询和大学法律诊所服务等类型。其中，大学法律诊所最具德国特点，是法律援助的有效补充形式。法律诊所一般设在大学法学系，由法学教授主持。根据规定，法律诊所由大学生直接或间接提供服务，承担援助任务。诊所多集中在劳动法、租赁法、买卖合同法、救助法等领域内案件标的少于1000欧元的案件，刑法、税法则为法律诊所的禁区。[①]

第四节　德国司法行政制度的特点

一、大陆法系司法行政制度的代表

德国是大陆法系国家的代表，其司法行政机关的设置是“司法行政”的经典诠释，经历了“二战”前的“近代模式”和“二战”后的“现代模式”。1871年德国统一后，建立了大陆法系的司法行政制度的近代模式。在这一模式下，德国采取“审检合署”制，法院、检察院同归司法行政领导，司法行政机关对法院和检察院的人财物施行全面的强势管理。“二战”后，德国被盟国分区占领，联邦德国在美国的主导下开始对司法行政制度进行了改造。基本特点是在保留和优化了司法行政机关对检察院的全面领导的同时，弱化司法行政机关对法院的管理，强化法官的独立地位，强化了政府立法职能，形成了德式司法行政制度的现代模式。

司法行政横跨行政、立法和司法。德国的司法行政机关是政府传统的组成部门，执行政府的政策，是“行政”机关；但其负责政府立法，以推动议会“立法”；又负责法院和检察院“司法”的行政管理，亲自或者通过检察院参与“司法”活动。因此，德国的司法行政机关横跨“行政”“立法”“司法”三种国家权力。

---

① 熊选国、陈明国、杨向斌、王杰华、郭恒亮等:《英国德国法律服务制度考察报告》，载《中国司法》2017年第10期。

其一，司法行政机关负责政府立法。虽然政府是行政机关，议会是立法机关，但是法律制定的主要推动者是政府，议会实际上更多的是修改和通过。执政党及其政府为了推动其施政政策，需要协调各方关系和利益，起草、制定和修改法律法规，将执政党的意志上升为国家意志，这一阶段的任务主要交由司法行政机关负责。提交议会后，其他党派再对法律草案进行反复的审议和博弈，提出相应的修改意见，此时司法行政机关还要参与其中，既要照顾各方利益，又要确保政府施政，从而作出妥协，形成各方都能接受的法律文本。议会在各方达成一致的文本的基础上进行表决通过。法律通过后，司法行政机关再进行法律的公布、整理、汇编、电子化等工作。可以说，德国司法行政机关全程负责政府的立法工作。德国形成严密、科学的法律体系，主要应归功于司法行政机关。

其二，司法行政机关负责法院的行政管理。虽然我们说欧美国家实行“三权分立”，但实际上德国并非完全地践行这一理论。在“近代模式”下，德国采取“审检合署”制，法院、检察院同归司法行政领导，司法行政对法院和检察院的人财物施行全面的强势管理。这与我国唐宋时期刑部与大理寺以及清末变法后法部与大理院的关系非常相似：法院司法权并非完全独立，其要受到司法行政权的监督和制约；法院的行政事务由司法行政机关负责；法院法官的独立性主要表现在，行政和司法分离，法官个案审理不受行政官干涉，但仍需受到监督；司法行政与法院的关系更接近于“分工不分家”。在“二战”后“现代模式”下，司法行政对法院的强势管理受到一定程度的削弱，最主要的表现是在法官的人事管理上。根据《基本法》规定，在联邦层面，主管各法院体系的联邦部部长与法官选任委员会共同决定联邦法院法官的选任；在州层面，各州可规定，州司法部部长与法官选任委员会联合决定各州法官的任用事宜。司法行政机关不再享有法官的单独决定权。“现代模式”下，也只是法官业务上的独立性和人事管理上的半独立性，法院的其他司法行政事务仍由司法行政机关管理。

其三，司法行政机关全面领导检察院。德国司法行政机关对检察官的领导仍然是全方位的，不仅掌握着检察官任免的人事决定权，还负责检察院的财务后勤管理，在业务上有对检察官的政策指引权，在政治上还必须对检察官的活动承担政治责任。根据《法院组织法》第149条的规定，联邦总检察长和联邦检察官由联邦司法部部长提名，经联邦参议院同意，由联邦总统任命，并不需要像法官任命那样由司法部部长和选任委员会共同决定。根据《法院组织法》第147条的规定，联邦司法部负责监督和领导总检察院和联邦检察官。州司法部负责监督和领导各自的州检察官。联邦司法部部长就总检察长的业务活动对政府和议会承担政治责任。作为“政治官员”，联邦总检察长必须在刑事追诉活动中考虑政府的刑事政策。[①]联邦总检察长有义务向司法部提出有关案件情况的报告，特别是涉及政治领域、恐怖活动和重大刑事案件时，应及时向联邦司法部部长报告。[②]在州层面，各层级的检察院都是由公务员组成的等级森严的组织，每个州的司法部都负责各州检察院的业务监督和行政事务。在整个结构中，下级有向上级报告的义务，上级有命令下级的权力，而且上级命令下级不需要以书面形式。[③]

德国司法行政机关和警察的关系也体现出明显的大陆法系特点。德国警察主要归内政系统领导[④]，分为联邦警察和州警察。联邦警察依《基本法》[⑤]和《联邦警察法》(*Bundespolizeigesetz*)设置，归内政部管理[⑥]，主要负责边防、铁路、航空、水域、联邦宪法机构等的安全保卫[⑦]。内政部还下设负责跨州、跨国刑事案件或重大刑事案件的联邦刑事局，和负责联邦的安全不受侵犯、保卫自由民主基本制度的联邦宪法保卫局。州警察机关依据各州的警察组织法而产生，归各州内政部门指挥。[⑧]德国司法行政机关和

① 载https://www.generalbundesanwalt.de/de/stellung.php，2022年9月15日访问。

② 参见王公义主编、许兵副主编:《中外司法体制比较研究》，法律出版社2013年版，第112页。

③ 载https://www.generalbundesanwalt.de/de/stellung.php，2022年9月15日访问。

④ 此外，还有不属于联邦和州内政系统管辖的法警、看守警、海关刑事警察等。如成立于1992年的德国海关刑事侦查局(Zollkriminalamt)就隶属于财政部。参见王万钧:《德国海关刑事侦查局纵览》，载《中国海关》2009年第4期。

⑤《基本法》第87条第(1)款：外交事务、联邦财政和依照基本法第89条规定的联邦水路和航运由联邦行政和下属行政机构予以管理。依照联邦法律，可以设立联邦边防机关和警察问询、情报、刑事警察的中央机关，出于保护宪法的目的和防止联邦地区出现使用暴力或暴力预备性行为而危害德意志联邦共和国外交利益等目的，可以设立从事情报搜集的中央机关。

⑥ 全称是内政、建筑和家园部(Bundesministerium des Innern, für Bau und Heimat)

⑦ 参见《联邦警察法》第2条至第6条。

⑧ 参见熊琦:《德国警察制度简析》，载《湖北警官学院学报》2006年第6期。

警察部门之间没有直接的领导关系，但由于同属于法律部门，其在司法领域分工合作。打击刑事犯罪和治安违法行为是德国警察机构的职责[①]。警察的拘留，搜查，数据的收集、处理和使用等权力由《联邦警察法》明确规定;《刑事诉讼法》[②]规定了警察的侦查权。根据《刑事诉讼法》的规定，德国检察官在刑事案件中也有侦查权，如法定侦查义务，全面收集证据的义务，还同警察一样拥有的拘留、搜集数据等权力[③]。有观点认为检察官在刑事追诉中处于主导地位。但笔者认为，虽然德国警察和检察官都有侦查权，但实际上侦查的主力还是警察部门，其情报收集、信息处理、案件侦查和强制执行等能力都是检察机关无法比拟的。刑事诉讼法规定的检察官的侦查权力，仅是特定诉讼阶段对侦查结果的必要补充，而非在侦查上越俎代庖。因此，司法行政机关领导下检察官和内政机关领导下的警察是分工合作关系，警察负责危害防止和事实发现，而检察官负责法律处理和价值判断。

二、服务平台式的法院设置

如果我们仔细观察德国“审检合署”制，就会发现德国实际上是在司法行政机关的主导之下，将法院作为各种法律服务的平台和窗口。在辖区内的大多数法律业务，民事诉讼、刑事诉讼、司法执行、法律援助、司法研修、公证、土地登记等，都是在法院这一平台完成。与之相关的组织人事和行政事务，都放在法院内，与法院合署办公或者由法院代管司法行政事务。

---

① 参见《联邦警察法》第 12 条、第 13 条。

② 参见德国《刑事诉讼法》第二编第一审程序的第二章公诉之准备。

③ 检察机关采取侦查措施是根据《刑事诉讼法》第 160 条第（1）款之规定，一旦检察机关得知有犯罪嫌疑（不论是通过犯罪信息系统还是其他方式）就必须开展对事实真相的侦查。第 160 条第（2）款规定，检察机关不仅要收集有罪证据，还要收集无罪证据，并且要确保有丢失可能的那些证据之采集。根据第 161a 条第（1）款之规定，证人和专家有义务在传唤后到检察院提供关于事实或意见的证词。当然，检察官的权力还及于警察机关和人员之权力，如拘留、电脑辅助搜索等。此外，该法的第一编亦规定了不少措施：第 81a 条的身体检查；第 81c 条的检查其他人员；第 87 条的勘验尸体；第 98 条的命令扣押；第 98b 条的配对和传输数据；第 99 条的邮件扣押；第 100b 条的命令拦截电讯；第 105 条的命令搜查；第 110b 条的使用秘密侦查员；第 111 条的命令建立道路检查点（设卡）；第 127 条的暂时逮捕；第 131 条的拘捕令等，其（在特定 / 紧急情况下）可由检察官（和他的辅助人员）进行。

在德国不动产登记是由设在法院的不动产登记局负责。德国《不动产登记条例》第 1 条关于不动产登记机关及其管辖的规定，其中第 1 款是："不动产登记簿由地方法院（不动产登记局）统一掌管。不动产登记局对本区域内的土地有管辖权。"根据这一规定，不动产登记局的设立实行属地管辖权原则，即按照地产的所在地来决定登记管辖权的问题。不动产登记局一般设立在裁判所（Amtsgericht）。[①] 不动产登记不属于审判业务，而属于典型的司法行政管理的业务，将其放在法院，最主要的就是便利当事人办理业务，统一协调权属确认和争议解决。

在非监禁刑执行领域，法院拜仁州的缓刑协调中心设置在慕尼黑高等地方法院，各地方法院设有考验帮助分支机构。[②] 非监禁刑也并非法院审判业务，该模式实际上是由法院代行部分非监禁刑执行的管理。

法律援助的申请和审批也在法院完成。关于批准咨询法律援助申请的程序规定在《德国咨询援助法》第 4 条。法律服务寻求者的一般法院管辖地的初级法院决定申请的批准与否。咨询援助需在法律服务寻求者住所所在地的法院申请。[③]

德国早期为邦联，公证制度因地而异，但在法院设置公证处有较为悠久的历史。德国统一前，除少数公证人由教皇指派外，皆由国王任命，主要权责在于制作有公信力之公证书，因公证人配置于法院，故又称"法院公证人"，其在诉讼外所制作之文书具有相当之公信力。现在一些州仍沿袭法院设置公职公证人的做法，如巴登－符腾堡州，每一裁判所至少设一公证处，且公证处由具有公职身份之公证人及其他公务员、公证助理等组成。[④]

因此，笔者认为，德国将法院建设成一综合法律服务平台。在这一平台中，以诉讼为中心，提供多种法律服务，极大地便利了当事人获得多种法律救济和解决方案的可能性，减轻了法院的诉讼压力。同时，在司法系统管理中，实际上法院、检察院并非独立的机关，法官、检察官、公证

---

① 王志成:《德国不动产登记制度管理发展现状（四）》，载《资源与人居环境》2017 年第 2 期。

② 载 https://www.justiz.bayern.de/service/bewaehrungshilfe/，2022 年 9 月 15 日访问。

③ 郑志华:《浅析德国民事法律援助制度》，载《中德法学论坛》第 12 辑。

④ 郑云鹏:《世界主要国家与地区公证制度设计及功能》，载《司法》2011 年第 6 辑。

员、司法行政人员等实际上在“法院”这一“衙门”中共同办公，只不过法官等根据法律在履职中有特殊的地位，法院院长也并非我们通常理解的法官及法官系统的长官，而是所有这些公职人员的共同行政领导，承担司法行政机关的管理职责。

三、全面的业务板块

德国司法行政有着全面的业务板块，包括立法、司法管理、政府法律事务代表、司法裁判执行和法律服务业指导管理。

联邦司法部实际上承担了绝大部分政府立法工作。此处的“立法”与议会的立法权不同。虽然立法权在议会，但是政府是施政的主角，提出法律草案，提供政策的法治保障，是施政的重要内容。联邦司法部还负责对其他部门法律草案进行合宪性与合法性审查，以及负责出版法律公报。立法工作是联邦司法部的核心工作，有其深厚的历史渊源：德国历史上长期处于分裂割据状态，1871 年统一后，扫除帝国境内各邦各自为政的法律和司法体系，实现全德境内的法律统一成为帝国司法领域的重大历史使命。在当时的历史条件下，德国选择了在“帝国法律优于邦国法律”的制度安排，强化帝国层面的统一立法的方式消除法律割据，促进法律统一。基于这一历史使命，联邦司法部的首要职责便是立法。

司法管理是德国司法行政机关的传统业务。司法管理的主要内容是负责法院、检察院等司法机构的人事、财务、装备等日常行政工作，这也是最传统的“司法行政”。人事管理是司法管理的重中之重，司法行政机关决定着其下辖法院的检察官、法官助理、执行官、司法行政人员、缓刑官、法庭助理等法院系统的人事任命、交流、培训、轮岗、处分等；虽然司法行政机关不能直接任命法官，但是管参与法官选举的前期工作，委任事宜由司法部部长与法官选任委员会共同决定。由于德国大部分法院归各州管理，各州司法部对州属法院和检察院的管理实际上成为司法管理的主要部分。所以不能只看联邦司法部管理的法院有限，就认为司法机构管理不是司法行政机关的核心职责。司法管理是德国司法行政机关最传统、最重要的业务板块，也正因如此，德国司法部才能真正贯彻落实政府的司法政策，才能在重大历史关头保持着对司法领域的重要影响力。

政府法律事务代理主要是通过司法行政机关下属的检察院实现的。德国司法行政机关在业务上对检察院和检察官进行指挥监督，并为其下属检察官的职务行为承担政治责任。检察官实际上是政府司法行政部门的专业“律师”，被派驻在各级法院，在行政程序和司法程序中出庭。刑事案件的公诉人和公共利益代表参加诉讼是检察院的传统职责。在联邦政府作为诉讼参与方，或有权进行陈述的联邦宪法法院诉讼程序中，联邦司法部参与其中。此外，联邦司法部还承担代表联邦政府参加欧盟法院诉讼的任务。

司法行政机关是司法裁判的执行者。德国检察院是刑事诉讼法刑事执行（动态执行，Strafvollstreckung）的主管机关；而监狱负责监狱行刑（静态执行，Stravollzug）。二者都归司法行政机关领导。原本德国联邦司法部也管理监狱行刑，但是2006年联邦制改革之后，监狱行刑下放到各州，由各州司法部主管。考验帮助（缓刑、假释）等非监禁刑的执行也由州司法部监督管理下的考验帮助机构负责。德国采取二元制民事执行机关制度，即执行法院（通过具体负责的法官）与执行员各自行使权限，共同承担执行任务。在德国，执行法官并不具体组织或参与具体案件的执行工作，具体执行工作由司法助理员和执行员承担。执行法官、司法助理员和执行员分工负责，相互配合和协助。[①]不论是联邦还是州，由于平台式的法院设置模式，实际上是法院代行司法行政机关的民事执行职责。

指导管理法律服务也是德国司法行政机关的重要职责。德国司法行政机关管理的法律服务领域包括法治宣传教育，司法考试，指导管理律师、公证人、法律援助、仲裁、调解、保护证人和受害人等。德国联邦和州司法部，都有法治宣传教育的任务，特别是回顾和反省纳粹践踏法治的历史，强化对民主、法治和人权信念，成为联邦司法部的重要工作。联邦司法部原消费者保护职能，也可以看作特定领域的法律服务。其他法律服务领域，如司法考试、公证人、调解、证人保护、受害人保护等主要由各州司法部负责。德国联邦司法局主管司法信息登记可以看作一种更加基础的法律服务，包括对未成年人司法信息、司法中商业信息，以及刑事追诉和调查信息登记，为司法活动提供了的重要支持，这在各国司法行政机关中是非常全面而且具有代表性的。

---

① 童建明主编:《检察视角下的中外司法制度》，中国检察出版社2021年版，第335页。

四、较为合理的架构设置

德国联邦制下的司法行政职责划分清晰明了。德国在经历纳粹集权统治后，认为中央集权对于法治的具有巨大的危害。因此在战后重建中采用了联邦制，司法体系在对联邦和州之间分权。联邦司法部的主要职责是联邦立法和联邦法院管理。各州虽然也有立法权，但由于《民法典》《刑法典》《民事诉讼法》《刑事诉讼法》《法院组织法》等主要法律已完成立法，州司法部立法范围比较狭窄，其更多的是针对联邦法律制定实施细则，州司法部的主要职责集中在法院管理，刑事司法裁判执行和法律服务指导管理上。在州以下，不设司法行政机关，而是采用平台化的法院设置模式，综合提供各种法律业务和服务，实际上在基层，是由各法院院长代行部分司法行政的职权。

联邦司法部各司划分明晰、科学、合理。850 人的德国司法部架构扁平，1 个行政司下设 8 个处；按业务内容设 8 个司，每个司下辖 2 至 3 个分司，十几个处，共 101 个处。部门设置精简专业，管理扁平化，业务司下基本上没有综合部门（处）。如果考虑到德国法典的细密程度（仅《德国联邦律师法》就有 230 多条，6 万多字，相当于我国《律师法》的 7 倍[①]）和德国联邦司法部的立法数量，就会惊叹德国司法部效率之高、专业化之强。

当然，德国司法行政制度在某些领域也存在不足。比如联邦制虽然是德国重大政治制度问题，是德国经历纳粹和“二战”之后的历史选择，但是笔者认为，美国主导下的司法的联邦制改造本身并不符合德国历史的发展趋势。德国在 1871 年之前最大的困扰就是分裂，最大的梦想就是统一。在 1871 年统一后，司法的最大的趋势、最大的任务和最大的成就就是帝国境内法制的统一，司法的中央集权是历史的潮流。特别是 1990 年东、西德合并时，司法行政再次发挥出其在法制统一方面的关键作用。从德国各州分布、领土面积和人口来看，中央集权制更加适合，与之相类似的英法日都是中央集权。德国实行联邦制后，各州并没有增加相应的好处，反而增加了司法领域的协调难度，冗事和冗员；在中央层面则大幅度削弱了司法行政机关的作用和地位，为了进一步维持法制统一，联邦司法部只能

① 熊选国、陈明国、杨向斌、王杰华、郭恒亮等:《英国德国法律服务制度考察报告》，载《中国司法》2017 年第 10 期。

通过《基本法》赋予联邦的立法权和“联邦法优于地方法”的制度安排不断立法，保持对各州的控制。另外，联邦司法局的设置是历史遗留问题。德国统一后迁都柏林，但是司法部在波恩还保留了一个办公室，并在此基础上成立了联邦司法局。从常理上看，这样一个机构似乎不应单独存在。但是任何一个国家；任何一个历史时期，迁都是一项浩大的工程，在旧都保留一些机构和人员屡见不鲜。我们在研究德国司法行政制度的过程中，不应遗忘位于波恩的联邦司法局，其也是德国司法行政机关的一部分。

第八章　法国司法行政制度

法国最早形成了大陆法系司法行政制度。大革命前，国王路易十六设立了“司法部长兼掌玺大臣”，形成了近代司法部的前身。现今法国司法部部长仍兼掌玺大臣，全面管理法院、检察院，负责政府立法和制定司法政策，指挥监督检察官，负责刑事执行，管理监狱等行刑机构，并对司法机关进行司法监察。法国司法部机构庞大，职能全面，十分强势，管理着庞大的司法系统，在司法领域实施中央集权，统一协调制定法律和司法政策，可以说是世界主要国家中，权力仅次于美国司法部的司法行政机关。

第一节　法国司法行政机关的历史

一、君主时代至第四共和国时期的司法部

法国司法部源于五世纪王室的“大法官”（Les Chanceliers）或“掌玺大臣”（Gardes des Sceaux）。二者的职责时而合一，时而分离。[①] 1627年起，大法官负责掌玺，成为王室实权部门和王权的象征，掌管王室法令，用玺，以及主持国王的内阁会议。1718年起，大法官的主要职责是掌玺。现在法国已没有王室，但是司法部仍有掌玺职责，如宪法修正或

---

① 载 http://www.justice.gouv.fr/art_pix/plaquette_justiceenfrance_fr.pdf，2022年9月15日访问。

重要法律通过后，用玺以确保文本的严肃性，掌玺大臣的头衔仍列于司法部部长之前。[①]

君主时代与大革命交替时期，诞生了法国近代司法部的前身。1790 年 11 月 21 日，法国国王路易十六任命 Duport-Dutertre 为“司法部部长兼掌玺大臣”（Ministre de la Justice，Garde des Sceaux de l'Etat），并在 11 月 27 日的法令中废除了大法官办公室。1791 年 4 月 25 日至 5 月 25 日关于该部组织的法令规定，司法和掌玺部的职责如下：掌国玺封印，在政府的法律、条约、专利、专供、政府特使和外交文书上用玺；记录并保存立法机关制定的法律，颁布和发布法律；负责国王特使与法院的联络；负责监督法官向立法机关提交有关法令和法律解释；将文件和备忘录传送到昭雪法院的国王特使；向立法机关提供关于司法运作的年度报告；引导法院系统的发展。[②]

大革命和拿破仑时期，许多政府机构重组。警察权由地方归于中央，1795 年 10 月 25 日革命政府颁布《轻罪及刑罚法典》（*Code des Délitits et des Peines*），明确将警察分为行政警察和司法警察，并为此后政府沿用。[③] 1801 年法国以法律的形式建立了身份为公诉官的“政府（人民）的代官制度”，为检察官制度的前身。1808 年拿破仑颁布的《刑事诉讼法典》（即《重罪审理法典》）正式确立了检察官、预审、检察官指挥司法警察等若干影响至今的司法制度和刑事诉讼制度。[④] 同刑事诉讼法紧密相关的《刑事司法组织法》于 1810 年 4 月 20 日颁布，从而构成了比较完整的近代刑事司法和刑事诉讼法律体系。[⑤]

然而，这些变动都并没有从根本上改变 1791 年司法部的结构。相反，司法部不但巩固了自身的这些职能，而且还逐渐形成了一套官僚制度来满足这些职能。拿破仑甚至还任命司法部部长为大法官，只要国家需要，他就能够如最高法院或者任何上诉法院的首席法官一样行使权力。司法部在

---

① 载 http://www.justice.gouv.fr/histoire-et-patrimoine-10050/chancellerie-garde-des-sceaux-aux-origines-des-mots-23874.html，2022 年 9 月 15 日访问。

② 参见本杰明·F. 马丁、余韵洁：《法兰西第三共和国时期的法院、司法官及其晋升：1871~1914 年》，载《师大法学》2019 年第 1 期。

③ 周小兰：《19 世纪前半叶法国警察制度探析》，载《史学月刊》2018 年第 8 期。

④ 周欣：《法国刑事诉讼特色制度评述》，载《法学家》2002 年第 5 期。

⑤ 何勤华主编：《法国法律发达史》，法律出版社 2001 年版，第 473 页。

这一历史阶段形成两个重要支点：民事处和刑事处。它们在复辟时被称为“局”（direction）。两个部门都由司法部部长精心挑选的主任来掌管，这些人在等级制度中也直接受部长的管辖。高度细分司法行政管理工作对司法部的官僚结构产生了重大的影响，审理民事案件和刑事案件的法官均受到来自司法部不同的程度压力，部内民事处和刑事处的负责人也逐渐将巨大的权力集中到自己手中。[①]掌玺局直到1830年才真正融入司法部，并在民事局下设掌玺处。此外还有一个秘书长，一个私人秘书和若干提供人事和财务服务的办公室。[②]

在第二帝国时期，出现了中央犯罪记录工作。1850年11月6日的通告在每个地区的民事法庭增加了犯罪记录工作，1856年8月30日，在司法部增加了外国囚犯或不明国籍人的中央犯罪记录工作。

1872年5月24日议会通过了一项关于国家参事院（最高行政法院）的法律，规定国家参事院对行政争议和越权行政行为享有终审权。由此建立了普通司法系统和行政司法系统并行的两个体系。与此相应，建立了权限争议法庭，以司法部部长为庭长，由数量相等的最高行政法院和普通法院的成员组成，以解决行政和司法两大法院系统间的管辖权纠纷。

创立于1878年3月27日的外国法委员会负责外国法律的汇编。该委员会后来根据1909年《财政法》第46条转变为外国和国际法办公室，具有法人资格，随后根据1912年《财政法》实现财务独立。该办公室于1934年4月4日并入司法部，成为外国和国际法律部门。与该办公室平行，1918年3月5日设立国际私法研究常设办公室，置于民事局之下。[③]

1883年8月30日的关于肃清运动的法律使一千余名地方法官在几周内被迫解职。[④]所有上诉法院归于同一审级（巴黎上诉法院除外），形成三

---

① 参见本杰明·F.马丁、余韵洁:《法兰西第三共和国时期的法院、司法官及其晋升：1871—1914年》，载《师大法学》2019年第1期。

② 参见本杰明·F.马丁、余韵洁:《法兰西第三共和国时期的法院、司法官及其晋升：1871—1914年》，载《师大法学》2019年第1期。

③ 载http: //www.justice.gouv.fr/histoire-et-patrimoine-10050/le-ministere-dans-lhistoire-10289/histoire-du-ministere-11905.html，2022年9月15日访问。

④ 载http: //www.justice.gouv.fr/histoire-et-patrimoine-10050/la-justice-dans-lhistoire-10288/de-napoleon-a-la-grande-reforme-de-1958-11907.html，2022年9月15日访问。

级审判制度，从而简化了普通司法体系的法院组织。①

1884 年开始，司法部综合部门开始改革。司法部部长的办公室主任最初担任着部长、民刑事务处与会计、人事处之间的中介。1816 年至 1884 年，办公室主任慢慢将权力集中在总秘书处，如此一来，足以削弱民刑事务处领导的权力。1884 年 12 月 30 日和 1884 年 2 月 1 日颁布的部级法令，首先遏制了总秘书处的权力，然后用主任办公室取代了其位置，在主任办公室中，各个处的领导与办公室主任具有相同的地位。根据 1909 年 6 月 9 日的法令进行职能合并时，新成立了人事和会计处（direction du personnel et de la comptabilité），另外主任办公室也改为主任处，后者仅仅是名称的改变。虽然人事处新增了管理账目的职责，但是其领导地位不能与民事处和刑事处的相比。它一直被视为一个训练平台，旨在为那些要求更苛刻、独立性强以及政治敏感的部门培养接班人。②

1911 年 3 月 13 日，原属内政部的监狱管理部门划归司法部，这是一项重要改革，司法部从此开始负责监狱和刑罚执行事务。

总的来说，在拿破仑以后的一个半世纪，法国由于政治局势动荡并受两次世界大战的影响，政府更迭频繁，尽管经历了数次司法人员的肃清运动，并出现过一些司法程序改革方案，但法国的司法制度在第四共和国以前没有太大变化。③

二、第五共和国与 1964 年重组后的司法部

“二战”后的法兰西第四共和国初期，维希政府的统治对司法的影响一定程度上仍然存在，但建立司法行会，改革刑事诉讼和行政诉讼，以及镇压反叛活动成为当时司法发展的主流。④1946 年 10 月 13 日，法国通过了新的宪法草案，法兰西第四共和国成立。然而，第四共和国在 12 年时间里更换了 22 届内阁，每届内阁的平均不足半年，比第三共和国时期寿命更短。1958 年 9 月 28 日，法国公民投票批准了戴高乐（曾任第四共和

① 金邦贵主编：《法国司法制度》，法律出版社 2008 年版，第 14—15 页。

② 参见本杰明·F·马丁、余韵洁：《法兰西第三共和国时期的法院、司法官及其晋升：1871 ~ 1914 年》，载《师大法学》2019 年第 1 期。

③ 金邦贵主编：《法国司法制度》，法律出版社 2008 年版，第 14—15 页。

④ 金邦贵主编：《法国司法制度》，法律出版社 2008 年版，第 14—15 页。

国总理）提出的新宪法草案，法兰西第五共和国于 10 月 5 日成立，戴高乐成为首任总统（1959—1969 年在任）。与此同时，一场声势浩大的改革于 1958 年在司法领域展开。法国修改了刑事诉讼法[①]、民事诉讼法[②]，对法院和法庭设置以及司法区划的进行了大范围调整[③]，形成了现行司法体系架构。

由总统保障司法独立是 1958 年宪法改革的内容之一。1791 年宪法，是通过民选法官的方式来保障司法独立。1946 年宪法规定由最高司法官委员会根据法律规定保证法官的独立性。1958 年《宪法》第 64 条规定："总统保证司法独立。最高司法官委员会协助总统。法官的地位由组织法决定。法官不受罢免。"第 65 条规定，最高司法官委员会由总统任主席，司法部部长任当然副主席；司法部部长可以代替总统任主席；最高司法官委员会除上述两人外，还包括由总统依照组织法规定的条件任命的九名委员。[④]

1964 年，法国司法部经历了一次重要的重组，奠定了当今司法部组织架构的基础。[⑤]司法部于 1964 年 7 月 25 日在向总统提交的关于司法部组织的第 64-754 号法令的报告中回顾说，从第一帝国时期，司法部确立了民事、刑事、人事三个主要方向，并一直继承了下来。长期以来，司法部组织上多是小修小补而没有系统性整合，这种结构上的长期稳定产生了一些不利影响。此外，自成立以来，司法部的主要特征之一是高度集中制，它一直需要考虑宪法上的司法独立与组织司法公共服务的行政管理权之间的平衡。同时，其也在法院、监狱、社会监督教育等方面缺少专业化的分工。[⑥]根据该法令，撤销了原人事和会计局，其职责由司法管理局和总务装备局这两个新的局分担，并对其他部门进行了重组。

---

① 周欣：《法国刑事诉讼特色制度评述》，载《法学家》2002 年第 5 期。

② 参见何勤华主编：《法国法律发达史》，法律出版社 2001 年版，第 452—453 页。

③ 载 http: //www.justice.gouv.fr/histoire-et-patrimoine-10050/la-justice-dans-lhistoire-10288/la-refonte-du-systeme-judiciaire-de-1958-11906.html，2022 年 9 月 15 日访问。

④ 金邦贵主编：《法国司法制度》，法律出版社 2008 年版，第 48 页。

⑤ 包括 1964 年 7 月 25 日第 64-754 号法令和 1964 年 10 月 9 日法令。青少年保护局的变化主要发生在 1958 年前，详情参见本章"第四节法国司法行政制度的特点"之"统一协调法律和司法政策"部分。

⑥ 载 http: //www.archives-judiciaires.justice.gouv.fr/index.php?rubrique=10774&ssrubrique=11147&article=15767，2022 年 9 月 15 日访问。

新成立的总务和装备局（La direction de l'administration générale et de l'équipement）隶属于总秘书处。它吸收了原人事和会计局的部分职责，同时负责资产管理，以统一管理行政、财务、设备。最初的总务和装备局的结构较为简单，只有总务财务和装备两个分局。①

新成立的司法管理局（direction des services judiciaires），接管了前人事和会计局的部分职责，以及民事和掌玺局司法机构方面的部分职责，被赋予了促进司法系统及其人员未来全面发展的责任。其可以直接管理司法机构、司法人员，或作为“股东”参与一些司法机构的管理。它业务围绕治安官和司法机构两个分局展开：管理司法机构、法规、人员的招聘、培训（治安官的培训由国家治安官学院负责），以及管理律师、法警等直接参与司法活动的人员和机构。②

重整民事与掌玺局，再次确认了其在民事立法方面的职责，同时划走司法机构、法律职业管理等部分职能创建司法管理局，保留了对拍卖师和公证人的管理，由普通民法处负责。③

刑事与赦免局的职责受到1964年重组的影响较小。1964年7月25日的法令规定该局：“起草有关刑事和执法法律法规；研究刑法和犯罪学，并参与这些领域的所有工作；它与民事与掌玺局联络，审查所有载有刑事条款的法律草案；它发起和控制公诉活动；受理赦免或大赦的申请，并根据刑罚执行局的请示，受理有条件释放的申请。”1964年的法律在该局下设立两个分局：刑事司法分局，负责公诉、上诉、执行判决和国际司法协助、赦免和有条件释放；刑事立法分局，负责立法、国际和欧洲刑法和刑事研究。④

1964年7月25日的法令将1958年12月22日的法令设立的司法监察制度规定为司法部部长的一项常设职责，并设立总司法总监协助部长

① 载 http://www.justice.gouv.fr/histoire-et-patrimoine-10050/le-ministere-dans-lhistoire-10289/histoire-du-ministere-11905.html，2022年9月15日访问。

② 载 http://www.archives-judiciaires.justice.gouv.fr/index.php?rubrique=10774&ssrubrique=11147&article=15767，2022年9月15日访问。

③ 载 http://www.archives-judiciaires.justice.gouv.fr/index.php?rubrique=10774&ssrubrique=11147&article=15767，2022年9月15日访问。

④ 载 http://www.archives-judiciaires.justice.gouv.fr/index.php?rubrique=10774&ssrubrique=11147&article=15767，2022年9月15日访问。

工作。[①]

此外，此次改革中，刑罚执行局在原先的组织结构上予以精简。而1945年9月1日从刑罚执行局独立出来的负责未成年人的监督教育局未作变动。

1964年的改革中，司法部形成了新的组织架构。此后司法部又经历多次改革，但都是在此次改革的基础上进行。

三、1964年后司法部的改革

1958年宪法规定由总统保证司法独立，戴高乐总统曾于1958年成立国家司法官教育中心。1970年7月法官组织法通过，建立了国家司法官学院，归司法部管理，使得司法官的待遇和培训条件得到了大幅度改善。该法还进一步加强了最高司法官委员会的地位。[②]

（一）总秘书处的变化

1964年以来，总秘书处的职责始终处于反复变换中，并且经常超出1964年确定的基本框架。根据1970年9月9日的法令，总秘书处再次变为一个任务较为简单部门，该法保留了其基本职责，并在第4条规定："管理中央行政事务，集中管理司法部财务，管理动产和不动产设施装备，与各局一起研究司法组织、成本和绩效，负责与公共服务部和经济财政部的联络。"此后，总秘书处的职责不断扩展。

1972年成立统计处，最初直接隶属总秘书长。其职责是设计和协调统计工作，培训、控制、收集地方信息，承担统计数据的分析、解释和传播工作。此前，由刑事犯罪研究中心负责民事和刑事的统计；国家监狱研究中心负责监狱管理的统计；监督教育培训和研究中心负责监督教育的统计。1977年总秘书处的一个重要发展是成立了预算分局，分为两个部门：一个是统计部门；另一个是预算选择和会计的合理化。1972年成立的统计处并入该分局。此外，1985年还成立了一个统计委员会，以协调各部门的行动，以及提交给法院的统计框架。1991年原预算和预测分局内的数据统

① 载 http://www.justice.gouv.fr/le-ministere-de-la-justice-10017/inspection-generale-de-la-justice-10027/，2022年9月15日访问。

② 金邦贵主编:《法国司法制度》，法律出版社2008年版，第18页。

计处（1983年9月22日成立），成为一个独立的分局，负责统计，研究和文件编制。[①]

随着信息技术的发展和应用，1974年成立信息部门，负责管理方法的现代化。1981年它成为一个处，然后在1984年、1986年和1988年对其组织进行了调整，创建了司法管理局的司法计算机化处，直到1991年4月9日创建了计算机管理分局以及三个局的三个处。1993年3月22日的法令修改了这一结构，设立了四个处（规划和信息技术资源、国家信息技术开发、技术架构和实施、信息技术服务）。它还负责区域服务中心，管理地方单位的。

1983年5月30日第83-434号法令又对总秘书处作出调整，但其结构没有改变。同年，1983年10月20日的法令（经1993年3月12日的法令修订）设立了部际研究委员会（也隶属于工业和研究部），作为中央机构统一协调指导各个部门的研究活动，并从1986年起由经济研究和预测处提供秘书处工作人员。该法令在司法部设立了两个与国家科学研究中心相关的研究实验室：刑事司法和法社会学研究中心，它接管了刑事犯罪研究中心和国家监狱研究中心的大部分工作；跨学科研究中心，主要接管监督教育培训和研究中心的职责。

1988—1989年总秘书处的结构再次调整。总务分局现囊括了信息技术处；预算分局有三个办公室更名，分别为预算办公室处、会计与管理控制处、预测和经济研究处（司法部与计划委员会的对接部门，因此该处参与了第十个计划的制定）以及统计处。设备分局的结构较为简单，包括财务办公室、行政办公室（特别负责对大多数法院所依赖的地方当局的补贴）和部门技术办公处（司法系统、监狱管理、监督教育）。然而，该分局无法应对由地方政府向中央转移责任和“13000监狱”计划导致的工作任务增加。因此，它被重组为两个规划处和两个运营处，负责监督在各省区域办事处和部门设备局。[②]但1987年设立的独立于总务和装备局的监狱建设代表，负责司法部部长“创建13000监狱”项目下的监狱建设。1991年该

① 载 http://www.justice.gouv.fr/histoire-et-patrimoine-10050/le-ministere-dans-lhistoire-10289/histoire-du-ministere-11905.html，2022年9月15日访问。

② 载 http://www.archives-judiciaires.justice.gouv.fr/index.php?rubrique=10774&ssrubrique=11147&article=15767，2022年9月15日访问。

代表被撤销，其职责并入总务和装备局。[①]

（二）司法管理局的变化

司法管理局在 1972 年丧失了其于 1964 年刚刚获得的法律职业管理职责。因为司法部部长的一份备忘录决定由民事与掌玺局对所有司法和法律职业统一管理。治安官分局获得了统一负责债务管理的权力；而司法组织分局与总秘书处一起负责评估需求、投资计划和法院的运作，并且在这方面，司法管理局只处理有关文本。因此可以看出，1964 年为司法管理局设定的全面管理司法系统的目标与现实之间存在明显差距：在 1972 年失去法律职业管理职责后，其大部分工作是司法人员管理，仅单独负责人事费用。司法管理局从 1979 年起负责劳资争议委员会的管理。[②]1983 年 7 月 18 日的法令在司法管理局内又创建了书记官分局，并将成立于 1974 年的国家书记官学院划归司法管理局管理，同时废除了司法管理局的法律职业处。[③] 从此，该局可以对书记官颁发职业许可，并对其进行管理和惩戒。对书记官的管理属于司法管理局的人事行政管理，在法律机制、办公自动化和 IT 设备的安装以及员工培训方面改善法院书记员的工作。同时，另外两个分局之间也进行了新的职责调整。地方法官分局，原为人事部门，改革中放弃了与治安官无关的一切职责，但保留了其在司法部门诉讼方面的职能。司法组织和规划分局在人事地位方面失去了权力，但从治安官分局处接管了财务管理。法院运行处的成立（之前已经非正式存在，但其活动较少，初审法院的设备当时由地方负责）并明确了其自身职责，同时与书记官分局和总秘书处的职责进行了划分：法院运行处确定每个法院治安法官的需求，而书记官处则负责书记官的需求，而二者都研究法院的运作以及改进它的解决方案；与总秘书处相比，法院运行处仅对上诉法院的装备和房地产的预算手段提出意见，但没有决策权。在市、各部门和国家之间重新分配权力的大背景下，司法部与当时流行的权力下放大趋势相反，承

① 载 http://www.justice.gouv.fr/histoire-et-patrimoine-10050/le-ministere-dans-lhistoire-10289/histoire-du-ministere-11905.html，2022 年 9 月 15 日访问。

② 载 http://www.archives-judiciaires.justice.gouv.fr/index.php?rubrique=10774&ssrubrique=11147&article=15767，2022 年 9 月 15 日访问。

③ 载 http://www.justice.gouv.fr/histoire-et-patrimoine-10050/le-ministere-dans-lhistoire-10289/histoire-du-ministere-11905.html，2022 年 9 月 15 日访问。

担了普通法院系统投资和运转的费用（1983 年 1 月 7 日法律第 87 条），这对此后司法部房地产管理部门产生了深刻的影响。①

（三）刑事与赦免局的变化

1981 年②刑事与赦免局获得了新的职责，并成立了保护受害者和预防犯罪处。针对大量涌入的引渡请求和国际委托调查书，1978 年设立了国际司法协助处，以处理引渡、委托调查请求、临时逮捕和被判刑人移管；后该职责在 1991 年司法部欧洲和国际事务署成立时移交给该署，但于 1996 年又移交给国际司法协助处。该局于 1994 年 7 月 20 日创立了经济和金融事务和打击有组织犯罪两个分局，以及司法警察处。

1966 年，犯罪记录中心迁至南特。1980 年 1 月 4 日的法律创立了国家自动犯罪记录中心，直接受刑事局局长管理；1982 年 1 月 4 日在南特成立国家犯罪记录登记中心③，承接并整合了 1850 年以来建立的 175 个都市法院档案处的犯罪记录以及（针对在国外出生或出生地不明的人）中央记录，1996 年吸收了 DOM-TOM 的犯罪记录。④

（四）民事与掌玺局的变化

建立于 1973 年的职业处于 1992 年 3 月 13 日成为分局。随着国籍立法发生变化，国籍和掌玺处也进行了重大调整。从 1945 年起入籍事务划归人口部管理；1993 年 7 月 22 日，相关职责又被分解到规划城市和整合部，地区法院和国籍办公室。⑤

（五）刑罚执行局的变化

1974 年夏天的罢工运动促成了该局 1975 年的改革。这次改革试图将

① 载 http://www.archives-judiciaires.justice.gouv.fr/index.php?rubrique=10774&ssrubrique=11147&article=15767，2022 年 9 月 15 日访问。

② 两文献记载时间不统一，一为 1981 年，一为 1983 年。

③ 两文献记载时间不统一，一为 1978 年，一为 1982 年。

④ 载 http://www.justice.gouv.fr/histoire-et-patrimoine-10050/le-ministere-dans-lhistoire-10289/histoire-du-ministere-11905.html，2022 年 9 月 15 日访问；http://www.archives-judiciaires.justice.gouv.fr/index.php?rubrique=10774&ssrubrique=11147&article=15767，2022 年 9 月 15 日访问；http://www.justice.gouv.fr/le-ministere-de-la-justice-10017/direction-des-affaires-criminelles-et-des-graces-10024/，2022 年 9 月 15 日访问。

⑤ 载 http://www.justice.gouv.fr/histoire-et-patrimoine-10050/le-ministere-dans-lhistoire-10289/histoire-du-ministere-11905.html，2022 年 9 月 15 日访问。

那些对社会危害较小的罪犯从监狱中移除，避免交叉感染。改革引入了对短期监禁的替代刑罚制度，建立其他行刑设施，拘留中心更侧重于本着1944—1945年改革的精神使囚犯重新融入社会，而中央监舍首先满足的是公共安全的需要。1978年刑罚执行局组织结构调整，设立了新的分局首次担负起促进罪犯重新融入社会的使命；设立了开放环境处，以加强开放环境中的行动。这种行刑社会化的趋势后来更加突显。1984年刑罚执行局形成了两个新的分局，一个分局的任务是执行监禁刑，另一个分局的任务是社区行刑，原来的处已变成开放环境分局，强调开放环境的位置和作用。在同一局内汇集了所有行刑业务，具有确保社会安全和促进罪犯重返社会的双重使命。这项改革是替代处罚新规定的配套措施，为刑罚执行部门统一协调设立开放环境创造了条件，有助于形成刑罚执行完毕后的管制和援助措施的总体政策。而财务、装备的管理、规划、监测等工作由人事行政分局的两个办公室承担。①

（六）监督教育局的变化

1945年9月1日，司法部刑罚执行局负责未成年人的分局成为一个独立的局，即监督教育局（La direction de l'éducation surveillée）②，下设3个处：国家机构处，管理司法部公立机构场所，确保其执行青少年监督教育措施；私营机构处，管理接收少年法庭判处的少年犯或流浪少年的私人机构提供的社会服务；司法事务处，研究少年司法，预防性拘留未成年人，保护少年有关的各种问题。③ 1979年3月27日法令对该局进行了改组：督查官负责公共和私立机构中的监督教育；教育行动分局负责方法和培训、司法事务、一般预防和人事；行政分局负责研究方案、财政事务、管理协会。1987年6月30日法令设立了“法院教育服务处”。1986年11月24日法令再次修改了该局结构，设立预防和保护青少年司法分局，行政财

① 载 http://www.archives-judiciaires.justice.gouv.fr/index.php?rubrique=10774&ssrubrique=11147&article=15767，2022年9月15日访问。

② 载 http://www.justice.gouv.fr/publication/plaquette_jef_organisation_fr.pdf，2022年9月15日访问。

③ 载 http://www.justice.gouv.fr/histoire-et-patrimoine-10050/le-ministere-dans-lhistoire-10289/histoire-de-la-protection-judiciaire-de-la-jeunesse-16946.html，2022年9月15日访问。

务分局；此外，还成立了一个负责信息、综合和协调的办公室，隶属于局长并与副局长协同工作，负责协调各办公室，负责区域和部门服务以及未成年人收容机构的组织和运作。监察局确保对公共部门和授权协会中的青年司法保护机构和服务进行行政、教学和财务控制。[①] 1990 年 2 月，监督教育局改为青少年司法保护局。[②]

四、欧盟成立前后司法部的改革

法国是欧盟的核心成员国。欧盟成立前夕（1991 年 12 月成立），为统一协调处理欧洲法律事务，法国司法部于 1991 年 10 月 1 日设立了欧洲和国际事务署（le service des affaires européennes et internationales），在民事方面负责欧洲法、国际法、民事司法协助，在刑事方面负责刑事司法协助、追逃、引渡、国际和欧洲刑法和刑事研究。1996 年 1 月 15 日相关业务又被划归民事局和刑事局。[③]

2010 年 7 月 9 日设立追赃事务局，以促进调查普通犯罪和有组织犯罪产生的利润，扩大可以扣押和没收财产的范围，增强处罚的威慑作用。它制定了特殊的没收刑事扣押程序，比复杂、昂贵的民事执行程序更加有效。[④]

2013 年司法部成功进行了检察官司法化改革。希拉克时期就曾准备对司法系统进行改革，改变由司法部任命检察官的做法，以便让检察官和司法部脱钩，减少司法部对司法程序的干预，并要求政府起草未来的改革计划。[⑤] 2012 年，法国司法部部长对检察权进行司法化改革，并力促《关于司法部长与检察官在刑事政策及推进公诉方面职权的法律》（第 2013-669 号）于 2013 年 7 月 25 日在议会得通过，新法最重要的一项改革便是废除

① 载 http://www.archives-judiciaires.justice.gouv.fr/index.php?rubrique=10774&ssrubrique=11147&article=15767，2022 年 9 月 15 日访问。

② 载 http://www.justice.gouv.fr/publication/plaquette_jef_organisation_fr.pdf，2022 年 9 月 15 日访问。

③ 载 http://www.justice.gouv.fr/histoire-et-patrimoine-10050/le-ministere-dans-lhistoire-10289/histoire-du-ministere-11905.html，2022 年 9 月 15 日访问。

④ 载 http://www.justice.gouv.fr/le-ministere-de-la-justice-10017/organismes-rattaches-10028/presentation-de-lagrasc-30527.html，2022 年 9 月 15 日访问。

⑤ 周国栋：《法国的司法改革》，载《国际展望》1997 年第 3 期。

了司法部部长在刑事个案中的指挥权，并在第1条明确规定："司法部长不得在个案中发布任何指示。"至此，法国1808年以降的法律传统终究得以破除，检察权司法化迈出了非常重要的一步。[①]

2016年12月5日司法监察总局的成立是法国司法部司法监察发展的重要事件。从此法国形成了由司法部领导下的统一司法监察体制。司法监察制度于1958年12月22日创立的，1964年7月25日成为为司法部部长的一项常设职责，并设立总司法总监协助部长工作。[②] 2007年公共政策现代化委员会建议在司法部内设立一个包括由司法总监，监狱总监和青年司法保护总监在内的综合监察机构。2010年12月29日的法令将司法部三项监察职责整合为一体，拓宽了司法总监的监察范围，初步确定了司法总监的工作模式，整合了原依赖于总秘书处转移的监察任务，授权总监协调2位来自业务局的技术监察官。2013年8月14日司法总监获得内部审计权，以执行和协调司法部和法院系统的内部审计。[③] 以此为背景，2016年12月5日司法监察总局成立。[④]

2016年《萨潘二号法》[⑤] 将原中央预防腐败服务处（Service Central de Prévention de la Corruption）重新整合为法国反腐败局，保留原服务处的信息收集、资料分析、调查研究的"软性"预防手段，新增检查权、处罚权等"硬性"预防手段。反腐败局成为软硬兼施的全方位、综合性反腐败机构，由司法部与财政部共同领导，反腐败工作也进入新的阶段。[⑥][⑦]

---

① 参见施鹏鹏：《法国检察改革最新走向及其启示》，载《人民检察》2016年第23期。

② 载 http：//www.justice.gouv.fr/le-ministere-de-la-justice-10017/inspection-generale-de-la-justice-10027/，2022年9月15日访问。

③ 载 http：//www.justice.gouv.fr/le-ministere-de-la-justice-10017/inspection-generale-de-la-justice-10027/，2022年9月15日访问。

④ 相关法令于2017年1月1日生效，同日的另一项命令规定了该局的组织及任务。

⑤《萨潘二号法》即2016年12月6日第2016-1691号《透明度、反腐败和经济生活现代化法》。Sapin是指时任法国经济部部长米歇尔·萨潘（Michel Sapin），该法由其主持，故以其姓氏指代简称。

⑥ 参见陈萍：《"预惩协同型"腐败治理机制之建构——基于法国〈萨潘二号法〉的比较视角》，载《浙江工商大学学报》2021年第4期。

⑦ 载 http：//www.justice.gouv.fr/le-ministere-de-la-justice-10017/organismes-rattaches-10028/presentation-de-lafa-30905.html，2022年9月15日访问。

第二节　法国司法行政体制

一、司法部及内设部门

司法部（Ministère de la Justice）是法国的司法行政机关，司法部部长（ministre de la Justice）兼掌玺大臣（Garde des Sceaux）[①]。司法部部长是法国最高司法官委员会[②]的副主席，可代总统主持最高司法官委员会[③]，对司法官任命有建议权和任命权。司法部部长还是权限争议法庭的主席，当行政审判系统和司法审判系统因管辖权争议僵持不下时，有最后决定权[④]。

司法部设有高级事务专员，一般为副部级。男女平等高级专员（Haut fonctionnaire pour l'égalité entre les femmes et les hommes）、受害者援助部际救助代表（Déléguée interministérielle à l'aide aux victimes）由部长直接领导，安全和防务高级专员（Haut fonctionnaire de défense et de sécurité）和可持续发展高级专员（Haut fonctionnaire au développement durable）则由办公厅负责，业务上属于秘书处范畴。[⑤]

除办公厅和发言人外，司法部本部还设有总秘书处和6个业务局，分别是：司法管理局、民事与掌玺局、刑事与赦免局、刑罚执行局、青少年

---

① Organigramme Ministère de la Justice，载 http：//www.justice.gouv.fr/le-ministere-de-la-justice-10017/organigramme-de-la-chancellerie-11860/，2022年9月15日访问。

② 最高司法官委员会由共和国总统任主席，最高司法官委员会设两个组，一组负责法官事务，一组负责检察官事务。两组设4名共同的成员，分别由共和国总统、国会议会议长、众议院议长以及最高行政法院全院大会遴选产生。参见施鹏鹏：《司法行政事务管理与司法权的独立运行——法国模式及其批判性思考》，载《江苏社会科学》2016年第5期。

③ 参见施鹏鹏：《司法行政事务管理与司法权的独立运行——法国模式及其批判性思考》，载《江苏社会科学》2016年第5期。

④ 参见［法］皮埃尔·特鲁仕主编：《法国司法制度》，丁伟译，北京大学出版社2012年版，第53页。

⑤ Organigramme Ministère de la Justice，载 http：//www.justice.gouv.fr/le-ministere-de-la-justice-10017/organigramme-de-la-chancellerie-11860/，2022年9月15日访问。

司法保护局，以及司法监察总局。[①]

（1）总秘书处。由 7 个处和 2 个代表组成，由秘书长领导。秘书长协助部长管理司法部，协调各部门并为之提供支持[②]。总秘书处下设办公厅、人事处、财务与采购处、部机关不动产管理处、地方支持与指导处、专家与现代化处、信息联络系统处、接近司法和被害人援助处，欧洲和国际事务代表。同时总秘书处还是信息通信代表[③]；总秘书长还主管国家司法数字技术调查局（l' Agence nationale des techniques d' enquêtes numériques judiciaires），涉及人事、采购、预算、会计、不动产及 IT 电信领域，有 9 个地区办公室。[④]

总秘书处的职责包括：安全和保卫；制定和监督司法部、各局、服务部门以及下属机构的人事战略和框架、薪酬政策、合同文本等；制定预算和采购政策、财务管理；负责司法部信息和通信系统的发展政策、日常项目管理；制定房地产政策，编制投资业务计划（但有关特定监狱房地产的计划除外），并协助主管运营商实现投资业务；与各局联络，制定并实施司法部外部和内部综合战略；负责统计事务并与各局研究和制定发展政策；指示、联络与处理该部所属的争端（但掌玺法令规定的事项除外）；协调对司法部运营人的监督；与主管部门联络，监督现代化和跨部门专业知识；制定实施司法和受害者援助的部门政策。

法国是欧盟的核心成员国和联合国五常之一。法国司法部在欧盟和国际法律事务中发挥着重要的作用，广泛参与欧洲和国际法律文本的起草、谈判和签署，负责欧盟和国际司法协助，以及参与欧洲和国际（法律）组织。司法部秘书长可以在部际、国家、跨地区层面的联系机构中代表司法

---

① Organigramme Ministère de la Justice，载 http：//www.justice.gouv.fr/le-ministere-de-la-justice-10017/organigramme-de-la-chancellerie-11860/，2022 年 9 月 15 日访问；关于司法部组织的第 2008-689 号法令，截至 2019 年 5 月 5 日的合并版，载 https：//www.legifrance.gouv.fr/affichTexte.do?cidTexte=JORFTEXT000019153062&categorieLien=cid，2022 年 9 月 15 日访问。

② Organigramme Ministère de la Justice，载 http：//www.justice.gouv.fr/le-ministere-de-la-justice-10017/organigramme-de-la-chancellerie-11860/，2022 年 9 月 15 日访问。

③ 载 http：//www.justice.gouv.fr/art_pix/Organigramme_general_SG_V10.pdf，2022 年 9 月 15 日访问。

④ 载 http：//www.justice.gouv.fr/le-ministere-de-la-justice-10017/secretariat-general-10021/，2022 年 9 月 15 日访问。

部长，负责欧洲和国际合作行动。[①]

（2）司法管理局（Direction des Services Judiciaires）。设局长和副局长，直接管理国家书记官学院。局办公室负责联络、人力资源、物资装备、跨专业协调、荣誉管理等。该局设四个分局：司法官分局，含工作和职业管理处，招聘、培训和总务处，地位和职业道德处，非职业法官管理处（Bureau des magistrats exerçant à titre temporaire et des juges élus ou désignés）；书记官分局，含职业和专业流动处，人力资源规划处，法规和社会关系处，招聘培训处；财务、房地产及业绩分局，含绩效管理处（Bureau de la gestion de la performance Pharos），房地产、法院安全和信息系统安全处，财务处，法律成本和支出优化处；司法创新分局，含司法组织法处，法院支援处，刑事计算机应用处，民事计算机应用处，技术基础设施和创新处，业务应用项目处。[②]

司法管理局负责所有普通法院的组织和运转；与总秘书处联系，提出司法机构中司法官和公务员的管理制度；负责司法官和公务员的招聘、培训、雇佣和管理；负责合作行使司法权的其他人士的管理；参与制定涉及法院组织和管理的法律规范；制定法院设立、废止、组织和区划的管理规定；制定各地区负责人的行动战略和目标，分配财务和装备资源。[③]

（3）民事与掌玺局（Direction des Affaires Civiles et du Sceau）。该局创立于19世纪初，为司法部最早成立的部门之一。由民法、经济法和司法及法律职业3个分局，共13个处，以及民事司法评估中心和掌玺处组成。局长直接负责宪法和公法处。副局长直接负责国际、欧洲私法和民事合作处（下辖国际私法与民事合作中心，家事合作中心），民事司法评估中心。局办公室归副局长领导，负责沟通联络。民法分局，下辖人与家庭法处，掌玺处，债法处，程序和社会法处，国籍法处；经济法分局，下辖一般商

① 2008年7月9日关于司法部组织的第2008-689号法令，截至2019年5月5日的合并版，载https://www.legifrance.gouv.fr/affichTexte.do?cidTexte=JORFTEXT000019153062&categorieLien=cid，2022年9月15日访问。

② 载https://www.justice.gouv.fr/le-ministere-de-la-justice-10017/direction-des-services-judiciaires-10022/，2022年9月15日访问。

③ 2008年7月9日关于司法部组织的第2008—689号法令，截至2019年5月5日的合并版，载https://www.legifrance.gouv.fr/affichTexte.do?cidTexte=JORFTEXT000019153062&categorieLien=cid，2022年9月15日访问。

法处，公司法与审计处，不动产与环境法处，商业经济法处；司法和法律职业分局，下辖职业监管处，部级官员管理处，职业设置与经济处，道德与职业处。该局共 170 人，包括普通法院法官和行政法官、书记员和书记官、律师和行政公务员。①

民事与掌玺局的职责包括：起草和制定民商事法律及相关规定；独立或与其他政府部门共同起草和制定宪法和行政法及相关规定；负责不属于其他部门的立法事务；制定和管理检察官在民事领域的业务指引；在其职责范围内参与国际公约和欧盟法律文本的磋商及其在国内的适用；监督管理司法和法律职业者；担任其他行政机关的法律顾问，为其他公共机构提供民商事领域的咨询；负责民商事司法协助，兼国际儿童事务的中央协调部门职责；行使掌玺大臣在国玺方面的权力；负责除信用管理外的民事登记服务，并发布关于民事登记的一般性指引；负责司法职业的管理和控制（法官和法院人事除外），该局管理的司法职业人员包括，司法行政人员和司法代表、律师、最高法院出庭律师、司法拍卖师、商事法院书记员、公证员、审计员以及司法专家等；②③参与对地方法官、书记官长、书记员和行政助理以及其他行政部门工作人员的持续培训。

（4）刑事与赦免局（Direction des Affaires Criminelles et des Grâces）。始建于 1814 年，是司法部历史最悠久的部门之一，现有员工 370 人，包括 60 余名法官。该局有 3 个办公点：在巴黎的旺多姆广场的 3 个业务分局，在南泰尔的刑事司法协助中心，在南特的国家犯罪记录中心。④该局设局长副局长各 1 人，以及办公室、联络官、刑事政策评估中心、高级顾问，并设 3 个专业分局：普通刑事司法分局，下辖普通刑事政策处，司法警察处，判决执行和赦免处；专业刑事司法分局，下辖经济、金融、社会、环

① 载 https://www.justice.gouv.fr/le-ministere-de-la-justice-10017/direction-des-affaires-civiles-et-du-sceau-10023/，2022 年 9 月 15 日访问。

② 载 https://www.justice.gouv.fr/le-ministere-de-la-justice-10017/direction-des-affaires-civiles-et-du-sceau-10023/，2022 年 9 月 15 日访问。

③ 2008 年 7 月 9 日关于司法部组织的第 2008-689 号法令，截至 2019 年 5 月 5 日的合并版，载 https://www.legifrance.gouv.fr/affichTexte.do?cidTexte=JORFTEXT000019153062&categorieLien=cid，2022 年 9 月 15 日访问。

④ 载 https://www.justice.gouv.fr/le-ministere-de-la-justice-10017/direction-des-affaires-criminelles-et-des-graces-10024/，2022 年 9 月 15 日访问。

境、公共卫生处，有组织犯罪、恐怖主义和暴力犯罪控制处，国际刑事司法协助处；刑事谈判和立法分局，下辖国际和欧洲刑事谈判处，普通刑事立法处，专业刑事立法处。国家犯罪记录中心直属该局管理，下辖质量与加工处、司法身份分析处、专业档案与国际交流处、信息技术应用处、办公室。①

刑事与赦免局核心任务是制定刑事政策以为检察官提供支持，监督检察院和检察官的公诉活动。其具体职责包括：起草刑事法律及相关规定，并与有关部门联络，审查所有载有刑罚规定的法律法规草案；负责欧洲和国际执法事务的谈判；为公诉准备一般性指引，并评估其实施情况；领导检察官的公诉行为；审查特赦请求和准备大赦；刑事司法协助；负责国家犯罪记录的工作。②③

（5）刑罚执行局（Direction de l'Administration Pénitentiaire）。原属内政部，1911 年起由司法部管理，负责执行有关限制性司法措施或剥夺自由的裁判。该局设局长和副局长，直属局长的有办公室、国家监狱情报局、内控委员会、联络处。该局分业务部和行政部。业务部有 2 个分局，监狱分局下辖风险防范处、拘留所管理处、监狱管理处以及反暴力极端主义委员会；缓刑分局下辖量刑指导处、社会政策和合作力量关系处。行政部有 3 个分局：专业分局，下辖组织与工作生活质量处、法律专家处、资料室、研究与创新实验室；指导和支持分局，下辖综合处、代表管理处、房地产管理处、信息系统管理处、宣传处、装备处、维护队等；人力资源及社会关系分局，下辖招聘和培训处、法定事务与社会组织对话处、编制及人力资源规划处、人事处、个别化管理处、人事绩效与质量管理委员会。④

刑罚执行局负责执行限制性措施或剥夺自由的司法裁决。它一方面

① 载 https://www.justice.gouv.fr/le-ministere-de-la-justice-10017/direction-des-affaires-criminelles-et-des-graces-10024/，2022 年 9 月 15 日访问。

② 载 https://www.justice.gouv.fr/le-ministere-de-la-justice-10017/direction-des-affaires-criminelles-et-des-graces-10024/，2022 年 9 月 15 日访问。

③ 2008 年 7 月 9 日关于司法部组织的第 2008-689 号法令，截至 2019 年 5 月 5 日的合并版，载 https://www.legifrance.gouv.fr/affichTexte.do?cidTexte=JORFTEXT000019153062&categorieLien=cid。

④ 载 https://www.justice.gouv.fr/le-ministere-de-la-justice-10017/direction-de-ladministration-penitentiaire-10025/，2022 年 9 月 15 日访问。

监管罪犯；另一方面在释放后采取后续措施，以防再犯。该局负责确保其机构、押犯和场所安全；组织拘留管理；提升专业知识和情报能力；确保监狱或卫生设施的安全和良好秩序，防止押犯逃跑，从事恐怖活动或其他违法犯罪行为。在相关机构和组织的帮助下，制定和执行提升押犯再社会化的社会和就业政策；与相关局一并，参与制定法院裁判执行标准；解释适用于刑罚执行机构的法律规范。向下级机构分配预算，制定管理控制方案，向特定监狱提供不动产计划并与司法不动产署一并执行该政策，整合该领域信息系统需求。与总秘书处一并，确定和执行下属机构的人事政策，起草监狱管理的相关规定；制定预测工具；提供个别化的职业监督。主管国家监狱管理学院，评估下属机构和国家监狱管理学院的工作；提供建议及专家意见。①

（6）青少年司法保护局（Direction de la Protection Judiciaire de la Jeunesse）。负责起草和执行关于青少年犯和有犯罪危险的未成年人的法律和规定；会同主管局设计少年司法的标准和组织框架；领导和监督检察官在儿童保护领域的行动；在青少年犯罪和有犯罪危险的未成年人案件中，调查评估未成年人的人格和状况，为法官提供长期决策援助；监督在 1500 个安置和开放机构（217 个国家机构、1057 个授权合作机构）对少年法庭裁决的执行情况，并对未成年被执行人进行教育跟踪；监督和评估所有监管未成年人的公共和合作机构；与总秘书处共同制定和执行地方机构工作人员的人事政策；制定青少年保护机构的规定；开发预测性管理工具，并确保个性化职业监督；领导全国青少年司法保护学校实施的培训政策，确定战略和行动目标，确定行动和设备需求，在各种职能和地区间分配人力资源。通常，青少年司法保护专业人员领导一个跨专业工作小组，包括教育工作者、社会工作者、心理学家、技术教师、护士，并与国家教育、卫生、文化、体育等部门合作开展教育、社会和融合行动，为受司法保护的青少年（刑事或民事）及其家庭谋福利。②

---

① 2008 年 7 月 9 日关于司法部组织的第 2008-689 号法令，截至 2019 年 5 月 5 日的合并版，载 https://www.legifrance.gouv.fr/affichTexte.do?cidTexte=JORFTEXT000019153062&categorieLien=cid。

② 载 https://www.justice.gouv.fr/le-ministere-de-la-justice-10017/dir-de-la-protection-judiciaire-de-la-jeunesse-10026/，2022 年 9 月 15 日访问。

（7）司法监察总局（Inspection Générale de la Justice）。2016年成立，直属部长领导，与各业务局平级，为常设局，局长为司法总监。该局由原司法管理、刑罚执行和青少年司法保护监察官组成。监察官从法院、监狱、缓刑、青少年保护系统中的法官和负责人中招募，也可录用同级别的行政公务员。[①] 为确保监察官的独立性，司法部取消了原有的等级制，发展了部级职位，总理可以直接命令监察总局行使评估职责。根据2018年3月23日国务会议的决定，该局的核心任务是控制和调查、评估和建议、协调和审计。该局负责监督司法部本部及下属所有的部门、机构；监督普通司法机构的履职情况；监督司法部监管的所有公法主体，司法部主管或从主要司法部项目中接受资助的私法主体；参与司法部内部审计，负责内部审计委员会的项目并负责其执行；根据《法院组织法》的相关规定，协调并汇总法院院长的管理工作。[②] 该局还主管法国在欧洲监察服务网络中的工作，参与制定司法评估的共同标准，在欧洲司法监察网络和涉及外国监察官的合作计划中，交流和分享良好的专业实践。

二、司法部的直属机构

（1）巴黎司法大楼管理局（Etablissement Public du Palais de Justice de Paris）。[③] 巴黎法院系统（最高上诉法院，上诉法院和高等法院）由于经费紧张，长期缺乏合适的办公场所，许多巴黎的司法机构处于分裂状态。虽然相关投资已经持续进行了10年，但仍难以解决此困难，建设法院大楼和更新巴黎市政厅（Palais de l' Ile de la Cité）迫在眉睫。为此，法国总统决定于2004年2月成立巴黎司法大楼管理局，负责设计、更新、建造和开发更适合各司法管辖区需求的新房舍，并重新开发的历史建筑巴黎市政厅。[④]

---

① 载 http：//www.justice.gouv.fr/le-ministere-de-la-justice-10017/inspection-generale-de-la-justice-10027/，2022年9月15日访问。

② 2008年7月9日关于司法部组织的第2008-689号法令，截至2019年5月5日的合并版，载 https：//www.legifrance.gouv.fr/affichTexte.do?cidTexte=JORFTEXT000019153062&categorieLien=cid。

③ Organigramme Ministère de la Justice，载 http：//www.justice.gouv.fr/le-ministere-de-la-justice-10017/organigramme-de-la-chancellerie-11860/，2022年9月15日访问。

④ 载 http：//www.justice.gouv.fr/le-ministere-de-la-justice-10017/organismes-rattaches-10028/etablissement-public-du-palais-de-justice-de-paris-12083.html，2022年9月15日访问。

（2）国家司法官学院（École Nationale de la Magistrature）。前身为建立于1958年的国家司法官教育中心，是戴高乐系统性司法改革的成果之一，1970年采用现名。学校直属于司法部管理，有两处校址，分别位于波尔多（Bordeaux）和巴黎。根据1970年7月10日发布的第70-613号法令："国家法官学院，系国家的行政机构，由学院董事会和一位校长负责管理。"学院董事会是国家法官学院的权力机构，决定办院方向等大政方针，共由19名成员组成。这些成员既有国家司法界、教育界的权威人士，也有学院的教师代表等，具有广泛的代表性。国家司法官学院院长，要由司法部长提名，但对董事会负责。[①] 学院对几乎所有的6400名在职司法官开展培训，还负责在职司法官的研究班、实习班，以及一定数量的外国实习司法官的培训。每个大审法院法官从该学校毕业后就是学校的通讯会员，由上诉法院的法官培训部门负责在职法官的继续教育。

（3）国家书记官学院（École Nationale des Greffes）。成立于1974年，设在第戎（Dijon），附属于司法部的司法管理局，负责书记官的培养和继续教育、书记官准入考试，以及为法律法规改革提出调研建议、国际交流与合作等，开展司法信息化教育教学。学校由1名法官领导，每年平均有30名书记官和100名书记员接受培训。1974年以来，基本上所有的在职书记官和书记员都接受了培训。1965年司法管理局成立书记官处后，书记员人数从3250人增加到1989年的近18000人。[②]

（4）国家监狱学院（École Nationale d'Administration Pénitentiaire）。成立于1965年，在1996年成为自治性公共机构，设在阿让（Agen），负责监狱行政管理人员的培养和继续教育，也是推动和发展监狱管理进步的信息交流场所。

（5）国家青少年司法保护学院（École Nationale de Protection Judiciaire de la Jeunesse）。隶属于司法部青少年司法保护局，负责帮教感化工作者的职业技术教育、行政管理和继续教育。2008年在鲁贝（Roubaix）设立学院本部，学校分部遍布全国，并尽可能靠近专业实践场所，目前有9个本

---

① 郑成良、王和民、王保发：《比较与思考——赴法司法考察一瞥》，载《法律适用》2002年第2期。

② 载 http://www.archives-judiciaires.justice.gouv.fr/index.php?rubrique=10774&ssrubrique=11147&article=15767，2022年9月15日访问。

土培训中心和2个法国海外属地的培训中心。[①]

此外，司法部还设有地籍电子化开发署（Etablissement Public d'Exploitation du Livre Foncier Informatisé）、总会计和预算师处（Service du Contrôle Budgétaire et Comptable Ministériel）、司法不动产署（Agence Publique pour l'Immobilier de la Justice）等直属机构。[②]

三、与其他部门共管的机构

（1）国家反腐败局（Agence Française Anti-corruption）。由司法部与财政部共同领导，主要负责透明度，反腐败和经济生活现代化。2016年《萨潘二号法》将原中央预防腐败服务处（Service Central de Prévention de la Corruption）重新整合为国家反腐败局，保留原服务处的信息收集、资料分析、调查研究的"软性"预防手段，新增检查权、处罚权等"硬性"预防手段，成为全方位、综合性的反腐败机构，反腐败工作也进入新的阶段。[③]该局负责人由非等级的普通法院的法官担任，由总统任命，任期6年，不可连任。国家反腐败局协助主管当局预防和侦查腐败，影响力交易，非法获取利益，挪用公款和徇私枉法。该局有两个主要业务领域：一是咨询，为政府、法院、地方当局、社区、国有公司、公共公司或私人公司提供战略分析、国际事务服务、宣传服务，以帮助预防和发现腐败。二是控制，有权根据具体案情，对相关公司的合法合规性进行现场检查，负责执行制裁委员会作出的决定。此外，该局还负责法国反腐败的国际合作事务，是下列国际机构中的法国代表团成员：反腐败国家集团（GRECO），联合国反腐败公约缔约国会议，联合国毒罪办反腐败工作组，经济合作与发展组织（OECD）工作组，经济合作发展组织工作组。同时也参与欧盟委员会的反腐败工作。此外，它还是欧洲司法合作网络（EUROJUST）的国家联络员之一。国家反腐败局有权与外国反腐败机关签订合作备忘录，可以接

---

① 载https://lajusticerecrute.fr/metiers/ecole-nationale-protection-judiciaire-jeunesse，2022年9月15日访问。

② Organigramme Ministère de la Justice，载http://www.justice.gouv.fr/le-ministere-de-la-justice-10017/organigramme-de-la-chancellerie-11860/，2022年9月15日访问。

③ 参见陈萍：《"预惩协同型"腐败治理机制之建构——基于法国〈萨潘二号法〉的比较视角》，载《浙江工商大学学报》2021年第4期。

待外国代表团，并为其提供培训。①

（2）追赃事务局（Agence de Gestion et de Recouvrement des Avoirs Saisis et Confisqués）。② 该机构是司法部和财政部双重监督下的行政公共机构，创设于 2010 年 7 月 9 日，旨在负责刑事案件中的赃款赃物的没收和追回，对扣押和没收资产进行司法处理，并提供相关的咨询建议。该局董事会由司法部、内政部和财政部的 11 名官员组成，主席由司法部门的 1 名法官担任，并负责管理该局。司法部制定了该局组织和职责的规定。③ 该局不但负责执行关于资产返还的国际司法协助请求，还于 2011 年 2 月 25 日被指定为法国负责执行 2007 年 12 月 6 日欧盟委员会关于资产返还决定（2007/845 / JHA）的责任机关。④ 自该机构成立以来，已经处理了 18252 个案件，34000 项，共计 50 亿欧元的资产。

（3）刑事司法和法社会学研究中心（Centre de Recherches Sociologiques sur le Droit et les Institutions Pénales）。该研究中心创立于 1983 年，前身是 1969 年成立的司法部刑事和犯罪学研究所（UPCE）。主要负责违法和犯罪的研究、预防和控制。司法部、国家科学研究中心（CNRS）和凡尔赛大学等共同负责该中心的监管。⑤

（4）司法研究资源中心（Ressource pour la Recherche Justice）。本机构成立于 1993 年，是一个联合国家科学研究中心成立的司法服务机构，旨在为法律和司法研究提供服务，包括管理专门的图书馆，统计调查，文件信息化，出版研究成果，管理《法律与社会》（Droit et Société）期刊编辑部。⑥

---

① 载 http：//www.justice.gouv.fr/le-ministere-de-la-justice-10017/organismes-rattaches-10028/presentation-de-lafa-30905.html，2022 年 9 月 15 日访问。

② 另一翻译名称为“扣没财产追缴管理处”，但笔者认为不及“追赃事务局”简洁。参见法国《刑事诉讼法》第三十编第一章扣没财产追缴管理处的任务。《世界各国刑事诉讼法》编辑委员会编译：《世界各国刑事诉讼法》（欧洲卷），中国检察出版社 2016 年版，第 751 页。

③ 载 http：//www.justice.gouv.fr/le-ministere-de-la-justice-10017/organismes-rattaches-10028/presentation-de-lagrasc-30527.html，2022 年 9 月 15 日访问。

④ 载 http：//www.justice.gouv.fr/le-ministere-de-la-justice-10017/organismes-rattaches-10028/presentation-de-lagrasc-30527.html，2022 年 9 月 15 日访问。

⑤ 载 http：//www.justice.gouv.fr/le-ministere-de-la-justice-10017/organismes-rattaches-10028/cesdip-12082.html，2022 年 9 月 15 日访问。

⑥ 载 http：//www.justice.gouv.fr/le-ministere-de-la-justice-10017/organismes-rattaches-10028/ressource-pour-la-recherche-justice-12264.html，2022 年 9 月 15 日访问。

（5）法律和司法研究委员会（Mission de recherche Droit et Justice）。成立于 1994 年，由司法部和国家科学研究中心根据公益团体法共同发起成立。被授权汇集开发科研所必需的公共和私人人力、智力及物质手段。在董事会的表决权上：司法部占 50%，国家科学研究中心占 30%，国家司法官学院占 10%，国家律师协会和公证人高级委员会各占 5%。

（6）国家收养局（Agence française de l'adoption）。[①] 该局是一个由外交和欧洲事务部、家庭部、司法部和内政部监督的公共机构。于 2005 年 7 月 4 日成立，负责接收和批准收养请求，选择合格的收养机构和个人，提供资讯、咨询和家庭陪伴，并作为收养 15 岁以下外国未成年人的中间人。

第三节　法国司法行政机关的职能

一、司法机构管理

法国司法体系的主要特点是普通法院（司法法院）和行政法院分立。普通法院民事和刑事合一，负责审理民事、刑事案件。其中民事案件包括普通民事案件、商事案件、社会案件（劳动和社会保险纠纷）、农村租约案件。行政案件的管辖权归行政法院体系。[②]

（一）管理普通法院

普通法院系统由初审法院、上诉法院和最高法院组成。初审法院又分为：普通民事类的大审法院、小审法院、近民法院、商事法院；特殊民事类的劳动争议委员会、社会保障法院、农村租约法院；普通刑事类的预审法院、违警罪法院、轻罪法院、重罪法院（巡回法院）；特殊刑事类的少年法庭、军事法庭、海商事法庭等。[③]

---

① 载 http://www.agence-adoption.fr/lafa/presentation-de-lafa/，2022 年 9 月 15 日访问；http://www.justice.gouv.fr/le-ministere-de-la-justice-10017/organismes-rattaches-10028/agence-francaise-de-ladoption-10021.html，2022 年 9 月 15 日访问。

② 金邦贵主编：《法国司法制度》，法律出版社 2008 年版，第 94—95、207 页。

③ 孙祥：《法国司法责任制度研究》，武汉大学出版社 2020 年版，第 19—22 页。金邦贵主编：《法国司法制度》，法律出版社 2008 年版，第 93—203 页。

管理普通法院是司法部的最主要职责。司法部在普通法院的设置、布局、撤废等事务，以及诉讼制度的设计上处于主导地位。

如 2002 年近民法院是司法部近民司法改革的成果。自从 1958 年古老的和平法院被废除后，法国政府就着力重塑这一古老司法制度的近民精神。类似和平司法的职能曾在 1995 年由和平法官行使。1997 年 10 月司法部部长吉古夫人向内阁提交了司法改革文件。它以“司法为民服务”为理念，主要包括四个方面的要求：一是由立法和程序的简化而带来的一种更易接近的司法，加强了所有当事人能够进入法律程序的法律援助政策，发展了司法和法律事务所司法接待职能，改变了条规方式，修订了法律框架；二是更为快速，通过现实的条约和签订程序方面的协议而实施；三是更现实；四是关注安全，它与治安警察和宪兵队合作，解决轻微刑事案件和被害人赔偿。2002 年夏天，法国政府将改革的第一部分提交国民议会审议。2002 年 9 月 9 日，经议会批准，关于创设近民法院的法律（第 2002-1138 号）正式公布，其后又通过多项法律加以进一步完善。近民法院的地域管辖与初审法院基本一致，大致是附近的 5—10 个县区，有时还会在法定地点之外的地方开庭，甚至是在集市上开庭。近民法院设立之初，仅受理 1500 欧元以下的民事案件，作为小审法院的补充，2005 年 1 月 26 日的法律调整为 4000 欧元。[①]

再如萨科齐时代的司法部部长拉希达·达蒂于 2007 年推出了司法机构地域分布的改革。[②] 拿破仑时期制定的司法区划沿用了将近 150 年，直到第五共和国建立后，在 1958 年进行了一次大的司法区划调整，此后再也没有经过任何实质性的修改。[③] 不少法院的设置已经不能适应 50 年来法国经济和社会等各方面的发展。当时全国人口的 90% 生活在农村，如今却有近 90% 的居民生活在城市，交通和通信条件与 50 年前相比均已发生了巨大的变化。2007 年的改革主要内容是对普通司法机构（不含行政司法系统）分布进行调整，实现每一个城市仅与一个大审法院挂钩，该大审法院对该地域范围内除了由特别司法法院管辖外的所有案件享有管辖权，从

① 金邦贵主编:《法国司法制度》，法律出版社 2008 年版，第 135—140 页。

② 金邦贵主编:《法国司法制度》，法律出版社 2008 年版，第 32 页。

③ 载 http://www.justice.gouv.fr/organisation-de-la-justice-10031/carte-judiciaire-bilan-de-la-reforme-21589.html，2022 年 9 月 15 日访问。

而避免重复管辖。改革的目标是使司法机构在分布上更加合理，合理分配本已紧张的人力、物力资源。改革前，全国共有181个大审法院，437个小审法院，239个商事法院和271个劳动争议委员会。改革于2007年6月启动，目标是取消23个大审法院、178个小审法院、55个商事法院和63个劳动争议委员会，同时新建7个小审法院、7个近民法院和包括1个混合法庭在内的6个商事法院。司法部宣称，这次改革在基础设施建设上预计耗资5亿欧元。改革后的地域分布格局对于不同法院实施时间不同，首先是劳动仲裁委员会于2008年12月31日实施新格局，然后依次是商事法院（2009年1月1日）、小审法院（2009年12月31日）和大审法院（2010年12月31日），届时共计全法国将有862个司法机构确保司法有效运行。①

（二）有限参与行政法院的管理

行政法院体系包括最高行政法院、上诉行政法院、初审行政法庭、专门行政法院。②1872年5月24日的法律确认了国家参事院的司法地位，该法第9条规定："国家参事院对行政诉讼具有最终裁判权，对申请撤销行政越权行为案件具有最终裁判权。"1889年在卡多（Cadot）案中，国家参事院又通过判例强化了其司法职能，确认其是一个真正的法院。在1953年初审行政法院和1987年上诉行政法院设立后，行政法院体系最终形成。

理论上讲，由政府总理担任最高行政法院院长，在总理不能履职时，由司法部部长担任。最高行政法院的日常工作由副院长主持。副院长经司法部部长提名，由共和国总统在内阁会议上任命。最高行政法院大法官分为普通序列和特殊序列。特殊序列大法官不参加行政司法活动，不被分配到诉讼部门工作，仅在行政部门工作。特殊序列大法官经司法部部长提名，由内阁会议任命，任期4年，不能连任。③

司法部不负责行政法院系统的财务预算管理。由于法国普通法院和行政法院是两个独立的系统，最高行政法院在法国行政法院系统的司法资源

---

① 参见金邦贵主编：《法国司法制度》，法律出版社2008年版，第41—43页。

② 孙祥：《法国司法责任制度研究》，武汉大学出版社2020年版，第22—26页。金邦贵主编：《法国司法制度》，法律出版社2008年版，第203—243页。

③ 金邦贵主编：《法国司法制度》，法律出版社2008年版，第207—208页。

（人财物）配置中发挥着核心作用，司法部没有任何决定权。最高行政法院的副院长[①]负责直接与财政部部长协商行政法院系统的财政拨款、职数设置以及其他物资调配。[②]

二、司法人事管理

2020 年，司法部及其管理的机构共有约 89882 名工作人员，包括法官、检察官、监狱官、书记官以及其他工作人员。

（一）负责或参与普通法院法官的任免

高级别法官（包括最高法院的法官、上诉法院院长以及大审法院的院长等）由最高司法官委员会提名，进行面谈和集体合议后，由司法部部长报总统任命。对于普通法官，司法部在征求最高司法官委员会同意后，由司法部部长任命。[③]对违纪法官的惩处，司法部部长可以根据涉案法官上级的建议，向最高司法官委员会建议对该法官停薪留职，由最高司法官委员会作出惩处决定。[④]虽然司法部负责或参与普通法院的法官的任命，但司法部部长与各级法院院长并不存在行政上的隶属关系。依《宪法》第 64 条之规定，法官任职为终身，履职不受行政机关及立法机关的干预。[⑤]法国的法官分为四级，分别为二级、一级二等、一级一等、特级。其中二级法官占 60%，一级二等法官占 20%，一级一等占 15%，特级仅占 5%。上一级法官一般应从下一级法官中选升，特殊情况也有越级提拔的。提拔一个法官的程序同任命一位新法官一样，都要经最高司法官委员会审定后，再由司法部部长、总理、总统签字，由政府发公报。在审定提拔人选时，高等司法委员会要将拟晋升的法官名单发给全体法官，如果有的法官认为

① 院长为法国政府总理。

② 参见施鹏鹏：《司法行政事务管理与司法权的独立运行——法国模式及其批判性思考》，载《江苏社会科学》2016 年第 5 期。

③ 参见施鹏鹏：《司法行政事务管理与司法权的独立运行——法国模式及其批判性思考》，载《江苏社会科学》2016 年第 5 期。

④ 梁三利、郭明：《法院管理模式比较——基于对英国、德国、法国的考察》，载《长江师范学院学报》2010 年第 1 期。

⑤ 参见施鹏鹏：《司法行政事务管理与司法权的独立运行——法国模式及其批判性思考》，载《江苏社会科学》2016 年第 5 期。

自己比拟晋升的法官条件好，更胜任空缺的位置，也可以自荐。[①]

（二）统辖各级检察官

司法部对检察系统的人事管理有更大的权力。依 1958 年 12 月 22 日《司法官身份法》第 5 条之规定，“司法部长负责统辖各级检察官”。检察官的职数设置、任命、晋升等均主要由司法部负责。虽然最高司法官委员会设有检察组，但检察官的任命由司法部决定。总检察长的任命亦无须听取最高司法官委员会的意见，而由部长理事会予以确定。检察官未遵守“上令下行”义务的，还可能受到纪律惩戒处分，而负责惩戒的机构便是司法部。[②] 后来法国进行改革，减少行政机关对检察官任命的干预，保障检察官独立行使职权。1993 年 7 月 27 日，法国修订了宪法，赋予最高司法官委员会“根据司法部长的建议对检察官的任命发表意见的权力，但由部长委员会任命的除外”，同时增加了其在检察官纪律惩戒方面的权力。[③] 2008 年 7 月 23 日，法国又修改了宪法，对最高司法官委员会的组织构成进行很大变动，扩大了其对检察官任命的权力范围，即对所有检察官，包括驻最高法院总检察长和上诉法院检察长的任命，最高司法官委员会都可以提出意见。但是这种改革仅仅是增加了最高司法官委员会在检察官人事工作中的参与度，司法部部长仍保留了检察官任免的决定权。

（三）在最高司法官委员会中的作用

司法官最高委员会由总统任主席，司法部部长任副主席；司法部部长可代总统主持司法官最高委员会。最高司法官委员会设两个组，一组负责法官事务，一组负责检察官事务。两组设 4 名共同的成员，分别由共和国总统、国会议会议长、众议院议长以及最高行政法院全院大会遴选产生。此外，每组还有 6 名遴选产生、来自不同司法层级的司法官代表。委员任期 4 年，可连任。最高司法官委员会现由主席、副主席及 16 名委员组成。

---

① 宋建潮、耿景仪、熊选国：《德国、法国司法制度之比较》，载《人民司法》2000 年第 3 期。

② 参见施鹏鹏：《法国检察改革最新走向及其启示》，载《人民检察》2016 年第 23 期。参见施鹏鹏：《司法行政事务管理与司法权的独立运行——法国模式及其批判性思考》，载《江苏社会科学》2016 年第 5 期。

③ 参见甄贞、宋洨沙：《法国检察机关的职能与最新发展》，载《人民检察》2012 年第 1 期。

法官小组中包括5名法官和1名检察官，检察官小组中则包括5名检察官和1名法官。[①]

（四）其他司法人事管理

司法部负责各级法院及检察院的司法官和司法辅助人员的编制。各级法院和检察院的负责人仅得遵照执行，无权修改（既不能增加职数，也不能冻结招聘）或变通（例如不能将少年法官的职数设定修改为预审法官）。上诉法院院长和检察长的唯一裁量权便是对司法部所设定的职数在辖区内进行分配。[②]

此外，法国司法部还负责其他下属机构的人事管理。

三、司法财务装备管理

司法部负责司法财务装备管理，包括普通法院和检察院，以及刑罚执行、未成年人司法保护等机构的财务装备管理。

（一）普通法院及检察院的财务管理

各级普通法院及检察院的财政划拨，奉行以司法部为龙头、上诉法院为基本单位、院长/检察长主导的尖塔型结构，司法部部长对于司法系统的财政划拨发挥着最根本的作用。[③] 法院系统所需经费由中央财政统一保障。司法部的财政划拨分为四个阶段：一是各基层法院向上诉法院提出每年所需经费预算，上诉法院汇总后报司法部，[④] 司法部部长根据各上诉法院所申报的财政申请进行审查，并与财政部协商总的司法财政额度，方案应报议会两院进行审批；二是司法部部长按各上诉法院管辖区内的案件数量、司法官及司法辅助人员的配备、日常和额外司法耗费等进行相应的财政划拨；三是各上诉法院院长及检察长依标准在本上诉法院管辖范围内进行财政划拨，包括上诉法院以及各种一审法院（如大审法院、初审法院、

---

① 参见施鹏鹏:《法国检察改革最新走向及其启示》，载《人民检察》2016年第23期。

② 参见施鹏鹏:《司法行政事务管理与司法权的独立运行——法国模式及其批判性思考》，载《江苏社会科学》2016年第5期。

③ 参见施鹏鹏:《司法行政事务管理与司法权的独立运行——法国模式及其批判性思考》，载《江苏社会科学》2016年第5期。

④ 梁三利、郭明:《法院管理模式比较——基于对英国、德国、法国的考察》，载《长江师范学院学报》2010年第1期。

商事法院以及劳资争议委员会等）；每个上诉法院设有一个地区行政管理局（service regional d'administration），负责财政拨付的辅助工作，如数据审查、数据统计、技术支持等；四是书记室主任在该法院院长及检察长的双重领导下，在法院、检察院各部门内进行财政分配。[①] 基层法院的司法行政管理职能，如物资供应、设施维护都由上诉法院来完成。最高法院的日常财务工作由司法部管理的司法行政人员具体负责。最高法院院长和各一审法院院长主要负责审理案件，较少管理司法行政事务。上诉法院院长主要从事司法行政工作，较少亲自审案。[②]

司法部部长虽然有对法院系统的财政划拨权，但法官的独立审判基本不受影响，因为司法部部长与各级法院院长并不存在行政上的隶属关系。尤其是依《宪法》第 64 条之规定，法官任职为终身，履职不受行政机关及立法机关的干预。行政首脑干预案件办理会有很大的政治风险。[③]

（二）基础设施和装备管理

司法部还负责基础设施和装备管理。包括法院、检察院、监狱等所有主管业务领域的司法信息系统建设和管理，制定采购政策，负责司法系统不动产、基础设施投资、建设和管理。如为解决巴黎法院系统（最高上诉法院，上诉法院和高等法院）办公场所困难问题，法国总统决定于 2004 年 2 月成立巴黎司法大楼管理局，负责设计、更新、建造和开发新房舍，并重新开发的历史建筑巴黎市政厅。[④][⑤] 监狱的开发在司法部基础设施管理中占有重要的比重。1987 年 6 月 22 日法令成立了监狱设施建设代表处，独立于当时的总务和装备局，实施"13000 监狱押犯容量增置计划"。[⑥]2021

① 参见施鹏鹏：《司法行政事务管理与司法权的独立运行——法国模式及其批判性思考》，载《江苏社会科学》2016 年第 5 期。

② 梁三利、郭明：《法院管理模式比较——基于对英国、德国、法国的考察》，载《长江师范学院学报》2010 年第 1 期。

③ 参见施鹏鹏：《法国检察改革最新走向及其启示》，载《人民检察》2016 年第 23 期。

④ 载 Organigramme Ministère de la Justice，http：//www.justice.gouv.fr/le-ministere-de-la-justice-10017/organigramme-de-la-chancellerie-11860/，2022 年 9 月 15 日访问。

⑤ 载 http：//www.justice.gouv.fr/le-ministere-de-la-justice-10017/organismes-rattaches-10028/etablissement-public-du-palais-de-justice-de-paris-12083.html，2022 年 9 月 15 日访问。

⑥ 载 http：//www.justice.gouv.fr/histoire-et-patrimoine-10050/le-ministere-dans-lhistoire-10289/histoire-du-ministere-11905.html，2022 年 9 月 15 日访问。

年6月28日，司法部启动“15000监狱押犯容量增置计划”，准备在10年内净增设15000个监狱押犯容量，包括新建造18000个容量，同时关闭某些不再适合的场所。与1988年至2016年之间的年均1000个相比，计划实施后每年要建设1500个，这是过去30年中规模最大的建设计划，为此要投入20亿欧元。[①]

四、对检察官的指挥监督

法国的检察机关隶属于司法部。各级检察机关派驻在各级法院内。全国共1个驻最高法院检察院，31个驻上诉法院检察院和181个驻大审法院检察院。驻最高法院检察院直接对司法部负责，对驻上诉法院检察院和驻大审法院检察院没有领导关系。驻上诉法院检察院对辖区内下级检察院实施垂直领导。[②]

法国司法部部长领导检察官。依1958年12月22日《司法官身份法》（*l'Ordonnanceportant statut de la magistrature*）第5条之规定，“司法部部长负责统辖各级检察官”。法国采用“审检合署制”，检察官设在各级法院，而司法部负责各级法院系统的司法行政管理，自然也就负责检察官的行政管理。法国检察机关是特殊的行政机关，司法部部长是检察系统的总“首长”，下级检察官原则上必须服从上级检察官的命令或指示。在这样的制度框架下，司法部部长对检察系统的“人、财、物、案”等均有相当的影响力。[③]除人事任命外，法国司法部对检察官有指挥监督的职责，包括政策指引权和个案指挥权。[④]

其一，政策指引权。根据2008年7月9日《关于司法部组织的法令》（第2008-689号，2019年5月5日的合并版）第4条和第5条之规定，司

① 载http://www.presse.justice.gouv.fr/art_pix/dp_programme_immobilier_penitentiaire_V1_4.pdf，2022年9月15日访问；http://www.justice.gouv.fr/le-garde-des-sceaux-10016/archives-2021-eric-dupond-moretti-13017/immobilier-penitentiaire-15000-places-en-plus-dans-les-prisons-34440.html。

② 参见张福森主编：《各国司法体制简介》（修订版），法律出版社2006年版，第78—79页。

③ 参见施鹏鹏：《司法行政事务管理与司法权的独立运行——法国模式及其批判性思考》，载《江苏社会科学》2016年第5期。

④ 参见施鹏鹏：《司法行政事务管理与司法权的独立运行——法国模式及其批判性思考》，载《江苏社会科学》2016年第5期。

法部管理检察官在民事和刑事领域的工作，制定相关规划和政策，为公诉提供一般性指示，协调和评估其实施，监督检察官的公诉活动。[①] 司法部部长可通过行政通令（circulaire）或一般性指示确立和协调全国范围内的司法政策，尤其是关系国计民生的刑事政策，各级检察院应奉行之。[②] 司法部的主要业务局，都在其职责范围内对检察官的工作予以指导和支持。2013 年 7 月 25 日通过的《关于司法部长与检察官在刑事政策及推进公诉方面职权的法律》（第 2013–669 号）还有一项改革内容，即司法部部长负责刑事案件的宏观指导，检察长和检察官负责具体检察职权的行使。该法第 4 条和第 5 条对司法部部长、检察长以及共和国检察官的权限进行了如下区分：司法部部长有责任制定并推行政府的刑事政策，确保刑事政策在共和国内平等适用；驻上诉法院检察长负责推动并协调共和国检察官的行为，包括犯罪预防及犯罪惩处，明确司法部部长的一般指令，在必要情况下可依本辖区的具体情况予以调整；共和国检察官可依本辖区的具体情况推行司法部部长依一般指示所确立的刑事政策，以及检察长所明确或调整的刑事政策。[③] 通过这项改革，司法部部长的政策指引权大幅度强化，兼顾了检察官在具体业务中的灵活性，并形成了可操作性的实施体制。

其二，个案指挥权。在法国检察权具有较强的行政属性，在具体的权力运行中，检察官在履行检察职责时受检察长的指挥；检察长在履行检察职责时受司法部部长的指挥；代理检察官或代理检察长在履行检察职责时受共和国检察官或总检察长的指挥。[④] 根据法国刑事诉讼法规定，司法部部长可以根据案件情况，对具体个案发布不予立案的命令，也可以命令对个案进行追诉或者取消追诉。在 2013 年前，法国司法部部长可以“通过书面指示向总检察长揭露所知悉的刑事犯罪，并命令其进行或者指派检

---

① 载 https://www.legifrance.gouv.fr/affichTexte.do?cidTexte=JORFTEXT000019153062&categorieLien=cid，2022 年 9 月 15 日访问。

② 参见施鹏鹏:《司法行政事务管理与司法权的独立运行——法国模式及其批判性思考》，载《江苏社会科学》2016 年第 5 期。

③ 参见施鹏鹏:《法国检察改革最新走向及其启示》，载《人民检察》2016 年第 23 期。

④ 但这一权力受到一定的限制。法国依然保留了“文书受限，言论自由”的基本原则，即提交法庭的卷宗材料必须载明司法部部长或上级检察官的意见，但出庭的检察官可在法庭上自由发言。参见施鹏鹏:《司法行政事务管理与司法权的独立运行——法国模式及其批判性思考》，载《江苏社会科学》2016 年第 5 期。

察官启动公诉”，还可“向有管辖权的法院提交其认为合适的书面请求”。2012年，时任法国的司法部部长克里丝蒂安娜·杜比拉对检察权进行司法化改革，并力促《关于司法部长与检察官在刑事政策及推进公诉方面职权的法律》（第2013-669号）于2013年7月25日在议会得通过，新法最重要的一项改革便是废除了司法部部长在刑事个案中的指挥权，并在第1条明确规定：“司法部长不得在个案中发布任何指示。”至此，法国1808年以降的法律传统终究得以破除，检察权司法化迈出了非常重要的一步。①

五、立法及制定司法政策

立法是法国司法部仅次于司法管理的重要职责。司法部几乎所有业务局都负责相应的立法工作。比如民事与掌玺局主要负责起草民事法律，如人法和家庭法、物法、债法、法定权利、民事程序、商法、公司法、私人经济主体法、破产法、劳动法、社会法、租赁法、不动产法、征收法、建筑法、城市规划法、环境法、农村法等，同时还负责宪法、公权力及行政法方面的行政立法。②刑事与赦免局起草承担刑事和执法领域的法律法规的立法任务，制定定罪、量刑、刑事执行、特赦和大赦、矫正、预防犯罪等领域的刑事政策。而总秘书处、刑罚执行局、青少年司法保护局等也承担着相应领域的立法任务。

法国的司法政策主要是在司法部的主导下，通过立法活动实现。比如法国曾于1953年成立新刑事诉讼法起草委员会，于1956年完成了刑事诉讼法第1卷的草案，1958年第完成了第2卷至第5卷的起草。③1957年时任司法部部长密特朗提交的《刑事诉讼法典》获得通过，于1958年12月23日以第58-1296号法令颁布，取代了拿破仑时期的《刑事诉讼法典》。④新法系统性地重构了各职能机构的权限、职能以及诉讼当事人的基本权利，废除和削弱了与时代发展不相适应的程序，在诉讼程序中吸收了英美

① 参见施鹏鹏：《法国检察改革最新走向及其启示》，载《人民检察》2016年第23期。

② 载 https://www.justice.gouv.fr/le-ministere-de-la-justice-10017/direction-des-affaires-civiles-et-du-sceau-10023/，2022年9月15日访问。

③ 参见何勤华主编：《法国法律发达史》，法律出版社2001年版，第483—484页。

④ 金邦贵主编：《法国司法制度》，法律出版社2008年版，第16页。

法系当事人主义的一些做法。[①] 1969年，法国政府设立了由司法部部长福耶（J. Foyer）主持的法律委员会，负责全面修改民事诉讼法典，以促进民事诉讼法的现代化，减少技术性细节，加快诉讼进度。该委员会包括各个层次的法官、议员、上院法律委员会代表、律师、代诉士、执行官和法学教授。委员会的修改建议体现在法国政府20世纪70年代初期先后发布的四个法令中：1971年9月9日第71-740号法令、1972年7月20日第72-684号法令、1972年8月28日第72-788号法令以及1973年12月第73-122号法令。1975年12月5日颁布的第75-1123号法令对以上四个系列的条文作了若干修改，增加了新的规定，并将其合并成统一的法律文件，名为《新民事诉讼法典》（*nouveau Code de procedure civile*），于1976年1月1日起施行。[②] 1981年密特朗当选总统，为废除死刑铺平了道路。废除死刑的法案由司法部部长罗伯特·巴丹特起草，于1981年9月18日由国民议会通过。[③] 希拉克当选总统后，即准备着手司法改革。1997年希拉克宣布将组成司法改革委员会，对司法改革提出建议。1997年10月法国司法部部长基古夫人在部长会议上提交了开展司法改革的政府报告，标志着此轮司法改革的正式展开。这次改革涉及宪法、诉讼法、组织法等各方面的内容，其中在刑事司法制度方面对侦查程序、预审程序、起诉制度、法庭审判制度等进行了一系列改革。[④] 萨科齐当选总统后，将保护刑事犯罪的受害人利益作为其司法改革的重要目标之一。司法部部长拉希达·达蒂针对那些重犯、累犯及刑满释放后仍未悔改的人，采取在刑满之后继续予以留置的措施（détention de sûreté），并将该措施视为一种预防性的安全措施而不视为处罚。《安全留置法》于2008年2月21日获得通过，规定因重罪，如暴力、恋童癖或谋杀未成年人犯罪，被判监禁15年以上者，如果在监禁期满，经评估仍然对社会具有危险性，即可能构成累犯者，将被留置于专门的留置中心。[⑤]

与立法紧密相关的，是制定部级司法政策，特别是刑事政策。前文就

① 周欣：《法国刑事诉讼特色制度评述》，载《法学家》2002年第5期。

② 参见何勤华主编：《法国法律发达史》，法律出版社2001年版，第452—453页。

③ 载 http://www.justice.gouv.fr/publication/plaquette_jef_organisation_fr.pdf，2022年9月15日访问。

④ 金邦贵主编：《法国司法制度》，法律出版社2008年版，第33—34页。

⑤ 参见金邦贵主编：《法国司法制度》，法律出版社2008年版，第39页。

司法部部长对检察官的一般指令权作了介绍，该一般指令属于司法政策的重要组成部分，主要包括4种：其一，涉及一般刑事政策的行政通令，由司法部部长亲自签发；其二，涉及某一具体问题的一般指令，由刑事与赦免局局长在司法部部长的授权下签发；其三，涉及一般指令的适用解读，由司法部委托该领域的专家学者进行撰写；其四，司法部与政府其他部门联合发布的合作倡议。不同形式的一般指令均可在法国司法部官方网站上查询。近年来，随着犯罪形态的多样化及复杂化，尤其是恐怖活动所带来的严重威胁，政府介入刑事司法领域的力度明显加大，一般指令的数量迅速增加。例如，1998年，法国司法部仅颁布23件一般指令，而到2010年，一般指令的数量则多达100余件。[①]

六、刑事执行

法国司法部集中统一行使刑事执行权。法国的刑事执行包括监禁刑执行，非监禁刑执行，违法行为矫正，未决犯的羁押，刑事追赃等。对普通罪犯的刑事执行由刑罚执行局负责，对未成年犯的刑事执行主要由青少年司法保护局负责，追赃由追赃事务局负责。

（一）刑罚执行

刑罚执行局下辖9个地方管理局、1个海外管理局，188所监狱（包括91个拘留所）、103个缓刑机构，以及国家监狱情报局和国家监狱管理学院。监狱和缓刑机构包括：拘留所（收押未决犯，以及被判处2年以下监禁刑的已决犯）、宽管监狱（收押2年以上有良好回归社会可能的罪犯）、普管监狱（收押2年以上不宜关押在高度戒备监狱的罪犯）、半开放式监狱（收押夜间被关押的罪犯或监外执行的罪犯）、指定监狱（收押2年以下、夜间关押或者监外执行的罪犯）、设置在2所监狱附近的附属监狱、未成年犯监狱（13—18岁）。整个刑罚执行系统有约42000名员工，包括30000名监狱行刑官和5400名缓刑官。[②]

① 参见施鹏鹏:《法国检察改革最新走向及其启示》，载《人民检察》2016年第23期。

② 载https: //www.justice.gouv.fr/le-ministere-de-la-justice-10017/direction-de-ladministration-penitentiaire-10025/，2022年9月15日访问。

（二）追赃

犯罪资产追回主要由追赃事务局负责。包括集中管理为没收而扣押的所有资产，并将其保存在存款与代管账号中（《刑事诉讼法》第 706–160 条第 2 款）；根据法院的命令，对价值易减损的且没有证明价值物品进行审前处理；查封涉罪不动产的公告（《刑事诉讼法》第 706–151 条）和没收财产的公告（《刑事诉讼法》第 707–1 条）；根据国际刑事司法协助请求（《刑事诉讼法》第 706–160 4° 条）管理、变卖或者返还被扣押的资产；执行欧盟内部关于资产返还的司法协助请求；负责公共债权人或受害者恢复原状（《刑事诉讼法》第 706–161 条第 4 款）和没收被判刑人财产进行民事赔偿（《刑事诉讼法》第 706–164 条）。①

（三）青少年刑事执行和司法保护

青少年司法保护局负责青少年司法保护措施的执行。青少年司法保护措施主要有开放环境中行刑、司法安置（Le placement judiciaire）和对被拘留未成年人的教育支助。开放环境中行刑，是指在不脱离原家庭和社会环境的前提下，对青少年进行教育、调查和矫正。司法安置使青少年暂时生活在家庭和社会环境之外，在集体生活或寄养家庭中继续接受教育或培训。司法安置机构有三种类型：教育安置机构，强化教育中心和封闭式教育中心。而教育支助是在未成年犯监狱或未成年教育管教所内，对被剥夺自由的青少年进行教育帮扶活动。② 在青少年司法保护领域，司法部制定青少年保护机构的管理规定，监督 1500 个安置和开放机构（217 个国家机构、1057 个授权合作机构）对少年法庭裁决的执行情况，并对未成年被执行人进行教育跟踪，监督和评估所有监管未成年人的公共和合作机构。社会司法协助工作如监狱探望人、家庭调解、刑罚政策执行与回归社会等工作均是由民间社会组织承担。法国有社会司法性质的协会 130 家，为青少年服务的机构 1016 家，服务刑释人员重返社会的协会 870 家。法国通过政府购买服务形式鼓励社会组织完成相关计划，司法部也将很多应由政府

① 参见法国《刑事诉讼法》第三十编第一章扣没财产追缴管理处的任务。《世界各国刑事诉讼法》编辑委员会编译：《世界各国刑事诉讼法》（欧洲卷），中国检察出版社 2016 年版，第 751 页。

② 载 http: //www.justice.gouv.fr/publication/plaquette_jef_organisation_fr.pdf，2022 年 9 月 15 日访问。

承担的服务通过招标等形式交由适合的社会组织负责，同步监督社会组织对计划实施的进度和成果。利用社会组织社会触角比较灵敏、开展工作方便、运行成本较低的优势，对公民提供及时准确的公共法律服务，大大降低了公共行政成本。

七、司法监察

司法监察总局的建立，使司法管理监察、监狱监察和青少年司法保护监察三项职责合而为一，对各局和各业务领域的监察工作得到全面加强。司法监察总局主要对司法部本部及法院系统所有机构、部门、业务，以及受司法部监督或接受司法部项目资金资助的公法主体，进行检查、控制、研究、咨询和评估；了解所有司法区域、机构、业务和主体的活动和履职情况；对上述机构、人员和活动进行审计；签发监察建议。其主要监察方式有：

第一，工作和履职评估。根据有效经验和风险分析制定评估标准。定期举行监察会议，由司法总监担任主席，有关法院、局、部门和机构参加，形成检查和控制报告，提出后续行动的建议，并报司法部部长批准。司法总监负责协调法院院长在其管辖范围内（及其下属的司法辖区）进行的业务检查，汇总并分析其提供的报告，向司法部部长提出司法辖区的年度运行控制计划。

第二，行政调查。司法部部长掌握着司法监察总局对行政官员、法官或书记官的渎职的行政调查和纪律处分的权力。司法监察总局负责观察和分析渎职的行为和事实，但无权直接作出纪律处分，因为该权力专属于部长。对治安法官的个人或职业行为的调查只能由具有治安法官地位的总监或监察官员进行。

第三，评估和咨询。司法部部长可以委托司法监察总局收集信息、专业知识和建议，对公共政策进行评估。该任务也可以由总理提出，或者由其他部长或国家和国际当局提出，司法部部长同意并授权。评估和咨询可以与其他一般监察机构共同进行，通常是财政监察总局，行政监察总局或社会事务监察总局。

第四，职业健康和安全检查。1998 年设置职业健康和安全监察官

（ISST）负责该项任务。该监察官隶属于司法总监。[①]

八、法律服务业管理

（一）律师管理

截至 2005 年 1 月 1 日，法国共有 43977 名正式律师，7123 名实习律师，每 100000 人中就有 7.6 名律师。面对如此庞大的律师团体，法国并未设单行“律师法”或“律师法典”。现行规范律师职业最主要的法源系“1971 年 12 月 31 日第 71–1130 号关于修改某些司法及法律职业的法律”（Loi n° 71–1130 du 31 décembre 1971 portant réforme de certaines professionsjudiciaires et juridiques），以及关于律师制度的条例、裁定、法令甚至行业纪律等。在法国，“律师职业系独立自由之职业”，律师执业独立于立法、行政、司法等公共权力机构，独于行业机构，也独立于当事人。律师还拥有自由执业权，“可在任何法院、司法机构或惩戒机构自由履行职责及为当事人辩护，无任何地域限制”。各大审法院管辖区内均设有一个律师公会，系独立自治的私法人。各地区律师公会互不隶属，有独立的预算、内部规范及组织机构。律师公会内设全体大会、理事会及一名公会会长。1990 年法律改革后，法国还设立了全国律师公会，负责全国律师行业的一般运作事宜以及向公共权力机构反映律师业意见。欧盟成立后，法国对欧盟国家开放了法律服务市场。来自欧盟成员国的律师和律师事务所能够较为便捷地开展业务。[②]

（二）法律援助事务管理

作为大陆法系的法国，法律援助制度最早可以追溯到 19 世纪中叶。1851 年 1 月 22 日通过的一部涉及法律援助内容的法律，规定每个法院设立法律援助局，负责为穷人提供法律帮助。目前，法国法律援助的主要法律是 1991 年国会通过的《法律援助法》，以及 1991 年法国政府颁行的《法律援助法令》。法国的每个法院都设有法律援助局，负责审查法律

---

① 载 http://www.justice.gouv.fr/le-ministere-de-la-justice-10017/inspection-generale-de-la-justice-10027/，2022 年 9 月 15 日访问。

② 施鹏鹏：《法国律师制度述评》，载《当代法学》2010 年第 6 期。阎兰：《一个参照：法国法律服务市场的开放》，载《环球法律评论》2001 年第 2 期。

援助申请是否符合条件，作出给予法律援助决定，指派律师和其他法律服务人员提供法律援助，受理公民对下级法律援助局作出的不予法律援助决定的复议申请。法律援助局的局长必须是法官，由法院院长任命；副局长由法院的主任书记官担任。法律援助局由律师、执达员、诉讼代理人、税务官以及一些热心法律援助的社团代表等组成。最初，民事法律援助的费用由律师本人承担，刑事法律援助费用由律师公会承担。到20世纪中后期，很多律师认为，律师从事法律援助应当由政府支付一定的报酬。1991年的《法律援助法》规定，国家每年给每个律师公会拨款，通过律师公会对律师所做的法律援助工作予以补偿。之后，律师对国家的拨款不足感到不满，2000年12月，他们同司法部签订了一个议定书。该议定书规定律师从事法律援助工作由国家给予报酬，并且制定了非常详细的各类法律援助案件费用标准。按照这个标准，每年年初国家按照上年度律师办理法律援助案件的数量，核拨本年度法律援助的专项经费到各律师公会的一个特殊结算账户中。年末，法律援助局根据该律师公会本年度办理的法律援助案件数量，按照议定书规定的各类法律援助案件的不同的费用标准予以结算。该法使得国家对法律援助拨付的资金越来越多，从1991年的3.8亿法郎增加到1999年的13亿法郎。到20世纪末，一些律师事务所以办理法律援助案件，获得国家报酬成为其主要收入来源。而到2011年，法国法律援助总计约90余万件，法律援助经费达到4.2亿欧元。①

（三）公证事务管理

法国是现代公证制度的发祥地。1803年3月16日，拿破仑颁布了共和国风月法令，即《法国公证法》，这是世界上第一部成文公证法。该法对很多国家的公证制度影响很大，德国、意大利、西班牙、日本等国家的公证法典所确定的公证组织形式、原则、公证人的地位等内容或完全取自法国，或与法国公证法相似。1945年法国政府又颁布了《公证机关条例》。公证人的任命权属于司法部部长，公证人实行终身制。在法国，取得公证人资格者均可设立公证人事务所。有一人所与合伙所两种，一般规模较小。公证人在业务上接受公证人协会的监督和指导，依法独立行使公证

① 刘趁华、王冰玉：《法国法律援助制度概览》，载《中国司法》2005年第7期。郑自文等：《法国法律援助制度概述与启示》，载《中国司法》2013年第1期。

权，公证人事务所不用国家财政负担公证经费，面向社会广纳人才，对外独立承担民事责任。《公证机关条例》第1条规定，公证人是为从事辅助性司法活动而设立的公务员。因此，法国公证人有双重属性，既是自由职业，又是一种公共职务。[①]

第四节 法国司法行政制度的特点

一、最早形成大陆法系司法行政制度

法国早在1790年就设“司法部长兼掌玺大臣”，并于1791年建立了司法部，明确了司法部的职责。又于1808年建立检察官制度。后经逐渐演化，司法部将管理法院司法行政事务、管理法官和检察官、负责行政立法和政府法律事务作为其核心职责。此时，英国仍是大法官制，大法官部于1885年方才设立；美国刚刚建立，尚无司法部；德国尚未统一；日俄尚未开始近代化。所以法国应是首先建立近代司法行政制度的国家，为大陆法系司法行政制度的鼻祖。

司法部管理法院和检察院。仔细观察法国的司法制度，会发现其并非严格的“三权分立”：法官虽享有独立审判地位，但是法院并不独立。法院系统在人财物各个方面依赖中央司法部，由于审检合署，检察院更是如此。实际上司法部、法院、检察院是合一的司法系统，司法部管理法院，将其作为政府提供司法服务的平台。法院设置与行政区域没有什么关系，以保证司法活动不受地方干涉。在哪里设置法院，主要是由历史原因决定，同时也根据社会发展进行调整。[②]

近代大陆法系检察制度滥觞于法国。检察官诞生于13世纪时的“国王的代官”，在16世纪中叶被附设在法院，受理来自人民的告诉、检举，对犯罪进行侦查，判处并执行刑罚，以公益代表的身份参与民事诉讼并监

---

① 吴霞:《中国与法国公证体制比较》，载《中国公证》2004年第3期。

② 宋建潮、耿景仪、熊选国:《德国、法国司法制度之比较》，载《人民司法》2000年第3期，第54页。

督司法行政事务。在法国大革命时期，“国王的代官”一度被废除，并代之以英国的起诉陪审制度，但该制度于法国水土不服。1801 年法国以法律的形式建立了身份为公诉官的“政府（人民）的代官制度”，后几经修改，于 1808 年治罪法中确立了“检察官”制度，国家通过检察官提起公诉，由法院审判。法国确立的近代检察官制度有如下几个基本特点：一是代表国家（政府）提起公诉；二是负责刑事案件的侦查起诉，指挥行刑，并作为公益诉讼代表；三是附设于法院，实施审检合署；四是受司法行政机关领导。而其中代表国家（政府）提起公诉，与受司法行政机关领导相辅相成，成为检察官和司法行政机关关系的基本框架。①

法国司法行政与警察的关系也具有鲜明的大陆法系特点。法国的警察分为行政警察与司法警察。行政警察的主要职责是预防犯罪，保护及恢复社会秩序。司法警察的职责是犯罪侦查，包括查找犯罪行为人，查明犯罪事实。② 二者区别类似于我国的“民警”和“刑警”。国家警察总局的中央司法警察局是最主要的犯罪侦查机构。法国的检察官归司法行政机关领导，因此检警关系是司法行政与警察的关系的主要部分。法国的犯罪侦查以司法警察为主，以检察官和预审法官为辅；但就侦查中的地位而言，检察官和预审法官不是司法警察的助手，而是其领导或监督者。③《法国刑事诉讼法》第 12 条规定：“司法警察受共和国检察官的领导。”第 19 条规定：“司法警察警官应该毫不延迟地向共和国检察官报告其所知的重罪、轻罪和违警罪。”第 68 条规定，共和国检察官来到现场后，司法警察的管辖权终止。共和国检察官可以亲自完成司法警察可实施的所有行为，亦可指令司法警察完成有关行为。检察官除了在业务上领导司法警察外，还在人事上进行领导。根据 2009 年 8 月 3 日第 2009-971 号法律第 2 条新增的《刑事诉讼法典》第 12-1 条之规定，在某一具体刑事案件诉讼中，共和国检察官可以自由地选择司法警察的组成人员。《法国刑事诉讼法》第 13 条还规定：“在每一个上诉法院管辖范围内，司法警察受上诉法院检察长的

---

① ［日］法务行政研究会：《日本法务省》，董璠舆等译，中国政法大学出版社 1992 年版，第 86—87 页。

② ［法］贝尔纳·布洛克：《法国刑事诉讼法》，罗结珍译，中国政法大学出版社 2009 年版，“译者导言”第 5 页。

③ 参见何家弘：《法国的犯罪侦查制度（续）》，载《公安大学学报》1995 年第 5 期。

监管。”《刑事诉讼法》第 16 条规定：“除市长及其助理以外的其他司法警察，要想取得司法警察资格，必须由上诉法院检察长对他们进行授权。”第 19–1 条则规定：“在对经授权办案的司法警察作出任何晋级决定时，要考虑有关检察官对其的评语。”[①]

法国的司法行政制度对其他大陆法系国家产生了深远的影响。法国的检察官制度被德国、俄国等欧洲国家采用，后来传到日本，又从日本传到中国。日本还一度借鉴过法国的司法警察制度。德国统一晚于法国，其司法行政制度也是在法国模式的基础上进一步发展。时至今日，德国与法国司法行政制度仍具有诸多相似之处。在职能方面，法、德两国司法行政机关的主要职责都是管理法院和检察院，政府立法，政府法律事务，以及刑事执行；在组织机构设置上，德国也与法国非常相似，德国司法部的司法行政司与法国司法部的总秘书处都专司司法行政管理，而德国司法部的司法管理司和法国司法部的司法管理局都专司司法机构管理；德国司法部的其他专业立法局与法国的民事与掌玺局、刑事与赦免局的职能接近，而德国各州司法部监狱管理部门则与法国司法部的刑罚执行局很像；德国和法国都采用审检合署制，两国司法部主管法院和检察院的司法行政事务，并指挥监督检察官。

法国司法行政制度之所以具有这样的影响力，主要有以下原因：一是法国是具有较长的君主专制历史的大国，客观上具有为国家法制统一建立司法行政制度的政治需求；二是法国为启蒙运动的发祥地，这为近代司法行政制度的形成奠定了政治理论基础；三是轰轰烈烈的法国资产阶级革命，特别是拿破仑的执政，使法国较早地建立起近代资产阶级法律体系和司法制度；四是这些制度作为革命成果的一部分，又随着革命浪潮和拿破仑的一系列战争传播到欧洲各地，深深地影响着欧洲大陆各国。

二、管理着庞大的司法系统

法国司法部管理着庞大的司法系统。不论中央还是地方，不论是普通司法系统还是刑事执行系统，不论是法官、检察官，还是其他司法行政工

---

① 参见《世界各国刑事诉讼法》编辑委员会编译：《世界各国刑事诉讼法》（欧洲卷）（上），中国检察出版社 2016 年版，第 543、544 页。

作人员，都由司法部进行管理。

其他国家司法行政机关对司法系统的管理远不及法国司法部全面。如德国联邦司法部，仅管理5个联邦最高法院中的3个[①]，以及联邦专利法院；而其他的法院、检察院则由州司法部管理；联邦司法部不负责监狱行刑，所有的监狱都由州司法部管理。“二战”后，日本法院系统从法务省独立出来，自行管理法院系统的司法行政事务，法务省负责检察院、监狱和更生保护设施的管理。美国联邦司法部管理联邦检察官和联邦监狱等，不负责联邦法院的管理；州法院、检察官、监狱等则由各州管理。英国司法部仅管理英格兰和威尔士地区的法院、监狱和缓刑机构，不管理检察机关，不负责管理苏格兰和北爱尔兰地区的司法系统。俄罗斯联邦司法部不负责法院和检察院的管理。

与上述这些国家相比，法国司法部管理的司法机构最为庞大、最为全面。司法部管理的普通司法系统共有1个最高法院（Cour de cassation），36个上诉法院（Cours d'appel），164个司法法院（Tribunaux judiciaires），210个劳资争议委员会（Conseils de prud'hommes），6个（海外省）劳工法庭（Tribunaux du travail），134个商事法院（Tribunaux de commerce），272个农村租约法庭（Tribunaux des baux ruraux），156个少年法院（Tribunaux pour enfants），103个重罪（巡回）法院（Cours d'assises），168轻罪法院（Tribunaux correctionnels），166个治安法院（Tribunaux de police），125近民法院（Tribunaux de proximité），162个商会（Chambres commerciales）。行政司法系统有最高行政法院（Conseil d'État，即国家参事院），8个上诉行政法院（Cours administratives d'appel），42个行政法院（Tribunaux administratifs）。[②]在刑事执行领域中，司法部管理着188个监狱（包括91个拘留所）、103个缓刑机构，[③]以及1500个青少年安置和开放机构[④]。

与管理司法系统紧密相关的，是司法部管理着数量庞大、身份各异的工作人员。2020年司法部管理着89882名工作人员。在8000名司法官中，

---

① 《德意志联邦共和国基本法》第95条。

② 金邦贵主编：《法国司法制度》，法律出版社2008年版。

③ 载https：//www.justice.gouv.fr/le-ministere-de-la-justice-10017/direction-de-ladministration-penitentiaire-10025/，2022年9月15日访问。

④ 载https：//www.justice.gouv.fr/le-ministere-de-la-justice-10017/dir-de-la-protection-judiciaire-de-la-jeunesse-10026/，2022年9月15日访问。

有6500名法官和1500名检察官；行政法院共有1360余名法官；整个监狱系统有约42000名员工，包括30000名监狱行刑官和5400名缓刑官。[①]

法国的一些法庭由非职业法官组成，一些需吸纳各界陪审员。这些机构和人员都由司法部管理。比如劳资争议委员会（Conseils de prud'hommes）中，由非职业的劳动法官来审判案件。非职业法官来自雇佣方群体和受雇方群体，委员会主任和副主任分别由这两类法官分别轮流担任，任期1年；委员会的判决由4名劳动法官作出，其中2人来自雇佣方，2人来自受雇方；在诉前强制调解程序中，由1名雇佣方法官和1名受雇方法官组成，轮流主持调解工作；职业法官只有在委员会判决出现2∶2票数时，才可以参加审判。社会保险法庭由1名职业法官主持，与2名陪审员组成合议庭，1名陪审员代表雇主，1名代表员工。农村租约法庭由5人组成，1名小审法院法官主持，4名陪审员中2名代表土地出租人，2名代表承租人。商事法院的案件由商事法官审理，职业法官不能参与审判活动。商事法官从商人中选举产生，其审判工作是无偿的，国家不支付工资。为了加强对商事法官的管理，提高商事法官的业务能力和职业道德，2005年9月23日的法律专门设立了一个咨询性机构——全国商事法院委员会（conseil national des tribunaux de commerce），该委员会由司法部部长主持。[②]

司法部在一些重要的跨部门机构中担任领导角色。随着经济的全球化，犯罪的手段、形式不断升级，犯罪的种类、构成和趋势也在不断变化，追赃和反腐败成为司法领域的重点工作。法国分别于2010年和2016年建立了追赃事务局和国家反腐败局。追赃事务局由司法部和财政部共管。该局董事会由司法部、内政部和财政部的11名官员组成，主席由司法部门的一名法官担任，并负责管理该局；司法部制定该局组织和职责的规定。国家反腐败局也由司法部和财政部共管，并由法官出任反腐败局的局长。这些都体现出法国司法部在反腐败和追赃机构中的主导地位。

---

① 载https://www.justice.gouv.fr/le-ministere-de-la-justice-10017/direction-de-ladministration-penitentiaire-10025/，2022年9月15日访问。参见黄尔：《法国司法制度运行近况》，载《中国检察官》2017年第11期。[法]依夫·夏普内尔、姚蒙：《法国刑事司法概览》，载《中国检察官》2008年第9期。

② 金邦贵主编：《法国司法制度》，法律出版社2008年版，第145—146、150—152、155、158页。

三、在司法领域实施中央集权

法国司法行政的最大特点就是司法部在司法领域实施中央集权。可以说，法国司法部是世界主要国家中，除了美国联邦司法部外，权力最大的司法行政机关。

中央集权在法国有着深厚的历史传统。在欧洲国家中，法国是较早摆脱封建割据，实行中央集权的国家。其他欧洲大陆国家，如德国、奥地利、意大利等，统一时间较晚，建立近代法律和司法制度较晚，长期保留着大量封建残余，使得其在法律和司法领域也呈现明显的割据特点，中央政府需要巨大的投入来维持法制和司法体系的统一。英国虽然最早开展工业革命，建立近代资本主义政治制度，但是境内的多个法域，普通法法院和衡平法法院两个系统并存，以及古老僵化的普通法长期阻碍着英国法制和司法系统的统一。而法国自从大革命后，虽然经历多次革命、复辟、独裁、共和，但主要是在中央政府层面，没有触及中央和地方的基本关系，更没有实施过联邦制。而且法国自拿破仑时代就形成了体系完整的拿破仑法典，更加保障了法国境内法制和司法体系的统一。戴鸿慈就曾指出，“法以罗马法系趋於中央集权，虽为民主之国，而政务操之官吏之手，人民反无自治之能力”。[①]20世纪80年代，法国在维护单一制国家结构的前提下，开始进行地方分权改革，各级地方政府职能有所加重。但是，司法管理权却始终集中在司法部。

司法部部长在整个司法系统中具有非常重要的地位。法国宪法规定，由总统保障司法独立，最高司法官委员会协助总统，由总统任主席。但实际司法部部长是当然副主席，司法部部长可以代替总统任主席。而行政司法系统中，政府总理是最高行政法院院长，在总理不能履职时，由司法部部长担任。但由于总统和总理事务繁忙，实际上主持大局的还是司法部部长。[②]

司法部统一管理法律和司法，始终没有其他部门分权。法国中央政府采用大部制，现在有16个部[③]，司法部属于传统部门，历史悠久，且未

① 参见赵尔巽等:《清史稿》卷二百二十六《戴鸿慈传》。
② 金邦贵主编:《法国司法制度》，法律出版社2008年版，第48页。
③ 载https://www.gouvernement.fr/composition-du-gouvernement，2022年9月15日访问。

经历部级层面的重大拆分、合并和重组，始终统管法律和司法领域。内政部等虽然也有部分司法事务，但是非常有限，主要限于治安和刑事司法领域，一旦进入诉讼领域，有严格的法律规范确保司法部的主导地位。虽然法国的司法体系分为普通司法系统和行政司法系统两类，但是最终仍归于司法部部长领导。

法国的司法体系呈现明显的“强干弱枝”特点。法国的司法机构呈三层金字塔型的设置，下多上少；但司法行政在组织上正好相反，呈倒金字塔型，上重下轻，且仅有二层。中央司法部机构庞大，职能全面；而为避免地方政府染指司法部人、财、物的管理，法国甚至不设地方司法行政机构。[①] 对地方法院检察院的司法行政管理则是通过上诉法院院长和检察长进行。上诉法院院长受司法部部长授权主要从事司法行政工作，较少亲自审案，是典型的“司法兼理行政”。与其说是法院院长，还不如说是各区司法行政首长。不设置地方司法行政机关，而以法院兼理地方司法行政事务，可以以“司法独立”之名，有效的实施对地方司法机构的垂直管理，加强中央集权和法制统一。

司法部控制着各级法院的人事任免。在人事上，司法部负责绝大多数法官（普通法官）的任命，只有高级别法官（最高法院的法官、上诉法院院长以及大审法院的院长等）的任命权经最高司法官委员会提名，由司法部部长报总统任命。而司法部对检察官的人事管理更加强势，检察官的职数设置、任命、晋升等均由司法部负责。司法部对法官和检察官的直接管理，确保了司法系统在人事上受命于中央。

司法经费由中央保障，司法部统一管理。法国司法部经费预算相对独立于其他部门，虽然经费预算要与财政部进行协商，但财政部一般不会提出反对意见，且议会对司法部经费预算的审批权非常有限。法国政府高度重视司法经费保障，在国家经济不景气，财政紧缩，除国防、外交以外其他部门预算均压缩的背景下，2018 年度、2019 年度、2021 年度和 2022 年度预算分别 69.8 亿欧元、75.85 亿欧元、82 亿欧元和 89 亿欧元，分别增长 3.9%、4%、8%、8%。[②] 这笔巨大的财政预算来源于中央，由司法部统

---

① 梁三利、郭明：《法院管理模式比较——基于对英国、德国、法国的考察》，载《长江师范学院学报》2010 年第 1 期。

② 载 http://www.justice.gouv.fr/budget-12868/，2022 年 9 月 15 日访问。

一支配管理。司法部通过各上诉法院分配到各地区法院，法院并不从地方政府获取经费来源。中央集权式的经费管理体制使得所有法院、监狱及其他司法机构都受控于中央司法部。

司法部对法院、检察院及其他司法机构进行统一的业务管理。司法部负责制定各领域的司法政策，要求各司法机构贯彻实施。法官独立审判，司法部不能对个案直接加以干涉，但是其可以通过政策指引的方式加以引导；而检察官在业务上则直接受命于司法部，甚至在200年里保留着司法部部长对检察官的个案指挥权。在诸如刑罚执行、青少年司法保护等领域，各种司法机构则必须遵循司法部的政策指引。

司法监察是司法部控制各地司法机构的重要方式。各国司法行政与司法机构的关系中，或多或少受到“三权分立”理论中司法独立原则的影响，司法行政机关大多无法对法官和检察官的业务进行监察。而法国作为“三权分立”理论的发祥地，却明确将司法监察列为司法部的职能之一，由行政机关对司法机关进行监察。法国司法监察的范围非常广泛，既有传统的法院、检察院，又有司法部监管的所有公法主体，以及司法部主管或从主要司法部项目中接受资助的私法主体。监察的方式不仅有一般的检查、评估，还有案件调查和审计。这种监察并非系统外部以权力制约平衡为目的的监察，而是系统内自上而下的监察。这反映出司法部行政权力强大，将法院、检察院、监狱以及其他司法机构作为司法部的下属部门。司法部通过对法官、检察官及监狱及其他司法机构和工作人员进行调查、评估、审计等工作，保证各级司法机构与中央保持一致。

四、统一协调法律和司法政策

统一协调法律和司法政策是法国司法部的一大特点。法国司法部统管全国的司法机构，负责立法和政策制定，开展司法监察，基本覆盖了法律领域的全部工作。检察官指挥司法警察侦查、负责提起公诉，法院负责民事、刑事和行政审判，监狱等机构负责执行，各研究机构负责调查研究，司法监察部门负责监察。司法部由此全面掌控整个诉讼链条，掌握法律的实施情况和效果，掌握各级司法机构的运行情况，掌握资金和人员分配和使用情况。这使得司法部可以制定法律以调整司法机构的设置，调整诉讼程序，调整执行政策，在全面了解法律执行情况后，再通过立法活动修改和完善法律，实现法律和司法政策的闭环管理、动态管理、全面管理、统筹管理，在行政管理、司法实践、司法制度和立法政策上实现良性互动，极大地降低了部门间的沟通协调成本，极大地提高了法律和司法政策的效果。这在各国司法行政机关中是独一无二的。

法国的青少年司法保护政策就是其中的典型。青少年司法保护就是在司法部的主导下开展起来的。法国从1878年开始认识到“危险中的童年”的概念，关注打击和预防青少年犯罪。1911年3月13日，监狱管理部门从内政部划归司法部管理。1912年7月22日《关于少年法庭及监视自由制度的法律》明确了不满13岁未成年人无刑事责任；成立了第一个未成年人法庭；创立了监视自由措施（la liberté surveillée），以教育和矫正措施替代强制性措施，设立人格审查及报告人制度。“一战”后、“二战”前，少年劳改农场的弊端引起了社会的广泛关注，但战争使得改革不得不推迟。“二战”末期巴黎解放后，青少年司法保护有了实质性的进展。1944年9月司法部部长F. de Menthon及其特别助理Hélène Campinchi[①] 主持了一项关于改革青少年司法的项目，形成了1945年2月2日第45-174号《关于少年犯罪的法令》。该法确定了针对未成年人犯罪的基本刑事政策，发展以教育而非制裁为目的的监督教育，旨在照顾少年犯，保护因教育缺失陷入危险的未成年人。该法设立了专门的少年法官与少年法庭；未成年人违反前四级违警罪的案件仍然由违警罪法院受理，其实施的第五级违警罪、轻罪和重罪由未成年人法庭管辖；按每个法院1名的比率建立专门的少年法官，少年法庭由1名少年法官主持，另有2名的陪审员辅助，少年法官从大审法院法官中选任；法官可以设定多样化的教育措施，并委托服务机构、公共机构或志愿部门，在开放环境中进行观察和教育，将儿童安置在家庭、寄宿学校、半寄宿学校或值得信赖的人或儿童部门中，由教师、医生、心理学家提供咨询和帮助；同时修改少年的概念：13岁至18岁的未成年人之间的区别消失，无论少年被关押的年龄如何，都适用相同的程序；改革了未成年人司法记录的制度，未成年人犯罪记录不再提供给相关部门，在5年期满之后，可以简单地取消宣布的判决，消除未成

---

① Campinchi女士的丈夫César Campinchi是1938年的司法部部长，曾提出改革1912年法律的法案。

年人持久康复机会的障碍。该法还使青少年司法成为一个独立的局：1945 年 9 月 1 日，司法部的相关部门也进行了改组，刑罚执行局负责未成年人的分局成为一个独立的局，即监督教育局。后于 1990 年 2 月，监督教育局改为青少年司法保护局。1958 年 12 月 23 日又颁布了关于保护危险儿童和青少年的法令，加强了对处于危险中的未成年人的民事保护，简化并整合了文本，促进了法律的现代化，将 1945 年的法令扩展至 21 岁的未成年人，授权少年法官对有受害或违法犯罪风险的年轻人采取迅速有效的干预措施，并随时调整。1958 年《司法组织法》重申了法院的专业化和与未成年人有关的程序规则，特别是规定了任命专门负责少年案件社会调查的法官，并规定了较为详细的调查项目。1968 年危机后，该局开始专注于开放环境中的教育。新的计划将大型农村寄宿学校正逐渐转变为多功能中心，城镇则新设工作室、房间和旅馆等小型设施。1970 年 6 月 4 日的法律对 1958 年 12 月 23 日的法令进行了补充，扩大了对处于危险中的青少年的监督教育行动，并作了如下分类：少年犯、拟处刑事措施的青少年（1975 年 2 月 18 日法令），民事措施中的有危险的未成年人（根据《民法典》第 375 至 375–8 条，少年法官可以宣布教育援助措施，方法是维持未成年人的正常生活环境，或将其撤离其通常的生活环境）。1976 年 12 月 7 日的法令将部门和地区的所有公共机构置于监督教育负责人的管理之下。1979 年该局改组后的重点工作是尽早干预以避免使用监禁措施，激发青少年的主观意愿以尽可能促进社会融合。1985 年监督教育局曾和国家教育主管机关联合发布通知，该局参与打击吸毒成瘾，与青年和体育部合作开展夏季预防行动，与文化和环境部签订国家行动协定等。而 1987 年 12 月 31 日的法令则修订了对未成年人的审前拘留制度，还明确了参与监督教育的所有国家部门协调行动。通过权力下放法，国家与总理事会共同确保在教育和财政层面对私人协会进行永久控制并建立与公共部门的统一的制度，该协会代表了监督教育活动 3/4 的主体。2002 年 9 月 9 日第 2002–1138 号《司法指导方针和规划法》在教育措施及刑罚之间增加了对 10 岁至 18 岁的未成年人可宣布的教育处分，加重了对未成年人违法犯罪的刑事处罚力度。2004 年 3 月 9 日第 2004–204 号《关于应对犯罪变化修订的法律》增加了适用于 13 岁至 18 岁未成年人的公民资格培训处分的规定。2007 年 3 月 5

日第 2007–297 号《关于预防违法犯罪的法律》又建立了日勤活动措施。[①]

从法国青少年司法保护领域来看，司法部首先从理念上进行了更新，确立了教育优先于惩罚的原则，通过立法活动建立了少年法院，改革了青少年司法的诉讼制度，采用了新的刑事执行方式，统筹多方力量。而为强化这一政策，司法部本身也进行了改革，建立了青少年司法保护局，法国成为诸多大国中唯一一个在司法行政机关中设立青少年司法保护专门机构的国家。在青少年司法保护法律的运行中，司法部不断地发现新问题，再通过修改法律完善各种组织、制度和程序。这充分地体现了法国司法部在行政管理、司法实践、司法制度和立法政策上的良性互动。

① 宋汶沙:《法国未成年人刑事司法制度评介》，载《中国刑事法杂志》2011 年第 11 期。王娜:《法国未成年人司法制度的变迁——兼论对中国未成年人司法制度完善的启示》，载《青少年犯罪问题》2013 年第 3 期。

第九章　日本司法行政制度

日本曾为中华法系的一员，明治维新后，建司法省，司法大臣管理有关司法的行政，建立了近代司法行政制度。“二战”后，盟军入驻日本，对日本的司法体制进行了较为彻底的改造。法院从司法省分离出来，其行政事务由法院自行管理；附属于法院的检事局成立了检察厅，受司法大臣指挥监督。司法省经历了法务厅、法务府到法务省的变化，吸收了前内务省的很多业务，并与内阁法制局几度分合，从而形成了现在的法务省。目前法务省受法务大臣领导，负责政府法律案起草，刑事法务及检察，民事类法务行政，矫正保护，及其他法务行政。日本的司法行政制度多次吸收借鉴他国模式，具有中华法系、大陆法系和英美法系三元混合的特点，堪称法律移植的典范，实行央地垂直管理，拥有强大的民事法务业务和独具特色的讼务制度。同时由于日本与我国文化相近，其明治维新后的法律和司法制度对我国清末变法产生了深远的影响，其司法行政制度具有独特的研究价值。

第一节　日本司法行政机关的历史

一、明治维新后的司法省

明治维新恢复了以天皇为中心的中央集权后，便开始按照西方模式建立近代司法制度。首先，日本建立了相对独立的审判机构。明治初年设立刑法官，负责审理刑事案件；次年成立刑部省。1871 年（明治 4 年）将明治政府太政官内的刑部省与弹正台合并，改刑部省为司法省，江藤新平为首任司法大臣。[①]1871 年 9 月，司法省公布了《司法省职制及事务章程》，共有 22 个章节 108 条，详细规定了司法机构的组成、职权、管辖范围等，以及证书人（公证人）、代书人（司法书士）、代言人（律师）等制度。[②]

司法省成立后面临的最重要任务是建立一个全国性的司法系统。当时日本的审判机构由司法省临时法院、司法省法院、巡回法院、府县法院和区法院组成。上下级法院之间是行政隶属关系，上级法院对下级法院行使监督指挥的权力，下级法院必须听从上级的指示。尽管司法省法院是最高法院，但是其院长由司法大臣担任。[③]1875 年（明治 8 年）大理院成立，并在大理院的基础上设立上等法院、地方法院，正式厘清了司法权与行政权之间的关系，法院与行政机关分离。法院和检察院实行审检合署制，在上述四级法院，分别设置检事局，主要负责侦查犯罪、提起公诉以及对判决执行的监督等。同年，日本制定了《大审院诸法院职制章程》和《司法省检事职制章程》。1876 年又制定了作为律师法前身的《代言人规则》。[④]

司法大臣管理有关司法的行政，监督大理院以下的法院。1890 年 2 月，《法院构成法》正式颁布，成为司法制度的基本法。《法院构成法》给予了司法大臣以非常具体而广泛的司法行政权和司法监督权，如司法省掌管着法官和检察官的任免权。司法大臣负责低级法官和检察官的任免，与正院

① 1869 年 1 月，明治政府在中央设置议定、总裁、参与三官职。1871 年 9 月颁布《太政官职制并事务章程》，统一国家的政府机构。1880 年由于受德国体制的影响，在中央设立法制、会计、军事、内务、司法和外交六省。1885 年 12 月象征王政复古的太政官制度被废除，代之以内阁制度。参见何勤华、方乐华、李秀清、管建强：《日本法律发达史》，上海人民出版社 1999 年版，第 88—89 页。

② 何勤华、方乐华、李秀清、管建强：《日本法律发达史》，上海人民出版社 1999 年版，第 379 页。黄宣植：《日本司法制度改革研究》，吉林大学 2020 年博士学位论文，第 38 页。

③ 黄宣植：《日本司法制度改革研究》，吉林大学 2020 年博士学位论文，第 38—39 页。

④ 何勤华、方乐华、李秀清、管建强：《日本法律发达史》，上海人民出版社 1999 年版，第 379 页。

共同负责高级法官和检察官的任免[①]；任命地方法院的预备裁判官；设置地方法院支部；制定关于裁判官考试的规则；对见习裁判官的罢免等。在大理院设立之前，法律的解释权属于司法省，司法省依据各个府县或者法院的请示，以指令的形式来进行法律解释。大理院成立后，被赋予了司法解释权，当法律存在不明确之处时，大理院可以对此出具补正意见，并经由司法大臣提起上奏。这些内容都反映出，作为司法行政机关的司法省对于审判和检察事务的强力约束，行政权在司法体系中居于主导地位。[②]

司法省除监督法院、指挥监督检察事务外，还负责区法院登记事务；户籍及委托保管事务；监狱事务及有保护出狱人事务；关于对少年犯的审判、矫正、保护事务；关于缓期起诉者、缓期行刑者以及释放者的保护措施等事务。

司法省的组织和职权，由《各省官制通则》（明治26年［1893］敕令第122号）及《司法省官制》（同年敕令第143号）等规定。内部部局除大臣官房外，有民事局（民事审判事务，登记、户籍等）、刑事局（刑事裁判事务及检察事务）以及刑政局（关于刑的执行及少年保护事务）三局，内部部局以外的机关有委托保管局、司法研究所等17个机关和法院及检事局。

20世纪20年代中期后，日本的司法逐渐法西斯化。为镇压内部政治团体及其活动，1925年通过了《治安维持法》。1937年后，日本又相继制定了《国家总动员法》等一系列战时立法。其中与司法直接有关的是《战时刑事特别法》《法院组织法战时特例》等，简化了判决程序、限制辩护权及上诉权等。[③]

---

① 法官分“判事”和“解部”二类：“判事”负责对犯罪者的调查和判决；“解部”负责讯问当事人和制作文书，属于低级法官。检察官也分“检事”和“检部”二类：“检事”负责对犯罪搜查逮捕的监督指挥，以及对法院的审判进行监督；“检部”则负责搜查，属于低级的检察官。罪犯的逮捕则由警察负责。黄宣植：《日本司法制度改革研究》，吉林大学2020年博士学位论文，第39页。

② 黄宣植：《日本司法制度改革研究》，吉林大学2020年博士学位论文，第39、40、46页。

③ 何勤华、方乐华、李秀清、管建强：《日本法律发达史》，上海人民出版社1999年版，第380页。

二、"二战"之后的法务厅

"二战"之后，日本被盟军占领，在美国的主导下进行了民主化改造，在新宪法中确立了"三权分立"原则，并制定了《法院法》和《检察厅法》，与新宪法于1947年5月3日一并实施。法院从司法省分离出来，过去司法大臣主管的司法行政事务，为法院固有的权限；审检开始分离，检察机关在组织关系上独立于法院，原附属于法院的检事局改成为检察厅，作为法务省的"特别机关"，检察系统仍归法务省领导，司法大臣对检察事务改为一般的指挥监督。[①]在全国建立与最高法院、高等法院、地方法院和简易法院相对应的检察系统，即最高检察厅、高等检察厅、地方检察厅和区检察厅。[②]另外，登记、户籍、公证等行政事务由司法省的行政厅主管，后又将委托保管局改为司法事务局来分掌上述事务。1948年1月1日内务省废止，关于国籍的事务交给了司法省，由民事局主管。1948年2月15日，《法务厅设置法》（1947年法律第193号）的施行，新法务厅成立，有约80年历史的司法省被废止。

法务厅从形式上看，是根据当时占领军的指示，由原司法省与内阁法制局合并而成，但其性质是作为最高法律顾问机构，掌管全部法务而新建立的官厅。其首长称为"法务总裁"，向内阁总理大臣就法律问题陈述意见；并具有建议的权限。在这个法务总裁之下的内部部局，除官房长官外，设检务长官（检务局、特别审查局）、法制长官（法制第一局至第三局）、法务意见调查长官（调查意见一局、二局、资料统计局）、讼务长官（民事讼务局、税务讼务局、行政讼务局）及法务行政长官（民事局、人权拥护局、矫正总务局、成人矫正局、少年矫正局）五长官，除此之外的机关，名称虽有若干变化，实际上与原司法省时基本相同。

法务厅掌管的事务，在过去司法省主管事务之外，又新增了原内阁法制局事务的法令案及条约案的审议事务（法制第一局至第三局）、司法制度、关于内外法制等调查研究的事务（调查意见一局、二局）之外，还掌管禁止各种团体结成等事务（特别审查局）、关于与民事及行政有关的

---

① 何家弘：《日本的犯罪侦查制度（一）》，载《公安大学学报》1997年第2期。黄宣植：《日本司法制度改革研究》，吉林大学2020年博士学位论文，第51页。

② 何家弘：《日本的犯罪侦查制度（一）》，载《公安大学学报》1997年第2期。

讼务（民事讼务局、税务讼务局、行政讼务局）以及关于人权拥护的事务（人权拥护局）。

1949 年 1 月 1 日废止矫正院，设立少年院，新设立了少年观护所、少年鉴别所，后又将二者合并为少年保护鉴别所（《少年院法》，1958 年法律第 169 号）。为对监狱、少年院等矫正设施的指导监督，设立作为地方分支部局的矫正保护管区（《矫正保护管区设置令》，1948 年政令第 400 号），同年 5 月 31 日设立了司法考试管理委员会（《司法考试法》，1949 年法律第 140 号），都在法务厅的管辖之下。

三、从法务厅到法务府

1949 年 6 月 1 日的行政机构改革中，法务厅改为法务府，内部部局从五长官十六局制简化为三长官十一局制。即法制意见长官主管法制意见第一局至第四局；行政长官主管检务局、矫正保护局（主管旧矫正总务局、成人矫正局及少年矫正局）、特别审查局；民事法务长官主管民事讼务局、行政讼务局（合并旧税务讼务局）、民事局、人权拥护局。另外，司法事务局改组为法务局及地方法务局，分管民事讼务局、行政讼务局及人权拥护局的事务。又于同年 7 月 1 日成立了中央更生保护委员会（《犯人预防更生法》，1949 年法律第 142 号）作为外局，设地方少年更生保护委员会、地方成人更生保护委员会、少年保护观察所、成人保护观察所。

此外，随着 1952 年 7 月 21 日《破坏活动防止法》（1952 年法律第 240 号）的施行，废止了特别审查局，设立外局公安调查厅执行该法规定的对破坏团体调查及请求限制处分，设立外局公安审查委员会负责审查及决定限制处分。

四、法务省的建立及改革

1952 年 8 月 1 日法务府在政府改革中改称“法务省”，机构进行大幅度的调整：废止了长官、总裁制，与其他省的首长一样，法务省的首长为法务大臣，其下设事务次官；内部部局中掌管法制事务的法制意见第一局至第三局又归内阁，设置内阁法制局；外国人注册及强制非法入境者离境的外务省外局出入境管理厅被改为法务省内局入境管理局。除大臣官房外，采取七局制，即民事局、刑事局、矫正局、保护局、讼务局（合并旧民事诉讼事务局及行政讼务局）、人权拥护局及入境管理局；法制意见第四局作为调查课（法务大臣官房司法法制调查部的前身）并入大臣官房。此外，矫正保护管区改组为矫正管区，作为外局的中央更生保护委员会改组为附属机关的中央更生保护审查会，地方少年保护委员会及地方成人保护委员会改组为地方更生保护委员会，少年保护观察所及成人保护观察所改组为保护观察所，设立作为入境管理局附属机关的入境者收容所，又新设立作为地方分支部局的入境管理事务所。法务省成立后，又在20世纪50年代陆续进行了若干局部改革和调整：根据《卖淫防止法》（1956年法律第118号）；设置了妇女辅导院（1958年4月1日）；大臣官房调查课改为大臣官房司法法制调查部（1958年5月15日）；法务研究所改为法务综合研究所（1959年4月1日）。

20世纪60年代，日本的新一轮政府机构改革中，又对法务省本部进行了调整。1967年内阁会议决定各省厅均削减一局，法务省的讼务局改为大臣官房讼务部、官房经理部改为官房会计课，官房营缮管理官改为官房原生管理官，于1968年设置官房长。1976年6月21日官房讼务部又改为官房讼务局。1961年6月5日，日本政府同联合国达成协定，以共同运营的形式开设了远东预防犯罪研究所，由法务省法务综合研究所主管，并设立联合国研究协力部予以支持。[①]

20世纪80年代，根据1980年后政府的行政改革计划，于1981年4月1日，14个入境管理事务所被整理成8个地方入境管理局，2分局、4个办事处，废止府县单位机关，对地方事务处理机关缩编。又于1984年10月1日废止地方公安调查局，设公安调查事务所。

进入21世纪，日本法务省又进行了改革。从2001年1月6日起，由于中央各省和其他组织的改组，法律事务局和六个部门被废除，合并理事会；除了大臣官房外，采用民事局、刑事局、矫正局、保护局、人权拥护局、入国管理局六局制。2015年4月10日起再次成立讼务局，形成大臣官房和民事局、刑事局、矫正局、保护局、人权拥护局、讼务局、入国管理局六局制。[②] 2018年7月，法务相上川阳子在重新整理入国管理局后，将其升级为具有一定独立性的外站。2019年4月1日起，入国管理局废除，

① ［日］法务行政研究会:《日本法务省》，董璠舆等译，中国政法大学出版社1992年版，第5—11页。

② 载 http://www.moj.go.jp/hisho/soshiki/enkaku.html，2022年9月15日访问。

成立了入国在留管理厅作为司法部的外局。新入国在留管理厅的负责人称为“长官”，并设置了出入国管理部和在留管理支援部。[①] 至此，法务省本部形成了现在的架构，即大臣官房和民事局、刑事局、矫正局、保护局、人权拥护局、讼务局六局制。

第二节　日本的司法行政体制

一、法务大臣及法务省架构

法务省是日本最高司法行政机关，根据《国家行政组织法》（1948 年法律第 120 号）第 3 条第 2 款设置。法务省的首长为法务大臣，并设有法务大臣政务官，法务副大臣，事务次官和法务大臣秘书官协助工作。主要机构有大臣官房和 6 个职能局，以及审议会、设施（研究机构）、特别机关（检察厅）、外局。一些部门和机关在地方设有分支机构。[②] 法务省在全国共设 8 个法务局和 42 个地方法务局，261 个支局，105 个出张所。2019 年法务省本部有 778 人，法务综合研究所 84 人，法务局 8894 人，检察厅 11860 人，矫正官署 23613 人，更生保护官署 1843 人，出入国在留管理厅 5432 人，公安审查委员会 4 人，公安调查厅 1650 人。法务省 2019 年度的预算金额为 8200 亿日元，东京大地震重建特别账户 32 亿日元，一般账户的 63.2% 左右是人事费。[③]

二、内部部局

（1）大臣官房。大臣官房主要负责法务省的日常工作，协调各个所属局处的工作。大臣官房共有职员 439 人[④]，设 5 个课、1 个管理官，并单设

① 载 http：//www.sohu.com/a/250884260_474031，2022 年 9 月 15 日访问。

② 2019 年日本法务省官方宣传册。

③ 2019 年日本法务省官方宣传册。

④ 该数据源自王公义：《中外司法体制比较研究》，法律出版社 2013 年版，第 157 页。依该数据，大臣官房人数远高于其他部门，占法务省本部一半有余。但笔者尚未查到其他最新数据，故暂予保留。

1个部（含2个课）：秘书课，下设企划再犯防止推进室、广报室、政策立案和情报管理室，主要负责保管皇统、皇谱副本；本省及所属各厅内部组织事项，与最高法院联络，提高行政效率，信息系统管理，与法务有关之法令通知贯彻，公文文书翻译。人事课，负责法务省的定员、任免、薪金，公证人、人权拥护委员会及保护士的人事管理，司法考试管理委员会，检察官合格审查会、检察官特别考试审查会及副检察官选考审查会，会计课、营缮课、厚生管理官的人事工作。会计课，下设监察室、厅舍管理室；负责财务会计和工程设计。国际课，负责国际事务基本方针的规划与综合协调、召开国际会议、外国政府官员礼节性拜访等。设施课，下设技术企划室。厚生管理官，负责职员福利、灾害补偿等。司法法制部，下设司法法制课，审查监督课，负责制定与司法制度有关的和不属于其他部局主管的法案，关于司法制度和有关法务资料的调查研究、收集、整理、编纂和刊行，国内外法令及判例的收集、整理、编纂和刊行；法制审议会事务；国立国会图书馆法律部分馆的管理；法务统计。①

（2）民事局。该局负责注册登记、户籍、国籍、公证以及司法书士、土地调查士等相关事务。职员66人，设4个课和1个管理官。总务课，下辖登记情报管理室、登记情报中心室，负责公证，民事行政审议会及公证人审议会事务，负责法务局和地方法务局事项。民事第一课，负责户籍管理，根据《住民总账法》第9条第2款及该法第3章规定的户籍副票事务，文化教育及厚生事务。民事第二课，负责不动产等登记事务，司法书证及土地房屋调查，外事和农林水产民事事务。商事课，负责商事事务，非讼事务，商业登记，法人登记，委托保管，与财政金融通商有关事务。民事法制管理官，参与民事法律的制定。②③

（3）刑事局。该局负责监督和管理刑事执行，维护社会治安，准备各种有关刑法基本法的法令草案，实施相关国际条约，引渡犯人等各项工作。职员52人，设有3个课和2个管理官：总务课、刑事课、公安课，刑事法制管理官，国际刑事管理官。

---

① 2019年日本法务省官方宣传册。

② 2019年日本法务省官方宣传册。

③ 参见［日］法务行政研究会：《日本法务省》，董璠舆等译，中国政法大学出版社1992年版，第11—13页。

（4）矫正局。该局主要负责执行刑罚，管理服刑人员，处理违法人员的收容、拘禁、移送、释放等各项工作。该局还负责矫正设施的保安，收容者的保健、医疗、教育、保护和罪犯指纹等工作。矫正局拥有职员48人，设3个课和1个管理官：总务课，下设更生支援室，矫正监察室；成人矫正课，下设警备对策室；少年矫正课；矫正医疗管理官。法务省矫正局负责管理各类矫正机构，全国共计62个刑务所，6个少年刑务所，8个拘留所，共辖8个刑务支所和100个拘留支所，另有76个刑事设施视察委员会；45个少年院，下辖6个分院，有45个少年院视察委员会；49个少年鉴别所，下辖3个分所，有49个少年鉴别所视察委员会；1个妇人辅导院。（矫正）行刑设施中，承担维持设施内治安及犯人处遇的是法务事务官。为采取阶级制的制服职员，还有法务教官、分类技官、工作技官、医官等专门职员。

（5）保护局。该局负责受刑人的假释、临时住院、保护观察等工作；监督、保护和教育罪犯和青少年犯；还负责组织从事此工作的社会志愿者、更生保护妇女会、更生促进雇主协会、保护观察人组织等。该局22人，设3个课：总务课；更生保护振兴课，下辖地域合作和回归社会支援室；观察课。

（6）人权拥护局。该局负责全国有关侵犯人权案件的调查工作，开展相关宣传活动、普及人权意识。职员20人。设3个课，包括总务课，下辖人权拥护推进室；调查救济课；人权启发课。

（7）讼务局。该局下设讼务企划课，下辖讼务调查室；民事讼务课；行政讼务课；租税讼务课；讼务支援管理官。

三、特别机关

法务省下辖的特别机关即检察厅。根据《法务省设置法》[①]，日本法务省负责"检察的相关事务"，专门负责刑事案件的侦查和起诉。[②] 检察厅包括：最高检察厅，高等检察厅8个（辖支部6个），地方检察厅50个（辖支部203个），区检察厅438个。

① 平成十一年七月十六日法律第九十三号，最终改正：平成二一年七月一五日法律第七九号。

② 何家弘：《日本的犯罪侦查制度（一）》，载《公安大学学报》1997年第2期。

四、外局

（1）出入国在留管理厅。该厅负责外国人入境审查和批准，以及日本人出入境管理以及违法外国人收容等事务。2019年4月1日，在原入国管理局基础上成立出入国在留管理厅。新入国在留管理厅设“长官”和“次长”各1人，审议官2人（综合调整、国际）和参事官2人。直属厅长官的有总务课、政策课；并设置了“出入国管理部”和“在留管理支援部”。“出入国管理部”包括出入国管理（难民认定室）、审判、警备3个课，增加入国审查官和入国警卫人员，强化出入国检查体系和非法就业及滞留者排查等。“在留管理支援部”包括在留管理、在留支援2个课及情报分析官，接受企业和地方自治团体的合作，掌握雇佣情况，并负责对外国人的支援政策。[①][②]

（2）公安审查委员会。根据《国家行政组织法》，法务省设立公安审查委员会。为了确保安全，委员会根据《防止破坏活动法》和《规制无差别大量杀人行为团体法》等相关法律，对破坏性团体和实施滥杀的团体进行适当的检查和决定。仅当公安调查厅厅长要求采取监管行动，委员会才作出此审查和决定[③]。

（3）公安调查厅。1952年7月21日《防止破坏活动法》生效，公安调查厅同时成立，负责对破坏性组织进行调查，并根据该法提出处置要求。地方设公安调查局8个，公安调查事务所14个。1999年12月27日《规制无差别大量杀人行为团体法》生效，该厅负责对从事滥杀行为的群体进行了调查并提出处置要求。这些处置措施包括限制该团体的活动，收集情报、现场检查以及解散等监管措施。[④]此外，公安调查厅是日本情报界的核心成员，在调查过程中收集和分析与国家和公共安全相关的情报，及时、适当地向有关组织提供国内外信息和资料，促进政府应对危机管理，制定外交和安全等重要政策。[⑤]

---

① 载https://www.moj.go.jp/isa/about/organization/chart.html，2022年9月15日访问。
② 载http://www.sohu.com/a/250884260_474031，2022年9月15日访问。
③ 载http://www.moj.go.jp/kouanshin/kouanshinsa_index.html，2022年9月15日访问。
④ 载http://www.moj.go.jp/psia/20130401kisei.html，2022年9月15日访问。
⑤ 2019年日本法务省官方宣传册，2022年9月15日访问。

五、其他种类机构

法务省还下辖个各审议会，包括司法考试审议会、检察官适格审查会、中央更生保护审查会、日本司法支援评价委员会、法制审议会、检察官特别任用审查会、公证人任用审查会等。

法务省下辖的“设施等机关”，除了各刑务所、矫正所外，还有法务综合研究所，下设 8 个支所；矫正研究所，下设 7 个支所。

第三节　日本司法行政机关的职能

一、法定职能概述

根据日本《法务省设置法》①的规定，法务省的任务是负责维护和发展基本法律制度，维护法律秩序，维护人民权利，统一和适当处理与国家利益有关的争议，和公平控制出入境。法务省的职责包括：(1) 民事法制相关发展规划；(2) 刑事法制相关发展规划；(3) 司法制度相关发展规划；(4) 司法考试相关事务；(5) 整理和编写有关国内外法律和法律事务的材料；(6) 法务相关调查和研究；(7) 检察的相关事务；(8) 司法警察职员教育培训；(9) 犯罪人的引渡、调查等国际司法协助事务；(10) 预防犯罪；(11) 前述第二项和第七项之外的刑事侦查事务；(12) 刑罚的执行和拘留，青少年鉴别所的收容，执行法院判处的保护观察和少年保护观察和辅导处分等；(13) 被判刑人移管；(14) 前两项内容中的矫正事务；(15) 恩赦；(16) 假释放、假出场、假退院、不定期刑的终止和退院；(17) 保护观察、更生紧急保护及刑事施设、少年院、妇人补导院中收容者生活环境的调整；(18) 保护士相关工作；(19) 更生保护事业的推进和监督；(20) 第十项、第十三项、第十六项之外的其他更生保护的事务；(21) 精神病人的社区观察，在心理健康社区观察和根据《精神损失条件下严重其他伤害行为人员的医疗和观察法》等规定受到同一法律约束的其他人员，以及治疗

① 平成十一年七月十六日法律第九十三号公布；令和四年法律第六十八号改正。

和生活环境的调查和调整（属于卫生，劳动和福利部管辖范围的除外）；（22）根据《防止破坏活动法》（1952年法律第240号）的规定对破坏性群体进行规制；（23）根据《无差别大量杀人行为和团体规制法》（1999年法律第147号），对无差别大量杀人行为和团体进行调查和规制；（24）有关国籍、户籍、登记、存款和公证的登记；（25）律师、土地测量员的登记和管理；（26）第一项和前二项之外的民事登记事务；（27）以及其他民事登记业务；（28）外国律师的管理；（29）债权回收业的监督和管理；（30）根据《关于促进使用非讼争端解决程序法》（2004年法律第151号）的规定，对私人争议解决程序业务的认可；（31）侵犯人权事件的调查和被害人的救济及预防；（32）推动人权启发及民间人权保护运动；（33）人权拥护委员会的相关事务；（34）人权磋商事务；（35）综合法律支援；（36）处理涉及与国家相关的法律案件；（37）日本人及外国人的出入境管理；（38）外国人在日本居留的许可；（39）难民的认定；（40）根据联合国和日本之间签订的相关的合作协议，设置相关的研究机构，在预防犯罪和刑事司法以及青少年犯罪预防和青少年罪犯待遇等领域，与联合国合作开展培训，调查和研究；（41）法务省所执掌事务的国际合作；（42）在法律规定的教育培训设施中进行法务培训；（43）在法官、检察官、公务员及法律职业工作者的法律学校教育的法律职业实践中，派遣检察官开展有关的合作；（44）前述所列者外，依法律或命令分配给法务省的工作。

日本法务省的法定职责虽有44项之多，但是相似的职责可以归为五类：起草政府法律案、刑事法务、民事类法务、矫正保护法务、其他法务行政。

二、起草政府法律案

在日本，立法为国会的任务，但法律案几乎都是由政府提出，法务省也同其他行政机关一样起草法律。但其他行政机关大多被称为政策官厅或者事业官厅，起草作为政策实施手段的法律（行政法规），而法务省起草、制定和修改基本法律。这些法律在日本又被称为“司法法”，即六法中除宪法外的民法、商法、刑法、民事诉讼法、刑事诉讼法及其相关法律。由于基本法律在法律领域中的重要地位，基本法律的起草和提案是法务行政中的核心工作。

法务省设置法制审议会作为基本法起草的准备机关，根据法务大臣提议，对于民事、刑事法律及其他有关法务的事项进行调查审议。法制审议会的历史较长，可以追溯到1893年为民法、商法的调查审议在内阁设立的法典调查会，后经历法律调查委员会（1907年）、临时法制审议会（1919年）、（旧）法制审议会（1929年）、临时法治调查会及司法制度审议会（1946年）的变化，名称虽不同，但法制调查这一基本职责未变。现在的法制审议会的性质也是基本法律起草的准备机关。

法制审议会根据当时的《法务府设置法》第13条于1949年6月1日起设立，为法务省的附属机关，关于其组织等由《法制审议会会令》（1949年政令第134号）规定[①]。法制审议会由法务大臣担任会长，委员不超过30人，由法务大臣从有关各厅的职员及各领域学者中任命，任期2年，可以连任，为非专职委员，且具有国家公务员身份。1984年，委员共25人，其中学者9人，法律实际工作者11人，经济界2人、有关各厅职员3人（最高法院事务总局、内阁法制局、法务省各1人）。审议会下设部门会及小委员会，如刑事法部门会、民法部门会、司法制度委员会等。

法务省制定和修改的基本法律涵盖几乎全部重要领域。如司法制度方面，制定了《法院法》（1947年）《检察厅法》《律师法》《司法考试法》等；废止了行政法院，将行政案件归普通法院管辖，并制定了《行政案件诉讼特例法》（1948年），后又制定《行政案件诉讼法》（1962年）；根据经济形势变化多次调整民事诉讼管辖（1951年，1970年，1982年）；废止执行领域的当事人委任制，改执行吏为执行官，制定了以实施法院分配事务为内容的《执行官法》（1965年），纯化执行官的国家机关性。民事方面，制定《民法部分修改法》（1947年），将民法中亲属继承部分以“家”和“男尊女卑”为核心，修改为以“个人”和“男女平等”为核心，同时将这两编修改为成平口语体；后又对民法进行大小十几次修改，如将地下或空间一部分设定为地上权（1966年），规定了根抵押制度（1971年），新改所谓“婚姓续称”制度（1976年）等；制定新《户籍法》（1947年）；制定了作为民法特别法的《国家赔偿法》（1947年），废除了国家无责任原

① ［日］法务行政研究会:《日本法务省》，董璠舆等译，中国政法大学出版社1992年版，第32—47页。

则；全面修改旧《国籍法》，制定新《国籍法》（1950年）；制定关于建筑物区分所有的法律（1962年）；修改《地租法》和《租房法》（1966年）；对担保采取分别立法，制定了《企业担保法》（1958年）和《关于临时担保契约的法律》（1978年）等。商法方面，以《株式会社法》为中心进行了屡次修改，废止股金分割投入制度（1948年），大幅引入美国公司法律制度（如采用授权资本制及无票面股份制度，缩小股东大会权限，采用常务理事会，新设累计投票、收买股份请求权等，1950年），引入公司审计人制度（1955年、1962年、1966年、1974年），制定《株式会社法部分修改法》（1981年）等。民事诉讼法领域，受美国法影响，进行了多次修改，例如：废止职权证据调查，引入交叉质询，违宪问题特别上告（1948年）；强化准备程序，集中审理（1950年）；限制上告理由（1954年）；设立票据、支票诉讼制度（1964年）；统一民诉法强制执行编和拍卖法，制定新的《民事执行法》（1979年）等。刑事法方面，日本根据新宪法精神于1947年全面修订刑法，并进行了多次部分修改（1953年、1954年、1958年、1960年、1964年、1968年、1980年等）；[①]1948年新《刑事诉讼法》公布后，又进行了10余次修改，包括家庭法院制度（1949年），简易公判程序和完善拘留制度（1953年）等；制定特别刑事程序法，如《维持法庭秩序法》（1952年），《交通案件即决审判程序法》（1954年），《出席证人被害给付法》（1958年），《刑事案件没收第三人所有物程序应急措施法》（1963年）；全面修改《少年法》（1948年），由家庭法院执行少年法保护处分，提高少年年龄至20岁，此后又进行了10余次修正。[②]

“二战”后，随着新宪法的实施，法院从司法省分离，司法行政权也由法院本身行使。最高法院依据宪法第77条对于有关诉讼的程序、律师、关于法院的内部纪律及有关司法事务处理事项有规则制定权。然而，有关司法基本事项的法律的起草和法案提交国会，即使与法院有关，也是由法务省而非法院负责。法院被认为在宪法上无权向国会提出法案。理由有二：一是法院拥有法律的违宪审查权，法院如果既提出法律又对法律进行

---

① 何勤华、方乐华、李秀清、管建强：《日本法律发达史》，上海人民出版社1999年版，第357页。

② ［日］法务行政研究会：《日本法务省》，董璠舆等译，中国政法大学出版社1992年版，第36—47页。

违宪审查，则是角色冲突，故承认法院法案提出权与法院的违宪审查权相矛盾。二是若法院有法案提出权，则法院本身亲自参与法律制定过程，等于积极的参与政治，要负政治责任，这与法院的中立身份不符。因此在日本，与法院有关的法律（主要是《法院法》，关于下级法院的设立及管辖区域的法律，关于法官报酬等的法律），由法务省担任起草工作，但法务省须事先与最高法院事务总局取得联系，进行充分协商。①

三、刑事法务行政

刑事法务行政由刑事局主管，具体内容由：关于检察事务及检察厅事项；关于犯人引渡及国际侦查协助事项；关于犯罪侦查的科学研究事项；关于司法警察职员的教育训练事项；有关刑事法令案作成事项；不属于其他机关管辖的预防犯罪及刑事司法事项。主要分为三类业务：

（一）关于检察的法务行政

关于检察的法务行政包括检察预算财务，检察厅的组织、机构、人事，检察业务工作指引，预防犯罪对策，对刑事法令的行政解释，要求对各个案件提供报告等。日本司法行政机关和检察机关的基本关系是，检察厅为法务省的下属机关，法务大臣对检察机关拥有指挥监督权，检察官须服从上级指挥监督。从而体现检察机关“半独立性”的特点。这种“半独立性”主要体现在三个方面：首先从体制上看，法务省负责“检察的相关事务”，检察系统为法务省下设机构，归法务省领导，检察厅不是法务省的内设部门，而是法务省的“特别机关”，检察厅的事务章程由法务大臣制定（《检察厅法》第 32 条）；检察官不再是司法官，而是行政官。其次是法务大臣有对检察官之指挥监督权。根据日本《检察厅法》第 14 条的规定，法务大臣就侦查、公诉及裁判执行等检察事务有一般之指挥监督权，但对检察个案之调查或处分，仅得指挥检察总长。据此，作为日本检察体系名义上的上司，法务大臣享有对检察官的一般之指挥监督权和对检察总长的个案指令权。由于检察总长系日本检察机关的最高首长，法务大臣可借个案处理中对检察总长发布指令而间接指挥全体检察官。但是对于

① ［日］法务行政研究会:《日本法务省》，董璠舆等译，中国政法大学出版社 1992 年版，第 26—27 页。

个案的侦查起诉等，法务大臣只能指挥检察总长，此举主要是抑制行政机关对检察官的不当干预，确保检察权相对独立行使。检察总长按照法务大臣的指挥，可以指挥下属检察官，但认为法务大臣指挥不当时，也可以不遵循。侦查处理中即使违反法务大臣的指挥，也不能认为是违法的。对于常规检察事务，主要由法务省刑事局负责。刑事局回答来自全国检察厅的询问，对法令进行行政解释，听取具体案件的报告，制定检察业务的刑事政策以应对社会经济形势和犯罪趋势的变化。最后是检察官的内部指令权。根据日本《检察厅法》第7条至第13条的规定，检察首长对所属检察官享有指挥监督权以及职务收取、移转权。① 即检察官受“检察一体”原则的约束，始终处于受上级检察首长指挥、监督的地位，如果检察长认为下级检察官履职不当，可以命令下级检察官不再负责该案件，或者将该案件交由他人办理。从以上三个方面，司法行政机关确立了对检察机关管理的基本关系，检察机关为司法行政机关指挥监督之下的半独立机关，检察官的独立性与法官独立不同，具有一定的限度，同时检察官又依附于司法行政机关。

（二）刑事法令案的制作

刑事法令案主要包括三类：刑法、刑事诉讼法等有关刑事法律的起草修改；法案审议，即其他省厅主管的法令中涉及制定罚则时，从刑事政策及检察权运用的观点予以阐释；对检察权行使过程中遇到的法令疑义进行行政解释。刑法和刑事诉讼法等基本法典的修改，以刑事局参事官为主；其他则按内容由各课分别处理。刑事局主管的法律不仅有基本法律，还有单行刑法、特别刑法、组织法、程序法、预防犯罪法等，如刑法及其施行法，刑事诉讼法及其施行法，检察厅法，轻犯罪法，少年法，司法警察等指定应急措施法，罚金等临时措施法，刑事补偿法，法庭秩序维持法，引渡法，交通案件即决审判程序法，卖淫防止法，证人等被害给付法，刑事案件中没收第三者所有物程序应急措施法，处罚劫持航空器法，处罚危害健康公害法，处罚使用燃烧弹的法律，国际侦查协助法等。

---

① 万毅：《对日本检察官“半独立”地位不要误读》，载《检察日报》2015年6月9日，第3版。

（三）国际刑事司法事务

国际刑事司法事务主要包括：罪犯引渡和国际侦查协助，刑事局同时也负责相应的法律；参与和实施各种国际刑事法律公约、条约等；另外就是由于日本战后被盟军占领及美国在日驻军，涉及盟军在日地位和行使刑事管辖权的法律，以及美日安保条约下的刑事特别法。

四、民事类法务行政

大民事类法务行政包括民事、讼务、人权三个方向，分别对应法务省民事局、讼务局、人权拥护局的主管事项，在地方，则属于法务局、地方法务局业务范围。民事法务行政范围最广，包括不动产登记，商业、法人登记，委托，户籍、国籍登记，公证人、司法书士、土地房屋调查士等；而讼务行政则处理与国家利害有关的民事和行政纠纷的制度；人权拥护则专为保护和救济人权而设。

（一）民事法务行政

第一，不动产登记。日本民法的不动产权利采用登记对抗主义，不登记的不动产权利不能对抗善意第三人。不动产权利登记，包括所有权、地上权（土地使用权）、永佃权、地役权、先得权、质权、抵押权、租赁权和采矿权。权利的变动，必须进行登记的有设定、保全、转让、变更、处分的限制、消灭六种。不动产登记簿分为土地登记簿和建筑物登记簿，并附有地图。不动产登记，当事人负申请义务，但是为明确现状，登记官有权实地调查，依职权登记；但是对于权利登记，除法律由特别规定外，不允许登记官依职权登记。登记业务分两类：甲号案件，即需要记入登记簿上的案件；乙号案件，即阅览登记簿、请求发副本、节本以及各种证明文件。

房屋土地调查士制度与房屋土地登记紧密相关，其为准确记载房屋土地登记信息，服务大众，顺利办理房屋土地手续而设。该制度源自昭和初年制定的接受税务署长委托办理土地房屋的调查、测量、地租及房屋租申报手续的土地调查员制度。1950 年制定了土地调查士法，1960 年对不动产登记法进行修改，由于土地登记底册、房屋登记底册与登记簿实行一元化的结果，特别规定土地房屋调查士应在不动产登记方面，以办理土地、房屋调查、测量、或申请手续为业。

第二，商业、法人登记。商业登记是公司（株式会社、合名公司、合资公司、联合公司等）名称、所在地和高级管理人员的登记公示系统；法人登记是公司以外的其他法人（如普通社团法人、普通财团法人、社会福利法人、宗教法人、中小企业等消费合作社、农业生产合作社等）的登记公示系统。日本的商业登记制度源于德国，从1893年6月旧商法施行时开始制定。关于登记手续的规定，在1963年商业登记法制定前均明文规定在非讼案件程序法中。战前，商业登记事务虽属于法院掌管，但不属于诉讼案件范畴；战后归司法事务局掌管；而后，经过组织改变，商业登记事务由法务局或地方法务局及其分局或办事处来办理，具体则由登记所执行。法人登记则主要依据1964年3月的特殊法人登记令及合作社登记令，特殊法人登记令列举了125种法人，是由国家全部或部分投资设立的，国家独立核算的法人；合作社登记令列举了59种法人，是由民间投资设立的，公共性很强的，被置于行政厅监督下的法人。公司、法人只有进行设立登记才能获得法人资格，也可以通过登记基本信息来维持信用。

第三，委托事务。由于日本旧民法、旧商法和民事诉讼法的规定，在1890年日本制定了委托规则。在现行民法及商法实施后，制定了委托法。委托原本只是在民法、商法、民事诉讼法的范围内，后来由于社会经济的发展，委托的范围也在扩大。现在的委托大概可以分为“债务清偿委托”“担保委托”“执行委托”“征收委托”及“保管委托”[①]。

其中，债务清偿委托，是指承担给付金钱等债务的债务人，当债权人拒绝受领而不能履行该项债务时，可把标的物委托于受托所以免除其债务。与我国民法典上的提存制度类似，是一种债务履行的替代，指因法定原因债务人难以向债权人履行债务时，债务人将标的物交给提存部门而消灭债务的制度。其占委托案件总数的80%以上，而且其大部分为地租、房租的清偿委托，靠工资生活者为清偿债款，也可以利用委托制度。

担保（保证）委托，是指为担保特定的对方所蒙受的损害，而预先

---

① ［日］法务行政研究会：《日本法务省》，董璠舆等译，中国政法大学出版社1992年版，第222—225页。

设定的保证金。可分为营业担保委托、诉讼上的担保委托（如担保诉讼提起，假执行，强制执行的停止或恢复，假扣押、假处分的申请、撤销和恢复等）、税法上的担保委托。案件之多仅次于债务清偿委托，尤其是营业担保委托的种类更多。

执行委托，是指由执行机关或申请执行的当事人，把民事执行标的物委托于受托所，由受托所进行标的物的管理或交给申请的当事人。

没取委托（征收委托），如根据公职选举法的规定，为提名候选人所做的委托，目的是为防止提名后选人的滥用。

保管委托，是指为防止标的物的散失而进行的委托。如保险公司经营恶化，资产陷于不良状况，为防止财产的散失进行的委托。

第四，户籍、国籍登记事务。明治 4 年（1871 年），日本公布了户籍法，开创了全国统一的户籍制度。户籍制度是日本唯一的国民身份登记制度，登记构成国家成员的国民，从出生至死亡的身份关系，并对外予以公开证明。户籍是证明日本国籍、继承，及各种退休、养老金领取资格的凭证，并且是市町村的居民登记、人口动态统计以及国家或地方公共事业和行政的基础资料。户籍事务是证明人身关系的事务，在某种情况下也是参与人身关系形成的事务。跨国婚姻及其他涉外身份行为等产生的跨国婚生子女，归化、脱离国籍等也与户籍紧密相关。户籍登记的业务包括出生，认领，收养，收养关系终止，结婚，离婚，亲权、保护人、监护人、辅佐，死亡，失踪，恢复姓氏，姻属关系终止，继承人废止，入籍，分籍，归化，国籍丧失，姓的变更，名的变更，迁移户口，漏报户口补登，订正、更正等。

户籍事务由市町村长掌管，司法行政机关监督。这是源自明治初年确立的传统。一般来说，户籍事务是国家事务，并非市町村固有事务，但是国家对户籍事务又没有特别设置处理机关，而是一直由市町村长来担当的。另外，由与人民有密切关系的市町村长来掌管，也比较合适。再者，这是把国家事务委任于市町村，这是一种机关委任，户籍法规定户籍事务由管辖市政府、区政府、或町公所、村公所的法务局或地方法务局长进行监督，市町村议会无权干预户籍事务的处理。明治 31 年（1898 年）和大正 3 年（1914 年）的户籍法规定由管辖市政府或町公所、村公所所在地的区法院一名审判官或监督审判官监督户籍事务。战后新宪法实施后，改由司法事务局或办事处长进行监督。后司法事务局改组为法务局、地方法务局后，则继承了对户籍事务的监督。法务局、地方法务局长可以就户籍事务发布训令，受理市町村长订正户籍或记载，定期到市町村进行业务指导等。在户籍簿的重新制定、补充，以及市町村长在户籍事务的处理上产生疑问时，则由法务局、地方法务局请求法务大臣给予指示，法务大臣通常以法务省民事局长的通告、答复、指示来进行监督。

与户籍紧密相关的国籍事务，也由法务省主管。

第五，成年监护事务。是为了保护和支持那些因痴呆，智力障碍，精神障碍等导致的判断能力不足的人，为其设定监护人代为处理诸如财产管理和签订合同等事务的制度。另外，成年监护登记制度中，登记官根据法院的选任，登记成年监护人和公证后的自愿监护合同内容，并颁发载有这些登记事项的证明书。

第六，公证事务。日本公证人制度始于明治 19 年（1886 年）的公证人规则，公证人由法务大臣从经公证人考试合格的，曾任法官、检察官、法学士、法科大学毕业生以及代辩人（律师）的人士中任命。1909 年公布了公证人法。1949 年公证人法修订，与法务厅设置法的修改同时进行，这次修改后的公证法沿用至今，未作大修。公证人隶属于法务局、地方法务局，以所属局的管辖区域作为职务执行区域。公证人的定员是根据公证人定员规则按照每个法务局、地方法务局或其分局来规定。公证人可以收费，但不论收入多少，在经济上不享受国家补贴。

第七，司法代书事务。该制度是为保护人民权利，妥善进行登记、委托及诉讼而设。早在明治初年根据司法职务定制及诉讼答辩文例及附录中，就规定写诉状的专业人员代书制度。司法代书士撰写有关民事诉讼的诉状或者答辩状，凡与诉讼有关的文件非经代书之手，不得作为证据。法律赋予代书士极其重要的权限，作为法院的辅助机关。1919 年制定了司法代书士法，规定了以制成向法院及检察院提交诉讼文件为业的司法代书士制度。改法后经 1935 年、1950 年、1956 年、1967 年、1978 年多次修改，沿用至今。有司法代书资格的人，要想当司法代书士，必须要将事务所开在所在地法务局或地方法务局范围内，并在法务局或地方法务局司法代书名簿上登记。

（二）讼务

讼务制度是法务省统一的、一元化处理与国家利害有关的，应当由国家或者行政官厅作为当事人出面的民事和行政纠纷的制度。该制度产生于“二战”后，为应对国家索赔案件及各种行政诉讼案件的增加，日本将各种行政诉讼统一交由法务省负责，减轻了各官厅之负担，维护了国家利益，理顺了国民与国家法律纠纷。法务省办理诉讼的组织，在中央为法务省讼务局，在地方设有法务局讼务部及地方法务局讼务科。

（三）人权拥护事务

鉴于“二战”期间日本军国主义的累累罪行，战后宪法一大基本原则是保障人权。国会、法院、行政机关及地方公共团体均从各自立场维护人民基本权利。1948 年 2 月，法务厅成立时，专门设置人权拥护局，现为法务省人权拥护局；法务局、地方法务局及其分局也承担人权拥护职责。在全国市町村设置人权拥护委员，由法务大臣委托执行职务，完全为自主服务活动，无定额工资，并不适用国家公务员法。人权拥护旨在保障人民基本权利不受侵害，如遇侵害，不论私人侵害还是公务侵害，则可调查处理，以法律手段救济；同时承担一定的宣传启迪责任。

五、矫正保护行政

日本的矫正保护行政，有“矫正”和“更生保护”两类，相当于刑事执行，同归法务省主管。

（一）矫正

“矫正”归矫正局主管，是指把罪犯或犯罪少年收容到设施内处遇，即监禁类刑事执行，包括徒刑、监禁刑的服刑（刑务所），死刑犯的收容，对未决犯的拘留（拘留所）；受到观护措施少年犯的鉴别（少年鉴别所）；受到保护处分的少年犯的矫正教育（少年院）；受到辅导处分的妇女辅导（妇女辅导院）。

其一，矫正行刑。矫正行刑是对被判处徒刑、监禁、拘留刑者和死刑确定者以及被看押者实行的处遇的总称。行刑的主要依据是明治四年制定实施的监狱法及监狱法实施规则。监狱法主要是根据德国监狱规则制定的，后在大正 11 年进行修改，将“监狱”改为“刑务所”。1933 年引入累进处遇制度，1937 年将主要收容未决拘禁者的设施称为“拘留所”。1972 年制定行刑分类规程，作为新的受刑者分类制度基础。未决拘禁是刑事诉讼法上的强制措施，嫌疑犯或被告人被收容在作为刑事设施的拘留所或拘留支所以及监狱的拘留区。

其二，少年矫正。日本的少年保护矫正制度始于大正 11 年公布的旧少年法及矫正院法，1948 年少年法被全面修改，同时矫正院法被改为少年法院法，从而形成现在的制度。少年院收容被家庭法院处以保护处分的少年犯，并对之进行矫正教育。少年院针对少年犯罪多样化和复杂化倾向，考虑到少年的不同特点和问题，采用有针对性的短期和长期多种处遇类型，按年龄、犯罪倾向的程度、有无身心疾病等分别进行，对每个少年都实施必要、有效的矫正教育。目前设置了初等、中等、特等、特别和医疗五种少年院。

其三，少年鉴别。鉴别，是由于犯罪原因涉及人格和环境，因此需要从生理素质、性格、能力、动机、欲望、社会状况等方面研究分析，制定有针对性的处遇方针。少年鉴别所有两种功能，收容和少年鉴别。它主要收容被家庭法院处以观察措施的少年犯，同时帮助家庭法院开展调查、审判及执行保护处分而提供鉴别服务。少年鉴别所对受观护措施的少年的鉴别分为收容鉴别和居家鉴别两种，对家庭法院送来的少年进行鉴别是最主要的鉴别业务，其还根据少年院、地方更生保护会和保护观察所等有关机关的委托进行鉴别，以及根据普通社会的公私团体和个人委托进行鉴别，其中来自学校的最多。

其四，妇女辅导。触犯《卖淫防止法》第 5 条规定之罪（卖淫的劝诱等）的成年女子被判缓刑时，法院可以并处辅导处分，矫正卖淫习性，使其领会市民意识和女性必要的生活规律和态度，并使其掌握劳动技能等，成为由社会适应能力的普通社会人。妇女辅导院就是收容被判处辅导处分的妇女，并对其更生进行必要辅导的设施。这种辅导不是刑罚，而是保护性强的一种保安处分，在卖淫防止对策上，它作为对成人的收容保护处分，开辟了新的领域。

（二）更生保护

“更生保护”归保护局主管，是执行社会内处遇，促进罪犯复归社会的措施。这些更生保护起着代替或者补充设施内处遇的作用。日本明治十五年的旧刑法建立了少年惩治场所和对释放者的警察监视制度，此为更生保护的萌芽。明治中期后，民间建立了许多保护团体，更生保护事业在民间的主导下得到发展。1939 年制定司法保护事业法，建立了国家对民间更生保护事业的培养监督体制。民间保护团体只实施临时保护和收容保护，对成年人的保护观察由司法保护委员承担。现在的更生保护行政开始于 1947 年的恩赦法和 1949 年的罪犯预防更生法，后在 1950 年制定紧急更生保护法、保护士法、1954 年制定缓刑犯保护观察法，建立起由国家承担更生保护责任的制度。日本现行的“更生保护”是指在社会上处遇罪犯和少年犯，实施保护观察及紧急更生保护以防止其重新犯罪的刑事执行制度。

更生保护工作由保护观察所、地方更生保护会、中央更生保护审查会和保护士承担。保护观察所的任务是实施保护观察，调整被收容在矫正设施内者原居住地的环境，呈报恩赦，促进社区的预防犯罪活动。保护观察所设在全国 50 所地方法院所在地，此外还有支部 3 所，驻在官事务所 26 所。地方更生保护会的任务是批准和取消假释监督（批准假释的，由委员 3 人合议进行）；其他有关监督保护观察所事务和有关监督保护观察会事务等普通行政，根据地方更生保护会全体组成人员决议决定。中央更生保护审查会的任务是向法务大臣呈报实施个别恩赦，处理对地方更生保护会决定的不服案。地方更生保护会及保护观察所配备保护观察官，为专职的国家公务员；保护士从民间志愿者中选任；其他民间组织也协助更生保护工作。

更生保护的一大适用对象是假释犯。假释是行政机关在刑期或收容时间届满前的适当时间，让被收容者复归社会的总称，根据矫正设施的不同，分为四类：将受徒刑或监禁者暂时释放出狱的假出狱；暂时释放少年院监禁者的假出院；暂时释放妇女辅导院收容者的假退院；暂时释放拘留者或劳役场拘押者的假出场。前三种假释期间都需要附带保护观察，其间重新犯罪或严重违法的可以撤销假释，再次收容；但第四种假出场附带保护观察，也不能取消假出场。

保护观察所实施的保护观察措施包括指导监督、辅导援助，对负伤、患病、无家可归者的紧急救护、援护，采取分类处遇、定期驻在访谈等措施。保护观察中的处遇活动，原则上由保护观察官和保护士协助实施。

紧急更生保护，是根据紧急更生保护法，为防止因刑事程序而被解除身体拘束的刑满释放者，缓期起诉者等进一步实施犯罪的危险，由国家采取的紧急保护措施。措施包括两类：一类是供给食物和衣物，帮助医疗和保养、协助解决住所、为解决其他生活需要而临时借给其金钱；另一类是提供住宿并进行必要的教养训练，职业辅导，调整家庭环境等。对象包括刑罚执行完毕者（刑满出狱和假出狱期间届满）；免予刑罚执行者；被判处缓刑且刑罚已经确定者；受到缓刑判决，并未被交付保护观察者；缓期起诉者；妇女辅导院退院者。上述人员因刑事程序而被解除身体拘束后，在不超过6个月内，不违反本人意志并经申请的情况下，由保护观察所确定其是否需要以及采取何种保护措施。从对象种类上看，刑满释放者最多，缓期起诉者次之，缓刑者居第三位。

六、其他法务行政

（一）出入境管理

明治维新后至“二战”期间，对外国人行政管理主要由内务省负责，其具体的入境、滞留管理由警官进行。“二战”后，内务省于1948年2月废除，有关外国人登记的事务归法务厅管辖。当时在外的日本人战后归国和在日本的外国人返乡数量巨大，管理体制比较混乱，出入境事务管理分别由外务省入境管理部、法务府民事局、法务府检务局、厚生归国援助厅、国家警察分别掌管。为结束这种混乱局面，驻日盟军司令部于1950年9月发布命令，政府于同月制定了出入境管理厅设置令，设置外务省外局“出入境管理厅”作为进行外国人注册及强制非法入境者离境的主管机关。1952年8月1日，法务省设置法修改，外务省外局入境管理厅被改为法务省内局入境管理局，地方机关也由派出所改为入境管理事务所，其下设置入境管理事务所派出所。[①] 出入境管理行政方面的基本法律为出入境管理和难民认定法（1951年），业务主要包括出入境管理，外国人居留管理，强制外国人离境，认定难民和外国人登记。2019年4月1日，日本法

① ［日］法务行政研究会：《日本法务省》，董璠舆等译，中国政法大学出版社1992年版，第292—299页。

务省将入境管理局改为入国在留管理厅。

（二）公安调查、公安审查

根据防止破坏活动法的规定，作为法务行政之一的公安调查和公安审查，分别由法务省外局公安调查厅和公安审查委员会掌管。防止破坏活动法旨在防止以暴力破坏日本国宪法规定的基本秩序，确保公共安全。该法补充了刑法规定的有关内乱罪、外患诱致罪和外患援助罪，以及有关政治目的的骚乱罪、放火罪、爆炸罪、杀人罪、强盗罪的罚则，把这些犯罪定义为“暴力主义破坏活动”，为了防止相关团体持续、反复或策划实行团体“暴力主义破坏活动”，以行政处分来限制其活动。公安调查厅负责调查破坏性团体，并提请进行团体规制处分；公安审查委员会受理上公安调查厅的请求，审查并作出决定。“二战”后，联军解散内务省和特别高等警察和反对占领的团体，废除了治安维持法、治安警察法等，清算了日本的军国主义。原来由内务省调查局执行的禁制结社和解散团体的职责，在内务省解体后转移至在新成立的法务厅设置特别审查局，继续负责公安审查事项。1952 年盟军占领结束，1953 年 7 月防止破坏活动法生效，取代原盟军的命令。该法对刑法进行了补充，并明确了团体规制制度，规制处分包括限制活动 6 个月（禁止示威、公开集会、禁止发行机关报、禁止特定工作人员活动）和解散处分。

公安调查厅是一个准情报组织，主要对危害国家安全和公共安全的邪教团体、政治团体、暴力极端团体、恐怖主义团体进行调查，同时还收集周边国家活动的情报。公安调查官可以采用一切手段进行调查，但无权逮捕、搜查和关押。之所以将该项调查权力交由法务省执掌，主要是考虑到警察不宜权力过分集中，但由于警察也有侦查和预防犯罪的职责，因此破坏防治法规定，公安调查厅和警察厅以及都府道县警察应当互换情报。① 根据《防止颠覆活动法》，公安调查厅对有从事暴力颠覆活动风险的团体进行调查。此外，根据《关于管理滥杀滥伤团体的法律》，对于过去曾犯下滥杀滥伤行为且仍被认为具有危险分子的团体，除要求公安审查委员会采取观察和防止再次发生的措施外，还收集被观察组织的报告，对组织的

① 2019 年日本法务省官方宣传册。日本的公安调查厅与联邦德国的宪法保卫局相似，宪法保卫局不是警察，没有警察权和取缔权。

设施进行现场检查，并进行必要的调查。①

在日本，曾出现过实施东京地铁沙林毒气袭击的“奥姆真理教”、恐怖组织和游击队等极端分子和右翼团体，以及可能影响公共安全的“朝鲜总联”等团体。1996年7月公安审查委员会依照破坏活动防止法，宣布“奥姆真理教”为非法组织。但1997年1月，司法部门又认为没有足够充分的证据证明“奥姆真理教”对社会构成直接或间接的威胁。这实际上默认了“奥姆真理教”继续存在合法性②③。公安调查厅厅长又要求对“奥姆真理教”根据《控制乱杀群众的集团法》第5条寻求观察和处置，并于2000年1月28日，委员会做出一项决定，指出“奥姆真理教应接受公安调查厅厅长的观察，为期三年”，并每三年重新审查一次。④ 为掌握“奥姆真理教”的活动情况，公安调查厅对其进行监视、观察和现场检查，掌握其发展信徒、策划滥杀活动等情报。

（三）司法法制调查

这指的是法务大臣官房司法法制调查部所掌管的业务。司法法制调查的业务包括：有关制定司法制度方面的法令案以及不属于其他部局所掌管的法律案；调查、收集、整理、编辑有关国内外法令、司法制度以及法务的资料；有关法务方面的统计；有关法制审议会的事项；有关国立国会图书馆法务图书分馆的事项。

（四）考试业务

司法考试是对法官、检察官、律师资格和能力的考试，分为第一次和第二次司法考试。现行司法考试是依据1949年实施的司法考试法进行，为管理司法考试业务，法务大臣管辖之下设置作为法务省外局的司法考试管理委员会，该委员会由法务事务次官、最高法院事务总长及由法务大臣根据日本律师联合会推荐任命的律师组成。律师委员任期为2年，可以连任。委员会设总理会务、委员长。委员长由法务大臣根据委员间互选结果

---

① 2019年日本法务省官方宣传册。

② 载 https://baike.baidu.com/item/%E5%A5%A5%E5%A7%86%E7%9C%9F%E7%90%86%E6%95%99#3_3，2022年9月15日访问。

③ 公安调查厅厅长要求根据《防止破坏法》第7条要求解散“奥姆真理教”，公安审查委员会于1997年1月31日发出了对此项处置的要求：“驳回该处分请求”。

④ 载 http://www.moj.go.jp/kouanshin/kouanshinsa_index.html，2022年9月15日访问。

任命，但一般都由法务事务次官任委员长。委员会没有专职职员，委员会庶务由法务大臣官房人事课负责。拟定试题。审查答案等事务由司法考试考察委员执行，根据考察委员的合议决定考试合格者。各种考试的考察委员由法务大臣根据司法考试管理委员会的推荐，从学者和实务家中任命。检察官特别考试，是有 3 年以上副检察官经历者被任命为二级检察官之前，依据检察官特别考试令组织的考试。副检察官特别考试，为副检察官任命前的资格考试。此外还有司法书士考试和土地房屋调查士考试。

（五）法务研究、研修

承担法务研究和研修的主要部门是法务综合研究所，该所在横滨、大阪、名古屋、广岛、福冈、仙台、札幌和高松设置 8 处支所。1947 年 5 月新宪法实施后，法院被从司法省划分出来，与此同时，以前一直作为判事、检事和司法官试补研究、研修机关的“司法研修所”，也被分为设立在最高法院的“司法研修所”和设立在司法省的“司法省研修所”。后者即法务综合研究所的前身，曾因司法行政机关名称的变化而使用过“法务厅研修所”（1948 年 2 月）和“法务府研修所”（1949 年 6 月）。1952 年法务省组建时，与以前单独设立的“检察研修所”合并，设立了“法务研修所”。进入 50 年代后期，由于青少年犯罪激增等犯罪趋势的变化，进行综合性刑事政策研究越发必要和紧迫，因此，一直以职员研修为重点的法务研修所增设专门性的刑事政策研究部门，1959 年 5 月成立“法务综合研究所”。其后，根据联合国和日本政府的协议，与 1961 年 6 月在日本设立了“亚洲远东预防犯罪研究所”，于此同时，在法务综合研究所设置“联合国研究协力部”直到今日。目前，法务综合研究所设有研究部、研修部、联合国研修协力部。此外，法务省还设有矫正研究所和公安调查厅研修所。

第四节　广义的司法行政机关——内阁法制局

日本政府除了有法务省外，还有内阁法制局。其属于政府部门，从事法律业务，类似于我国的原国务院法制办，可以称为广义的“司法行政机关”。

内阁法制局最初源于明治维新时期。1868年日本设太政官辅佐天皇实行统治，1873年太政官政院设法制课，1875年改称“法制局”。1885年废除太政官制，改行内阁制，任命伊藤博文为内阁总理大臣，颁布《法制局官制》，至此内阁法制局正式成立，划归内阁管辖。1946年《日本国宪法》确立了议会内阁制，国会为国家唯一立法机构。而国会通过的法律草案，多半由内阁提出。此外，内阁制定的政令、各省（厅）大臣制定的省令，内阁法制局更须直按参与其事。[①] 1948年2月15日，司法省被废止，新成立了法务厅。法务厅从形式上看，是根据当时占领军的指示，把废止前的司法省与内阁法制局合并而成，设法制长官主管法制第一局至第三局。1949年6月1日，法务厅改为法务府，内部部局从5长官16部局制到简化为3长官11局制，设法制意见长官，主管法制意见第一局至第四局。1952年8月1日法务府改称法务省，机构进行大幅整理，法务府内部部局中掌管有关法制事务的法制意见第一局至第三局又归内阁，并成立内阁法制局。

现在的内阁法制局机构设置的法律依据是1952年7月31日的《内阁法制局设置法》。内阁法制局的职权有5项[②]：审查内阁会议要讨论的法律、政令及条约草案，附上修改意见，上报内阁；起草法律和政令，呈交内阁；就法律问题向内阁总理大臣及各省大臣提出意见；调查研究国内外关于法律和国际法的运用情况；负责有关法制的其他事项。内阁法制局长官不是内阁大臣，但可以列席内阁的一切会议，并参与领导各省厅的次长会议。

内阁法制局内设长官和次长各一人，下设4个部及长官总务室，另有图书馆。长官总务室协助法制局长官开展各项行政管理工作，负责人事，预算和会计等行政事务；第一部主要负责向内阁、总理大臣、各大臣提出法律方面的意见，负责宪法方面的问题，并调查研究国内外法制及国际法运用概况；第二部主要负责内阁、内阁府、法务省、文部科学省、国土交通省、防卫省的法律事务；第三部主要负责内阁官房、内阁人事局、金融厅、总务省、外务省、财务省、会计检查院的法律事务；第四部主要负责

① 吴大英、徐功敏、孙新:《日本内阁法制局》，载《外国法译评》1995年第1期。

② 《内阁法制局设置法》第3条，载 https：//www.clb.go.jp/info/syokan/settihou.html，2022年9月15日访问。

公平贸易委员会，污染控制委员会，厚生劳动省，农林水产省，经济产业省或环境省的法律事务。[①]

第五节　日本司法行政制度的特点

一、多元兼容混合

日本司法行政制度的发展历程中，多次对其他国家经验吸收借鉴，堪称法律移植的典范。日本在明治维新前，是中华法系的一员，大量的法律和司法制度源于中国。明治维新后，日本转采法德大陆法系，“二战”之后吸收英美法系。因此日本司法行政制度具有中华法系、大陆法系和英美法系三元混合的特点。

公元646年，日本进行“大化改新”，向中国隋唐学习，以《唐律疏议》为模式，“一准乎礼”的立法思想，吸收、借鉴、全面继受唐律的所有法律内容与编纂技术，成为中华法系的一员[②]。直至现在，日本法律和司法制度中很多名称都来源于中国，比如法务省的“省”，就源于中国古代的三省六部。明治维新初期成立刑部省的名称就源自中国。[③]

1868年，明治维新开始后，在政治上确立了以天皇为中心的中央集权后，开始大规模引进西方的政治和法律制度，翻译法律和法学著作，兴办法律学校，创办法学刊物，聘请西方法律人才。[④]明治时代的法律移植，经历了先借鉴法国后借鉴德国的两重法律移植。当时日本主要的法律，无论是民法典、商法典还是刑法典的编纂，都是最开始由借鉴法国法转而借

---

① 《内阁法制局设置法施行令》，载 https：//elaws.e-gov.go.jp/document?lawid=327CO0000000290，2022年9月15日访问。

② 参见杨鸿烈：《中国法律在东亚诸国之影响》，商务印书馆2015年版，第三章“中国法律在日本之影响”，第193—435页。何勤华、方乐华、李秀清、管建强：《日本法律发达史》，上海人民出版社1999年版，第3、19页。

③ 参见杨鸿烈：《中国法律在东亚诸国之影响》，商务印书馆2015年版，第三章“中国法律在日本之影响”，第212页。

④ 刘桢：《论日本历史上的法律移植》，载《法制与社会》2019年第20期。

鉴德国法。司法行政制度也是如此。[①] 1872 年，日本按照法国的检察官制度建立了检察机构。1873 年，日本政府聘请法国巴黎大学教授波阿索那特到日本参加刑法和刑事诉讼法等法典的编纂工作。1880 年颁布的《治罪法》是以法国刑事诉讼法为蓝本而制定的，还采用了法国的预审制度。[②] 然而，按法国模式制定的《治罪法》并不完全适合日本的国情，因此日本政府在 1890 年又请德国人鲁道夫协助起草《法院构成法》，并颁布了《刑事诉讼法》。该法采用德国“审检合署”体制，在各级法院中设置检事局，负责犯罪侦查、提起公诉和指挥刑罚执行等。检察官的任职资格、官阶、薪俸等都与法官相同，且同归司法省领导。在各级法院的检察机构之间也明确了下级服从上级的隶属关系。[③] 明治时代法律移植的过程，体现出以下几个特点：一是整套的法律移植。明治时代的法律移植，是自始就注重稳步建立一整套完整的近代法律体系，而非某个法律部门。在近二十年的时间内，日本完整地将大陆法系（特别是德国）的核心法律制度——“六法”体系移植到了本国。二是注重与本国社会相适应的法律移植。明治政府以是否符合国情为移植法律的标准，因此不惜成本，派遣高层次、大规模的考察团到欧陆各国考察国情，选择与日本社会相适应的借鉴对象。从最初以学习法国法为主转向后期以学习德国法为主，也正是基于对这一点的慎重考虑。三是博采众长、兼收并蓄。明治时代的法律移植的对象主要是法、德两国的法律制度，但也兼顾了包括英美法系等其他国家的法律制度，取其精华。[④] 四是基于历史和现实的原因，司法行政机关监督审判和检察，司法体系具有明显的行政主导的特点。

“二战”后，盟军入驻日本，协助日本进行全面的和平、民主、法治化改造，肃清了封建军国主义内容。与此同时，司法行政制度也进行了较为彻底的改革：改司法省为法务厅；法院从司法省分离出来，其行政事务由司法省交法院自行管理；附属于法院的检事局成立了最高检察厅以下的检察厅，司法大臣对检察事务改为一般的指挥监督；把废止前的法务省与

① 何勤华、方乐华、李秀清、管建强:《日本法律发达史》，上海人民出版社 1999 年版，第 22—33、380 页。黄宣植:《日本司法制度改革研究》，吉林大学 2020 年博士学位论文，第 38 页。

② 何家弘:《日本的犯罪侦查制度（一）》，载《公安大学学报》1997 年第 2 期。

③ 何家弘:《日本的犯罪侦查制度（一）》，载《公安大学学报》1997 年第 2 期。

④ 刘桢:《论日本历史上的法律移植》，载《法制与社会》2019 年第 20 期。

内阁法制局合并[①]；随着内务省的废止，关于国籍和团体规制的事务交给了司法省。此次改革中，日本并未完全抛弃司法行政的大陆法系近代模式，却在此基础上增加了英美法系特点。改革后的法务厅的职能和架构就与美国司法部较为接近。日本司法行政从此进入大陆法系现代模式。虽然司法行政机关失去了对法院管理权限，但是法院自行管理人、财、物[②]，可以避免受到外界干扰，保障司法独立。司法行政机关保留了对检察院的管理和一般指挥监督，检察机关同时也保留了一定的业务独立性，这对于政府参与司法进程，贯彻政府司法政策有非常重要的作用。这种架构设置，既继承了大陆法系的传统，又吸收了英美法系的特点。

二、央地分类垂直管理

“二战”前，法务局的业务除讼务、人权拥护事务外，由司法省的地方组织委托局和法院掌管。但在战后，法院与司法省于 1947 年分离，并把委托局改成司法事务局。司法事务局除委托事务外，也办理过去由法院掌管的登记、户籍、公证、司法书士的事务。1948 年司法省解体后，新成立的法务厅在第二年改称法务府，并把司法事务局改成法务局和地方法务局，除过去掌管的事务外又加上讼务、人权拥护事务，于 1950 年又掌管了国籍、土地房屋调查士的事务，直至今日。[③]

法务省在地方设置法务局、地方法务局负责民事、讼务和人权拥护

---

① 1952 年 8 月 1 日法务府改称“法务省”，部局中掌管有关法治事务的法治意见第一局至第三局又归内阁（设置内阁法制局）。

② 最高裁判所负责整个法院系统的司法行政事务。最高裁判所不但有权对裁判所司法行政事务拟定规则和实行管理，还有权确定裁判所员工的调度和培训、决策编制裁判所系统的预算资金，对经费进行管制。整个最高裁判所都涉及对下级裁判所法官的行政控制。日常行政管理是由最高裁判所事务总局在事务总长的领导下执行的。法律只简单地规定了它的功能为处理司法系统的日常事务，但实际上其却是日本司法机关最有实权的部门。事务总长、副事务总长和事务局的负责人都是法官。事务总局有七个分支，分别涵盖了日常事务、人事、会计、民事案件、刑事案件、行政案件和家事案件七个方面。人事事务局负责法官募选、晋升和调迁的工作，而民事、刑事、行政和家事案件事务局则根据相应部门法官的要求为其提供“咨询服务”，同时还负责召开它们各自领域内的司法会议。参见［日］宫泽节生:《日本法官的行政控制》，翁开心、陈林林、胡瓷红译，载《浙江社会科学》2004 年第 3 期。

③ ［日］法务行政研究会:《日本法务省》，董璠舆等译，中国政法大学出版社 1992 年版，第 205—208 页。

事务。法务省掌管的事务与国民日常生活，社会经济形势，市町村行政等有紧密联系，有很强的地区性、当地性。为一体完成国籍、户籍、登记及委托、与国家利害有关的争讼及有关人权事项，日本设法务局、地方法务局，作为法务省在地方派出的分支机构。法务局、地方法务局分管民事局掌管的民事事务（制定法令案等除外），讼务局及人权拥护局掌管的事务。法务局设于东京、大阪、名古屋、广岛、福冈、仙台、札幌及高松8处，与高等法院所在地并行。[①] 除法务局所在地外，在各府县所在地及北海道的函馆、旭川、钏路等42个地方设置地方法务局。法务大臣在认为必要的地方，还可以设置法务局或地方法务局支局或出张所（办事处）。关于户籍的事务由市町村长掌管，由法务局或地方法务局局长指导监督。人权拥护方面的事务，由按各市町村（含特别区）设置的法务大臣委任的人权拥护委员一起执行。[②] 法务局、地方法务局或其支局、办事处，还掌管由其他法令直接规定为固有权限的事务。例如，对于登记、委托的事务由一定管辖区域的法务局登记所和委托所掌管，在该登记所、委托所工作的法务事务官中，由法务局局长或地方法务局局长指定的人作为登记官、委托官，赋予其独立的完全的权限办理登记、委托的事务。对于公证事务，如无公证人或公证人不能履职时，法务局、地方法务局或其支局的法务事务官可以代行公证人的职务。

检察、矫正、更生保护、出入境管理、公安调查等也在地方设有分支机构。法务局和地方法务局并非法务省在地方的唯一机构，法务省的其他部门亦设有地方分支机构：检察厅的法务行政，由法务省刑事局主管。自中央到地方依次为最高检察厅、高等检察厅、地方检察厅、区检察厅。矫正局下辖8个矫正管区，管理刑务所、少年刑务所、拘置所、少年院、少年鉴别所、妇人辅导院等矫正机构。保护局下辖8个地方更生保护委员会，管理50个更生保护所。出入境管理厅则下辖地方出入境管理局及其

---

① 日本延续了明治时期《法院构成法》设立上诉法院的传统，在全国设有8个高等法院，分别设于东京、大阪、名古屋、广岛、福冈、仙台、札幌、高松。高等法院的管辖区无相对应的一级行政机构。参见杨宁：《跨行政区划司法管辖制度与法院内部行政管理权的膨大——以日本的金字塔型法院结构为鉴》，载《清华法律评论》2015年第2期。

② ［日］法务行政研究会：《日本法务省》，董璠舆等译，中国政法大学出版社1992年版，第23—24页。

支局和出张所，并设置入境者拘留所。公安调查厅则在地方设置公安调查局作为地方派出机构，下辖公安调查事务所。

从组织关系上看，日本司法行政的中央地方关系呈分类垂直管理的特点：法务局体系负责民事业务；检察厅系统负责检察业务；矫正系统负责监禁刑业务；更生保护系统负责社区刑业务；等等。这些系统各自垂直管理，都有地方派出机构，但这些地方派出机构之间互不统属，最多只是合作关系。法务局虽称“法务”，但并不是法务省所有业务在地方的唯一代表，其对应的只是法务省三个局的民事类业务。

这种中央地方机构设置模式更加符合司法行政工作的特点。日本的司法行政分掌性质不同的业务，这些业务在地方有不同的运行机制，特别是民事类业务需要综合服务，而刑事类业务需要分类管理，在中央需要统筹管理，综合协调，但如果在地方强行将这些业务捏合在一起，不免事务繁杂，关系不顺，反不如将不同类的业务由中央分类直辖更加妥当。

三、庞大的民事法务业务

日本的民事法务业务全面、基础、细致，和经济社会、司法体系的运转结合度非常的高，可以说代表了未来司法行政业务的一种发展趋势。

日本法务省拥有最重要的民事基础信息登记业务——户籍国籍、土地房屋、商业法人。民事登记是整个法律和司法活动的基础，也是国家、社会和经济运行的基础。在日本，随着日本经济的增长，房屋土地登记数量在数十年间迅速增长，占法务省全部登记数量的约八成。在户籍国籍登记上，日本的登记内容共分 25 项，极为细致全面，涵盖了全部户籍、国籍登记的全部业务，为国家人口统计和家庭继承提供了极大的便利。其商事和法人登记不仅涵盖了普通公司企业法人，而且涵盖特殊法人登记，将需要登记的特殊法人细化为 125 种，合作社细化为 59 种。与其他国家的司法行政机关相比，可以说日本法务省凭借其强大的民事基础信息登记，拥有强大的民事法务业务。这也使得日本的司法行政工作能够更好地适应信息时代的发展趋势，在社会经济生活中发挥着更加重要的作用。

委托制度充分体现出日本发挥司法行政机关的公信力，在民事法务领域的独创性解决方案。其债务清偿委托（即我国民法上提存）体现出日本对民事债务中细微而重要问题的重视，用司法行政机关的公信力促进债务履行，促进经济活动运行的健康循环。担保委托，实际上是对保证金存缴的法律解决方案，经营宅地建筑物交易业、国内海上运输业、旅游业、分期付款出售业、发行商品券业、保险业、水洗煤业、原子能业等，都需要预缴一定的金钱或有价证券。这些领域的民事法务表面看，似乎与我们常见的律师、公证等法律服务业关系不大，但是这些业务不仅具有很强的法律属性，而且具有潜在的金融属性。司法行政工作发展这些业务，一方面可以促使行业规范运转，另一方面使得经济活动与法律和法律服务紧密结合。在税收领域，担保委托也很重要，根据日本国税法通则，遗产继承税法、物品税法、门票收入税法等税款，以及国家的债权或者酒精、盐、烟草专卖款的延迟缴纳或缓征，也可以采取担保委托的制度。而掌管司法活动的保证金的存缴，使得诸如扣押、执行等保全和强制措施的使用上，执行机关和保证金存缴机关分立，可以避免滥用司法手段和司法腐败。

日本司法行政的地方组织模式，也有利于发挥民事法务的作用。日本把全国分成 8 个区，每个区有 1 个“法务局”，其下设置大致负责以府县为区域的“地方法务局”，全国共 42 局，法务局及地方法务局之下还设有分局和办事处。在户籍方面，法务系统对市町村进行监督指导。土地房产登记、户籍国籍登记、商业法人登记，委托业务等，构成了地方法务机构的主要业务。由于基本上将刑事法务、检察、矫正、更生保护等非民事业务从地方机构剥离，日本的地方和基层法务机构专司民事业务，更有利于民事法务服务社会大众，也更加有利于民事法务参与社会经济运行。

四、独具特色的讼务制度

如前所述，讼务制度是法务省统一的、一元化处理与国家利害有关的，应当由国家或者行政官厅作为当事人出面的民事和行政纠纷的制度。日本将涉及国家和政府的民事和行政诉讼全面整合，统一归由法务省主管，形成了独具特色的讼务制度。

“二战”以前，日本行政权力非常强势，“民告官”的案件较少，以国家为当事人或参加人之民事诉讼和行政诉讼，各部官厅可将其所辖或监督之事务，交由指定的官吏处理。“二战”后，美国对日本进行了民主化改造，大幅度削弱了其行政权力，强化司法权，倡导保护人权，制定了新宪法，而《法院组织法》《国家赔偿法》的施行，涉及政府及其官厅的诉讼大幅度增长，法律内容也日趋复杂。为应对这一挑战，日本创设了讼务制度，并于 1948 年 2 月通过《讼务权限法》，与《法务厅设置法》同时实施，由法务省统一的、一元化处理与国家利害有关的，应当由国家或者行政官厅作为当事人出面的民事和行政纠纷。法务省办理诉讼的组织，在中央为法务省讼务局，在地方设有法务局讼务部及地方法务局讼务科。

日本的讼务制度有如下优点：一是节约成本，将国家机关所有诉讼制度交由法务省统一负责，大幅度降低了其他国家机关的工作和诉讼负担。二是可以有效维护公民合法权利，特别是在一些涉及国家赔偿的案件中，当事机关可能不愿意主动认错，主动赔付，而且会利用自己的优势地位在司法程序中拖延，给行政相对人造成损失；但是法务省统一管理讼务，其不参与利害纠纷，认错赔付的可能性大大提高，而且借助拖延诉讼给行政相对人造成损失的可能性大大降低。三是可以对其他国家机关行为的合法合规性进行有效的监督，法务省统一管理讼务，使得其他机关的行政行为始终处于法务省的监督之下，大大降低了行政机关违法违规的可能性。

第十章　俄罗斯司法行政制度

俄罗斯的司法行政制度最初仿自西欧。沙俄时代建立了司法部。十月革命后，苏联建立了司法人民委员部。在列宁的理论指导下，为适应斯大林时期高度集中的政治经济体制，检察机关从司法行政机关中分离出去。“二战”后，成立苏联司法部，后又经历撤销和重建。现今俄罗斯联邦司法部与检察机关和审判机关分离，管理司法之外的法律事务。我国于1949年后引入了苏联的小司法行政模式，并影响至今。鉴于这一历史渊源，俄罗斯司法行政制度具有重要的研究价值。

第一节　俄罗斯司法行政机关的历史

一、沙俄时代的司法部

俄罗斯司法近代化是一个“西欧化”的过程。自彼得一世开始，历经叶卡捷琳娜二世、尼古拉一世，都以不同的方式进行了司法改革，而1864年亚历山大二世的司法改革奠定了俄罗斯司法制度和司法文化的传统。[①]

俄罗斯帝国司法部始建于1802年9月8日，根据沙皇亚历山大一世《关于设置各部的诏令》建立，是政府的组成部分，也是俄罗斯帝国的总检察官。当时司法部的职责是起草法律，管理法院及公诉机关，负责司法部门、机构人员的任免、调动，监督法院及公诉机关的工作。俄罗斯帝国

① 参见王海军:《苏维埃政权下的俄罗斯司法》，法律出版社2016年版，第7页。

第一任司法部部长兼总检察长是 Gavriil Romanovich Derzhavin。[①]自司法部建立之后，司法部部长就兼任总检察长的职务，负责管理全国的检察机构和参政院检察长办公厅。[②]在 1864 年俄罗斯的司法改革中，司法部的权力显著扩大，发挥了积极作用，有时甚至具有决定作用。司法部管理司法机关、监狱、地籍、公证，主管法院和检察院的人事，在地方法院最重要案件上任免调查人员、法官和法院工作人员，引入外国法官和陪审员制度，直接管理公诉人的行为，管理拘押场所，制定和执行国家法律政策。根据 1881 年 5 月 26 日司法部的请求，俄国废止了公开执行死刑。在民事权利领域，1881 年 5 月 19 日司法部编纂了如何强化不动产权利的规则。所有立法建议在提交国务会议前，须获得司法部的审核结论。在 1881 年司法部对其他部门的法律意见不仅是从法律角度评估，而且要与现有法律相协调。根据司法部 1884 年 6 月 16 日的法律，司法部增加了判决偷盗行为的权力。在 19 世纪晚期至 20 世纪早期，司法部的立法聚焦于个人权利：在 1897 年，起草了一项修改关于揭发总督责任问题的命令；1903 年制定缓刑草案；同年制定了官员违法行为惩戒的规定；1904 年制定了关于刑事责任和违反公共秩序公诉的法律修改草案；同年，司法部批准了监狱关押民间政治犯的规定。从 19 世纪中叶开始，司法部积极参与国际活动，包括主持国际法庭，常设派驻海牙国际仲裁法院的成员，以便将国际组织情况告知俄司法部部长，司法部部长则每周向沙皇作当面或书面报告。[③]1879 年 2 月 27 日，俄罗斯监狱管理局在内务部系统成立，1895 年 12 月 13 日，俄罗斯监狱管理局从内务部移交至司法部。[④]

二、苏联时期的司法行政机关

（一）十月革命后的司法人民委员部

1917 年十月革命后，俄罗斯司法部变为司法人民委员部，部领导称委员。1917 年 11 月 24 日第 1 号司法法令及 1920 年以前颁布的关于法院组织的各项法令，将组织新苏维埃司法机关的责任委之于俄罗斯共和国

① 载 https://en.wikipedia.org/wiki/Ministry_of_Justice_（Russia），2022 年 9 月 15 日访问。
② 王海军:《近代俄国司法改革史》，法律出版社 2016 年版，第 122 页。
③ 载 https://en.wikipedia.org/wiki/Ministry_of_Justice_（Russia），2022 年 9 月 15 日访问。
④ 载 https://zhuanlan.zhihu.com/p/503268460，2022 年 9 月 15 日访问。

司法人民委员部及地方苏维埃。当时俄罗斯共和国司法人民委员部的职权，详细规定在1917年及1920年所颁布关于该部组织的条例中，包括组织人民法院、革命法庭、以及侦查、公诉与辩护等机关；监督并指挥各该机关的工作，对于中央各机关，负责解释法律及监督其所属法律部分与法律顾问处等行动的责任；拟定政府各种法案；公布共和国所属机关命令及决议案；以及汇编，发行各项法令等。此外，该部还负责监督各级司法机关的行动；设要案侦查处，办理重要案件的侦查事项；设治罪处，负责管理监狱及劳动营。在地方设郡司法处（郡司法委员），下设县司法局。地方司法行政机关隶属郡、县执行委员会，在业务上受上级司法行政机关指挥，为二重隶属制。郡司法处下设总务、司法—侦查、行政—财务，及治罪各科，实施共和国司法人民委员部所颁地方司法行政计划，负责组织地方法院与治罪机关，监督地方苏维埃是否遵守政府命令，兼行部分检察职权，监督法院判决，对认为错误的判决可以向上级法院提出抗诉，对生效判决，可向共和国司法人民委员部提请审查。[①]

1921年，为执行新经济政策，切实实施革命法规，地方司法行政机关获得了对于一切罪行及违法行为的检举的权力，司法行政机关因此获得检察职权[②]。1922年，俄罗斯共和国检察机关条例及俄罗斯共和国法院组织条例颁布，司法行政系统不得不另行改订，不久撤销郡司法处及县司法局，将司法监督权及监督遵行法律的职权划归检察机关；将郡属的司法行政事务交由新成立的郡法院兼理；在各县设置郡法院代表（通常由首区人民审判员兼任），处理县属司法行政事务，不过他的职权范围是极狭小的。上述检察机关条例及法院组织条例颁布后，对当时俄罗斯共和国司法人民委员部的机构和职责产生了重大影响，1923年2月1日颁布了新条例，重新规定了其组织与职权：将原有的司法监督职权划出，交检察官执行；将检察官的直接指挥权赋予司法人民委员部，设检察司，以司其事；司法人民委员部部长兼任共和国检察官。自治共和国的司法行政职权，由自治共和国司法人民委员部执行之。自治人民共和国司法人民委员部隶属于自治共

① 参见陆丰：《苏联司法制度》，大东书局1947年版，第106—107页。

② 1921年8月25日全俄中央执行委员会颁布增强地方司法行政机关职权的决议案（1921年俄罗斯共和国法规大全第63号）。参见陆丰：《苏联司法制度》，大东书局1947年版，第108页。

和国司法人民委员会；于职务方面，则受俄罗斯共和国司法人民委员部的指挥。1928 年因行政区划变更，废除郡法院，将地方司法行政职权交由特别区、省及州法院执行。自 1930 年撤废特别区及省所属的州制后，所有特别区及省辖区内原属州管辖的法院行政事务，交由特别区及省法院直接指挥处理。其他邦成员共和国司法人民委员部及其他地方机关的组织与职权，与俄罗斯共和国同。①

当时并没有设置全苏联司法行政中央机关。到 1933 年，始将一部分司法行政事务交由苏联最高法院执行。②③

这一时期，苏联内务人民委员部，苏联司法人民委员部，国家政治保卫总局（成立于 1922 年，原契卡组织，克格勃前身）均有自己的监狱系统。1934 年 7 月 10 日，苏联国家政治保卫局及下属的监狱、劳改营机关并入了新成立的苏联内务人民委员部。同年 10 月 27 日，苏联司法人民委员部下属的监狱系统移交给内务人民委员部。1935 年 5 月 8 日，苏联内务人民委员部发布命令，整合并入苏联内务人民委员部的各劳改营，监狱系统。至此，苏联内务人民委员部下属劳改营管理总局成立。④

（二）1936 年后的司法人民委员部

斯大林时代通过了新的宪法（1936 年 12 月 5 日），形成了司法行政机关组织体系。1936 年 7 月 20 日，苏联中央执行委员会及人民委员会颁布决议案正式组织全苏联司法行政机关。根据决议案，同年 12 月 8 日批准

---

① 参见陆丰:《苏联司法制度》，大东书局 1947 年版，第 108—109 页。

② 参见陆丰:《苏联司法制度》，大东书局 1947 年版，第 109 页。

③ 据 wiki 百科记载，在 1922 年 12 月 30 日签订《苏联成立条约》之后，苏联于 1923 年 7 月 6 日以 1917 年成立的俄罗斯司法人民委员部为基础，建立全联盟司法人民委员部。司法部由 1 个全联盟司法人民委员部和 15 个加盟共和国司法人民委员组成。部领导由各共和国司法机关、军事法庭、律师会成员，公证人和其他法律机构的著名人士组成，主要任务是组织和准备立法草案。1923 年 2 月 1 日，全联盟司法人民委员部终止，其职责和功能被划归总检察长。司法部检察司由共和国总检察长领导，负责限制总检察长的权力。基于停止不必要的中央集权，司法部被分为联盟和全联盟两层。司法部的职责随后被划归最高法院和部长会议法律委员会。载 https：//en.wikipedia.org/wiki/Ministry_of_Justice_（Soviet_Union）#Commissars_and_ministers，2022 年 9 月 15 日访问。wiki 百科关于苏联司法人民委员部成立与撤销的时间与此句矛盾，且 wiki 百科自身记录也有矛盾。笔者亦难以判断，更倾向于认为 1923 年 7 月 6 日至 1936 年 7 月 20 日苏联司法人民委员部不存在。但为避免遗漏，本书将相关文献记载予以收录。

④ 载 https：//zhuanlan.zhihu.com/p/503268460，2022 年 9 月 15 日访问。

了苏联司法人民委员部组织条例，成立苏联司法人民委员部，尼古拉·克雷联科任苏联第一任司法人民委员。[①]同时将加盟共和国司法人民委员部所属的检察机关划出，成为独立系统，直属苏联总检察院。在实施1936年宪法的法院机构中，克鲁什科夫试图让苏联法院更加独立于中央权威。司法部的职责因此被划归最高法院和部长会议法律委员会。[②]1939年6月15日又颁布苏联司法人民委员部新条例，重加改订苏联司法人民委员部的组织与职权。从此，苏联司法行政职权，无论中央或地方，都完全适应了新宪法（1936年12月5日）及新法院组织法的规定——与纯粹的司法职权完全分立。[③][④]

根据1939年新条例的规定，苏联司法人民委员部的职权包括：指挥各邦员共和国司法人民委员部的工作，并经由各该司法人民委员部指挥自治共和国司法人民委员部及邦员共和国司法人民委员部地方事务局；组织特别法院，稽查各级司法机关的工作情况，指导并改善各级司法机关工作上的组织；指导组织公证机关，并依据公证机关条例指挥其工作；指导组织律师机关，并依据律师条例指挥其工作；培育及训练本部直属各机关、法院、检察机关、公证处、律师公会及仲裁机关的干部人员；汇集编纂苏联法规，苏联最高苏维埃常务委员会命令及政府决议案；管理各种法规、法学教科书、教材、参考书以及其他法学书籍的出版事宜。

苏联司法人民委员部组成部门如下：普通法院管理司，下设人民法院处，州、省、特别区法院及最高法院处，司法执行员处，统计处；特别法院管理司，下设军事法庭处，铁路及水道运输线法院处，统计科；学务管理司，下设高等法政教育及法政研究院处，初级法政教育及法政训练班处，法学函授处；人事管理司，下设普通法院人事处，特别法院人事处，公证机关、公证处及律师人事处，高等法政学校毕业生分配统计科；法令编纂司；律师司；公证人司；财务计划司；财务科；动员司；密码司；部长所属监察团；秘书处；总务处；档案处。此外，还管辖全苏法学院及法

① 载 https://en.wikipedia.org/wiki/Ministry_of_Justice_（Soviet_Union）#Commissars_and_ministers，2022年9月15日访问。

② 载 https://en.wikipedia.org/wiki/Ministry_of_Justice_（Soviet_Union），2022年9月15日访问。

③ 载 https://en.wikipedia.org/wiki/Ministry_of_Justice_（Russia），2022年9月15日访问。

④ 参见陆丰：《苏联司法制度》，大东书局1947年版，第109—120页。

学出版社。[①]

（三）“二战”后司法部的成立、撤销及重建

1946年3月15日，苏联司法部成立，成为一个重要的政府部门。司法部的领导来自全国苏维埃著名法律机构的人士。[②] 苏联司法部的工作由部长领导，另有5位副部长，有司、处和部务委员会等机构。[③] 司法部部长由苏维埃最高主席团选举，由最高苏维埃会议确定，为部长会议成员。副部长由部长会议选举，副部长的分工由部长决定。部长、副部长和其他高级官员组成部务会议；部务会议的组成人员由部长会议批准；部务会议定期举行，讨论全国法律问题；部务会议的决定是在全国范围执行的法律规范；如果部务会议不能达成意见，则提交部长会议决定。司法部的组织和人员数额由部长会议批准。司法部的本部的员工，以及司、处的规定，由司法部决定。[④] 苏联司法部监督普通法院和专门法院的活动，根据其任务设以下机构：普通法院管理司、军事法院管理司、运输法院管理司、干部管理司、行政事务管理司、公证工作管理处、律师工作管理处、犯罪对策研究机关管理处（实为刑事司法鉴定）、财务计划处、申诉处，总务司和办公室。[⑤] 苏联司法部和苏联最高法院、苏联检察院共同出版刊物《社会主义法制》。苏联司法部下设有全苏法律科学研究所，对法院和司法机关的工作进行理论总结，研究国家与法的理论和实践问题。全苏法律科学研究所与苏联科学院的法律科学研究所共同出版《国家与法》杂志。[⑥] 加盟共和国司法部直接领导两年制的法律学校。苏联司法部直接领导在职干部高级培训班，不仅训练审判员，还训练司法干部和检察干部。[⑦] 根据苏

① 参见陆丰:《苏联司法制度》，大东书局1947年版，第110—113页。

② 载 https: //en.wikipedia.org/wiki/Ministry_of_Justice_（Soviet_Union），2022年9月15日访问。

③ 中国司法工作者访苏代表团编印:《苏联司法工作访问记（关于审判、司法行政工作部分）》，1955年11月，第125页。

④ 载 https: //en.wikipedia.org/wiki/Ministry_of_Justice_（Soviet_Union）。

⑤ 中国司法工作者访苏代表团编印:《苏联司法工作访问记（关于审判、司法行政工作部分）》，1955年11月，第125—126页。

⑥ 中国司法工作者访苏代表团编印:《苏联司法工作访问记（关于审判、司法行政工作部分）》，1955年11月，第126页。

⑦ 中国司法工作者访苏代表团编印:《苏联司法工作访问记（关于审判、司法行政工作部分）》，1955年11月，第126页。

联宪法的规定，苏联司法部是联盟兼共和国之部。16 个加盟共和国内都有司法部。加盟共和国司法部一方面是加盟共和国部长会议的组成部分，受加盟共和国部长会议的领导；另一方面又受苏联司法部的领导。加盟共和国司法部设有驻在省、边区的办事处。自治共和国包括在加盟共和国之内，自治共和国本身也有司法部，但在省、边区不设办事处，因为它是一个独立的单位。自治共和国司法部一方面受加盟共和国司法部的领导，另一方面又受加盟共和国部长会议的领导。但加盟共和国司法部驻省、边区办事处则只受加盟共和国司法部领导，而不再受省、边区苏维埃执行委员会的领导。①

1956 年苏联司法部和各加盟共和国司法部被撤销。② 其部分职能转交给苏联最高法院、加盟和自治共和国最高法院，以及边疆区法院和州法院行使。因为 1936 年 12 月 8 日的组织条例规定，司法人民委员部及其地方机构有权向法院指示司法实践的正确性和统一性，而此内容受到了广泛批评。

勃列日涅夫执政后，于 1970 年 6 月 30 日重建了苏联联盟—共和国司法部，其目的是提高国家领导司法机关的水平，改善国民经济中的法律活动，进一步完善立法。司法部负责法律系统化和准备立法编纂的建议，同时还负责有计划地领导和协调国家机关和社会组织宣传法律知识和解释立法的工作。③④ 1970 年 8 月 30 日，苏联最高苏维埃主席团颁布法令，为恢复司法部奠定了基础。鉴于重组部门迫切需要高素质人员，同一天苏联最高苏维埃主席团颁布了关于在司法部设立全俄改善司法工作者协会的法令。⑤ 根据 1972 年的法令，司法部的主要目标是在苏维埃司法机构内加强

① 中国司法工作者访苏代表团编印：《苏联司法工作访问记（关于审判、司法行政工作部分）》，1955 年 11 月，第 125 页。

② 参见王海军：《苏维埃政权下的俄罗斯司法》，法律出版社 2016 年版，第 29 页。参见杜艳钧：《苏联法制建设的历史沿革及其经验教训》，载《苏联东欧问题》1988 年第 1 期。

③ 参见王海军：《苏维埃政权下的俄罗斯司法》，法律出版社 2016 年版，第 30 页。杜艳钧：《苏联法制建设的历史沿革及其经验教训》，载《苏联东欧问题》1988 年第 1 期。

④ 载 https://en.wikipedia.org/wiki/Ministry_of_Justice_（Soviet_Union），2022 年 9 月 15 日访问。

⑤ 载 https://minjust.ru/history，2022 年 9 月 15 日访问。

社会主义法制，负责提出法典草案，负责国家经济领域法律工作方法论上的管理，指挥和协调国家机关和公共机构提高法律知识，公众普法，和民事注册、国家和法律职业的管理。[①] 根据 1975 年的法令，司法部的主要任务是指挥和监督司法机构，联盟和全联盟层面。[②] 这一时期，监狱系统一直归内务部管理。1960 年 1 月 25 日，苏联内务部发布第 020 号令，宣布关闭劳改营系统。监狱系统则保留下来。但是，仍有部分劳改营继续运作。[③]

戈尔巴乔夫时代，1988 年 7 月的苏共第十九次全苏代表会议通过了《关于法制改革的决议》。该《决议》提出，“近年内，全国将要进行广泛的法制改革。法制改革的使命在于保障法律在各个社会生活领域中的至高无上地位，在发展民主政治基础上加强维护社会主义法律秩序的机制”，“提高法院在社会主义民主体制中的作用”，要“建立社会主义法治国家”。[④] 这一时期，司法行政在一系列改革中再次弱化了其与法院之间的关系，“新的立法解决了苏联司法部在法院活动中的作用。为了巩固法院的独立地位，司法部作为行政机关，无权对法院进行任何指导。司法部应从组织上保障法院的工作。因此，苏联司法部及其所属机关对法院审判活动的任何干预都是不允许的”。[⑤] 1991 年，苏联解体，苏联司法部不复存在。

三、俄罗斯联邦时期的司法部

苏联解体之后，俄罗斯成为苏联的主要继承者，并成立了俄罗斯联邦。俄联邦司法部成为俄罗斯的司法行政主管机关，并开展了一系列改革。刑罚执行原来在内务部监狱部门，1998 年机构改革后划归司法部，看守所也一并移交，2004 年更名为联邦刑罚执行局。民事裁判的执行原来在

---

① 载 https：//en.wikipedia.org/wiki/Ministry_of_Justice_（Soviet_Union），2022 年 9 月 15 日访问。

② 载 https：//en.wikipedia.org/wiki/Ministry_of_Justice_（Soviet_Union），2022 年 9 月 15 日访问。

③ 载 https：//zhuanlan.zhihu.com/p/503268460，2022 年 9 月 15 日访问。

④ 梁溪：《苏共第十九次全苏代表会议〈关于法制改革的决议〉》，载《环球法律评论》1989 年第 2 期。

⑤ ［苏］E. A. 斯莫连采夫：《苏联司法改革的若干问题》，金易译，载《环球法律评论（法学译丛）》1991 年第 4 期。

法院，改革后划归司法部。联邦司法部新成立了三个具有一定的独立性的直属机构：刑罚执行局、联邦法警署和注册登记局。1998 年，经俄罗斯联邦会议批准，成立俄联邦最高法院司法总局，[①] 将原来由司法部管理法院行政的职能交由其行使，负责法官及法院职员的选拔、教育、培训，可向议会提出各级法院的拨款建议，还负责法院建筑及其他物资保障工作，检查和监督各级法院的财政经济活动。各级法院维持正常的司法活动的经费完全由联邦政府保障，经费预算由俄罗斯联邦委员会批准。各级法院的非法官的工作人员为国家公务员，不参与审判活动，与法官并列为两个不同的管理体系，其录用、培训和管理由法院自行负责。但法庭与法官的安全由司法部负责。在公证制度改革方面，俄公证机构由原来的国办性质改为私人性质，极大增强了俄公证工作的活力。2008 年 5 月 12 日，原属司法部管理的联邦登记中心划归经济发展部管理，2008 年 12 月，更名为联邦国家登记、地籍和测绘中心，后来被联邦政府直管。[②] 联邦司法部设有法学院，一般采取定向培养的办法，为司法行政系统培养人才，提高司法工作者的专业水平；培养人员包括律师、公证员、注册人员、执行人员；除进行业务培训外，还培养硕士和博士生。法学院在全国有 4 个分院。1998 年以前，该学院还培养法官、检察官和警察，现在他们都有各自的培训学院。

第二节　俄罗斯的司法行政体制

一、联邦司法部架构及部领导

俄罗斯联邦司法部是保障实现国家司法政策的中央行政机关，是属于总统直接领导的 5 个强力部门之一。在各联邦主体（共和国、边疆区、州、联邦直辖市、自治州、自治专区）设有地方司法局，由联邦司法部直

---

① 陈春梅：《俄罗斯法院经费制度：联邦制国家的另一种类型》，载《人民法院报》2016 年 4 月 15 日，“环球视野”版。

② 载 https://en.wikipedia.org/wiki/Ministry_of_Justice_(Russia)，2022 年 9 月 15 日访问。

接管理，与联邦主体政府没有关系。

司法部由部长领导，并设7位副部长，包括1名第一副部长，1名国务秘书副部长，1名驻欧洲人权法院副部长级代表，以及12个组成部门。司法部还在常驻欧洲委员会代表团设有1名代表（不包括在其全职工作人员中，支持司法部驻欧洲人权法院代表）。司法部本部的最大雇员人数为672人，司法部管理机构的最大雇员人数为2839人（不含安保、后勤物业、交通人员），驻外国办事处的最大雇员人数为4人。①

二、联邦司法部的组成部门和机构

（1）部门规章备案司，负责国家各部门在金融和经济、执法和社会等监管法律规定的登记，协调立法活动和与联邦议会的关系。

（2）组织管理司，负责公共关系、档案、公民参与、规划和组织支持、分析和信息处理、法律、保密、监督和审计、司法局和部门监督协调、信息安全。

（3）常规分析与刑罚和司法裁判监督司，负责刑事执行、刑事处罚的立法，确保公民的宪法权利，下属联邦服务部门的协调，分析和控制，司法行为执行和逾期债务收集领域的法律监管。

（4）公务员和人事司，负责司法部的下属联邦机构、司法局等机构的人事工作，司法部人事工作，预防腐败和其他犯罪，民防动员，军事登记。

（5）国际法与国际合作司，负责处理国际条约、国际关系、国际司法协助司、被判刑人移管、国际经济一体化的法律支持、法律保护、国际争端。

（6）刑事、行政和程序法司：负责刑法立法、程序法划分、行政违法和行政责任立法、司法组织立法，国防、安全、信息和反腐败立法。

（7）宪法、联邦关系和地方自治发展司，负责公民政治权利、联邦关系、地方自治发展立法，联邦政府办公室，联邦主体登记法规。

（8）民事经济立法司，负责民法，土地、住房和城市规划立法，劳动、社会福利、卫生、教育、科学和文化，国家经济监管立法，能源、运

① 2004年10月13日俄罗斯联邦总统令第1313号：《关于批准俄罗斯联邦司法部条例的命令》。

输、通信和传媒，预算、税收和审计，金融和证券，环境和自然资源，对外经济活动的立法。

（9）财务后勤管理司，负责财务规划和融资、会计、社会经济安全、物业管理、信息技术与通信、公共采购和法律工作。

（10）非营利组织司，负责公共协会和政党、外国非营利组织、宗教组织等工作，登记和发布信息，司法局活动的分析和指导，非营利性组织的监管。

（11）法律援助与司法系统互动司，负责法律宣传，免费法律援助、法律教育、公证、民事状态登记、司法机构活动的分析和管理、替代性争议解决。

（12）法律发展司，负责组织和实施监督执法，概括、分析、研究和评估立法和执法活动，制定改进联邦立法的建议，参与制定司法部国家政策总体战略，确保俄罗斯在外国法院和国际司法（仲裁）机构（欧洲人权法院除外）的法律保护等。

（13）欧洲人权法院俄罗斯联邦代表办公室，负责刑事、民事司法投诉受理，案例分析，行政、组织和管理。

（14）联邦法警署，是联邦司法部领导下的独立联邦执行机构，根据1997年《俄罗斯联邦司法警察法》，其职责包括维护法院秩序，执行司法裁判和其他政府机关的决定，以及在执行领域的监督管理。各联邦主体也有执行局，属于联邦法警署的派出机构，各区设有执行员。司法部对司法警察实施监督以及在其职权方面颁布规范性法律文件。

（15）联邦刑罚执行局，是司法部领导下的独立联邦执行机构，主要负责管理监狱和看守所。刑罚执行局对犯罪嫌疑人或罪犯进行刑事控制、刑罚执行和监督，负责在押罪犯的保护和护送，缓刑犯的监督。刑罚执行局在全国7个联邦区设有派出机构，联邦主体司法总局不负责刑罚执行工作。

俄罗斯联邦司法部下属的其他机构还有法律信息研究中心、俄罗斯联邦法医中心、俄罗斯法学院、法医机构，以及司法部的专家和咨询委员会。①

---

① 载 https://minjust.ru/structure-of-the-ministry，2022年9月15日访问。

第三节　俄罗斯司法行政机关的职能

一、立法及相关工作

俄罗斯国家杜马（相当于下议院）与俄罗斯联邦委员会（相当于上议院）是俄罗斯立法机关，司法部是负责立法的政府部门。联邦政府提出法律草案时，先征求相关部门的意见，经司法部审核，法律专家组成的政府立法委员会审议后，由政府送交杜马审议。其他主体提出法律草案后，先在杜马一读，收集议员和有关部门的意见与建议后交司法部从专业的角度审核草案，再在杜马二读、三读，然后交由俄罗斯联邦委员会审议。

司法部的立法领域涵盖主要的法律领域，包括宪法、民法，土地、住房和城市规划，劳动、社会福利、卫生、教育、科学和文化，国家经济监管，能源、运输、信息、通信和传媒，预算、税收和审计，金融和证券，环境和自然资源，对外经济活动，刑法，刑事、行政程序法，司法组织，行政违法行为法，行政法，国防、安全、反腐败法等。司法部还在反腐败领域发挥重要作用，其有权对联邦法律草案、总统令草案以及由联邦行政机关和其他国家机关和组织指定的俄联邦政府令草案进行反腐败鉴定，对相关立法和制度进行廉洁性审查。[①]

在具体立法工作方面，司法部可以就职权范围内的事项向总统和政府提交宪法、法律、法令草案；准备总统和政府决定所需的其他法律文件草案；根据宪法、法律、总统和政府法令就主管事项独立制定法律规范；总结和分析立法的执行情况和国家政策的实施，制定改革措施；制定、修改或废除法律或法令；参与法典和法律法规的编纂；为联邦执行机构提交的立法和其他监管法律草案提供专业咨询意见，供总统和政府审议；参与编写宪法和法律及其修订草案的官方意见；就政府立法重点领域和立法计划提出意见；为政府部门立法准备工作提供方法支持；协调联邦各部门工

① 王田田:《俄罗斯的反腐败体制：建设路径与现实困难》，载《俄罗斯学刊》2007 年第 4 期。

作，为政府的立法计划草案及可行性发表意见；在立法过程中就反腐败的事项发挥专业作用。负责国家各部门在金融和经济、执法和社会等监管法律规定的登记。[①]

与上述立法活动相关的，司法部还组织和实施执法监督，总结、分析、研究和评估立法和执法活动，制定改进联邦立法的建议，参与制定国家政策总体战略；负责处理国际法律规范性文件，如国际条约、国际关系、国际经济一体化的法律支持等；监督联邦在特定领域的执法，履行联邦宪法法院和欧洲人权法院的决定；协调和监督联邦执行机关地区机构的执法；确保宪法、法律、总统和政府的法令以及国际条约的执行。

司法部还审查和管理部门立法和地方立法，确保俄罗斯联邦法制的统一。联邦司法部在这一领域主要有三方面内容：一是对联邦立法的合宪性与合法性审查。确保联邦的立法和其他法律规范符合更高法律效力的法律规范，在相关法律规范中没有内部矛盾和空白，并遵守法律技术规则和反腐败要求。[②] 二是对联邦成员立法的审查和监督、备案，以使其符合联邦宪法和联邦法律；根据联邦的立法，监督联邦成员的立法性活动的执行。[③] 三是分权和共同管辖权的划界。监督联邦国家权力机关，联邦成员的国家权力机关和地方自治政府机关之间在共同管辖权问题上立法分权；对联邦执行机关与联邦成员权力执行机关之间相互转让其部分权力的协议进行法律审查；将某些国家权力概括或者特别授权给地方自治政府等。对地方立法的管理由司法部下属的宪法、联邦关系发展和地方自治司负责。

二、刑事和民事执行

（一）刑事执行

刑事执行主要由联邦刑罚执行局负责，包括未决犯的羁押，审前取保候审或监视居住，已决犯的监禁刑、劳改刑、罪犯押送、缓刑犯的监督，被强制医疗的精神病人的监督，罪犯引渡[④]。但罪犯的减刑与假释决定由

① 2004年10月13日俄罗斯联邦总统令第1313号：《关于批准俄罗斯联邦司法部条例的命令》。

② 载https://minjust.gov.ru/ru/documents/7197/，2022年9月15日访问。

③ 载https://minjust.gov.ru/ru/documents/7197/，2022年9月15日访问。

④ 载http://fsin.gov.ru/fsin/status/，2022年9月15日访问。

法院作出；罚金刑由审判地、财产所在地、工作地法院的司法执行警察执行[①]。全俄罗斯刑罚执行分为8个大区，每个大区下面再设若干区[②]。刑罚执行局在大区设有派出机构，管理刑事执行检查处、改造中心、拘留所、改造营、监狱等刑事执行机构。[③]各联邦主体司法总局不负责刑罚执行工作。

截至2021年8月1日，俄罗斯全国共有472226人被关押在监狱系统的机构中，其中包括：361306人在663个改造营服刑；108747人被关押在206个看守所和75个附属看守所；1298人在8所（重刑犯）监狱服刑；在18个未成年管教所关押875人。共有女性在押人员39154人，其中29192人在劳改营、医疗矫正所、医疗和预防所、教育收容所，9962人为未决犯；在29个惩教中心和92个惩教区中，共有8411人被判处强制劳动。刑罚系统还包括（截至2021年7月1日）81个联邦国家机构“刑事执行检查处”[④]及其分支机构1348个，其中包括452834人被判处非监禁刑，7864人处于审前监视居住状态，3842人被判禁止令，58人被处以附有义务的保释令。[⑤]

（二）民事执行

民事执行主要由联邦法警局负责[⑥]，执行内容包括：各级普通法院和仲裁法院作出的民事判决或裁定；税务部门强制缴纳税收的决定；因行政违法所处以的罚款、禁止债务人活动的行政命令、没收等；对外国人的驱逐出境和行政性强制劳动；国际诱拐儿童的返回；刑事案件中罚金和没收的执行；国际法庭和外国法院有关国际债务的裁判。为此，联邦法警局被赋

① 《俄罗斯联邦刑事执行法典》第16条。参见《俄罗斯联邦刑事执行法典》，黄道秀、李国强译，中国政法大学出版社1999年版，第24页。

② 载https://fsin.gov.ru/territory/index.php，2022年9月15日访问。

③ 载https://fsin.gov.ru/fsin/structure/，2022年9月15日访问。参见童建明主编：《检察视角下的中外司法制度》，中国检察出版社2021年版，第310页。参见《俄罗斯联邦刑事执行法典》，黄道秀译，中国政法大学出版社2015年版，第12页。

④ 刑事执行检查处，负责强制性工作、剥夺担任一定职务或从事某种活动的权利，限制自由的劳动改造的执行。参见《俄罗斯联邦刑事执行法典》，黄道秀译，中国政法大学出版社2015年版，第12页。

⑤ 载https://fsin.gov.ru/structure/inspector/iao/statistika/Kratkaya%20har-ka%20UIS/，2022年9月15日访问。

⑥ 根据《俄罗斯联邦司法警察法》的规定，俄罗斯联邦的司法警察体系、警卫系统和执行系统，民事执行主要由后者负责。

予了相当广泛的权力，包括限制债务人财产和非财产性权利，没收债务人的资产，扣押并保全资产，评估和拍卖被扣押的财产，限制债务人在俄罗斯联邦以外旅行和驾驶车辆。从 2012 年 1 月起，联邦法警局除了负责寻找债务人的财产，还增加了查找公民债务人、民事案件中的被告人，以及家庭案件中儿童的职责。[①]

三、非营利组织管理

非营利组织注册登记管理，是俄罗斯联邦司法部的一项重要职责，旨在限制外国势力干预俄内政和外国资本资助俄反对派活动。20 世纪 90 年代中期，俄罗斯相继出台《社会联合组织法》《非营利组织法》和《慈善法》，开始用法律手段规范非营利组织在俄罗斯的活动。俄罗斯为降低本国爆发“颜色革命”的风险，在 2005 年底至 2006 年初相继修改《社会联合组织法》和《非营利组织法》，增加了限制外国非政府和非营利组织在俄活动的条款。2011 年至 2012 年选举期间声势浩大的反对派活动，最终推动了《关于一些外国代理人非营利组织注册管理办法的修订》（以下简称《外国代理人法》）的出台。《外国代理人法》不是单独的立法，而是对《社会联合组织法》《非营利组织法》《刑法》等一揽子法案的修订，其中最主要的内容体现在对《非营利组织法》的修订之中。2012 年 11 月 20 日，联邦法案《外国代理人法》生效。该法最为直接的目的是，要防范外国资金操控俄罗斯国内的非营利组织进行政治活动，与此同时，加强国家权力对公民社会的控制。《外国代理人法》最为重要的举措便是设立“外国代理人非营利组织名单”（以下简称“外国代理人名单”)。《非营利组织法》第 13 条第 10 款补充规定，在“外国代理人名单”内的非营利组织提供的信息应该由授权机构进行管理，名单管理程序也应该由授权机构来制定。“外国代理人名单”制定和管理的“授权机构”是俄联邦司法部。据此，俄联邦司法部制定了“外国代理人名单”，并在俄司法部官方网站上公布，并监督和检查非营利组织的活动情况。在司法部登记的非营利组织包括国际组织、外国非营利性非政府组织、公共协会、政党、宗教组织、商会、传媒及其分支机构。2010 年以来，“声音”组织等一大批非营利组织主动

---

① 载 http: //en.fssp.gov.ru/powers_of_federal_bailiff_service/, 2022 年 9 月 15 日访问。

或被动地进入该名单。在2017年和2019年，俄罗斯两度修改《大众传媒法》《信息、信息技术和信息保护法》，“外国代理人”的范围扩展至传媒和信息领域，外国媒体和自然人都可以被认定为“外国代理人”。2020年12月30日，《应对国家安全威胁补充措施的法律修正案》出台。该法旨在完善对外国代理人活动的管理，被称为《新外国代理人法》，未注册的社会组织以及自然人也可被认定为“外国代理人”。[①]

四、法律服务管理

在法律服务领域，司法部有广泛的管理范围，比如负责管理法律宣传、法律教育、法律职业管理、免费法律援助、公证、司法机构活动的分析和管理、替代性争议解决。司法部负责民事登记，如土地、住宅、机场、船只、汽车、飞机等，以及法律服务机构登记，如律师、公证机构等。联邦司法部和各联邦主体司法局还设有法医鉴定机构，司法鉴定机构，提供刑事和民事鉴定服务，负责个人逾期金钱债务追索的监督管理。司法部还负责建立和执行政府采购合同等监管制度。在广义的法律服务领域，司法部还负责法律领域的研究和信息搜集。

（一）律师管理

俄罗斯目前共有职业律师6.5万人，占全国1.42亿人口的万分之四点六。准入资格以考试为主，考试由各联邦主体律协律师资格鉴定委员会组织，不实行全国统考。获得法律专业副博士以上学位并从事法律科研和法学教育的人员可以不经过考试而直接取得律师资格。

律师事务所组织形式有合伙所、个人所、协会制所和法律咨询事务所种。合伙所与我国大致相同；个人所主要由新执业律师申办，无执业年限限制；协会制所则是名为协作，实为个体，只是为了分担相关费用、节约运行成本而组合起来的，同所律师之间鲜有业务上的合作；法律咨询事务所类似于中国的国办所。各自为政、独立办案是俄罗斯律师事务所组织形式和运行模式的一大特点。

俄罗斯联邦律师协会成立于2002年。之前，由于苏联解体带来的法

① 马强：《俄罗斯〈外国代理人法〉及其法律和政治实践》，载《俄罗斯研究》2021年第1期。

制失范，林林总总的律师协会、律师联盟和其他形式的律师行业组织就有150多个，这个局面一直持续到2002年俄罗斯《律师法》出台。俄罗斯联邦律师协会的最高权力机关是全俄律师代表大会。律师协会设立执行委员会，执委由全国83个联邦（市州）派出的代表组成，无律师个人委员，律师只是协会会员。协会还下设纪律检查、维护律师权益等专门委员会，所有专委会成员均须经过考试后方能进入。俄律协纪律委员会组成人员除律师外，还吸收了相关部门人士参与，如本届纪委成员13名，法官、仲裁员和立法机关、司法机关的代表就占了6名。据称，这样的组合有利于广泛听取各方面意见，保证律师惩戒工作程序和实体的公正。

俄罗斯律师业由司法部和律师协会共同管理。司法部及联邦主体一级司法部门进行宏观管理，基本限于出台政策法规，制定律师业改革发展规划，不干预律师行业具体事务。律师资格考试、律师准入和退出、律师职业考核、律师奖励处分和权利维护等大量职能均由律师协会行使。司法部与律师协会关系非常密切，凡涉及律师业改革发展的重大问题，司法部都要征求律师协会的意见，充分考虑律师协会的建议，力求出台的政策、法规符合律师业发展实际。俄罗斯法官实行终身制，基本没有法官去职后做律师的，但律师却可以通过法院组织的专门考试进入法官队伍。除刑事代理除外，俄罗斯并不禁止非律师提供有偿法律服务。

目前俄罗斯有许多提供法律咨询的公司，数量上远远多于律师事务所，且该类公司只在公司注册机构注册，其自身在注册资金的范围内承担有限责任，专业水平参差不齐，基本处于无人管理状态，由此造成非律师行业与律师行业的无序竞争。任何自然人，只要凭当事人的委托书，即可出庭代理民事案件。由于法律服务领域管理不规范，律师协会甚至连法律服务业收入的数额和律师协会会员的数字也无法统计。此外，俄罗斯律师行业还存在一些问题，如外国所不断涌入，占据大量市场份额，对涉外所的管理没跟上；个人所量多质低，个体律师尤其是新律师的业务素质亟待提高；律师行业管理水平较为落后，律师执业规范还不健全等。[①]

---

① 戴磊:《交流、合作、借鉴——记全国律协代表团访问俄罗斯》，载《中国律师》2012年第12期。

（二）公证管理

在苏联时代，公证员的身份定位是国家公务员。苏联解体后，俄罗斯制定了《俄罗斯联邦公证立法纲要》（以下简称《立法纲要》），于1993年实施，2001年12月第194号联邦法律修订。该《立法纲要》对公证员的身份定位作了较大突破，引入了拉丁式的公证员制度。《立法纲要》第1条第2款规定，在俄罗斯联邦，公证行为由在国家公证处工作的或从事私人执业的公证员依照本纲要实施。第2条第3款规定，在实施公证行为时，公证员拥有同样的权利并承担同样的义务，无论他们是在国家公证处工作还是在从事私人执业。公证员所做成的文件具有同等的法律效力。根据《立法纲要》第34条第1款，由司法行政机关实施对国家公证员的职业监督；由公证员协会实施对私人公证员的执业监督。①

五、司法事务管理

联邦司法部负责国际法律案件处理，如处理国际争端，国际司法协助、被判刑人移管等；作为俄罗斯联邦的法律代表，确保俄罗斯在外国法院和国际司法（仲裁）机构（如欧洲人权法院、欧亚经济联盟法院）的利益等，司法部还代表俄罗斯联邦在欧洲人权法院派出副部级代表并设置办公室。

维护法庭秩序和法院安全是联邦法警局的另一大职能。其负责执行法庭民事、刑事和行政拘传令，确保法院活动的既定秩序，特别是其有权检查文件，对在法庭场所的公民和有待进入法庭的公民进行检查，使用武力、武器和特殊手段。2012年起，在审前调查和法院审理过程中，法警有义务协助警察对逃避司法程序之人进行搜查和拘留。联邦法警局还负责预防、侦查、压制和调查一些刑事犯罪。这些罪名主要是俄罗斯联邦《刑法》规定的妨害司法的七个罪行，如故意逃避执行，故意逃避支付信用债务，故意逃避支付儿童抚养费等。②

---

① 蔡煜:《创新与发展:〈俄罗斯联邦公证立法纲要〉与〈苏联国家公证法〉之比较》，载《中国公证》2003年第5期。

② 载 http://en.fssp.gov.ru/powers_of_federal_bailiff_service/，2022年9月15日访问。

第四节 俄罗斯司法行政制度的特点

一、检察院独立于司法行政系统

俄罗斯检察与司法行政的关系最为独特，该特殊关系可以追溯到俄罗斯帝制时代检察机关的监察职责，十月革命后列宁对社会主义国家检察制度的建构。

俄罗斯检察机关的建立早于司法行政机关。1722年1月，沙皇彼得一世签署命令设立了俄罗斯检察机关，同年4月又签署了《关于总检察长职位的命令》。据此，总检察长被称为“国家的眼睛”“国家案件的诉讼代理人”，有权对当时最高国家机关——参议院是否严格执行议事规则和皇帝命令实施直接监督，还有权建议参议院就法律未调整的问题通过决议；各级检察长还对其他国家机关的活动是否遵守法制实施监督。检察长和参议院各部的检察长和各省的检察长，均隶属于总检察长；总检察长本人仅隶属于皇帝。[①] 1802年司法部建立之后，司法部部长就兼任总检察长的职务，负责管理全国的检察机构和参议院检察长办公厅。[②] 1864年司法改革过程中，司法部发挥了积极作用，权力显著扩大。司法部管理司法机关、监狱、地籍、公证，主管法院和检察院的人事，在地方法院的重要案件上任免调查人员、法官和法院工作人员。[③] 1864年司法改革后，在区法院设立了助理检察官代替过去的省级和地区的司法稽查官。所有的检察官和助理检察官都是经过司法部部长推荐，由沙皇任命。检察官必须是正规大学法学专业毕业生，要有6年的检察工作经历，助理检察官必须要有4年的检察工作经历。[④] 检察官虽然在很多方面受司法部部长管理，但作为皇帝

① 孙谦:《〈检察监督〉评介（上）——中俄检察之比较》，载《人民检察》2010年第1期。

② 王海军:《近代俄国司法改革史》，法律出版社2016年版，第122页。

③ 载 https://en.wikipedia.org/wiki/Ministry_of_Justice_（Russia），2022年9月15日访问。

④ 王海军:《近代俄国司法改革史》，法律出版社2016年版，第122页。

的监察官，具有很高的独立地位。检察机关一开始就是作为监督机关设立的，并作为以集中原则为基础的统一体系建立起来的。各级检察长的首要任务，是对各种国家机关、公职人员的活动是否遵守法制实施监督，对它们（或他们）颁布的法律文件的合法性实施监督。[①] 检察机关内部包含两个拥有不同权限的分支体系：法院的检察机关和各省的检察机关。各省的检察机关不具有公诉职能，但他们在实施一般监督方面拥有重大权限。[②] 因此，十月革命前，俄罗斯检察机关既包含西欧国家检察官的诉讼职责，同时更重要的是作为皇帝的监察官，行使一般监督职权。司法行政和检察的这种关系，一直持续到十月革命前。

十月革命后，苏联在列宁检察机关应仅服从中央的理论指导下，开始了重新建设。起初，将检察官的直接指挥权赋予司法人民委员部，设检察司，以司其事；司法人民委员部部长兼任共和国检察官。1933 年 12 月《苏维埃社会主义共和国联盟检察机关条例》规定检察机关从苏维埃社会主义共和国联盟最高法院中分离出来，成为一个独立的机关，但是，各加盟共和国检察长仍然在本加盟共和国司法人民委员部里设立。1936 年 7 月，苏联中央执行委员会和人民委员会又联合颁布了《关于成立苏维埃社会主义共和国联盟司法人民委员部的决议》。依据该决议规定，各加盟共和国检察机关从本共和国司法人民委员部中分离出来，直接隶属于苏联检察长，至此，完成了检察机关上下一体、集中管理的制度架构[③]，苏联的检察机关和司法行政机关也彻底分离。1955 年 5 月《苏联检察监督条例》将最高监督职能细化到检察监督的各个基本领域，规定了实施检察监督的法律手段。1977 年苏联修改宪法，首次用专章确认了检察机关的法律地位，进一步强化了检察机关的集中统一原则，规定“各级检察机关独立地行使自己的职权，不受任何地方机关的干涉，只服从苏联总检察长”。各级检察长“对是否准确和一致地遵守法律实施最高监督”。1979 年 11 月苏联最高苏维埃通过了第一个《苏联检察机关法》，该法将苏联宪法有关检察监督的

① 孙谦:《〈检察监督〉评介（上）——中俄检察之比较》，载《人民检察》2010 年第 1 期。

② 孙谦:《〈检察监督〉评介（上）——中俄检察之比较》，载《人民检察》2010 年第 1 期。

③ 孙谦:《〈检察监督〉评介（上）——中俄检察之比较》，载《人民检察》2010 年第 1 期。

内容、目的和任务，检察机关体系，检察机关的组织和活动原则，检察机关的任期、任命程序、领导体制等加以具体化。在1982年和1987年，该法先后进行了两次修改补充，一直适用到苏联解体前。[①] 整个苏联时期，检察机关和司法行政机关基本都处于分离状态，检察机关独立设置，集中统一领导，这成为苏联时代司法行政和检察关系最主要的特点。

苏联解体后，俄罗斯借鉴西方多党制、"三权分立"和司法独立等基本原则实行变革，但是其检察监督制度并没有发生根本性变化，苏联时期的法律制度大部分被保留了下来。在俄罗斯转型初期的司法改革中，检察机关的地位和职能被限制和重新规划。[②] 俄罗斯检察机关在宪法中被规定在司法权中，但实际上检察机关既不是司法机关，也不是执行机关，而是"护法机关"，其"首要职能在传统意义上依然被认为是法律监督"。"检察监督活动非常广泛"，其中包括对执行法律的情况的监督，对公民权利和自由情况的监督，对侦查机关、初步调查机关执行法律情况的监督，对执行刑罚和其他强制措施的机关执行法律情况的监督，以及对司法警察执行法律情况的监督。可以说，俄罗斯检察监督制度延续了苏联时期检察机关监督职能，并在俄罗斯司法改革的推进下转型发展。[③]

二、法院与司法行政系统逐渐脱离

从总体上讲，在苏联时代法院和司法行政系统的关系一直在调整，并呈分离趋势。在1936年检察机关从司法行政机关独立后，司法行政机关在司法领域保留的向法院发布指导的权力就一直被削弱，两个系统的联系日渐减少。

根据1936年12月8日苏联人民司法委员部的规定，检察机关从司法行政机关独立，人民委员部及其地方机构有权向法院指示司法实践的正确性和统一性。1946年苏联司法部成立后，司法部基本继承了司法人民委员部与法院的基本关系，负责法院及刑事司法政策、审判政策，有权对法

---

① 孙谦:《〈检察监督〉评介（上）——中俄检察之比较》，载《人民检察》2010年第1期。

② 王海军:《苏俄检察监督制度及其现代发展》，载《国家检察官学院学报》2017年第6期。

③ 王海军:《苏俄检察监督制度及其现代发展》，载《国家检察官学院学报》2017年第6期。

院审判活动进行监督。“司法部及其所属机关也可对法院的审判活动进行监督。一是派检查员到法院去检查工作，找出法院工作中的缺点并加以证实，检查内容包括判决是否遵守法律，程序是否正确，是否发挥了人民陪审员的职能，接待来访来信如何等问题。为了检查法院的判决是否正确，必须从多方面查阅有关材料：一是看上诉法院对下级法院判决所做的决定；二是看上级法院主席团及监督程序所做的决定；三是检查员亲自到法院去检阅刑、民案卷。司法部的检查员如果发现判决有违法的地方，可以向审判员提出，并且帮助和告诉审判员如何正确的适用法律。但检查员本身无权像上级法院那样去要下级法院改判，只能向省或加盟共和国法院院长提出建议。如省或加盟共和国法院院长同意，就由其向本院的主席团提出抗议，主席团如同意就改判；如省或加盟共和国法院院长不同意，检查员就只能回苏联司法部向部长汇报其意见，司法部部长如同意，就向苏联最高法院院长提出建议，院长如同意即可依监督程序进行审理。”① 苏联司法部对法院审判活动进行监督的权力与苏联宪法“审判员独立，只服从法律”② 的规定相左，它实际上是一种法外监督，为司法行政不当干预审判留出了口子，这种关系由于影响到法院的独立审判而饱受批评，并成为1963年废除苏联司法部的原因之一③。

1970年苏联司法部重新成立后，其对法院的司法指导被进一步削弱，1972年的法令没有规定司法部对法院的监督权④，但1975年的法令又恢复了这一权力，明确“司法部的主要任务是指挥和监督司法机构，联盟和全联盟层面”。⑤ 进入戈尔巴乔夫时代，司法行政在一系列改革中再次弱化了其与法院之间的关系，“新的立法解决了苏联司法部在法院活动中的作用。

---

① 参见中国司法工作者访苏代表团编印：《苏联司法工作访问记（关于审判、司法行政工作部分）》，1955年11月，第128—130页。

② 参见中国司法工作者访苏代表团编印：《苏联司法工作访问记（关于审判、司法行政工作部分）》，1955年11月，第128—130页。《苏联宪法》112条。参见由嵘、张雅利、毛国权、李红海编：《外国法制史参考资料汇编》，北京大学出版社2004年版，第460页。

③ 载https://minjust.ru/history，2022年9月15日访问。

④ 载https://en.wikipedia.org/wiki/Ministry_of_Justice_（Soviet_Union），2022年9月15日访问。

⑤ 载https://en.wikipedia.org/wiki/Ministry_of_Justice_（Soviet_Union），2022年9月15日访问。

为了巩固法院的独立地位，司法部作为行政机关，无权对法院进行任何指导。司法部应从组织上保障法院的工作。因此，苏联司法部及其所属机关对法院审判活动的任何干预都是不允许的”。[①] 苏联虽然试图保留司法行政机关对法院政策指导和监督检查，然而这种法外监督不符合苏联宪法独立审判的原则，也不符合法律运行的规律，使司法活动的独立性受到不当干预。检察院独立于司法行政机关的设置，也使得司法行政机关最终也无法保留对法院的监督检查。司法部最终还是失去了对法院的监督检查权，被彻底排除在司法实践之外。

苏联解体后，俄罗斯采取了一系列司法改革措施，总的趋势是在“三权分立”原则之下，加强法院的独立性。俄罗斯法院的司法行政工作原来由司法部负责，1998 年改革后交由联邦最高法院自行管理。俄罗斯联邦最高法院成立了司法总局，统一承担各级法院和法官协会的人事、财务、装备、后勤、行政等保障工作（高等仲裁法院自行负责本系统的保障工作）。[②] 同时，培养法官、检察官和警察的职能也从联邦司法部的法学院中分离出去。民事裁判的执行原来在法院，改革后划归司法部。目前，俄罗斯司法行政系统和法院关系总的特点就是相互分离，以保证法院的独立性。

三、“小司法行政”格局

与美英德法日等世界主要国家相比，苏联的司法行政机关在不断动荡中形成了“小司法行政”的弱势格局，并有以下几个方面特点：

司法行政机关始终处于不稳定状态，不断被肢解，职责日趋狭小。自苏联成立之初，司法行政机关的职责就不断调整，很早就与检察机关和审判机关在组织和业务上分离。1936 年 7 月苏联的检察机关从司法行政机关中分离出来，1939 年苏联司法人民委员部新条例颁布后，司法行政与纯粹的司法职权完全分立[③]，并在不断的质疑声中失去了对审判机关的政策指

① ［苏］E. A. 斯莫连采夫：《苏联司法改革的若干问题》，金易译，载《环球法律评论（法学译丛）》1991 年第 4 期。

② 参见郭丰、韩玉忠：《域外法院经费体制概览及启示》，载《中国应用法学》2008 年第 1 期。

③ 载 https://en.wikipedia.org/wiki/Ministry_of_Justice_（Russia），2022 年 9 月 15 日访问。

导权，司法行政工作还数次被移交给最高法院和部长会议法律委员会。由于职责不清，定位模糊，司法部甚至曾于1963年被废止。苏联司法行政机关终于在1970年重建并稳定下来，而据1972年的法令，重建后司法部的主要职责是负责提出法律草案、普法、民事注册、国家和法律职业的管理[①]，其职责范围非常有限。后来在经历了不断地调整和变化后，司法行政机关最终丧失了对法院的监督检查权和司法政策指引权，形成了当代俄罗斯司法部的格局。

苏联司法行政机关始终职责不清，定位模糊。苏联司法行政机关与检察院、法院关系独特，检察机关独立设置，司法行政机关又一度监督检查法院司法活动，管理法院行政工作。从法理上讲，法院对于案件的审理有最终决定权，检察院处在公诉人的地位，不能最终决定案件的结果。综观世界各主要国家，司法行政机关或者统一管理司法系统的人财物，统一发布司法政策，对法院和检察院都有效；或者法院脱离司法行政机关，司法行政机关仅管理检察院，其代表政府发布的司法政策仅对检察院有效。前者以法国，和“二战”前的德国、日本为代表；后者以美国及“二战”后的德国、日本为代表。但苏联的制度设计是司法行政不能指挥检察院公诉，却可以指导法院审判，导致对审判权的不当干预。这种模式实践中弊端重重，甚至与宪法规定的法官独立审判相冲突，必然招致其他部门的非议，注定不能长久，最终导致了法院彻底独立，司法行政机关被排斥在司法实践之外。司法行政机关职能设计失误，被不断肢解、削弱，地位不断下降，以至于形成恶性循环，最为严重的结果就是司法行政机关1963年被废止。

苏联这种“小司法行政”的独特格局，有其深层的历史原因。原本在沙俄时代，俄罗斯就落后于西欧的英法德等国，缺少自己的政治和法律理论，接受启蒙思想较晚，专制主义严重，对西欧法律和司法制度的学习借鉴的程度有限，成为帝国主义链条上最薄弱的一环。十月革命之后，列宁的政治理论具有很大的革命性，却面对的是极不成熟的沙俄政治遗产。法律和司法制度本身植根于民族历史文化之中，同时具有很强的专业性和技

① 载https://en.wikipedia.org/wiki/Ministry_of_Justice_（Soviet_Union），2022年9月15日访问。

术性。但在当时革命理论的指导下，不顾法律和司法领域的历史文化和专业技术传承，实行了激进的改革，导致整个司法系统定位和分工上出现偏差，发现问题后又随意调整撤废。苏联在中后期官僚主义严重，中央政府各部林立，职能切分得细而又细，协调整合成本越来越高，体制不断僵化，司法部也不能幸免。然而由于制度惯性，俄罗斯在继承了苏联的政治遗产的同时，也继承了苏联的司法体制，并在此基础上加以改造，形成今日的“小司法行政”的独特格局。

四、统一管理法院裁判的执行

俄罗斯联邦司法部统一管理法院刑事和民事裁判的执行。在本书所介绍的几个国家中，它也是唯一将法院执行事务交由司法行政机关统一负责的国家。

刑事执行主要由联邦刑罚执行局负责，刑罚执行局负责未决犯羁押，审前取保候审或监视居住，已决犯的监禁刑、劳改刑、罪犯押送、缓刑犯的监督，被强制医疗的精神病人的监督，罪犯引渡。①刑罚执行局设有派出机构，管理刑事执行检查处、改造中心、拘留所、改造营、监狱等刑事执行机构，各联邦主体司法总局不负责刑罚执行工作。②同时，俄罗斯制定有统一的《俄罗斯联邦刑事执行法典》。俄罗斯的刑事执行立法源于沙俄时期的监狱规范和苏联时期的劳动矫正规范，再发展成以《俄罗斯联邦刑事执行法典》为代表的当代俄罗斯刑事执行规范体系。1996 年 12 月 25 日俄罗斯联邦委员会审议批准了《俄罗斯联邦刑事执行法典》。据统计，该法典已经过 75 次修订。③俄罗斯是主要国家之中唯一完成了刑事执行法典化的国家④。既实现了管理体制上的统一，也实现了法律制度上的统一。

民事执行主要由司法行政机关的法警系统负责。1997 年 6 月 4 日，俄罗斯联邦国家杜马通过了《俄罗斯联邦司法警察法》和《俄罗斯联邦执行

---

① 载 http://fsin.gov.ru/fsin/status/，2022 年 9 月 15 日访问。

② 《俄罗斯联邦刑事执行法典》第 16 条。载 https://fsin.gov.ru/fsin/structure/，2022 年 9 月 15 日访问。

③ 参见童建明主编：《检察视角下的中外司法制度》，中国检察出版社 2021 年版，第 310 页。

④ 德国也制定有《刑事执行法》，但是其仅限于剥夺自由的刑罚和保安处分的执行，而不包括财产刑、限制自由刑、资格刑等的执行。

程序法》，成为民事执行的主要法律依据，开始了独立于民事诉讼程序的新执行模式[①]。《俄罗斯联邦执行程序法》规定了强制执行普通法院、仲裁法院及其他法定机关作出的向公民、组织或各级负有责任的财政机关追索资金和财产并转交给追索人的裁决，履行或禁止某种行为的裁决。根据《俄罗斯联邦司法警察法》和《俄罗斯联邦执行程序法》的规定，俄罗斯联邦的司法警察体系包括警卫和执行员两个系统，执行员系统专门负责保障各级法院判决的执行。由于实行联邦制，司法警察分为联邦和联邦主体两个层面，司法警察归俄罗斯联邦司法部主管，具体由联邦法警局负责。各区、地区或俄罗斯各联邦主体行政区域的主任司法警察领导执行员系统，直接负责执行法院和其他机关的裁决。[②]

俄罗斯这种由司法行政机关统一负责民事和刑事执行的模式，具有鲜明的特点。它实现了审判和执行的彻底分离，将法院从繁重的执行事务中解脱出来，强化了司法行政机关“司法行政”的属性，提高了司法系统的效率，具有较强的参考借鉴价值。

① 之前，俄罗斯联邦执行制度的内容均规定在《俄罗斯联邦民事诉讼法典》第五编执行程序中。

② 参见童建明主编:《检察视角下的中外司法制度》，中国检察出版社 2021 年版，第 330 页。

比较篇

“古今中外”司法行政在前文皆有介绍。了解之后，当需比较异同，探析原委，以为取长补短，自新自强之用。故本篇设“异同”和“展望”两章。

第十一章　各国司法行政制度之异同

各国司法行政有不同的历史变迁、组织架构、职责特点。笔者就各国司法行政历史使命、总体职能、业务职能、央地关系体制、组织模式，以及司法行政机关与审判机关、检察机关关系的异同进行分析，探寻政治制度、历史传统、法律移植、语义差别、民俗地理等方面的深层次原因。

一、司法行政使命之异同

每个国家在特定历史时期都会面临政治和法律制度变革的重大历史关口，而司法行政在这一时期则会肩负特殊的历史使命。这一历史使命既非法律传统，也不是一般职责，而是历史的呼唤。不同的历史时期，不同的政治环境，司法行政的历史使命也不尽相同。梁启超曾言："有治据乱世之律法，有治升平世之律法，有治太平世之律法。所以示法之当变，变而日进也。"[①] 与之相应，司法行政的历史使命有三种："除旧布新""与时俱进"和"发扬光大"。

（一）变局中的历史使命

"穷则变，变则通，通则久。"通常认为，法制的变革和建设，须有稳定之环境方可成功；然而历史反复证明，非风起云涌，内忧外患之时，不足以推动法制变革。而变革之成败，则对时局之好坏又有重大影响。"穷"与"变"，"乱"与"治"之间的矛盾变化，是法制变革中对政治智慧最具考验性的内容。

---

① 参见梁启超：《论中国宜讲求法律之学》，载《饮冰室合集》第一册，中华书局2015年版，第93—94页。

“穷则变”，在将乱未乱之时，或者大乱之后，一个国家通常会处在历史转折的关键时期。此时，旧制度已经衰败，而新制度尚未建立，“除旧布新”成为变法的核心内容。不变，则走进死胡同，为历史所抛弃；变不好，则浪费大好时机，多走曲折弯路，跟不上历史的脚步；变成功，则引领时代潮流，开创时代先河。司法行政在关键时期能否正确定位，抓住机遇，完成自己的历史使命，是决定司法行政在此后一个相当长的历史时期内职能和地位的最关键因素。

近代各国司法行政制度几乎都诞生于“除旧布新”之中。如法国在大革命时期，建立了近代大陆法系司法行政制度；美国在南北战争之后成立了司法部；日本在明治维新之后成了司法省；我国则是在甲午庚子后的清末变法之中，改刑部为法部。而司法行政机关建立后，又推动了当时法律和司法制度的巨大变革。

德国司法部从其诞生之初，就有非常明确的历史使命，即协助政府推进国家法治统一。德意志历史上长期分裂，一盘散沙，近代统一后又历经“一战”、纳粹和“二战”、东西德的分裂。分裂是德意志民族长久以来的心理创伤，统一是德意志民族内心最强烈渴望。1871 年的统一标志着德国近代的崛起，也是当时德国最大的“时势”。但 1871 年的统一是普鲁士击败了奥、法等外部势力，在德意志各邦国的基础上建立的帝国。由于对内没有统一战争，各邦（包括王国、大公国、公国、亲王国、直辖领地、自由市等）仍然保留，并保有自己的法律和司法系统。这种统一与西欧最具代表性的法国式中央集权君主专制模式不同，它更像是一种联邦制帝国。戴鸿慈曾言，“德本联邦，而实为君主”。[①] 如何通过和平的、政治的和法律的方式消除各邦法律之“割据”状态，为帝国的发展提供统一的法制保障，是德国司法行政的历史使命。在这种形势之下，1877 年国家司法局（Reichsjustizamt）成立，其首要职责就是推进帝国境内法律的统一。在国家司法局的主持下，德国制定了《法院组织法》《民事诉讼法》《刑事诉讼法》《民法典》，并将这些法律和《刑法典》（1871 年 5 月 15 日制定）推向德国全境，从而完成了法律统一。在统一的法律制度保障下，德国经济社会迅猛发展，同时对世界法治发展产生了深远的影响。1919 年魏玛共和国

① 参见赵尔巽等:《清史稿》卷二百二十六《戴鸿慈传》。

成立后，司法部仍然引领着德国的法治建设，最具代表性的是时任司法部部长、著名法哲学家拉德布鲁赫主持制定了《少年法院法》。1933年德国进入了纳粹统治后，国家司法部从1934年起控制了整个司法机构，在法律和司法领域以“同步”(Gleichschaltung)为名进行中央集权和纳粹专治。战后德国分裂，东德学习苏联模式形成了自己的司法制度。西德建立了联邦制，法律领域的中央集权被作为纳粹主义的一部分受到批判，司法机构的集权化趋势发生了逆转，联邦司法部不再能控制各级司法机构，从而形成当今德国司法制度的基本模式。虽然采用联邦制，但是德国自始至终将法制统一作为司法行政的使命。《基本法》对联邦专属立法权、联邦—州竞合立法权作出全面而详细的规定，并且规定了联邦的框架立法权。德国司法部将立法作为首要职责，在“联邦立法优于州立法”的制度安排之下，全面推进各个领域的联邦立法。各州虽然有立法权，但是剩余的立法空间已被联邦司法部挤压的所剩无几。联邦司法部通过这种方式保障法制统一，与1871年统一后国家司法局的做法如出一辙。1990年德国统一是“冷战”结束的标志性事件。同一个民族，同一种文化，两个国家，两种意识形态和两种法律制度要进行历史性的合并。德国统一的过程中，联邦司法部成为全德中央司法行政机关，并在东西德法治统一的过程中发挥了重要的作用，除将司法行政业务扩展到原东德境内之外，回顾和处理德国分裂期间遗留的法律问题也是其重要工作。从上述德国司法行政发展的历史中，我们可以看出，德国司法部的历史使命非常明确，即在重大历史关头，通过法制和司法体制的变革，引领法制发展的方向，消除阻碍法制统一的各种因素，协助政府推进国家统一。

（二）发展中的历史使命

当一国经历重大历史关口后，一般会有相对稳定的环境，并在其中不断发展。此时，虽没有变局前后的风起云涌，却也面临着一系列机遇与挑战。司法行政此时的历史使命是“与时俱进”，根据时代发展的变化，不断成长创新，建设符合时代需要的法治环境。

近代法国经历三次革命、四次战争、五次共和，其司法部始终保持稳定。在1958年第五共和国成立之初，法国司法部完成了当时一场声势浩大的法律和司法改革。为了适应改革后新的法律和司法制度需要，法国司法部于1964年进行了一次重要的重组，对各项职能进行了系统性整合，奠定了现在司法部的基本架构。此后，法国司法部一方面主导法律和司法政策的改革和完善；另一方面不断调整其自身的职能和组织，适应本国的城市化进程，欧洲一体化进程，满足信息时代、经济全球化时代发展的需要。

美国在建国后，由于独特的地理位置，始终没有经历过那种“危急存亡之秋”，唯一一次大的动荡就是南北战争及奴隶制的废除。内战带来了大量针对政府的诉讼，产生了建立专业法律部门，管理政府诉讼的现实需求。国会在1870年通过了《建立司法部的法案》，司法部实现了从兼职法律顾问到正式政府部门的关键转变，从财政部手中接管了对联邦检察官的管理权，成为政府法律事务最重要、最全面的代表。内战之后到“二战”之前的“镀金时代”是美国司法部发展的第二个，也是最重要的历史阶段，为当今美国司法部的架构和权力奠定了重要的基础：在轰轰烈烈的“西进运动”中，为满足《宅基地法》等法律的执法需求，司法部成立了公共土地司（日后的环境和自然资源司），介入土地和自然资源管理事务中；当进入资本主义“摩登时代”后，司法部的触角也深入到经济领域，1933年成立了民事司和税法司；根据“谢尔曼反托拉斯法”，司法部部长可以对垄断提起诉讼，获得干预经济的反垄断执法权；禁酒令的颁布带来了黑帮的壮大，大萧条的到来刺激了犯罪蔓延，但这反而催生了刑事司法部门的极大发展，刑事司、联邦调查局和联邦监狱局三个重要的刑事部门先后建立并迅速壮大。“二战”中的反间谍行动和战后对苏联开展的冷战，使司法部，特别是联邦调查局的情报、执法和侦查能力迅速提升，并深度介入国家安全事务中。原来美国司法部以诉讼为主的业务结构因此改变，从此发展成为诉讼和执法并重的业务结构。20世纪50—60年代的民权运动中，美国司法部充分体现出其打击犯罪和抵制民权的两面性。然而这种两面性并不妨碍其发展，司法部于1957年成立了民权司，从1964年《民权法案》中获得了对诸多妨碍民权犯罪的管辖权，以人权卫士自居。在“毒品战争”中，发展出强大的缉毒执法力量。在近几十年全球化的进程中，美国通过其“长臂管辖”将法律触手伸向世界，司法部不断通过各种大案，打压美国的竞争对手，维护其在经济、金融、贸易、科技等方面的全球霸权。“9·11”事件是促进美国司法部发展的一大转折点。反恐成为司法部首要任务，创建了国家安全司，强化了其在打击恐怖主义，保卫国家安全领域的重要地位。更重要的发展是，司法部，特别是联邦调查局获得了前所未有的信息监控的权力，将信息监控的触角伸向美国和全球各个角落，极大地提升了情报搜集、分析能力。这项改革将刑事司法与美国世界领先的信息技术紧密结合，抢占了信息时代刑事司法的制高点，将司法部的执法能力引入一个新的时代。回顾美国司法部的发展历程，其充分利用了内战后和平稳定的环境中，广袤的土地和第二次、第三次工业革命的成果，在150余年的时间内高速发展。在每一次重大历史阶段中，其既没有徘徊不前，也没有推倒重来，更没有分崩离析，而是顺应时代需求，抓住机遇，不断的强化自身发展。

（三）强盛期的历史使命

当一国处于国际或区域内的领先地位之时，会对其他国家和国际社会产生巨大影响。一些国家也会主动学习借鉴该强国的政治、军事、经济、科技、文化制度。此时，司法行政此时的历史使命当是，根据当时国际形势，根据本国和他国的需要，将自身的法律制度和法律文化“发扬光大”。

近代以来，英国司法行政对普通法系的全球化，发挥了重要的历史作用。在工业革命的驱动之下，英国成长为世界头号强国，并在20世纪初达至顶峰时，占据了全球可人居土地的1/4，涵盖了世界人口的1/5，成为“日不落帝国”。英帝国下辖的这些人口具有不同的种族与肤色、宗教信仰和文明程度，英国本土人口则只占总数的1/10。如何统治这样一个多元、庞杂、松散的帝国，是英国统治者的重要历史使命。而普通法系统在帝国境内的传播、推广、植根，成功的解决了这一重大历史课题，为英国文化和政治制度的全球扩张贡献了重要甚至主要的力量，成功地维系了宗主国和殖民当地的牢固关系，创造了人类法律和文明的新纪元，为近现代世界发展的格局奠定了重要的基石。直到现在，许多国家都对英国普通法系统保持着深厚的认同。普通法在世界范围内的传播生长过程中，枢密院司法委员会发挥了至关重要的作用。在大法官布鲁厄姆勋爵的推动下，英国于1833年通过了《司法委员会法》（*Judicial Committee Act*），建立了枢密院司法委会员。枢密院司法委员会作为帝国最高司法机构，针对不同的民族，在适用普通法的同时，适用各式当地法律，并使之与普通法所契合，兼顾各地多元的法律文化。普通法经过枢密院司法委员会的司法适用，成为英国国王之外另一条联结整个帝国的精神和制度纽带。而枢密院司法委员会中，包括大法官、上议院的司法贵族、其他高级法官、以及殖民地法官及枢密院院长，绝大部分来源于英国本土的法官。大法官（司法部的前身）集行政、立法和司法三种政治角色于一身的传统体制，使司法行政牢牢的掌握着对法官的管理权。大法官不仅有权主持枢密院司法委员会的审理工作，还有权挑选合议庭成员。而普通法的适用，是“法官造法”，法官在其中居于主导地位。在古老的司法体制向近代化转型的过程中，大法官始终主导着渐进式的改革，维系着英国传统法律文化的继承和发展，从而使得司法行政不仅在英国独特的法律、文化、政治传统中发挥了非常重要的作用，而且使得普通法文化在世界范围内成功的传播、推广、植根。

纵观古今中外，强国众多，有的曾独霸一方，有的曾称雄世界，但并非全都能将其法律和司法制度发扬光大。英国普通法在全球的成功推广，并非单纯的法律上的扩张，而是经济、军事、科技、文化、政治全方位鼎盛的组成部分。法律与语言、英王、宗教等一并成为其统治殖民地的重要支柱。而与之相比，曾经同样拥有巨大殖民地的法国、西班牙等国就相差很多，其中一个重要原因，就是宗主国的法律无法与政治、宗教等要素共同作用，为殖民地国家所消化吸收。苏联虽然在“二战”后成为全球两极之一，凭借军事优势将本国法律和司法模式复制到其他国家，但是苏联模式与这些国家的传统、文化及原有经济体系格格不入。如东德在德国统一后，就取消了全部政府机关，由西德政府接管东德相应的全部事务，原东德境内的法律和司法制度不复存在。波兰在“二战”后原采用苏联模式，检察机构独立于政府。1990 年波兰众议院通过检察院法，规定原检察院作为一个司隶属于司法部，并取消总检察长一职，其职能由司法部部长行使。阿尔巴尼亚原采用检察院上下一体的苏联模式，并于 1967 年取消了司法部，后于 1990 年根据《欧洲人权公约》的要求，重新设立了司法部，但仍保留苏联模式的检察制度。[①]“二战”前，美国的司法制度对有相似

① 参见张福森主编:《各国司法体制简介（修订版）》，法律出版社 2006 年版，第 160 页。

条件的一些美洲国家影响较大，但美洲其他国家原为欧洲大陆国家的殖民地，秉承的是大陆法系的法律制度，这与美国又有较大区别。“二战”后，美国成为两极之一，“冷战”结束后，美国全球独霸，其也不断对外推销美式法律制度，但这主要是在继承战前英国全球霸权和规则体系之下的再发展。由于美国建国条件的特殊性，以及缺少深厚的法律文化传统，美国模式在很多国家和地区也都遭遇失败。因此，美国战后虽然享有国际霸权，其司法行政机关在世界各国中也最为庞大，但是就其在特定国家的影响力来讲，难说“发扬光大”，反而其成长过程中“与时俱进”的特点更加明显。

我国唐朝时期，法律远播海外，是中华法系形成的最重要的历史时期，可谓盛世中的“发扬光大”，这也是综合国力鼎盛的结果。宋朝在政治、文化、科技、经济等领域不逊于唐朝，但是由于军事上的弱势，其法律影响不如唐朝广泛。明清时期，我国在经济、政治、文化上不如唐宋时期一般傲视群雄，但也是世界上首屈一指的大国，凭借着中华文明的悠久历史和中华法律的千年积淀，仍对周边国家保持着强大的影响力。直到西方工业革命之后，列强纷至沓来，周边国家逐渐沦为殖民地，引入了西方法律和司法制度，中华法系最终解体。[①]

历史上大国强国很多，但要想将本国的法律和司法制度“发扬光大”，必须是综合运用包括经济、军事、科技、语言、文化、政治等各种要素在内的综合实力，使法律和司法制度成为他国对本国“敬仰”“信仰”的一部分。

二、司法行政职能之异同

（一）总体职能

司法行政作为各国政府的重要组成部门，其总体职能是从政府主动施政的角度，引领和主导法治建设的发展方向。从权力运行特点上看，政府行政是主动的、先行的；而议会立法是滞后的；法院司法是被动的。在一国经济社会和法治发展过程中，行政权力的主导和推动发挥着非常大的作

① 参见张中秋:《回顾与思考：中华法系研究散论》，载《南京大学法律评论》1999 年第 1 期。

用，通常是行政推动新生事务的出现，新的规则的产生；再通过立法为社会接受；最后被司法系统适用。这在大陆法系国家表现的更加明显。“司法行政”的概念包括“司法”和“行政”，但其职能却涵盖“司法”“行政”和“立法”三大领域。这是因为，政府的施政目标确定后，一方面要推动立法与时俱进，另一方面也要推进司法系统的法律适用。司法行政也因此成为政府中唯一能够对接立法和司法两大系统的部门，从政府主动施政的角度，引领和主导法治建设的发展方向。

随着司法行政制度的不断发展，前述国家的司法行政机关一般都在传统的司法行政管理者的基础上有新的发展，集政府法律事务代理者、法律和司法政策制定者、司法体系管理者、法律服务的管理指导者、（刑事）司法裁判执行者五种角色于一身。司法行政机关作为政府法律事务代理者，可以代表国家处理法律事务、出庭支持诉讼、谈判和缔结法律和司法领域的条约和公约；作为法律和司法政策制定者，可以代表政府提出法律草案、立法计划、司法政策，并对法律和行政法规等进行审核；作为司法体系管理者，可以为检察院或（和）法院提供人、财、物的管理，提名或（和）任命法官或（和）检察官，提供经费、装备、基础设施、技术等方面的后勤保障；作为法律服务的管理指导者，可以对律师、公证、法律援助、仲裁、调解、证人保护、司法救助等进行管理和指导，对涉及法律和司法领域的登记进行管理；而作为司法裁判的执行者，负责执行法院系统作出的刑事、民事和行政裁判。其中，法、德、日三国的司法行政具有完整的五大业务板块，集政府法律事务代理者、政府立法和法律政策制定者、司法体系管理者、法律服务的管理指导者、（刑事）司法裁判执行者五种角色于一身。其他国家在某些板块也有良好的实践。

（二）传统司法行政业务

传统的司法行政业务指的是作为司法机关的法院、检察院的行政工作，包括司法人事、司法机构规划设置、司法经费预算、司法建设装备、司法统计等工作。主要分为两类：对人财物等行政工作的管理和对司法机构、司法制度的管理。在大陆法系近代模式下，法院由司法行政机关设置并管理，上述司法行政工作由司法部负责。[①] 法国司法部统管全国所有普

① 参见本章“司法行政机关与审判机关关系之异同”部分。

通法院的司法行政事务，承担该项职责的部门为总秘书处和司法管理局。为避免地方染指司法系统，法国司法部通过上诉法院院长和检察长对地方法院检察院的司法行政事务进行管理。德国司法部设置了司法行政司（总务司）和司法管理司。但德国联邦司法部仅负责各联邦法院的管理，州司法部负责各州法院的管理。虽然英国属于英美法系，但其法院的司法行政工作也由司法部的皇家法院和法庭署管理。美国与上述国家不同，其司法独立的不仅是业务权力上的独立，而且是政治权力上的独立。美国法院是独立的，并非行政机关设置的；司法部作为行政机关，无权介入法院事务，也就不具对法院的司法行政事务进行管理的权力。日本“二战”后引入美国模式，法务省也不再管理法院司法行政事务。美日两国的司法行政机关因此没有传统的司法行政管理权，也没有设置相应的部门。俄罗斯继承了苏联检察机关上下一体、集中管理的体制，同时彻底剥离了司法行政机关对法院的管理权。因此，俄罗斯的司法行政机关不负责传统的司法行政事务，也没有相应的业务部门。

我国从古代至中华人民共和国成立伊始，是“大司法行政”，司法行政机关负责修订法律，管理司法机关，制定司法制度，培养法律人才。在一些重大历史阶段，司法行政对推进中国法制发展发挥了非常重要的作用。我国司法行政机关在中华人民共和国成立初期管理着法院、检察院的司法行政工作。1949 年的《中央人民政府司法部试行组织条例》中规定的 15 项职责中，有 12 项是关于法院、检察院的司法行政工作，司法行政机关“名副其实”。[①] 20 世纪 50 年代引入苏联模式后，检察机关独立出来，自行负责检察系统的行政工作，司法行政机关改为“小司法行政”。[②] 司法行政机关被撤销后，法院的司法行政工作由划归法院自行管理。司法部重建后，曾短暂的重获对法院系统司法行政事务的管理权，但是在 1982 年又划归法院自行管理。从此，司法行政机关不负责司法机关的行政业务。[③]

---

① 参见董开军主编:《司法行政学》，中国民主与法制出版社 2007 年版，第 57、63 页。

② 参见蔡定剑:《关于前苏联法对中国法制建设的影响——建国以来法学界重大事件研究（22）》，载《法学》1999 年第 3 期。中国司法工作者访苏代表团编印:《苏联司法工作访问记（关于审判、司法行政工作部分）》，1955 年 11 月。

③ 参见董开军主编:《司法行政学》，中国民主与法制出版社 2007 年版，第 70—71 页。

（三）政府法律事务代表

世界部分国家的司法行政机关可以代表政府处理法律事务。最常见的是，由司法行政机关管理下的检察官代表政府起诉。美英两国政府中的Attorney和Solicitor，本身就是代表政府处理诉讼事务的律师。而美国司法部主管的诉讼中，很多都是以“美国诉XXX”（U.S. vs. XXX）命名，诉讼范围不仅包括刑事案件，还涉及民事、环境、经济、税务、反垄断等多个领域。法德日等大陆法系国家，司法行政机关对检察官有指挥监督权，国内起诉、应诉等任务授权给检察官行使。而日本的讼务制度更具代表性，法律明确规定法务省负责“处理涉及与国家相关的法律案件”，其将涉及国家和政府的民事和行政诉讼，国内国际诉讼全面整合，统一归由法务省主管。再加上法务省主管的检察官负责的刑事诉讼，可以说法务省全面代表国家和政府开展诉讼活动。在对外活动中，也都是由司法行政机关代表政府处理法律事务。如法、德两国司法部在欧盟和国际两个层面可以代表政府谈判和缔结法律和司法领域的条约和公约；参加欧盟法律和司法领域条约和政策的谈判和制定；向欧盟司法机构派遣法官和检察官；处理欧盟和国际诉讼、仲裁案件；执行欧盟和国际司法协助事务；同时还设置了专门负责欧盟事务的部门。日本法务省也负责引渡和国际司法协助，参与和实施各种法律、司法条约、公约。

我国司法行政机关虽然负责部分行政复议、行政应诉、行政执法协调、司法协助、司法外事工作，但在这些事务有很大一部分由其他单位共同负责，司法行政机关不是主管机关。司法行政机关在这些领域不是政府法律事务的法定代表，不能像其他国家那样代表国家或政府处理法律事务、出庭支持诉讼、谈判和缔结法律和司法领域的条约和公约。[①]

（四）立法及司法政策的制定

在法、德、日等大陆法系国家，司法行政机关负责政府的立法工作，同时，始终掌握着对检察官的政策指引权。司法行政机关对检察官的业务进行指挥监督，通过向检察官发布一般指示和个案指示，将自己制定的司法政策贯彻到司法实践和司法体系中。如联邦立法为德国司法部的首要职

① 目前司法部可以对外签署的条约仅限于被判刑人移管领域；其他法律领域的条约，都由外交部负责谈判和签署。

责，其司法管理司、民法司、刑法司、商法和经济法司、公法司等内设部门，就是严格按照立法活动中的法律部门来划分。立法同样也是法国司法部的主要职责，并且司法部还掌管着全国的司法机构，全面掌控整个诉讼链条，掌握法律的实施情况和效果，在行政管理、司法实践、司法制度和立法政策上实现良性互动，其立法能力更加强大。在日本，法律案几乎都是由政府提出，法务省负责起草、制定和修改“六法”中除宪法外的民法、商法、刑法、民事诉讼法、刑事诉讼法及其相关法律（即所谓的“基本法律”“司法法”）。由于基本法律在法律领域中的重要地位，基本法律的起草和提案是日本法务行政的核心工作。在俄罗斯，法律草案也主要是由政府提出，联邦司法部负责起草和审核相关的法律草案，同时还负有管理地方立法的职责。但是俄罗斯联邦司法部不负责司法政策的制定。

英美是判例法国家。判例法在社会生活和司法实践中发挥主要作用，作为立法机关的国会一般都是通过单项的法案，而非像大陆法系国家那样制定的系统性法典。因此美、英两国司法部的司法和法律政策的制定与大陆法系国家不同。美国司法部的诉讼范围非常广泛，加之法官被动审理的特点，使得作为诉讼当事人的司法部的作用更加重要。在一些重大的案件中，美国司法部部长和联邦检察官可以根据司法政策的需要，控制“诉”的范围、内容和数量，控制案件的法律进程和走向。由于是判例法，一些重要案件对其后的司法裁判产生很大的拘束力。因此在美国，实际发挥司法政策主导作用的是联邦司法部而非联邦法院。在英国，法院归司法部管理，所以司法部可以发布指导诉讼中司法政策，主导法院系统的改革，并将相关法案提交议会讨论通过。

在我国，司法行政机关负责行政立法工作。在2018年之前，原政府法制部门的行政立法业务除了具有综合性、基础性等特点外，还具有两个特点，一个是定位上的辅助性，政府法制部门的定位是“协助本级政府或者本部门的行政首长办理法制事项的参谋、助手和法律顾问作用”；[①] 另一个是内容上的从属性，比如政府法制部门的许多行政立法需要上位法的授

① 参见曹康泰主编:《政府法制建设三十年的回顾和展望》，中国法制出版社2008年版，第217页。

权，从依据、内容、效力依附于上位法，同时对上位法予以补充完善。[①] 2018 年之后，司法行政机关虽有行政立法职责，但该职责以行政法规和部门规章为主，不包括制定法律和司法政策，没有主导制定重大影响的基本法律草案（如民法、刑法、诉讼法等）的权力，也无权制定刑事、民事诉讼等领域的重大司法政策。

（五）司法裁判的执行

美、英、德、法、日、俄六个国家都在司法行政机关之下设置专门的机构负责司法裁判的执行。美国联邦司法部设有监狱局管理联邦监狱；英国司法部设有监狱与缓刑局统筹监禁刑和非监禁刑的管理；德国刑罚执行由各州负责，德国拜仁州司法部设有司法执行（监狱行刑）司，负责已决犯和未决犯的关押；法国司法部刑罚执行局管理监狱、看守所和缓刑机构，负责剥夺和限制自由的刑罚和措施的执行；日本法务省矫正局管理刑务所和拘置所，分别关押已决犯和未决犯，保护局负责社区矫正类刑罚的执行；俄罗斯联邦司法部设刑罚执行局，负责管理监狱和看守所，被强制医疗的精神病人的监督。民事执行方面，各国模式不一，由法院负责的较多，但俄罗斯设有专门的联邦法警署负责民事执行。

在刑事执行方面，一些国家的司法行政机关不仅负责管理监狱，还负责看守所的管理。有的国家监狱不仅用于执行刑罚，还用于审前羁押。如在英国，在警察提出起诉之前，被逮捕的犯罪嫌疑人几乎都被羁押在各警察局内设的拘留室之中。警察向治安法院提出起诉后，羁押不再由警察或皇家检察署负责，羁押场所也不再是警察局，而是其他限制人身自由的场所：如果被告人年满 21 岁，羁押场所是监狱（prison）；如果被告人年龄在 17 岁至 20 岁之间，羁押场所为拘留中心（remand center）或者监狱；如果被告人不满 17 岁，他将被羁押在当地的看护中心（the care of a local authority），例外情况下，也可以羁押在拘留中心或者监狱。这些监狱、拘留中心、看护中心都不由警察机构、皇家检察署控制，而是由司法行政机关管理。在日本，根据刑事诉讼法的规定，审前羁押的场所为日本法务省在全国设置的拘置所。不过，日本监狱法也允许在特殊情况下使用警察

① 参见曹康泰主编:《政府法制建设三十年的回顾和展望》，中国法制出版社 2008 年版，第 67—69 页。

署下属的警察拘留所。但由于大量犯罪嫌疑人被羁押在警察署下属的拘留所，持续时间达10日至20日甚至更长时间，很容易发生刑讯逼供。[①] 俄罗斯司法行政机关管理的监狱也可代行看守所审前羁押的职责。

我国的司法裁判执行中，民事执行由法院负责。我国司法行政机关虽然管理刑事执行，但并非全部刑事执行：死刑由法院执行；死缓期间、无期徒刑和有期徒刑由监狱执行；对被判处有期徒刑的罪犯，在被交付执行刑罚前，剩余刑期在3个月以下的，由看守所（公安机关）代为执行；对被判处拘役、剥夺政治权利、驱逐出境的罪犯，由公安机关执行；被管制犯、缓刑犯、假释犯、暂予监外执行犯由社区矫正机构（司法行政机关）执行社区矫正；罚金刑和没收财产，由法院执行。在戒毒领域，强制隔离戒毒由公安和司法行政两家负责；其他戒毒措施的执行则不归司法行政机关主管。

（六）执法

一些国家的司法行政机关还具有执法职责。比如，由于诉讼的需要，执法及调查发展成美国司法部的重要职能。在美国，刑罚执行、监狱管理、赦免等都属于执法范畴。联邦调查局、缉毒局、烟酒火器和爆炸物管理局、联邦法警署、联邦监狱局，都是司法部下属的执法机构。司法部共有43666名执法人员，占全部联邦执法人员的33.1%，是美国第二大执法部门。日本法务省设有出入国在留管理厅，相当于出入境和移民部门；公安审查委员会、公安调查厅，相当于政治保卫部门，这在德国属于内政部负责，在我国相当于公安部负责。我国司法行政机关虽有行政执法职责，但是为“行政执法的综合协调工作”，仅对所属的法律服务行业有行政执法权。

（七）法律服务管理

登记是一项基础性的法律服务工作，可分为刑事登记和民事登记。民事登记以日本最为典型。日本法务省的登记职能非常全面、强大，其下属的民事局负责户籍、地籍、公证、国籍、公司及其他法人注册登记，在地

① 陈瑞华:《审前羁押的法律控制——比较法角度的分析》，载《政法论坛（中国政法大学学报）》2001年第4期。

方则由法务局或地方法务局负责，在德国，不动产登记是由设在法院的不动产登记局负责；联邦登记中心主要负责登记法院的各种判决、裁定，刑罚或者保安处分、禁止令等执行情况，出具品行证明，以及上述信息的收集、储存、出具、查询、删除、保密、国际间信息交换等；教育登记中心主要负责未成年人的相关司法登记。法国司法部设有国家犯罪记录登记中心，归刑事和赦免局主管。俄罗斯联邦司法部负责的登记主要包括三类：第一类是非营利组织注册，包括国际组织、外国非营利性非政府组织、公共协会、政党、宗教组织、商会、传媒及其分支机构，以及监督非营利组织的活动情况，对非营利组织进行检查；第二类是民事登记，如土地、住宅、机场、船只、汽车、飞机等；第三类是法律服务机构登记，如律师、公证机构等。目前，我国司法行政机关仅有法律服务行业的登记管理权。

虽然各国在律师公证等法律服务业中实行行业自治，但司法行政机关基本都有一定的管理职责，同时负责提供公益性的法律服务。如德国司法行政机关负责被害人、证人保护，对律师和公证行业进行监督，并将反思纳粹罪行作为一项重要法律宣传工作。俄罗斯联邦司法部负责管理法律宣传、法律教育、法律职业管理、免费法律援助、公证、司法机构活动的分析和管理、替代性争议解决。联邦司法部和各联邦主体司法局还设有法医鉴定机构、司法鉴定机构，提供刑事和民事鉴定服务，负责个人逾期金钱债务追索的监督管理。日本法务省负责外国律师的管理，债权回收业的监督和管理。英国司法部专设有法律援助局，还提供儿童、青少年、被害人、精神病人等弱势群体提供法律服务和司法保护，司法部下属的法律服务委员会负责监督律师行为规范，保护消费者利益，改革法律服务市场并促使其现代化，法律调查官负责消费者与律师间纠纷的投诉。我国司法行政机关负责公共法律服务的管理，但是并非唯一主管机关，一些法律服务的机构和业务，因历史原因由其他部门主管。

三、司法行政体制之异同

各国的司法行政体制在宏观层面上具有一些共性，如司法行政机关均属国家重要部门，权力较为广泛，具有较为健全的组织架构，拥有细致的职能分工和众多的机构设置；大多数检察机关都在司法行政机关管理之下。当然，共性之外，也有诸多差异化特性。

（一）央地关系的异同

各国司法行政在中央（联邦）和地方（州、加盟共和国）之间都存在一定程度上的分权，目前看主要由以下两种模式：

第一种是央地直管式。如法国、日本，本身为单一制国家，国土面积较小，司法部可以直接管理地方机构或在检察系统、监狱管理部门、调查部门实施垂直管理。其中法国的司法行政最具特点。为避免地方政府染指司法系统人、财、物的管理，法国不设地方司法行政机构。司法部对地方司法行政的管理是通过各上诉法院实现的。我国历史上在南京国民政府时期也曾施行过这一模式，以加强中央集权，促进法制统一。

第二种是联邦分权式。该模式以德国为典型。德国联邦和各州都有自己的司法行政机关，互不统属，分工明确。一般来讲，联邦负责联邦立法和联邦司法机构的管理，各州负责州立法和州司法机构的管理，其他事务则根据基本法、法律、实践需要、案件重要性、传统习惯在联邦和州之间进行划分。美国式的联邦分权又有不同，美国联邦和州都有自己的司法部，而且联邦司法部及下属部门在各地有分支机构，实行垂直管理。因此，美国地方既有联邦司法行政系统，也有州司法行政系统，两套系统都可以对外执法，而且联邦司法部具有强大的执法能力。

我国的司法行政兼有二者特点。一方面中国是单一制国家，不存在联邦制下的分权；[①] 另一方面，中国司法部以政策制定为主，执法主要依赖地方或基层单位，对地方是业务指导关系，而地方司法行政机关人财物皆受地方政府管理，只是接受上级司法行政部门的“业务指导”，独立性更强。

英、法、德等国都采取“强干弱枝”的模式。法国最为极端，由司法部全面管理司法系统的人财物，以维护司法系统的中央集权；不设地方司法行政机关，基层司法行政事务由上诉法院代管。德国司法行政在联邦和州之间分权和分工，联邦负责联邦立法和三个联邦最高法院和检察院的司法行政管理，而各州负责各州立法、州法院和检察院的司法行政管理以及法律服务和刑罚执行。德国州司法行政机关之下，也不再设地方司法行政分支机构，一些司法行政事务由法院代管。英国也没有设置地方司法行政机关，具体业务都是司法部、部属执行机构及其分支机构直管。

① 王磊:《论我国单一制的法的内涵》，载《中外法学》1997年第6期。

我国司法行政机关依行政区划，在各级政府中层层设置，甚至在乡镇街道都设司法所，上级司法行政机关只能指导而不能领导下级司法行政机关。这与德、法、英等国“强干弱枝”的模式有很大区别，也与日本分类垂直管理的模式有很大不同，与具有庞大执法机构和强大执法能力的美国司法部区别更大。

（二）组织模式的异同

从在政府中的定位上看，各国司法行政机关都在政府中居于重要地位。司法部都是政府组成部门，司法部（法务省）都是司法行政事务的主管机关。但是各国司法行政机关在政府中的重要性又各有不同。在德国、法国等大陆法系国家，司法部属于政府传统部门，政治排序都比较靠前。而美国联邦司法部是个超级大部，人员、权力、职责都远超其他国家的司法部，在国内享有很高的政治地位。根据1947年通过的《美国总统继任法案》，美国总统一旦离开其职务，将由副总统、参众议院议长及内阁成员依序接替其职位，司法部部长在国务卿、财政部部长和国防部部长之后，位列第七，可见其地位之重要。

从组织结构上看，大陆法系国家和英美法系国家区别明显。法国、德国、日本这些传统大陆法系国家的司法部组织机构清晰、明确、公开。如法国、日本、俄罗斯有关于建立司法部的法律或者行政命令；德国虽没有明确的命令，但是组织机构依法律部门划分，体系性很强，很完整。而英国和美国的司法部组织机构繁杂交错，很难从名称上判断其职责范围，没有统一完整的组织法令。英国司法部的机构设置相当的混乱，大量的内设部门、附属机构及相关职责没有公布，很难了解全貌。各种职能的“委员会”和机构之间职能交叉重叠，一些所谓“独立”的机构或者委员会，其实其人财物都由司法部掌控，处在司法部的监管之下。美国司法部也是机构林立，一些机构从名称上看根本不知道其职责定位。英、美两国司法部的官方介绍普遍含糊混乱，却热衷于自我标榜，再加上判例法本身的复杂性，普通民众获得法律救济的难度和成本可想而知。

从下属部门的设置来看，各国中央（联邦）司法部都设有总务部门、业务部门、附属部门、特别部门等，各司其职。但各国司法部下属部门差异较大：有的立法部门较强，如德国联邦司法部，除司法行政司（总务司）外，其他司都负责相应的立法和政策制定业务。有的立法部门较弱，如日本，部分政府立法由内阁法制局承担。英美由于判例法的传统，司法部的立法部门更弱。有的司法管理服务部门强大，如法国司法部、德国州司法部和英国司法部。有的不具有司法管理服务部门，如俄罗斯。除日本、美国外，其他国家没有移民和出入境管理部门。美国司法部下属机构庞大，包括很多执法机构、侦查机构、反垄断部门等，为其他各国所不具备。

我国司法行政机关在组织上与俄罗斯最为接近，这主要是因为在20世纪50年代我国学习苏联司法行政制度。在下属部门的设置上，我国司法行政机关与俄罗斯相似，都没有司法系统管理服务部门。我国司法行政机关兼有日本的一些特点，组织机构较为明晰，虽然无组织法，但是有中央编制办的“三定方案”。我国2018年重组前的司法部与日本法务省有共同之处，行政立法主要由政府法制部门负责。与德国、法国、日本等国相比，我国司法部的综合、内部服务部门和处室明显更多，业务部门和处室比例明显偏少。

四、司法行政机关与审判机关关系之异同

司法行政横跨“司法”与“行政”，其与法院系统的关系，最能体现一国司法行政制度的特点。在这方面，法国、德国、日本等传统大陆法系国家较为相似，英国、美国、俄罗斯各有特点。

一是大陆法系近代模式。在近代，法国、德国、日本的“三权分立”并不明显，政府通过司法部（日本是司法省）来管理法院，法院独立行使审判权，更多的应该是指审判业务权力和业务保障，而非与行政、立法向抗衡的一种政治权力。当时这些国家的司法部是政务机关，而法院更像是业务机关。其关系有点像唐宋时期的刑部和大理寺，清末时期的法部和大理院。法院同时还是一个服务平台场所，不仅提供诉讼服务，还提供各种法律服务。法官与检察官，则是都是为完成诉讼的任务而设置的专业人员。因此，近代法、德、日等国实行审检合署制，司法行政机关负责监督和管理法院和检察院。该模式以法国为鼻祖，德国随之，日本对法德全面承袭。日本起初采用法国的司法体制，后转而采用德国“审检合

署”体制，在各级法院中设置检事局，法院、检察院同归司法省领导。[①]这一模式下，虽然法官独立审判，但司法行政机关对法院和检察院人财物实施全面的强势管理，对其业务进行监督，与我们通常所理解的“三权分立”“司法独立”似乎有所区别。

二是大陆法系现代模式。这一模式的特点是为保证“司法独立”，在大陆法系近代模式的基础上，弱化了司法行政机关对法院的管理，强调了对法院的服务，保留和优化了对检察院的领导。德国、日本两国在“二战”后实现了大陆法系近代模式向现代模式的转型。德日法西斯在“二战”中犯下恶劣的罪行，司法系统成为帮凶。“二战”后，以美国为主的盟国对德日进行了“民主化”的改造，这其中就包括了对司法系统的改造。德国的司法系统被改造成美国的联邦模式，司法行政中央集权的趋势被遏制。虽然仍实行“审检合署”制，但为保证“司法独立”，司法行政机关不再实现对法院的强势管理。特别是法院法官的选任上，司法行政机关只是参与和服务，不再享有决定权。“二战”之后，美国对日本司法系统的改造更加彻底。司法系统实施“审检分立”，法院系统被从司法省分离出来；原司法大臣主管的法院系统的司法行政事务，被划归为法院固有的权限，由最高裁判所负责；附属于法院的检事局成立了最高检察厅以下的检察厅，司法大臣对检察事务进行一般的指挥监督。法国在第五共和国建立后，由总统保证司法独立，最高司法官委员会协助之，但司法部仍统辖各级检察官，有权对各级法院进行司法监察。

三是英国模式。英国司法部与法院的关系可谓源远流长，独具特点。英国司法部源于中世纪的大法官一职。原来的大法官既是法官又是内阁成员，还是上议院议长。大法官部集行政、立法和司法三种政治角色于一身的传统体制，使其牢牢地掌握着对法官的管理权。1885 年英国设立大法官部作为全国司法部门的首脑，负责对法官任命提出建议，安排上议院和枢密院的司法事务，以及担任制定最高法院和刑事法院诉讼程序委员会的主席。大法官部还统一负责法院的行政管理，为上诉法庭、高等法院、刑事法院和郡法院提供行政管理支持。[②] 1971 年《法院法》赋予大法官部为全

---

① 何家弘:《日本的犯罪侦查制度（一）》，载《公安大学学报》1997 年第 2 期。

② 梁三利、郭明:《法院管理模式比较——基于对英国、德国、法国的考察》，载《长江师范学院学报》2010 年 1 月。

国司法机构提供财政物资保障，制定并监督执行司法政策及行业标准，管理全国的司法工作人员（包括录用、培训、考证及工资福利等）等具体职责。这次改革基本上将法院管理控制权从法官手中转移到大法官部的文职人员手中。法官助理、法院书记官、法庭书记员、法庭传达员以及图书管理员等行政人员都是政府公务员，招聘、晋级、绩效、处分和解雇等事项等由皇家法院和法庭署来管理。法官和行政人员实行双轨制，由司法部皇家法院和法庭署统一管理。[①] 2003 年英国首相布莱尔进行宪法改革，为划清司法机构和大法官部的职责界限，设立宪法事务部承担原大法官部的司法管理职责。新设立司法委任委员会行使由原大法官部的法官管理权。[②] 2007 年英国司法部成立后，取代了宪法事务部。从英国司法部的历史看，英国司法行政机关和法院的关系是“本是同根生”的“并蒂莲”，其司法部长至今还保留着“大法官”头衔。英国司法部对法官选任、法院程序改革、法院司法行政等事务保有强大的影响力。

四是美国模式。美国联邦司法部与联邦法院的关系受到孟德斯鸠“三权分立”理论的深刻影响。联邦司法部属于行政机关，司法行政与检察合一，而联邦法院属于司法机关，二者权力严格区分。其在建国之初，就竭力保障联邦法院的独立性，防止其受到行政机关的干涉。美国联邦司法部虽然可以向总统推荐联邦法官，通过法警署提供部分司法行政服务，但总体上联邦司法部与法院系统是分离的，法院的人、财、物等司法行政事务有自己的保障体系。司法部很难通过大陆法系那种方式，通过向法院提供人财物方面的管理服务，向法院施加影响。“二战”之后，美国通过占领国的优势，将这套制度推行到德、日两国，对两国大陆法系的传统模式进行系统性改造，强化法院系统的独立性，弱化司法行政机关对法院系统的影响，从而使两国的司法行政与审判的关系转变为大陆法系现代模式，并沿用至今。

五是苏联模式。“二战”后，苏联成为仅次于美国的二号强国，共产主义阵营的“老大哥”，对包括我国在内的各社会主义国家政治、法律、

---

① 梁三利、郭明:《法院管理模式比较——基于对英国、德国、法国的考察》，载《长江师范学院学报》2010 年 1 月。

② 梁三利、郭明:《法院管理模式比较——基于对英国、德国、法国的考察》，载《长江师范学院学报》2010 年 1 月。

司法制度产生了深刻的影响。因此，“俄罗斯模式”更准确的表述是“苏联模式”。十月革命后，苏联在列宁的指导下，改变了司法行政机关对检察官的直接指挥权，并于1936年将检察机关从司法行政机关中分离出来，直接隶属于苏联检察长，形成了检察机关上下一体、集中管理的制度架构。[①] 1939年，苏联颁布新的司法人民委员部条例，苏联司法行政从此与纯粹的司法职权完全分离。1963年，苏联废除司法部，原因之一就是与法院分离不彻底，司法行政机关对法院的司法实践发布指示的做法饱受批评。1970年重建了司法部。根据1975年的法令，“为了巩固法院的独立地位，司法部作为行政机关，无权对法院进行任何指导。司法部应从组织上保障法院的工作。因此，苏联司法部及其所属机关对法院审判活动的任何干预都是不允许的”。[②] 1977年苏联修改了宪法，用专章确认了检察机关的宪法地位。戈尔巴乔夫时期，法院最终摆脱了司法行政机关的业务指导。苏联虽然将法官独立审判作为宪法原则，但司法行政机关在检察院分立出去后，一直试图对法院进行指导监督。这在当时就产生很大的争论，几经反复后，最终还是让步于独立审判的宪法原则。苏联解体后，俄罗斯基本继承了这一模式的基本特点，保持了检察机关的独立地位，并在“三权分立”原则之下，加强法院的独立性，司法行政机关与法院的关系从管理服务转向彻底分离，俄罗斯法院的司法行政工作原来由司法部负责，改革后交由联邦最高法院司法总局管理。俄联邦司法部法学院原培养法官、检察官和警察；1998年改革后，改由各自系统的培训学院负责。从总体上讲，苏联的司法行政机关在检察机关独立后就与之彻底分离；而其对法院的监督管理一直饱受非议，法院从司法行政机关的管辖中脱离是大方向；同时，司法行政机关的职责一直在动荡中不断缩小，逐渐形成“小司法行政”模式。

中国在清末变法后，司法行政与法院系统的关系属大陆法系近代模式。司法中审判与行政分立，诞生了司法行政，法院与检察院统一归司法行政机关监督，审判由法院独立负责，检察机关受司法行政机关的领导，

① 载 https://en.wikipedia.org/wiki/Ministry_of_Justice_（Soviet_Union），2022年9月15日访问。

② ［苏］E. A. 斯莫连采夫：《苏联司法改革的若干问题》，金易译，载《环球法律评论（法学译丛）》1991年第4期。

其他司法行政工作由司法行政机关统一管理。中华人民共和国成立后，学习“苏联模式”，检察院独立设立，司法行政机关仅负责法院的行政管理。1979年司法部重建后曾短暂重获法院行政事务的管理权，但该项工作很快又于1982年被划归法院自行管理，司法行政机关与法院、检察院的司法管理和司法实践彻底分离。

五、司法行政机关与检察机关关系之异同

（一）检察官的职责定位

在大陆法系国家和英美法系国家，检察官的本职是“为政府提供法律专业服务”。从名称上看，不论是英美的Attorney、Solicitor，还是德国的Staatsanwalt，实际上都是“律师”这一职业的衍生和发展；而procurator，应理解为“出庭代理人”。美国建国之初，司法部部长（总法律顾问）甚至还可以开律师事务所从事私人法律服务。德、法、日等国将检察官的权力定位成一种从事司法专业的行政权，或者兼具司法权与行政权；而美英等国也将检察工作作为一种法律专业工作，归于行政权。不论是哪种定位，检察官的职责都是在法律领域，为政府提供专业性的法律服务，这些服务包括法律咨询、出庭、起诉、案件处理等，再从这些服务或者业务中发展出公诉权、执行权等。由于检察官是为政府提供法律服务，所以不论是在大陆法系还是英美法系国家，其都是由政府部门的司法部（英国是总法律顾问办公室）管理，成为司法行政的组成部分。即便是德法等国采用审检合署制，检察官仍然隶属于司法部，受命于司法部，仅仅是“派驻”在法院，作为业务对等主体从事法律工作。

俄罗斯与此不同，俄罗斯在沙俄时代从西欧引入“检察官”这一名称，旨在强化沙皇对各级官僚的监督，以取代腐朽的监察官制度。在这一改革没有彻底完成的情况下，爆发了十月革命，苏联继承了沙俄时代的尚未改革完成的检察制度，经列宁的发展，最终形成了独立的检察系统，并一直延续到现在。虽然俄罗斯与西欧各国检察官名称相同，但是权力的属性截然不同：在西欧，检察官为政府提供法律服务，与政府是合作关系；在俄罗斯，检察官主要职责是法律监督，与政府官员和行政权是制衡关系，反而其诉讼和法律服务职责并不居于主要地位。

我国在清末变法后原学习借鉴大陆法系的检察和司法行政制度，但在1949年中华人民共和国成立后，学习的是苏联的检察制度和司法行政制度。所以现在检察机关的宪法定位仍然是法律监督机关，与其他国家有明显的区别。

（二）检察机关与司法行政机关的隶属关系[①]

检察机关与司法行政机关的隶属关系存在多种模式：

一是司法行政领导检察模式，即大陆法系模式。在德、法、日等大陆法系国家，由于认为检察官是为政府提供法律服务，因此检察院从人财物上都受到司法行政机关的管理。司法行政机关负责任免检察官、提供财政拨款、基础设施和设备。虽然日本等国家将法院的人财物系统从司法行政中剥离出来，但是检察院的人财物仍然受到司法行政机关的控制。另外，司法行政机关还有对检察官的指挥监督权，对检察业务发布一般指示或个案指令。这种指令是正当的，因为检察官是“法律服务提供方”，而政府是“法律服务需求方”。虽然近些年的一些改革强调检察官的独立性，但是在办理重大案件时，检察官一定要受到司法部的指挥监督。不论是人事、财务还是业务上，不论是大陆法系近代模式还是现代模式，检察官自始至终都无法脱离司法行政机关的管理和控制，完全隶属于司法行政机关。

二是司法行政与检察分离模式，即英国模式。在英国，由于没有经历过重大的政治革命和社会革命，其古老的法律传统延续至今。在英国，justice administration 和 attorney 是两种职责。因此，英国司法部作为狭义上的司法行政机关，并不负责检察官的管理。检察机关是皇家公诉署（Crown Prosecution Service），是一个具有大陆法系特点的公诉机关[②]，归总法律顾问办公室（Attorney General's Office）领导。而总法律顾问办公室是政府组成部门，可以说是广义的司法行政机关。因此英国司法行政与检察的这种分离，是同属于行政权力之下的分工。

三是司法行政与检察合一模式，即美国模式。美国司法行政的突出

① 参见童建明主编：《检察视角下的中外司法制度》，中国检察出版社2021年版，第434页。

② 参见龙宗智：《论检察权的性质与检察机关的改革》，载《法学》1999年第10期。

特点是司法行政与检察一体化，监管侦查和执法部门，与法院系统分离。美国的司法部部长称“Attorney General”，领导整个司法部和联邦检察官（U.S. Attorneys）工作，其最初且首要职责就是代表美国进行诉讼，并且其诉讼范围非常广泛，不仅包括对联邦刑事犯罪的诉讼，还包括民事、环境、经济、税务、反垄断等各种民事诉讼。在美国司法部百余年的发展过程中，陆续建立了联邦调查局为等执法机构，从而集诉讼、调查/侦查、执法等诸多职能于一身，成为一个高度集权化的庞大法律部门。司法行政与检察合一，监管侦查和执法部门，形成独立而强大的执法力量，也成为美国司法行政区别于其他国家的主要特点。

四是检察机关独立模式，即苏联模式。苏联时期，检察机关是国家的宪法机关，独立于行政机关、审判机关和立法机关。在检察系统内部，苏联采取的是检察机关上下一体、集中管理的制度架构。[①] 苏联的检察机关脱胎于司法行政机关，但其独立成宪法机关后，便基本切断了和司法行政机关的关系。在整个苏联时期，检察机关和司法行政机关都属于分离状态，检察机关独立设置集中统一领导，这成为苏联模式下司法行政和检察关系最主要特点。苏联解体后，俄罗斯基本延续了这一体制。俄罗斯检察机关在宪法中被规定在司法权中，但实际上检察机关既不是司法机关，也不是执行机关，而是一种保障法律实施的特殊机关，即“护法机关”，其“首要职能在传统意义上依然被认为是法律监督”。

我国检察机关与司法行政机关的关系也属于苏联模式。检察院是法律监督机关，具有独立的宪法地位，检察院和司法行政机关之间没有直接关系，司法行政机关既不负责检察院的人财物，也不能指导或干涉检察官办案。反而在刑事执行等业务领域，司法行政机关要受到检察院的监督。

（三）检察与司法行政业务范围

在大陆法系和英美法系国家，检察官由于是“政府律师”的角色，其业务范围大多受司法行政机关的指挥监督，主要负责法律咨询，代表政府在法院出庭，调查和追诉犯罪，代表国家或政府提起公诉，在涉及公共利益的问题上提起公益诉讼等。所有的这些行为都是要贯彻政府的法律和司法政策。

---

① 孙谦:《〈检察监督〉评介（上）——中俄检察之比较》，载《人民检察》2010年第1期。

我国和俄罗斯的检察机关同样具有调查和追诉犯罪，代表国家提起公诉，在涉及公共利益的问题上提起公益诉讼等职责。[①]但与其他国家相比，有两点重要区别：一是检察机关是独立的宪法主体，其可以自行制定司法政策，并进行相应的法律活动。“人民检察院依照法律规定独立行使检察权，不受行政机关、社会团体和个人的干涉。”[②]因此，我国的检察机关不接受司法行政机关的指挥监督。二是我国和俄罗斯检察机关是“法律监督”机关，其主业是法律监督活动。我国检察机关有权“对诉讼活动实行法律监督；对判决、裁定等生效法律文书的执行工作实行法律监督；对监狱、看守所的执法活动实行法律监督”。“人民检察院在对诉讼活动实行法律监督中发现的司法工作人员利用职权实施的非法拘禁、刑讯逼供、非法搜查等侵犯公民权利、损害司法公正的犯罪，可以由人民检察院立案侦查。对于公安机关管辖的国家机关工作人员利用职权实施的重大犯罪案件，需要由人民检察院直接受理的时候，经省级以上人民检察院决定，可以由人民检察院立案侦查。”人民检察院行使法律监督职权，“可以进行调查核实，并依法提出抗诉、纠正意见、检察建议。有关单位应当予以配合，并及时将采纳纠正意见、检察建议的情况书面回复人民检察院”。[③]检察机关监督的对象非常广泛，主要有四类：监督法院的审判活动，启动审判监督程序；监督人民法院、公安机关、监狱、社区矫正机构、强制医疗执行机构等在司法和执法工作中的违法行为；监督公益诉讼涉及的生态环境和资源保护、食品药品安全、国有财产保护、国有土地使用权出让等领域负有监督管理职责的行政机关；监督社会治理工作中的涉案单位、行业主管部门、相关部门。[④]

六、司法行政制度异同之原因

（一）政治制度的影响

政治制度在司法行政制度形成的过程中有着决定性的影响。

西方各国在政府组织上大多以“多（两）党制”和“三权分立”为

① 参见《人民检察院组织法》第20条。
② 《宪法》第136条。《人民检察院组织法》第4条。
③ 《人民检察院组织法》第20条、第21条。
④ 参见2019年2月26日《人民检察院检察建议工作规定》第4条、第8—12条。

原则。西方资本主义国家在私有制的市场经济基础形成了多元利益群体和近代法律制度。为实现权力和利益制衡，各党派根据法律规定的程序和民主选举的结果轮流执政。由于立法权、司法权和行政权的分离，执政党虽能主导政府政策，但在议会始终面临在野党的掣肘，同时还需要面对“中立”的司法机关如何贯彻其司法政策的问题。因此，执政党需要通过政府的司法行政部门将其政策主张转化为国家的法律和司法政策。在美、英、德、法、日等资本主义国家，司法行政机关具有非常重要的地位，是政府与法院、议会对接的桥梁，并且经过长期的发展，形成了日渐精密有效的运转体制。从某种意义上讲，真正推动法律和司法政策转变和发展，既不是处于“中立”地位的法院，也不是所谓代表“民意”的立法机关，而是政府的司法行政机关。西方诸国中，美国践行“三权分立”原则最为彻底，其司法行政职能也极具美式风格。美国本是英国的殖民地，在政治和法律领域有很多方面都继承了英国传统。但其建国理论以“三权分立”为指导原则，国家权力被严格的划分为立法、行政、司法三种权力，分别由国会、政府和法院行使。美国的“司法独立”是政治权力上的独立。为保证“司法独立”，法院系统的管理与司法行政机关严格分离，司法行政机关仅对法院系统保留有限度的“服务”。这种模式与大陆法系国家司法行政机关管理法院系统人财物的模式有明显不同，也背离了英式的“祖制”。

苏联司法行政制度深受列宁主义和斯大林模式[①]的影响。十月革命后，苏联开辟了一条与西欧各国迥然不同的道路。而自苏联成立之初，司法行政机关的职责就在不断地调整、收缩，对国家政策性指引和司法管理作用大幅度削弱。同时在列宁检察机关应仅服从中央的理论指导下[②]，苏联检察与司法行政分离，检察院被作为法律监督的专门机关，逐渐形成了集中化、系统化、垂直化的制度模式，并被宪法赋予了最高监督权的定位。特别是在斯大林时代，形成了高度集中的政治经济体制，其与以阶级斗争为核心的意识形态一并，对苏联司法行政的命运产生了决定性的影响：首

① 参见张光明：《斯大林模式的根本特征》，载《俄罗斯研究》2003年第1期；李拓、涂小雨：《制度治理：前苏联社会整合失效的现代启示》，载《上海行政学院学报》2016年7月。

② 参见孙谦：《〈检察监督〉评介（上）——中俄检察之比较》，载《人民检察》2010年第1期。

先在经济上，斯大林时模式摒弃了自由市场，开始了国有化，国家对整个国民经济实行无所不包的集中控制，从生产到流通，从分配到消费，统统按国家最高计划部门（实际上往往就是领袖的指示）下达的指标执行。[①]这一模式消灭了法治的经济社会基础，人们的生产资料，甚至生活资料完全处在权力的控制之下；同时也消灭了主体平等、契约自由、物权法定、意思自治等法治的基本要素，权力对个人、社会和经济生活实现高度控制，法律作为社会控制手段和社会运行规则重要性降低，从而削弱了司法行政的功能和作用。其次在政治上，高度集中的政治体制削弱了司法行政的职能。苏联成立后，苏共成为苏联的唯一政党，对国家社会强大的掌控力，使得法律、司法和执法政策的制定受命于苏共中央，苏共中央决定着司法机构设置、人事任命、经费拨付，各种法律、司法和执法政策的制定和协调，都由苏共中央统一作出，各个部门，不论是立法、司法、执法还是警察部门，仅是党的政策的执行者。苏联并不需要由司法行政机关对接立法和司法机关，司法行政机关的政策制定和协调职能被削弱。最后在意识形态上，以阶级斗争为核心的意识形态使得法治和司法行政不断僵化。在以阶级斗争为核心的意识形态指导下，西方各种资本主义法律制度，甚至包括沙俄时期的法律制度，都是革命的对象。苏联对欧美等西方国家的法律制度表现出越来越严重的拒绝和敌视，以“你死我活”的斗争代替了“取长补短”的借鉴。[②]苏联的法律和司法制度因此不断出现严重的问题。随着苏联政治体制和意识形态不断僵化，苏联的司法行政无法根据时代的发展而适时改革调整，最终难逃肢解、衰落甚至撤销的命运。苏联解体后，高度集中的政治经济体制随之崩塌，但是政治法律制度有其历史惯性。俄罗斯成为苏联遗产的继承者，基本上全盘吸收了苏联的司法行政制度的特点，虽然在“三权分立”“司法独立”的制度之下，对司法行政进

① 参见张光明:《斯大林模式的根本特征》，载《俄罗斯研究》2003 年第 1 期。

② “‘阶级本位’法律观不利于法律文化的国际交流，不利于借鉴和吸收人类在各历史时期取得的有价值的法律文化成果。在‘阶级本位’法律观看来，社会主义不仅对以往的剥削阶级社会的旧法律文化不能继承，而且对当代的资本主义的法律成果也截然不能借鉴。原因是：这些成果的本质是剥削阶级的，与社会主义毫无共同之处。”参见武树臣:《从“阶级本位·政策法”时代到“国、民本位·混合法”时代——中国法律文化六十年》，载《法学杂志》2009 年第 9 期。张光明:《斯大林模式的根本特征》，载《俄罗斯研究》2003 年第 1 期。

行了一系列改革，但时至今日尚未从根本上改变苏联司法行政制度的基本格局。

中国古代在家国一体，礼法并重的政治理论下，经过长期运转，形成了三省六部制和刑部、大理寺、都察院“三法司”衙门，刑部可以说是中国古代的司法行政机关。清末变法改革之时，用西方“三权分立”理论改造中国传统法司衙门，法部成为近代司法行政机关，主导司法改革，监督审判检察机关。民国北京政府司法部即脱胎于清末法部。南京国民政府时期，实行孙中山先生的“五权宪法”制度，设司法院主管司法，下设司法行政部；设立法院主管立法。中华人民共和国成立后，在 20 世纪 50 年代引入了苏联的理论基础和制度设计，形成了“小司法行政”模式。从此，我国的司法行政制度与苏联相似，而与欧美各国不同。2018 年司法部重组时，中央明确了司法行政是“在党的领导下，遵循法治规律，创新体制机制，全面深化依法治国实践。为贯彻落实全面依法治国基本方略，加强党对法治政府建设的集中统一领导，统筹行政立法、行政执法、法律事务管理和普法宣传，推动政府工作纳入法治轨道”。[①] 这与大陆法系国家司法行政“从政府主动施政的角度，引领和主导法治建设的发展方向”的部分宏观职能较为相似。在我国，“党的领导是中国特色社会主义最本质的特征，是社会主义法治最根本的保证”。[②] 这与资本主义国家的政治制度有本质的区别，因此我国司法行政与资本主义国家司法行政的政治职能有根本不同。我国的司法行政制度仿自苏联，但又具中国特色：一是我国实行的是中国共产党领导的多党合作和政治协商制度；二是在改革开放之后，我国逐步建立了社会主义市场经济体制，社会经济呈明显的多元化趋势，各领域各阶层都有显著的发展。这两点使得我国需要中国共产党的领导，最大限度地吸收各党派、各人民团体、各领域、各阶层在法律和司法领域的意见和主张，结合快速变化的国际国内形势，不断调整法律和司法政策。这与苏联一党制及高度集中的政治经济体制下的司法行政制度有明显区别。

---

① 2018 年 3 月 21 日中共中央《深化党和国家机构改革方案》。

② 中国共产党十八届四中全会《中共中央关于全面推进依法治国若干重大问题的决定》。

（二）历史传统的影响

政治制度虽然对司法行政制度具有最为重要的影响，但是司法行政与法治发展息息相关，它们共同植根于本国的历史文化和政治传统之中。

“三权分立”制度虽然源于西欧，但是近代西欧诸国受历史传统的影响，也并非完全践行三权分立理论。比如“三权分立”的发祥地法国，其司法行政机关始终对审判和检察系统的人财物保有强势的管理权；德国也采用的是司法行政机关管理法检系统的制度设计。这一模式与孟德斯鸠的“三权分立”原则相左，在保障司法独立方面有不少“折扣”。这是因为西欧诸国虽然普遍推崇“三权分立”原则，但这毕竟是政治理论，而其政治实践中却更多的受到本国历史上政治传统的影响。德法两国是欧洲典型的君主专制国家，王权或者说是行政权占据主导地位，始终保留着“强势政府、弱势司法”的传统，“司法独立”是业务上的独立，而非美国式的政治权力上的“独立”。德法两国由行政管理司法，检察官始终要受到司法行政机关的领导，法官独立审判是其公正履行职责的一种业务保障，从而形成了大陆法系近代模式。英国由于近代以来没有经历过深刻的社会革命，进入资本主义后大量沿用中世纪的法律和制度。特别是在 1688 年光荣革命到 2003 年宪政改革的约 300 年的时间里，其大法官集行政、立法和司法三种政治角色于一身的体制，并没有因“三权分立”而改变。因此，“三权分立”并非西方资本主义国家的金科玉律，每个国家的体制更多的受本国政治历史的影响。对原有法律传统的继承，在更深层次上决定着司法行政的职权配置。

苏联成立后，其司法行政仍无法彻底抹去沙俄时代的烙印，甚至在很大程度上继承了沙俄时代司法行政制度的特点。历史地看，俄罗斯在十月革命前，长期保留农奴制残余，资本主义发展不充分，政治上君主专制过于强大，政治理论和经验落后，缺少启蒙运动洗礼，其在法律和制度设计上始终落后于西欧主要国家，对政治法律的理解很大程度上仍停留在中世纪。直到“一战”之前，俄罗斯也没有建立起法德那样的近代法律和司法制度，与被“日不落帝国”推向全球的普通法制度更是无法相比。戴鸿慈曾言，“俄民志伟大而少秩序，其国失之无教”。[①] 虽然十月革命建立了社

① 参见赵尔巽等:《清史稿》卷二百二十六《戴鸿慈传》。

会主义制度，但是前后比较可以看出，在法律和司法制度领域，苏联继承了沙俄时代的很多特点，同时也留下了沙俄时代君主专制和权力滥用的遗毒，后经不断演化而形成给苏联法治造成重大伤害的“大清洗”。这些缺陷在苏联成立后长期存在，并且在一段时间内严重影响苏联法制状况，也影响着司法行政自身的发展。

我国司法行政制度受历史发展的影响更加明显。在 1949 年中华人民共和国成立之初，我国司法行政制度沿袭了大陆法系近代模式，管理法院、检察院的司法行政事务，为“大司法行政”模式。但后来却命运多舛，在曲折中发展：第一次是在“一边倒”的向苏联学习中，全面引入了苏联司法行政模式，司法行政的职责发生了彻底的改变，由“大司法行政”变为“小司法行政”。第二次是在政治运动中，司法行政人士受到严重冲击，司法部于 1959 年 4 月被撤销，司法部主管的工作由最高人民法院管理，虽然在“文化大革命”后，司法行政机关得到了恢复，但 20 年的空窗期，使得司法行政职能和地位受到了严重的冲击，人才出现严重断档，错失了改革开放之初法制恢复和建设的重要历史阶段。第三次是 1979 年重建后，职能在“小司法行政”的框架下经历了一系列调整变化，不再承担法院司法行政管理、法律法规汇编等诸多核心业务，基本脱离了以诉讼为主的司法实践。后来，随着国家法制的发展，司法部的职能也日渐丰富，地位日渐重要。20 世纪 90 年代，党和国家提出了依法治国方略，并于 1997 年 9 月写入党的十五大报告，司法部在推进法治（制）国家建设中发挥了重要作用。[①] 正当依法治国蓬勃发展的阶段，司法部的职责在 1998 年政府机构改革之时被大幅压缩，编制大幅缩减，不再承担法律教育的管理职责[②]。这也是司法行政职能的第四次大调整。

---

① 参见万其刚:《依法治国基本方略的提出和发展》，载 http: //www.npc.gov.cn/npc/c221/201411/122fde6e141f4f1980afccfcb615b1b5.shtml，2022 年 9 月 15 日访问。

② 1998 年 6 月 24 日国务院办公厅《关于印发〈司法部职能配置内设机构和人员编制规定〉的通知》（国办发〔1998〕90 号），载 http: //www.gov.cn/zhengce/content/2010-11/18/content_7749.htm，2022 年 9 月 15 日访问。参见张迎涛:《司法部“三定”规定沿革综述》，载《中国司法》2013 年第 9 期。法学教育的具体内容参见《当代中国》丛书编辑委员会编:《当代中国的司法行政工作》，当代中国出版社 2022 年版，第 67—124 页。

“以铜为鉴，可以正衣冠；以人为鉴，可以知得失；以史为鉴，可以知兴替。”法国作为近代司法行政制度的鼻祖，经历三次革命、四次战争、五次共和，其司法部始终岿然不动。英国的大法官制度延续数百年，直到2003年方才终结，很好的保留了自己的传统。美国司法部在内战、摩登时代、大萧条、“二战”、全球化、“9·11”等重要的历史关口，一直能从中抓住机遇，顺风顺水地发展，最终成为全球第一庞大的司法部。德日两国的纳粹和军国主义在“二战”后被清算，政府架构和司法体制被盟军改造，但司法部不仅保留下来，还在原有基础上重获新生。这些国家司法行政制度的历史发展，对我们探索中国特色的司法行政发展道路具有重要的参考价值。2018年司法部的重组，司法行政迎来了千载难逢的历史契机，我们能否，以及在多大程度上抓住这次机遇，对于司法行政事业，乃至中国的法治事业的发展至关重要。

（三）法律借鉴的影响

法律借鉴或法律移植对于一国，特别是后发国家司法行政职能的确立，有着非常大的影响。涉及司法行政的法律移植有两个方面：一方面是对法律制度的移植，大多由司法行政机关主导，参照外国制度，对本国民法、商法、刑法、诉讼法等进行改造；另一方面是对司法行政制度的移植，由于司法行政机关通常在法制改革中发挥重要作用，这种移植实际上是对改革主导者的改革。法律移植分主动移植与被动移植。主动移植是一方主动学习另一方；而被动移植则是一方将本国法律强加于另一方，要求其学习模仿。一般来讲，法律移植后，“师”与“徒”两个国家在法律理论和制度上会较为接近。法律移植通常是后发国家学习先进国家。主要国家中，日本是法律移植的典型国家，其法律和司法制度皆源自他国，既有主动的法律移植，也有被动的法律移植。

日本历史上的法律移植总体上来说有三次。第一次移植是在公元7世纪“大化改新”之时，日本向中国隋唐学习，成为中华法系的一员。直至现在，日本法律和司法制度中很多名称都来源于中国，比如法务省的“省”，就源于中国古代的三省六部。而明治维新初期成立刑部省（明治四年改为司法省）的名称就源自中国。第二次移植是明治维新时，日本主动引进西方文明，经历了先借鉴法国后借鉴德国的两重法律移植，司法行政制度也是如此。日本起初按照法国模式建立的司法体制并不完全适合日本的国情，于是1890年又请德国人鲁道夫协助起草《法院组织法》，并颁布了《刑事诉讼法》。该法采用德国“审检合署”体制，在各级法院中设置检事局，负责犯罪侦查、提起公诉和指挥刑罚执行等。检察官的任职资格、官阶、薪俸等都与法官相同，且同归司法省领导。在各级法院的检察机构之间也明确了下级服从上级的隶属关系。① 至此，日本通过主动法律移植，学习德国模式，建立了由司法省管理法院及检察院的近代司法行政制度。第三次是“二战”后对美国司法制度的被动移植。战后以美国为首的盟军入驻日本，对日本进行全面的改造，肃清军国主义法令，同时对司法行政也进行了较为彻底的改革：改司法省为法务厅；为保证司法独立，法院从司法省分离出来，其行政事务由司法省交法院自行管理；附属于法院的检事局成立了检察厅，司法大臣对检察事务改为一般的指挥监督；把废止前的法务省与内阁法制局合并；② 随着内务省的废止，关于国籍的事务交给了司法省，由民事局主管。此次改革是被动的法律移植，日本的司法行政在大陆法系近代模式的基础上增加了的美式特点，从而形成了大陆法系现代模式。日本司法行政制度具有中华法系、大陆法系和英美法系三元混合的特点。可以说，日本是诸国之中，法律移植最为成功的国家。其三次法律移植都是学习借鉴当时最为先进的国家的司法行政制度，并将其充分吸收融合，促成了本国司法行政的转型和发展。

中华法律文化经过锤炼和积淀，曾经牢牢植根于周边国家的心中，“朝鲜、安南、缅甸、琉球、暹罗、日本，其一切法律制度，莫不源于我国”③，中华法律文化成为东亚东南亚国家和地区文化联系的纽带。④ 近代以来，在欧风美雨的侵蚀之下，中国有三次重要的法律借鉴，第一次是在清末变法，在沈家本等人主持之下，开始了传统法律的改革和法制近代化进程；第二次是南京国民政府时期对西方法律体系和司法制度的引入。这两次法律借鉴中，学习的主要对象是日本和德国，改革后的司法

---

① 何家弘:《日本的犯罪侦查制度（一）》，载《公安大学学报》1997年第2期。

② 1952年8月1日法务府改称法务省，部局中掌管有关法治事务的法治意见第一局至第三局又归内阁（设置内阁法制局）。

③ 参见谢振民编著:《中华民国立法史》，张知本校订，中国政法大学出版社2000年版，第29页。

④ 参见杨鸿烈:《中国法律在东亚诸国之影响》，商务印书馆2015年版，第1—8页。

行政机关，不论是清末的法部，民国北京政府时期的司法部，还是南京国民政府时期的司法行政部，其基本职能与德日更加接近，同属于大陆法系近代模式。并且在这两次借鉴过程中，由于基本没有触及社会基础，因此保留了诸多中华法律传统。第三次是20世纪50年代对苏联法律的借鉴。为填补废除了国民党“六法全书”后法律领域的空白，我国全面引入了苏联的法律制度和法学教育。[①]1955年，时任司法部部长史良率团赴苏联开展了为期3个月的考察，[②]系统介绍了苏联社会主义法律教育理论和司法制度[③]。在这一历史时期，司法行政也学习苏联，采取了“小司法行政”的模式。更加巧合的是，中苏两国司法部的命运极为相似，都经历了“撤销”与“重建”的历史过程。“前苏联法对中国法制建设的影响真是不一而论，以至世界上没有哪个国家在学习借鉴外国法方面曾达到如此深刻的地步。”[④]由于是全面引入苏联高度集中的政治经济体制，在政治法律领域引入了意识形态和阶级斗争的主导思想，使得这次借鉴从根本上改变了中华法律文化的社会、经济和思想土壤。这一次不仅是法律制度的借鉴，还是法律文化的一次彻底革命。这次法律借鉴虽然帮助我国尽快建立了社会主义司法制度，却忽略了司法行政在国家司法改革进程中的独特地位，忽略了中国司法传统的重要作用，也忽略了中国传统权力运行中的精妙配置与平衡，不仅导致了司法行政人士受到严重冲击，导致了司法部本身在此次法律借鉴之后被撤销的历史遗憾，同时还给我国法治建设和法律文化的继承造成了很大的伤害。[⑤]改革开放后，

---

① 参见蔡定剑:《关于前苏联法对中国法制建设的影响——建国以来法学界重大事件研究（22）》，载《法学》1999年第3期。

② 参见中国司法工作者访苏代表团编印:《苏联司法工作访问记（关于审判、司法行政工作部分）》，1955年11月。

③ 唐仕春:《1955年中国司法工作者访苏代表团与苏联法制形象的塑造》，载《中国社会科学院近代史研究所青年学术论坛（2008年卷）》，2009年12月。

④ 参见蔡定剑:《关于前苏联法对中国法制建设的影响——建国以来法学界重大事件研究（22）》，载《法学》1999年第3期。

⑤ 参见蔡定剑:《关于前苏联法对中国法制建设的影响——建国以来法学界重大事件研究（22）》，载《法学》1999年第3期。《当代中国》丛书编辑委员会编:《当代中国的司法行政工作》，当代中国出版社2022年版，第106页。

法学界对此进行了反思[①]，也正是因为有这种反思，我们才能在改革开放后经过不断努力，建成中国特色社会主义法治国家。《中共中央关于党的百年奋斗重大成就和历史经验的决议》指出，文化自信是一个国家、一个民族发展中最基本、最深沉、最持久的力量。如何在法律借鉴过程中，保持优秀中华法律传统的延续并使之发扬光大，是建设中国特色社会主义法治国家需要深入思考的问题。

（四）民俗地理的影响

不同的国家不同的民风特点、地理因素、民族构成、人口分布等，会对该国司法行政产生不同影响。

清末首任法部尚书，出使各国考察政治大臣戴鸿慈在回国后给清廷的奏折中，特别提到了各国民风的特点："验其民气，俄民志伟大而少秩序，其国失之无教；法民好美术而流晏逸，其国失之过奢；德民性倔强而尚武勇，其国失之太骄；美民喜自由而多放任，其国失之複杂；义民尚功利而近贪诈，其国失之困贫；惟英人富於自治自营之精神，有独立不羁之气象，人格之高，风俗之厚，为各国所不及。此民气之不同也。"[②]这些评价可谓入木三分，细细想来，无一不与各国法律和司法制度暗合，唯英国评价过高，略有偏颇。但当时正值英国鼎盛时期，有此评价，亦在情理之中。

总体上看，国土面积较小，人口较少的国家，多采单一制；而国土面积广大，人口众多的国家，多采用联邦制。戴鸿慈曾言，当时"俄以交通之不便，而用中央集权，故其地方之自治，日以不整。美以疆域之大，而用地方分权，故其中央与地方之机关，同时进步。治大国与治小国固不侔也。德以日尔曼法系趋於地方分权，虽为君主之国，而人民有参与政治之

① 参见杨立新:《编纂民法典必须肃清前苏联民法的影响》，载《法制与社会发展》2016年第2期；武树臣:《从"阶级本位·政策法"时代到"国、民本位·混合法"时代——中国法律文化六十年》，载《法学杂志》2009年第9期；杨昌宇:《中国法律体系苏联渊源的当代反省》，载《法治现代化研究》2017年第5期；李拓、涂小雨:《制度治理：前苏联社会整合失效的现代启示》，载《上海行政学院学报》2016年第4期；蔡定剑:《关于前苏联法对中国法制建设的影响——建国以来法学界重大事件研究（22）》，载《法学》1999年第3期；张晋藩:《中华法系的价值与中华法系的重塑》，载《北京日报》2016年10月31日，第20版。

② 参见赵尔巽等:《清史稿》卷二百二十六《戴鸿慈传》。

资格。法以罗马法系趋於中央集权，虽为民主之国，而政务操之官吏之手，人民反无自治之能力。两相比较，法弱於德，有由来矣”。[①] 英、日、法国土面积中等、人口数量和密度接近，其央地关系宜采用单一制；而美俄两国国土面积广大，采用联邦制。由于历史传统的影响较少，联邦主义成为美国建国的重要理论之一，司法行政机关分为联邦和州两个系统，且互不统属。

民族分布也是影响央地关系的重要因素。戴鸿慈曾言：“无同化之力者国必扰。美以共和政体，重视人民权利，虽人种複杂，而同化力甚强，故能上下相安於无事。土耳其一国之中，分十数种族，语言宗教各不相同，又无统一之机关，致有今日之衰弱。俄则种族尤杂，不下百数，语言亦分四十馀种，其政府又多歧视之意见，致有今日之纷乱。奥、匈两国虽同戴一君主，而两族之容貌、习尚、语言、性情迥殊，故时起事端，将来恐不免分离之患。盖法制不一，畛域不化，显然标其名为两种族之国，未有能享和平、臻富强者矣。”[②] 苏联建立后，根据民族分布和地理人文等因素，采用了联邦制，并被后来的俄罗斯所继承。英国在英格兰地区虽然采用单一制，但是整个联合王国还包括苏格兰、威尔士和北爱尔兰，原英联邦则汇聚了更多的民族。因此，英国本土分为不同的法域，其央地关系呈现出单一制和联邦制的混合体，更类似于“郡国并行”。

司法行政的管理成本和难度一般来讲应与该国的地理、人口保持一致，但历史因素也对司法行政的管理产生了巨大的影响。比如，美国的国土面积很大，人口数量较多，联邦司法部管理的事务非常广泛，2020 年美国联邦司法部直接雇佣的员工共约 115440 名。而 2022 年德国联邦司法部有公职人员 850 名，机构设置及职责精简。德国拜仁州司法部本部约 205 名员工，管理超过 19000 人，包括约 14150 名法官、检察官、法庭助理、缓刑官、一级和二级公务员，在监狱系统中约有 5675 名公务员和员工。但在英国，古老、凌乱和复杂的普通法，种类繁多法院和法庭，狭小国土上的多法域，都给英国司法部在法院管理上带来了极大的挑战。严重阻碍英国司法体系的现代化，增加了人民的司法成本。为了管理这些事务

① 参见赵尔巽等:《清史稿》卷二百二十六《戴鸿慈传》。
② 参见赵尔巽等:《清史稿》卷二百二十六《戴鸿慈传》。

并加以改革，司法部拥有多达76000名的雇员，约76.27亿英镑（2017—2018）的财政支出，[①]以及33个下属机构和部门，却不管理检察系统和苏格兰、北爱尔兰的司法系统，这与其国土面积、人口数量不成比例。与美国相比，英国国土面积和人口比美国少太多，但是司法部各种机构却与美国基本相当，员工总数只是略少。与德国相比（未经详细统计），其在国土面积和人口上比德国略少，总体估算员工人数基本相当。但是德国司法行政机关还管理检察院，比英国职责更广，负责各种法律的起草审核，比英国立法范围更宽也更为复杂，但是机构设置却更为精简高效。

在我国，司法行政制度深受历史传统、政治理论、民族人口分布、地理环境等因素的综合影响。我国与美俄都有广阔的国土，但人口数量和密度远超美俄。我国两千年来均实行“大一统”的中央集权，不论是中原地区主流的省府道县，还是少数民族聚居地区或者边疆地区实行过的都护府、将军府等特殊体制，都是由中央派员管理。虽然在汉朝和明朝初年对皇亲国戚分封，施行郡国并行制，但都是昙花一现，最终都归于中央集权制。唐朝以来的法司衙门结构稳定运行千余年，精简、高效、专业，明清两朝更是实现了刑部对地方法司衙门的垂直管理，进一步强化了中央集权。清末变法时，戴鸿慈等人仍然秉持着司法权层层隶属中央法部的原则，强化司法的中央集权，避免地方尾大不掉。民国时期，军阀割据，南京国民政府撤销各省司法厅，由高等法院代管各省司法行政，通过司法行政部管理各高等法院及以下各级司法机关的人财物，强化中央集权，维护法制统一。因此，中央集权制是我国两千年的历史传统，是维护法制统一和国家独立的重要制度根基。1949年后，我国仍然施行单一制。根据宪法规定，国家机构实行民主集中制的原则。中央和地方的国家机构职权的划分，遵循在中央的统一领导下，充分发挥地方的主动性、积极性的原则。国务院统一领导全国地方各级国家行政机关的工作，县级以上的地方各级人民政府领导所属各工作部门和下级人民政府的工作。[②]特别是在中国共产党的领导下，党员个人服从党的组织，少数服从多数，下级组织服从上级组织，全党各个组织和全体党员服从党的全国代表大会和中央委员会。

---

① Ministry of Justice Annual Report and Accounts 2017 to 2018, P.158.

② 《宪法》第3条；第89条第4项；第108条。

坚定维护党中央权威和集中统一领导，保证全党的团结统一和行动一致，保证党的决定得到迅速有效的贯彻执行。[①]但在单一制的内核之外，我们学习了苏联联邦制的宪法结构[②]，司法行政作为政府部门，受同级政府的领导，司法行政机关上下级之间是业务指导关系而非领导关系，所以在司法行政央地关系中呈现兼具“央地直管”和“联邦分权”双重特点，有的观点称为“复合单一制”。[③]

① 参见《中国共产党章程》。

② 参见韩大元:《外国宪法对1954年宪法制定过程的影响》，载《比较法研究》2014年第4期。董成美:《制定我国1954年宪法若干历史情况的回忆——建国以来法学界重大事件研究（三十）》，载《法学》2000年第5期。

③ 参见贾康、吴园林:《复合单一制下的财政分权格局——对当代中国隐性财政宪法的考察与展望》，载《学术界》2020年第6期。

第十二章　我国司法行政制度之展望

在介绍了中外司法行政制度，并分析了其异同成因的基础上，本章提出了关于我国司法行政制度发展的一些思考和建议。在中国共产党团结带领全国各族人民全面建成社会主义现代化强国、实现第二个百年奋斗目标，以中国式现代化全面推进中华民族伟大复兴的重要历史阶段，司法行政应以“自信自强，守正创新”的精神承担起全新的历史使命，发展政府法律事务管理、行政立法、法律服务和刑事执行的四大业务职能；统筹规划法律人才整体建设，强化司法行政内部机构建设，改革法律服务业管理体制；在自身与时俱进的同时，将中华法律文化发扬光大。

一、承担时代使命

“以史为鉴，开创未来。”①

甲午战败，庚子赔款，清政府在山河破碎、风雨飘摇之际，派大臣出洋考察，学习借鉴曾为敌手之日本和西洋诸国，开始了影响深远的变法改革。在这场变法中，改刑部为法部，司法与行政分离，司法行政机关不仅自身脱胎换骨，建立了近代司法行政制度，还凭借其自身的专业和人才优势，在修订法律，建立近代审判、检察体系，改良监狱等一系列影响深远的改革中发挥着重要，甚至是关键性的作用，引领古老的中国法制迈出近代化的第一步，展现出当时司法行政人士在重要历史关头的使命担当，也为后世贡献了宝贵的政治智慧。

---

① 习近平:《在庆祝中国共产党成立一百周年大会上的讲话》，载《习近平谈治国理政》(第四卷)，外文出版社2022年版，第8页。

民国北京政府时期，作为司法行政机关的司法部基本延续了清末变法的历史使命，主导建立近代法律和司法体系。然而这一历史使命却被军阀混战、四分五裂时局所羁绊。南京国民政府建立后，司法行政承担起“双重”历史使命，一是继续中国法制和司法的近代化；二是通过司法近代化的建设，强化法制统一，消灭军阀割据势力。然而，这一双重历史使命最终却只是徒有其表。虽然整个清末民国时期司法行政人士改良法制之决心很大，但是抵不过统治集团之腐朽没落，革命之势风起云涌，战争之势血流成河，救亡之势迫在眉睫。民族不能独立，国家不能自主，法制近代化有限的成果无法改变国家和社会之大局，最终归于失败。

中华人民共和国成立后，我们迎来了法制建设的关键时期。此时司法行政的历史使命转变为建立社会主义政治法律体系。20世纪50年代，我国引入了苏联司法行政模式。这不仅是法律制度的借鉴，还是法律文化的革命。但之后并未能建立新的法律和司法体系，受政治运动的影响，司法部一度被撤销。

党的十一届三中全会之后，中国共产党作出了改革开放的历史抉择，这是“新中国成立以来党的历史上具有深远意义的伟大转折”，“是决定当代中国前途命运的关键一招”，从此“中国大踏步赶上了时代”。[①] 在这一关键的历史转折中，司法行政的历史使命转变为重建法律秩序，在法制建设中“除旧布新”，以适应国家“从高度集中的计划经济体制到充满活力的社会主义市场经济体制、从封闭半封闭到全方位开放的历史性转变”。[②] 此时，司法部刚获重建，元气未复，职责频繁调整。在20世纪90年代末期和21世纪初依法治国蓬勃发展，加入世贸组织融入世界经济体系，国内经济高速增长，迎来信息时代等诸多历史机遇中，面对国家、社会、人民群众日益增长的法律需求，司法行政机关虽增加了一些新职能，但又逢政府机构改革，加上对自身定位、职责和发展认识不足，未及时推动相关职能的强化。

现在中国特色社会主义进入新时代。习近平总书记在庆祝中国共产

① 习近平:《在庆祝中国共产党成立一百周年大会上的讲话》，载《习近平谈治国理政》(第四卷)，外文出版社2022年版，第5、6页。

② 习近平:《在庆祝中国共产党成立一百周年大会上的讲话》，载《习近平谈治国理政》(第四卷)，外文出版社2022年版，第6页。

党成立一百周年大会上指出，“实现第一个百年奋斗目标，明确实现第二个百年奋斗目标的战略安排，党和国家事业取得历史性成就、发生历史性变革，为实现中华民族伟大复兴提供了更为完善的制度保证、更为坚实的物质基础、更为主动的精神力量”。“中华民族迎来了从站起来、富起来到强起来的伟大飞跃，实现中华民族伟大复兴进入了不可逆转的历史进程”。“今天，我们比历史上任何时期都更接近、更有信心和能力实现中华民族伟大复兴的目标”。[①] 全面依法治国在党和国家工作全局中的地位更加突出、作用更加重大。[②] 2022 年党的二十大报告指出，“从现在起，中国共产党的中心任务就是团结带领全国各族人民全面建成社会主义现代化强国、实现第二个百年奋斗目标，以中国式现代化全面推进中华民族伟大复兴”。[③] 在此重要历史阶段，我们要“统筹中华民族伟大复兴战略全局和世界百年未有之大变局，深刻认识我国社会主要矛盾变化带来的新特征新要求，深刻认识错综复杂的国际环境带来的新矛盾新挑战”[④]。“司法行政机关职能涉及改革发展稳定的很多方面，要完整、准确、全面贯彻新发展理念，服务构建新发展格局，准确把握新发展阶段是社会主义初级阶段中的一个阶段，同时又是站在新起点上的一个阶段，想问题、做工作既不能超越阶段，又不能抱残守缺、不思进取，必须守正创新，积极稳步把承担的法治方面职责推进好、落实好。”[⑤] 把握好当前这一重大历史机遇，承担起时代赋予的使命，是我们应该认真思考的课题。

笔者认为，在这一历史阶段，司法行政首先当坚持以习近平新时代中国特色社会主义思想为指导，坚持和加强党的全面领导，以党的二十大“自信自强，守正创新”的精神，一方面，坚持“守正”，牢牢立足于“司

---

① 习近平:《在庆祝中国共产党成立一百周年大会上的讲话》，载《习近平谈治国理政》(第四卷)，外文出版社 2022 年版，第 6、12 页。

② 栗战书:《习近平法治思想是全面依法治国的根本遵循和行动指南》，载《求是》2021 年 2 月。

③ 习近平:《高举中国特色社会主义伟大旗帜　为全面建设社会主义现代化国家而团结奋斗——在中国共产党第二十次全国代表大会上的报告》(2022 年 10 月 16 日)，人民出版社 2022 年版，第 21 页。

④ 习近平:《在庆祝中国共产党成立一百周年大会上的讲话》，载《习近平谈治国理政》(第四卷)，外文出版社 2022 年版，第 12 页。

⑤ 贺荣:《学悟笃行习近平新时代中国特色社会主义思想　以过硬队伍保障司法行政工作高质量发展》，载《中国法治》2023 年第 5 期。

法行政”这一宪法称谓和党的二十大报告“规范司法权力运行，健全公安机关、检察机关、审判机关、司法行政机关各司其职、相互配合、相互制约的体制机制”[①]中对司法行政机关的定位；另一方面，与时俱进，不断创新，进一步强化自身能力建设和职能优化，从政府主动施政的角度，把握和引领法治建设的发展方向。如今，我们面临“百年未有之大变局”，在中国不断发展壮大的过程中，有国际法律体系的改革，有强权大国法律手段的打压，还有中国法律时代化、国际化的发展，法律手段、法律制度、法律文化的较量、包容、发展和认同将会发挥越来越关键的作用。司法行政在未来应更好的把握时代机遇，应对内外局势变化带来的挑战，强化司法行政“行政”属性下“主动”和“主导”能力；在重大的案件和事件处理上，引导司法政策的发展走向；在重大斗争面前，以法律手段保护国家、社会、人民、民族的根本利益；在时代机遇面前，要坚持不懈地推动中国法律、中国法律人士、中国法律文化和理念走向世界，在中华民族伟大复兴的过程中，实现中华法律的再度辉煌。

二、发展业务职能

2018 年司法部重组后，制定了《全面深化司法行政改革纲要（2018—2022 年）》，全面深化司法部改革，以履行中央全面依法治国委员会办公室职责为统领，统筹行政立法、行政执法、刑事执行、公共法律服务为主要内容的职能体系。这是以“大部制”为方向的一次重要变革。党的二十大报告提出，“坚持全面依法治国，推进法治中国建设”，“在法治轨道上全面建设社会主义现代化国家”，“规范司法权力运行，健全公安机关、检察机关、审判机关、司法行政机关各司其职、相互配合、相互制约的体制机制”。[②]目前，司法行政机关的职能主要有六个方面：一是承担中央全面依法治国委员会办公室职能；二是行政立法相关职能；三是依法行政相关职能；四是刑罚执行相关职能；五是公共法律服务相关职能；六是涉外法治

① 习近平：《高举中国特色社会主义伟大旗帜，为全面建设社会主义现代化国家而团结奋斗——在中国共产党第二十次全国代表大会上的报告》（2022 年 10 月 16 日），人民出版社 2022 年版，第 42 页。

② 习近平：《高举中国特色社会主义伟大旗帜，为全面建设社会主义现代化国家而团结奋斗——在中国共产党第二十次全国代表大会上的报告》（2022 年 10 月 16 日），人民出版社 2022 年版，第 40、42 页。

相关职能。[①]因篇幅有限，笔者就其中部分职能的发展提出展望。

（一）管理政府法律事务

党的二十大报告要求“坚持法治国家、法治政府、法治社会一体建设”，并指出“法治政府建设是全面依法治国的重点任务和主体工程”。[②]而法治政府建设中包含的一项重要工作就是管理政府法律事务。中央全面依法治国委员会办公室设在司法部，这对司法行政机关推进政府法治建设提出了更高的要求，笔者认为，司法行政机关可以从以下四个方面重点发展管理政府法律事务的职能：

一是统筹推进法治政府建设。司法行政系统应“落实推进依法行政的相关职责，推动法治政府建设率先突破”，要主动履职尽责，更好发挥法治政府建设的示范带动作用，完善落实法治政府建设推进机制。在推进法治政府建设上，进一步完善法治督察和示范创建“两手抓”的推进机制。法治督察重在及时发现问题、纠治问题，强化问责，推动责任落实；示范创建重在正向选树、示范倡导引领。以示范带发展，以创建促提升。[③]此外，将全面依法治国的顶层设计落实转化为法治建设的具体举措和成果；制定司法行政短、中、长期发展规划，建立法治政府建设示范指标体系等也是法治政府建设的重要内容。

二是代表政府及政府部门参与诉讼及非讼程序。笔者认为，各种诉讼活动是司法实践的核心，脱离诉讼活动的立法和政策指导很容易变为“纸上谈兵”，“执法—司法—立法”的政策反馈机制就会中断，司法行政机关行政立法工作的敏感性和主动性会大幅度下降。司法行政机关应认识到参与诉讼活动的重要性和紧迫性，吸收借鉴国外司法行政机关参与案件诉讼的做法，认真研究并探索，从诉讼活动中“汲取”政策发展的需求和灵感，推动司法行政工作提高到一个新的水平。司法行政机关应积极推动作

① 参见贺荣：《学悟笃行习近平新时代中国特色社会主义思想 以过硬队伍保障司法行政工作高质量发展》，载《中国法治》2023 年第 5 期。

② 习近平：《高举中国特色社会主义伟大旗帜，为全面建设社会主义现代化国家而团结奋斗——在中国共产党第二十次全国代表大会上的报告》（2022 年 10 月 16 日），人民出版社 2022 年版，第 41 页。

③ 参见贺荣：《学悟笃行习近平新时代中国特色社会主义思想 以过硬队伍保障司法行政工作高质量发展》，载《中国法治》2023 年第 5 期。

为政府和政府部门的应诉代表，参加行政诉讼。未来还可以进一步研究，在政府和政府部门作为当事人、参与人的民事诉讼和非讼案件中，司法行政机关作为法定代表的可行性。司法行政机关应从律师队伍中吸取经验，统筹组织相关应对国内国际各种法律事件和案件的专业团队。只有加强队伍建设，锻炼出一支真正了解司法实践、能力过硬的司法行政队伍，才能从诉讼实践中真正学习和总结相关相关经验，并指导实践。

三是加强政府法律顾问管理。目前我国各级政府和政府部门都有法律顾问和公职律师。根据司法部印发的《全国公共法律服务体系建设规划（2021—2025年）》规定，“十四五”期间实现县级以上党政机关公职律师工作全覆盖。加强法律顾问和公职律师管理和使用，健全党政机关法律顾问选聘备案机制。完善法律顾问、公职律师在重大决策中发挥积极作用的机制，提高决策法治化水平，提高政府依法行政能力水平。未来，司法行政机关应加强对政府法律顾问的选聘和法律服务管理，承担起政府法律咨询任务，并参与相关诉讼和法律问题的处理中，推动政府依法行政。

四是推进政府行政行为规范化、法治化。政府的行政行为包括政府行政决定（决策）、行政许可、行政处罚、行政强制、行政征收、行政检查、行政复议和行政应诉等。未来，司法行政机关可以从多方面进一步推进政府行政行为规范化、法治化，如起草制定相关法律法规，规范决策法定程序，明确决策责任追究制度；清理政府行政审批事项；清理政府行政行为中的证明事项；完善规范行政执法程序，“充分发挥行政执法监督统筹协调、规范保障、督促指导作用”，“加强对行政执法制约和监督”，“实现对行政执法的全方位、常态化、长效化监督”；“推动深化行政执法体制改革，与法治督察结合，开展执法领域突出问题专项整治”；积极发挥行政复议、行政诉讼的监督作用等，从而“推动政府工作纳入法治轨道”。①

（二）强化行政立法职责

2018年后，司法行政机关的立法职责全面加强，“承担统筹规划立法

① 参见贺荣:《学悟笃行习近平新时代中国特色社会主义思想　以过硬队伍保障司法行政工作高质量发展》，载《中国法治》2023年第5期；中共中央《深化党和国家机构改革方案》，载 https://www.gov.cn/zhengce/2018-03/21/content_5276191.htm#1，2022年9月15日访问。

工作的责任。负责面向社会征集法律法规制定项目建议。负责起草或者组织起草有关法律、行政法规草案。负责立法协调”①。在这一职责定位下，司法行政机关可以从以下方面充分发挥在立法中的作用：

一方面，司法行政机关应在重大立法活动中发挥更重要的作用。这是司法行政机关强化立法职责的重中之重。重大立法不同于普通立法，其涉及各方基本利益的协调平衡，既有法律、政策实施的评估，法律体系的系统性规划，各种执法机关的能力适配，未来国家经济社会的各种发展变化的前瞻，是一项非常复杂、庞大、艰巨的工程。2018年司法部重组之后，行政立法是职能之一，但若想在重大立法活动中发挥更重要的作用，需要大力加强法学理论研究工作，不断强化自身理论储备②，同时，根据中央《深化党和国家机构改革方案》中“研究全面依法治国重大事项、重大问题，统筹推进科学立法、严格执法、公正司法、全民守法，协调推进中国特色社会主义法治体系和社会主义法治国家建设”③的要求，为推动立法科学化、民主化积极发职能作用。

另一方面，司法行政机关应加强对地方立法和规范性文件的立法协调和备案审查。2018年司法部重组后的一个重要的职责是“负责立法协调和备案审查、解释，综合协调行政执法，指导行政复议应诉”④。笔者建议，未来可以由司法行政机关统一负责对地方立法和规范性文件的备案审查，加强对地方立法的指导、规划、协调、清理、立法后评估和文本公开等工作。同时加强行政复议应诉与行政执法协调监督与备案审查的协同作用，在办理行政复议应诉的过程中，强化对地方立法、规范性文件和抽象行政行为的附带性审查。

（三）推动法律服务业发展

法律服务业既是全面依法治国的重要组成部分，也是社会主义市场经济体系的组成部分。我国开启全面建设社会主义现代化国家新征程，“推进全面依法治国，建设法治国家、法治政府、法治社会，在法治轨道上

① 载 http://www.moj.gov.cn/jgsz/jgszjgzn/。
② 参见本章“三、完善管理体制”中“（一）统筹规划法律人才整体建设”部分。
③ 2018年中共中央《深化党和国家机构改革方案》，载中国政府网。
④ 2018年中共中央《深化党和国家机构改革方案》，载中国政府网。

推进国家治理体系和治理能力现代化，贯彻新发展理念、推动高质量发展，运用法治思维和法治方式应对风险挑战，对公共法律服务工作提出新的更高要求"[①]。法律服务业的内容丰富，发展前景广阔。笔者认为，可以考虑重点推动以下几个方面的发展，以满足人民群众日益增长的法律服务需求。

一是更新法律服务业管理理念。法律服务业一方面涉及司法公正、人民权利、社会稳定；另一方面涉及各种市场主体、市场活动，有公益和市场双重属性。律师、仲裁等行业的供需主要受市场调节；而在公证、法律援助等涉及司法权力和公益保护的业务中，又在市场需求的基础上增加了公益性服务；而在调解、司法鉴定、司法救助等领域，公益性服务占主要地位。如何在市场经济为主的社会生活中，兼顾市场与公益，综合平衡发展各种法律服务，更好地满足经济社会生活发展和人民群众日益增长的法律服务需求，是未来应深入研究的问题。市场化因素较强的法律服务业面临着优胜劣汰、适者生存的市场竞争。很多法律服务具有可替代性，若不能与时俱进，则可能被其他部门或者市场主体更好的服务挤压，或者被社会发展大潮中新的技术和新的方法淘汰。因此，对法律服务业的发展要有危机感，要充分认识到法律服务业对于我国经济社会的协调、有序、快速发展的重要性。要更新理念，将法律服务业作为社会主义市场经济的一部分，以现代市场经济的思维和理念管理法律服务业，促进其发展，同时对于公益性较强的法律服务，司法行政机关应着力和推动均衡发展，增强服务总体供给能力水平，避免在市场竞争中被过度挤压。

二是整合过渡性法律服务行业。我国目前存在一些过渡性法律服务行业，如基层法律服务制度，与律师业、法律援助业冲突交叉。基层法律服务最初主要是为满足农村和城市基层法律服务的需求而设，面向困难群体和经济不发达地区。我国已经消除贫困，进入小康社会，社会主义法治国家已经取得巨大的成就，公民的法律意识已经有了普遍提高，律师队伍明显扩大，执业服务水平明显提高，法律援助也有了很大的发展。在这种背景下，具有过渡扶困性质的基层法律服务制度实际上存在的意义不大，且

① 2021年12月《全国公共法律服务体系建设规划（2021—2025年）》，载https://www.gov.cn/zhengce/zhengceku/2022-01/25/content_5670385.htm。

与律师业、法律援助业有明显的竞争和冲突。特别是在大中城市，这一问题更加明显。在未来可以考虑对基层法律服务制度进行系统改革，将其营利性的业务转由律师事务所承担；将其公益属性与法律援助合并，对特定人群特定领域的法律服务，改由法律援助机构提供可收费的公益性法律服务，并根据法治和经济形势的变化不断调整。

三是发展法律援助、司法保护和司法救助等业务。对弱势群体、证人、被害人、青少年、妇女等特定人群开展法律援助、司法保护和司法救助是法律服务的重要领域。目前，我国虽有司法保护和司法救助制度，但司法行政机关在其中的职责并不明确，相关工作也并没有实质性的开展。我国法律援助的范围过于狭窄，在食品、卫生、教育、安全、环境等与人民切身利益相关的公益民生领域发挥作用。未来，司法行政机关应明确自身司法保护和司法救助工作中的职责和作用，进一步发展法律援助业务，积极参与诉讼活动，以“公共利益代表”的身份，在关乎民生的重大案件中，切实维护和保障人民权利。

四是加强涉外法律服务。随着中国经济的蓬勃发展，中国已经深度融入国际经济贸易合作网络，越来越多的中国公民和企业“走出去”，外国公民和企业“走进来”，涉外法律服务市场前景广阔。司法行政机关需要加强涉外法治教育引导；培育国际一流的法律服务机构和涉外法律人才；推进涉外法律服务方式多元化、交流合作机制化。① 当前，国际竞争进一步升级，法律领域越发明显，迫切需要我们应认真思考和谋划好司法行政机关为国家重大利益提供法律保护的课题。笔者认为，司法行政机关可以重点加强以下几个方面的相关工作：首先是在全球法律和规则领域，学习、研究和利用好当前的规则制度，培养一批高水平法律人才，在全球法律和治理体系中发挥更大的作用。其次是充分做好应对“长臂管辖”挑战的对策，协调商务、金融、科技等各部门，建立有效机制，研究涉外诉讼（不论是否长臂管辖）的应对策略，积极应诉和反击，采用法律手段保护好国家、企业和公民利益。再次是要深入跟踪研究外国司法制度，特别是与我国经贸联系紧密或有竞争关系的行业和领域，既要研究外国法律对相关利益的

---

① 2021年12月《全国公共法律服务体系建设规划（2021—2025年）》，载 https://www.gov.cn/zhengce/zhengceku/2022-01/25/content_5670385.htm。

保护机制，也要研究其对外国竞争对手的司法制裁手段；既要研究法律背后的经济利益链，又要研究其实现机制；既要从理论、政策高度分析思考，又要在实务应对方面形成具体方案。最后是研究和规划好中国法律和规则的国际化发展，推动中国规则、标准、纠纷解决机制“走出去”。

五是加快法律服务信息化发展。近20年是信息化高速发展的时代，各行各业与信息化结合是发展的大趋势，法律服务业也不例外。法律法规在线汇总、整理、搜索、查询是最基础、人民群众最需要、最具社会影响力的司法行政业务。目前我国尚无统一的法律法规查询系统，司法部官网的法律法规板块仅是页面发布，并非查询检索，内容也不完整、不全面。在司法鉴定领域，司法行政机关对司法鉴定机构管理的范围过于狭窄，限于法医类鉴定、物证类鉴定、声像资料鉴定等，而诸如司法会计鉴定，电子数据司法鉴定等都是近些年来新兴且重要的鉴定领域，司法行政机关却没有涉及。而法治宣传方面，司法行政机关在宣传的方法、手段、平台、形式等方面明显滞后，对宣传者和受众的研究明显不足，对于在线法律宣传重视度不高，没有形成深入人心、受到人民群众广泛欢迎的作品和品牌。目前我国进入了社会主义新时代，法律搜索查询、鉴定、宣传等各方面的法律服务也要与时俱进，适应新时代的发展要求，与信息化大潮结合，用新的形式、媒体、作品、品牌和服务，满足人民群众日益增长的法律需求。

（四）发展刑事执行职能

刑事执行是我国司法行政机关的职责之一。党的二十大报告要求：“规范司法权力运行，健全公安机关、检察机关、审判机关、司法行政机关各司其职、相互配合、相互制约的体制机制。”[①] 因此，发展和完善司法行政机关在刑事执行领域相关职责是刑事司法体制改革的重要内容：

一是宜由司法行政机关统一负责监禁刑的执行。我国目前刑罚执行权分散，不同刑罚由不同的部门执行。目前，死刑由法院执行；死缓期间、无期徒刑和有期徒刑由监狱执行；对被判处有期徒刑的罪犯，在被交付执

① 习近平：《高举中国特色社会主义伟大旗帜，为全面建设社会主义现代化国家而团结奋斗——在中国共产党第二十次全国代表大会上的报告》（2022年10月16日），人民出版社2022年版，第40、42页。

行刑罚前，剩余刑期在3个月以下的，由看守所（公安机关）代为执行；对被判处拘役、剥夺政治权利、驱逐出境的罪犯，由公安机关执行；管制犯、缓刑犯、假释犯、暂予监外执行犯，由社区矫正机构（司法行政机关）执行社区矫正；罚金刑和没收财产，由法院执行。这种执行权的分散状态，日益表现出明显的问题和弊端。[①]为此，党的十八届四中全会提出"完善刑罚执行制度，统一刑罚执行体制"。从大类上来讲，最先应该统一的是监禁刑的执行，且宜结合看守所管理体制改革进行。目前我国看守所归公安机关管理，容易受到刑事侦查职能的影响，出现超期羁押等问题。[②]外国刑事司法中也曾面临同样的问题。正因如此，一些国家和地区对羁押场所的设置作出了明确的法律限制，并且尽可能将羁押场所置于司法行政机关管理之下。很多国家和地区的监狱由司法行政机关管理，既可以关押已决犯，又可以关押未决犯，只不过分不同的监区而已。有学者认为，在总结看守所的得失与利弊之际，宜由司法行政机关负责看守所管理。[③]由于监狱和看守所管理模式基本相同，在统归于司法行政机关管理之后，便于在不同行刑机构之间调配押犯。此外，还可以在审判阶段扩大适用社区矫正，以社区矫正代替剩余刑期在3个月以下有期徒刑和部分拘役刑的执行，不仅能够促进监禁刑执行体制的统一，还能充分发挥社区矫正的优势，减少短期自由刑带来的弊端。[④]

二是宜统一执行工作人员的身份。这是中央"统一刑罚执行体制"的必然要求。目前，司法行政机关主管之下的监狱、强制隔离戒毒、社区矫正工作人员都有不同的身份。根据人民警察法的规定，监狱和强制隔离戒毒机构（原劳教所）的工作人员身份为监狱和劳教人民警察，且为独立警种。[⑤]而社区矫正法最终没有赋予社区矫正工作人员警察或特定执法身

---

① 参见周勇主编:《统一刑罚执行体制研究》，法律出版社2018年版，第63—80页。

② 陈瑞华:《看守所制度的改革问题（下）》，载《中国律师》2017年第7期。

③ 樊崇义:《看守所：处在十字路口的改革观察》，载《中国法律评论》2017年第3期。

④ 参见司绍寒:《关于以社区矫正代替看守所短期余刑执行的初步思考》，载《中国司法》2022年第11期。

⑤ 劳动教养制度废止后，很多劳教机构转型为强制隔离戒毒机构，但人民警察法没有修改。《人民警察法》第2条第2款规定："人民警察包括公安机关、国家安全机关、监狱、劳动教养管理机关的人民警察和人民法院、人民检察院的司法警察。"

份，使得社区矫正执法面临权威性不足的困境。[①] 刑事执行工作中，执法人员缺少统一身份，无法满足不同刑事执行领域人力资源调配的需要，也不利于刑事执行执法队伍的建设和发展。笔者认为，刑事执行执法队伍发展的方向应是"刑务官"制度，类似于法院系统的法官、检察院系统的检察官、外交系统的外交官。"刑务官"应该将现有刑事执行领域中公务员、参公管理人员、事业单位人员、监狱劳教人民警察等不同身份统一为公务员。将"刑务官"作为刑事执行领域专业职务体系，可以避免身份割裂造成的弊端，强化刑事执法权威性；统筹调配刑事执行领域的人力资源；保障刑事执行队伍的专业性，为一线刑事执行工作者提供长久的职业发展空间。

三是发挥司法行政机关在保安处分类措施执行中的作用。剥夺或限制人身自由的保安处分类措施有对未成年人附条件不起诉的监督考察、涉罪未成年人的专门学校的专门矫治教育、社区戒毒和强制隔离戒毒等。笔者建议，可以从以下三个方面加强司法行政机关对保安处分类措施的统筹管理：

首先是司法行政机关可以在未成年人附条件不起诉的监督考察中发挥更大的作用。2012 年刑事诉讼法在未成年人刑事案件诉讼程序中专门对附条件不起诉制度作出规定。未成年人附条件不起诉的监督考察与社区矫正的执行有很大的相似之处：如二者都属于"宽严相济"刑事政策"宽"的一面，都符合诉讼经济原则，节约司法成本；二者程序机理相似，都属于附条件的司法处分；二者适用对象适用对象相似，罪行较轻，社会危害性较小，有悔罪表现，人身危险性较轻，要考虑对社区的影响；二者的监督考察的方式和内容基本相同，都是置于社区中监督考察，国家机关监管、社会力量参与，监督考察的要求基本相同。建议探索将附条件不起诉监督考察纳入社区矫正，由司法行政机关管理。[②]

其次是探索发展司法行政机关管理未成年人专门学校和开展专门矫治教育的新模式。针对严重违法的未成年人的专门学校的管理，预防未成年

---

① 参见司绍寒：《试论〈社区矫正法〉的意义与不足》，载《犯罪与改造研究》2020 年第 8 期。

② 司绍寒：《关于将未成年人附条件不起诉监督考察纳入社区矫正的思考》，载《犯罪与改造研究》2023 年第 4 期。

人犯罪法规定，“省级人民政府应当结合本地的实际情况，至少确定一所专门学校按照分校区、分班级等方式设置专门场所，对前款规定的未成年人进行专门矫治教育。前款规定的专门场所实行闭环管理，公安机关、司法行政部门负责未成年人的矫治工作，教育行政部门承担未成年人的教育工作”。法律虽然没有规定专门学校由教育部门、公安机关还是司法行政机关主管，却为司法行政机关参与专门学校的管理和专门矫治教育工作提供了原则性的依据。一些地方据此开展探索，教育行政机关和司法行政机关各自主管一些专门学校，其他机关参与协助。[①]未来，可以发挥司法行政机关在矫正领域的经验和优势，继续加强司法行政机关在专门矫治教育领域工作的研究与探索。

最后是强化戒毒领域的全过程建设。《戒毒条例》规定，设区的市级以上地方人民政府司法行政部门负责管理强制隔离戒毒场所、戒毒康复场所，对社区戒毒、社区康复工作提供指导和支持。社区戒毒、社区康复等由乡（镇）人民政府、城市街道办事处执行，司法行政机关对社区戒毒、社区康复工作提供指导和支持。但戒毒工作专业性较强，对吸毒人员的管理与对普通人的管理差异很大。乡（镇）人民政府、城市街道办事处事务众多，人手有限，专业力量不足，恐难胜任此项任务。未来，应研究探索司法行政在戒毒领域新的管理模式，加强对社区戒毒、社区康复的业务指导和支持，实现司法行政机关对强制隔离戒毒、社区戒毒、社区康复工作全过程、体系化的管理。

---

① 如海南省教育厅等十部门《关于加强专门学校建设和专门教育工作的实施意见》规定：“（三）明确管理机制。专门学校实行属地管理，各级教育行政部门为专门教育的行业主管部门，履行对专门教育的业务指导职能。三亚市、儋州市、东方市专门学校行政主管部门为属地市县教育局，同级公安机关、司法行政机关协助管理。市县公安机关委派1名符合条件的干警进驻专门学校担任专职副校长，参与专门学校法治教育、警示教育、行为矫治等工作，加强治安防范工作指导。驻校干警工资待遇不变，由公安部门发放。海口市专门学校行政主管部门为海口市司法局，海口市教育局、公安局协助管理。海口市专门学校可以根据需要按照‘一校两区’建设，对招收的学生进行分类、分校区管理，其中，接收实施刑法规定的行为、因不满法定刑事责任年龄不予刑事处罚的未成年学生，以及接收依法决定相对不起诉、附条件不起诉的未成年学生的校区依法实施闭环管理，开展专门矫治教育；接收严重不良行为未成年学生的校区，实行寄宿制学校管理，开展专门教育。”

三、完善管理体制

当前，我国司法行政人事管理体制、组织管理体制、行业管理体制不能完全适应市场经济、法治国家和信息时代发展的需要。笔者认为，新时代司法行政管理体制可以从以下三个方面加以完善。

（一）统筹规划法律人才整体建设

“十年树木，百年树人。”人才，自古以来都是治国理政的核心。在法律领域也不例外。“法者，治之端也；君子者，法之源也。”[①] 如果认为只要有法律规范，即便是普通人才也能胜任未来法治发展的需求，就过于片面了。

党的二十大报告指出，“教育、科技、人才是全面建设社会主义现代化国家的基础性、战略性支撑”，“人才是第一资源”，要“聚天下英才而用之”。[②] 法律人才，不只是司法行政领域的人才，还包括所有党和国家机关、中小学和高等院校、法学理论研究机构、企事业单位、法律服务业，以及社会中各行各业中从事法律学习、工作和研究的人员。司法行政领域人才不只是机关公务员，还包括整个司法行政系统中的各个机关企事业单位的所有人员。笔者以为，应从以下几个方面着手，统筹规划司法行政领域法律人才的整体建设：

一是要高度重视法学理论研究工作。中国共产党一贯重视理论指导，勇于进行理论创新，法学理论更是需要与时俱进。2023 年 2 月，中共中央办公厅、国务院办公厅印发了《关于加强新时代法学教育和法学理论研究的意见》，明确提出要强化法学基础理论研究，要紧紧围绕新时代全面依法治国实践，切实加强扎根中国文化、立足中国国情、解决中国问题的法学理论研究，总结提炼中国特色社会主义法治具有主体性、原创性、标识性的概念、观点、理论，构建中国自主的法学知识体系，推动中华优秀传统法律文化创造性转化、创新性发展，支持具有重要文化价值和传承意义的法学学科发展。加强外国法与比较法研究，合理借鉴国外有益经验，服

① 《荀子·君道》。

② 习近平:《高举中国特色社会主义伟大旗帜，为全面建设社会主义现代化国家而团结奋斗——在中国共产党第二十次全国代表大会上的报告》（2022 年 10 月 16 日），人民出版社 2022 年版，第 33—34 页。

务推进全面依法治国实践。未来，司法行政机关应对理论研究、发展和创新予以高度重视，给予大力投入和支持，给予科学、系统、长远规划，以满足党的二十大要求的“在法治轨道上全面建设社会主义现代化国家”的重大法学理论需求。

二是要加强与政法院校的合作，在更大范围内吸收智力资源。司法行政自身的发展、新时代法学理论的创新发展、全面建设社会主义法治国家的历史使命，都需要所有法律工作者一代，甚至几代人的共同努力。因此，培养和聚集优秀的法律人才是司法行政工作的重中之重。《关于加强新时代法学教育和法学理论研究的意见》提出，“完善法学院校管理指导体制。完善法学教育管理体制，加强中央依法治国办对法学教育工作的宏观指导，加强国务院教育主管部门和司法行政部门对高等学校法学教育工作的指导”。这为司法行政系统加强与政法院校的合作，在更大范围内吸收智力资源，面向未来培养“全面建设社会主义现代化国家”所需要的各行各业的法律人才，提供了重要的政策依据，具有重大意义。

三是要建立司法行政系统多元身份的统筹规划、协调发展、共同进步的人才发展战略。人事管理在专业上宜分不宜合，在身份和待遇上宜统不宜分。司法行政领域不只有公务员，还需要各种各样的人才。其自身人事制度若不能与时俱进，就无法培养和吸引更多的优秀法律人才，无法统筹规划法律人才整体建设，更无法满足党的二十大要求的“在法治轨道上全面建设社会主义现代化国家”[①] 的人才需求。目前来看，身份多元化仍是各国主流实践，也是发展趋势。比如德国、法国、英国、美国司法部都由法官、检察官、矫正官、律师、司法行政人员等不同身份的人员组成。这人员都是公务员，即从事公务的人员。[②] 但是身份多元化并非基于各种“编

① 习近平:《高举中国特色社会主义伟大旗帜，为全面建设社会主义现代化国家而团结奋斗——在中国共产党第二十次全国代表大会上的报告》(2022年10月16日)，人民出版社2022年版，第40页。

② 参见佟宝贵:《德国和波兰公务员制度概述》，载《法学杂志》2003年第3期；刘李豫:《国外公务员分类模式的形成及演变：比较研究》，载《中国领导人才的开发与管理——2012中国领导人才论坛暨第三届党政与企业领导人才素质标准与开发战略研讨会论文选集》;《国外公务员包括哪些范围》，载《学习导报》2006年第1期；菅原千鹤子:《美英法及联邦德国公务员制度概述》，载《国外社会科学》1989年第5期;《德国的公务员管理》，载《北京日报》2008年5月5日，第8版。

制”，而是基于专业差异。今后，司法行政机关应该积极作为，充分利用中央给予的“创新体制机制”政策[①]，统筹司法行政领域的各种人力和智力资源，给不同身份的人员公平待遇和开放的发展空间，为司法行政各领域的全面发展提供人才保障。只有实现所有领域和身份的人才统筹规划、协调发展、共同进步，才能聚集更多的优秀法律人才，才能促进司法行政本身的成长和强大，才能担当时代赋予的重要使命。

（二）强化司法行政内部机构建设

强化司法行政内部机构建设，最重要的是优化中央地方 / 上下级关系，合理划分中央事权、省级事权、县市事权。

我国在中央、省、市、县、乡镇所有层级都设置了司法行政机关，受同级政府领导，各层级司法行政机关之间没有明确的分权分工。经过数十年的运转，当前的模式表现出较大的弊端。一是“上面千条线，下面一根针”，县级及以下的司法局、司法所职能过多过泛，人少事多，不堪重负，疲于应付，在很多领域，要么管不了，要么管不好，无力执行中央司法行政政策。二是基层司法行政机关处于弱势地位，其所分配和掌握的人、财、物、政策等资源都非常有限，不足以支持全部领域开展工作。三是由于政策执行无力，地位弱势，职能虚化，一些地方政府部门挤占司法行政资源，使得很多本已羸弱的基层司法行政工作雪上加霜。强化司法行政内部机构建设势在必行。

笔者认为，在现有条件下，要解决此困境，只有通过“强干弱枝”的方式优化司法行政机构建设。目前，各级司法行政机关越往基层越弱势。基层司法行政机关可以理解为区县司法局、地市司法局，以及基层司法所。有些司法所只有一个人，却要承担大量工作。上级司法行政机关即便有心支持，以全国司法所之多，有限的资源也是杯水车薪。所以在当前情形下“压实基层”不仅无益于基层司法行政机关的强化，反而会过度消耗上级司法行政机关的资源。所以总体思路应为“强干弱枝”。法制和司法的统一是“强干弱枝”的最大基础。所谓“强干”，即集中力量，强化更高级的司法行政机关建设，在中央与地方之间分权分工的基础上，将部分业务上收，实现垂直管理。所谓“弱枝”，并非真正的削弱，而是应该尽

① 2018 年中共中央《深化党和国家机构改革方案》，载中国政府网。

量剥离基层司法行政机关的责任，为其“减负”，同时增加其服务窗口功能，以使基层司法行政机关的能力由“弱”变“强”。

应结合司法行政不同业务的性质和特点，明确划分中央事权、省级事权、地方事权的内容和范围：一是应强化中央对地方、上级对下级的指导，如监狱、戒毒、社区矫正等刑事执行领域。二是在围绕法院诉讼提供法律服务、仲裁、法律援助、司法鉴定等领域，可由省级统管，建设成为仅在省级司法厅局设管理部门或者中心，直接管理相关业务的地方分支机构，为政府和社会提供相应的法律服务；地市、区县、乡镇不再设相应职能。三是如法治督察、行政执法协调监督等领域天然的具有指导或领导属性，这些职责在基层发挥作用有限，而由高层指导督查基层效果更好，可以由中央和省级司法行政机关行使，市及市以下可不设此职能。四是根据立法法，市、区县、乡镇等政府和人大不具有立法权，其制定的法律政策也较少，更多的是贯彻上位立法和政策，因此，相应的司法行政机关可以不设立行政立法部门。相关的法律政策审核备案等，可以由更高一级的司法行政机关负责。基层司法行政机关在剥离上述职责后，转变为对社会服务的窗口和触角，在接受相应申请或请求后，转由上级司法行政机关履行职责，在上级机关处理完毕后，转由基层反馈给申请人（机关/单位）。五是在明确划分各级司法行政机关事权的基础上，促进司法行政领域财政体制改革，强化中央和省级财政对司法行政工作的经费保障，以便其开展相关领域的事权划分改革。2016年9月，国家开始的省以下环保机构监测监察执法垂直管理制度改革，就是省级以下垂直管理改革的成功先例。①

应继续优化司法部内部机构建设，充分发挥各单位的职能和作用。2018年司法部重组后，完成了内部机构的三定方案，较为科学地设置了部机关的各个部门。这一设置结果可能会在较长的时间内保持稳定。但是笔者认为，目前的内部架构仍有不足：一是直属单位的职责和功能没有发挥出来。司法部直属单位有23个之多，包括公益事业单位、公司、协会、基金会、出版社、报社、监狱等不同形式，这些事业单位大部分

---

① 2016年9月中共中央办公厅、国务院办公厅印发《关于省以下环保机构监测监察执法垂直管理制度改革试点工作的指导意见》，载 http://www.gov.cn/zhengce/2016-09/22/content_5110853.htm。

是原司法部下属机构，此次重组中变化不大，如何发挥这些机构的潜力和作用，值得深入研究。二是机关内部设置的专业化仍显不足。司法部内综合部门较多，业务部门占比仍然较低，专业化和行政效率仍有很大的提升空间。

（三）改革法律服务业的管理体制

公共法律服务管理是司法行政机关的传统职责。目前，我国法律服务业的发展水平与人民群众日益增长的法律服务需求相比，存在一定的差距。公证、仲裁、调解、司法鉴定、法律援助等行业，均存在多头管理、市场割裂、职权配置不当等问题。法律服务业的管理体制改革滞后，阻碍法律服务业的发展，而法律服务业发展不充分，反过来也影响司法行政自身的发展。笔者认为，未来可以从以下几个方面入手，进一步改革法律服务业的管理体制：

一是加强与审判机关的协作机制建设，围绕法院的诉讼活动提供法律服务。目前，我国诉讼案件量增长很快。法院，特别是基层法院和中级法院承担了大量的审判任务。很多当事人只知道通过诉讼解决纠纷，而对于其他诉讼辅助手段，纠纷化解方式不甚了解，反复奔波，不胜其苦。与此同时，与审判相关的其他非诉讼工作，诸如调解、调查取证、公证、登记、普法、鉴定、司法会计等也相应的增长，占用大量的人力和时间，加剧法院人力紧张的情况，并且这一问题仍会长期存在。[①]法院面临的这种挑战，仅依靠法院自身无法解决。其根源在于，法院在审判之外承担了太多的非审判职责，而这些职责本属于司法行政领域，法院本身难以调动司法行政资源，无法实现非审判工作的分流。而司法行政业务难以进入诉讼领域，大量业务出现萎缩。这种局面对于法院和司法行政两个系统都很不利。化解这一局面的有效方式为法院与司法行政机关协作，由司法行政机关协调宣传、调解、公证、法律援助、律师、调查取证、登记、鉴定、司法会计等资源和服务，协助承担法院非审判业务工作，化解纠纷，引流诉讼。这种模式将审判工作被动性与司法行政工作的主动性结合起来，可以

① 参见张爱云:《“把非诉讼纠纷解决机制挺在前面”的实践进路研究——以S省J市法院实践为研究样本》，载《山东法官培训学院学报》2020年第5期；华锋:《从社会化多元大调解视角考量法院化解矛盾机制的重构》，载《人民司法》2013年第13期。

解决法院系统面临的审判压力，化解法院人力资源紧张局面；可以充分发挥司法行政资源优势，强化司法行政相关业务能力建设；还可以解决人民群众的法律难题，降低当事人的经济负担，提供多元化的纠纷化解方式，可谓一举三得。

二是优化法律援助管理体制。司法部 1996 年就设有法律援助中心，为参公事业单位。后成立法律援助司，将法律援助中心的部分宏观政策职能划归法律援助司，法律援助中心仍然保留，负责案件、外事、宣传、培训等业务。各省、市、县也存在类似的设置，在司法行政机关内部设置法律援助部门，另设法律援助中心，从而在法律援助领域形成行政机关和事业单位两套系统。2018 年司法部重组后，法律援助司改为公共法律服务管理局下属的法律援助工作处，司法部法律援助中心保持不变。司法部法律援助中心和省级法律援助中心主要行使管理职责，不受理法律援助申请，市县两级法律援助中心的主要职责是协调律师提供法律援助服务。然而这种设置导致各单位之间的定位不甚清晰，有职责交叉重叠之嫌。今后可以将司法行政机关的法律援助管理部门和法律援助中心进行系统性整合：在中央层面可以仿照最初的体制，仅保留法律援助中心，统一承担政策制定和业务规划功能、对下级的业务指导、对外业务交流等，并由法律援助中心领导兼任公共法律服务局领导，以便开展工作；法律援助中心省级以下垂直管理，在市、县层面只设立省级法律援助中心的派出机构，承担具体法律援助业务；省、市、县三级不再保留司法行政机关内设的法律援助部门，具体方案可以参考省以下环保机构监测监察执法垂直管理制度改革的相关做法。这种改革方案，可以改变目前机构重叠的问题，实现权责统一；可以强化中央和省级司法行政机关对地方法律援助的经费、人员的统筹，减轻基层业务和财务压力，优化法律援助布局，在“强干弱枝”中实现“强干强枝”；还可以进一步强化中央和省级司法行政机关对基层法律援助的业务指导，重点强化对具有较大社会影响力的重要案件的法律援助质量，提升法律援助水平。

三是健全统一司法鉴定管理体制。中央于 2004 年提出了“建立统一的司法鉴定管理体制”的改革目标和任务。全国人大常委会也于 2005 年通过《关于司法鉴定管理问题的决定》，规定原则上由司法行政机关进行统一管理。然而，各种现实的因素削弱了此次改革的最初设想。为此，党的十八届四中全会提出了“健全统一司法鉴定管理体制”的改革目标。[①]下一步，可以探索司法鉴定机构、专业人员及职业活动由司法行政机关统一管理，对于从事司法鉴定的专业人员则实行专业准入制度，建立统一名录[②]，以贯彻落实中央“健全统一司法鉴定管理体制”和“加快建设全国统一大市场”[③]的要求。

四是加强对仲裁机构的管理，促进仲裁业发展。仲裁法明确，由司法行政机关统一管理仲裁机构。2018年之前，司法行政机关对仲裁的管理较为薄弱，我国的仲裁机构呈现散、乱、小的局面，仲裁业市场割裂，管理多头，很多企业和个人甚至不知道仲裁这种解决纠纷的方式。中国法治的发展中，仲裁是非常重要的组成部分。在新时代，司法行政机关应该高度重视仲裁业的管理，促进仲裁的高质量发展。首先对我国仲裁机构、仲裁员和仲裁规模进行系统性摸底和登记，并向社会公示、宣传仲裁在纠纷解决中的作用，提高社会对于仲裁的认可度；其次将商业仲裁、劳动仲裁、农村土地承包仲裁机构等统一由司法行政机关进行登记管理；最后统一规范从业人员资质，改进仲裁员选聘和管理工作，推进仲裁秘书职业化和专业化建设。

四、弘扬法律文化

“传承中华优秀传统法律文化”[④]是党的二十大提出的明确要求。法律文化作为中华民族传统文化重要组成部分，有其辉煌的历史。它体系完整、内容丰富、特点鲜明，绵延数千年而从未中断，不仅为中华民族不同时期的发展和法制的进步提供了法文化支持，也为中华民族的当代复兴留下了弥足珍贵的浩瀚的法文化宝藏。中国传统法律文化的传承与发展是中

① 参见陈如超:《司法鉴定管理体制改革的方向与逻辑》，载《法学研究》2016年第1期。

② 参见陈如超:《司法鉴定管理体制改革的方向与逻辑》，载《法学研究》2016年第1期。

③ 2022年3月25日《中共中央国务院关于加快建设全国统一大市场的意见》。

④ 习近平:《高举中国特色社会主义伟大旗帜，为全面建设社会主义现代化国家而团结奋斗——在中国共产党第二十次全国代表大会上的报告》(2022年10月16日)，人民出版社2022年版，第42页。

华民族文化复兴的重要组成部分。[①] 改革开放以来，在中国共产党领导下，坚持中国特色社会主义道路上，在中国特色社会主义法治理论的指引下，法治建设取得了伟大的成就，中国特色社会主义法律体系基本建成。在各个领域的立法中，不仅吸收苏联、日本、欧美各家之所长，而且充分承继中国传统法律文化的精华，呈现“兼收并蓄”“博采众长”的特点。2023年，中央提出“推动中华优秀传统法律文化创造性转化、创新性发展，支持具有重要文化价值和传承意义的法学学科发展。加强外国法与比较法研究，合理借鉴国外有益经验，服务推进全面依法治国实践”。“认真总结我国法治体系建设和法治实践经验，阐发中华优秀传统法律文化，讲好中国法治故事，提升中国特色社会主义法治体系和法治理论的国际影响力和话语权。”[②] 现在，我国的发展取得了历史性成就，已经成为世界上有影响力的大国。当前以及今后很长一段时间，传承和弘扬中华法律文化，对于全面提升人民文化素养，推进国家治理体系和治理能力的现代化，提升中国特色社会主义法治体系和法治理论的国际影响力和话语权，具有十分重要的意义。司法行政当以此为任，从以下几个方面着手，为中华民族的伟大复兴作出独特而不可或缺的贡献：

一是组织学者和研究力量，深入发掘中华法律文化的精华。在中华法律文化中，民惟邦本的民本主义，礼法结合的礼治文化，德法互补的治国要略，法情允协的司法原则，天人合一的和谐观念，“严以治官、宽以养民”的施政方针，明职课责的法律监督，良法善治的法治追求等，都可以作为弘扬中华法律文化，重构新时代中华法系的重要文化资源。[③] 要特别重视发挥法学教育界的作用，建立新时代中华法律文化体系的基础理论，培养新时代传承中华法律文化的人才队伍。

二是利用好司法行政的优势资源，弘扬好中华法律文化。司法行政机关目前承担着法治宣传和法学理论研究的重要职责，中央全面依法治国委员会办公室设在司法部。司法行政机关应利用好这些优势，在法律宣传、

① 张晋藩:《中华法系的价值与中华法系的重塑》，载《北京日报》2016年10月31日，第20版。

② 中共中央办公厅、国务院办公厅印发《关于加强新时代法学教育和法学理论研究的意见》，载 http://www.gov.cn/zhengce/2023-02/26/content_5743383.htm。

③ 张晋藩:《弘扬中华法文化，重构新时代的中华法系》，载《中国检察官》2020年第1期。

研究和教育中大力发掘和弘扬中华法律文化。比如可以借助《民法典》普法的契机，深入阐释中华法律文化在《民法典》中的体现；可以利用好联合国预防犯罪和刑事司法委员会牵头部门的地位，在国际社会大力宣传和弘扬中华法律文化的历史厚重感和时代先进性。

三是贯彻中国特色社会主义法治理论，兼收并蓄，重构新时代的中华法系。在中华民族伟大复兴的道路上，随着国家文化软实力和中华文化影响力的不断提升，弘扬中华法律文化，重构新时代的中华法系成为历史的必然。[①] 新时代的中华法系，“必须具有自己鲜明的特色，既有特殊性，也有典型性，而且还需以它的先进性赢得世界的尊重”[②]。为此，我们必须坚持党的领导，贯彻中国特色社会主义法治理论，博采古今中外法之所长，结合当下及未来中国国内和国际法治发展的需要，在世界进步的潮流中走出自主创新的法治之路，使中国特色的法律制度具有更丰富的内涵与说服力，在重构新时代中华法律文化的同时重建新时代中华法系，实现中华民族法律文化的伟大复兴。

① 张晋藩:《弘扬中华法文化，重构新时代的中华法系》，载《中国检察官》2020年第1期。

② 张晋藩:《弘扬中华法文化，重构新时代的中华法系》，载《中国检察官》2020年第1期。

参考书目

1.（汉）班固:《汉书》。

2.（宋）范晔:《后汉书》。

3.（唐）房玄龄:《晋书》。

4.（宋）欧阳修等:《新唐书》。

5.（元）脱脱等:《宋史》。

6.（清）张廷玉等:《明史》。

7. 赵尔巽等:《清史稿》。

8. 沈家本:《历代刑法考》，商务印书馆 2011 年版。

9. 上海商务印书馆编译所编纂:《大清新法令》，商务印书馆 2011 年版。

10.（清）朱寿朋编:《光绪朝东华录》，张静庐等点校，中华书局 1984 年版。

11. 故宫博物院明清档案部:《清末筹备立宪档案史料》，中华书局 1979 年版。

12. 周叶中、江国华主编:《博弈与妥协——晚清预备立宪评论》，武汉大学出版社 2010 年版。

13. 湖北省司法行政史志编纂委员会:《清末民国司法行政史料辑要》，1988 年 5 月。

14. 怀效锋:《清末法制改革史料》（上下卷），中国政法大学出版社 2010 年版。

15. 肖世杰:《清末监狱改良》，湘潭大学 2007 年博士学位论文。

16. 商务印书馆编译所:《民国法令大全》，商务印书馆 1924 年版。

17. 汪楫宝:《民国司法志》，商务印书馆 2013 年版。

18. 谢振民编著:《中华民国立法史》，张知本校订，中国政法大学出版社 2000 年版。

19. 钱端升、萨师炯等:《民国政制史》(上下册)，商务印书馆 2018 年版。

20. 中国第二历史档案馆:《国民党政府政治制度档案史料选编》(上下册)，安徽教育出版社 1994 年版。

21.《民事习惯调查报告录》，中国政法大学出版社 2000 年版。

22. 蔡鸿源主编:《民国法规集成》，黄山书社 1999 年版。

23. 刘钟岳编著:《法院组织法》，正中书局 1947 年版。

24. 聂鑫:《近代的中国司法》，商务印书馆 2019 年版。

25. 中国司法工作者访苏代表团编印:《苏联司法工作访问记(关于审判、司法行政工作部分)(关于检察工作部分)》，1955 年 11 月。

26. 参见由嵘、张雅利、毛国权、李红海编:《外国法制史参考资料汇编》，北京大学出版社 2004 年版。

27. 肖扬主编:《当代司法体制》，中国政法大学出版社 1998 年版。

28. 张福森主编:《各国司法体制简介(修订版)》，法律出版社 2006 年版。

29. 董开军主编:《司法行政学》，中国民主与法制出版社 2007 年版。

30. 曹康泰主编:《政府法制建设三十年的回顾和展望》，中国法制出版社 2008 年版。

31. 王公义主编、许兵副主编:《中外司法体制比较研究》，法律出版社 2013 年版。

32. 任永安、卢显洋:《中国特色司法行政制度新论》，中国政法大学出版社 2014 年版。

33. 童建明主编:《检察视角下的中外司法制度》，中国检察出版社 2021 年版。

34.《当代中国》丛书编辑委员会编:《当代中国的司法行政工作》，当代中国出版社 2022 年版。

35. [美] 汉密尔顿、杰伊、麦迪逊:《联邦党人文集》，商务印书馆 1980 年版。

36. [法] 托克维尔:《论美国的民主》，董果良译，商务印书馆 2007 年版。

37. [法] 弗雷德里克皮 · 耶鲁齐，马修 · 阿伦:《美国陷阱》，法意译，中信出版社 2009 年版。

38. 何勤华主编:《德国法律发达史》，法律出版社 2000 年版。

39. [德] 汉斯 – 约格 · 阿尔布莱希特、魏武编译:《德国检察纵论》，中国检察出版社 2021 年版。

40. [法] 孟德斯鸠:《论法的精神》，商务印书馆 1961 年版。

41. [法] 皮埃尔 · 特鲁仕主编:《法国司法制度》，丁伟译，北京大学出版社 2012 年版。

42. 何勤华主编:《法国法律发达史》，法律出版社 2001 年版。

43. 金邦贵主编:《法国司法制度》，法律出版社 2008 年版。

44. 孙祥:《法国司法责任制度研究》，武汉大学出版社 2020 年版。

45. [日] 法务行政研究会:《日本法务省》，董璠舆等译，中国政法大学出版社 1992 年版。

46. [日] 法务省大臣官房秘书课广报室编:《法务省》，日本法务省官方宣传册，2019 年。

47. 何勤华、方乐华、李秀清、管建强:《日本法律发达史》，上海人民出版社 1999 年版。

48. 王海军:《近代俄国司法改革史》，法律出版社 2016 年版。

49. 王海军:《苏维埃政权下的俄罗斯司法》，法律出版社 2016 年版。

50. 陆丰:《苏联司法制度》，大东书局 1949 年版。

51.《俄罗斯联邦刑事执行法典》，黄道秀译，中国政法大学出版社 2015 年版。

52. 张寿民:《俄罗斯法律发达史》，法律出版社 2000 年版。

53.《世界各国刑事诉讼法》编辑委员会编译:《世界各国刑事诉讼法》（欧洲卷、亚洲卷），中国检察出版社 2016 年版。

后　记

“自信人生二百年，会当水击三千里。”①

我国有悠久的历史，博大精深的文化。古人以极高的政治智慧，塑造了闻名世界的中华法系。我国的司法行政机关在唐代就已经形成，以“三法司”为代表的司法体制稳定运行了千年之久。近代以来，传统的司法行政制度重获新生，并多次在重大法律变革中，承担了重要的历史使命。

在中国特色社会主义进入新时代，实现第一个百年奋斗目标，全面依法治国总体格局基本形成的大历史背景下，党的二十大提出了“坚持全面依法治国，推进法治中国建设”②的总要求。司法行政正应该以“自信自强、守正创新”③的精神，抓住机遇，迎接挑战，在自强中建立自信，在自信中实现自强：

在中国共产党领导下，凝聚全国法律人士，同心同德，踔厉奋发、勇毅前行，坚持走中国特色社会主义法治道路，建设中国特色社会主义法治体系、建设社会主义法治国家。这体现的是“道路自信”。

在中国特色社会主义法治理论的指引下，“兼收并蓄”“博采众长”，不仅吸收苏联、日本、欧美各家之所长，而且充分继承我国传统法律文化的精华，发展新时代的司法行政理论和司法行政制度。这体现的是“理论

---

① 《毛泽东文集》第 8 卷，人民出版社 1999 年版，第 364 页。

② 习近平:《高举中国特色社会主义伟大旗帜，为全面建设社会主义现代化国家而团结奋斗——在中国共产党第二十次全国代表大会上的报告》(2022 年 10 月 16 日)，人民出版社 2022 年版，第 40 页。

③ 习近平:《高举中国特色社会主义伟大旗帜，为全面建设社会主义现代化国家而团结奋斗——在中国共产党第二十次全国代表大会上的报告》(2022 年 10 月 16 日)，人民出版社 2022 年版，第 1 页。

自信”。

在党的二十大精神指引下，面向新的时代，正视自身不足，勇于改革，勇于担当，发展新的业务板块，形成新的管理体制，承担起新的历史使命。这体现的是“制度自信”。

继承传统法律制度，弘扬中华法律文化，重构新时代的中华法系，使中国重新回到中华法系的“母国”的地位。这体现的是“文化自信”。

我们相信，以党的二十大“自信自强、守正创新”的精神勇毅前行，一定能够实现“全面建成社会主义现代化强国、实现第二个百年奋斗目标，以中国式现代化全面推进中华民族伟大复兴”的中心任务，迎来法治和司法行政事业新的辉煌！

致　谢

本书写作历时5年。动笔不久，我就于2019年夏天莫名地患上了一种免疫系统疾病。此病凶险、复杂、漫长，对我和整个家庭来说是一场浩劫。劫难之中，情绪不定，思绪万千；病房之中，久治不愈而离世者，不在少数。但是“人活一口气”。医生护士、亲朋好友一直在鼓励我坚强勇敢，自己也总有那么一丝念头在不断提醒，纵然卧病在床，痛苦不堪，命悬一线，也不可以怀着“无可奈何花落去”的悲凉向病魔妥协；必须抱着“天生我材必有用”信心渡过一道又一道难关。虽不能经口进食，但要以精神食粮，不断强化自己的意志，增强自己的信心。要精神不萎靡，意志不妥协，信心不动摇。我在ICU和病床上读完了《苦难辉煌》，在病房里观看了激动人心的国庆70周年阅兵，一遍又一遍地观看经典革命战争电视剧《亮剑》。在住院期间光荣地加入了中国共产党，成功地申请到国家社科基金项目“刑事执行立法研究”，被司法部推荐参加“全国青年拔尖人才支持计划”的评选，完成了《检察视角下的中外司法制度》一书中“司法行政制度”一章，以及多篇论文和研究报告。而其中支撑我渡过难关的一大支柱便是本书的写作。生病期间，我甚至无力拿起一本书，打字也要比平时困难数倍。体力不济，但脑力尚好。但凡病情有所好转，就开始写作，全书有近一半的内容是在插管输液时完成。2022年4月，我身体基本痊愈，再次上班之时，初稿已基本完成。2023年春，在书稿通过学术委员会评审后不久，我很荣幸地被司法部推荐参加第十届“全国杰出青年法学家”的评选，并成为候选人。但略感遗憾的是，当时本书尚未正式出版，错过了此次重要的活动。2024年初，身体已经恢复得不错，书稿也完成了最后的修改审校，正式出版。

感谢预防犯罪研究所各位领导同事，以及我的老师同学，亲朋好友给予的关怀、鼓励和支持。一人一物，一点一滴，殊为感动，永远铭记。

感谢北京协和医院风湿免疫科、风湿免疫 1 病房和 2 病房、内科 ICU、康复科、中医科、急诊科，北京大学国际医院风湿免疫科、急诊科，以及广安门医院、北京中医医院照顾过我的医生和护士，正是他们精湛的医术、极强的责任心，把我从生死线上拉了回来。

感谢新华资产管理股份有限公司给予我全家的关怀、支持和帮助。

感谢我的父母、岳父、岳母、大姨和大姨夫，及其他亲属给予我的照顾、关怀和帮助。

感谢我的爱人，在我生病期间不离不弃，支撑着全家度过这段最艰难的日子。

最后寄语我的儿子，希望他在未来的人生道路上，能够自强不息，坚毅勇敢，百折不挠。